전남 신안(압해도) 지역의 언어와 생활

전남 신안(압해도) 지역의 언어와 생활

초판 인쇄 2019년 12월 10일
초판 발행 2019년 12월 20일

지 은 이 이기갑

펴 낸 이 이대현
펴 낸 곳 도서출판 역락

주   소 서울시 서초구 동광로46길 6-6(반포4동 577-25) 문창빌딩 2층
등   록 1999년 4월 19일 제303-2002-000014호
전   화 02-3409-2058, 2060
팩   스 02-3409-2059
이 메 일 youkrack@hanmail.net

ISBN 979-11-6244-439-9 94710
      979-11-5686-694-7 (세트)

이 도서의 국립중앙도서관 출판예정도서목록(CIP)은 서지정보유통지원시스템 홈페이지(http://seoji.nl.go.kr)와 국가자료종합목록
구축시스템(http://kolis-net.nl.go.kr)에서 이용하실 수 있습니다.(CIP제어번호 : CIP2019049927)

전남 신안(압해도) 지역의 언어와 생활

이 기 갑

역락

■ 책을 내면서

이 단행본은 2010년 5월부터 6월까지 이기갑(목포대학 국문과 교수), 정성경(목포대학 강사) 두 사람이 전남 신안군 압해면 대천리 수락부락에서 조사한 구술발화를 발화된 그대로 음운 차원에서 전사한 것이다. 전사된 방언 문장은 다시 표준어 대역을 덧붙여 대응시킴으로써 방언에 익숙하지 않은 독자들이 쉽게 이해할 수 있도록 하였다. 또한 구술발화에서 보이는 특이한 방언 낱말이나 문법 형태소, 음운 현상 등, 언어학적으로 설명이 필요한 부분에 대해서는 비교적 자세한 주석을 붙였다. 이 주석 역시 방언에 대한 전문적인 지식이 없는 일반인들의 이해를 돕기 위한 목적도 있지만, 그 자체로서 이 지역 방언에 대한 언어적 특징을 드러내려는 목적도 함께 가지고 있다. 책 말미에는 구술발화에 나타난 방언 어휘들을 색인 형식으로 만들었다. 이 구술발화에서 사용된 압해도 지역의 방언 어휘에 대한 목록을 제공하려는 의도가 반영된 것이다.

압해도는 행정적으로는 신안군에 포함되지만 목포와의 거리가 아주 가까워 신안과 목포 지역의 방언을 모두 반영하는 곳으로 생각된다. 특히 근래에는 목포와 압해도 사이에 다리가 놓여 더 이상 섬지역이라 하기 어렵게 되었다. 그러나 이 구술발화에 반영된 방언 자료는 모두 다리가 놓이기 전 이 지역에 토박이로 살던 제보자로부터 채록된 것이기에 압해도의 토착적인 자료로 보는 것이 온당하다. 목포와 가깝다는 지리적 한계에도 불구하고 이 지역 방언이 신안 지역의 방언을 반영한다고 할 수 있기 때문에 서남해 섬 지역 방언에 대한 이해를 어느 정도 얻을 수 있을 것으로 기대한다.

2007년부터 글쓴이는 국립국어원의 '지역어조사사업'(2004-2013)에서 이루어진 전라남도 지역의 구술발화 전사 자료를 단행본 형식으로 펴낸 바 있다. 여기에는 곡성(2007), 진도(2009), 영광(2011), 영암(2016), 보성(2016), 광양(2017) 등의 자료집이 포함되어 있다. 이제 신안 압해도 지역의 자료집을 펴냄으로써 '지역어조사사업'에서 선정된 전라남도의 7개 지역 전체의 자료집 간행을 마무리할 수 있게 되었다. 이 모든 것이 '지역어조사사업'을 기획하고 추진한 국립국어원의 성과이며, 재정적 손해를 무릅쓰고 자료집을 출판한 태학사와 역락 출판사의 성원 덕분이라 하겠다. 여기에 적어 깊은 감사를 드리고자 한다. 마지막으로 이번 신안 지역 자료집인 '전남 신안(압해도) 지역의 언어와 생활'은 2018년 목포대학교 교내연구비의 도움을 받아 이루어진 것임을 밝혀 둔다.

■ 조사 및 전사

(1) 조사 지점

압해도는 전라남도 신안군 압해면에 속한 섬이다. 목포시에서 북서쪽으로 약 1.8km 떨어져 있다. 주위에 가란도·외안도·효지도·내태도·역도 등의 부속 섬과 서쪽에 암태도가 있다. 신라시대에는 군마장으로 활용되었으며, 조선시대에는 유배지였다. 당나라의 대승상인 정덕성(丁德盛)이 이곳으로 귀양을 와서 우리나라 정씨(丁氏)의 시조가 되었다고 전한다.

섬의 중앙부와 동남쪽은 평지이며, 그 밖의 지역은 서쪽의 송공산(宋孔山, 231m)과 북서쪽의 인매산(忍梅山, 137m)을 비롯한 100m 내외의 구릉지로 되어 있다. 대부분 사빈해안이며, 동·서·남쪽에 큰 만이 형성되어 있다. 주변에는 간석지가 발달해 있는데 최근 간척공사로 농경지와 염전으로 변모되면서 해안선이 단조로워지고 있다. 북가시나무·녹나무·후박나무·동백나무·사철나무 등이 무성하다.

주민은 대부분 농업과 어업을 겸하며, 농산물로는 배·유자·포도 등의 과수를 비롯하여 쌀·보리·콩·고구마·마늘·고추·참깨 등이 생산된다. 연근해에서는 조기·민어·숭어·낙지 등이 잡히며, 보리새우와 세발낙지가 특산물로 어획된다. 남서쪽 연안에서는 조개·굴·김 등의 양식과 천일제염이 활발하다. 취락은 산지 곳곳에 분포하며, 중앙부 학교리에 면소재지가 있다.

가룡리에 금산사가 있고, 송공리에 삼한시대 것으로 현재 흔적만 남아있는 송공산성을 비롯해 동서리에 선돌, 대천리에 고인돌 등이 있다.

압해도에는 3개의 큰 다리가 있다. 첫째는 목포와 이어지는 압해대교이다. 이 다리는 해상교량 1,420m, 육상교량 420m, 접속도로 1,720m로 총

길이 3,563m의 2차선 교량인데, 2000년 6월 착공하여 2008년 완공되었다. 이 다리의 완공으로 뱃길로만 연결되던 압해도가 육로로 연결되었다. 또한 기존 목포 북항에서 운항하던 도선이 압해면 송공리 연안항에서 출발하게 되어 섬 지역민들의 이동이 1시간 10분 이상 단축되었다. 목포에 있던 신안군청과 유관기관이 압해대교 개통 후 압해도로 이전하였다.

한편 전라남도 무안군 운남면과 신안군 압해읍을 잇는 다리인 김대중대교(金大中大橋)는 2003년 6월에 착공해 2013년 12월 27일에 개통했다. 이 다리를 통해 압해도는 목포뿐만 아니라 무안군과도 연결되어 명실상부한 육지의 일부로 기능하게 되었다.

천사대교는 2019년 4월 4일 개통된 다리로서, 압해도와 암태도를 연결한다. 이 다리는 국내 최초로 사장교와 현수교를 동시에 배치한 다리인데 총연장은 10.8km이다. 이 다리를 통해 압해도와 안좌도, 팔금도, 암태도, 자은도 등이 연결됨으로써 이들 섬이 연륙이 되면서 더 이상 섬이 아닌 육지로 변하였다.(다음백과 참조)

<전라남도 신안군 압해읍 지도>

(2) 조사자와 제보자

2.1 조사자
① 주 조사자 : 이기갑(목포대학교 국문과 교수)
② 보조 조사자 : 정성경(목포대학교 국문과 강사)

2.2 제보자
① 주 제보자 : 이원례(여. 조사 당시 89세). 신안군 압해면 신장리 태생. 농업. 무학. 발음과 청취 능력 매우 좋음. 말하기를 좋아하여 다양한 발화를 녹취할 수 있었음.

② 보조 제보자 : 천갑식(남. 조사 당시 64세). 주제보자 이원례의 큰아들. 신안군 압해면 대천리에서 태어나 이후 계속 현 거주지에서 삶. 농업 및 어업에 종사. 초등학교 졸업. 말이 빠르고 발음이 불분명한 약점이 있음.

(3) 전사

구술 발화는 4시간 정도의 분량을 선정하여 전사한 것이다. 구술 발화는 문장 단위로 분절(segmentation)하는 것을 원칙으로 하였다. 다만 경우에 따라 문장 이상의 발화가 분절되는 경우도 없지는 않다. 각 분절 단위의 끝이 서술문이나 의문문으로 끝날 경우에는 반드시 문장 종결 부호(마침표, 물음표, 느낌표)로 마무리하였다. 또한 문장이 끝나지 않은 경우에는 쉼표를 붙여 표시하였다.

제보자의 이야기 중에 삽입되는 조사자의 말이나 맞장구치는 말 등은 줄을 달리하여 전사하였다. 이것은 순전히 독자가 읽기 쉽도록 하기 위함이다.

각 방언 문장에는 대응하는 표준어 문장을 대역시켜 놓았는데, 경우에 따라 적당한 표준어가 없는 표현의 경우, 물음표(?)로 대신해 놓았다.

본문의 글자체와 전사에 사용된 부호는 다음과 같다.

고딕체	조사자(이기갑)
@1	제2 조사자(정성경)
—	주 제보자
#—	보조 제보자
*	청취 불가능한 부분 또는 표준어로의 번역이 불가능한 경우 음절만큼 표시. 다만 별표에 대한 표준어 대역은 물음표 사용.

음성 전사의 경우 아래와 같은 원칙을 유지하였다.

① '위'가 단모음 [y]로 실현되거나 상향 이중모음 [wi]로 실현되더라도 모두 '위'로 전사하되 (+   ) 안에 그 사실을 밝혀주었다.
② '외'가 단모음 [ø]로 실현되면 '외'로 전사하고, 이중모음 [we]로 실현되면 '웨'로 전사하였다.
③ '에(e)'와 '애(ɛ)'가 변별적 기능을 가지지 못하므로 'ㅔ'로 통일시켜 표시하였다.
④ 비모음은 해당하는 음절 다음에 ~ 표시를 하였다.
⑤ 장음은 ":", 인상적 장음은 "::" 등으로 표시하였다.

(4) 주석

이 단행본에는 모두 1,246개의 주석이 달려 있다. 주석은 압해도 지역어로 전사된 내용을 독자들이 쉽게 이해할 수 있도록 특이한 방언 어휘의 뜻풀이와 이에 대응하는 표준어형을 제시하는 것이 주를 이룬다. 그 밖에 방언형에 대한 음운이나 문법적 해석 등도 포함되어 있다. 지나친 언어학적 설명은 오히려 독자들의 이해를 해칠 수도 있으므로, 여기서는 비교적 간단한 수준의 설명만을 덧붙이는 데 그쳤다.

(5) 찾아보기

이 책의 맨 끝에는 찾아보기가 실려 있다. 찾아보기는 표준어를 표제어로 제시하고 이에 해당하는 방언 어휘를 본문에 전사된 그대로 대응시켜 놓았다. 표준어가 없는 경우에는 뜻풀이를 표제어로 대신하였다.

명사의 경우, 방언 명사에 조사가 붙어 전사된 경우가 많으므로, 독자들은 어디까지가 표준어 표제어에 대응하는 방언형인지 구분하기 쉽지 않다. 이러한 문제를 해결하기 위해, 명사와 조사의 구분이 표기적으로 가능한 경우에는 명사와 조사 사이에 -를 끼워 놓았다. 예를 들어 표준어 '거기'에 대응하는 방언형으로 본문에는 '거까지'와 같은 형이 나타난다. 이 '거까지'는 '거'와 조사 '까지'로 분석되므로, 방언형은 '거-까지'로 제시하였다. 이로써 표준어 '거기'에 대응하는 방언형이 '거'임을 알 수 있게 된다. 한편 표준어 '관솔'에 대해서는 본문의 전사형이 '강:소리라고'로 나타난다. 이것은 '강:솔'에 '-이라고'가 결합된 형태이나 표기상으로 이를 분석해서 제시할 방법이 없다. 이런 경우에는 표제어로 제시된 표준어 '관솔'에 '이라고'를 덧붙여 '관솔(이라고)'를 표제어로 제시하였다. 이것은 곧 대응되는 방언형에 '이라고'가 포함되어 있음을 알려 주기 위한 것이다. 이런 결과로 '팥'은 '팥(은)'과 '팥(이)'와 같이 두 개의 표제어를 갖게 되는 문제를 낳기도 하나 이런 문제는 감수하기로 하였다.

차례

01 조사 마을의 환경과 배경

지네온 이야기를 시작 헤 볼:까요 **? 자: 동네 이야깁니다. 요 동:네 시집 와서사 아 아라쪼, 이 동네는?

— 그러쩨라우. 와서사1) 알:제2) 아라쩨라3).

와서 봉께 동네?

— 이상헙띠다.

에?

— 산쏘게서 상:께 이상헤.

— 나는 산쏘게서 안 살고 동:네가 가깝띠 가깍꼬 쪼끔 떠러저써도 조:타고 그라요4), 중마한5) 사라미.

으음.

— 그레서 그검만 보고 그 소리만 드꼬 쉰 남자가 머:신지도 모르고 엔:나레::는 인잗씨상6)하고 틀리요 안?7)

음

— 하꾜도 안 뎅이고8) 그릉께.

— 저 먼9) 실랑이 머:신지도 몰르고 와 시지블 와써요, 여라옵쌀 무거서 와써도.

— 팜:나10) 그저 이:리나 하고 안는디11) 바 아서 봉께 저 우리 아부지가 아퍼서 다리 아퍼서12) 먼 니:를 몯하시고 방에가13) 지:게쑹께14) 저 어디 가도 몯:하고 이 천날 지녀게 업:써써라우.

음

— 기양15) 요:리16) 아쩨.

— 요:리 와서 봉께 자고 나서 아치메 봉께 여가 어:디냐 그런 셍가기 들드란 마리요.

하하하

— 이 산쏘게 와서 어:쭈게17) 사:끄아? 네가 어:쯔께 요:리를 아쓰까, 요로 요론 디를18) 어:쯔께 아쓰까 그런 셍가기 드릉께 참 심난합띠다.

– 지내온 이야기를 시작해 볼까요? 자 동네 이야기입니다. 이 동네 시집와서야 알았지요? 이 동네는?

– 그랬지요. 와서야 알지, 알았지요.

와서 보니까 동네?

– 이상합디다.

예?

– 산속에서 사니까 이상해.

– 나는 산속에서 안 살고 동네가 가깝디가깝고. 조금 떨어졌어도 좋다고 그래요, 중매한 사람이.

으음.

– 그래서 그것만 보고 그 소리만 듣고 남자가 뭔지도 모르고 옛날에는 지금 세상하고 다르잖아요?

음

– 학교도 안 다니고 그러니까.

– 저 무슨 신랑이 뭔지도 모르고 와 시집을 왔어요. 열아홉 살 먹어서 왔어도.

– 밤낮 그저 일이나 하고 왔는데 와서 보니까 저 우리 아버지가 아파서 다리 아파서 무슨 일을 못 하시고 방에 계시니까 저 어디 가지도 못하고 이 첫날 저녁에 없었어요.

음

– 그냥 이리 왔지.

– 이리 와서 보니까 자고 나서 아침에 보니까 여기가 어디냐 그런 생각이 들더란 말이오.

하하하

– 이 산속에 와서 어떻게 살까? 내가 어떻게 이리로 왔을까? 이리 이런 곳을 어떻게 왔을까? 그런 생각이 드니까 참 심란합디다.

- 그레서 어쭈쿠 사:껴나 그레뜨만19),

- 그러케 골:란하고 세끼 자석떠런 아드리 다서시고 따리꼬 그러드마. 그런디 다서세다가 나 여서세다가 또 시누 이쩨 시아부지 시어메20) 그릉께 야다링가21) 아오빙가 데야. 앙:꺼또22) 옵:끼는 헤. 참 심난합띠다.

(웃음)

- 살:기가 어찌케 사:까 여그서 그라고. 우리집써는 그리는 안헨넌디, 크닐나따야 그라고는 그나저나 하라곤 데로 하고 사라보제 그라고는 살:고 인는디,

- 저:니23) 이 세:상에 산 먼 제미가 업써.

음

- 남자라고 헌 사라믄24) 동:네가서25) 여간26) 이:뿌고 쪼깐헤가꼬27) 날씬헤가꼬 구러코 셍기써써라우.

- 그란디 어데를 도라뎅기기를 조:아항께 지비서 하레도28) 아니꼬 밤나 도라뎅기고, 나는 지비서 또 그르께 밤만 헤:무꼬 헤:주고 그라고29) 살:고 이꼬.

- 그레도 아이고 여그서 모쌀거쓰먼 나가제, 그 셍가글 함번도 안헤바써라우.

- 나가제 어쩨야30)? 보짱도 오:꼬 나갈 보짱도 오:꼬31) 그레가꼬 살:고 인는디 진짜 까까웁띠다.

- 여: 보머 하눌뻬끼 안 뵝여라우32).

아

- 소리 따::뿍찬33) 소게가 지믈 쩨까넌 지미 한나 이따고,

- 그렇께 하다하다 뎅이달라34) 뎅이다 도라뎅이다 업:씽께 거:리 합번 가본다 아바딱35) 하요, 우리 시아부지 마:리.

- 산쏘기로도36) 함번 가 보자 그라고는 아서 떼:로 지블 지서가꼬라우37) 엔:나레는. 떼지비라고 바:쏘?

- 그래서 어떻게 살까 그랬더니만,

- 그렇게 곤란하고 새끼 자식들은 아들이 다섯이고 딸 있고 그러더구먼. 그런데 다섯에다가 나 여섯에다가 또 시누이 있지 시아버지 시어머니 그러니까 여덟인지 아홉인지 돼. 아무 것도 없기는 해. 참 심란합디다.

(웃음)

- 살기는 어떻게 살까 여기서 그렇게. 우리집에서는 그렇게는 안 했는데, 큰일났다 그러고는 그러나저러나 하라고 하는 대로 하고 살아보지 그러고는 살고 있는데,

- 전혀 이 세상에 사는 무슨 재미가 없어.

음

- 남자라고 하는 사람은 동네에서 아주 예쁘고 조그매가지고 날씬해가지고 그렇게 생겼었어요.

- 그런데 어디를 돌아다니기를 좋아하니까 집에서 하루도 있지 않고 밤낮 돌아다니고, 나는 집에서 또 그렇게 밥만 해 먹고 해 주고 그렇게 살고 있고.

- 그래도 아이고 여기서 못 살겠으면 나가지 그 생각을 한 번도 안 해 봤어요.

- 나가지 어때? 보짱도 없고 나갈 보짱도 없고 그래가지고 살고 있는데 진짜 갑갑합디다.

- 여기 보면 하늘밖에 안 보여요.

아

- 소나무가 가득 찬 속에 집을 조그마한 집이 하나 있다고,

- 그러니까 하다가 하다가 다니다가 다니다가 돌아다니다 없으니까 그리 한번 가 본다 와 봤다고 해요, 우리 시아버지 말이.

- 산속으로도 한번 가 보자 그러고는 와서 떼로 집을 지어 가지고요 옛날에는. '떼집'이라고 봤소?

난 모빠써요.

― 저 이 쩌른 인자 봉께 떼를 베까테가 마:니 이거이 즈 사:람 주그먼 떼에 이피요 안?

음

― 그런 떼를 멘드라 요로고 짤라가꼬 그노믈[38] 차근차근 차근차근 올려가꼬 글로 지블 지서쏘.

아

― 그렁께 먼: 방도 머:또 오:꼬[39] 떼지비지요.

― 인자 욷 그란디 큰 지비로 인자 이사를 가따야[40], 그 우찌비로[41].

― 어:찌게 간냐 그라문 일본 싸라미 글 거그를 사가꼬 인자 우리보다가[42] 거그 삼:스러[43] 저 그 즈그[44] 바테랑 노니랑 버:러가꼬[45] 인 저 이쓰먼 곡썩 또[46] 주고 즈그 주고 그라고 사르라고 그:리 가라 해딱 하요, 큰 지비로.

― 그레가꼬 고:리 아따고 고:리 와씹띠다, 거 큰 지비로 아따고.

― 그레가꼬 그 쩨까넌 지비서는 그 지븐 비여가꼬 이뜨마.

― 그런 디서 살:고 이따가 나:중에 네가 살:다 봉께 아이고 이거시 먼: 세상이냐, 그나저나 살:자 어짜건냐?

― 나갈라고 함번도 셍각 안 헤 바써야.

(웃음)

― 그라고 게:속 살:다 봉께 요로고 살:고 이써.

예

그 떼는 그닝깐 요 마으레는 사:람드리 마:니 좀 사라썬능가요?

― 메시나 삽:띠다. 인자 더 마:네저쩨[47].

― 인제 이워 인자 오:십까구 덴닥 헤도 인자도[48] 옵:써라, 사:라믄 엄:마.

― 두:니서 산: 지비가 마:낭께라우, 사:라미 인자도 보자도 얼마 옵:꼬. 남자도 절문 사람도 벨라[49] 옵:꼬.

음

난 못 봤어요.

- 저 이 저런 이제 보니까 떼를 밖에다가 많이 이것이 사람 죽으면 떼에 입히잖아요?

음

- 그런 떼를 만들어 이렇게 잘라가지고 그것을 차근차근 차근차근 올려가지고 그것으로 집을 지었소.

아

- 그러니까 무슨 방도 뭐도 없고 '떼집'이지요.

- 이제 그런데 큰 집으로 이제 이사를 갔구나. 그 윗집으로.

- 어떻게 갔느냐 그러면 일본 사람이 거기를 사가지고 이제 우리보고 거기 살면서 저 그 저희 밭이랑 논이랑 부쳐가지고 이제 있으면 곡식도 주고 저희 주고 그렇게 살라고 그리 가라고 했다고 해요, 큰 집으로.

- 그래가지고 그리 왔다고 그리 왔습디다, 그 큰 집으로 왔다고.

- 그래가지고 그 조그마한 집에서는 그 집은 비어가지고 있더구먼.

- 그런 데서 살고 있다가 나중에 내가 살다 보니까 아이고 이것이 무슨 세상이냐 그나저나 살자 어떻게 하겠니?

- 나가려고 한 번도 생각 안 해 봤어.

(웃음)

- 그렇게 계속 살다가 보니까 이렇게 살고 있어.

예

그때는 그러니까 이 마을에는 사람들이 많이 좀 살았었나요?

- 몇이나 삽디다. 이제 더 많아졌지.

- 이제 이제 오십 가구 된다고 해도 지금도 없어요, 사람은 얼마.

- 둘이서 사는 집이 많으니까요, 사람이 지금도 보려고 해도 얼마 없고, 남자도 젊은 사람도 별로 없고.

음

- 인자는 에:덜또 모도 세: 지빙가 하꼬 뎅게라우.

- 그르고 데야붑띠다.

그거는 주로 먼: 성씨드리 주로 사라요?

- 여러가지 성이여라우. 그릉렁 하나비 안데제.

아:

- 각짜 서미라, 성이라.

아:

- 벨 사람 벨 성이 다 이써써라우, 다 달라등께50) 여가.

아:

- 엔:날 싸람드른 김가들유리 여그 사란는디 김가들또 이잔 업:써라우.

- 모다 한 집 이써라우, 한 집. 그 집 머:시 머 인자 머 두:지비 상:가 모르거쏘.

그럼, 요 근처 인자 사는 먼: 사니 이써요?

- 송공싼. 송공싼베끼 업:찌라우, 큰 사니라고는.

음, 송공싼이? 그 다으메

- 아페두서는 크닥 한 사니요, 아페두서는.

- 여그 아페두서는 저 사니 크고 또 쩌:그 올라가머 산 한나 이써라우, 거그하고.

거기에 또 머 꼴짝도 쫌 이꼬 그레요?

- 예, 꼴창51) 이쩨라우. 꼴창 이쩨.

음

꼴차게도 이르미 이써요?

- 아니라우, 이름 업써라우. 거 꼴창이라고만 하제.

음

- 무리 거그서 송공사네서 비 오문 네레가꼬 여까지52) 오제라우. 요:리까지 네로가제.

- 이제는 아이들도 모두 세 집인지 학교 다녀요.

- 그렇게 되어 버립디다.

그것은 주로 무슨 성씨들이 주로 살아요?

- 여러 가지 성이에요. 그러니까 화합이 안 되지.

아:

- 각자 성이라, 성이라.

아:

- 별 사람 별 성이 다 있었어요, 다 달려드니까 여기가.

아:

- 옛날 사람들은 김 씨들 여기 살았는데 김 씨들도 이제는 없어요.

- 모두 한 집 있어요, 한 집. 그 집 뭐가 이제 뭐 두 집이 사는지 모르겠소.

그럼 이 근처 이제 산은 무슨 산이 있어요?

- 송공산. 송공산밖에 없지요, 큰 산이라고는.

음, 송공산이. 그 다음에?

- 압해도에서는 크다고 하는 산이오, 압해도에서는.

- 여기 압해도에서는 저 산이 크고 또 저기 올라가면 산 하나 있어요, 거기하고.

거기에 또 뭐 골짜기도 좀 있고 그래요?

- 예, 골짜기 있지요. 골짜기 있지.

음

골짜기에도 이름이 있어요?

- 아니요. 이름 없어요. 그 골짜기라고만 하지.

음

- 물이 거기서 송공산에서 비 오면 내려가지고 여기까지 오지요. 이쪽으로까지 내려가지.

- 누: 우에서 이러케 망 네려가라우. 그란디,

저:수지는 언:제?

- 저:수지는 인자 헤 나써라우, 인자.

- 그리 오레 데든 안헤써라우.

저네는 그러면 저:수지는?

- 옵:써라. 망 네로제 무리. 긍까 열.

- 땅에로 멩 머 망 네롱께 비 올떼게는53) 막 여 아페가54) 망 무리 한:
나차55) 부러.

- 그래서 인자 겜물로 막 네려가부리고 여가.

- 인자 저:수지를 마거농께 요:리는 쏵: 요 저:수지에서 무리 네린 놈
가꼬 농사 지여라우.

- 쩡: 장: 강:림까지.

음

- 어디까지56) 이 무리 가라우.

- 그레가꼬 요 무른 젤:로57) 크답띠다, 아페두서는.

물 마:니 이떼요?

- 물 마:니 이써라우, 인자도.

근데 저네는 마실 무른 넝넉하연나요?

- 젤:로 옴:는 디가 여그드라우58), 무리 옴:는 디가.

아:

- 여그는 이르미 이땀서롸?

- 무리 여그는 업:딱 합띠다.

- 아이고 엄:능가 그래서 물 엄:써 가꼬 요론 티는 저 먼:헨는 우리는
그레도 여그서 무리케 게:속 나오고 이쓩께 간:디59) 한참 데려무거라60),
아조 가물먼.

음

- 위에서 이렇게 막 내려가요. 그런데,

저수지는 언제?

- 저수지는 이제 해 놨어요, 이제.

- 그리 오래 되지는 않았어요.

전에는 그러면 저수지는?

- 없어요. 막 내려오지 물이. 그러니까,

- 땅으로 뭐 막 내려오니까 비 올 때는 막 어 앞이 막 물이 가득 차버려.

- 그래서 이제 갯물로 막 내려가 버리고 여기가.

- 이제 저수지를 막아 놓으니까 이리는 싹 이 저수지에서 물이 내린 것 가지고 농사 지어요.

- 저 저 강림까지.

음

- 어디까지 이 물이 가요.

- 그래가지고 이 물은 제일 크다고 합디다, 압해도에서는.

물 많이 있대요?

- 물 많이 있어요, 지금도.

그런데 전에는 마실 물은 넉넉하였나요?

- 제일 없는 곳이 여기데요, 물이 없는 곳이.

아:

- 여기는 이름이 있다면서요?

- 물이 여기는 없다고 합디다.

- 아이고 없는지 그래서 물 없어가지고 이런 곳은 저 뭐 했는 우리는 그래도 여기서 물이 계속 나오고 있으니까 그런데 한참 훑어서 먹어요, 아주 가물면.

음

- 그럼 거그 드러가서 쫌 쩨:깐헌 그르기로 무를 떠 부서야 데, 깍쩨
이로61), 구녀기서62). (웃음).

- 그르케 업:써써라우.

음

- 그란디 인자는 머허 목포서 오고 어:디서 오고 여그 저:수지 물도
이꼬 머 깍:: 차 마:니써.

음

- 쓰고 자푼63) 데로 쓰고 살:제.

예:

여기 싸람들 다 머:트로 멀:허고 사라요?

- 고기 자바무꼬 낙찌도 잡꼬 고기도 잡꼬 문: 벨건벨건64) 다 자바라,
여그는, 강에서.

아: 농사는 잘 안?

- 농사가 업:써라우.

아:

- 농사가 옵:쓥띠요,65) 땅이 음마66)?

아

- 그레가꼬 쩨:67) 너메로68) 한 열 마지기 덴 바시69) 다 노니 다 무구
가꼬 이뜨마니라, 아까치메70) 감서 봉께, 요 너메.

- 누가 안 버러, 인자는.

음

인자 그럼 할머니 막 시집 오셔서도 점부 다 그르케 고기 잡꼬 그레서 살등
가요?

- 그 떼는 고기도 벨라 모짜버슬꺼시요, 제당얼71).

- 그라고 헤우72) 하고 삽:띠다, 헤우.

헤우?

- 그럼 거기 들어가서 좀 조그마한 그릇으로 물을 떠서 부어야 돼, 종지로, 구멍에서. (웃음)

- 그렇게 없었어요.

음

- 그런데 이제는 뭐 목포서 오고 어디서 오고 여기 저수지 물도 있고 뭐 꽉 차 많이 있어.

음

- 쓰고 싶은 대로 쓰고 살지.

예:

여기 사람들 다 뭐로 뭐 하고 살아요?

- 고기 잡아먹고 낙지도 잡고 고기도 잡고 무슨 별의별 것 다 잡아요, 여기는, 강에서.

아, 농사는 잘 안?

- 농사가 없어요.

아: :

- 농사가 없잖습디까, 땅이 얼마?

아

- 그래가지고 저 너머로 한 열 마지기 되는 밭이 다 논이 다 묵어가지고 있더구먼요, 아까 가면서 보니까 이 너머.

- 누가 안 부쳐, 이제는.

음

이제 그러면 할머니 막 시집오셔서도 전부 다 그렇게 고기 잡고 그래서 살던가요?

- 그때는 고기도 별로 못 잡았을 것이오, 좌우간.

- 그리고 김 하고 삽디다, 김.

김?

 함버네 하 한 처리제 그거또 한 철.

음

 가으레 헤:따가 인자 여, 헤우항 거또 보:통이 아니여라우, 인자는 하기 조운디.

 엔:나레는 이르고 조사라우,73) 헤우를 뜨더다가.

 칼로 이르케 조사가꼬 떠가꼬 세보게74) 떠가꼬 아치메 또 널:고 그 놈 띠여다가 또 하고 모다75) 또 저녀게는 겔썩한다 멀:헌다 게:속 바뻐라, 헤:우항 거시.

그 시집오셔쓸떼부터 헤우 헤써요?

 예

이 동네서?

 합띠다.

그레 가지고 그거슬 어:따?

 어따가

우리 나라에서 파라요? 일보느로 팡가?

 어드로 간 지는 몰:라도 목포가 저 사는 데가 이써라우.

음

 거그다 가따 폴:제76).

엔:나레는 일보니로도 가고 여그서 여:쪽 지방에 일본 가는 헤테 꽁장이 이써써, 일본사람한테.

 일본 싸람드리 헤:딱 하데.

 여그서도 헤:딱 하요, 우리 지아페서도.

음

 믈 네련 놈 바꼬 여그서 세:메서 바꼬 그레야꼬, 거가 여가 헤우 뜬 데도 이꼬 방죽또 이꼬 나 옹께 그럽띠다, 여그다 지벌 진:는디.

음

- 한 번에 한 철이지 그것도 한 철.

음

- 가을에 했다가 이제 김 하는 것도 보통이 아니에요, 지금은 하기 좋은데.

- 옛날에는 이렇게 다져요, 김을 뜯어다가.

- 칼로 이렇게 다져가지고 떠가지고 새벽에 떠가지고 아침에 또 널고 그것 떼어다가 또 하고 모두 또 저녁에는 ???? 뭐 한다 계속 바빠요, 김 하는 것이.

그 시집오셨을 때부터 김 했어요?

- 예

이 동네서?

- 합디다.

그래가지고 그것을 어디에다?

- 어디에다가.

우리나라에서 팔아요? 일본으로 파는가?

- 어디로 가는지는 몰라도 목포에 저 사는 곳이 있어요.

음

- 거기다 가져다 팔지.

#- 옛날에는 일본으로도 가고 여기서 이쪽 지방에 일본 가는 해태공장이 있었어, 일본사람한테.

- 일본 사람들이 했다고 하데.

- 여기서도 했다고 해요. 우리 집 앞에서도.

음

- 물 내려온 것 받고 여기서 샘에서 받고 그래가지고 거기에 여기에 김 뜨는 곳도 있고 방죽도 있고 나 오니까 그럽디다, 여기에다 집을 짓는데.

음

－ 언:제 지선냐 그라문 인자 오:십 육썸년 데야서 가써요, 거자⁷⁷⁾.

아

네려 온 지가

－ 야

에 이따

－ 쩌 우게서 네레온 제가, 여그 네레온 지가.

－ 육썸녀니 다: 데야가요. 쪼끔 덜 데야써.

네려옹께 조 조:틍가요?

－ 예, 널붉꼬⁷⁸⁾ 조:체라이⁷⁹⁾.

(웃음) 산쏘게 살:다가

－ 야, 산쏘게서 사:다

－ 산쏘게서는 본 사라미 업:쩨라우, 나:무로 온 사람베께. 나:무로 오고

－ 그라너먼 귀:나⁸⁰⁾ 그렁 걸 자부로 갈라먼 사:람들 그리로 그 저네도 너머갑띠다.

－ 그람 또 따라서 생전 모:른 사람도 따라가제, 따라가서 하고.

－ 또 엔:나레는 베도 미영 사가꼬 거그서 멘드라 가꼬 또 메:서 베도 짜서 혜:보고. 그레가꼬 나:중에는 노무 베는 베는 다 메:로 뎅기고 짜:로도 잘 뗑기고 우리 잘 혜:써라우, 나:중에는.

－ 하다가 처:메는 비와가꼬 나:중에는 게:속 하고.

－ 노무 베 짜로 가서 가는 노미나 짜:로 가면 자:꾸 떠러진 베가 이써라우, 가는 베는.

－ 북 찌서⁸¹⁾ 부르면 이러코 돌 이르케 하다가 부기나 거그다 찌서 부르면 마:니 떠러저 부르면 검:나게 심드러라, 오레까지.

음

－ 밤 무끼도 어럽띠다, 그럴 떼는.

요기 요기 네려오셔가지고 그럼 고기도 잡꼬 머:또 잡꼬,

- 언제 지었느냐 그러면 이제 오십 육십 년 돼서 갔어요, 거의.

아

내려 온 지가.

- 예

위에 있다가.

- 저 위에서 내려온 지가, 여기 내려온 지가.

- 육십 년이 다 돼 가요. 조금 덜 됐어.

내려오니까 좋던가요?

- 예, 넓고 좋지요.

(웃음) 산속에서 살다가.

- 예, 산속에서 살다.

- 산속에서는 볼 사람이 없지요, 나무하러 온 사람밖에. 나무하러 오고.

- 그렇지 않으면 게나 그런 걸 잡으러 가려면 사람들 그리고 그전에도 넘어갑디다.

- 그러면 또 따라서 생전 모르는 사람도 따라가지. 따라가서 하고.

- 또 옛날에는 베도 무명 사가지고 거기서 만들어가지고 또 매서 베도 짜서 해보고 그래가지고 나중에는 남의 베는 베는 다 매러 다니고 짜러도 잘 다니고 우리 잘했어요, 나중에는.

- 하다가 처음에는 배워가지고 나중에는 계속 하고.

- 남의 베 짜러 가서 가는 것이나 짜러 가면 자꾸 떨어지는 베가 있어요, 가는 베는.

- 북 찢어버리면 이렇게 돌 이렇게 하다가 북이나 거기다 찢어버리면 많이 떨어져버리면 굉장히 힘들어요, 오래까지.

음

- 밥 먹기도 어렵습디다, 그럴 때는.

여기 여기 내려오셔가지고 그럼 고기도 잡고 뭐도 잡고,

- 그레쩨라우.

- 그런디 거그서는 고기자바짜 폴도 몯하고 어:디로.

- 고기도 여그 아서 버크륵[82] 가틍 거또 치고 모도 어짜고 헤가꼬 작끼도 합띠다.

머 처요?

- 그레도 폴드른 몯 헤써라우, 우더른 ***.

머:슬 처따고요?

- 버크리라고 처라우.

버클

- 그무를.

그무를

- 그무를 이로코 자: 멀:리 처라우.

- 그라믄 막 벨 고기가 다 드러라우.

- 그럴 떼는 흔항께 요주메는 잘 안 들제.

- 그란디 그 떼는 훈항께 고기가 마:니 들제.

딱 그무를 처 노코 버크를 처 노코 무레 드러가따 나가면 거가 고기가

- 또 자부로 가고 또 자부로 가고 그러제라우.

아:

- 짱에[83] 가틍 거또 그럴 떼는 마:니 자바써라우, 짱에.

- 인자는 그러케 막 짱에가 옵:써라. 짱에가 비싸요 안?

- 그란디 인자는 짱에가 그러케 마:니 옵:써라, 엔:나레는.

그럼 자븐 고기드른 주로 잡싸써요?

- 무거뜽가 어쩨 무거뜽가 모:르조, 나는 안 무거쓩께.

(웃음)

- 나는 암 무궁께, 월레가[84].

그떼 당시

- 그랬지요.

- 그런데 거기서는 고기 잡았자 팔지도 못하고 어디로.

- 고기도 여기 와서 그물 같은 것도 치고 모두 어떻게 해가지고 잡기도 합디다.

뭐 쳐요?

- 그래도 팔지는 못 했어요, 우리들은 ???.

뭐를 쳤다고요?

- '버클'이라고 쳐요.

'버클'

- 그물을.

그물을.

- 그물을 이렇게 이제 멀리 쳐요.

- 그러면 막 별의별 고기가 다 들어요.

- 그때는 흔하니까 요즈음에는 잘 안 들지.

- 그런데 그때는 흔하니까 고기가 많이 들지.

딱 그물을 쳐 놓고 그물을 쳐 놓고 물이 들어갔다 나가면 거기에 고기가,

- 또 잡으러 가고 또 잡으러 가고 그러지요.

아:

- 장어 같은 것도 그때는 많이 잡았어요, 장어.

- 이제는 그렇게 막 장어가 없어요. 장어가 비싸잖아요?

- 그런데 이제는 장어가 그렇게 많이 없어요, 옛날에는.

그럼 잡은 고기들은 주로 잡수었어요?

- 먹었던가 어떻게 먹었던가 모르지요, 나는 안 먹었으니까.

(웃음)

- 나는 안 먹으니까, 원래.

그때 당시

- 그레가꼬 인제가 그 뒤:로 무거쓰먼 무거쩨.

- 그란디 사:람더른 인자 여거서 저:리 꾸를85) 까로 인자 가요. 뻘86). 진쩌 먼 쩨깐헌 찰 베 타고 가머넌

- 인자 어:런더리나 아그드리나87) 으기 지 인자 운저리88) 자불라고 낙쒸야고 모도 멀 헤:서 가꾸 가그덩.

- 낙씨에다 헤:서 운저리를 자부노문 덴:장 가틍 걸 찌거서 무그머는 여그서 (웃음) 이로코 훈둘훈둘헤.(웃음) 운저리가, 께물먼.

- 그레도 막 씨버 무거, 쩌 건네 저 종인어메랑89).

- 먼:니리까 어차고 저로코 마실까90) 그러고 무꼬.

- 우리 칭구 한나도 그러고 어:디 가먼 운저리나 이런 모치91) 가틍 건 주먼 이베다 느코 께물먼 꼴랑지가92) 흔들흔들헤. (웃음)

하하하

- 이베서

산: 놈 산: 놈 바로 머긍께.

- 야, 그레가꼬 막 산:놈 인저 창시만93) 따 부리고 막 무그먼 그거시 훈둘훈둘허먼, 기가 마켜 죽꺼따 헤써. (웃음)

(웃음)

- 그레 인자 그러케 잘 무급띠다. 그레도 난 넘 아 에초에 암 무거 버릉항께 무끼 시릅띠다야.

아

- 헤:도 암 무꼬 이떼금94) 암 무거쩨. 고기도 암 무꼬. 앙:꺼또.

- 그레도 저 갈치 아니 조구 몰린 건 건 갈치 짤자랑95) 건 그거슨 무거라우.

(웃음)

- 그래가지고 이제 그 뒤로 먹었으면 먹었지.

- 그런데 사람들은 이제 여기서 저리 굴을 까러 이제 가요. 개펄, 진짜 뭐 조그마한 배 타고 가면은,

- 이제 어른들이나 아이들이나 이제 망둑어 잡으려고 낚시하고 모두 뭐 해서 가지고 가거든.

- 낚시에다 해서 망둑어를 잡아 놓으면 된장 같은 걸 찍어서 먹으면은 여기서 (웃음) 이렇게 흔들흔들해, (웃음) 망둑어가, 깨물면.

- 그래도 막 씹어 먹어, 저 건너 저 종인엄마랑.

- 무슨 일일까? 어떻게 저렇게 맛있을까 그렇게 먹고.

- 우리 친구 하나도 그렇게 어디 가면 망둑어나 이런 모쟁이 같은 것 주면 입에다 넣고 깨물면 꼬리가 흔들흔들해. (웃음)

하하하

- 입에서.

산 것 산 것 바로 먹으니까.

- 예, 그래가지고 막 산 것 이제 창자만 따버리고 막 먹으면 그것이 흔들흔들하면 기가 막혀 죽겠다 했어. (웃음)

(웃음)

- 그래 이제 그렇게 잘 먹습디다. 그래도 난 넘 아 애초에 안 먹어 버릇하니까 먹기 싫습디다.

아

- 회도 안 먹고 이때껏 안 먹었지. 고기도 안 먹고. 아무 것도.

- 그래도 저 갈치 아니 조기 말린 것 갈치 자잘한 것 그것은 먹어요.

(웃음)

■ 주석

1) '-어사'는 '-어야'의 방언형. 표준어의 토씨 '야' 역시 서남방언에서는 '사'로 쓰인다. 옛말 '싸'는 '사'의 약화형이다.

2) '-제'는 반말의 씨끝 '-지'의 방언형. 옛말 '-디뷔'에서 발달한 이음씨끝 '-지' 역시 서남방언에서는 '-제'로 쓰인다. 이로 미루어 보면 반말의 씨끝 '-지'나 '-제'는 모두 이 음씨끝에서 발달한 것임을 알 수 있다.

3) '라'는 서남방언의 두루높임 토씨 '라우'의 변이형. '라우'와 '라'는 흔히 수의적으로 변이된다. 특히 첨사 '이~' 앞에서는 필수적으로 '라'로 변동한다.

4) '그라요'는 하오체로서 표준어 '그러오'에 대응하는 말이다. 서남방언의 씨끝 '-요'는 이처럼 표준어의 '-오'로부터 발달한 형태이다. 따라서 표준어 '하오체'를 서남방언에서는 '하요체' 또는 '허요체'라 부를 만한데 이 위계에 속하는 표준어 '-오/소'에 대해 서남방언은 '-요/소'의 변동을 보인다. 또한 자음 뒤의 '-소'는 '-으요'로도 수의적 변동을 보여 '-요/으요'와 같은 형태적 평균화를 지향한다.

5) '중마'는 '중매'(中媒)의 방언형.

6) '인잣시상'은 시간부사 '인자'(=이제)와 '시상'(=세상)의 합성어로서 사이시옷이 개재된 형이다. 표준어의 '지금 세상'과 같은 뜻이다. 서남방언은 표준어보다 사이시옷이 개재된 합성어나 파생어가 훨씬 다양하게 나타난다.

7) '틀리요 안?'은 확인물음으로서 여기서는 '다르잖아요?'의 뜻이다. 전남방언에서 확인 물음은 표준어와 달리 짧은 부정 형식을 사용하는 것이 특징이다. 그래서 '안 하요?'는 '하잖아요?'의 뜻을 갖는다. 이때 '안 하요?'의 '안'은 동사 뒤에 올 수 있어 '하요 안?'처럼 될 수 있고 또는 '안'이 '하요'의 앞과 뒤에 동시에 올 수도 있어 '안 하요 안?'과 같이 쓸 수도 있다. '안'의 위치 환환이 자유롭게 되면서 '안'은 더 이상 부정 사(否定辭)가 아니라 확인물음을 나타내는 말로 변해 버렸다. 그 결과 '안 하요?'에 내림억양을 취하면 짧은 부정 형식이 아니라 확인물음 형식이 된다(유영대/이기갑/이종주 1998, 이기갑 2012, 송복승 1998)

8) '댕이다'는 '다니다'의 방언형. '댕이다' 외에 '댕기다'도 함께 쓰인다.

9) '먼:'은 '무슨'의 방언형. 서남방언에서 '무엇'은 '멋:'으로 쓰이며 이 '멋:'은 '머:'로도 변동하는데, 관형형은 '먼:'으로서 보충형(suppletive form)이다.

10) '팜나'는 '밤낮'의 방언형. '밤낮 → 밤나 → 팜나'의 변화를 겪은 것이다. '밤낮'이 밤과 낮을 뜻하는 경우라면 이와 같은 형태의 변화를 겪지 않지만 '밤과 낮을 가리지 않고 늘'의 뜻을 가질 때에는 원래의 의미에서 벗어났으므로 형태의 축소나 격음화와 같은 변화를 겪게 된다.

11) '와서'의 첫 음절에서 반모음 /w/가 탈락하였다. 전남의 내륙에서는 이러한 변화가 없지만 압해도는 내륙과 다른 변화를 보인다.

12) '이부지가 아퍼서 다리 아퍼서'는 글말이라면 '아버지 다리가 아파서'라고 쓸 만한 내용이다. 입말에서는 하나의 억양 단위에 하나의 새로운 정보만을 두는 경향이 있으므로 이처럼 '아버지'와 '다리'를 각각 다른 억양단위에 배치하고 있는 것이다.

13) '방에가 있다'는 '방에 있다'와 같은 뜻이다. 따라서 '방에가'는 '방에'와 다를 바 없는데 '방에'에 덧붙은 '가'는 원래 동사 '가'가 첨사로 변한 것이다. '방에가'는 '방에 가서'의 뜻을 원래 가졌었는데 이동동사 '가'의 의미가 약화되면서 어떤 장소에 '가 있는' 상태를 가리키게 되었다. 따라서 '방에가'는 '방에' 또는 '방에서'와 동일한 의미를 나타내게 된 것이다.

14) '지겠다'는 '계시다'의 뜻. '지겠-'은 아마도 '겨어 겨시-'와 같은 구성에서 발달한 낱말로 보인다. '지겠-'의 '지'는 '겨어 겨시-'의 '겨어'가 '겨 > 게 > 기 > 지' 등의 변화를 입은 결과이다. '지겠-'의 '겠'은 보조동사 '겨시-'가 문법화한 것으로서 과거시제의 높임형이다. 서남방언에서 '잡으겠소?'는 '잡으셨소?'를 뜻하는데 이 때의 '겠'이 과거시제의 높임형임을 보여 준다. 우리말에서 '-어 잇-'이 '-었으로 재구조화 했듯이 '-어 겨시-'는 '-어겼-'으로 재구조화되어 과거시제의 높임형이 된 것이다(고광모 2000).

15) '기양'은 '그냥'의 방언형. '기냥', '강' 등으로 쓰이기도 한다.

16) '요리'는 '이리'의 뜻. 표준어에서 '요리'는 '이리'의 낮춤말 또는 귀여운 말맛을 가지나 서남방언에서는 그러한 말맛의 차이가 없이 쓰인다. '이리'보다 '요리'의 사용 빈도가 훨씬 높다.

17) '어쭈게'는 '어떻게'의 방언형. 표준어 '어떻다'는 서남방언에서 '어쩧다/어쩧다/어쭇다' 또는 '어쩌다/어찌다/어쭈다'로 쓰인다.

18) '디'는 의존명사 '데'의 방언형. 서남방언은 장소를 표현하기 위해 '곳' 대신 '데'를 쓴다. 그래서 '갈 곳이 없다'보다는 '갈 디가 없다'라고 말하는 것이 이 방언의 전형적인 표현법이다.

19) '그랬드만'은 '그랬더니만' 또는 '그랬더니마는'의 방언형. 방언형 '그랬드니만'에서 '니'가 탈락한 형태이다.

20) '시어메'는 '시어머니'의 방언형.

21) '야달'은 '여덟'의 방언형.

22) '암:것'은 '아무것'의 방언형. '아무도', '아무 제'(=아무 때)는 각각 '암:도', '암:제'로 쓰인다. 반면 '아무 일'이나 '아무나'는 '*암:일'이나 '*암:나'로 쓰이지 않는 것을 보면 '아무'가 '암'으로 줄어드는 것은 매우 제약된 일부의 낱말에서만 일어나는 것으로 보인다.

23) '전이'는 '전혀'의 방언형.

24) '남자라고 한 사람'은 자신의 남편을 객관화 시켜 이르는 말이다.

25) '동네 가서'는 '동네에서'의 뜻이다. 이동동사 '가-'의 의미가 약화되어 단지 장소를 나타내는 말로 의미가 변하였으므로, '동네 가서'가 '동네에서'의 뜻을 갖게 된 것이다. 만약 '가서'가 이동동사의 의미를 그대로 가지고 있다면 후행 술어는 동사가 와야 한다. 그런데 여기서는 '이:뿌고 쪼깐혜가꼬 날씬혜가꼬'처럼 형용사가 쓰였다. 이런 점을 보면 이때의 '가서'는 토씨로 재구화된 것으로 해석해야 한다.

26) 표준어에서 '여간'은 부정문에만 쓰이는 제약이 있으나 서남방언에서는 긍정문에도 쓰일 수 있다. 이때 '여간'은 '매우'나 '굉장히'의 뜻이다.

27) '쪼깐하다'는 '조그마하다'의 방언형. '쬐깐허다'나 '쩨깐허다', '쩨끔허다' 등으로 쓰이기도 한다. '쪼깐하다'의 어근 '쪼깐'은 독자적으로 '조금'의 의미로 쓰인다. 예를 들어 '너 쪼깐 맞을래?'(=너 좀 맞을래?), '비가 쪼깐 오네.'(=비가 조금 오네.)처럼 쓰인다. 표준어 '조그마하다'가 역사적으로 '족-옴-마-ᄒ-다'에서 발달한 것을 상기하면 이 방언의 '쪼깐하다'는 접미사 '마'가 없음을 알 수 있다.

28) '하레'는 '하루'의 방언형.

29) '그라고'는 '그렇게'의 뜻. 예를 들어 '우산을 들고 간다'에서 '들고'는 뒤따르는 동사 '간다'를 수식하는 양태 표시의 기능을 한다. 이러한 씨끝 '-고'의 용법에 따라 '그라고'나 '이라고'가 후행하는 서술어를 수식하는 양태 부사와 같은 기능을 하게 된 것이다. 의미적으로는 표준어의 '그렇게'나 '이렇게'에 대응시킬 수 있다.

30) 토씨 '야'는 반말에 붙어 선행 표현이 가리키는 의미를 강조하는 기능을 한다. 이때 상대높임의 위계는 해라체로 변한다. 즉 '꼭 잡아.'와 '꼭 잡아야.'는 말맛이 다른데, '잡아야'는 '잡아'에 비해 상대에게 행동하기를 재촉하는 느낌이 더 있다. 의문문인 경우 '잡아?'와 '잡아야?' 역시 말맛이 다른데 '잡아야'는 상대의 말을 되물어 재확인하는 느낌을 준다. 그래서 '잡아?'가 중립적인 의문문이라면 '잡아야?'는 확인하는 물음문이 된다.

31) /ㅓ:/는 이 지역어에서 /ㅗ:/로 원순모음화 되는 경향이 있다. 이러한 원순모음화의 경향은 특히 서해안 연안 지역에서 심하게 나타난다.

32) '뱅이다'는 피동형 '보이다'의 방언형. 전남의 내륙 지방에서는 '베이다' 또는 '비;다'가 일반적임을 고려하면 /ㅇ/이 첨가되었음을 알 수 있다.

33) '따뿍'은 표준어 '다뿍'의 방언형. '다뿍'은 분량이 다소 넘치게 많은 모양을 뜻하는데 '따뿍'은 이보다 더 양이 많아 '가득'과 동의어로 쓰인다.

34) '뎅이달라'는 '뎅이다가'의 '다가'가 '달라'로 잘못 발음된 것.

35) '와 봤닥'은 '와 봤다고'의 뜻. 인용토씨 '고'는 서남방언에서 'ㄱ'으로 수의적인 축약을 보인다.

36) 향격이나 도구격의 토씨 '이로'는 '으로'의 방언형.

37) '짓다'는 표준어와 달리 서남방언에서 규칙활용을 한다.

38) 서남방언에서 '놈'은 표준어 '것'과 같이 사물을 가리키는 말로 쓰인다. 그래서 '이것', '그것', '저것'을 서남방언에서는 '요놈', '고놈', '쪼놈'이라고 하는 것이 보통이다.

39) '방도 멋도 없고'는 '방도 없고'를 강조하는 표현이다. 서남방언에는 이처럼 의문사 '멋'(=무엇)을 함께 사용하여 '없음'을 강조하는 말법이 있다. 예를 들어 '돈도 없고 멋도 없어'라거나 '돈도 멋도 없어'라고 하면 '돈도 없어'를 강조하게 되는 것이다.

40) '갔다야'는 여기서 '갔음'을 새삼스럽게 알게 되었음을 나타낸다. 이런 의미는 토씨 '야' 때문에 발생한다. 단순히 '갔다'라고 하면 그러한 '새로운 깨달음'의 의미가 없지만 여기에 '야'를 결합하면 선행의 표현 '갔다'를 강조하면서 '새로운 깨달음'의 의미가 생겨난다.

41) '웃집'은 '윗집'의 방언형. 서남방언은 표준어 '위'를 '욱'으로 표현하므로 '웃집' 외에 '욱엣집'이라고도 한다. '욱'은 중세어 '욱'의 대응형이다.

42) '보다' 또는 '보다가'는 '보고'의 방언형. 그래서 표준어 '나보고'는 서남방언에서 '나보다' 또는 '나보다가'라고 한다. 따라서 서남방언에서 '보다'는 비교격과 여격의 두 가지 기능을 한다. '보고'와 '보다'는 모두 동사 '보-'(視)에서 문법화한 것인데, 문법화의 방향이 방언에 따라 달리 나타나는 것이 흥미롭다.

43) '-음스러'는 '-으면서'의 방언형. '-음서' 또는 '-음시롱'이라고도 한다. 따라서 '울면서'는 서남방언에서 '움서'나 '움스러', '움시로' 등으로 쓰인다.

44) '즈그'는 '저희'의 방언형. '저희'는 표준어에서 1인칭 대명사의 겸손형 '저'의 복수형 또는 재귀대명사의 복수형 등으로 쓰인다. 반면 서남방언의 '즈그'는 오직 재귀대명사로만 쓰일 뿐 일인칭대명사 '저'의 복수형으로 쓰이지는 않는다. 서남방언에서 일인칭대명사의 겸손형 '저'의 복수형은 '지들'이다.

45) '벌다'는 표준어 '부치다'의 방언형으로서 '논밭을 이용하여 농사를 짓다'는 뜻이다.

46) '곡석'은 '곡식'의 방언형. 둘째 음절 이하에 나타나는 '식'은 서남방언에서 '석'으로 실현되는 경향이 있다. '음석'(=음식), '자석'(=자식) 등이 이런 예이다.

47) '만해지다'는 '많아지다'의 방언형. 표준어 '많다'는 서남방언에서 '만허다'로 쓰인다. 마찬가지로 표준어에서 /ㅎ/을 끝 자음으로 갖는 '귀찮다, 괜찮다, 편찮다, 점잖다, 않다' 등은 이 방언에서 모두 '귀찬허다, 괜찬허다, 편찬허다, 점잔허다, 안허다' 등으로 쓰인다. 옛말 '흐다'의 'ㅎ'가 표준어와 달리 서남방언에서는 축약되지 않고 원래의 형태를 그대로 유지한 결과이다. 이로 보면 표준어 '많다'도 원래는 '만흐다' 와 같은 말에서 축약된 것임을 짐작할 수 있다.

48) 이 제보자는 '이제는'을 '인자도'처럼 말한다. 이 제보자의 개인적인 말버릇인지 아니면 압해도의 일반적인 것인지 확언하기 어렵다.

49) '벨라'는 '별로'의 방언형. 그러나 '벨라'가 포함된 '벨라도'는 표준어 '별로도'와 달리 '유별나게'의 뜻을 갖는다.

50) '달라들다'는 '달려들다'의 방언형.

51) '꼴창'은 '골짜기'의 방언형. '꼴착'이나 '꼴짝'이라고도 한다. 여기서는 특히 물이 흐르는 작은 골짜기를 가리키는 것으로 보인다.

52) '여까지'는 '여기까지'의 뜻. '여기'는 서남방언에서 '역'으로 축약되어 쓰이기도 하는데, '역서'(=여기서), '역까지'(=여기까지) 등이 그런 예이다.

53) '때게는'은 '때에는'의 뜻. '때'를 비롯한 일부 시간명사, 예를 들어 '가실'(=가을), 저실(=겨울) 등에는 처격의 토씨로서 '에' 대신 '게'가 쓰인다. '가실'(<ᄀᆞᅀᆞᆶ), '저실'(<겨ᅀᅳᆶ) 등을 고려할 때 '때'는 '가을', '겨울' 등에 유추되어 /ㄱ/이 첨가된 것으로 보인다.

54) '앞에가'는 '앞이'의 뜻. '앞'과 같은 공간명사는 서남방언에서 흔히 처격의 토씨 '에'와 더불어 쓰인다. 그래서 주격은 '앞에가', 목적격은 '앞에를'처럼 말한다. 이것은 공간명사와 처격 토씨의 결합 빈도가 빈번하기 때문에 아예 '앞에'가 하나의 명사처럼 굳어져 쓰이기 때문일 것이다. '앞'뿐만 아니라 '뒤, 옆, 위, 곁, 밑' 등과 같은 공간명사는 모두 이렇게 쓰이는 것이 서남방언의 용법이다.

55) '한나 차다'의 '한나'는 '가득'의 뜻. 그래서 '항아리에 쌀이 한나다'라고 하면 '항아리에 쌀이 가득이다'의 뜻이 된다. 이때의 '한나'는 '하나'로도 변이되어 쓰인다.

56) '어디까지'에서 '어디'는 의문사가 아니라 '갈 수 있는 가장 먼 곳'의 의미이다. 따라서 '어디까지'는 '아주 먼 곳까지'를 뜻하게 된다.

57) '젤:로' 또는 '질:로'는 '제일로'에서 축약된 말인데 '제일'이나 '가장'의 뜻이다. '젤:'이나 '질:'로도 쓰인다.

58) '여그드라우'는 '여그드라'에 씨끝 '-우'가 결합된 것으로서 표준어의 '여기더라오'에 대응시킬 수 있다. 따라서 '-우'는 하오체의 씨끝임이 분명한데 서남방언은 일반적으로 하오체의 씨끝 '-오'에 대해 '-요'를 사용한다. 예를 들어 '뭐 하오?'는 '멋 허요?'로 쓰이는 것이다. 그런데 완형보문 다음에서는 '-요'와 함께 '-우'도 쓰이는데 이 '-우'는 물론 '-오'가 고모음화 된 것이다. '여그드라우'의 '-우'가 바로 이것이다. 그렇다면 하오체의 씨끝 '-오'는 서남방언에서 '-요'와 '-우'의 두 갈래의 변화를 겪었다고 할 수 있다. 완형보문 뒤에서는 '-요'와 '-우'가 혼용될 수 있지만 그 밖의 환경에서는 오직 '-요'만이 쓰이기 때문이다. 따라서 표준어 '내일 비가 온다오.'는 서남방언에서 '닐 비가 온다요.' 또는 '낼 비가 온다우.'처럼 쓰이며, 반면 '뭐 하오?'는 언제나 '멋 허요?'로 쓰일 뿐 '멋 허우?'로는 쓰이지 않는다. 이 '-우'는 보통 반모음 /w/로 실현된다.

59) '간:디'는 '그란디'의 축약형이다. '하-'는 남부 전남에서 '하-', 북부 전남에서 '허-'로 쓰이므로 '하-'를 포함한 복합어 역시 같은 분화 양상을 보이게 된다. '그리하다'

도 남부 전남은 '글하다', 북부 전남은 '글허다'로 분화하므로 씨끝 '-은디'(=-은데)가 결합한 활용형은 '글한디'와 '글헌디'로 나타나게 된다. '글한디'는 '그란디'를 거쳐 '간:디', '글헌디'는 '그런디'를 거쳐 '근디'로 각각 분화되어 쓰인다.

60) '데리다'는 샘의 바닥까지 훑어서 물을 퍼내는 것을 가리킨다. 진도에서는 '떼리다'라고 한다.

61) '깍쩨이'는 '종지'의 방언. '깍쟁이'라고도 한다.

62) '구녁'은 '구멍'의 방언형. 전남의 내륙에서는 '구녕'이나 '구먹' 등이 쓰이기도 한다.

63) '젏다'는 '싫다'의 방언형. '잡다'로도 쓰인다.

64) '뻘것뻘것'은 '별의별 것'의 뜻.

65) '없습디요?'는 확인물음을 나타내는 말이다. 이 문장의 끝을 올리면 가부 물음이 되지만 내리면 '없잖습디까?'와 같은 확인물음이 된다. 전남방언에서는 확인물음의 '안'을 붙이는 것이 일반적인데 이 경우는 '안' 없이 억양만으로 확인물음을 나타내는 것이 독특하다. 따라서 '안 없습디요?'와 '없습디요?'는 동일한 의미를 나타내는 말인 셈인데 이 두 경우 '없습디요?'의 억양은 내림억양으로 동일하다. 아마도 '안 없습디요?'에 얹혀 있던 억양이 독자적으로 확인물음을 표현한 것으로 보인다. 이에 따라 확인물음의 명시적 표지인 '안'이 없더라도 억양만으로 확인물음임을 나타내게 되었다.

66) '음마'는 옛말 '언마'를 유지한 형태이다. '언마'가 동화에 의해 '엄마'가 되고 /ㅓ/가 고모음화 하여 '음마'가 되었다.

67) 전남방언에서 지시어 '저'는 흔히 '쩌:'로 실현된다. 말할이로부터의 거리가 멀기 때문에 장음의 된소리로 변한 것으로 보인다. 물리적 거리와 언어적 거리를 일치시키려는 도상성(iconicity)이 작용된 결과이다.

68) '너메'는 '너머'의 방언형.

69) '밭'은 전남의 서부지역에서 '밧'과 '밭'으로 변동한다. '밭'은 처격토씨 앞, '밧'은 그 밖의 환경에 나타난다. 반면 동부 전남에서는 '밭'의 단일 기저형을 유지한다.

70) '아까침'은 '아까참'이 변한 것이다. 여기서 '참'은 시간을 나타내는 명사인데 기존의 시간부사 뒤에 잉여적으로 붙는 경향이 있다. '난중참'(=나중), '후참'(=후), '이번참'(=이번) 등이 그런 예이다.

71) '제당얼'은 '좌우당간'으로 추정되는 발화이다.

72) '헤우'는 '해의'(海衣)로서 '김'을 가리킨다. 우리말에서 '옷'은 의복의 뜻에서 확장되어 사물의 겉을 싸는 물질을 가리키기도 한다. '튀김옷'이 전형적인 예이다. 바위나 돌담에 끼는 이끼류를 전남방언에서 '바우옷'이나 '땀옷'이라 부르는 것도 같은 것이다. 따라서 바다에서 생기는 이끼류인 '김'을 '바다옷' 즉 海衣라 부르는 것은 매우 자연스러운 말 만들기 방식이라 할 수 있다.

73) 옛말 '좃다'로부터 표준어 '조아리다'와 '쪼다'가 분화되어 나오듯, 전남방언에서는 '좃다'와 '쫏다'의 두 낱말이 갈라져 나왔다. '쫏다'는 표준어 '쪼다'와 같이 '뾰족한 끝으로 쳐서 찍다'는 뜻을 갖는다. 그래서 닭이 모이를, 새가 나무를, 석수가 돌을 쳐서 찍는 행위를 전남방언에서는 모두 '쫏다'로 표현한다. '달구새끼가 모시를 쪼사 묵네'(=닭이 모이를 쪼아 먹네.)처럼 말하는 것이다. 한편 '좃다'는 칼처럼 날카로운 것으로 다지는 행위를 가리킨다. 그래서 '낙자는 칼로 콱콱 조사 묵어사 맛나'(=낙지는 칼로 탕탕 다져서 먹어야 맛나.)처럼 말한다. 경우에 따라 '좃다'는 '쪼다'의 뜻으로 쓰이기도 한다. 예를 들어 '바늘로 여그를 조사서 피를 빼야 언능 나서.'(=바늘로 여기를 쪼아서 피를 빼야 얼른 나아.)와 같이 사용할 수 있다. '좃다'는 서남해 지역에서 굴을 따거나 까는 행위를 가리키기도 한다. 이때 사용하는 도구를 '조새'라 하는데 이는 물론 동사 '좃-'에 접미사 '-애'가 결합된 것이다.

74) '새복'은 '새벽'의 방언형.

75) '모다'는 '모두'의 방언형.

76) '폴다'는 '팔다'의 방언형.

77) '거자'는 '거의'의 방언형. '거진'이라고도 한다. 옛말 '거싀'의 /ᅀ/이 /ㅈ/으로 변화한 결과이다.

78) '널붑다'는 '넓다'의 방언형.

79) '좋제라이'의 '라이'는 두루높임의 토씨 '라우'에 토씨 '이'가 결합된 것이다. 즉 '라우이'가 '라이'로 변동한 것이다. 첨사 '이'는 응답어 '응'에서 문법화한 것으로서 서술법의 경우 상대에 대한 다짐을 나타낸다. 여기에 말할이의 다정한 느낌이 얹히기도 한다(김태인 2015).

80) '귀:'는 '게'(蟹)의 방언형. 전남의 서부 지역에서는 일반적으로 '기:'라 하며 동부 전남에서는 '게:'를 쓰는데, 이 지역에서 '귀:'처럼 원순모음화 되어 나타났다. '기: > 귀:'로의 변화가 일어난 것으로 보인다.

81) '쩟다'는 '찢다'의 방언형으로 추정된다.

82) '버크륵'은 고기를 잡기 위해 치는 도구인데 정확한 의미는 불명이다. 여기서는 우선 '그물'로 대응시켰다.

83) '짱에'는 '장어'의 방언형.

84) '원래가'의 '가'는 '원래'를 강조하는 말.

85) '꿀'은 '굴'의 방언형. 표준어 '굴'이 장음인 데 반하여 이 방언의 '꿀'은 단음인 점이 다르다. '굴'에 대해 전남 지역은 '석화'(石花)와 '꿀'의 두 가지 형태가 지역에 따라 사용된다. 전남의 내륙에서 '석화'가 주로 쓰인다면 서남해안 지역에서는 '꿀'이 쓰인다. 곳에 따라서는 '꿀'과 '석화'를 자연산과 양식산을 구별하는 데 쓰기도 한다.

86) '뻘'은 밀물 때는 물에 잠기고 썰물 때는 물 밖으로 드러나는 모래 점토질의 평탄한 땅(＝갯벌)을 가리키기도 하고, 개흙(＝펄)을 뜻하기도 한다. 여기서는 '갯벌'의 뜻으로 쓰였다.

87) '아그'는 '아이'의 방언형. 옛말 '아히'에 대응되는 말이다.

88) '운저리'는 '망둑어'의 방언형. '문저리'라고도 한다.

89) '종인어메'는 고유명사.

90) '마실까'는 '맛있을까'의 축약형.

91) '모치'는 숭어 새끼인 '모쟁이'의 방언형. 표준어와 달리 전남방언에서는 지역에 따라 숭어의 크기에 따른 다양한 이름이 쓰인다. 예를 들어 신안군 신의면에서는 '쌀모치-보릿모-모치-외손재비-누렁모-무걸모-숭에'와 같은 일곱 가지의 이름이 있는데 대체로 1년 정도 자라면 상위의 명칭을 쓰게 된다 그래서 '숭에'는 적어도 7년 정도 자란 크기의 숭어를 가리킨다. '쌀모치-보릿모-모치-누렁모-무걸모' 등에는 모두 '모'가 포함되어 있는데, 어린 식물을 가리키는 '모'와 같은 어원을 갖는 것으로 생각된다.

92) '꼴랑지'는 '꼬리'의 방언형. '꼬랑지'라고도 한다. '꼬리'에 접미사 '-앙지'가 결합된 형이다.

93) '창시'는 '창자'의 방언형. '창사', '창세기', '창아리'라고도 한다.

94) '이때금'은 '이때껏'의 방언형. '이때까지'라고도 한다.

95) '짤잘하다'는 '자잘하다'의 방언형. 첩어 '잘잘'이 표준어에서는 /ㄹ/이 탈락하였으나 서남방언은 /ㄹ/ 탈락이 일어나지 않았다.

02 일생의례

자, 그러면 인제 우리 할머니가 옌:나레 테어나신 데는 어쩌 그?

— 신장이라고 이써라우.

신장이~?

— 으

— 막 건네온 데.

신장 이뜨만.

— 야1)

초등하꾜도 이꼬. 신장 초등하꾜

— 야, 신장 거그 그 미테가 시방 네가 살:든 데여, ***.

거근 어쩌뜬 거그는 그 동 동:네 사:라미 만:헝가요?

— 그 떼는 마:네써라우. 근데 거그도 인자는 어:디2) 동:네든지 적:딱하요, 사:라미.

그러지요.

— 자식뜨른 가 버르고 어:디로 여그서 살:먼 몬:항께 서울까튼 디로 다 핑게박싼3) 헤:부리고 구릉께 사:라미 업:써라 벨라, 어디그나4). 그란디,

— 이 무지기도 그저네 쫌 에:덜또 나:코 어짜고 항께 마:넨는디 업:써라, 인자는.

음

— 그렁게 나:중에는 다 빙:어씹띠다. 다 주거부루고. 누가 오드는5) 안하고6) 나:토 안 허고.

그 신장에서 사실 떼 시집오시기 저네 형제간드리 마:네따 그레쪼이?

— 여가 여가 마:네써라.

아니, 할머니 사시던 고시

— 야, 우리 성제간드른 벨라 업:써써라우.

— 어쩌서 엄:냐 그라면, 우리 아부지가 에기 떼 일곱싸링가 무거서 어메가 주거따 합띠다, 쩨:깐헤서.

자, 그러면 이제 우리 할머니가 옛날에 태어나신 곳은 어떠 그?

— '신장'이라고 있어요.

신장?

— 으

— 막 건너온 데.

신장 있더구먼.

— 예

초등학교도 있고. 신장 초등학교.

— 예, 신장 거기 그 밑이 지금 내가 살던 곳이야, ???.

거기는 어떻든 거기는 그 동 동네 사람이 많은가요?

— 그때는 많았어요. 그런데 거기도 이제는 어느 동네든지 적대요, 사람이.

그러지요.

— 자식들은 가 버리고 어디로 여기서 살면 못 하니까 서울 같은 곳으로 다 풍비박산 해 버리고 그러니까 사람이 없어요, 별로, 어디나. 그런데,

— 이 '무지기'(지명)도 그전에 좀 아이들도 낳고 어쩌고 하니까 많았는데 없어요, 이제는.

음

— 그러니까 나중에는 다 비겠습디다. 다 죽어 버리고. 누가 오지는 않고 낳지도 않고.

그 신장에서 사실 때 시집오시기 전에 형제들이 많았다 그랬지요?

— 여기에 여기에 많았어요.

아니, 할머니 사시던 곳이?

— 예, 우리 형제들은 별로 없었어요.

— 왜 없느냐 그러면, 우리 아버지가 아이 때 일곱 살인지 먹어서 어머니가 죽었다고 합디다, 조그마해서.

- 그래서 어메가 주건는디, 그거세다가 가늘 씨워나뜨락 하요, 그 에기에다가.

- 아부 어메 주거따고. 씨여농께 그러케 조아라 허드락 하요. 어메가 모:르고, 머:슬 씨여중고.

- 그렁께 검:나게 에기가 막 따러감서 조:아라고 막 춤처붐서 가드락 하요.

- 그레가꼬 음, 저거선 즈거메7) 죽는 지도8) 모:르고 저로코 춤친다고 모도 그레딱 하요.

- 그레가꼬 이:부더메9) 어더가꼬 사란는디 엄:마나 조:커쏘?

- 긍께 우리 어메 마:리 그럽띠다.

- 다::: 이헤헤도 이:부더메 인는 디로는 시지블 암 보네야 된다. 느그덜또 나코10) 션: 바:라. 꼭 그레라이 그럼서 이:부더메 어던넌디 우리 친웨가찝 우리 어메 친정은 잘 사라써라우.

음

- 그라고 또 우리 하나씨가11) 선셍질 하고.

- 궁민하꼬에 인자는 이로고 인자 일본끄를 벤:디12) 그 엔:나레는 항글로 베: 음, 여:거 여그 그리라 베:요?13) 그런디,

- 선생질 헤:써라우, 거 노:인네가.

- 그라고 또 어:디로 잘 알아떵가 또 멀 허로 가신다고 가고 그럽띠다.

- 이자 거 그거 인자 공부항 거 어:드로 가서 인자 거 쉬험치고 그런다고 또 가시고 그런디,그 공부를 그 공부를 마:니 헤:여게써라우14).

- 그레가꼬 그 서 인자 선셍이로 마:니 이꼬 그레서 나는 우리이:븐 업:씨도 살고 그릉께 거가 외가찝까 마:니 사라써라우, 그거 크네기떼는15).

음

*** 할머니가 모지라 그레짜나요?

- 예, 모지라16) 거가 마:니 사라써라우.

- 그래서 어머니가 죽었는데, 그것에다가 관을 씌워 놓았더라고 해요, 그 아이에다가.

- 엄마 죽었다고. 씌워 놓으니까 그렇게 좋아라고 하더래요. 어미가 모르고, 뭘 씌워 주는지.

- 그러니까 굉장히 아이가 막 따라가면서 좋아라고 막 춤춰 버리면서 가더래요.

- 그래가지고 음, 저것은 저희 엄마 죽은 줄도 모르고 저렇게 춤춘다고 모두 그랬대요.

- 그래가지고 의붓어미 얻어가지고 살았는데 얼마나 좋겠소?

- 그러니까 우리 엄마 말이 그럽디다.

- 다 이해해도 의붓어미 있는 곳으로는 시집을 안 보내야 된다. 너희들도 나중에 선 봐라. 꼭 그래라 그러면서 의붓어미 얻었는데 우리 외가 우리 엄마 친정은 잘 살았어요.

음

- 그리고 또 우리 할아버지가 선생질 하고

- 초등학교에 이제는 이렇게 이제 일본글을 배우는데 그 옛날에는 한글로 배워. 음, 여기 여기 글이라 배우잖아요? 그런데,

- 선생질 했어요 그 노인네가.

- 그리고 또 어디로 잘 알았든지 또 뭐 하러 가신다고 가고 그럽디다.

- 이제 거 그것 이제 공부한 것 어디로 가서 이제 거 시험 치르고 그런다고 또 가시고 그러는데, 그 공부를 그 공부를 많이 하셨어요.

- 그래가지고 그 서 이제 선생으로 많이 있고 그래서 나는 우리집은 없이도 살고 그러니까 거기에 외가에서 많이 살았어요, 그거 처녀 때는.

음

??? 할머니가 맏이라 그랬잖아요?

- 예, 맏이라 거기에서 많이 살았어요.

미트로 멛 멸 형제? 멛?

― 칠 남멩께 팔 남메 나:가꼬 에:더리 아들 둘: 주거부링께 인자 저 융 남메 되거찌라우?

― 그레도 그릉께 살:고 이썬는디 우리 어 어메가 난 아그더른 아드를 둘: 주거 부리고 둘빼끼 안 사라썬는디,

― 그릉께 명얼17) 다치머넌 그 구:신이 오고쏘마는,

― 요 마당에다가 상에다가18) 야찹께19) 저 전::디다가 거 설 보르메 머:슬 마니 장만허먼 거그다가 다 나:뚜고 황이라도 걸:빵20) 거두로 뎅기거등이라, 또

― 그 가따 거그다 인잔 구:신 무그라고 나:뚜먼 저 다 엥간헌21) 아그 더른 다 가서 거 가서 거더 가꼬 와서 모테노코22) 무거라우.

― 그란디 걸:팡 거더가 부루먼 아 몬:뭉는다고 또 앙건네23) 거가, 우리 어메가 저테만큼24) 가서.

― 누:가 와서 무꺼쏘?

― 그레도 옌:25) 와서 몸:무꼬 가깜상께26) 그런다 그러고 디더보고27) 가고 그럽띠다.

― 긍께는 자서글 주거붕께 그르께 그르께 날마다 울:고 디레다보고.

어쭈고 헤:가꼬 요러게 오셔게셔쓸까요?

― 우리 동네 싸라미 그:리 시지블 와써라, 한 냥바니28).

아:

― 와 가꼬 남편도 주꼬 인자 아그덜하고 고생하고 사란는디 여가 친정잉께 어메도 사르고 그릉께 요리 와따가따 헤:뜽갑띠다. 그 어머미.

― 그레가꼬는 어디 존:데 이씽께 여우락29) 하드락 하요, 우리 어메보다.

― 그렁께 우리 어메가 빨딱30) 빈:헤쩨31).

― 그 사람 말:만 드꼬 아 조은 데가 인능 거시구나 그러고는 인자 너 거:리 시지블 가야 데야. 인자 설 쉐:머는 나 네 생각또 그러무32) 셍가기 들더라구라우.

밑으로 몇 몇 형제? 몇?

　－ 칠 남매니까 팔 남매 낳아가지고 아이들이 아들 둘 죽어버리니까 이제 저 육 남매 되겠지요?

　－ 그래도 그러니까 살고 있었는데 우리 엄마가 낳은 아이들은 아들을 둘 죽어버리고 둘밖에 안 살았었는데,

　－ 그러니까 명절 닥치면 그 귀신이 오겠소마는,

　－ 이 마당에다가 상에다가 낮게 저 저런 곳에다가 그 설 보름에 뭐를 많이 장만하면 거기다가 놔두고 ????? 귀신 밥상 걷으러 다니거든요, 또.

　－ 그 가져다 거기다 이제 귀신 먹으라고 놔두면 저 다 어지간한 아이들은 다 가서 거기 가서 걷어 가지고 와서 모아 놓고 먹어요.

　－ 그런데 귀신 밥상 걷어가 버리면 아 못 먹는다고 또 앉아 있네, 거기에, 우리 엄마가 곁에 가서.

　－ 누가 와서 먹겠소?

　－ 그래도 와서 못 먹고 갈까봐 그런다 그러고 들여다보고 가고 그럽디다.

　－ 그러니까는 자식을 죽어버리니까 그렇게 그렇게 날마다 울고 들여다보고, 어떻게 해가지고 이렇게 오셨을까요?

　－ 우리 동네 사람이 그리 시집을 왔어요, 한 분이.

아:

　－ 와가지고 남편도 죽고 이제 아이들하고 고생하고 살았는데 여기가 친정이니까 엄마도 살고 그러니까 이리 왔다 갔다 했던가 봅디다 그 엄마가.

　－ 그래가지고는 어디 좋은 데 있으니까 결혼시키라고 하더래요, 우리 엄마보고

　－ 그러니까 우리 엄마가 완전히 변했지.

　－ 그 사람 말만 듣고 아 좋은 곳이 있는 것이로구나 그러고는 이제 너 그리 시집을 가야 돼. 이제 설 쇠면은 나, 내 생각도 그런 생각이 들더라고요

─ 설 쉐:머는 수무살인디 머:시 벙:거또 오:꼬 웅, 머 헤:야꼬³³⁾ 갈 꺼
또 오:꼬 그란디 오레만 살:고 이쓰면 멀:허건냐?

─ 더 하네 더 사라가꼬 머:슬 헤:야꼬나 마:니 간다고먼 몰레도 헤:야
꼬 가도 몬:할꺼시고 아부지는 아퍼가꼬 이꼬 그릉께 나는 가야데꺼다³⁴⁾
그 셍가기 든디,

─ 인자 서:따리 딱 다칭께는 아 수무살을 뭉네. 수무살 무근 크네기가
옵:꺼드니라, 벨라, 엔:나레는.

─ 업:씽게 하:: 나도 수무사리 무꺼꾸나 그런 셍가글 등께는 어:딜 가
라고먼 가야제 그런 셍가글 뒤:너서

─ 인자 그 할메가 와 가꼬는 조은 데 이씽께 여우라고 그러드만.

─ 그렁께 우리 어메가 보드는 안헤따마는 그 머스메나³⁵⁾ 함번 네가
보끄나 그러드만. 그래서 아러서 하라고 네가 그레쩨 그레뜨니

─ 나는 그 머시메가 머:신지도 몰라꼬 암 바쩨. 엔:나리라 절떼 암 바쩨.

─ 그렌는디 우레메가 거그 그 지빌 아뜨락 하요, 우리집 어:러니.

─ 아따, 어찌게를 셍게뜬지 너 열 뻬는 네:게³⁶⁾ 이뻬야, 그 사라미.

─ 나코 쨈³⁷⁾ 바람도 피:거꼬 보기에가³⁸⁾ 그러쿠 셍기뜨라. 이뿌기도
하고야 어:따 네:노트이³⁹⁾ 머시메네에서는⁴⁰⁾ 암 빠저야 그르드라고.

─ 그라문 가:까 그라고

가:까 (웃음)

─ 인자 가라고만 (웃음) 항께

(웃음)

─ 인자 그라문 갈란다 구레쩨. 갈란닥 헤서 그 실랑이 머:신지를 모:르
고 와쩨.

─ 실랑잉가 머:싱가 그거또 보도 안하고 그 사람도 볼란다고도 안하고
나도 암보고 그라고 시지불 와써라우, 반 서:딸 초:: 아흐렌날.

수무살 안 넝기실라고.

– 설 쇠면은 스무 살인데 뭐가 번 것도 없고 응, 뭐 해가지고 갈 것도 없고 그런데 오래만 살고 있으면 뭐 하겠는가?

– 더 한 해 더 살아가지고 뭐를 해가지고 많이 간다고 하면 몰라도 해가지고 가지도 못할 것이고 아버지는 아파가지고 있고 그러니까 나는 가야 되겠다 그 생각이 드는데,

– 이제 섣달이 딱 닥치니까는 아 스무 살을 먹네. 스무 살 먹은 처녀가 없거든요, 별로, 옛날에는.

– 없으니까 아, 나도 스무 살이 먹겠구나 그런 생각을 드니까는 어디를 가라고 하면 가야지 그런 생각을 둬 놓아서,

– 이제 그 할머니가 와가지고는 좋은 곳 있으니까 결혼시키라고 그러더구먼.

– 그러니까 우리 엄마가 보지는 않았다마는 그 총각이나 한번 내가 볼까나 그러더구먼. 그래서 알아서 하라고 내가 그랬지. 그랬더니

– 나는 그 총각이 뭔지도 몰랐고 안 봤지. 옛날이라 절대 안 봤지.

– 그랬는데 우리 엄마가 거기 그 집을 왔더래요 우리집 어른이.

– 아이고, 어떻게 생겼어도 너 열 배는 너보다 예뻐, 그 사람이.

– 나중에 좀 바람도 피우겠고 보기에 그렇게 생겼더라. 예쁘기도 하고 어디에 내놓더라도 사내애들 가운데서는 안 빠져 그러더라고.

– 그러면 갈까 그러고

갈까? (웃음)

– 이제 가라고만 (웃음) 하니까.

(웃음)

– 이제 그러면 가겠다 그랬지. 가겠다고 해서 그 신랑이 뭔 줄을 모르고 왔지.

– 신랑인지 뭔지 그것도 보지도 않고 그 사람도 보겠다고도 안 하고 나도 안 보고 그렇게 시집을 왔어요, 섣달 초아흐렛날.

스무 살 안 넘기시려고

- 야, 수무살 안 넝굴라고⁴¹⁾. 너무 마:니 무궁 거 가뜨라고. 인자 가트면 서룬 살도 존:디.

어

- 그 떼는 수무 살 너무넌 노:크네기라⁴²⁾ 하그덩.

- 또 네가 셍각하기에 수무살 무거딱 헤서 머:슬 헤:야꼬 갈 쑤도 오:꼬꼬.

- 응, 오또 마니 여꼬⁴³⁾ 가고 머:시그나⁴⁴⁾ 마:니 헤:야꼬 가야덴디 헤:야꼬 갈 꺼슨 오:꼬 수무 살 무그나 서룬 사를 무그나 똑 가틍 꺼, 이왕이면 가부러야 델랑갑따⁴⁵⁾.

열 아홉싸레.

- 야, 그란 셍가기 들드만. 그레서 안는디.

- 산쏘기로 가서 아치메 이 네레 나와서 이르케 처:다 봉께 앙::끄또 암 벵에. 하늘삐께 암 벵에. 소리 한:나 차써. 소리 그::러케 굴:근 소리 한:나 차써, 지비, 뒤:에고 어디가 아페고.

- 그레가꼬 봉께 사:방데가⁴⁶⁾ 메:뚱은⁴⁷⁾ 거 사:라 에기들 주근 메:슨⁴⁸⁾ 이르코 짤:자라게 꼬깔씬⁴⁹⁾ 씨여 노크등이라.

- 그 미테서 네롤 올라온::디 봉께 깍 차써. 와따 무상 검만 마:니따 그렘성 가써. (웃음)

- 그레가꼬 거그서 살:다살:다가 나와가꼬 또 쩌:그 딴 데 동네가서 쪼까 살다와써라우.

- 여그서 아들 나:서 인자 이레 막 다 이레도 다 딜: 가서 가쓸 꺼시오.

- 우리 동세를⁵⁰⁾ 어던는디 맨:: 어쩨 나갈락 하요, 또 동세가 어던는디.

- 우리 시야제는⁵¹⁾ 순하디 순헤가꼬 또 그러코 셍기고 그렌는디 나갈락헤싸서

- 엄니 네:가 나갈랑께 메느리를 잘 데꼬⁵²⁾ 데 잘: 데꼬 갈치씨요. 그라면 살랑가 어쩔랑가 모르거씨야.

– 예, 스무 살 안 넘기려고. 너무 많이 먹은 것 같더라고. 지금 같으면 서른 살도 좋은데.

어

– 그때는 스무 살 넘으면 노처녀라 하거든.

– 또 내가 생각하기에 스무 살 먹었다고 해서 뭐를 해가지고 갈 수도 없겠고,

– 응, 옷도 많이 넣어 가고 뭐라도 많이 해가지고 가야 되는데 해가지고 갈 것은 없고 스무 살 먹으나 서른 살을 먹으나 꼭 같을 것, 이왕이면 가 버려야 되나 보다.

열아홉 살에.

– 예, 그런 생각이 들더구먼. 그래서 왔는데,

– 산속으로 가서 아침에 이 내려 나와서 이렇게 쳐다보니까 아무 것도 안 보여. 하늘밖에 안 보여. 소나무가 가득 찼어. 소나무가 그렇게 굵은 소나무가 가득 찼어, 집이, 뒤고 어디고 앞이고.

– 그래가지고 보니까 사방이 묘는 그 사람 아이들 죽은 묘는 이렇게 자잘하게 '고깔신' 씌워 놓거든요.

– 그 밑에서 내려오 올라온 곳을 보니까 꽉 찼어. 아이고 무서운 것만 많이 있다 그러면서 갔어. (웃음)

– 그래가지고 거기서 살다 살다가 나와가지고 또 저기 다른 곳 동네 가서 조금 살다가 왔어요.

– 여기서 아들 낳아서 이제 이레 막 다 이레도 다 덜 가서 갔을 거예요.

– 우리 동서를 얻었는데 맨 어째 나가려고 해요, 또. 동서가 얻었는데.

– 우리 시동생은 순하디 순해가지고 또 그렇게 생기고 그랬는데 자꾸 나가려고 해서,

– 어머니, 내가 나갈 테니까 며느리를 잘 데리고 잘 데리고 가르치세요. 그러면 살려는지 어쩌려는지 모르겠어요.

- 조로케 밤나 갈라고만 한디 어:쩌게 살거쏘? 나 동세 따미레[53] 모:쌴다 허깜상께 네:가 들목 가서 쫌 살:다 오께라우.

- 그라고는 거그 가서 인자 농사 가틍 거 보리 가틍 거또 여그는 보리 안헤써라우. 보리가 할 떼가 옵:씽께 앙꺼또.

- 거그서 보리 가틍 거 머:까틍 걸 헤:가꼬 융::냥[54] 요:리 보넹께,

- 그 동네 사람드리 친자녀[55]! 나보다가 인자 큰 딸 이룸서 친잔어메! 그러케 농 저 살리믈 하면 모:쓰요.

- 쨤[56] 모테씨요. 응, 머:스기는[57] 모테야제 모테든[58] 안 하고 기양 모테만 노먼 큰 지비로 다 줘 불구만 그레서,

- 어짜꺼시오, 네 체그민디.[59] 네가 꼭 주고 자푼디

- 그라고 시야제는 날 사흘 거러서[60] 니꾸사꾸[61] 질머지고 오고, 가지로. 그라문 주고 그라문 주고.

- 그레가꼬 네가 덜 무거쓰먼 덜 무거쩨 네가 마:니 무끼 실:꼬 에 기들또 음마 안 데고 그릉께 걍 거:리 줘야 데라, 나는. 그라고는 늘 그레써.

- 그릉께 조아라 하제, 나를. 그러다가 살:다가,

음

흥냥 줘:딴 마른 먼: 마리예요?

- 게:속 줘:따.

게:속, 점부 줘:따.

- 야, 버 범:스러는 번[62] 쭉쭉[63] 게:속 줘:따, 그거시.

게:속 줘:따.

- 야

그 떼가 하라버지는 주로 머: 무슨 이를 헤써요?

- 그 떼 쩌 쩌그 모지블 가써라우, 여그서 막 가가꼬.

- 저 어:디로 모집 간냐 그라면, 저 이:부기로.

- 저렇게 밤낮 가려고만 하는데 어떻게 살겠소? 나 동서 때문에 못 산다 할까 무서우니까 내가 '들목'(지명) 가서 좀 살다 올게요.

 - 그리고는 거기 가서 이제 농사 같은 것 보리 같은 것도 여기는 보리 안 했어요. 보리가 할 곳이 없으니까 아무 것도.

 - 거기서 보리 같은 것 뭐 같은 것 해가지고 늘 이리 보내니까,

 - 그 동네 사람들이 친자네엄마! 나보고 이제 큰딸 이름을 부르면서 친자네엄마! 그렇게 저 살림을 하면 못 써요.

 - 좀 모으세요. 응, 뭐는 모야야지 모으지는 않고 그냥 모아만 놓으면 큰집으로 다 줘 버리구면 그래서,

 - 어쩔거요? 내 책임인데. 내가 꼭 주고 싶은데

 - 그리고 시동생은 나흘 사흘거리로 배낭 짊어지고 오고, 가지러. 그러면 주고 그러면 주고.

 - 그래가지고 내가 덜 먹었으면 덜 먹었지 내가 많이 먹기 싫고 아이들도 얼마 안 되고 그러니까 그냥 그리 줘야 돼요. 나는. 그러면서는 늘 그랬어.

 - 그러니까 좋아라고 하지, 나를. 그러다가 살다가,

음

'육냥' 주었다는 말은 무슨 말이에요?

 - 계속 줬다.

계속 전부 줬다.

 - 예, 부치면서는 부치는 족족 계속 줬다, 그것이.

계속 줬다.

 - 예

그때는 할아버지는 주로 뭐 무슨 일을 했어요?

 - 그때 저 저기 모집을 갔어요, 여기서 막 가가지고.

 - 저 어디로 모집 갔느냐 그러면 저 이북으로.

- 이:북 어:디로 가가꼬 머:슬 헨냐 그라머느 어디::서 거 멈: 담 거 도:
픽64) 가튼디 만:헌 디 가서 거그서 떠러서65) 머:슬 멘드라따 합따야66).
- 긍께 막 그 놈 떨:문 막 들들들67) 사:람까지 떨린다고 글드마.
- 그거슬 가서 하고 이쓰 이써딱 홉따다.
- 그란디 저:나가 와씹따다 함버는, 펜:지가. 저:나 옵:쩨.
- 펜:지가 아가꼬 오슬 함분 가슬 다칭께 충:께 거그는 보통 충:거시 아
니고 검:나게68) 축:꼬 다 마포69) 옴만 입꼬 이따요70), 추와도 저시레도71).
- 마포 오시 우기로72) 올라가가꼬 여까지 올라와도 딸:딸73) 모라저가
꼬라우74) 가을뎅께 몰라저가꼬, 다 우게가 오시 이써도 누가 이 존: 온
입꼬 온 사 이른 베온 입꼬 온 사라미 한 사람도 업따고, 쫌 하 함불75)
헤:서 쫌 보네주라고 그러드마76).
- 그레서 헤서 보네줘:뜨이 보네는 머:슨 이써뚱갑써.
- 보네줘:뜨이 그 노믈 포라딱 하요, 또, 그 사람들한테. 포라가꼬 미영
을77) 사 가꼬 와딱 하요, 미영 여그 아서 인자 베메를 멘들라고.
- 그레가꼬 여그 가꼬 와서 인자 글로 멘드라가꼬 또 베 멘드라
가꼬,
- 시아부지가 영:리항께 시아부지가 다:: 헤:줘라우.
- 이러고 이러고 하자 그람스러 또 베 를 나루제,78) 베는.
- 머 이렁 거 미영 짜: 가꼬 한테다가79) 보테가꼬 헤:가꼬 열 께썩 헤:
서 이러코 뽀바가꼬 인자 그 노믈 나라.
- 하 함 필썩 열 인자 수무 자면 수무자 열 짜면 열 짜 그러케 헤:가
꼬 나라가꼬 거그다 헤:가꼬,
- 인자 베 멘:디도 암 바꺼써요, 지비랑은80)?

예

- 쩌그다가 저 가 쩌:망크미나 덴데다가 저 거그다가 인자 불 피고 나:
무 숟 까틍 거 마:니 헤서 소:게다 노코 데로 딱:: 더푸고 인자 거 분 인자

- 이북 어디로 가가지고 뭘 했느냐 그러면은 어디서 거 뭐 담 거 돌 같은 데 많은 데 가서 거기서 떨어서 뭘 만들었다고 합디다.

- 그러니까 막 그것 떨면 막 들들 사람까지 떨린다고 그러더구먼.

- 그것을 가서 하고 있으 있었다고 합디다.

- 그런데 전화가 왔습디다 한번은, 편지가. 전화 없지.

- 편지가 와가지고 옷을 한 번 가을 닥치니까 추우니까. 거기는 보통 추운 것이 아니고 굉장히 춥고 다 삼베옷만 입고 있대요, 추워도, 겨울에도.

- 삼베옷이 위로 올라가가지고 여기까지 올라와도 돌돌 말려져가지고 요 가을 되니까 말려져가지고 다 위가 옷이 있어도 누가 이 좋은 옷 입고 온 사 이런 베옷 입고 온 사람이 한 사람도 없다고 좀 한 벌 해서 좀 보내달라고 그러더구먼.

- 그래서 해서 보내 줬더니 보내는 뭐는 있었던가 봐.

- 보내 줬더니 그것을 팔았다고 해요, 또, 그 사람들한테. 팔아가지고 목화솜을 사가지고 왔다고 해요, 무명 솜 여기 와서 이제 베를 만들려고.

- 그래가지고 여기 가지고 와서 이제 그것으로 만들어가지고 또 베 만들어가지고,

- 시아버지가 영리하니까 시아버지가 다 해 줘요.

- 이렇게 이렇게 하자 그러면서 또 베를 날지, 베는.

- 뭐 이런 거 무명 짜가지고 한 곳에다가 보태가지고 해가지고 열 개씩 해서 이렇게 뽑아가지고 이제 그것을 날아.

- 한 필씩 열 이제 스무 자면 스무 자 열 자면 열 자 그렇게 해가지고 날아가지고 거기다 해가지고,

- 이제 베 매는 것도 안 봤겠어요 댁이랑은?

예

- 저기다가 저 가 저만큼이나 되는 곳에다가 저 거기다가 이제 불 피우고 나무 숯 같은 것 많이 해서 속에다가 놓고 대로 딱 덮고 이제 거 붓

베를 메, 솔:로.

─ 베를 먼 인자 저 베 나라가꼬 한 노미 또 이리 네로옴스러 자꾸 네루게 오게 함스러 올림서 또 거그다는 이르케 가머.

─ 머:슬 노코 감:냐 그라면 시누데81).

─ 시누데를 짤라가꼬 거그다가 거 베틀 머:세다가 이르케 노코 강:꼬 또 메뻔하고 또 강:꼬 그레라. 그 노코 거가 인자 부틀깜상께 그렁갑써82).

─ 그레가 가머가꼬 인자 잉에에83) 또 거러.

─ 잉에 걸:머는 잉에도 처:메는 모:껑께 거 동:네 사라미 아서 메:주고 잉에 거러주고 그러드마. 그래서 인자 헨:넌디,

─ 그 남쭝에는84) 그 남:메로는85) 가마니 셍각해봉께 앙꺼또 옴:는 사:람드리 멘:: 구:걷쩌건 하고만 이쓰면 돔:만 마:니 드러가고 그릉께는,

─ 시아부지가 하는 마리 아니 너야고86) 나야고 바르 베를 메:끄나?

─ 그라면 네:가 아라서 마:니 헤:주께 니가 메문 데야야 그러드만. 그레서 그라문 그러께라도 헤 봅씨다 그레가꼬는,

─ 시아부지가 다:: 헤:서 줌서르 이르케 이르케 하자 그레가꼬 당시니 다 베가 쩌그서 이르케 함번 몰:먼 그거시 따로오거쏘 안 베가? 요리 거시:리? 따로먼87) 또 함번 강:꼬 또 메뻔 강:꼬 먼: 노코 그레야꼬 헤:가꼬는,

─ 함번 헤 두번 헤 하고 낭께 나:중에는 나 네:가 노무88) 베를 메로 뎅여써.

(웃음)

─ 베도 메고 또 잉에도 거러주고 짜:기도 하고 그릉 거슬 다:: 베:거섭띠다89).

─ 그래서 헤:가꼬 그릉 건 헤:주고 또 쓰고 살:고 그락짜락90) 살:다가 이떼끔91) 상:거시 살:다 봉께 벨 닐도 다 헤:썹띠다.

겨론 하실 떼 멀 예물 가틍 거 마:니 가저오써써요?

─ 먼: 에무를 가존다우, 그럴떼게?

이제 베를 매, 솔로.

– 베를 무슨 이제 저 베 날아가지고 한 것이 또 이리 내려오면서 자꾸 내려오게 오게 하면서 올리면서 또 거기에다가는 이렇게 감아.

– 뭐를 놓고 감느냐 그러면 조릿대.

– 조릿대를 잘라가지고 거기다가 거 베를 뭐에다가 이렇게 놓고 감고 또 몇 번하고 또 감고 그래요. 그 놓고 거기에 이제 붙을까 무서워 그런가 봐.

– 그래가지고 감아가지고 이제 잉아에 또 걸어.

– 잉아 걸면은 잉아도 처음에는 못 거니까 거 동네 사람이 와서 매어 주고 잉아 걸어 주고 그러더구먼. 그래서 이제 했는데,

– 그 나중에는 그 나중에는 가만히 생각해 보니까 아무 것도 없는 사람들이 맨 그것저것 하고만 있으면 돈만 많이 들어가고 그러니까는,

– 시아버지가 하는 말이 아니 너하고 나하고 베를 맬까나?

– 그러면 내가 알아서 많이 해 줄게 네가 매면 돼 그러더구먼. 그래서 그러면 그렇게라도 해 봅시다 그래가지고는,

– 시아버지가 다 해서 주면서 이렇게 이렇게 하자 그래가지고 당신이 다 베가 저기서 이렇게 한 번 말면 그것이 따라오잖겠소? 베가? 이리 거 실이? 따라오면 또 한 번 감고 또 몇 번 감고 뭐 놓고 그래가지고 해가지고는,

– 한 번 해 두 번 해 하고 나니까 나중에는 나 내가 남의 베를 매러 다녔어.

(웃음)

– 베도 매고 또 잉아도 걸어주고 짜기도 하고 그런 것을 다 배우겠습니다.

– 그래서 해가지고 그런 것 해주고 또 쓰고 살고 그럭저럭 살다가 이때까지 산 것이 살다 보니까 별 일도 다 했습디다.

결혼하실 때 뭐 예물 같은 것 많이 가져오셨어요?

– 무슨 예물을 가져온대요, 그 때에?

- 인잔 쎼상에 모도 돈:도 주고 오또 헤 주고 다 먼:허지마는, 오슨 헤:줘라 쪼깐 함벌썩92) 두:벌썩.

음

- 거 쩌 가치 오제. 인자 또 사 저 거 처:메는 또 온 따고 먼:하고 헤:서 또 써서 인자 메친나른 인자 게론식 한다고 써서 그르케 헤서 와라우. 여그 가따 줘.

음

- 그거이 가따주면 인자 그 놈 가꼬 인자 온 헤:입꼬 오제.

친정 갈 심바를 바드셔따고?

- 심바를 나는 셍:저네도93) 그 떼는 심바리 옵:써, 저 일본놈떼라.

어뜨케

- 일본놈떼라 심발도 옴:는디 털메시늘94) 싱:꼬 다 간닥 하데. 그 저 그놈 사 가꼬 이뿌게 모도 세깔 너:서 멘든 놈.

- 그래서 간닥 한디 나는 그거또 저거또 누가 하도 안 하데. 그러드문 이씨먼 음 싱꼬 말:면 말고 아러서 헐테지.

- 그란디 심바를 꺼:면신 풍::풍 여:가꼬 인자 가트면 누가 신:또 안헤라우. 엔:나리라 그놈도 조:트라고라우 무란등께.

- 그 저 먼하면 눈: 오면 무리 막 누니 막 쑤꺽쑤꺽95) 이르케 싸이머 거 콩 저 털메신 시느먼 가면 다 올라부리제. 무리 싹 드러부리제.

- 그란디 그거슨 하네 시야네96) 시너써라우.

- 거 저 먼:헝께 뻔뻔하기 거: 뻐뻔헤:가꼬 참 뚱뚱헤가꼬 꺼멍신 짤잘 헤:도 그놈 시능께 싱:꺼뜨라고. 쓰거뜨라고라우.

- 그래서 요 동:네서 한 동네 서: 지비 가:치 완는디 나만 그노미라도 이뜨만.

예

- 그 사람드른 남편 거그도 인나레 주거부러쏘. 어:디가 딸하고 잘 상:

- 지금 세상은 모두 돈도 주고 옷도 해 주고 다 뭐 하지마는 옷은 해 줘요, 조금, 한 벌씩 두 벌씩.

음

- 그 저 같이 오지. 이제 또 사 저 그 처음에는 또 옷하고 뭐하고 해 서 또 써서 이제 며칠은 이제 결혼식 한다고 써서 그렇게 해서 와요. 여 기 가져다 줘.

음

- 그것이 가져다 주면 이제 그것 가지고 옷 해 입고 오지.

친정 갈 신발을 받으셨다고?

- 신발을 나는 생전에도 그때는 신발이 없어, 저 일본놈 때라.

어떻게?

- 일본놈 때라 신발도 없는데 털메기를 신고 다 간다고 하데. 그 저 그것 사가지고 예쁘게 모두 색깔 넣어서 만든 것.

- 그래서 간다고 하는데 나는 그것도 저것도 누가 하지도 않데. 그러 더니 있으면 신고 말면 말고 알아서 할 테지.

- 그런데 신발을 검은 신 풍풍 넣어가지고 이제 같으면 누가 신지도 않아요. 옛날이라 그것도 좋더라고요 물 안 드니까.

- 그 저 뭐하면 눈 오면 물이 막 눈이 막 사각사각 이렇게 쌓이면 거 콩 저 털메기 신으면 가면 다 올라 버리지. 물이 싹 들어 버리지.

- 그런데 그것은 한 해 겨울에 신었어요.

- 거 저 뭐하니까 뻣뻣하기 그 뻣뻣해가지고 참 뚱뚱해가지고 검정 신 자잘해도 그것 신으니까 신겠더라고, 쓰겠더라고요.

- 그래서 이 동네서 한 동네 세 집이 같이 왔는데 나만 그것이라도 있 더구먼.

예

- 그 사람들은 남편 거기도 옛날에 죽어 버렸소. 어디에서 딸하고 잘

가 몰:르고쏘, 자석뜰하고. 한 사라믄 딴 데로 시집까고.

신장서 여그까 올 떼는 어:떠케 오셔뜽가요?

— 가메97) 타고 와쩨라우.

아, 가메

— 가메 타고.

음

— 거그서 여까지 음, 거 떵:꼴떼 엄마나 징와 무구와꺼쏘이~? 여간 먼:디.

(웃음)

— 그라고 그라고 또 머 어쩨 저 거 농짜기라 항 거슨 저 거그다 가따 줘:꺼쏘? 여그다 놔:또쓰먼 온: 보따릴 싸:가꼬 오꺼신디.

— 거그다 가꼬라고 가따난:능갑쏘.

아

— 인자 우리집따가,

아

— 그레뜽가 거 지고 모다 와써라, 거그서 여까지.

— 그럼 말 타고는 오제, 남자드른, 나는 가:메 타고 오고.

음

— 그레서 거 헤는 다 저간디 저 우리 아부지가 아퐁께 기냥98) 오드 는99) 몰:하고 어:쭈게 오드는 몰:하고 인자 기양 아부지가 마:니 아파가꼬 어뜨게 드랑거씽께는100) 저녀게 저무러짐서 여그를 온디,

— 어디 막 산쏘게를 드로가요, 가메쏘게서 봉께.

— 어:디로 드러가까 그런 셍가기 들드라고. 어:디 산쏘게를 드러가까, 얼척엄는101) 이상하이102)

— 그라고 거가 네까쪼게 큰:: 네:꼴창이103) 이써라우.

— 요 송공사네서 물 네레서 요:리 오는 놈 그 우게가 깅:께104).

사는지 모르겠소. 자식들하고. 한 사람은 다른 데로 시집가고.

신장서 여기까지 올 때는 어떻게 오셨던가요?

― 가마 타고 왔지요.

아, 가마.

― 가마 타고.

음

― 거기서 여기까지 음, 거 떠메고 올 때 얼마나 굉장히 무거웠잖겠소? 굉장히 먼데.

(웃음)

― 그리고 그리고 또 뭐 왜 저 거 농짝이라고 하는 것은 저 거기다 가져다 줬겠소? 여기다 놔두었으면 옷 보따리를 싸가지고 올 것인데.

― 거기다 가져오라고 가져다 놨는가 봐요.

아

― 이제 우리 집에다가.

아

― 그랬던지 그 지고 모두 왔어요, 거기서 여기까지.

― 그럼 말 타고는 오지, 남자들은, 나는 가마 타고 오고.

음

― 그래서 그 해는 다 져 가는데 저 우리 아버지가 아프니까 그냥 오지는 못하고 어떻게 오지는 못하고 이제 그냥 아버지가 많이 아파가지고 어떻게 들어앉았으니까는 저녁에 저물어지면서 여기를 오는데,

― 어디 막 산속을 들어가요, 가마 속에서 보니까.

― 어디로 들어갈까 그런 생각이 들더라고. 어디 산속을 들어갈까, 어처구니없는 이상하게.

― 그렇게 거기에 냇가 쪽에 큰 도랑이 있어요.

― 이 송공산에서 물 내려서 이리 오는 것 그 위가 그곳이니까.

- 거그를 봉께는 거그럴 덜그덩덜그덩 거그서 그그를 강께 아이 큰 구 덩이로 드르가요, 네가 봉께, 가메이를 뜽:꼬105).

- 어디로 드러가고 이쓸까 그런 셍가기 들더라고라우.

- 그레서 봉께 거그서 나와서 인자 올라가드마.

- 그라고 가옹께 아치메 그 뒤:로106) 봉께 거가 네:꼴창 큰:: 네꼴창인 디 잘 몰 껀네뎅깅께 포도시107) 왔꺼떼, 작땀헤서도108).

음

- 그레야꼬 그러케 살:고 이따가 이르코 살:고 이써 이제까지.

- 그렁께 그럼 말 하고 또 사:요.

겨론식 헐 때는 어:뜨케 헌 지 기어기 나세요?

- 그 그로코 그 뒤:로는 다 그떼부터믄 다:: 여가 앙거서 저 지 절 시 키고 여자드른 남자드른 쩌:서 또 드라가꼬 감메타고 드롸가 가메 쩌 멀:헤가꼬 타 오드만, 우게 머 베께부리고.

음

- 타고 드롸가꼬 일 거그서 인사하고 인자 여그서 하고. 나는 이 야: 네서 모도 잡꼬 하고 그러드마.

음

- 그레가꼬 타고 와찌라.

- 그레가꼬 그날 가부러쩨. 어쩨 그레냐머 아부지가 아풍께 여그서 모:짜고. 그레아너먼109) 지비서 자고 가.

예

- 친정에서.

- 그란디 나는 기양 가 부러써, 아부지가 아퍼서 몬:나옹께.

음

그 떼는 주로 음식뜰 결혼식떼는 보:통 머:짭쑤고 헨는지 아세요?

- (웃음) 떠근 다 하고라우.

- 거기를 보니까는 거기를 덜그덩덜그덩 거기서 거기를 가니까 아니 큰 구덩이로 들어가요, 내가 보니까, 가마를 떠메고.

- 어디로 들어가고 있을까 그런 생각이 들더라고요.

- 그래서 보니까 거기서 나와서 이제 올라가더구먼.

- 그렇게 가니까 아침에 그 나중에 보니까 거기에 내가 흐르는 큰 도랑 큰 물 흐르는 도랑인데 잘 못 건너다니니까 겨우 왔겠데, 자그마해도.

음

- 그래가지고 그렇게 살고 있다가 이렇게 살고 있어 이제까지.

- 그러니까 그런 말 하고 또 사네요.

결혼식 할 때는 어떻게 했는지 기억이 나세요?

- 그 그렇게 그 뒤로는 다 그때부터는 다 여기에 앉아서 저 지 절 시키고 여자들은 남자들은 저기서 또 들어와가지고 가마 타고 들어와가지고 가마 저 뭐 해가지고 타고 오더구먼, 위에 뭐 벗겨버리고.

음

- 타고 들어와가지고 거기서 인사하고 이제 여기서 하고. 나는 이 안에서 모두 잡고 하고 그러더구먼.

음

- 그래가지고 타고 왔지요.

- 그래가지고 그날 가 버렸지. 왜 그랬냐면 아버지가 아프니까 여기서 못 자고. 그리 안 하면 집에서 자고 가.

예

- 친정에서.

- 그런데 나는 그냥 가 버렸어, 아버지가 아파서 못 나오니까.

음

그때는 주로 음식들 결혼식 때는 보통 뭐 잡수고 했는지 아세요?

- (웃음) 떡은 다 하고요.

예

- 쑥떡도 하고 흔떡도[110] 하고 다 허고 그거시 인자도[111] 이써라우.

- 인자도 그럼 버비 이쩨. 모도 머 이바지 헤:가꼬 가능 거시.

- 그레가꼬 헤:야꼬 가꼬와쩨라우, 거그서 헤:중께.

그레이?

- 야

되야지도 잡꼬?

- 되야지도 이 지비는 자버씹따.

- 우리는 안 자버쩨 딸 여웅께.

아

- 잘 아네라도[112], 한 사라미 하제.

음, 거이 시데게서는 데야지 함 마리 자바따

- 야, 자버딱 합띠다.

아:

- 그릉께 시야제드리 셍견[113] 모르는 여자가 와서 여 각씨가 와 가꼬 잘: 헤주그덩, 열씨미.

- 그릉께 그:르께 조아락 하고 쩌 나무도 몽창썩[114] 헤:다가 글거다가 갈쿠나무[115] 글거다가 검: 정제다가[116] 멍:창 드레나주고,

- 머 아나깡:께 그레서 나는 불도 넹:께[117] 베까트로[118] 다 나와 불 때먼. 막 아:니로 드러간다 드러가야 덴디라, 부리 막 베까트로 쌍 나옹당께. 그렁께 그렁께 방이 안 따숩쩨, 베까트로 나와부링께.

- 그라믄 그 또 만:썩[119] 가따 줌서 만:썩 떼:락 호드라고. 고리 인는 거싱께 그거슨 만:썩 떼:쩨.

- 그릉께 우리 시아부지 하는 마리 다 에껴야 헌디 나:무는 아네껴야 헌다고 하드락 하요, 즈그 메느리가.

- 에낄 꺼슬 에끼제. 나 거가 가까운 데 뽀:짝[120] 거가 긴디. 정짐문

예

　- 쑥떡도 하고 흰떡도 하고 다 하고 그것이 지금도 있어요.

　- 지금도 그런 법이 있지. 모두 뭐 이바지 해가지고 가는 것이.

　- 그래가지고 해가지고 가지고 왔지요, 거기서 해 주니까.

그래요?

　- 예

돼지도 잡고?

　- 돼지도 이 집은 잡았습디다.

　- 우리는 안 잡았지. 딸 결혼시키니까.

아

　- 잘 안 해. 하는 사람이 하지.

음, 거의 시댁에서는 돼지 한 마리 잡았다,

　- 예, 잡았다고 합디다.

아:

　- 그러니까 시동생들이 생전 모르는 여자가 와서 이 새댁이 와가지고 잘 해주거든, 열심히.

　- 그러니까 그렇게 좋아라고 하고 저 나무도 몽땅몽땅 해다가 긁어다가 갈퀴나무 긁어다가 부엌에다가 몽땅 들여놔 주고,

　- 뭐 안 아까우니까. 그래서 나는 불도 내니까 밖으로 다 나와 불 때면. 막 안으로 들어간다 들어가야 되는데요, 불이 막 밖으로 싹 나온다니까. 그러니까 그러니까 방이 안 따뜻하지, 밖으로 나와 버리니까.

　- 그러면 그 또 많이씩 가져다 주면서 많이씩 때라고 하더라고. 그리 있는 것이니까 그것은 많이씩 땠지.

　- 그러니까 우리 시아버지 하는 말이 다 아껴야 하는데 나무는 안 아껴야 한다고 하더래요, 저희 며느리가.

　- 아낄 것을 아끼지. 나 거기에 가까운 데 바짝 거기가 그곳인데. 부

널:먼 쩌 소:린디

　아:

　− 그릉께 거그서 갈쿠나무 헤:다 아그드리 주먼.

　− 그레야꼬 처으미로 인자 머시 가이 인저 여자가 아서 그르케 헤:중께 성수라고121) 와서 헤:중께 엄:마나122) 조:틍가 그레도 이런 사람123) 인자 가트먼 그럼 말 안하꺼시여야.

　− 그럼 말 저럼 말 험서 즈그드리 어드로를 뎅게딱 하요, 거그서.

　− 거그서 삼:서 어드로 뎅게딱 헤, 쩌: 송:공니로.

머슬 어드로 가따고요?

　− 바버드로 어드로 가딱 헤.

시동셍드리요?

　− 우리 시수기 우 우리 신토 여그 시야제가 그레, 잘자란 아그드리

바버드러 다녀따고?

　− 으~. 나 우더리124) 바버더다 무거써라우 그러드라고.

　− 어:디가 바블 어더 그렁께 무릉께 쩌 송공니랑 가서 어더 가꼬 와따고 그레.

　− 엄:마나 업:쓰면 어더가꼬 와꺼소? 그런 디를 와써. 우리는 그러든 안헤써라우.

　음

　− 어더묵뜬 안헤바써.

　− 어 저 바또 마:니 벌:고 논 그르케 마:니 암 버러써도 바슬 마:니 버러 가꼬 인제까지 그 받 버:런는디, 인자 다 포라무거썹떠라.

　아

겨론헤:서 인자 에 아이를 메시나 나:뜽가요?

　− 나키는 여더를 나:써라우.

　음

얽문 열면 저 소나무인데.

　아:

　- 그러니까 거기서 갈퀴나무 해다가 아이들이 주면.

　- 그래가지고 처음으로 이제 뭐가 이제 여자가 와서 그렇게 해주니까 형수라고 와서 해 주니까 얼마나 좋던지, 그래도 이런 사람 지금 같으면 그런 말 안 할 거야.

　- 그런 말 저런 말 하면서 저희들이 얻으러를 다녔다고 해요, 거기서.

　- 거기서 살면서 얻으러 다녔다고 해, 저 송공리로.

　뭐를 얻으러 갔다고요?

　- 밥 얻으러 얻으러 갔다고 해.

　시동생들이요?

　- 우리 시아주버니 우리 신토 여기 시동생이 그래, 자잘한 아이들이.

　밥 얻으러 다녔다고?

　- 응. 나 우리들이 밥 얻어다 먹었어요 그러더라고.

　- 어디에 가서 밥을 얻어? 그러니까 물으니까 저 송공리랑 가서 얻어 가지고 왔다고 그래.

　- 얼마나 없으면 얻어 가지고 왔겠소? 그런 곳을 왔어. 우리는 그러지는 않았어요.

　음

　- 얻어먹지는 않아 봤어.

　- 어 저 밭도 많이 부치고 논 그렇게 많이 안 부쳤어도 밭을 많이 부쳐가지고 지금까지 그 밭 부쳤는데, 이제 다 팔아먹었습디다.

　아

　결혼해서 이제 아이를 몇이나 낳았던가요?

　- 낳기는 여덟을 낳았어요.

　음

- 여더를 나:가꼬 머시메 뗄쓰 솔차니 큰디 주근디 봉께 모:뽀거씹떼:.
- 저질렁께[125] 엔:나레는 죽뜨마니라우.

예?

- 인자는 구:시니 옵:써.
- 그릉께 아무리 헤:도 먼 걸링 거시 업쩨라이.
- 그란디 그떼게는 인자 그 에이를 나:서 이르케 세:살 무건는디 우리 인자 큰 딸 셍어린디[126] 우리 시어메가 또 그 먼 밤씨리라고[127] 잘 하드마니라우, 밤씨리 떠기라고.
- 인자 밥 쌀: 찌:거[128] 가꼬 시리에다가 쩌 가꼬 쩌그다 노코 그러드마. 저 밥 싸리라 논디 쩌 우게다 노코.
- 그렌는디 오느리 셍얼 네:이리 초 사흔나리 긴:디, 임 저 유월 초산 나리[129] 긴:디 초산날 인자 밤씨리를 한다고 그 에:기 난 지비 가서라우 거 시리를 어더다 떠글 하드마.
- 시리를 어더다 떠글 헨:는디, 아, 그날 찌여게 중마자고[130] 에기가 주거부리요. 저 아조 죽뜬 안하고 그냥 뻘:뻘헤버리요.
- 그레야꼬 말:도 몯:하고 딱 죽떼끼[131] 헤:부러써, 게양, 다리 쭉:: 뻐꼬. 검:나게 말:도 자러고 막 저 영:니한 머이메가[132].

음

- 그레가꼬는 아흐레마네 야드레마네 주건냐 그라고 항께 기양 주거 부러땅게. 어:디까 데꼬 가도 몯:하거꼬.
- 어쩨그냐먼 다 죽떼기 헤:가꼬 인는디, 에기가 쭉:: 뻐드라저가꼬[133]. 저미나 헤다 구시나 할라문 모르까 안 데야, 안 데꺼뜨라고.
- 그레야꼬 주거부링께 저:: 가꼬 가서 시어메하고 시아부지하고 가꼬 가서 무더부루고 와서, 이딱허먼[134] 어:디 가고 옵:쓰먼 어:디 가쓰까 그라먼 시어메가 거그서 너머옵띠다야.
- 보고 자붕께 가 가따 와따 구러데. 나는 앙 가바(써).

- 여덟을 낳아가지고 사내애 꽤 큰데 죽는 것을 보니까 못 보겠습디다.
- 자질러지니까 옛날에는 죽더구먼요.

예?

- 이제는 귀신이 없어.
- 그러니까 아무리 해도 무슨 걸리는 것이 없지요.
- 그런데 그때에는 이제 그 아이를 낳아서 이렇게 세 살 먹었는데 우리 이제 큰딸 생일인데 우리 시어머니가 또 그 무슨 '밤시루'라고 잘 하더구먼요, '밤시루' 떡이라고.
- 이제 밥 쌀 찧어가지고 시루에다가 쪄가지고 저기다 놓고 그러더구먼. 저 밥 쌀이랑 놓는 곳 저 위에다 놓고.
- 그랬는데 오늘이 생일 내일이 초사흗날이 그것인데 저 유월 초사흗날이 그것인데, 초사흗날 이제 '밤시루'를 한다고 그 아기 낳은 집에 가서요 그 시루를 얻어다 떡을 하더구먼.
- 시루를 얻어다 떡을 했는데, 아, 그날 저녁에 ???? 아기가 죽어 버려요. 저 아주 죽지는 않고 그냥 뻣뻣해 버려요.
- 그래가지고 말도 못하고 딱 죽듯이 해 버렸어, 그냥. 다리 쭉 벋고. 굉장히 말도 잘하고 막 저 영리한 사내애가.

음

- 그래가지고는 아흐레 만에 여드레 만에 죽었냐 그러고 하니까 그냥 죽어 버렸다니까. 어디 데리고 가지도 못하겠고.
- 왜 그러냐면 다 죽듯이 해가지고 있는데 아기가 쭉 뻐드러져가지고. 점이나 해다가 굿이나 하려면 모를까 안 돼, 안 되겠더라고.
- 그래가지고 죽어 버리니까 저 가지고 가서 시어머니하고 시아버지하고 가지고 가서 묻어 버리고 와서, 이따금 어디 가고 없으면 어디 갔을까 그러면 시어머니가 거기서 넘어옵디다.
- 보고 싶으니까 가 갔다왔다 그러데. 나는 안 가 봤어.

- 나:중에 일려닝가 데야서 그 도랄[135] 케:로 가가꼬 거그를 가 봉께 그 파무든 데가 이뜨마. 펭처[136] 부러뜨마.

- 인 거그 그리 찌:리 지:네가면[137] 거가 바:집띠다야[138].

- 다 사:라미 줗는 거싱께이~ 할쑤 업쩨.

그러면 아이가 더 주꼬 또 기여게 낳는 에:들 키우거나 이럴 때

- 아따

어려운 닐

- 야, 어려운 닐 마:니 이쩨라우.

- 우리 큰 따리 세:살 무거서 즈가부지가 인자 모집 가따 와가꼬 또: 가써라우.

또 가요, 군데를?

- 냐[139]

- 거그는

징용

- 저: 가따 아가꼬 또 인자 쌈:한 디.

음

- 거 머:시로 뎅기요[140]? 그떼게는 인자 구 구니니 아니고 여:비군.

- 거그 아서 가서 인자 거 머 심:바람[141] 헤:중갑띠다,

예

- 구닌들.

- 밥또 하면 가지가고[142] 머:또 하면 가지가고 시 심:바람 헤:준 머:시로 가써써라우, 또. 가 부루고 옵:써써라우.

- 그렌는디 에기가 무담씨 그 가이네가 아푸요 또? 다리 거 다리가 안전 쭉 뻐드러저가꼬, 여가 이르케 부서가꼬, 이르케 큰 가시네가 그르케 아푸고 이써.

- 그슬 글 떼는 업꼬도 모:까고 그 에:기한지[143] 솔체니 큰 디 도라서

- 나중에 일 년인가 돼서 그 도라지 캐러 가가지고 거기를 가 보니까 그 파묻은 곳이 있더구먼. 평평하게 해 버렸더구먼.

- 거기 그리 저리 지나가면 거기가 보게 됩디다.

- 다 사람이 죽는 것이니까 할 수 없지.

그러면 아이가 더 죽고 또 기억에 남는, 애들 키우거나 이럴 때?

- 아따

어려운 일.

- 예, 어려운 일 많이 있지요.

- 우리 큰딸이 세 살 먹어서 저희 아버지가 이제 모집 갔다 와가지고 또 갔어요.

또 가요 군대를?

- 예

- 거기는

징용?

- 저 갔다 와가지고 또 이제 싸움하는 데.

음

- 거 뭘로 다니잖아요? 그때는 이제 군인이 아니고 예비군.

- 거기 와서 가서 이제 그 뭐 심부름 해 주나 봅디다.

예

- 군인들.

- 밥도 하면 가져가고 뭐도 하면 가져가고 심부름 해 주는 뭐로 갔었어요, 또. 가 버리고 없었어요.

- 그랬는데 아이가 괜히 그 계집애가 아프잖아요 또? 다리 그 다리가 완전히 쭉 뻐드러져가지고 여기가 이렇게 부어가지고, 이렇게 큰 계집애가 그렇게 아프고 있어.

- 그때는 업고도 못 가고 그 아이도 꽤 큰데 다 돌아서 가야 되거든

가야데그둥이라우, 거러서 쩌까지 도:선장까지.

- 그름 모:까고 이씽께 우리 시아부지가 나 베에다가 베::로 가자 그레서 베 쩨:깐한[144] 체:추선 한나에다가 테우고 가가꼬 거그서는 우리 시아부지가 또 보둠꼬 가고 그레야꼬[145] 즈그 아부지도 옵:는디,

- 야글 미기면 그라요 이 놈 인자 우리 아부이[146] 시아부지가 하는 마리, 인자 알:: 주거도 앙물고 암 무글락 항께, 에기가 깍: 앙물고 막 이베다 떠 느먼 막 피마타[147] 부루고 절:떼 암 무글라고,

- 그릉께 우리 시아부지가 허는 마리 이 놈 가자 가그라 그레끄등 즈그 따 아들레들뽀다[148] 인자 모다 아그 보고 이씽께 그릉께 저도 그 소리를 혜 이 놈 가, (웃음) 그레 거그 두르눠:서.

음

- 그르게 혜:가꼬는 아니 여 다리가 뚱:뚱 부서가꼬 삐드러저가꼬 주께 셍긴 노미

- 쩌 엔:나레 쩌 가 저 서울 아니 목포 가서 어디 야꾸게 강께 노인네가 늘 늘그막합띠다[149], 엔:나레.

- 인자로 하먼 저 쩌:: 암 압썬창 거장[150] 가썬는디 거그서,

- 그레서 거그서 약 찌여다 메기고 어짜고 헤뜨이~ 아니 그거시 그 나서라우. 그레가꼬 걸께[151] 데야가꼬 거러써라.

- 그레야꼬 나:꼬 그럽띠다야. 그릉께 나뿐 일도 마:니 이꼬 존:닐도 이꼬 그레라우, 사라미 살:다보먼.

에 에들 키우면서요이~

- 야

예

에들 나:코는 머 조리를 잘 혜:떵가요?

- (웃음) 먼 이런 디서 조리하고 묻:하고[152] 한다우[153]? 게양[154] 이러나제. 이러나야제.

요, 걸어서 저기까지 도선장까지.

- 그럼 못 가고 있으니까 우리 시아버지가 나 배에다가 배로 가자 그래서 배 조그마한 채취선 하나에다가 태우고 가가지고, 거기서는 우리 시아버지가 또 안고 가고 그래가지고 저희 아버지도 없는데,

- 약을 먹이면 그러잖아요? 이놈 이제 우리 아버지 시아버지가 하는 말이, 이제 죽어도 악물고 안 먹으려고 하니까, 아이가 꽉 악물고 막 입에다 떠 넣으면 막 내뱉어 버리고 절대 안 먹으려고.

- 그러니까 우리 시아버지가 하는 말이 이놈 가자 가거라 그랬거든 저희 딸 아들네들보고 이제 모두 아이 보고 있으니까. 그러니까 저도 그 소리를 해 이놈 가, (웃음) 그래 거기 드러눠서.

음

- 그렇게 해가지고는 아니 이 다리가 뚱뚱 부어가지고 뻐드러져가지고 죽게 생긴 놈이,

- 저 옛날에 저 가 저 서울 아니 목포 가서 어디 약국에 가니까 노인네가 늙수그레합디다, 옛날에.

- 지금으로 하면 저 저 앞 선창 거의 갔었는데 거기서,

- 그래서 거기서 약 지어다 먹이고 어떻게 했더니 아니 그것이 그 나아요. 그래가지고 걷게 돼가지고 걸었어요.

- 그래가지고 낫고 그럽디다. 그러니까 나쁜 일도 많이 있고 좋은 일도 있고 그래요, 사람이 살다 보면.

애들 키우면서요.

- 예

예

애들 낳고는 뭐 조리를 잘 했던가요?

- (웃음) 무슨 이런 데서 조리하고 뭐하고 한대요? 그냥 일어나지. 일어나야지.

며칠마네 일: 나가요?

— 한 사오일 데먼 인나가꼬155) 인저다 밥또 하고 멀:또 하고 다 하고 이쩨.

— 그레도 나 골병든다고 사:람드리 하지 마:락 헤도 골병이야 *** 데 야꺼나 혜:야제 그라고는 하고 그런디

— 거 이레 세밀 아:네는 창 가서 밤 메기도 어러와라우.

— 여그서 쩌:그 산쏘게라우 거가 바슨 거그치 벌:꺼슨 버:런는디 그리 바슬 메:로 간담 마리요, 에기들 나:뚜고, 에기 나:뚜고.

— 그람156) 시어메가 오또 머:또 옵:씨 에기를 저:: 수:거네다 싸:가꼬 거까지 들고 오드라고, 저슬 메길라고. 거까지 보듬꼬 드롸와.

— 거름 예 엄니157) 저 거그다 나:뚜고 네가 강거시 더 안 나꺼쏘158) 그릉께

— 아, 니가 요까지 또 아따가 또 올라올라문, 우리 시어메는 안 혜라, 앙:꺼또. 에초에 안 혜.

음

— 바테가 보리가 한나 씨야써도159) 암 메, 얼레가.

— 네가 거 에:기를 저쭈고 오께라우 그라문, 그럴레 그럼 그거또 몬: 하거뜨란 마리요, 뎅긴거또.

— 뎅긴거 어쩨 몬:하냐 그라문, 오메 거까지 아따가 또 올라가불라면 엄마나 보데끼고 무거깍쏘?

— 그레가꼬 저 가서 저쭈고 또 가서 메 저 밤메고 그런 닐도 마:니 혜: 바써라우.

— 사능 거시 그러고 사:라써도 인자는 이러고 세:상이 조응께 요:론 시:상도 이따 네가 그레.

(웃음) 엔날하고 비:교헤보먼 처냥

— 얼:메나

며칠만에 일 나가요?

- 한 사오 일 되면 일어나가지고 이제 밥도 하고 뭐도 하고 다 하고 있지.

- 그래도 나 골병든다고 사람들이 하지 말라고 해도 골병이야 ??? 되거나 말거나 해야지 그러고는 하고 그런데,

- 그 이레 삼 일 안에는 참 가서 밭매기도 어려워요.

- 여기서 저기 산속에요 거기에 밭은 거기 것 부칠 것은 부쳤는데 그리 밭을 매러 간단 말이에요, 아기들 놔두고, 아기 놔두고.

- 그럼 시어머니가 옷도 뭐도 없이 아기를 저 수건에다 싸가지고 거기까지 들고 오더라고, 젖을 먹이려고. 거기까지 안고 들어와.

- 그럼 아이 어머니 저 거기다 놔두고 내가 가는 것이 더 낫잖겠소 그러니까,

- 아, 네가 여기까지 또 왔다가 또 올라오려면, 우리 시어머니는 안 해요, 아무 것도. 애초에 안 해.

음

- 밭에 보리가 가득해도 안 매, 원래가.

- 내가 그 아기를 젖 주고 올게요 그러면, 그럴래? 그럼 그것도 못 하겠더란 말이오, 다니는 것도.

- 다니는 것 왜 못 하느냐 그러면, 아이고 거기까지 왔다가 또 올라가 버리려면 얼마나 보대끼고 무겁겠소?

- 그래가지고 저 가서 젖 주고 또 가서 매 저 밭 매고 그런 일도 많이 해 봤어요.

- 사는 것이 그렇게 살았어도 이제는 이렇게 세상이 좋으니까 이런 세상도 있다 내가 그래.

(웃음) 옛날하고 비교해 보면 천양

- 얼마나

하늘과 땅 차이조

― 야

― 천지 차이여라우. 하늘과 땅이여라우, 인자는.

― 인자 에기 난 사:람드리 그러고 인나거쏘? 몬:난나제. 이 저 인나문 크닐난닥 하제.

(웃음) 에:기드리 돌 베길 가틍 거 세고 *****

― 베기리 옵:쩨라우.

― 베기리 옵:써라, 그럴 때는

그레요?

― 야, 도른 어쩨 바비라도 항그겜160) 먹쩨마는 도 저 베길은 업:써.

― 베기른 절떼 암:꾸또 업써.

― 인자가161) 베길 세고 먼:하고 하제 아 옵:써라.

시집싸리는 안 하셔따 그레쪼?

― 안 헤써라우.

아:

― 시집싸릴 누가 안 시킵띠다.

누가 안 시켜

― 안 시케. 옴:는 지비 아서 잘 하고 이따고 항시 그런 말:로 하고. 그라고 우리 시아부지가 얼:마나 메느리 자랑을 헨:능가 이 요:리는 아주 다 말헤요.

아

― 그라고 헤우도 뜨드로 가머는 발 시럽따고162) 다 앙 가요. 시야제들 또 앙 가고 남편도 앙 가고 시아부지도 앙 가고 아무도 앙 가.

― 네:가 뜨등께 갑씨다. 그거 뜨더야 돈 나온담서라우?

― 그레가꼬 네:가 가서 저 다 헤:노면 뜨더노면 아서 지고 나와. 남자드리 와 가꼬. 그르케 셍기써. 안 헙따야.

하늘과 땅 차이지요.

— 예

— 천지 차이예요. 하늘과 땅이에요, 이제는.

— 이제 아기 낳은 사람들이 그렇게 일어나겠소? 못 일어나지. 이 저 일어나면 큰일난다고 하지.

(웃음) 아기들이 돌 백일 같은 것 쇠고 ?????

— 백일이 없지요.

— 백일이 없어요, 그때는

그래요?

— 예, 돌은 어떻게 밥이라도 한 그릇 먹지마는 도 저 백일은 없어.

— 백일은 절대 아무 것도 없어.

— 지금이 백일 쇠고 뭐 하고 하지 아 없어요.

시집살이는 안 하셨다 그랬지요?

— 안 했어요.

아:

— 시집살이를 누가 안 시킵디다.

누가 안 시켜.

— 안 시켜. 없는 집에 와서 잘하고 있다고 항시 그런 말로 하고. 그리고 우리 시아버지가 얼마나 며느리 자랑을 했는지 이 이 근처는 아주 다 말해요.

아

— 그리고 김도 뜯으러 가면은 발 시리다고 다 안 가요. 시동생들도 안 가고 남편도 안 가고 시아버지도 안 가고 아무도 안 가.

— 내가 뜯으니까 갑시다. 그것 뜯어야 돈 나온다면서요?

— 그래가지고 내가 가서 저 다 해 놓으면 뜯어 놓으면 와서 지고 나와. 남자들이 와 가지고. 그렇게 생겼어. 안 합디다.

음, 그 떼는 헤우가 마:나써요?

― 아이 안 마네씽께163) 사:라미 뜨더가꼬 지고 오제.

― 인자는 베로 막 뜨더다가 베로 막 까버리거등이라우, 할 띠로.

― 그릉께 인자는 펜하고 조:체. 그란디 그럴 떼는 가따 노머는 잠 모:
짜고 저녀게도 세보게 조사야데, 칼로. 헤우를 여 받 노코.

― 그레가꼬 하다가 그러다가 인자는 헤우하기도 시:상 펜하고 조:체.

농:사 데:시네 그렁 걸 헤꾸뇨?

― 예 마:니 헤도 저 그렁 거슬 이건 헤:서 네가 머:설 하까 아이고 나
그만 살:고 가야 데거따 그런 마음도 무거쓰꺼인디 그런 맘: 몸:무거바써.
송: 마:니 옵:써뜽갑쩨.

동네에서 글먼 다른 사람 시집싸리 항 거 드러보셔써요?

― 씨집싸리 하다가 한 사라믄 시어메가 하다하다 *** 항께 가치 완는
디라, 한 다레164). 기양 모:쌀고 나가써라우.

― 쪼께나 부러써. 씨엄씨가165) 고:약스렁께 잘 모:단다고.

― 그레가꼬 쩌:: 딴 데로 시집까서 살:고 이썬는디 인자 모르거쏘. 나
이가 마니 무거쓰께 가꺼쩨라이166)? 가게 데이쩨.

― 그라고 한 사라믄 와 가꼬 또 인자까지 쭉 살:다가 쪼끔 살:다가 또
어:드로 간닥 하드이 남자가 일찍 쭈거부러서 인자도 살:고 인능가 모르
거쏘.

― 인자는 모르거써, 오도 안 하고 가도 안 항께 보고도 자붑떼야167)
그렁께 칭구라.

음

― 나를 검:나게 써 ***

긍계

할머닌 비교적 조은 지브로 일 오션네.

― 예

음, 그때는 김이 많았어요?

― 아니 안 많았으니까 사람이 뜯어가지고 지고 오지.

― 지금은 배로 막 뜯어다가 배로 막 가 버리거든요, 할 곳으로.

― 그러니까 이제는 편하고 좋지. 그런데 그때는 가져다 놓으면은 잠 못 자고 저녁에도 새벽에 다져야 돼, 칼로. 김을 이 받 놓고.

― 그래가지고 하다가 그러다가 이제는 김 하기도 세상 편하고 좋지.

농사 대신에 그런 걸 했군요?

― 예, 많이 해도 저 그런 것을 이것 해서 내가 뭘 할까 아이고 나 그만 살고 가야 되겠다 그런 마음도 먹었을 텐데 그런 마음 못 먹어 봤어. 속 많이 없었던가 보지.

동네에서 그러면 다른 사람 시집살이 한 것 들어보셨어요?

― 시집살이 하다가 한 사람은 시어머니가 하도하도 ??? 하니까 같이 왔는데요, 같은 달에. 그냥 못 살고 나갔어요.

― 쫓겨나 버렸어. 시어머니가 고약스러우니까 잘 못한다고.

― 그래가지고 저 다른 곳으로 시집가서 살고 있었는데 이제 모르겠소. 나이가 많이 먹었으니까 갔겠지요? 가게 돼 있지.

― 그리고 한 사람은 와가지고 또 지금까지 쭉 살다가 조금 살다가 또 어디로 간다고 하더니 남자가 일찍 죽어 버려서 지금도 살고 있는지 모르겠소.

― 지금은 모르겠어. 오지도 않고 가지도 않으니까 보고도 싶데. 그러니까 친구라.

음

― 나를 굉장히 ???

그러니까

할머니는 비교적 좋은 집으로 오셨네.

― 예

가나나기는 헤:찌만

— 예 안나가기는 헤:써.

가나난 *** 업써도이~.

— 야, 잘 헤라우 다.

— 즈그 메느리베끼 옴:는 양이라[168] 헙띠다.

(웃음)

— 시어메도 그라고 시아부지도 그라고 우리 참 메느리 잘 어더따고 밤:나[169] 그라고.

— 네가 나뿐 쪼그로 웨:야 나뿌제이~. 송:이[170] 옵:써씅께 막 하라건 데로만 게:속 잘 항께

항:가븐 잔 항:갑잔치는 하셔써요?

— 예, 항:가븐.

하라버지도 황:갑 세:셔뜽가요?

— 예, 항:갑 세:고 얼:마 안 인자 멘 년 살:다가 이 저 육씹 아호베 도라가시고,

에

— 그란디 나는 구십까지 사:니 을:마나 살:고 이쏘? 마니 살:고 이쩨.

(웃음)

아

황:갑 어 어:디서 어트케 하셔써요?

— 여그서 크게 헤:써라우.

여기서 크게

— 예, 야 검:나게 저 [171]홀렁스럽게 잘헤줍띠다, 아그드리.

아~

— 잘 헤서 잘 쌀러. 잘 무꼬 잘 지 지:네고 이써.

(웃음) 아 그레써요.

가난하기는 했지만.

ㅡ 예, 안 나가기는 했어.

가난한 ??? 없어도.

ㅡ 예, 잘 해요 다.

ㅡ 저희 며느리밖에 없는 것처럼 합디다.

(웃음)

ㅡ 시어머니도 그리하고 시아버지도 그리하고 우리 참 며느리 잘 얻었다고 밤낮 그러고.

ㅡ 내가 나쁜 쪽으로 해야 나쁘지 철이 없었으니까 막 하라는 대로만 계속 잘 하니까.

환갑은 환갑잔치는 하셨어요?

ㅡ 예, 환갑은.

할아버지도 환갑 쇠셨던가요?

ㅡ 예, 환갑 쇠고 얼마 안 이제 몇 년 살다가 이 저 예순아홉에 돌아가시고,

예

ㅡ 그런데 나는 구십까지 사니 얼마나 살고 있소? 많이 살고 있지.

(웃음)

아

환갑 어디서 어떻게 하셨어요?

ㅡ 여기서 크게 했어요.

여기서 크게

ㅡ 예, 예, 굉장히 저 훌륭하게 잘 해 줍디다, 아이들이.

아

ㅡ 잘 해서 잘 살아. 잘 먹고 잘 지 지내고 있어.

(웃음) 아. 그랬어요.

- 요 요즈메도 셍얼 셌:닥 호문 다 막 기양 떼로 달라들제라우, 만:항께.

항:갑 떼는 동:네 싸람드리 오면 그냥 와요 아니먼?

- 요런 디 싸람드른 기양 오락 헝께 안 와라우. 안 옵띠다. 머 가꼬가야 덴디 아서 무그라고 허먼 안 와라, 또.

아

- 그렁께 장만헤노먼 저 아눠부러, 오 모도172) 오락 헤:도.

빈:소느로 오기 머

- 야 그렁께 그렁가 안 옵띠다야.

아, 그레요이~

아 우리가 아까 장:네 이야기를 쪼금 헨:는데 사:람 주거서 장:네 이거 초상 칭 거 이케 보셔써요 직접 이러케?

- 마:니 바:쩨라, 여그서.

어

- 여그서 게:속 인제까지 그러케 처쩨173).

- 그런디 인자 면 년 안 데야써라우 장:네씩 한 데. 머 한 삼:년니나 뎅가 모르거쏘.

- 그렁께

그럼 막 사:람 도라가시면 어쩝띠까? 막 사:람 도라가시 사:람 주그먼?

- 정신업:씨 사:라미 모여 들제라우.

음

- 으거 여그다 쳴:174) 치고.

어쭈게 알 알련나요?

- 다 알리제라우.

머 누가 가나요?

- 저:나를 헤, 아이 펜:지로 헤서.

편:지로.

− 요즘에도 생일 쇤다고 하면 다 막 그냥 떼로 달려들지요, 많으니까.

환갑 때는 동네 사람들이 오면 그냥 와요? 아니면?

− 이런 곳 사람들은 그냥 오라고 하니까 안 와요. 안 옵디다. 뭐 가지고 가야 되는데 와서 먹으라고 하면 안 와요, 또.

아

− 그러니까 장만해 놓으면 저 안 와 버려. 모두 오라고 해도.

빈손으로 오기 뭐

− 예, 그러니까 그런지 안 옵디다.

아, 그래요?

아, 우리가 아까 장례 이야기를 조금 했는데 사람 죽어서 장례 이거 초상 치르는 것 이렇게 보셨어요? 직접 이렇게?

− 많이 봤지요, 여기서.

어

− 여기서 계속 지금까지 그렇게 치렀지.

− 그런데 이제 몇 년 안 됐어요. 장례식장에서 한 것. 뭐 한 삼 년이나 됐는지 모르겠소.

− 그러니까

그럼 막 사람 돌아가시면 어떠합디까? 막 사람 돌아가시 사람 죽으면?

− 정신없이 사람이 모여들지요.

음

− 이거 여기다 차일 치고.

어떻게 알렸나요?

− 다 알리지요.

뭐 누가 가나요?

− 전화를 해, 아니 편지로 했어.

편지로.

- 머: 써서 인자 다 인자 데로 인자 주거따고 인자 이주 모도 돌레노
먼 다 와라우.
- 그레야꼬 사:라미 만:장만한 모여가꼬 검:나 고셍헤라우, 뒤:꺼심[175]
한 사람드리.
- 그란디 요즘 시:상에는 그란항께 조:커씁띠다.
- 장네시게 헤버링께 머:이 성가시거쏘? 가서 돔:만 잔 조:부리고 오먼
데제.
- 그 저네는 다:: 헤:써라우.

염: 가틍 거슨 누가 누가 염:한다고?

- 아그 머 가서 머도 멀 검:나게 머:시라고 요리 여:닝가 머:싱가 몰라
도 마:니 헝:겁 질:게 헤 가꼬 우리가 가따가 모도 가꼬 가서 거러노쏘
안? 몽:창[176] 마니?

만:장.

- 만:장 그거설 가따가 헤:서 거러나따가 모다고 놔:뚜고 인지 인자 나
는 우리 여: 아저씨 주근 제가 시방 이:십 이:녀니나 데야써도 그 노믈 이
떼끔 놔:떠써라우, 거 나 주그먼 쓰락 할라고.
- 거 만장 가틍거슨 그 떼 업:써저찌마는 오:선 입꼬 이께 마:니 사:라
미 마능께 몽:창 헤:농께 홍허게[177] 빠라서 다: 저 수퍼타 처서 당가나:따가
두: 버니나 빠라서 너러따가 인자 다머서 켈 머:스로 한:나[178] 다머놔는디,
- 인자 가마니 셍각헤봉께는 안니분닥 하요.
- 그레서 에르 이거 꼬스리자[179].
- 그라고 올 보멩가 여그다 노코 다 꼬실라 부러써라우.

요세는 장:네예:시짱에서 줘:요.

- 야, 거그서 준닥 헝께.

예

- 그라고 또 머 임는 거또 멀:항거또 벨라 옵:꼬 그렁께 쓰거씁띠다[180].

- 뭐 써서 이제 다 이제 ?? 이제 죽었다고 이제 아주 모두 돌려 놓으면 다 와요.

- 그래가지고 사람이 만장하게 모여가지고 굉장히 고생해요, 뒤처리하는 사람들이.

- 그런데 요즘 세상에는 그러지 않으니까 좋겠습디다.

- 장례식장에서 해 버리니까 뭐가 성가시겠소? 가서 돈만 좀 줘 버리고 오면 되지.

- 그 전에는 다 했어요.

염 같은 것은 누가 누가 염한다고?

- 아이 뭐 가서 뭐도 뭐 굉장히 뭐라고 이리 연인지 뭔지 몰라도 많이 헝겊 길게 해가지고 우리가 가져다가 모두 가지고 가서 걸어놓잖아요? 몽땅 많이?

만장.

- 만장 그것을 가져다가 해서 걸어놨다가 못하고 놔두고 이제 나는 우리 여 아저씨 죽은 지가 지금 이십이 년이나 됐어도 그것을 이때까지 놔뒀어요, 그 나 죽으면 쓰라고 하려고.

- 그 만장 같은 것은 그때 없어졌지마는 옷은 입고 있게 많이 사람이 많으니까 몽땅 해 놓으니까 하얗게 빨아서 다 저 세제 쳐서 담갔다가 두 번이나 빨아서 널었다가 이제 담아서 궤 뭐로 가득 담아놨는데,

- 이제 가만히 생각해 보니까 안 입는다고 해요.

- 그래서 에라 이것 불사르자.

- 그러고 올 봄엔가 여기다 놓고 다 불살라 버렸어요.

요새는 장례식장에서 줘요.

- 예, 거기서 준다고 하니까.

예

- 그리고 또 뭐 입는 것도 뭐 하는 것도 별로 없고 그러니까 좋겠습디다.

─ 그렁께 거 이부면 멀:하고 안니부면 멀:헌다우?

옌나레는 미영 미영베로

─ 야 미영베로

헤:가꼬

─ 야, 다 인자 헤:서 입꼬 긍게 그 차데기로[181] 몽:창 그 머:세다 다머서 이빠이[182] 너:놔따가 저 치메 저구리 머 우게 임는 머시메들 임능 거 멀:항거 다 께:끄다게 헤:서 너:나따가 가마이 생각헤봉께 고 아:무 소양[183] 업거따 그라고 이제 테:불란다[184] 그라고 다 테:부러써라우.

(웃음) 그러초 이~

─ 야, 테:부러야제 그거**.

사람 도라가시면 막 이 무끄자나요 누가 무꺼요?

─ 무꾼 사라미 따로 이써라우.

그레요이~

─ 동:네도

동:네마다

─ 으, 동:네마담 한 사라미 따로 이꼬.

─ 인자는 저 누:가 무끄냐 그러면 또 와서 무꺼준 사람들또 이꼬 그레라우. 다 무꺼붐띠다.

─ 무꼬 가나 암 무꼬 그나 (웃음) 가 부르면 끄:꼬[185] 가나 지고 가나 모:리제.

(웃음)

─ 그릉께 네가 먼 저 여짜기 거 아까치메 뚱뗑이[186] 그 사라미 나는 주그면 저 어:쭈고[187] 할랑가 몰라이 그릉께 어쭉헤? 저 막 가꼬 가제 (웃음) 네가 그러제. 막 가꼬 가서 가서 목포 저 하:당터에다가 하:장터에다 너부루제 멀:헌당가 그렁께

─ 나는 그럴 꺼시여 그럼서르 그라면 누가 울: 싸람도 옵:까 옵:쓰까?

－ 그러니까 그 입으면 뭐 하고 안 입으면 뭐 한대요?

옛날에는 무명 무명베로.

－ 예, 무명베로.

해가지고.

－ 예, 다 이제 해서 입고 그러니까 그 자루로 몽땅 그 뭐에다 담아서 가득 넣어 놨다가 저 치마 저고리 뭐 위에 입는 사내애들 입는 것 뭐 하는 것 다 깨끗하게 해서 넣어 놨다가 가만히 생각해 보니까 그 아무 소용 없겠다 그래서 이제 태워 버리겠다 그러고 다 태워 버렸어요.

(웃음) 그렇지요.

－ 예, 태워 버려야지 그거??

사람 돌아가시면 막 이 묶잖아요? 누가 묶어요?

－ 묶는 사람이 따로 있어요.

그래요.

－ 동네도.

동네마다.

－ 응. 동네마다 하는 사람이 따로 있고.

－ 지금은 저 누가 묶느냐 그러면 또 와서 묶어주는 사람들도 있고 그래요. 다 묶어 버립디다.

－ 묶고 가나 안 묶고 가나 (웃음) 가 버리면 끌고 가나 지고 가나 모르지.

(웃음)

－ 그러니까 내가 무슨 저 이쪽에 그 아까 뚱뚱이 그 사람이 나는 죽으면 저 어떻게 하려는지 몰라 그러니까, 어떻게 해? 저 막 가지고 가지 (웃음) 내가 그러지. 막 가지고 가서 가서 목포 저 화장터에다가 화장터에다 넣어 버리지 뭐 한단가 그러니까,

－ 나는 그럴 거야 그러면서, 그러면 누가 울 사람도 없을까?, 그럼 누

그런 누가 우러, 지비[188] 딸보다 우르락헤, 네가 그러제.

(웃음)

― 메느리가 먼: 우르미 엄:마나[189] 나온당가 그릉께, 그릉께이 그러고, 나는 주그면 진짜 그:리 가건네야 그러드마. 그라고 헌디 이:집써는 주그면 쩌:리 가거꾸마 그람서르,

― 쩌 건네 성:원어메가 쩌 건네 칭구 한나가 "아따 절문 사람드리 밤날 나이도 덜: 무근 사람드리 주긍께 성가시네야 우덜 가튼 사라미 먼춤[190] 가야덴디" 그레서,

― "난 먼청 간다 가구도 안자버." 네가 그러제 "난 먼청 가고도 안 자버. 오락 허먼 가. 인제 인자 엄:마 남:찌도 안헨는디 머더러 가고 자꼬 말:고 헤." 네가 "오먼 가제 오락 허먼 가제." 그러제

― "오락 허먼 가야제 누구든지. 절무나 늘그나."

― 그렁께 성:원어메도 저 하:장터로는 안가거써. 그렁께

― 그렁께이~ 난 화장터로 가부루먼 쓰거쏘 차라리. 누가 저 거 먼: 가서 저 먼:할라면 성가싱께 이 저 멭[191]: 돌치할라면[192] 성가시고 그렁께 화:장터로 가지 말:고 저 화:장터로 가부루먼 쓰거써. 거:리서 거다 쓰지 말:고 그리서 둘: 쓸라면 성가싱께.

― "아야[193] 영:감이 거가 이씽께 그:리 가게 데야 가꼬 이써. 그릉께 걱쩡하지 말:고 가마니써." 네가 그레쩨.

엔:나레는 이러케 상여도 메:고 그레짜나요이~?

― 예 상여 메고 다 뎅게쩨라우.

노레도 하고.

― 야, 노레도 하고요. 그레서 아페서 미긴[194] 사람 이꼬.

이 동네는 누가 그러케 노레를 잘 헤요?

― 다 다 이 주거부러서 몰르거쏘 누:가 (웃음) 할랑가, 인자는 안항께라우.

가 울어? 댁의 딸보고 울라고 해 내가 그러지.

(웃음)

- 며느리가 무슨 울음이 얼마나 나온단가? 그러니까, 그러니까 그러고, 나는 죽으면 진짜 그리 가겠네. 그러더구먼. 그리고 하는데 이 집에서는 죽으면 저리 가겠구먼 그러면서,

- 저 건너 성원엄마가 저 건너 친구 하나가 아따, 젊은 사람들이 밤낮 나이도 덜 먹은 사람들이 죽으니까 성가시네. 우리들 같은 사람이 먼저 가야 되는데 그래서,

- 난 먼저 간다 가고도 싶지 않아 내가 그러지. 난 먼저 가고도 싶지 않아, 오라고 하면 가. 이제 이제 얼마 남지도 않았는데 뭐하러 가고 싶고 말고 해? 내가, 오면 가지, 오라고 하면 가지 그러지.

- 오라고 하면 가야지 누구든지. 젊으나 늙으나.

- 그러니까 성원엄마도 저 화장터로는 안 가겠어 그러니까,

- 그러니까. 난 화장터로 가 버리면 좋겠소, 차라리. 누가 저 그 뭐 가서 저 뭐 하려면 성가시니까 이 저 묘 돌보려면 성가시고 그러니까 화장터로 가지 말고 저 화장터로 가버리면 좋겠어. 거기에서 거기에다 쓰지 말고 거기에서 둘 쓰려면 성가시니까.

- 야, 영감이 거기에 있으니까 그리 가게 되어 가지고 있어. 그러니까 걱정하지 말고 가만히 있어 내가 그랬지.

옛날에는 이렇게 상여도 메고 그랬잖아요?

- 예, 상여 메고 다 다녔지요.

노래도 하고.

- 예, 노래도 하고요. 그래서 앞에서 메기는 사람 있고.

이 동네는 누가 그렇게 노래를 잘 해요?

- 다 다 이 죽어 버려서 모르겠소 누가 (웃음) 하려는지. 이제는 안 하니까요.

에

― 이건 세루헤. 그래서 무구와서195) 난 어쩌까 나 주그먼 그러 저 저 거멈 그러게 무갑또 안헤.

― 인자는 아:무리 무과도 차에다 실코 가부러. 그란디 머:시 무구와 (웃음) 네가 그러제.

― 나는 무구와껀디 그르 그렁께 암 무겅께 인자는 암 무겁땅께, 차에다 실코 강께.

저:기 저 초상나먼 저기 섬:쪽에서 지방에서는 딴:데 보니까 노레도 부르고 그럽띠다.

― 아이 미기니라고 노레 부르제.

상여 말고 이러케 동:네 싸람들 와가지고 그레요

#― 저녀게 다:레

― 저녀게는 다:레 하제라우196), 저녀게는. 노레 불러.

어, 다레 다레는 어뜨케 헤요?

― 여그선 여그선 바까테서197) 불써노코198) 모도 노 다:레한다고 노레 불러라우.

노레헤요?

― 예

먼: 노레를 헤요?

― 네:가 어쯔게 먼: 노레를 한지199) 알:거쏘?

다른 쩌쪼게 아:는 저 육찌에서는 다:레할 떼 다 그냥 안자서 머: 허나? 화토치거나.

― 야

― 화토도 치제라.

술 먹꺼나.

어 그런데 여그는 노레를 하드라고요.

예

— 이것 새로 해. 그래서 무거워서 난 어쩔까? 나 죽으면? 그러 저 저 거 뭐 그렇게, 무겁지도 않아.

— 이제는 아무리 무거워도 차에다 싣고 가 버려. 그런데 뭐가 무거워? (웃음) 내가 그러지.

— 나는 무거웠겠는데 그러니까, 안 무거우니까 이제는 안 무겁다니까, 차에다 싣고 가니까.

저기 저 초상나면 저기 섬 쪽에서 지방에서는 다른 곳 보니까 노래도 부르고 그럽디다.

— 아니, 메기느라고 노래 부르지.

상여 말고 이렇게 동네 사람들 와가지고 그래요.

#— 저녁에 '다래'.

— 저녁에는 '다래' 하지요, 저녁에는. 노래 불러.

어, '다래' '다래'는 어떻게 해요?

— 여기선 여기선 밖에서 불 켜 놓고 모두 노 '다래'한다고 노래 불러요.

노래해요?

— 예

무슨 노래를 해요?

— 내가 어떻게 무슨 노래를 하는지 알겠소?

다른 저쪽에 아는 저 육지에서는 '다래'할 때 다 그냥 앉아서 뭐 하나? 화투 치거나.

— 예

— 화투도 치지요.

술 먹거나.

어, 그런데 여기는 노래를 하더라고요.

‒ 그라고, 야, 노레도 저녀게 불러라우.

에

‒ 그라고 인자 저 떵:꼬²⁰⁰⁾ 갈떼게 또 미기고 아페서

아페서 저 선쏘리가 미기고 그러지요이.

‒ 야

‒ 야 미기면 뒤에서는 인자 인자 또 항 가락썩 함서 가제.

음

‒ 그럴 떼가 사:람 주긍거 가쩨, 연자는²⁰¹⁾ 가부루먼 아무 소양업:씽께 그집까 초상이 난지 안난지도

마자요이~.

‒ 몰:러 인자는.

엔나레는 온: 동:네가 떠들썩헌디

‒ 야, 온: 동네가 떠들썩헤가지고 이:를 몬:하제라우 그 한 사흘언. 가서 거가서 먼: 헤:줘야데고 저녀게도 또 노라줘야 데고 어짜고 항께 그런디

‒ 인자는 먼 간지 주근지 온지 모르제라.

‒ 인자가 세:상은 조:상은²⁰²⁾ 존:시상이여라우.

‒ 지비다가 안나뚜고 탁 가따가 테:불고.

엔나레는 도라가시면 그 열: 가틍거슬 어:트케 만든다요?

‒ 다 짜:라우, 여그 와서, 목쑤가. 여:를²⁰³⁾.

‒ 그 ²⁰⁴⁾판자떼기 가꼬와서 꼬 마처서 가꼬와가꼬 여그 아서 짭:떠다.

아

초상난

‒ 야, 초상난 지비 와서 짜라우, 여페서.

아

‒ 거 마치기만 하고 몸만 바거부루먼 뎅께 그르게 헤서 짜:고 그럽떠다야.

- 그리고, 예, 노래도 저녁에 불러요.

예

- 그리고 이제 저 떠메고 갈 때에 또 메기고 앞에서.

앞에서 저 선소리가 메기고 그러지요.

- 예

- 예, 메기면 뒤에서는 이제 이제 또 한 가락씩 하면서 가지.

음

- 그런 때가 사람 죽는 것 같지. 이제는 가 버리면 아무 소용없으니까 그 집에 초상이 난 줄 안 난 줄도,

맞아요.

- 몰라 이제는.

옛날에는 온 동네가 떠들썩했는데.

- 예, 온 동네가 떠들썩해가지고 일을 못하지요, 그 한 사흘은. 가서 거기 가서 뭐 해 줘야 되고 저녁에도 또 놀아 줘야 되고 어쩌고 하니까 그런데,

- 이제는 무슨 간 줄 죽은 줄 온 줄 모르지요.

- 지금이 세상은 좋은 세상은 좋은 세상이에요.

- 집에다가 안 놔두고 탁 가져다가 태워버리고.

옛날에는 돌아가시면 그 널 같은 것을 어떻게 만든대요?

- 다 짜요, 여기 와서, 목수가, 널을.

- 그 널빤지 가지고 와서 꼭 맞춰서 가져와가지고 여기 와서 짭디다.

아

초상난

- 예, 초상난 집에 와서 짜요 옆에서.

아

- 그 맞추기만 하고 못만 박아 버리면 되니까 그렇게 해서 짜고 그럽 디다.

미리 머 줌비헤:두거나 그러진 안나요?

― 인는 사라믄 헤:라우, 엔:나레도.

아

― 거기다 치리랑 미겨 가꼬 마닥 걸마께205) 연 베깥 연 멀 나 쪼르르르 이르케 질:게 놔:도문 꼴보기 시릅띠다206).

― 사:람 주그먼 저리 드러가따 그레지고 에기떠리라. 우리 동네 저 잘 싼지비 그럽띠다야.

― 그락 칠 미겨서 이일 꺼:메 이쁘게 헤:가꼬 그 영:감 자는 방에다 조르러이 쩌리 놔따 거그다 머 당:끼도 하고 그럽띠다.

― 근디 요주메는 그릉거또 옵:써저부리써라우, 다.

음

― 야

― 세:상은 더 조:체라이, 보기도 조:코.

(웃음) 할머니는 신:식 더 조아하시구만.

초상 날떼는 먼: 음식뜨를 하시등가요?

― 엔:나레는 주글 쒀러 가라우, 포쭈걸207).

포쭈글?

― 인자 웬:208) 동:네가 다 써써움 인저 인자 이 머:다 인자 푸마시로 인자 품 아스라고, 인자

포쭈글 써서 그 지브로 가야

― 야, 포쭈글 써서 동우로209) 한:나썩 일고210) 가야 데라우.

아

― 그레야꼬 인자 저녀게 무꼬 인자 그놈 다:레 하제. 모도 놀:고 인자 술 무꼬 다 그거 무꼬 그람시러.

그 지베서 장만한 게 아니라,

― 예

미리 뭐 준비해 두거나 그렇지는 않나요?

　－ 있는 사람은 해요, 옛날에도.

아

　－ 거기에다 칠이랑 먹여가지고 마당 문밖에 연 밖 연 뭐 나 쪼르르르
이렇게 길게 놔두면 보기 싫습디다.

　－ 사람 죽으면 저리 들어갔다 그렇게 생각되고 애기들이라. 우리 동네
저 잘사는 집이 그럽디다.

　－ 그럼 칠 먹여서 이 검게 예쁘게 해가지고 그 영감 자는 방에다 조르
르하게 저리 놨다 거기다 뭐 담기도 하고 그럽디다.

　－ 그런데 요즘에는 그런 것도 없어져 버렸어요, 다.

음

　－ 예

　－ 세상은 더 좋지요, 보기도 좋고.

(웃음) 할머니는 신식 더 좋아하시는구먼.

초상 날 때는 무슨 음식들을 하시던가요?

　－ 옛날에는 죽을 쑤러 가요, 팥죽을.

팥죽을?

　－ 이제 온 동네가 다 쒀서 이제 이제 이 뭐 이제 품앗이로 이제 품 앗
으라고, 이제,

팥죽을 쒀서 그 집으로 가야 (돼요?)

　－ 예, 팥죽을 쒀서 동이로 하나씩 이고 가야 돼요.

아

　－ 그래가지고 이제 저녁에 먹고 이제 그것 '다래' 하지. 모두 놀고 이
제 술 먹고 다 그것 먹고 그러면서.

그 집에서 장만하는 것이 아니라,

　－ 예

다 동:네싸람드리

　－ 동:네싸람드리 헤:서.

아

　－ 그레서 가꼬가서 인자 저녀게 가따주면 모도 무꼬 그레써라우.

아

　－ 그란디 쫌 꼬:꼽한²¹¹⁾ 사:람드른 그노믈 베까테다 타:다 네:노코 쩌 아네다 좀 디레노코등이라우. 그 나:뚜면 써거부러 고라저부러.

　－ 그러면 가따 네:뿌리제 어짜거쏘이? 그런 사람도 이썹띠다야, 네가 봉께.

아

　－ 거 빡빡한 사람드리 그레.

　－ 가따가 그날그날 무거야제 나:뚜면 기양 시여분단 마리요, 떡꾹 뜨글 포쭈글 써서 방에다 디레노먼.

　－ 여가 여가 사:라믄 주거가고 인는디 뒤:빵에다 나:뚜고 그러드마.

　－ 그걸 나:중에 봉께 다 써거부러뜨라우. 그릉께 다 버려부리지.

　－ 그레가꼬 미러서 인자 포쭉 써:준 사:라미 여 그 사라미 이사를 가부리요 인저 그놈 무꼬이?

　－ 이사를 가부루면 이런 사라믄²¹²⁾주면 주고 말:먼 말고 옵:쓰면 그놈 한 동우 두: 동우 옵:딱 헤서 초상을 몯:하요 멀:하요 넵:뛰불제.

　－ 안 준다고 어쩨 안 주고 가쓰끄나고²¹³⁾? 게::속 한 사람도 이쏘이. 게:속한 사람도.

아 주글 안 줘따고?

　－ 음. 죽 도:늘 안 주고 가따고.

　－ 아니 저 인자 주글 몯:써다 줘:씽께 싸리라도 도:니라도 주고 간야덴디 어쩨 기양 가버러쓰꺼나고. 그런 사람도 이썹띠다야.

　－ 그렁께 네가 아 저런 사람도 이꾸나 네가 그레써라우.

다 동네 사람들이.

– 동네 사람들이 해서.

아

– 그래서 가지고 가서 이제 저녁에 가져다 주면 모두 먹고 그랬어요.

아

– 그런데 좀 인색한 사람들은 그것을 밖에다 타다 내어놓고 저 안에다 좀 들여놓거든요. 그 놔두면 썩어 버려. 곯아져 버려.

– 그러면 가져다 내버리지 어쩌겠소? 그런 사람도 있습디다, 내가 보니까.

아

– 그 빡빡한 사람들이 그래.

– 가져다가 그날그날 먹어야지 놔두면 그냥 시어 버린단 말이오, 떡국 뜨거운 팥죽을 쒀서 방에다 들여놓으면.

– 여기에 여기에 사람은 죽어가지고 있는데 뒷방에다 놔두고 그러더구먼.

– 그걸 나중에 보니까 다 썩어 버렸데요. 그러니까 다 버려 버리지.

– 그래가지고 미리 이제 팥죽 쒀 준 사람이 이 그 사람이 이사를 가 버리잖아요, 이제 그것 먹고?

– 이사를 가 버리면 이런 사람은 주면 주고 말면 말고 없으면 그것 한 동이 두 동이 없다고 해서 초상을 못 해요 뭐 해요? 내버려둬 버리지.

– 안 준다고 왜 안 주고 갔을까 하고 계속 하는 사람도 있소. 계속 하는 사람도.

아, 죽을 안 줬다고?

– 음, 죽 돈을 안 주고 갔다고.

– 아니, 저 이제 죽을 못 쒀다 주었으니까 쌀이라도 돈이라도 주고 가야 되는데 왜 그냥 가 버렸을까 하고. 그런 사람도 있습디다.

– 그러니까 내가 아 저런 사람도 있구나 내가 그랬어요.

- 그래서 그거슬 어쩨 나보다 자꾸 마:를 하냐 그라문 네:가 그지비 가서 주글 써 주라214) 헤:꺼덕, 노인네가 이씽께.

- 그라문 우리 아지미215) 우리 삼추니 여그서 도라가겐는디216) 어디가 동숭217) 영 우리 지비 저 멀 죽짬 써:고 오락 허소 나코 네:가 헤:서 또 주께 준다고 짠 헤:주라 하 하라고 인자 그레 우리 아지미 나보다 가218) 시게. 그레서,

- 인자 어:디 가서 네가 우리 아지미 나코 가푼다고 죽 짬 써:서 줄랑가 무러봅띠다 인자 그라고 무러 바:꺼등. 긍께,

- 써 준다고 헤야꼬 써:와써. 써완는디 그노믈 안 준다고 백뻔 첨버늘 말하고 싸리라도 주고 가고 도:니라도 주제 안 주고 가따 헤:싸뜨마.

- 그래서 그걸 한 동우 가꼬 머:슬 할라고 저러케 노:인네가 헤싸까 그란디 나 안 주고 기양 나:중에 주거부러써라우.

- 그 사람도 주꼬 저 사람도 주꼬 싹: 주거부러써라우.

(웃음) 음, 그레요이~.

초상치면 동:네싸라미 가서 마:니 먹찌요, 그 지베서, 며칠간 ***?

- 마:니 가제라, 메치른. 그란디 한 사나른 거가 이써야덴디 인잗 씨상은 어:디 그라기나 하거쏘?

아 엔:나레는?

- 야, 엔:나레는 다 그레써라우. 아조 바블 메쏘썩 헤:써라우.

아

- 소트로 막

아예 자기 지베서는 바블 안하고

- 안하고 기양 거그를 가제 모도.

온:시꾸드리 다?

- 야, 간 사라믄 가고 앙 간 사라믄 또 지베서 헤:뭉는 사람들 이쩨라우.

- 그란디 인자 거그 가서 마:니 묵쩨.

- 그래서 그것을 왜 나보고 자꾸 말을 하느냐 그러면 내가 그 집에 가서 죽을 쒀 달라고 했거든, 노인네가 있으니까.

- 그러면 우리 아주머니가 우리 삼촌이 여기서 돌아가셨는데 어디에 '동생 영 우리 집에 저 뭐 죽 좀 쒀서 오라고 하게. 나중에 내가 해서 또 줄게 준다고 좀 해 달라 하라'고 이제 그래 우리 아주머니가 나보고 시켜. 그래서,

- 이제 어디 가서 내가, 우리 아주머니가 나중에 갚는다고 죽 좀 쒀서 주려나 물어봅디다 이제 그러고 물어 봤거든. 그러니까,

- 쒀 준다고 해가지고 쒀 왔어. 쒀 왔는데 그것을 안 준다고 백 번 천 번을 말하고 쌀이라도 주고 가고 돈이라도 주지, 안 주고 갔다고 해 대더구면.

- 그래서 그것 한 동이 가지고 뭘 하려고 저렇게 노인네가 해 델까 그런데, 나 안 주고 그냥 나중에 죽어 버렸어요.

- 그 사람도 죽고 저 사람도 죽고 싹 죽어 버렸어요.

(웃음) 음, 그래요.

초상 치르면 동네 사람이 가서 많이 먹지요, 그 집에서, 며칠간 ??? ?

- 많이 가지요, 며칠은. 그런데 한 사나흘은 거기에 있어야 되는데 지금 세상은 어디 그러기나 하겠소?

아, 옛날에는.

- 예, 옛날에는 다 그랬어요. 아주 밥을 몇 솥씩 했어요.

아

- 솥으로 막.

아예 자기 집에서는 밥을 안 하고.

- 안 하고 그냥 거기를 가지 모두.

온 식구들이 다?

- 예, 가는 사람은 가고 안 가는 사람은 또 집에서 해 먹는 사람들 있지요

- 그런데 이제 거기 가서 많이 먹지.

– 거그 가서 우리 아드른 셍:전까[219] 어:디 가도 밥또 안 무거라우. 그르고 셍겨써라우.

(웃음)

– 그란디 거그서 무꼬 거그서 놀:고 또 모도 일:할 꺼 이씸 헤:주고 인자 그레라.

– 그란디 요즘 시상에는 세:상 머 함번 가불먼 거가 이따가 하루찌역[220] 자먼 딱 가서 꼬실라부링께 (웃음) 아:무 셍각옵:꺼쏘.

음

– 엔:나리 참 하기 어려와써라, 더.

– 인자는 다 도:니 이뜬지 업:뜬지 가서 하먼 으 부주똔 가꼬 거그 주고 오제 어쩨라우.

– 그렁께 이자는 안 성가셔.

자. 사:라미 주꼬 나서 인제 하네 하네 지나먼 제:사 지네자나요?

– 예, 제사 지네지라우.

에, 그럼 할머니 제:사 지네싱가요?

– 음. 아니 인자는 안 지네라, 잘.

에:베를 드링가요?

– 에:베 드리제. 아 그라도 인자 장만헤노코 에베드리제.

장만헤:노코

– 야

– 모도 자썩뜰도 오고 자식 성제간도[221] 오고 그레야꼬.

음

제:사도 여러 종:뉴가 인나요?

– 지:사가 여러 종:뉴는 벨로 업:쩨라우. 차사노먼 차라노코 모도 절한 사람도 이써라우. 절한 사람도.

– 그란디 예:수 민드서로는 절한 사람도 오:꼬 그저 장만헤:가꼬 그저

― 거기 가서 우리 아들은 생전 어디 가도 밥도 안 먹어요. 그렇게 생겼어요.

(웃음)

― 그런데 거기서 먹고 거기서 놀고 또 모두 일할 것 있으면 해 주고 이제 그래요.

― 그런데 요즘 세상에는 세상 뭐 한 번 가 버리면 거기에 있다가 하루 저녁 자면 딱 가서 불살라 버리니까 (웃음) 아무 생각 없겠소.

음

― 옛날이 참 하기 어려웠어요, 더.

― 이제는 다 돈이 있든지 없든지 가서 하면 부좃돈 가지고 거기 주고 오지 어때요?

― 그러니까 이제는 안 성가셔.

자 사람이 죽고 나서 이제 한 해 한 해 지나면 제사 지내잖아요?

― 예, 제사 지내지요.

예, 그럼 할머니 제사 지내시나요?

― 음, 아니 이제는 안 지내요, 잘.

예배를 드리나요?

― 예배 드리지. 아 그래도 이제 장만해 놓고 예배 드리지.

장만해 놓고.

― 예

― 모두 자식들도 오고 자식 형제도 오고 그래가지고.

음

제사도 여러 종류가 있나요?

― 제사가 여러 종류는 별로 없지요. 차려 놓으면 차려 놓고 모두 절하는 사람도 있어요. 절하는 사람도.

― 그런데 예수 믿으면서는 절하는 사람도 없고 그저 장만해가지고 그저

에베 보고 그 자리에서 무꼬 끈나불고

예

— 그레서 우리가 여리메 아 인자 유:월 리라가 깅:께 검:나게 저

덥:꼬

— 더웁꼬 꼭:: 아 머:시혜라우.

— 아조 젤:로 뜨걸 떼 그 떼가 기:거덩이라우.

— 그란디 유:월 그믐잉께 그란디 늘:: 뎅김서로 엄:마나 성가시거쏘 서
울서 여까지 와서?

— 또 즈그가 나:제 장만헤야 또 에베도 보고 그렁께 성가시고 그릉께
인자 그날싸 바뿡께 또 오제라우.

— 그날 아가꼬 그 뜨간디222) 여그서 따 전: 지지다 머:제다 그랑께 엄:
마나 성가셔꺼쏘?

— 그란디 장년에는 뜽금업씨 망뚱이223) 아들한테서 저:나가 와서 지:네
지 말:고 오레는 가서 저 바비나 무꼬 그럽씨다 인자 즈가 성보다 그레뜽가,

— 응, 그거 잘 뒈야따

음

— 나도 하고 자퍼도 네:가 차마 말 몯:헤따 그란디 느그드리 그러케항
께 그러케하자 그라고는,

— 거그 가서 수:데로224) 가서 밤 무꼬 와 기양 아써라.

목포?

— 중국집써

아까?

— 함번 야 거그 가서, 송:공니 가서.

음

— 그릉께 사:라미 만:장마느 모이제, 또.

— 그레도 오레는 인자 올랑가 아놀랑가 모르거쏘. 아노거쏘 참.

예배 보고 그 자리에서 먹고 끝나 버리고.

예

― 그래서 우리가 여름에 아 이제 유월이 그것이니까 굉장히 저,

덥고

― 덥고 꼭 아 뭐 해요.

― 아주 제일 뜨거울 때 그 때가 그것이거든요.

― 그런데 유월 그믐이니까 그런데 늘 다니면서 얼마나 성가시겠소? 서울서 여기까지 와서?

― 또 저희가 낮에 장만해야 또 예배도 보고 그러니까 성가시고 그러니까 이제 그날에야 바쁘니까 또 오지요.

― 그날 와가지고 그 뜨거운데 여기서 따 전 지지다가 뭐 하다 그러니까 얼마나 성가셨겠소?

― 그런데 작년에는 갑자기 막내아들한테서 전화가 와서 지내지 말고 올해는 가서 저 밥이나 먹고 그럽시다 이제 저희 형보고 그랬던지.

― 응, 그거 잘 됐다.

음

― 나도 하고 싶어도 내가 차마 말 못했다. 그런데 너희들이 그렇게 하니까 그렇게 하자 그러고는,

― 거기 가서 모두 밥 먹고 와 그냥 왔어요.

목포?

― 중국집에서.

아까?

― 한 번 예, 거기 가서, 송공리 가서.

음

― 그러니까 사람이 만장하게 모이지, 또.

― 그래도 올해는 이제 오려는지 안 오려는지 모르겠소. 안 오겠소 참.

(웃음)

― 아노면 아노고 오면 오고

음

― 그러제.

― 그레서 나 나는 그 점버텀 지:네지 마:라고 그레써라우.

― 어쩨 그레냠면 여리메 주거부루면 그 지사 지네로 온 사람들도 까깝하다.

― 그 뜨건디 와가꼬 네과서 장만헤:가꼬 머 전:부치고 멀:하고 헤:가꼬 또 차라주고 또 그 놈 다 치우고 그럴라면 얼:마나 성가시거쏘? 그렁께아

― 안 지네도 사:라미 함버 주그머는 그나리 끈나는 나린디 한 끄이~225) 일녀네 이따가 무그면 멀허냐? 넴:세를 마트면 멀:하냐 무끄로 가면 장만허도 안혜야, 누구든지.

― 그란디 암 무꼬강께 장만하제 그런디 그 한끄이~ 무꼬 베부리냐 하일년네.

― 그렁께 안 지네도 뒈야야. 네가 그라고 차꼬226) 헤:라우, 아그들뽀다.

예, 제:사떼는 음:시근 누가 준비헤요?

― 거가 산: 사라미 마:니 하고 그러지라.

예

― 부무 모:신 사라미 하제, 어찌꺼시오?

그러지요이~.

― 야, 마:니 하제.

어트게 여 여기 아페도에서는 먼: 음시글 주로 하시능가 모르겐네요.

― 다 인자 떠가고 모도 튀김하고 멀:하고 하고 고기 마:니 사고 그레써라.

쎙선 마니

― 예 쎙선 마:니 사고.

(웃음)

　－ 안 오면 안 오고 오면 오고.

음

　－ 그러지.

　－ 그래서 나 나는 그 전부터 지내지 말라고 그랬어요.

　－ 왜 그러냐면 여름에 죽어 버리면 그 제사 지내러 오는 사람들도 답답하다.

　－ 그 뜨거운데 와가지고 내려와서 장만해가지고 뭐 전 부치고 뭐 하고 해가지고 또 차려 주고 또 그것 다 치우고 그러려면 얼마나 성가시겠소? 그러니까,

　－ 안 지내도 사람이 한 번 죽으면은 그 날이 끝나는 날인데 한 끼니 일 년에 있다가 먹으면 뭐하느냐? 냄새를 맡으면 뭐 하느냐? 먹으러 가면 장만하지도 않아, 누구든지.

　－ 그런데 안 먹고 가니까 장만하지. 그런데 그 한 끼니 먹고 배부르냐 하 일 년 내내?

　－ 그러니까 안 지내도 돼. 내가 그렇게 자꾸 해요, 아이들보고.

예, 제사 때는 음식은 누가 준비해요?

　－ 거기에 사는 사람이 많이 하고 그러지요.

예

　－ 부모 모시는 사람이 하지 어쩔 것이오?

그러지요.

　－ 예, 많이 하지.

어떻게 여 여기 압해도에서는 무슨 음식을 주로 하시는지 모르겠네요.

　－ 다 이제 떡하고 모두 튀김하고 뭐하고 하고 고기 많이 사고 그랬어요.

생선 많이,

　－ 예, 생선 많이 사고.

먼:능걸 마:니

― 야 옹:: 머글 꺼슬.

먼: 셍서늘 마:니 사요?

― 주로 인자 요즈메는 거 생선 머 지:사 안 지낸 생선 이쏘 안227)?

예

― 그렁 거슨 안 사고.

어떤 셍서니 제사떼 함니까?

― 인자 그 조구 가틍 거 그렁 거 인자 이쓰 무끼 종:거 그릉 거 쫌 사

가꼬 하제.

어떤 셍서늘 제:사쌍에 아놀려요?

― 베실228) 엄:능거슨 아놀립띠다.

베실 엄능거?

― 야, 베실 엄능거. 그릉거.

짱:어 가틍 거

― 야, 짱에 가틍 거 그거슬 아 텍또 업:써라229).

미너 요릉거슨 올링가요?

― 미너 가틍거슨 올릴 쑤 이쩨라우.

홍어는?

― 홍에는 써:러나 묵쩨 누가 아놀려.

아

― 그 쩌서는 무글테제, 쩌노코.

쩌노코는이~

― 그거시 아놀려바써.

에

자, 제:사까지 데:충 이야기를 헨네요. 성경이도 함번 여:쭤 볼 꺼시여 쫌

쉬여따 할 꺼시여 쫌 쉬여따 하시까?

무슨 생선을 많이?

− 예, 응, 먹을 것을.

무슨 생선을 많이 사요?

− 주로 이제 요즘에는 그 생선 뭐 제사 안 지내는 생선 있잖소?

예

− 그런 것은 안 사고.

어떤 생선이 제사 때 합니까?

− 이제 그 조기 같은 것 그런 것 이제 있으 먹기 좋은 것 그런 것 좀
사 가지고 하지.

어떤 생선을 제사상에 안 올려요?

− 비늘 없는 것은 안 올립디다

비늘 없는 것?

− 예, 비늘 없는 것. 그런 것.

장어 같은 것.

− 예, 장어 같은 것 그것을. 아 당치도 않지요.

민어 이런 것은 올리나요?

− 민어 같은 것은 올릴 수 있지요.

홍어는?

− 홍어는 썰어나 먹지 누가 안 올려.

아

− 그 쪄서는 먹을 테지, 쪄 놓고.

쪄 놓고는.

− 그것이 안 올려 봤어.

예

자 제사까지 대충 이야기를 했네요. 성경이도 한번 여쭤 볼 거야? 좀 쉬었
다 할 거야? 좀 쉬었다 하실까?

▪ 주석

1) '야'는 응답어 '예'의 방언형. 서남방언에서는 '예'보다 '야'가 훨씬 우세하게 쓰인다.

2) '어디 동네든지'는 '어느 동네든지'의 뜻. 여기서 '어디'는 '어느'의 뜻으로 쓰였다. 아마도 '어디든지'의 영향으로 보인다.

3) '핑게박산'은 '풍비박산'(風飛雹散)의 원말을 알지 못한 데서 비롯된 말이다. 아마도 '비박'처럼 /ㅂ/이 연달아 이어지는 것을 막기 위해 '비'가 '게'로 바뀐 것으로 보인다. 일종의 이화의 결과일 것이다.

4) '어디그나'는 '어디거나'의 방언형으로서 '어디나'의 뜻.

5) '오드는'은 '오지는'의 방언형. 일반적으로 '오든'으로 쓰이는데 이 제보자는 '오드는'으로 말하였다. 아마도 방언형 '오든'에 보조사 '은'이 결합된 어형으로 보인다. 서남방언은 부정 구문에서 씨끝 '-지'를 사용하지 않는 경향이 있다. 그래서 동사 '오다'의 부정은 '오든 안허다', '오들 안허다', '오도 안허다'와 같이 말한다. 다만 '말다'에 의한 부정의 경우에는 '-지'가 쓰여 '오지 말아라'와 같은 형이 가능하다.

6) '안하고'는 '않고'의 방언형. 부정의 조동사 '않다'는 '아니ᄒ다'에서 축약된 말인데 서남방언형은 옛말의 형태를 유지하여 '안하다' 또는 '안허다'로 쓰인다.

7) '즉어메'는 '즈그 어메'의 줄어든 말이다. 재귀대명사 '즈그'는 모음으로 시작하는 친족어 앞에서 '즉'으로 줄어든다. '즉 아부지'(=저희 아버지), '즉 엄니'(=저희 어머니), '즉 어메'(=저희 어머니) 등으로 쓰이는 것이다.

8) 의존명사 '지'는 '줄'의 뜻. '멋한지 아냐?'는 '뭐 하는 줄 아니?'의 뜻.

9) '이붓어메'는 '의붓어머니'의 방언형.

10) '나코'는 '나중에'의 뜻.

11) '하나씨'는 '할아버지'의 방언. '한압씨'에서 /ㅂ/ 탈락을 겪은 말이다. 일반적으로 서남방언에서 '압씨'는 '아버지'를 낮추는 말이나 섬 지방에서는 그러한 낮춤의 의미가 없다. 그래서 '하나씨' 역시 평칭어인 '할아버지'의 뜻을 갖게 된다. '한압씨 > 하나씨'와 같은 변화가 명령형 씨끝 '-읍시오 > -으씨요'에서 확인된다.

12) '배:다'는 '배우다'의 방언형. 전남의 내륙에서는 '배우다'를 사용하나 서남해 지역에서는 '배:다'를 사용하여 차이를 보인다. '태우다'를 '태:다'로 말하는 것도 같은 것이다.

13) '배요?'가 올림억양을 취하면 판정의문을 나타내지만 내림억양을 취하면 확인물음을 나타낸다. 그래서 여기서의 '배요?'는 전남방언의 전형적인 확인물음 형식인 '배요 안?'과 같은 뜻이다.

14) '해여겠어라우'에서 '-어겠-'은 '-어 겨시-'가 축약되어 과거시제의 높임형으로 문법화한 것이다. '-어 잇-'에서 과거시제 형태소 '-었-'이 문법화 되었듯이 '-어 잇-'의 존대형 '-어 겨시-' 역시 문법화 되어 과거의 높임형을 나타내게 된다. 그래서 표준어로 옮기자면 '-셨-' 정도가 될 것이다. '-어겠-'과 함께 '-어게'도 있는데 이는 반말의 높임형으로서 '-셔'로 옮길 수 있다. 예를 들어 '요리 와게'는 '이리 오셔'의 뜻이다. 고광모(2000)에서는 '-어게-'가 '-어겠-'에서 역성법에 의해 생긴 것으로 추정한 바 있다. 이처럼 '-게-'의 기원에서 알 수 있듯이 '-게-'는 앞과 뒤에 형태 '어'를 필수적으로 요구하는 제약이 있다.

15) '큰애기'는 '처녀'의 방언형.

16) '모지'는 '몯이'가 구개음화를 겪은 것으로서 '맏이'의 방언형. 옛말 '몯'이 표준어에서 '맏', 서남방언에서 '몯'으로 분화되어 발달한 것이다.

17) '명얼'은 '명일'(名日)로서 '명절'(名節)의 방언.

18) '마당에다가 상에다가'는 큰 장소로부터 작은 장소로 이동해 가면서 말하는 일반적인 말하기 방식을 보여 준다.

19) '야찹다'는 '낮다'의 뜻. 기준점으로부터 가까운 거리에 있는 공간 형용사 '가깝다, 낮다, 얕다'는 서남방언에서 '가찹다, 나찹다, 야찹다'로 쓰이는 것이 일반이다. 따라서 '야찹다'는 원래 '얕다'의 뜻인데 여기서는 '낮다'의 뜻으로 쓰였다. '낮다'와 '얕다'가 모두 기준점으로부터 가까운 것을 가리키는 공통점 때문에 '낮다'를 '야찹다'로 표현한 것으로 추정된다. 그렇다면 이 방언은 '야찹다'로써 '낮다'와 '얕다'를 모두 가리킨다고 할 수 있다.

20) '걸빵' 또는 '걸팡'은 명절 때 귀신들이 먹을 수 있도록 집 마당에 상을 마련하고 차려둔 음식을 가리킨다.

21) '엥간하다'는 같은 뜻의 '웬만하다'와 '어지간하다'의 혼태에 의해 생긴 어형으로 보인다.

22) '몯다'의 줄기 '몯-'은 자음 앞에서 '모트-'로 변동하는데, '몯다'는 표준어 '모으다'와 '모이다'에 대응하는 방언형이다. 옛말에서 자동사 '몯다'는 현대의 '모이다', 사동사인 '모도다'는 '모으다'의 뜻으로 쓰였다. 서남방언은 형태적으로 '몯다'의 뒤를 잇는 '몯다'가 자동사와 타동사의 두 가지 용법을 가져 의미적 통합을 보여 준다.

23) '앙그다'는 '앉다'의 방언형. 끝 자음 /ㅈ/으로 끝나는 '없다'도 이 방언에서는 '엉그다'로 쓰이는 점을 보면 표준어의 /ㄱ/이 서남방언의 /ㅈ/에 대응되고 있음을 알 수 있다. 역사적으로 '앛- > 앉-'의 변화를 고려하면 '앉-'의 /ㅈ/이 서남방언에서 /ㄱ/으로 변했음을 짐작할 수 있다.

24) '젙에만큼'은 '곁에'의 뜻. '젙'은 '곁'의 방언형이며 여기에 처격의 토씨 '에'가 결합한 '젙에'는 서남방언에서 명사처럼 쓰인다. 공간명사에 처격이 결합하는 빈도가 높기 때문에 일종의 재구조화된 낱말처럼 쓰이는 것이다. 그래서 '앞에', '옆에', '젙

에', '욱에'(=위), '밑에' 등은 각각 공간명사와 같은 문법적 구실을 한다. 여기에 결합된 토씨 '만큼'의 존재도 '곁에'의 명사적 지위를 뒷받침한다. 이때 '만큼'은 독자적인 의미를 드러내지 않은 채 공간 표현에 잉여적으로 붙었다. '옆에만큼 앙거라'(=옆에 앉아라), '앞에만큼 서 있어'(=앞에 서 있어)처럼 의미적으로 불필요한 '만큼'이 덧붙은 표현이 이 방언에서 흔히 쓰인다. 그러나 '만큼'이 결합됨으로써 '곁에만큼'이 부사적으로 해석될 수 있다. 이에 따라 '곁에만큼'을 '곁에'로 옮긴 것이다.

25) '엔'은 '이제'와 같은 기능을 하는 담화표지로 쓰인 말이다.

26) '가깜상께'는 '갈까 무서워'를 뜻하는 말로서 '갈까 무서웅께'에서 축약된 말이다. '무섭다'는 서남 방언에서 '무숩다' 또는 '무삽다'로 변이된다. '무숩다'일 경우 '-을까 무섭다'는 '-으깜숩다'로 축약되며 이것이 '-으깜수와'(= -을까 무서워), '-으깜숩네(= -을까 무섭네)', '-으깜숭께'(= -을까 무서우니까) 등으로 활용할 수 있다. 반면 압해도처럼 '무삽다'로 변이되는 곳에서는 '-으깜사', '-으깜삽네', '으깜상께' 등으로 활용한다. '가깜상께'는 '-으깜상께'가 결합한 활용형이다.

27) '디더보다'는 '들여다보다'의 방언형. '디다보다'로 흔히 쓰인다.

28) '양반'은 서남방언에서 남자를 대접하여 이르는 말이다. 표준어 '분'으로 옮길 만한 말이라 하겠다. 표준어에서도 '양반'에 대해 '남자를 범상히 또는 홀하게 이르는 말'로 풀이하고 있기는 하나 서남방언은 이보다 약간 대접하는 말맛이 더 있다.

29) '여우다'는 '결혼시키다'의 뜻. 표준어에서 '여의다'는 (1) 부모나 사랑하는 사람이 죽어서 이별하다. (2) 딸을 시집보내다 등의 의미로 쓰이지만 서남방언의 '여우다'(< 여의다)는 '결혼시키다'의 뜻으로만 쓰인다. 특히 딸뿐만 아니라 아들, 조카, 친구의 자식 등 지시 범위가 표준어보다 훨씬 넓은 것이 서남방언의 특징이다.

30) 표준어의 '빨딱'은 갑자기 일어서거나 뒤집는 동작을 강조하는 말인데 여기서는 변하는 정도가 갑작스럽고 심한 경우를 가리킨다.

31) '빈하다'는 '변하다'의 방언형. '변- → 벤- → 빈-'의 변화를 겪었다.

32) '그러무'는 '그놈의' 정도의 뜻으로 생각된다.

33) '해야꼬'는 '해 갖고'에서 /ㄱ/이 탈락한 형태이다.

34) '데께다'는 '될 것이다'의 뜻. '될 것이다'가 이 방언에서 '델거다'로 흔히 쓰이는데 여기서 /ㄹ/이 탈락한 형태이다.

35) '머스매'는 '사내아이'의 방언형. '머슴애'의 '머슴'은 단지 '남자'의 성별 표지로 쓰였지만 어원적으로는 남의 집의 농사일과 잡일을 해 주고 대가를 받는 '머슴'과 기원이 같을 것으로 생각된다. '머스매'는 따라서 '머슴'과 '아이'의 축약형 '애'의 합성어이다. 서남방언에서는 '머시매', '머시마', '머이매', '머이마' 등의 여러 형태가 쓰인다.

36) '네게 이쁘다'는 '너에 비해 예쁘다'의 뜻.

37) '쩜', '짠', '잔' 등은 모두 '좀'의 방언형.

38) '보기에가'는 '보기에'의 뜻. 여기서 '가'는 '에'를 강조하는 토씨다.

39) '내놓드이'는 '내놓더라도'의 뜻. '내놓드이'는 원래 '내놓드니'에서 /ㄴ/가 탈락한 형태이다.

40) '머시메네'의 '네'는 복수를 나타내는 말이다. 옛말에 '내'는 존대의 복수 표지로서 평칭의 '듫'과 대립하였으나 현대에 와서 높임은 사라지고 단지 복수만을 가리키게 되었다. 전남의 내륙에서는 일반적으로 복수표지로서 '들'을 사용하지만, 서남해 섬 지역에서는 '네'를 선호한다.

41) '넝구다'는 '넘기다'의 방언형.

42) '노큰애기'는 '老-큰애기'로서 '노처녀'의 방언. '큰애기'는 서남방언에서 '처녀'를 가리킨다.

43) '옇:다'는 '넣다'의 방언형. 옛말 '넣다'는 표준어에서 단모음화를 겪어 '넣다'로 변하였지만, 이 방언에서는 /ㄴ/이 탈락하여 '옇다'가 되었다.

44) '멋이그나'는 '멋이거나'의 방언형이므로 '멋이나'(=뭐나)의 뜻.

45) '델란갑다'는 '될란가 보다'가 축약된 형태로서 '되려나 보다'의 뜻.

46) '사방데'는 '사방'과 공간명사 '데'의 합성어로서 표준어 '사방'의 뜻. '사방'만으로도 '여러 곳'의 의미를 나타낼 수 있지만 여기에 다시 장소를 나타내는 '데'나 '간데'(=군데)를 결합시켜 '여러 곳'의 의미를 강조하는 것이 서남방언의 특징이다. 따라서 '사방데'나 '사방간데'는 전형적인 서남방언의 표현인 셈이다.

47) '메뚱' 또는 '메똥'은 '묏등'의 방언형이다. 표준어 '묏등'은 무덤의 윗부분을 가리키나 서남방언에서는 일반적으로 무덤을 가리킨다.

48) '멧'은 사람의 무덤인 '뫼'나 '묘'를 가리킨다.

49) '고깔신'은 고깔 모양으로 묘 윗부분을 덮은 것을 말한다.

50) '동세'는 '동서'의 방언형.

51) '시아제'는 '시동생'의 방언. 서남방언에서 시아주버니는 흔히 '시숙'(媤叔)이라고 한다.

52) '데꼬'는 '데리고'의 방언형.

53) '따미레'는 '때문에'의 방언형.

54) '육낭'은 '항상' 또는 '늘'의 뜻.

55) '친잔어메'는 일종의 택호이다. 첫딸 아이 이름이 '친자'이므로 그 어머니의 호칭이나 지칭은 '친자네어메'가 되며, 이 '친자네어메'가 줄어 '친잔어메'가 되는 것이다. 내륙은 친정 지명을 이용한 택호를 사용하므로 예를 들어서 담양에서 시집온 여자

는 '담양떡'(=담양댁)이라고 불린다. 반면 서남해 섬 지역은 친정 지명이 아니라 큰 자식 이름을 이용한 택호를 사용하는 것이 특징인데, 이때 접미사로서 '-네'를 쓴다. 이 '-네'는 흔히 줄어들 수 있다. 그래서 '친자네어메'는 '친잔어메'가 되며 [친자너 메]로 발음된다. 전남의 진도에서 '-너메'에 대립하는 남편의 택호는 '-납씨'라 하는 데 이는 물론 '-네압씨'가 줄어든 것이다. 섬 지역에 따라 '-너메'를 '-넘', 그 남편을 '-남'으로 불러 '-넘'과 '-남'을 대립시키는 곳도 있는데, 이돈주(1977:134)에서는 거 문도의 예를 들고 있다. 다만 이돈주(1977:134)에서 '-남'을 '-넘'의 모음교체에 의한 형으로 해석한 것은 명백한 잘못이라 하겠다.

56) '짬'은 '좀'의 방언형.

57) '머스기'는 '거시기'의 뜻. '머스기'는 옛말 '므슥'의 주격 형태인 '므스기'가 변한 것으로서 이름이 얼른 생각나지 않거나 바로 말하기 곤란한 사람 또는 사물을 가리 키는 대명사이다. 이런 점에서 '거시기'와 그 의미가 완전히 동일하다. 전남에서는 '머시기'로도 흔히 쓰인다.

58) '모테다'는 '모으다'의 방언형.

59) '책음'은 '책임'의 방언형.

60) '거러서'는 '거리로'의 뜻. 따라서 '사흘 거러서'는 '사흘거리로'의 뜻.

61) '니꾸사꾸'(リックサック)는 독일어 Rücksack의 일본말 발음으로서 '배낭'을 가리킨다.

62) '번'은 '버는'의 방언형. 서남방언에서 현재표지 '-는-' 또는 '-느-'는 나타나지 않는 다. 그래서 서술법의 '잡는다'는 '잡은다', 이음법의 '잡는데'는 '잡은디', 매김법의 '잡는'은 '잡은' 등으로 쓰인다. '버는 족족'을 '번 쭉쭉'으로 말하는 것도 이러한 경 우에 해당한다. 다만 현재의 의미가 사라져서 과거시제 형태소와 결합한 '-었은'의 '는'은 추정을 나타내는 구성에서 쓰일 수 있다. 예를 들어 '비가 온 모양이다/비가 왔는 모양이다', '비가 온 것이다/비가 왔는 것이다'와 같은 표현이 가능하다(이승재 1980).

63) '쭉쭉'은 '족족'의 방언형.

64) '도팍'은 '돌덩이'의 방언형. '도팍'은 '돍박'에서 온 말로 보이므로 '돍박'은 박처럼 둥글고 크게 생긴 돌, 즉 '돌덩이'라는 뜻을 나타내게 된다. '도팍'은 물론 '돌팍' (<돍박)에서 /ㄹ/이 탈락된 형이다.

65) '떨다'는 여기서 굴착기가 작동할 때의 떠는 것을 가리킨다.

66) '합다야'의 '합다'는 '합디다'가 줄어든 말이다. 여기에 덧붙은 '야'는 응답어 '예'의 방언형 '야'가 첨사화된 것으로서 서술문의 마침법 맺음씨끝에 결합하면 앞말을 강 조하는 기능을 한다. 전남방언은 낮춤의 응답어 '응'이 '이~'로 첨사화 될 뿐만 아 니라, 높임의 응답어 '예'와 '야'도 첨사화 되어 쓰이는 특징이 있다.

67) '들들들'은 굴착기가 땅이나 돌을 팔 때 떨리는 소리를 형용하는 말이다.

68) '겁나게'는 '굉장히'의 뜻. 원래는 '겁나다'의 부사형이지만, 의미가 '굉장히'로 변하면서 파생부사로 기능한다. '겁나게'는 흔히 '게' 없는 '겁나'로도 쓰이는데 이러한 형태적 특징이 파생부사임을 말해 준다.

69) '마포'(麻布)는 삼베를 가리킨다.

70) '있다요'는 '있다고 하요'에서 '고 하'가 탈락한 형태이다. 따라서 형태적으로는 표준어 '있다오'에 대응되지만 의미적으로는 '있대요'로 옮길 수 있다.

71) '저실'은 '겨울'의 방언형.

72) '욱이로'는 '위로'의 뜻. 여기서 '욱'은 옛말 '웋'에 대응하는 서남방언형이다. 향격의 토씨 '이로'는 '으로'의 방언형.

73) '딸딸'은 옷이 위로 말려 있는 모양을 나타내는 말로서 표준어 '돌돌'에 대응하는 방언이다.

74) '몰다'(捲)는 '말다'(捲)의 방언형. 옛말 '몰-'이 표준어에서 '말-', 서남방언에서 '몰-'로 변화되었다. 순음 아래의 /ㆍ/가 서남방언에서 /ㅗ/로 변하는 것은 매우 일반적인 현상이다. '풀- > 폴-', '넓- > 뇗-' 등이 이런 예이다.

75) '불'은 옷을 세는 단위인 '벌'의 방언형. 같은 일을 거듭해서 할 때에 거듭되는 일의 하나하나를 세는 단위인 '벌' 역시 서남방언에서는 '불'로 쓰인다. '초불'(=초벌)이 그런 예이다.

76) '-드마'는 '-더구먼'의 방언형. 표준어 '-더구먼'에 대응하는 서남방언형은 '-드구만'이다. 이 '-드구만'은 형태 '구'가 줄어들면서 '-득만', '-드만'으로 쓰이게 된다. 여기에 덧붙여 '만'의 /ㄴ/이 수의적으로 탈락하여 '-득마'나 '-드마'와 같은 형태로도 쓰일 수 있다.

77) '미영'은 여기서 '목화솜'을 가리키는 것으로 보인다. 서남방언에서 '미영'은 '목화'를 가리키는 말로 쓰이는 것이 일반이다. 그래서 '미영을 숭군다'(=목화를 심다), '미영을 딴다'(=목화를 딴다) 등으로 쓰이는 것이다. 그런데 여기서는 특이하게 목화에서 딴 솜을 가리키는 것으로 해석된다. '미영'은 표준어 '무명'의 옛말 '믜명'에서 /ㅁ/이 탈락된 형태인데, '무명'의 원래 의미였던 '목화'의 의미를 현재까지도 그대로 유지하고 있는 것이다. 반면 표준어 '무명'은 애초의 '목화' 의미에서 바뀌어 오늘날에는 무명실로 짠 베를 가리키게 되었다.

78) '나루다'는 '날다'의 방언형으로서 '명주, 베, 무명 따위를 짜기 위해 샛수에 맞춰 실을 길게 늘이다'는 뜻.

79) '한테'는 '한데'의 방언형. 옛말 'ᄒᆞᆫ낳'의 끝소리 /ㅎ/ 때문에 '테'가 된 것으로 보인다.

80) '집이'는 이인칭 대명사 '댁'의 방언형. 표준어가 한자어 '댁'(宅)을 사용하는 데 반해 서남방언은 고유어인 '집'을 쓰는 점이 다르다. 다만 '댁'과 달리 '집'에 '이'가 덧붙은 것이 특징인데, 이 '이'는 처격의 토씨 '에'의 변이형으로 보인다. 공간 명사

'옆, 곁, 앞, 뒤, 밑' 등에 처격 토씨 '에'가 결합되어 명사로 재구조화되어 쓰이는 것이 서남방언의 특징인데, '집'이나 '샘'과 같은 명사들도 처격의 토씨와 결합하여 쓰이는 빈도가 높은 까닭에 '집에'나 '샘에'가 독립된 체언으로 재구조화 되어 쓰이게 된다. '집에'는 특히 '집이'로 변이되어 이인칭대명사로 재구조화 되었으며, '샘에'는 전남의 일부 지역에서 泉을 의미하는 독립된 명사로 쓰이기도 한다. '집'의 경우 서남방언의 처격 토씨는 '에'가 흔히 '이'로 변이되어 쓰인다. 예를 들어 '집이 언능 가자.'('=집에 얼른 가자') 등으로 쓰이는 것이다.

81) '시누대'는 아마도 일본어 'しの'[篠]와 관련이 있는 것으로 보인다. 일본어 しの는 조릿대나, 이대를 가리키는 말이며 동의어로 'しの竹(だけ)'가 있다. '시누대'는 바로 'しの竹(だけ)'에 대응되는 말이라 할 수 있다.

82) '그런갑서'는 '그런가 봐'의 뜻. 지역에 따라 '그런가 비여'로도 쓰인다. '그런가 보다'가 이 방언에서 '그런갑다'로 쓰이므로 여기에 반말의 '-아'가 결합된 활용형은 '그런가 비여' 정도가 될 터인데, 이것 외에도 '그런갑서'가 일반적으로 쓰인다. 따라서 '그런갑서'의 '서'는 반말의 씨끝 '-어'의 변이형으로 해석되어야 한다.

83) '잉에'는 '잉아'의 방언형.

84) '남쫑'은 '나중'의 방언형. 서남방언에서는 '난중'이 일반적으로 쓰인다.

85) '남메로는'의 '남메'는 '나중'의 의미로 추정된다.

86) '야고'는 토씨 '하고'의 방언형. '하고'의 /ㅎ/이 탈락하고 앞의 모음 때문에 반모음 /ㅣ/가 첨가되어 '야고'가 되었다.

87) '딸오다'는 '따라오다'의 방언형.

88) '노무'는 '남'(他人)의 방언형. 옛말 '놈'은 전남지역에서 북부는 '넘', 남부는 '놈'으로 분화되어 쓰인다. 그런데 이 '놈'과 '넘'의 관형형 '노무'나 '너무'도 명사로 재구조화 되어 쓰이기도 한다. 그래서 '놈/노무', '넘/너무'가 지역에 따라 공존하여 쓰인다.

89) '배우다'는 이 방언에서 '배:다'로 축약되어 쓰인다.

90) '그락자락'은 '그럭저럭'의 방언형.

91) '이때끔'은 '이때까지'나 '여태껏'의 뜻. 여기서 '끔'은 '까지'처럼 어떤 한도에 달하는 것을 가리킨다. 씨끝 '-게'에 이 '끔'이 결합하면 '-게끔'이 되는데 이 역시 '-을 정도로'의 뜻을 나타내게 된다. 그래서 '죽게끔'은 '죽을 정도로'의 뜻이 되는 것이다.

92) '썩'은 '씩'의 방언형.

93) '생전에도'는 일전에 경험한 적이 없음을 나타내거나 자신의 표현 의도를 강조하는 기능을 하는 '생전'의 뜻. 표준어와 달리 토씨 '에도'가 결합되었다.

94) '털메신'은 '털메기'의 방언으로서, 굵고 거칠게 삼은 짚신을 가리킨다.

95) '쑤걱쑤걱'은 눈이 쌓이는 모양을 이르는 말로서 표준어 '사각사각'의 방언형.

96) '시안'은 '세한'(歲寒)의 방언형으로서 겨울을 가리킨다. 원래 '세한'은 설 전후의 추위라는 뜻으로, 매우 심한 한겨울의 추위를 이르는 말인데, 서남방언에서는 '겨울'의 뜻으로 흔히 쓰인다.

97) '가매'는 '가마'(轎)의 방언형.

98) '기냥'은 '그냥'의 방언형. '기양'이라고도 한다.

99) '오드는'은 '오든'에 보조사 '은'이 결합한 형태. 서남방언은 부정문에서 씨끝 '-지'를 사용하지 않고 대신 '-도 안허다'(=-지도 않다), '-든 안허다'(=-지는 않다), '-들 안허다'(=-지를 않다) 등으로 말한다.

100) '들앙그다'는 '들어앉다'의 방언형.

101) '얼척없다'는 '어처구니없다'의 방언형.

102) '이상하이'는 '이상하니'가 약화된 표현으로서 표준어의 '이상하게'에 대응한다. 서남방언에서 '-니'는 접미사 '-하-'가 포함된 복합어의 부사형 씨끝으로 쓰이는 말이다. 그래서 '조용허니'(=조용하게), '심허니'(=심하게), '귀찬하니'(=귀찮게) 등으로 쓰인다.

103) '내꼴창'은 물이 흐르는 골짜기의 도랑을 가리킨다.

104) '기다'는 '그이다 > 긔다 > 기다'와 같은 변화를 겪은 말로서 '그것이다'의 뜻. 표준어에서도 '기다 아니다' 등의 구성에서 쓰이는 말이다.

105) '띰:다'는 '떠메다'의 방언형. 서남방언에서 '떠메다'는 '띠메다' 또는 축약형 '띰:다' 등으로 쓰이는 것이 일반적이다. 여기서는 '띔:다'로 쓰였다.

106) '뒤로'는 '나중에'의 뜻. 표준어에서는 '뒤에'의 형식으로 시간적인 '나중'을 뜻하는데 서남방언은 '뒤로'의 형태를 쓰는 것이 특이하다. 물론 표준어에서도 '뒤로 가서'와 같은 표현이 있기는 하다.

107) '포도시'는 '겨우'의 방언. 옛말 'ㅂ드시'로부터 발달한 말로서 표준어 '빠듯이'와 기원을 같이 하는 말이다. 다만 '포도시'는 '빠듯이'에 비해 더 넓은 의미 영역을 지닌다. '빠듯이'가 시간이나 공간, 돈 등의 제약 때문에 겨우 해내는 것을 의미한다면 '포도시'는 그러한 경우뿐만 아니라 일반적인 의미로도 쓰인다. 그래서 '*머리가 아파서 빠듯이 왔소'라고 하면 이상하지만, '머리가 아파서 포도시 왔소'라고 하면 아주 자연스러운 말이 된다.

108) '작담하다'는 아마도 '자그마하다'의 방언으로 추정된다.

109) '그레아너먼'은 '그래 안 허먼'으로서 표준어 '그리 안 하면'에 대응하는 표현이다.

110) '흔떡'은 '흰떡'의 방언형.

111) '인자도'는 '지금도'의 뜻.

112) '잘 아네라도'는 '잘 안해도'의 뜻. 여기서 씨끝 '-어도'는 이음씨끝이 아닌 서술법의 마침씨끝으로서 새로운 깨달음을 나타내는 말이다. 예를 들어 '오늘은 벨라도 더와도.'(=오늘은 유별나게 덥네.)처럼 쓰인다. 다만 '-네'와 달리 들을이의 동의를 구하는 말맛이 약간 있어 차이를 보인다. 일반적으로는 '안 해도'라고 해야 하나 여기서는 '해도' 대신 '해라도'가 쓰였다. '-어도'의 변이형 '-라도'는 지정사 뒤에 나타나는데 여기서는 '-어도'와 '-라도'가 혼태되어 '-어라도'가 된 것으로 추정된다.

113) '생견'은 '생전'의 방언형. '생전'에서 역구개음화를 겪어 생겨난 어형이다.

114) '몽창'은 '몽땅'의 방언형. 그래서 '몽창썩'은 '몽땅몽땅'의 뜻이 된다.

115) '갈쿠나무'는 갈퀴로 긁어모은 검불, 솔가리, 낙엽 따위의 땔감을 말하며 표준어 '갈퀴나무'에 대응한다. 서남방언에서는 '가리나무'라고도 하는데, 이때의 '가리'는 솔가리를 가리킨다.

116) '정제'는 '부엌'의 방언형. 한자어 '정주'(鼎廚)에서 온 말이다.

117) '내다'는 '연기나 불길이 아궁이로 되돌아 나오다'는 뜻이다.

118) '배깥'은 '바깥'의 방언형. '배깥'은 처격의 '에'나 향격의 '이로' 다음에서는 '배깥', 그 밖의 환경에서는 '배깟'으로 변동한다. 그래서 '배깟이, 배깟을, 배깥에, 배깥이로, ...' 등으로 쓰인다.

119) '만·썩'은 '많이씩'의 뜻.

120) '뽀짝'은 아주 가깝게 붙거나 옆에 있는 모양을 나타낸다. 그래서 '뽀짝 붙어라'(=바짝 붙어라), '내 곁에 뽀짝 앙거라.'(=내 곁에 바짝 앉아라) 등으로 쓰인다. 여기서는 집이 소나무 밭 바로 근처에 있음을 나타내는 표현이다.

121) '성수'는 '형수'의 방언형.

122) '엄마나'는 '얼마나'의 방언형.

123) '이런 사람'은 말할이가 자신을 가리키는 말이다.

124) '우덜'은 '우리들'의 방언형.

125) '저질렁께'는 '자지러지니까'의 뜻으로 추정된다.

126) '생얼'은 '생일'의 방언형.

127) '밤시리'는 '밤시루'의 방언형. '밤시리'는 밤에 조상을 위해 바치는 백설기 떡을 말한다. 여기서 '시리'는 '시루'의 방언형.

128) '찍다'는 '찧다'의 방언형. 표준어는 '딯다 > 찧다 > 찧다'의 변화를 겪었는데, 이 지역어의 '찍다'는 '찧다'의 /ㅎ/에 대해 /ㄱ/을 대응시키고 있다.

129) '초산날'은 '초사흗날'이 축약된 '초삳날'의 음성 실현형.

130) '중마자고'는 의미가 불명한 발화.

131) '-떼기'는 '-듯이'의 방언형. '-떼끼'로 쓰이는 것이 보통이다.

132) '머이매'는 '사내아이'의 방언형.

133) '뻐드라지다'는 '뻐드러지다'의 방언형.

134) '이딱허먼'은 '이따금'의 방언형.

135) '도랏'은 '도라지'의 방언형. 전남 지역에서는 '돌갓', '도랏', '돌가지', '도라지' 등의 네 가지 어형이 쓰인다. '돌가지'나 '도라지'를 고려하면 '*돌갓'을 기원형으로 하여 /ㅈ/ > /ㅅ/이나 접미사 '-이'의 첨가 유무에 따라 네 가지의 방언형이 분화된 것으로 보인다.

136) '펭치다'는 '평평하게 하다'의 뜻.

137) '지내가다'는 '지나가다'의 방언형.

138) '봐집디다'는 '보게 됩디다'의 뜻.

139) '냐'는 응답어 '예'의 방언형. 서남방언은 높임의 응답어 '예'에 대응하여 '에'와 '야'가 있는데 '야'가 '냐'로도 변이되어 쓰인다.

140) '머시로 댕기요?'의 억양은 내림억양이다. 따라서 이 말은 가부를 묻는 판정물음문이 아니라 상대에게 자신의 말을 확인하는 동의를 구하는 확인물음문으로서, 표준어로는 '뭘로 다니잖아요?'로 옮겨야 한다. 일반적으로는 '머시로 안 댕기요?'처럼 확인물음의 '안'이 오지만 '안' 없이도 같은 억양을 취하면 확인물음을 나타내는 것이 이 방언의 특징이다.

141) '심바람'은 '심부름'의 방언형.

142) '가지가다'는 '가져가다'의 방언형.

143) '한지'는 토씨로서 '조차', '마저', '까지'의 뜻이다. 서남방언에는 이 밖에도 '할라', '할차', '한질라' 등이 같은 뜻으로 쓰인다. '할라'는 원래 '아우르다'의 활용형 '아울러'에서 문법화된 토씨로서 낱말 첫소리에 /ㅎ/이 첨가되었다. 이 '할라'와 의미가 같은 '조차'가 혼태를 이루어 '할차'가 생겨났다. '한지'는 아마도 '할라'와 비슷한 의미의 '까지'가 혼태를 일으킨 어형이 아닌가 추정된다. 이 '한지'와 '할차'가 다시 혼태를 일으켜 '한질라'와 같은 어형을 만들었다.

144) '쩨깐하다'는 '조그마하다'의 방언.

145) '그래야꼬'는 '그래갖고'에서 /ㄱ/이 탈락한 형태이다.

146) '아부이'는 '아부지'의 /ㅈ/가 탈락한 형태이다.

147) '피맡다'는 '내뱉다'의 뜻. 표준어에서 '뱉다'가 침 따위를 밖으로 내보는 것을 기본의미로 삼는다면, '내뱉다'는 침 이외에 외부에서 입안으로 들어온 것을 밖으로 내보낼 때 쓰는 말이다. 이러한 의미와 형태의 분화는 옛말에서도 그대로 확인되는데 침 따위를 '뱉다'는 옛말에서 '밭다'로 쓰이고, 내뱉는 경우는 '비밭다'(吐)를

사용하였다. '비밭다'의 '밭-'은 '밭-'이 유성화된 것이므로 옛말 '비밭다'는 '밭다'에 '비-'가 첨가된 것이라 하겠다. '비-'의 정체는 확실하지 않은데 이 '비밭다'가 서남방언에서 '피맡다'로 발달하였다. '비밭-'의 '밭'이 '맡'으로 바뀐 것은 일종의 이화작용의 결과로 보인다. 서남방언은 '밭다'에 대해 고형인 '밭다'를 그대로 유지하고 있다(이기갑 2015:142-143).

148) '아들네들'은 '아들'의 복수형. '-네'는 사람을 지칭하는 대다수 명사 뒤에 붙어 '그 사람이 속한 무리'라는 뜻을 더하는 접미사로 쓰인다. 여기서 '아들네'는 아들의 가족 즉 아들과 며느리를 가리킨 것으로 보인다. 여기에 복수 표지 '들'을 결합하면 '아들 가족들'의 의미가 될 것이다.

149) '늘그막'은 표준어에서 '늙어 가는 무렵'을 뜻하는 명사지만, 이 방언에서는 이를 어근으로 한 '늘그막하다'를 형성하여 '늙수그레하다'의 뜻으로 쓰였다.

150) '거장'은 '거의'의 뜻을 지닌 방언형. '거자', '거진', '거징'으로도 쓰인다. 옛말 '거싀'를 참고하면 /ㅿ/이 /ㅈ/으로 변하였음을 알 수 있다.

151) '젊다'는 '걷다'의 방언형. 표준어에서 ㄷ-불규칙활용을 하는 낱말은 서남방언에서 'ㄿ'으로 바뀌어 규칙활용을 한다. '싫다'(=신다), '넓다'(=눈다) 등이 전형적인 예이다.

152) '뭇:하다'는 '무엇하다'의 방언형. 전남의 내륙에서는 '멋:허다'로 쓰이는 것이 일반적인데, '멋:'의 /ㅓ:/가 상승하고 /ㅁ/에 동화되어 원순음인 /ㅜ:/로 바뀌었다.

153) '한다우'는 '한다오'에서 하오체의 씨끝 '-오'가 '-우'로 바뀐 것이다. 서남방언에서 하오체의 씨끝 '-오'는 '-요'로 바뀌어 쓰이는 것이 일반적이나(예: 가오 > 가요), 완형의 내포문 뒤에서는 수의적으로 '-우'로 바뀐다(예: 좋다오 > 좋다우). 두루높임의 토씨 '-이라우' 역시 원래는 '이라-오'처럼 완형의 내포문 뒤에 하오체의 씨끝 '-오'가 결합된 구성이었는데 '-오 > -우'의 변화에 따라 '-이라우'로 바뀌고 이것이 토씨로 재구조화된 것이다.

154) '계양'은 '그냥'의 방언형. 서남방언에서는 '기양'으로도 흔히 쓰인다.

155) '인나다'는 '일어나다'의 방언형. 사동형 '일으키다'는 서남방언에서 '인나치다'로 쓰이고 전남 완도 등지에서는 '일씨다'로 나타난다.

156) '그람'은 '그럼'의 방언형. 표준어 '그러하다'가 이 방언에서는 '글하다'로 쓰이므로 이에 따라 '그럼'이 '그람'으로 변이하게 된다.

157) '엄니'는 '어머니'나 '엄마'의 방언형.

158) '더 안 낫겄소?'는 '더 낫지 않겠소'와 같은 확인물음을 나타내는 이 방언의 특이한 구성이다. 이때 '안'은 '더 낫겄소 안?'처럼 문장의 뒤에도 올 수 있으며 심지어는 '안 더 낫겄소?'처럼 문장의 맨 앞에도 올 수 있다. '안'의 이러한 자유로운 위치 전환은 원래 부정사로 쓰이던 '안'이 서남방언에서 확인물음을 나타내는 표현으로 그 기능이 바뀐 결과이다. 이때 '안'이 없어도 '안'이 있을 때의 내림억양을

그대로 유지하면 확인물음을 나타낼 수 있다.

159) '씨얐다'는 '쎘다'의 방언형. 표준어 '쎘다'는 '쌓여 있다'의 준말.

160) '항그겜'은 '한그륵'의 발못된 발화. '그륵'은 '그릇'의 방언형.

161) 이 제보자는 '인자'(=이제)를 표준어의 '지금'과 같은 뜻으로 쓴다. 그래서 옛날과 비교할 때에도 '인자'를 쓰는 것이다.

162) '시럽다'는 '시리다'의 방언형.

163) '만했잉께'는 '많았으니까'의 방언형이다. 여기에서 보듯 이 방언은 '많다'에 대해 '만하다'를 쓴다. 표준어는 'ㄶ'으로 줄었지만 서남방언은 원래의 형태를 그대로 유지하였기 때문이다. '귀찬하다'(=귀찮다), '괜찬하다'(=괜찮다), '안하다'(=않다), '점잔하다'(=점잖다) 등이 그런 예이다.

164) '한 달에'는 여기서 '같은 달에'의 뜻이다.

165) '씨엄씨'는 '시어메'(=시어머니)의 낮춤말.

166) '갔겠제라이'는 '갔겠제라우'에 첨사 '이~'가 결합된 말이다. 즉 두루높임의 토씨 '라우'와 첨사 '이~'가 결합하면 '라이~'로 변동한다. 이때 '이~'는 상대에게 다정한 느낌을 주면서 확인하는 물음을 강조해 준다.

167) '자붑데야'는 '자붑-데-야'로 분석되는데, 여기서 '자붑다'는 '싫다'의 방언형으로서 보통 '잡다'로도 쓰인다. '-데'는 표준어의 '-데'와 마찬가지로 회상시제 형태소와 반말의 씨끝 '-어'의 결합형이다. 한편 맨 끝의 '야'는 낮춤의 첨사로서 앞선 씨끝의 의미를 강조한다.

168) '양이라'는 '양으로'의 방언형으로서 '것처럼'의 뜻.

169) '밤나'는 '밤낮'의 방언형으로서 '언제나 늘'의 뜻.

170) '송:이'는 '속이'이다. 전남방언에서 '속이 없다'는 '철이 없다'의 뜻인데 여기서는 '속'을 '송'으로 발화하였다. 이 제보자는 이처럼 종성의 /ㄱ/을 /ㅇ/으로 바꿔 말하는 경우가 종종 발견된다.

171) '훌령스럽다'는 '훌륭하다'의 뜻. 서남방언은 표준어에 비해 접미사 '-스럽'의 생산성이 훨씬 크다. 그래서 표준어에서 접미사 '-하'가 결합된 형용사가 이 방언에서는 '-스럽'이 결합되는 수가 많은데, '훌령스럽다'도 이런 경우이다.

172) '모도'는 '모두'의 방언형. '모도'는 동사 '몯다'(=모이다)의 줄기에 접미사 '-오'가 결합된 것으로서 표준어에서는 '모도 > 모두'의 변화가 일어났지만 이 방언은 옛말을 그대로 쓰고 있다.

173) '치다'는 '치르다'의 방언형.

174) '챌:'은 '차일'(遮日)의 방언형.

175) '뒷거심'은 '뒷설거지'의 뜻. 전남의 내륙에서는 '뒷개'라고도 한다.

176) ‘몽창’은 ‘몽땅’의 방언형.

177) ‘흥허게’는 ‘흑허게’의 잘못된 발화. ‘흑허게’는 ‘하얗게’의 방언형.

178) ‘한나’는 여기서 ‘가득’의 뜻이다.

179) ‘꼬스리다’는 보통 ‘꼬실다’나 ‘꼬시리다’로 쓰이는데 ‘불사르다’의 뜻이다.

180) ‘쓰다’는 표준어에서 ‘-아서 쓰-’나 ‘-면 쓰’ 구성으로 쓰여 ‘도리에 맞는 바른 상태가 되다’의 뜻을 갖는다. 서남방언에서 ‘쓰다’도 의미는 같으나 다만 표준어와 같은 통사적 제약은 적용 받지 않는다.

181) ‘차데기’는 ‘자루’의 방언형. ‘차두’라고도 한다.

182) ‘이빠이’(いっぱい)는 ‘가득’의 일본말.

183) ‘소양’은 ‘소용’의 방언형.

184) ‘태:다’는 ‘태우다’의 방언형.

185) ‘끗:다’는 『표준국어대사전』에서 ‘자리를 다른 곳으로 옮기도록 힘을 가하다’로 풀이하여 ‘끌다’와는 다른 낱말로 분류하였다. 그런데 서남방언에서 ‘끗다’는 표준어의 ‘끌다’의 의미 가운데 ‘바닥에 댄 채로 잡아당기다’의 뜻도 나타낸다. 그래서 ‘신을 끗고 댕긴다’(=신을 끌며 다닌다.)라는 말이 가능하다. 다만 ‘끌다’의 의미 가운데 ‘남의 관심 따위를 쏠리게 하다’와 ‘시간이나 일을 늦추거나 미루다’의 경우 서남방언에서도 ‘끗다’가 아닌 ‘끌다’를 사용한다. 그래서 이 방언에서 ‘*관심을 끗다’나 ‘*시간을 끗다’라는 문장은 비문이 된다.

186) ‘뚱뗑이’는 ‘뚱뚱이’의 방언형.

187) ‘어쭈고’는 ‘어떻게’의 방언형.

188) 이인칭 대명사 ‘집이’는 ‘댁’(宅)의 방언형.

189) ‘엄마나’는 ‘얼마나’의 방언형. ‘엄마’는 옛말 ‘언마’(=얼마)의 /ㄴ/이 후행하는 /ㅁ/에 동화되어 생긴 어형이다.

190) ‘먼춤’은 ‘먼저’의 방언형. ‘몬자’, ‘몬차’, ‘모냐’ 등도 함께 쓰인다. 옛말 ‘몬져’를 고려하면 서남방언형은 첫 음절의 모음 /ㅗ/를 그대로 유지하고 있는 것이 대부분이다.

191) ‘묏’은 ‘뫼’의 방언형으로서 사람의 무덤을 가리킨다.

192) ‘돌치하다’는 아마도 ‘돌보다’ 정도의 뜻으로 추정된다.

193) ‘아야’는 ‘애야’의 방언형으로서 원래는 아이를 부르는 말에서 출발하였으나, 일반적인 아주낮춤의 부름말로 쓰인다. 여기서도 아이가 아닌 성인 친구를 부르는 말로 쓰였다. ‘아야’ 대신 ‘야야’라고도 한다. 이보다 약간 높은 말로 예사낮춤의 ‘어야 또는 ‘어이’가 있으며 이보다 높은 높임의 부름말로 ‘에’가 있다. 그래서 전남방언은 ‘아야/야야 - 어야/어이 - 에’의 삼 단계의 부름말을 갖는다.

194) '미기다'는 '메기다'의 방언형으로서 두 편이 노래를 주고받고 할 때 한편이 먼 저 부르는 것을 말한다. 여기서는 상엿소리를 할 때 선창자가 앞에서 먼저 앞소리를 부르는 행위를 가리킨다. 아마도 '먹다'의 사동형 '먹이다'로부터 온 말로 추정된다.

195) '무굽다'는 '무겁다'의 방언형.

196) '다래'는 '밤다래'라고도 하는데, 초상이 났을 때 망자의 친구, 계원, 상여꾼들이 실의에 찬 상가에 모여 화톳불을 피우고 북 장구를 치면서 노래와 춤을 추고 고인의 행적을 더듬어 보는 등 밤샘을 하는 일을 말한다. 계원과 상여꾼들은 망령을 위한 길을 닦기 위해 초경, 이경, 삼경, 사경, 오경의 시각마다 망자가 거닐었던 마당을 빈 상여를 메고 상여소리를 부르면서 돌아다닌다. 이런 상여놀이는 출상 전야에 상여 위에 사위를 싣는 등 출상 예행연습을 겸한다. 마을 사람들도 망자의 가족들이 슬퍼하지 않도록 농담과 놀이, 잡가 등을 부르기도 한다. 여유가 있는 집에서는 남사당패, 풍각쟁이, 소리꾼, 무당 등을 초대하여 노래와 춤, 재주 등을 연희하게 하고 관머리 씻김굿을 행하여 망령에게 즐거움과 영화를 안겨 주고 이승의 한을 풀어 주는 기능을 한다(최덕원 1990:458).

197) 서남방언에서는 '밖'과 '배깥'(=바깥)을 구별한다. 구체적인 공간으로서 '안'의 반의어로 쓰일 때에는 '배깥' 또는 '바깥'을 쓰고, 일정한 한도나 범위에 들지 않는 나머지 다른 부분이나 일을 가리키는 것처럼 추상적인 의미로 쓰일 때에는 '밖'을 쓴다. 그래서 '기대 밖'이나 '너밖에 없다'와 같은 경우 '밖'을 '바깥'이나 '배깥'으로 바꾸면 비문이 된다. '밖에'와 같이 토씨로 재구조화 된 경우 서남방언은 '배끼'의 형태를 쓰는 것이 일반적이다.

198) '쓰다'는 '켜다'의 방언형. 중세어 '혀다'의 후대형인데 '혀-'가 표준어에서는 '켜-', 서남방언에서는 '써-'로 변화하여 방언차를 보인다. '혀- > 써-'는 ㅎ-구개음화의 일종이다. 따라서 '불 쓰다'는 '블 혀다 > 불 써다 > 불 쓰다' 등의 변화 과정을 겪은 것으로 보아야 한다. '혀다'가 '갈증이 나서 자꾸 물을 마시게 되다'의 뜻을 가질 경우, 표준어에서 '켜이다', 서남방언에서 '쓰이다' 또는 '씨이다'로 쓰이는 것도 같은 변화를 겪은 결과이다.

199) '-은지'의 '지'는 의존명사로서 표준어 '줄'의 방언형. 서남방언에서는 '지' 외에 같은 뜻으로 '중'이 쓰이기도 한다. 예를 들어 '어디 간 줄 아니?'라는 표준어 문장은 이 방언에서 '어디 간 지 아냐?'나 '어디 간 중 아냐?' 등으로 쓰인다.

200) '떰:다'는 '떠메다'의 방언형. '띰:다'라고도 한다.

201) '연자'는 '이제'의 방언형.

202) '조:상'은 '존 시상'(=좋은 세상)의 축약된 발화.

203) '열:'은 시체를 넣는 관이나 곽 따위를 통틀어 이르는 말로서 표준어 '널'과 같은 것이다. 이 '열'은 '널 > 열'의 변화를 겪은 것으로 보인다. 옛말 '넣다'가 표준어

에서는 '넣다', 이 방언에서는 '엱:다'로 분화되는데, 반모음 / ㅣ /가 없음에도 불구하고 '널 > 열'의 변화가 일어난 것은 아마도 '넣다 > 엱다' 등의 변화에 유추된 것으로 추정된다.

204) '판자때기'는 '널빤지'의 방언. '판자'(板子)에 접미사 '-때기'가 결합된 어형이다. 서남방언에서는 넓적한 물건을 가리킬 때 흔히 접미사 '-때기'를 덧붙인다. '헝겊때기'(=헝겊), '종우때기'(=종잇장), '판때기'(=널빤지) 등이 이런 예이다.

205) '걸막' 또는 '걸맠'의 '-막'은 공간을 나타내는 접미사로서 '내리막'이나 '오르막' 등에 보이는 말이다. 서남방언에서 '오르막'을 '깔쿠막'이라고 하는데 이때에도 '막'이 결합되어 있다. '걸막'의 '걸'은 아마도 '거리'로 추정되므로, '걸막'은 대문 근처의 공간 또는 집 근처 고샅길 주변의 공간을 가리키는 말로 해석된다. 표준어의 '오래'와 유사한 의미로 생각된다. 전남 안에서도 '사립문 밖'을 어원으로 갖는 '샐퐉'이라는 말도 비슷한 뜻으로 쓰인다.

206) '꼴보기 싫다'는 '어떤 사람이나 모양이 보기 싫다'는 뜻이다.

207) '퐃죽'은 '팥죽'의 방언형.

208) '웬'은 '온'의 방언형.

209) '동우'는 '동이'의 방언형.

210) '일다'는 '이다'의 방언형.

211) '꼽꼽하다'는 '인색하다'의 뜻. 서남방언의 어근이 첩어일 경우 반복되는 첫 음절 종성이 무성의 입소리일 경우 탈락되는 경향을 보인다. 그래서 '꼽꼽하다'는 '꼬꼽하다', '깝깝하다'는 '까깝하다', '뻿뻿하다'는 '뻬뻿하다' 등으로 발음된다. 반면 '잘잘하다'의 /ㄹ/은 탈락되지 않아 표준어와 차이를 보인다.

212) '이런 사람'은 말할이 자신을 가리키는 말이다.

213) '갔으끄나'는 '갔을거나'의 방언형. 표준어에서 '-을거나'는 자신의 어떤 의사에 대하여 자문(自問)하거나 상대편의 의견을 물어볼 때에 쓰는 씨끝인데, 서남방언에서도 쓰임은 같다.

214) '내가 그 사람한테 죽을 쒀 주라고 했다'에서 '쒀 주라고 했다'는 '쒀 달라고 했다'의 방언 표현이다. '쒀 달라고 했다'에서 '달라'의 행동이 미치는 객체(여격어)는 말할이, 즉 '하다'의 주어이다. 표준어의 경우 '주라고 하다'라고 하면 '주라'의 행동이 미치는 객체는 말할이가 아닌 제 삼자가 된다. 따라서 표준어에서 '달라고 하다'와 '주라고 하다'는 그 의미가 다르지만, 서남방언은 같은 의미로의 해석이 가능하다. 물론 서남방언에서도 '주라고 하다'는 말할이가 아닌 제 삼자가 행동이 미치는 객체로 해석될 수 있으므로 이 경우는 중의적인 셈이다. 반면 표준어는 오직 제 삼자만이 객체로 해석되므로 중의성이 일어나지 않는다.

표준어에서 '달다'는 '달라'와 '다오'의 형태로만 쓰이는데, '달라'는 내포문 안에서, '다오'는 그 밖의 환경에서 쓰인다. 서남방언은 표준어 '달라'에 대응하는 형태로 '도라'를 사용하는데, 이 '도라' 역시 표준어와 같이 내포문 안에서 쓰인다. 그래서 '나보다 도라고 허데'는 '나보고 달라고 하데'의 뜻이다. 한편 '도라'와 '주라'는 내포문이 아닌 경우에도 쓰일 수 있다. 그래서 '나 좀 도라'와 '나 좀 주라' 모두 같은 뜻을 나타내는 표현이다.

215) '아짐'은 '아주머니'의 방언형으로서 숙모뻘 되는 사람을 가리키는 친족어인데, 이것이 확대되어 동네의 친한 여자 어른을 가리키기도 한다.

216) '돌아가겠는디'에서 '겠'은 주체높임 '-시-'의 과거형 '-셨-'의 방언형이다.

217) '동승'은 '동생'의 방언형. 전남의 내륙에서는 '동상'으로 쓰인다.

218) '보다가'는 '보고'의 방언형. '보다'로 흔히 쓰인다.

219) '생전가'는 '생전 가도'의 준말로서 '생전'과 같은 뜻이다. '생전 가도'가 '생전'과 같은 의미를 나타내듯이, '평생 가도'도 '평생'과 동일한 의미를 나타낸다. 이처럼 '가도'는 특정의 시간 표현과 더불어 쓰일 때 별다른 의미적 기여가 없이 쓰이기도 한다.

220) '지역'은 '저녁'의 방언형. 반모음 /ㅣ/ 앞에서 /ㄴ/이 탈락하였다.

221) '성제간'은 '성제간에'에서 '에'가 탈락한 형태로서 '형제간에'의 방언형인데, 여기서는 단순히 '형제'의 뜻으로 쓰였다. 이처럼 친족어를 비롯한 인간관계를 나타내는 말에 '간'(間)과 처격토씨 '에'가 결합될 때 이 '간에'은 별다른 의미 역할을 못한다. 예를 들어 '부자간에 왔습디다'(=부자가 왔습디다), '친고간에 큰 사업을 벌렀어'(=친구들끼리 큰 사업을 벌였어.)처럼 쓰인다.

222) '뜨갑다'는 '뜨겁다'의 방언형.

223) '망뚱이'는 '막내'의 방언형. 흔히 '막둥이'로 쓰이는데 '막내'와의 혼태로 인해 '망뚱이'가 생겨난 것으로 보인다.

224) '수대로'는 '있는 사람 모두'의 뜻이다.

225) '끄이~'는 '끼니'의 방언형. /ㅣ/ 앞에서 /ㄴ/이 탈락하였다.

226) '차꼬'는 '자꾸'의 방언형. 기원형 '*잦고'가 거센소리로 변한 말이다.

227) '있소 안'은 '있잖소?'의 뜻이다. '있소 안'은 애초 '안 있소?'처럼 짧은 부정 형식으로 쓰이던 것인데 확인물음을 나타내면서 '안'의 위치도 서술어 앞만 아니라 뒤에도 나타나게 되었다.

228) '베실'은 '볏'의 방언형. '볏'은 원래 닭이나 새 따위의 이마 위에 세로로 붙어 시울이 톱니처럼 생긴 살 조각을 가리킨다. 그런데 여기서는 물고기의 비늘을 의미한다.

229) '텍도 없다'는 '턱도 없다'의 방언형으로서 '당치도 않다'의 뜻.

03 생업활동

3.1 논농사

@1 여기 아까 농사 농사 지으셔따구요?

— 강 인즉 엔:나레는 마:니 지여쩨라우. 인자 안지쩨.

@1 아. 머:머 지으셔써요?

— 다: 헤:쩨. 받 바테다는 보리도 갈:고 서숙또¹⁾ 갈:고 머 콩도 숭구고²⁾ 포또 숭구고 몬:항 거시 업씨 다 노무³⁾ 하능거슨 헤 하고.

— 인자 논도 이걷쩌걷 다 허고 그런디 인자 늘거징께 아들 아퍼블고 그렁께 몬:하고 걍 노는 포라서 아그들 갈치자 네가 그레부루고,

@1 네

— 그렁께 그레

@1 몀마지기나 하셔써요?

— 아 그떼 예:일곱⁴⁾ 마지기나 부레써라우. 일곱마지기.

@1 일곱마지기를 글면 논농사를?

— 야, 지으써. 바슨 서룬마지기도 돼.

@1 와:

— 아 서른 마지기 마운 마지기도 헤:꺼쏘.

— 여가 저 서른 마지기 잡꼬 쩌그다가 또 열마지기 사가꼬 헤:끄덩. 듬:무기락⁵⁾ 한:데다

@1 그럼 농사가 마:느션네요?

— 만:헤쩨. 그레서 저 어:넙씨 이:를 헤:쩨.

— 그렌는디 인자는 할 꺼시 업:씨 안헤. 인자는 몬:항께.

— 아 헤:바짜 소양옵꼬.

@1 논농사 논농사 지을떼 그:: 머조? 그 싸리 벼가 종:뉴가 여러:가지 이찌요?

— 여러가지가 이쩨라우.

@1 여기 아까 농사 농사 지으셨다고요?

― 이제 옛날에는 많이 지었지요. 이제 안 짓지.

@1 아. 뭐 뭐 지으셨어요?

― 다 했지. 밭 밭에다가는 보리도 갈고 조도 갈고 뭐 콩도 심고 팥도 심고 못 한 것이 없이 다 남 하는 것은 하고.

― 이제 논도 이것저것 다 하고 그런데 이제 늙어지니까 아들 아파버리고 그러니까 못 하고 그냥 논은 팔아서 아이들 가르치자 내가 그래버리고,

@1 네

― 그러니까 그래.

@1 몇 마지기나 하셨어요?

― 아, 그때 예닐곱 마지기나 부쳤어요. 일곱 마지기.

@1 일곱 마지기를 그러면 논농사를?

― 예, 지었어. 밭은 서른 마지기도 돼.

@1 와

― 아, 서른 마지기 마흔 마지기도 했겠소.

― 여기에 저 서른 마지기 잡고 저기다가 또 열 마지기 사가지고 했거든. 들목이라고 하는 곳에다.

@1 그럼 농사가 많으셨네요?

― 많았지. 그래서 저 원 없이 일을 했지.

― 그랬는데 이제는 할 것이 없이 안 해. 이제는 못 하니까.

― 아, 해 봤자 소용없고.

@1 논농사 지을 때 그 뭐지요? 그 쌀이 벼가 종류가 여러 가지 있지요?

― 여러 가지가 있지요.

@1 어떤 종:뉴가 인나요?

— 몰:나락도6) 이꼬 차나락도7) 이꼬, 또 정부미라고 또 안만난 나라기 이써.

@1 아

— 그 마:니 나와. 또 그놈도 함번썩 헤:보고 막 이건 쩌건 마:이 헤:써라우.

@1 또 빨리 나 숭거가꼬

— 빨리 이른 나락또 이꼬 느즌 나락또 이꼬.

@1 이르미 인나요?

— 이르미 이씁띠다. 다 이저부르쩨.

@1 (웃음)

@1 어:: 그레요 그 벼농사 진:능 거 보메는 머:부터 시작하나요? 며딜따
리고?

— 인자 모 모 부:끼부뜨 나락 어:따 삐레가꼬8) 인자 쫌 크게 멘등거보
텀9) 이쩨.

— 인자 나락씨로 ˙당가따가 건저서 초 초글10) 네. 초글 네:가꼬 총 네:가꼬

@1 며 며딜따레 하나요?

— 응, 사뭘딸 그무레 지면 하제 사뭘따레.

@1 음녁?

— 음녁 사뭘.

@1 음녁사뭐레? 초글 질러요?

— 음, 그러제

@1 촉 지를 떼는 어:뜨게 지르나요?

— 인자 그 초 질르는11) 가 머:시 이끄덩. 요로코 하나썩 너: 이젭 가꼬
갈꺼시.

— 그거 인자도12) 우리 데야네13) 이쓰꺼시오.

— 그거세다가 인자 흑 흑깔고 흑 우게다가 그노믈 삐려, 나락 총 네:
가꼬. 삐려가꼬 인자 키여. 인자 저 하우스에다가 함뻐네 봉창14) 느코 인

@1 어떤 종류가 있나요?

— 메벼도 있고 찰벼도 있고, 또 정부미라고 또 안 맛있는 벼가 있어.

@1 아

— 그 많이 나와. 또 그것도 한 번씩 해 보고 막 이것저것 많이 했어요.

@1 또 빨리 심어가지고,

— 빨리 이른 벼도 있고 늦은 벼도 있고

@1 이름이 있나요?

— 이름이 있습디다. 다 잊어 버렸지.

@1 (웃음)

@1 어, 그래요? 그 벼농사 짓는 것 봄에는 뭐부터 시작하나요? 몇 월이고?

— 이제 모 모 붓기 벼 어디에다 뿌려가지고 이제 좀 크게 만드는 것부터 있지.

— 이제 볍씨로 담갔다가 건져서 싹을 내. 싹을 내가지고 싹 내가지고,

@1 몇 월에 하나요?

— 응. 삼월 그믐 경에 하지. 삼월에.

@1 음력?

— 음력 삼월.

@1 음력 삼월에? 싹을 길러요?

— 음, 그러지.

@1 싹 기를 때에는 어떻게 기르나요?

— 이제 그 싹 기르는 뭐가 있거든. 이렇게 하나씩 넣어. 이제 가져갈 것이.

— 그것 지금도 우리 뒤꼍에 있을 거요.

— 그것에다가 이제 흙 깔고 흙 위에다가 그것을 뿌려, 벼 싹 내가지고. 뿌려가지고 이제 키워. 이제 저 하우스에다가 한 번에 모두 넣고 이제 싹

자 총 나:라고.

― 그라머 거그서 이루코 나면 이르케 솔차이[15] 커불면 쓰러저 거그서. 즈그까지[16] 한자[17] 떠러저서 다 어푸러질[18] 때도 이땅께.

― 그라 인날처가꼬[19] 거그다 다 조루러이 나:뙤따가 인자 더 크면 인자 저 가제, 가꼬, 가꼬가제. 거그서 물주고 커가꼬 키여가꼬.

― 그레가꼬 인자 사:람 어더가꼬 숭굴떼에는 더 이써꼬 나:중에는 기양 그놈 가꼬가면 막 숭:꼬, 엔:나레는 인자 그노믈 사:라미 숭거. 한나 쪼가썩[20] 쪼가썩 헤:가꼬라, 숭굽띠여 안[21]?

@1 모를 찐다고

― 모찐다고[22] 그레. 모찌로 간다고.

― 따게다[23] 부서논노믄 징하게도[24] 안쩌저. 소니 다 불키도록[25] 안쩌 저라우.

@1 땅에다 부슴니까?.

― 따게다가 여그 저 칸 멘 칸 처:가꼬 항칸썩 헤:가꼬 거그다가 인자 멘:드라. 이러케 빤든. 마:리 모판 멘들데끼[26] 한다 합띠여[27]? 이르께 소니로[28] 조:케 이르케 멘드라.

@1 흐글 흐글?

― 반 반드르르하게 그레가꼬 거그다 삐레가꼬 인자 물 쫌:썩 너:가꼬 인자 차근차근 키:제[29].

― 그레가꼬 이만큼 키:먼 인자 쩌. 모찌로 간다 그럽띠여[30]?

― 그냥 그거시 검:나게 되야라우[31]. 안 쩌저 잘.

@1 여기는 그며는 딱따간데다 하나요? 보통은 노네다가 물 이러케 헤:가꼬.

― 응, 인자 멘등께 조아조아 딱따게지제. 인자 거 거가 좀 딱따게저.

― 그럼 인자 거그다가 물쫌 느코 무레다 삐레. 그라문 인자 거그서 커:나제 즈그드리.

나라고.

- 그러면 거기서 이렇게 나면 이렇게 꽤 커버리면 쓰러져 거기서. 저희들끼리 혼자 떨어져서 다 엎어질 때도 있다니까.

- 그래 일으켜가지고 거기다 다 조르르 놔뒀다가 이제 더 크면 이제 지고 가지. 가지고, 가져가지. 거기서 물 주고 커가지고 키워가지고,

- 그래가지고 이제 사람 얻어가지고 심을 때에는 더 있었고, 나중에는 그냥 그것 가져가면 막 심고, 옛날에는 이제 그것을 사람이 심어. 하나 조금씩 조금씩 해가지고요, 심잖습디까?

@1 모를 찐다고?

- 모 찐다고 그래. 모 찌러 간다고.

- 땅에다 부어 놓은 것은 아주 안 찌어져. 손이 다 부르트도록 안 찌어져요.

@1 땅에다 붓습니까?

- 땅에다가 여기 저 칸 몇 칸 쳐가지고 한 칸씩 해가지고 거기다가 이제 만들어. 이렇게 반듯. 말이 모판 만들 듯이 한다고 하잖아요? 이렇게 손으로 좋게 이렇게 만들어.

@1 흙을, 흙을?

- 반드르르하게 그래가지고 거기다 뿌려가지고 이제 물 조금씩 넣어가지고 이제 차근차근 키우지.

- 그래가지고 이만큼 키우면 이제 쪄. 모 찌러 간다 그러잖아요?

- 그냥 그것이 굉장히 힘들어요. 안 쪄져 잘.

@1 여기는 그러면은 딱딱한 곳에다 하나요? 보통은 논에다가 물 이렇게 해가지고.

- 응, 이제 만드니까 좀 좀 딱딱해지지. 이제 거기가 좀 딱딱해져.

- 그럼 이제 거기다가 물 좀 넣고 물에다 뿌려. 그러면 이제 거기서 자라나지 저희들이.

- 근디 인자는 그런 모 옵:써.

@1 응, 인제 여기서는 옛날말하니까.

- 옌:날 마리여

- 그러케 헤:가꼬 헤:라.

@1 그레가꼬 인자 모를 쪄가꼬

- 인자 무꺼가꼬 지비로 지비로 지푸라기로 잘잘하게[32] 요마큼썩 헤:가꼬 무꺼가꼬 인자 다 저날레[33], 옌나레는, 머:시 옵:씽께.

- 먼 겨궁기가 이꼬 머:다허먼 끄꼬도[34] 가지만 거그다 실:코 가지마는 글안하고 다 저날레라우. 여날리고[35] 저날리고.

- 그레가꼬 인자 그 인자 숭굴띠다 뻬데제[36] 한나썩. 드문등하게 적땅하게 뻬레가꼬 인자 고놈 사:람 어더가꼬 인자 숭구제.

@1 아. 사:람 어들떼는 사:람드리 그러며는 다 가치

- 푸마시. 푸마시도 마:니 하고 사기도 하고 그레. 인제 품 모:까푸로 뎅길 싸라믄 살레. 사:라믈 사.

- 그라고 품 가플[37] 싸람드른 또 푸마시 헤서도 하고

@1 그지요.

- 검:나게 되야라. 메:치리구 헤.

@1 그지요.

- 으 보르미고 한다리고 반:다리고 게:속 헤야 데.

- 느께 숭군 사람도 이꼬 일쩍 숭군 사람도 이씽께.

- 그레가꼬 인자 가으레 또 농사도 다 비제.

- 빈 비여노코 비가 또 메칠 와부루먼 거그서 지러가꼬[38] 한테가[39] 부터, 나라그, 싸리. 나라기 모도 부터가꼬 이써. 그먼 이거시 베레따

- 그레도 몰려노먼 또 바븐 벨로 안 조을테여. 그런디 또 쌀:로 나옵따야.

@1 예

– 그런데 이제는 그런 모 없어.

@1 응, 이제 여기서는 옛날 말 하니까.

– 옛날 말이야.

– 그렇게 해가지고 해요.

@1 그래가지고 이제 모를 쪄가지고

– 이제 묶어가지고 짚으로 짚으로 지푸라기로 자잘하게 이만큼씩 해가지고 묶어가지고 이제 다 져서 날라 옛날에는, 뭐가 없으니까.

– 무슨 경운기가 있고 뭐 하면은 끌고도 가지마는 거기다 싣고 가지마는 그렇지 않고 다 져서 날라요. 이고서 나르고 다 지고서 나르고.

– 그래가지고 이제 그 이제 심을 곳에다 뿌리지 하나씩. 드문드문하게 적당하게 뿌려가지고 이제 그것 사람 얻어가지고 이제 심지.

@1 아, 사람 얻을 때는 사람들이 그러면은 다 같이.

– 품앗이. 품앗이도 많이 하고 사기도 하고 그래. 이제 품 못 갚으러 다닐 사람은 사. 사람을 사.

– 그리고 품 갚을 사람들은 또 품앗이해서도 하고.

@1 그러지요.

– 굉장히 힘들어요. 며칠이고 해.

@1 그러지요.

– 응, 보름이고 한 달이고 반 달이고 계속 해야 돼.

– 늦게 심는 사람도 있고 일찍 심는 사람도 있으니까.

– 그래가지고 이제 가을에 또 농사도 다 베지.

– 베어 놓고 비가 또 며칠 와 버리면 거기서 길어가지고 한 곳에 붙어, 벼가, 쌀이. 벼가 모두 붙어가지고 있어. 그러면 이것이 버렸다.

– 그래도 말려 놓으면 또 밥은 별로 안 좋을 거야. 그런데 또 쌀로 나옵디다.

@1 예

— 지러가꼬 막 한테가 덩어리저가꼬 이써도 입싸기[40] 막 그 뿌렁구가[41] 나가꼬 뿌렁구 한테가 막 덩어리저가꼬 이꼬. (기침)

— 그레가꼬 인자 혜:서 혜:노머는 인잖 잘떼먼 제미꼬 벵이나 걸려가꼬 주거부루먼 제미오꼬.

@1 그믄 어:뜨게 여기는 물데기는 펴넨나요?

— 거가 방주기[42] 이써라우. 우리노네다 마니

@1 아

— 거가 저:수지가 이써라우.

@1 저네 여기 저:수지말고 그먼

— 아이 인자 그떼는 거그만 이써써. 여기는 오:꼬.

— 그렇게 멀:리 모:까고 거그서 우리는 뻐:짱[43] 미테라 그르고 뎅헨:는디 잘 헨:는디 나:중에 효:성이네 아부지가 아퍼부렁께 네:가 항께 아나러 줘 누가.

— 쫌 물잠 데:주라혜도 안데줘.

@1 예

— 그렇게 물 함번만 데:주머는 어크 야글 할란닥 혜:끄덩. 약쫌하고 거름쫌하고 그럴라고 우리 함번만 데:주씨요 그레도 안한닥혜.

— 독쌀시런 노미 이써. 쩌 효:성이네 아부지랑 동가비그덩. 가:치 하꼬 뎅기고 그런 놈들또 안혜줘.

— 그레서 안데:주머는 할쑤 업쩨라우. 그라고 안 혜제.

@1 물데로가기가

— 야

@1 그럼 거 저:수지 인는 노는 거 머 물데기가 펴난데

— 펴난데

@1 마냑에 저수 저:수지 엄:는 농가튼 경우는?

— 그렇게

- 길어가지고 막 한데 덩어리져 가지고 있어도 잎이 막 그 뿌리가 나 가지고 뿌리 한데 막 덩어리져 가지고 있고. (기침)

- 그래가지고 이제 해서 해 놓으면은 이제 잘 되면 재미있고 병이나 걸려가지고 죽어 버리면 재미없고,

@1 그러면 어떻게 여기는 물 대기는 편했나요?

- 거기에 방죽이 있어요. 우리 논에다 많이.

@1 아

- 거기에 저수지가 있어요.

@1 전에 여기 저수지 말고 그러면

- 아니, 이제 그때는 거기만 있었어. 여기는 없고.

- 그러니까 멀리 못 가고 거기서 우리는 바짝 밑이라 그렇게 다녔는데 잘 했는데, 나중에 효성이네 아버지가 아파버리니까 내가 하니까 안 알아 줘 누가.

- 좀 물 좀 대 달라고 해도 안 대 줘.

@1 예

- 그러니까 물 한 번만 대 주면은 약을 하겠다고 했거든. 약 좀 하고 거름 좀 하고 그러려고 우리 한 번만 대 주세요 그래도 안 한다고 해.

- 독살스러운 놈이 있어. 저 효성이네 아버지랑 동갑이거든. 같이 학교 다니고 그런 놈들도 안 해 줘.

- 그래서 안 대 주면은 할 수 없지요. 그러고 안 했지.

@1 물 대러 가기가,

- 예

@1 그럼 그 저수지 있는 논은 그 뭐 물대기가 편한데,

- 편한데

@1 만약에 저수지 없는 논 같은 경우는?

- 그러니까

- 인자 거그도 무리 저:거징께 저:수지에가 무리 저:거징께 즈그만[44] 마:니 할라고 안쭤.

@1 예

- 저 우리 효:성이네 아부지가 인자 아드리 이써스 이쓰머는 가서 바메도 데:고 나:제도 데:고 델:쑤가 이써. 그라고 사:라므로 봉께 인자 한디.

- 네:가 뎅깅께 안 데주드라고.

- 그레가꼬 함번만 데:주머는 거 야글 쫌 할란다 헤끄덩. 거 멀: 안나는 야글 제추제 할랑께 쪼끔 함번만 데:주씨요 그레도 마:닥헤.

- 나 그러고 도간[45] 사람들 바:쏘야.

@1 물떼무네 싸움도 마:니 나고,

- 싸움도 마:니 하제. 그런디 우리 가튼 사라들 싸움헤짜 머:더거쏘이~. 싸움도 안헤바쩨.

@1 그러니까 물데기가

- 인자도 찬:차니 바:저. 예:기[46] 무지한 놈들 그라고.

@1 하하하. 그라믄 인제 이걸 머조? 모네기하기 저네 논 이러케 조케 골라야조?

- 골:라야제.

@1 어트게 어:트게 하나요?

- 쩌 써우레라고[47] 이써라우.

@1 예

- 옌:나레는.

- 그람 소가 써우레를 인자 밀:고 뎅게[48] 도라뎅게.

@1 예

- 뻥:뻥: 돌레서.

- 그레가꼬 인자 조로 안골라지머는 인자 소시닝[49] 가꼬가서 이로코 골르제, 빤듣:하게. 그레얀 나라기 지데로 드러강께.

- 이제 거기도 물이 적어지니까 저수지에 물이 적어지니까 저희만 많이 하려고 안 줘.

@1 예

- 저 우리 효성이네 아버지가 이제 아들이 있었으면은 가서 밤에도 대고 낮에도 대고 댈 수가 있어. 그리고 사람으로 보니까 이제 하는데

- 내가 다니니까 안 대 주더라고.

- 그래가지고 한 번만 대 주면은 그 약을 좀 하겠다 했거든. 그 뭐 안 나는 약을 제초제 하려니까 조금 한 번만 대 주세요 그래도 마다고 해.

- 나 그렇게 독한 사람들 봤소.

@1 물 때문에 싸움도 많이 나고

- 싸움도 많이 하지. 그런데 우리 같은 사람들 싸움했자 뭐 하겠소? 싸움도 안 해 봤지.

@1 그러니까 물 대기가.

- 지금도 찬찬히 봐져. 에끼 무지한 놈들 그러고.

@1 하하하, 그러면 이제 이것 뭐지요? 모내기하기 전에 논 이렇게 좋게 골라야지요?

- 골라야지.

@1 어떻게 어떻게 하나요?

- 저 써레라고 있어요.

@1 예

- 옛날에는.

- 그러면 소가 써레를 이제 밀고 다녀 돌아다녀.

@1 예

- 빙빙 돌려서.

- 그래가지고 이제 조르르 안 골라지면 이제 쇠스랑 가지고 가서 이렇게 고르지, 반듯하게. 그래야 벼가 제대로 들어가니까.

— 그레가꼬 하다가 나:중에 하 하 저 안되거씽께 기양 포라부러써.

@1 노늘?

— 논도 포라가꼬 에기드리나 갈친데 쓰자 그라고 포라가꼬 저 그 머:사가꼬 소 사가꼬 키여가꼬 그놈 포라가꼬 또 쩌저 수엄뇨도 데:주고.

@1 그니까 농사 지으시다가

— 딱끄녀.

@1 그놈 파라서 이제 소 키우시고

— 야, 소 키워가꼬 인자 소 네:가 열씨미 킹:께 그놈 헤:가꼬 포라서 수엄뇨도 데:고 인자 지금까지 밥헤무꼬 상:께, 다 쪼가썩 주기도 하고 그럭쩌럭 그레가꼬선 인자,

@1 김 가퉁 거는 메뻐니나 멘나요?

— 으?

@1 김.

— 기믄 오레 헤:쩨 하기는.

@1 지심 지시믈:

— 지시믈50) 어 어쭈고 메냐고?

@1 예

— 지시믄 인자 논 바슨 푸마시 헤서도 메:고 그럴떼는 인자 가이네들 이쓸떼는 또 아그들하고도 메:고 그란는디.

— 그 뒤:로는 차근차근51) 안헤부룽께 쓱 뜨 모:르거떼. 안헤부링께.

— 안한제도 그 이:심년 다 데가거써요.

@1 아. 소키우시고

— 야, 소는 킨:디 이:심년 모:떼고. 인자 농사는 인자 한 이:심년 데고 그레꺼써요.

@1 보통은 모? 뭐조? 모슬 모 숭굴떼랑 타:작 할떼 저기 뭐조?

- 그래가지고 하다가 나중에 저 안 되겠으니까 그냥 팔아 버렸어.

@1 논을?

- 논도 팔아가지고 아이들이나 가르치는 데 쓰자 그리고 팔아가지고 저 그 뭐 사가지고 소 사가지고 키워가지고 그것 팔아가지고 또 저 저 수업료도 대 주고.

@1 그러니까 농사지으시다가,

- 딱 끊어.

@1 그것 팔아서 소 키우시고,

- 예, 소 키워가지고 이제 소 내가 열심히 키우니까 그것 해가지고 팔아서 수업료도 대고 이제 지금까지 밥 해먹고 사니까 다 조금씩 주기도 하고 그럭저럭 그래가지고선 이제,

@1 김 같은 것은 몇 번이나 맸나요?

- 응?

@1 김.

- 김은 오래 했지 하기는.

@1 김, 김을.

- 김을 어떻게 매느냐고?

@1 예

- 김은 이제 논 밭은 품앗이 해서도 매고 그때는 이제 계집애들 있을 때는 또 아이들하고도 매고 그랬는데,

- 그 뒤로는 점점 안 해 버리니까 모르겠데. 안 해 버리니까.

- 안 한 지도 그 이십 년 다 돼 가겠어요.

@1 아, 소 키우시고.

- 예, 소는 키우는데 이십 년 못 되고. 이제 농사는 이제 한 이십 년 되고 그랬겠어요.

@1 보통은 모 뭐지요? 모를 모 심을 때랑 타작할 때 저기 뭐지요?

- 하기 어럽쩨라우.
- 보리는 꺼:랍고[52] 묻 여리메 뜨거끼는 한디 이르케 뜨거끼는 하문 바람 암불머 난 인자 보리를 비여가꼬 또 무꺼야 데그등.

@1 예

- 무꺼서 한테싹 또 모테야[53] 데그등. 검::나게 어러와라우.

- 하기 어렵지요.
- 보리는 껄끄럽고 뭐 여름에 뜨겁기는 한데 이렇게 뜨겁기는 하면 바람 안 불면 난 이제 보리를 베가지고 또 묶어야 되거든.
@1 예
- 묶어서 한데 싹 또 모아야 되거든. 굉장히 어려워요.

3.2 밭농사

@1 여기도 보::리 심고

― 그러제.

@1 그 다으메

― 인자 고 그 그놈하고 인자 콩도 숭꼬 서:숙또 숭꼬 먼: 저 서: 벨:껄 벨:껄54) 인자 거그다 다 숭:쩨.

― 숭거가꼬 또 여리메 밤메가꼬 또하고 또 가으레는 똔 보리 숭:꼬.

― 근디 인자는 앙꺼또 아낭께 펴나고 조:킨 헤.

@1 (웃음)

― 마:니 헤:써라. 나 농사 마:이 지여써라. 인자 논 논도 쫌 그떼는 마:니 번: 쓰비고 바또 한 사:심 마지기 쩡도 벌:고 그레.

― 여그 쩌가 한 삼심 마지기 데그등이랑, 다:허먼. 또 들:목따가 열마지기 사가꼬 인자 뻴땅55)에다가 사가꼬 고놈 또 벌:고 그러다

@1 아 뻴땅이 또 따로 이써요?

― 야, 뻴땅 따로 이써라우.

― 근디 인자는 논 데야부러써라, 다:. 논 멘드라부러써요, 기양 싹::.

@1 간척헨나요?

― 야, 인자는 다:: 논 멘드라가꼬 물 요런디서 와서 머 여그서 저 저: 수지에다 다:헤서 헝께 요 동:네 싸람들또 거가 메싸람 버:러라우. 근디 인자는 자레무꼬 그러제. 에 그러고 퐁:께

@1 옌:나레 농사 지을떼 마:니 이젤 오레데시긴 하션는데 농기구 가틍 거 여러가지 이써쪼?

― 그럴떼는56) 농기구가 옵:써.

@1 업써요?

@1 여기도 보리 심고,

- 그러지.

@1 그 다음에

- 이제 그 그것하고 이제 콩도 심고 조도 심고 무슨 저 별의별 것 이제 거기다 다 심지.

- 심어가지고 또 여름에 밭 매가지고 또 하고 또 가을에는 또 보리 심고,

- 그런데 이제는 아무 것도 안 하니까 편하고 좋기는 해.

@1 (웃음)

- 많이 했어요. 나 농사 많이 지었어요. 이제 논 논도 좀 그때는 많이 부친 셈이고 밭도 한 사십 마지기 정도 부치고 그래.

- 여기 저기에 한 삼십 마지기 되거든요, 다 하면. 또 들목(지명)에다가 열 마지기 사가지고 이제 개펄 땅에다가 사가지고 그것 또 부치고 그러다,

@1 아, 개펄 땅이 또 따로 있어요?

- 예, 개펄 땅 따로 있어요.

- 그런데 이제는 논 되어 버렸어요, 다. 논 만들어 버렸어요, 그냥 싹.

@1 간척했나요?

- 예, 이제는 다 논 만들어가지고 물 이런 데서 와서 뭐 여기서 저 저 수지에다 다 해서 하니까 이 동네 사람들도 거기에 몇 사람 부쳐요. 그런데 이제는 잘 해 먹고 그러지. 예 그리고 파니까,

@1 옛날에 농사지을 때 많이 이제 오래되시긴 하셨는데 농기구 같은 것 여러 가지 있었지요?

- 그때는 농기구가 없어.

@1 없어요?

― 응, 옵써.

@1 ** 글며는 바테 가가꼬 지심 멜떼는 어떠케?

― 지심 멜떼노혼 펭아[57] 호:무로[58] 메고,

― 또 논도 저 인자는 메능 거시 옵:끄덩. 야게 부루먼 안도다부러 앙 꺼또.

@1 지그믄 그런디 옌:나레는?

― 옌:나레는 가서 메:야데.

@1 예

― 소니로[59]

@1 예

― 그렁께 그거또 세:불[60] 메:야데.

@1 세:불 메야 데요?

― 야

― 두:불 메가꼬는 몸:무거.

@1 아

― 세:불쓱 메:야데.

― 얼:메나 놈무기가 또 뒈야. 업쩌서만[61] 항거시라.

@1 그거또 다:: 푸마시 헤가꼬 하션나요?

― 푸마시도 하고 이녁까지도[62] 마:니 하고 그러제.

@1 아

― 사:람 어더서도 하고 인자 푸마시도 하고 그렌는디 인자는 그렁거 저렁거또 옵:씨 그저 야게부루먼 안나부링께 또 야게부루먼 문[63] 벌레가 암묵쩨. 그렁께 잘헤:무거라, 인자는.

@1 저네 그거 지심 세:번 메:능거 세:번 메:신다 헤:짜나요 그거 이르미?

― 맘:도리[64] 한다게 맘:도리

@1 맘도리?

— 응, 없어.

@1 ?? 그러면은 밭에 가가지고 김 맬 때는 어떻게?

— 김 맬 때는 특별한 것 없이 늘 그렇듯 호미로 매고,

— 또 논도 저 이제는 매는 것이 없거든. 약 해 버리면 안 돋아 버려 아무 것도.

@1 지금은 그런데 옛날에는?

— 옛날에는 가서 매야 돼.

@1 예

— 손으로.

@1 예

— 그러니까 그것도 세 벌 매야 돼.

@1 세 벌 매야 돼요?

— 예

— 두 벌 매가지고는 못 먹어.

@1 아

— 세 벌씩 매야 돼.

— 얼마나 논매기가 또 힘들어. 엎드려서만 하는 것이라.

@1 그것도 다 품앗이해가지고 하셨나요?

— 품앗이도 하고 자기들끼리도 많이 하고 그러지.

@1 아

— 사람 얻어서도 하고 이제 품앗이도 하고 그랬는데 이제는 그런 것 저런 것도 없이 그저 약 해 버리면 안 나 버리니까 또 약 해 버리면 무슨 벌레가 안 먹지. 그러니까 잘 해 먹어요, 이제는.

@1 전에 그것 김 세 번 매는 것 세 번 매신다 했잖아요? 그것 이름이?

— 만도리 한다고 해. 만도리.

@1 만도리.

－ 맘도리

@1 처뻔쩨 메:능 거는 머:라구요?

　－ 초불멘다

@1 초불메고

　－ 인자 두:불메고

@1 두:불메고

　－ 세:불 인자 맘:도리한다 그레라. 맘:도리한다고 맘:데리하로 간다고 그레라.

　－ 그레가꼬 어 쫌 마:니 번: 사람드른 맘:도리 할떼는 인자 거그서 맘:도리하고 지녁에 올떼는 나:무데⁶⁵⁾ 한테다가 여꺼가꼬 거그 타고 막 소리질름서⁶⁶⁾ 옵띠다.

@1 다 끈나쓰니까?

　－ 야, 끈날: 쓰께

@1 음, 머 음:식까틍 거 헤:드시고 그레지요?

　－ 인자 삼스 시:끄니⁶⁷⁾ 인자 헤:자 줘:야제.

@1 네

　－ 아침하고 아치믄 무꾸와.

@1 일:하는 사:람드리 머꼬

　－ 머꼬와. 그라문 술차메⁶⁸⁾ 술참껀⁶⁹⁾ 헤:다주고 또 나:빱⁷⁰⁾ 헤:다주고 저녁 술참⁷¹⁾까지 헤:다주고 저녁밥 헤:야데고

@1 며끼를 멍는 거에요 그럼? 아침: 머꼬?

　－ 네:끄니거쏘 네:끄니

@1 술참, 점:심

　－ 저녁.

@1 술참

　－ 저녁 나자⁷²⁾ 술참 또 저녁 긍께 네:끄니.

- 만도리.

@1 첫 번째 매는 것은 뭐라고요?

- 초벌 맨다.

@1 초벌 매고,

- 이제 두벌 매고,

@1 두 벌 매고,

- 세 벌 이제 만도리 한다 그래요. 만도리 한다고 만도리 하러 간다고 그래요.

- 그래가지고 좀 많이 부치는 사람들은 만도리 할 때는 이제 거기서 만도리 하고 저녁에 올 때는 나무막대기 한데 엮어가지고 거기 타고 막 소리 지르면서 옵디다.

@1 다 끝났으니까?

- 예, 끝났으니까.

@1 음, 뭐 음식 같은 것 해 드시고 그러지요?

- 이제 삼시 세 끼니 이제 해다 줘야지.

@1 예

- 아침하고 아침은 먹고 와.

@1 일하는 사람들이 먹고.

- 먹고 와. 그러면 간식 때 곁두리 해다 주고 또 점심 해다 주고 저녁 곁두리까지 해다 주고 저녁밥 해야 되고,

@1 몇 끼니를 먹는 거예요 그럼? 아침 먹고?

- 네 끼니겠소. 네 끼니.

@1 곁두리, 점심.

- 저녁.

@1 곁두리.

- 저녁 점심 곁두리 또 저녁 그러니까 네 끼니.

@1 음, 보 보:통 어떤 음식 하나요?

─ 그럴떼는

@1 네

─ 거 밀: 가라서 술차므로 죽또 써가꼬 가.

@1 아. 미:를 가라가꼬?

─ 밀: 가라고 포깔고 그레가꼬 폰 가:고. 응, 그레가꼬 걸러가꼬 인자 머:데제. 써:가꼬 가제.

@1 음

─ 아치메 아침 술차메.

@1 음

─ 검:나 바뻐라우. 그이 헤:가꼬 갈라먼 얼렁얼렁[73] 할랑께 바뻐.

@1 주이는 주 주로 그거 하지요?

─ 예?

@1 주이는

─ 그라제. 주이는 그건 하제.

─ 한자는 모:다거꼬 인자 이녁 식꾸 옵:쓰먼 여테[74] 싸라미라도 쫌 헤: 주락[75] 헤:가꼬 하고.

@1 반농사 좀 여:쭤보께요. 반농사가 여기 여기서는 반농사를 뭐 어떵거 하셔써요?

─ 펭야 보리 갈고

@1 보리 갈:고

─ 인자 보리 갈고 보리하고 아고 밀:하고 함뻐네 강께 밀:갈고

@1 밀:도 하셔써요?

─ 음, 그라고 또 퀴킴무리라고[76] 이써. 검:나 큰 미:리 인는디, 그거슨 마시 업:써. 인자 먼 드데[77] 가틍거 여끄고 그렁거데.

@1 뭐 뭔: 미리라고요 이르미?

@1 음, 보통 어떤 음식 하나요?

- 그때는

@1 예

- 그 밀 갈아서 겉두리로 죽도 쒀가지고 가.

@1 아, 밀을 갈아가지고.

- 밀 갈고 팥 갈고 그래가지고 팥 갈고. 응, 그래가지고 걸러가지고 이제 뭐 하지. 쒀가지고 가지.

@1 음

- 아침에 아침 겉두리에.

@1 음

- 굉장히 바빠요. 그것 해가지고 가려면 얼른얼른 하려니까 바빠.

@1 주인은 주로 그것 하지요?

- 예?

@1 주인은

- 그러지. 주인은 그것 하지.

- 혼자는 못 하겠고 이제 자기 식구 없으면 옆 사람이라도 좀 해 달라고 해가지고 하고.

@1 밭농사 좀 여쭤 볼게요. 밭농사가 여기 여기서는 밭농사를 뭐 어떤 것 하셨어요?

- 특별한 것 없이 보리 갈고,

@1 보리 갈고

- 이제 보리 갈고 보리하고 밀하고 한꺼번에 가니까 밀 갈고.

@1 밀도 하셨어요?

- 음, 그리고 또 호밀이라고 있어. 굉장히 큰 밀이 있는데, 그것은 맛이 없어. 이제 무슨 나락뒤주 같은 것 엮고 그런 것 해.

@1 무 무슨 밀이라고요 이름이?

- 퀴킴밀. 퀴킴밀 한다고 그레. 키가 우리 키보듬 메:삐 크제.

- 그레가꼬 마시 한:나[78] 옵:써, 그거슨, 맏 퀴킴미른. 그라고 그걷 헤:가꼬 가라가꼬 누룩뚤 드꼬[79]. 인자 서:레 무글라고, 누룩.

- 인자 그라고 묻 헤:묵찌는 잘 몯헤라. 암만나. 미끼랍꼬[80] 넴:세 나고

@1 그거또 하시고 또

- 밀:도 하고 밀: 밀:도 하고 보리 하고 또 어쩐 사라믄 또 밀:도 그 보리도 여러 가지여라우.

@1 어떵거 심:나요?

- 시염 달려가꼬 저 그 옌:날 미르 으 보리[81]라고 저 이써. 그거 밀 시푸레가꼬[82].

@1 시푸레요?

- 그 예 그레가꼬 그 밀: 그 보리도 하고. 여걷 이 참 여 여그는 보리 존: 보리고. 그놈도 하고 또 밀: 하고 퀴킴밀도 하고 그레가꼬 또 헤:서 업:씅게 다 가라서 무거쓸꺼시오. 그놈도 자방.

@1 머 감자나

- 여리메는 고구마너 감자 노코 저 머 콩 갈고 쭈시[83] 갈고 서:숙 깔고 머 수:십까지를 갈제. 녹두도 하고 코 포또 하고 그릉건 헤:가꼬 인자 가으레 또 가실하고.

@1 가실말고 또 머 하실

- 가실하문 또 인자 그거 숭거야제, 보리 밀: 그릉거. 가서 시하 시얀 다치먼.

@1 머 양파나

- 그렁 걸 옵:써써.

@1 마느리나

- 그렁 걸 읍:써땅께.

@1 여긴 안하 안헤요?

− '키큰밀'. '키큰밀' 한다고 그래. 키가 우리 키보다 몇 배 크지.

− 그래가지고 맛이 하나도 없어, 그것은, 호밀은. 그리고 그것 해가지고 갈아가지고 누룩도 딛고, 이제 설에 먹으려고, 누룩.

− 이제 그렇게 뭐 해 먹지는 잘 못해요. 안 맞나. 미끄럽고 냄새 나고.

@1 그것도 하시고 또.

− 밀도 하고 밀 밀도 하고 보리 하고 또 어떤 사람은 또 밀도 그 보리도 여러 가지예요.

@1 어떤 것 심나요?

− 수염 달려가지고 저 그 옛날 밀보리라고 저 있어. 그것 밀 시퍼래가지고.

@1 시퍼래요?

− 그 예 그래가지고 그 밀 그 보리도 하고. 이것 이 참 여 여기는 보리, 좋은 보리고. 그것도 하고 또 밀 하고 호밀도 하고 그래가지고 또 해서 없으니까 다 갈아서 먹었을 거요. 그것도 ???

@1 뭐 감자나?

− 여름에는 고구마나 감자 놓고 저 뭐 콩 갈고 수수 갈고 조 갈고 뭐 수십 가지를 갈지. 녹두도 하고 팥도 하고 그런 것 해가지고 이제 가을에 또 가을하고.

@1 가을 말고 또 뭐 하실?

− 가을하면 또 이제 그것 심어야지, 보리 밀 그런 것. 가서 겨울 닥치면.

@1 뭐 양파나

− 그런 것 없었어.

@1 마늘이나

− 그런 것 없었다니까.

@1 여기는 안 해요?

─ 엔:나레 안헤서. 우 인자 우리들할때 인자는 헤:라우. 인자는 마:니 헤.

─ 그거시 비쌍께 그리고 보리보덤 나:꼬 또 거레 가실하기 조:코 그렁께 요즈메는 마:니 한디 엔:나레는 안헤써라우. 양파가 머:신지도 몰란네.

@1 아. 그레요?

─ 야 그레가꼬

@1 고추는? 고추?

─ 고치는 쪼가석 기냥 바테다 뻬려서 하제 헤:쩨. 아 마:니 모:데 안데. 인자가[84] 저러케 항께 마:니 열:제 그럴떼는 기양 바테다 뻬려서 보메 숭거라우 가라라우.

─ 그라먼 도다가꼬 여 메::뿔 메야제. 그거또 메뿔 메:서 하면 잘 안데야라우. 마:니 안녀러, 벨라. 그럼서 하제.

@1 글믄 드시기는 하셔쓸 꺼 아니에요?

─ 야 들 무끼는 헤:쩨

@1 글머는 저기 목포에서서 사다가 드셔써요?

─ 그레쩨라우. 사다도 무거써, 안데먼.

─ 그리고 그를떼는 약또 읍:써. 머 먼 저 저그다 한 야기 읍:써땅께, 한:나도.

─ 그렁께 기냥 나:또따가 데먼 데고 모:떼먼 모:떼고 그라고 무꼬 사라쩨.

@1 쩌기 보리농사 지을 떼 아까 쌀농사 쌀 여 모 심 숭글떼 모 어:뜨게 심꼬 말:씀 하셔짜나요?

─ 예

@1 보리농사 지을 떼 그거또 쌀처럼 그러케?

─ 아이. 보리농사를 소:랍쩨[85].

@1 어:뜨게

─ 가라가꼬 인자

- 옛날에 안 했어. 이제 우리들 할 때 이제는 해요. 이제는 많이 해.

- 그것이 비싸니까 그리고 보리보다 낫고 또 가을하기 좋고 그러니까 요즘에는 많이 하는데 옛날에는 안 했어요. 양파가 무엇인 줄도 몰랐네.

@1 아, 그래요?

- 예, 그래가지고

@1 고추는? 고추?

- 고추는 조금씩 그냥 밭에다 뿌려서 하지 했지. 많이 못 해. 안 돼. 지금이 저렇게 하니까 많이 열지, 그때는 그냥 밭에다 뿌려서 봄에 심어요, 갈아요.

- 그러면 돋아가지고 몇 벌 매야지. 그것도 몇 벌 매서 하면 잘 안 돼요. 많이 안 열어, 별로. 그러면서 하지.

@1 그러면 드시기는 하셨을 것 아니에요?

- 예, 먹기는 했지.

@1 그러면은 저기 목포에서 사다가 드셨어요?

- 그랬지요. 사다가 먹었어, 안 되면.

- 그리고 그 때는 약도 없어. 뭐 무슨 저 저기다 하는 약이 없었다니까, 하나도.

- 그러니까 그냥 놔뒀다가 되면 되고 못 되면 못 되고 그렇게 먹고 살았지.

@1 저기 보리농사 지을 때 아까 쌀농사 쌀 이 모 심 심을 때 모 어떻게 심고 말씀하셨잖아요?

- 예

@1 보리농사 지을 때 그것도 쌀처럼 그렇게?

- 아니, 보리농사는 수월하지.

@1 어떻게

- 갈아가지고 이제

@1 바츨?

― 쩌 꼬:랑86) 87)타. 꼬:랑에다 헤:노먼 인자 거 머:시 이써. 소 소시랑 가틍거. 요 긍능거. 글로 인자 거그 깡을88) 조:케 골라.

― 골라가꼬 인자 거그다가 거름 삐리고 저그 그라고 인자 그저네는 저 흑 쩌 풀 비여다가 써쿼89). 그라면 인자 그거시 써그문 인자 거르미 되제.

― 그라고 또 보지라난90) 사:람드른 거 도라뎅임서러 가:세서91) 그 문: 풀 거 저 사:람 주그먼 뒈, 그능거슬 비열 막 이르곤 헤:서 가따가 테:가 꼬 거 하장실 퍼가꼬 거그다 서꺼다가 인자 하고 그런 사람도 이꼬,

― 그름 몰:하면 막 까라노면 데도 안혀92). 그럽따야. 거 안돼.

@1 그레가꼬 인제 보리를

― 보리를 삐리고 인자 또 더퍼.

@1 흐글?

― 야, 더푼디 이 우에 여으93) 인자 우게서94) 건 저 전 네:면 바까트면95) 인자 요로코 어덕찌거쏘이96). 그라문 요 우게서 더푸라게. 을:마나 되:거써? 업쩌서 거그 파:서 우기로97) 올린디.

― 서꺼저분다고. 여그 보리가 여그서 이러케 자부뎅게부루먼98) 인자 자부뎅게부루거쏘? 그렁께 요 우게서 여저 뗄 두러기99) 이쓰먼 여그서 이러케 헤서 요르코 인자 미테치100) 떠서 요르케 더푸라게.

― 소시랑이로. 검:나게 되야라우.

@1 안초럼니 아까 벼농사보다 소:롭따 허드니.

― 음, 아니 거그 요루코 항거슨 소:랍쩨. 그라도 우기로 더풍거슨 되야 허리가 오구라저가꼬 이르케 더풍께

@1 그런데 인제 더푸기만 하문 그문 끈나요?

― 끈나제.

@1 끈나요? 그럼 다릉 걸 인제 우리는 더 할꺼슨 업:나요?

― 그러제. 저시레는101) 인자 시:제. 노라 마:니. 그레도 히여. 인자 그

@1 밭을?

- 저 고랑 타. 고랑에다 해 놓으면 이제 그 뭐가 있어. 쇠스랑 같은 것. 이 긁는 것. 그것으로 이제 거기 땅을 좋게 골라.

- 골라가지고 이제 거기다가 거름 뿌리고 저기 그리고 이제 그전에는 저 흙 저 풀 베다가 썩혀. 그러면 이제 그것이 썩으면 이제 거름이 되지.

- 그리고 또 부지런한 사람들은 그 돌아다니면서 가에서 그 뭐 풀 그 저 사람 죽으면 떼 그런 것을 베 막 이렇게 해서 가져다가 태워가지고 그 화장실 퍼가지고 거기다 섞었다가 이제 하고 그러는 사람도 있고,

- 거름 못 하면 막 깔아 놓으면 되지도 않아. 그럽디다. 그 안 돼.

@1 그래가지고 이제 보리를,

- 보리를 뿌리고 이제 또 덮어.

@1 흙을?

- 예, 덮는데 이 위에 여기 이제 위에서 저 저 내면 밭이라면 이제 이렇게 언덕지잖겠소? 그러면 이 위에서 덮으라고 해. 얼마나 되겠어? 엎드려서 거기 파서 위로 올리는데.

- 섞어져 버린다고. 여기 보리가 여기서 이렇게 잡아당겨 버리면 이제 잡아당겨 버리잖겠소? 그러니까 이 위에서 이 저 두둑이 있으면 여기서 이렇게 해서 이렇게 이제 밑에 있는 것 떠서 이렇게 덮으라고 해.

- 쇠스랑으로. 굉장히 힘들어요.

@1 ??? 아까 벼농사보다 수월하다고 하더니.

- 음, 아니 거기 이렇게 하는 것은 수월하지. 그래도 위로 덮는 것은 힘들어. 허리가 오그라져가지고 이렇게 덮으니까.

@1 그런데 이제 덮기만 하면 그러면 끝나요?

- 끝나지.

@1 끝나요? 그럼 다른 것 이제 우리는 더 할 것은 없나요?

- 그러지. 겨울에는 이제 쉬지. 놀아 많이. 그래도 쉬어. 이제 그러면

라문 그떼게는 머:슬하냐 그라면

– 미영을 또 하그덩, 미역. 미영헤가꼬 미영을 따:서 그노믈 가따가 인자 어짤떼는 추우머는 다:레조차 말 홀터가꾸와.

– 가꼬와서 여가서 지베서 까:가꼬 인자 또 미영이로[102] 네:가꼬 그노믈 씨야세에더[103] 인자 돌레서 인자 또 씨를 뻬.

– 뻬:머는 나는 그거또 모:다거떼야. 그 탈 하리 이써. 할.[104] 이르그 인자 줄로 헤:가꼬 인자 데: 가틍거 이르케 딱 꼬불려가꼬[105] 약깐 꼬불 려가꼬 그르케 헤:가꼬 이르코[106] 타[107].

– 거그를 이륵:케 이르:케 하면 그거시 하면 나는 모:다거떼. 그래서 우리 시어메가 그거슨 잘허데. 나는 헤:주머는 고치라고[108] 또 모라[109] 이러케.

– 으 모라가꼬 그노믈 또 아:따 미영을 또 자사[110]. 자사가꼬 인자 꿀 인자 미영을 자사가꼬[111] 이르케 헤:서 인자 나:또따가 나:중에는 한테다 열:게썩 헤:가꼬 머:세다 헤:노코 자 뽀바. 그노믈 열게싹 한테로 헤:서 뽀 바. 다 뽀바서 나:또따가 또 나라[112].

– 인자 머 처녀 인자 머:시로 무꺼노코 인자 저저 스무::자썩 데게. 노 무껀 하먼 마저야되그덩. 스무자썩 헤:가꼬 요로코 마당에다 진: 마당에다 딱 헤:노코 거그다 헤:서 와따가따 함서 인자 그르게 헤:가꼬 그노믈 또 네:런[113] 그놈 베를 메[114].

– 쩌그서 인자 무 저 무를 머:슬 수슬[115] 마:니 거그다 나:가꼬 수두게 다가 어 저 제를 마:니 뻬레야데. 마:니 이써야데. 그레야 빨리 안타제.

– 그 그레가꼬 인자 살:살 타게 헤:가꼬 거그다가 인자 거그서 인자 머 솔:로 거 약 머:슬 헤가꼬 하냐 그라면 인저 저 미 죽써가꼬 죽써가꼬 그노믈 미겨야데. 거 저 베에다가 그 저 이 급 미영트레다가 미영틀 자신 노메다가 인자 나라쓰께 열게씩 헤:서 헤:서 나라서 이르케 뭉테기로[116] 이끄등. 그렁 그노믈 인자 함뻐네 조을조울[117] 인자 나오게 멘드라 노코 경 여그서 인자 이르케 솔:질헤서 인자 그노믈 몰레[118].

그때는 뭘 하느냐 그러면,

- 목화를 또 하거든, 목화. 목화 해가지고 목화를 따서 그것을 가져다가 이제 어떤 경우에는 추우면은 다래까지 막 훑어가지고 와.

- 가지고 와서 여기 와서 집에서 까가지고 이제 또 목화로 내가지고 그것을 씨아에다 이제 돌려서 이제 또 씨를 빼.

- 빼면은 나는 그것도 못하겠데. 그 타는 활이 있어 활. 이렇게 이제 줄로 해가지고 이제 대 같은 것 이렇게 딱 구부려가지고 약간 구부려가지고 그렇게 해가지고 이렇게 타.

- 거기를 이렇게 이렇게 하면 그것이 하면 나는 못하겠데. 그래서 우리 시어머니가 그것은 잘하데. 나는 해 주면은 고치라고 또 말아 이렇게.

- 응. 말아가지고 그것을 또 아따 무명실 또 자아. 자아가지고 이제 꿀 이제 무명실을 자아가지고 이렇게 해서 이제 놔뒀다가 나중에는 한데다 열 개씩 해가지고 뒤에다 해 놓고 이제 뽑아. 그것을 열 개씩 한데다 해서 뽑아. 다 뽑아서 놔뒀다가 또 날아.

- 이제 뭐 쳐놓 이제 뭐로 묶어 놓고 이제 저 저 스무 자씩 되게. 남의 것 하면 맞아야 되거든. 스무 자씩 해가지고 이렇게 마당에다 긴 마당에다 딱 해 놓고 거기다 해서 왔다 갔다 하면서 이제 그렇게 해가지고 그것을 또 다음날은 그것 베를 매.

- 저기서 이제 무 저 물을 뭐를 숯을 많이 거기다 놔가지고 숯 위에다 어 저 재를 많이 뿌려야 돼. 많이 있어야 돼. 그래야 빨리 안 타지.

- 그래가지고 이제 살살 타게 해가지고 거기다가 이제 거기서 이제 뭐 솔로 그 약 뭐를 해가지고 하느냐 그러면 이제 저 죽 쒀가지고 죽 쒀가지고 그것을 먹여야 돼, 그 저 베에다가. 그 저 이 급 무명틀에다가 무명틀 자은 것에다가 이제 날았으니까 열 개씩 해서 해서 날아서 이렇게 뭉텅이로 있거든. 그럼 그것을 이제 한꺼번에 솔솔 이제 나오게 만들어 놓고 여기서 이제 이렇게 솔질해서 이제 그것을 말려.

— 몰레가꼬 도투마리가119) 이써. 도투마리다 가머, 함번썩. 함번 감꼬 또 이르케 하고, 또 한나는 쓰 여 풀 무치고, 디에서 한나는 보고, 두:네 또 글로 솔:질허고.

— 그레가꼬 헤:야꼬 인자 또 잉에120) 거러. 인자 방에다가 도투마리 가따노코 먼: 다: 인자 준비 헤:노코.

— 거러가꼬 인자 그:를 짜제. 인자 그거또 또 실:로 열 짤:꺼쓴 멘들제. 저 꾸:리121) 감는다고 구레. 꾸:리 그놈 가머가꼬 머:세다가 보 보디에다가22) 인자 그놈 머세다 딱 너:가꼬 데:: 수 시누뒈123) 인저 또 입싹 뜨더다가 그우게다 노코 뚜께를124) 요짜기로 헤서 요르케 헤서 딱 요르케 헤:서 몬:나오게.

— 그러케 헤가꼬 그노믈 짜. 그레서 잘짠사람드른 하레 항가레썩125) 짜. 스무자썩 나머126) 짜, 잘 짠 사라믄. 그라고 모:짠사라믄 네:일까지 짜:야데고.

— 바메도 짜라우. 잘 안뱅에127) 바메는.

@1 그치요

— 바메도 짠:사라믄 잘짜

@1 그문 이제 가으레 하시능거네요, 그거를?

— 그르제. 시야네 하제 시야네.

@1 겨우레

— 응, 보메도 하고 시야네도 하고. 그레가꼬 짜:가꼬 폴:기도 헤라우.

— 이녁또 쓰고 나무면 폴:기도 하고. 아 씨집까고 장:게 가면 또 그놈 막::오데고. 무 딸:껀 하꺼또 업:쓰게.

@1 겨우레는 머 별로 일 업:쓰셔쪼?

— 인자 그렁걸 하제. 베 가틍 걸 타고.

@1 베짜시고:

— 응, 방에도 찌:야 밤무꼬.

@1 겨우레 방에 찐나요?

– 말려가지고 도투마리가 있어. 도투마리에다 감아, 한 번씩. 한 번 감고 또 이렇게 하고 또 하나는 여 풀 묻히고 뒤에서 하나는 보고, 둘이 또 그것으로 솔질하고.

– 그래가지고 해가지고 이제 또 잉아에 걸어. 이제 방에다가 도투마리 가져다 놓고 뭐 다 이제 준비해 놓고.

– 걸어가지고 이제 그것을 짜지. 이제 그것도 또 실로 짤 것은 만들지. 저 꾸리 감는다고 그래. 꾸리 그것 감아가지고 뭐에다가 바디에다가 이제 그것 뭐에다 딱 넣어가지고 대, 조릿대 이제 또 잎 뜯어다가 그 위에다가 놓고 뚜껑을 이쪽으로 해서 이렇게 해서 딱 이렇게 해서 못 나오게.

– 그렇게 해가지고 그것을 짜. 그래서 잘 짜는 사람들은 하루에 한 꼭지씩 짜. 스무 자 남짓씩 짜, 잘 짜는 사람. 그리고 못 짜는 사람은 다음날까지 짜야 되고.

– 밤에도 짜요. 잘 안 보여, 밤에는.

@1 그러지요.

– 밤에도 짜는 사람은 잘 짜.

@1 그러면 이제 가을에 하시는 거네요, 그거를?

– 그러지. 겨울에 하지, 겨울에.

@1 겨울에.

– 응, 봄에도 하고 겨울에도 하고. 그래가지고 짜가지고 팔기도 해요.

– 자기도 쓰고 남으면 팔기도 하고. 아, 시집가고 장가가면 또 그것 막 옷 하고. 뭐 다른 것 할 것도 없으니까.

@1 겨울에는 뭐 별로 일 없으셨지요?

– 이제 그런 것 하지. 베 같은 것 타고.

@1 베 짜시고.

– 응, 방아도 찧어야 밥 먹고.

@1 겨울에 방아 찧나요?

- 응, 방에까니 이써, 방에 찐:는디가, 그 드들빵에라고. 으 요로고 발두:게 달려가꼬 요가 여그서 하문 쩌::그가서[128] 고:이꼬[129] 거그서 또 이르케 여그서 볼:바가꼬 올라가따 네러가따 함서 찌여, 물 부꼬.

@1 겨우레 그며는 그 보리 시머논 숭거농거는

- 시야네[130] 봄:는다게.

@1 보 볼바요?

- 예 거 인저 보메 인저 눈: 마:니 오고 그라면 부커가꼬[131] 주근다고 그릉께 인자 옌:나레는 볼:바써, 보리바슬.

- 암보꼬 한 사람도 테바니제 그거 어찌게 다 볼:바?

@1 여기는 날씨가 따뜨항께

- 야, 암볼바도 데.

@1 에:기드리 거그 가가꼬

- 다 봅:꼬 공:차고 막 그레. 하라게.

@1 (웃음)

- 세:상은 그러고 살:다가 요즈메는 페:나다 페나다 이러케 페난 세상이 옵:쩨, 세상에.

@1 그조.

@1 옌:나레 거 아까 말:씀하셔떵거 여그도 밀:도 심:꼬 머

- 그러제 그 밀

@1 콩도 심:꼬 막 이러문 옌:나레 머 머 서리하러 간다고 그렁거또 이썬나요?

- 머 어쩨따꼬?

@1 서리

- 서리 올때까지 하지말고 미러서[132] 하자고 그러제.

@1 말고, 콩서리 닥써리 헤:가꼬 농:거.

- 서리서리 각써리 그거 이써써, 노레가.

─ 응, 방앗간이 있어, 방아 찧는 곳이, 그 디딜방아라고. 이 이렇게 발 두 개 달려가지고 이렇게 여기서 하면 저기 가서 방앗공이 있고 거기서 또 이렇게 여기서 밟아가지고 올라갔다 내려갔다 하면서 찧어, 물 붓고.

@1 겨울에 그러면은 그 보리 심어 놓은 심어 놓은 것은?

─ 겨울에 밟는다고 해.

@1 밟아요?

─ 예, 그 이제 봄에 이제 눈 많이 오고 그러면 부풀어가지고 죽는다고 그러니까 이제 옛날에는 밟았어, 보리밭을.

─ 안 밟고 하는 사람도 태반이지. 그거 어떻게 다 밟아?

@1 여기는 날씨가 따뜻하니까.

─ 예, 안 밟아도 돼.

@1 아이들이 거기 가가지고,

─ 다 밟고 공 차고 막 그래. 하라고 해.

@1 (웃음)

─ 세상은 그렇게 살다가 요즘에는 편하다 편하다 이렇게 편한 세상이 없지, 세상에.

@1 그러지요.

@1 옛날에 그 아까 말씀하셨던 거 여기도 밀도 심고 뭐

─ 그러지 그 밀.

@1 콩도 심고 막 이러면 옛날에 뭐 뭐 서리하러 간다고 그런 것도 있었나요?

─ 뭐 어쨌다고?

@1 서리.

─ 서리 올 때까지 하지 말고 미리서 하자고 그러지.

@1 말고, 콩서리 닭서리 해가지고 노는 것.

─ 설이 설이 각설이 그것 있었어, 노래가.

@1 그 노므거슬 이르케

— 서리하로 간다고 그레. 서리하로간다고 허고

@1 하셔써요?

— 간 야, 도둑찔하로간다

@1 예에

— 아니 나는 앙가반는디, 아그드리 다::가서 헤:야꼬 오드라고.

@1 머:슬 머:슬 헤:가꼬

— 여 외포::씨 이거따 그라믄 외포또 따로가. 빠 포또 따:다가 소테다 쩌묵고.

— 또 호:바기 어:디가 이거뜨라 그라문 또 호:박 따:다가 쩌 베까테다 소 꼬끄로노코 거그다 또 쩌서 무꼬, 엔:나레는

— 또 보리도 가따 비여다가 또 끄실러서¹³³⁾ 이러코 각 이르케 헤:야꼬 까:불라서도 무꼬

— 또 외포또 막 끄:너가꼬 와서 또 인저 나:무 주서다가 도둑끼리든지¹³⁴⁾ 주:뜬지 헤:다가 노코 또 거그다가 그놈 꼬실라가꼬 머:시로 막 체로¹³⁵⁾ 부체부르먼 외폼만 나머.

— 바람부러서 날러가불고 치로 이로고 부치먼 그레가꼬 또 주서서 무꼬

— 그러코 엔:나레는 하고 사라쩨.

— 그라고 인자 또 감테를¹³⁶⁾ 메러¹³⁷⁾ 가요 간다고 그레. 감테라고 그 시푸랑거 이써.

@1 예예예예

— 감테메로 인자 보메 가머는 노무 저 보리를 뜨더서 바궁지에다¹³⁸⁾ 다머. 다마가꼬가서

— 인자 가:세가서 또 나:무도 주서가꼬가. 사람 안뎅인디 쩌: 너메 이써. 거그가서 그놈 헤:노코 또 그놈 꼬실라. 꼬실라가꼬 비베. 인자 보리를 비빌먼 보리가 나오거쏘?

@1 그 놈의 것을 이렇게

– 서리하러 간다고 그래. 서리하러 간다고 하고.

@1 하셨어요?

– 예, 도둑질하러 간다.

@1 예예

– 아니, 나는 안 가 봤는데 아이들이 다 가서 해가지고 오더라고.

@1 뭘 뭘 해가지고?

– 여 왜팥씨 익었다 그러면 왜팥도 따러 가. 팥도 따다가 솥에다 쪄 먹고.

– 또 호박이 어디에서 익었더라 그러면 또 호박 따다가 쪄. 밖에다 솥 걸어놓고 거기다 또 쪄서 먹고, 옛날에는.

– 또 보리가 가져다 베어다가 또 그을려서 이렇게 이렇게 해가지고 까불러서도 먹고,

– 또 왜팥도 막 끊어가지고 와서 또 이제 나무 주워다가 도둑질이든지 줍든지 해다가 놓고 또 거기다가 그것 그을려가지고 뭐로 막 키로 부쳐 버리면 왜팥만 남아.

– 바람 불어서 날아가 버리고 키로 이렇게 부치면 그래가지고 또 주워서 먹고

– 그렇게 옛날에는 하고 살았지.

– 그리고 이제 또 감태를 매러 가요. 간다고 그래. 감태라고 그 시퍼런 것 있어.

@1 예예예예

– 감태 매러 이제 봄에 가면은 남의 저 보리를 뜯어서 바구니에다 담 아. 담아가지고 가서,

– 이제 가에 가서 또 나무도 주워 가지고 가. 사람 안 다니는 곳 저 너머 있어. 거기 가서 그것 해 놓고 또 그것 그을려. 그을려가지고 비벼. 이제 보리를 비비면 보리가 나오잖겠소?

@1 예

─ 소니로 이써, 꼬실라가꼬.

─ 그노믈 또 부러 그레가꼬 무거.

@1 혼자 아니면 여럳?

─ 아 여러니[139] 하제.

@1 여러니 눔 또 자기 걷 아니고 노무 걷?

─ 으~. 노무거. 가다가 한나썩 한나썩 메께쓱 뜨더 바굼지에 다머가꼬 멘: 보리바세라 다머가꼬 가서 바굼지에다가 만:썩[140] 다머가꼬 가서 인자 그 거그 가서 게까세 가가꼬 나:무 주서가꼬 가가꼬 거그다 나:무 불 피여노코 그 우게다 보리를 인자 굽:쩨.

─ 그레도 보리도 저 쫌 질:게 헤:야데. 우게가 메다비[141] 이씅께 거그를 헤:야 이놈 깍 무꺼가꼬 요로코 꼬실리제, 보리만 하면 잘 하기난 안항께

@1 하하하. 헤:보선는데.

─ 헤:바쩨.

@1 또 고:구마나 감자나

─ 감자도 아그드른 또 케가꼬 와.

─ 케가꼬 오문 쩌서 저녀게 무꼬 또 고:구마도 케다 쩌무꼬 다딜 잘 헤가꼬 오드라고.

@1 서리를?

─ 응, 아그드리 막 우리방에는 한나썩 차가꼬.

@1 아. 여기서?

─ 응

@1 닥써리나 이렁거또 헨나요? 닥

─ 닥써리는 안함:따. 아그드리라 머시메들 아니고 가시네드리라. 머시 메드른 헤:라우. 저사람드른 헤라우.

@1 닥써리 헤 헤보셔쓰까요?

@1 예

– 손으로 있어, 그을려가지고.

– 그것을 또 불어. 그래가지고 먹어.

@1 혼자 아니면 여럿?

– 아, 여럿이 하지.

@1 여럿이 남 또 자기 것 아니고 남의 것?

– 응, 남의 것. 가다가 하나씩 하나씩 몇 개씩 뜯어 바구니에 담아가지고. 온통 보리밭이라. 담아가지고 가서 바구니에다가 많이씩 담아가지고 가서 이제 그 거기 가서 갯가에 가가지고 나무 주워가지고 가가지고 거기다 나무 불 피워 놓고 그 위에다 보리를 이제 굽지.

– 그래도 보리도 저 좀 길게 해야 돼. 위에 매듭이 있으니까 거기를 해야 이것 꽉 묶어가지고 이렇게 그을리지. 보리만 하면 잘 하지는 않으니까.

@1 하하하. 해 보셨는데.

– 해 봤지.

@1 또 고구마나 감자나

– 감자도 아이들은 또 캐가지고 와.

– 캐가지고 오면 쪄서 저녁에 먹고 또 고구마도 캐다 쪄 먹고 다들 잘 해가지고 오더라고.

@1 서리를?

– 응, 아이들이 막 우리 방에는 가득 차가지고,

@1 아, 여기서?

– 응

@1 닭서리나 이런 것도 했나요?

– 닭서리는 안 합디다. 아이들이라 사내애들 아니고 계집애들이라. 사내애들은 해요. 저 사람들은 해요.

@1 닭서리 해 해보셨을까요?

― 헤브 함버니라도 헤:바쩨 안헤봐? 안헤보든 안헤쩨.

@1 (웃음)

― 헤. 어:따 헤:다 나:뚜고 저: 사람들 이씅께 모:데무꼬 메칠도 나:또 딱 한디.

@1 다글?

― (웃음)

@1 다글 어:뜨게 자버가꼬요?

― 자버가꼬 와서.

@1 (웃음)

@1 그: 아까 보리 시므셔따 헤짜나요?

― 야

@1 보리 보리찌비나 밀:찜 가틍거 수확 다:하고 짐남짜나요? 그렁걸로 막 멀 만들거나 짜:거나 이렁 거슨 업써요?

― 그렁거슨 인저 데:가꼬?

@1 예

― 안 써. 거름 헤.

@1 예, 다요?

― 거름 토 여리메 밤마:넌 사라믄 마:니 헤야뎅께. 그노믈 비오면 또 보리떼를 딱 허처나:따가142) 비오고 비마꼬나면 그노믈 한테다 모테서 볼:바븐 볼:붐서러 이 거르믈 멘드라라우.

― 그레가꼬도 그놈 가시레 또 가따가 하고.

― 그거 거름친 마:리 그러요.

― 저 비가 부실:부실 오먼 사 저 사우보다 거름치락 한 나리나 또까따 그란데,

― 누가 치락 허문 엄:마나 치고 잡꺼써? 사드 저 시 저: 모쌀시. 치간 신 저 외가제 머:스 가볼쓰.

- 한 번이라도 해 봤지, 안 해봐? 안 해 보지는 않았지.

@1 (웃음)

- 해. 어디에다 해다 놔두고 저 사람들 있으니까 못 해 먹고 며칠도 놔뒀다고 하는데.

@1 닭을?

- (웃음)

@1 닭을 어떻게 잡아가지고요?

- 잡아가지고 와서.

@1 (웃음)

@1 그 아까 보리 심으셨다 했잖아요?

- 예

@1 보리 보릿짚이나 밀짚 같은 것 수확 다하고 짚 남잖아요? 그런 걸로 막 뭘 만들거나 짜거나 이런 것은 없어요?

- 그런 것은 이제 대가지고?

@1 예

- 안 써. 거름 해.

@1 예, 다요?

- 거름, 여름에 밭 많은 사람은 많이 해야 되니까. 그것을 비 오면 또 보릿대를 딱 흩뿌려 놨다가 비 오고 비 맞고 나면 그것을 한데 모아서 밟으면 밟으면서 이 거름을 만들어요.

- 그래가지고도 그것 가을에 또 가져다가 하고.

- 그것 거름 치는 말이 그래요.

- 저 비가 부슬부슬 오면 저 사위보고 거름 치라고 한 말이나 똑같다 그런데,

- 누가 치라고 하면 얼마나 치고 싶겠어? 저 저 못 살, 처가 저 외가지 뭐 가 버리지.

― 처가찝 가가꼬 누가 그름 잠 처라 그라문 누가 칠락하거쏘 안칠락
하제, 비는 폴:폴: 온디.

― 그릉께 사돈 저 사우보다 거름치락 헌 푼수다 그이머 그거시 그르케
말헤데 옌나레. 잘 안 항께 안 할락항께.

@1 네 그먼 만들거나 방석 가틍거 만들고 머 또 그렁거또 업쓰셔 업쓰셔겐
네요?

― 인자 가으레는 만드제.

@1 아 멀:로 만드러써요?

― 지비로.

@1 지비로.

― 으

― 지비로 골망테라고143) 이써.

@1 예

― 골망테도 멘들고 또 덕썩144) 진::노 크놈 그거또 방에다 헤:노코 이
쓰먼 엄메나 귀찬시롸꺼쏘145)?

― 그놈 다 한 한:나 다하도록 이쓸라먼 메딸 걸려라우.

― 그거또 방에서 하고.

@1 남자드리 하지요?

― 남자드리

@1 그먼 여자는 베하고?

― 응, 그렁건 하고 세네끼146) 가틍거슨 까:줘, 남자드리.

@1 네

― 나 세네끼 잘 까라우. 걸 그저네 우리집 어:넌하고 까:먼147) 네가
젤: 마니깐디.

@1 아 까:가꼬 그렁거 아까 머,

― 집뜰 또 이:그덩, 지비로. 저 이 먼: 지비라 인자는 이르케 다 허고

- 처가에 가가지고 누가 거름 좀 쳐라 그러면 누가 치려고 하겠소? 안 치려고 하지, 비는 펄펄 오는데.

- 그러니까 사돈 저 사위보고 거름 치라고 하는 푼수다 그것이 뭐 그것이 그렇게 말하데, 옛날에. 잘 안 하니까 안 하려고 하니까.

@1 예, 그러면 만들거나 방석 같은 것 만들고 뭐 또 그런 것도 없으셔 없으셨겠네요?

- 이제 가을에는 만들지.

@1 아, 뭘로 만들었어요?

- 짚으로.

@1 짚으로.

- 응

- 짚으로 망태기라고 있어.

@1 예

- 망태기도 만들고 또 멍석 긴 것 큰 것 그것도 방에다 해 놓고 있으면 얼마나 귀찮았겠소?

- 그것 다 하나 다 하도록 있으려면 몇 달 걸려요.

- 그것도 방에서 하고.

@1 남자들이 하지요?

- 남자들이.

@1 그러면 여자는 베 하고?

- 응, 그런 것 하고 새끼 같은 것은 꽈 줘, 남자들이.

@1 예

- 나 새끼 잘 꽈요. 그것 그전에 우리 집 어른하고 꼬면 내가 제일 많이 꼬는데.

@1 아, 꽈가지고 그런 것 아까 뭐,

- 집들 또 이거든, 짚으로. 저 이 무슨 집이라. 이제는 이렇게 다 하고

상:께 께끄다고 존:디 그거슬 안하먼 깐닥허문 거가 굼:벵이 셍게, 써거가꼬.

― 굼:베이 또 헤:뭉는다고 누가 자버간 사람도 이떼.

@1 겅:강에 조타고?

― 응, 아이구. 무사가꼬 징한디[148].

@1 (웃음)

@1 어 지금 벼: 인자 나락 비여가꼬 지그믄 지그믄,

― 인자는 고놈 골망테 가틍거 덕썩가틍거 그릉거 절떼 옵:써.

@1 예

― 인자는 막 망몰려부링께 멀:헤가서.

@1 그치요? 기 기게로 하조?

― 기게로 몰려부리고 항께 덕썩 인는 지븐 인자도 한:나나 이쓰꺼시오, 어디.

@1 그노믄 잘 쓰지도 안치요?

― 응

@1 옌:나레는 근데 기게 업:써쏠떼는

― 옵:써쩨.

@1 나락 나락 비여가꼬 어:뜨게 헨나요?

― 홀:타쩨, 서이, 소니로.

@1 머:스로요?

― 머 홀틍거시 이써. 저 이러케 발로 보:꼬 서. 인저 여그다가 인자 요거시 기게다 그라문 여가 머:다른 여그다가 딱 머:슬 노코 거그를 깍: 보:꼬 거 저 막 막짜우간 인자 머:슬 가따노코,

― 판자 판자가따 거그다가 여그다가 이러케 세네키 걸:처노면 여그다가 판자노코 그러 깍: 판자를 보:꼬 그거시 이르케 셍기가꼬 이써.

@1 털털털털 이러케.

사니까 깨끗하고 좋은데 그것을 안 하면 까닥하면 거기에 굼벵이 생겨, 썩어가지고.

– 굼벵이 또 해 먹는다고 누가 잡아가는 사람도 있데.

@1 건강에 좋다고?

– 응, 아이고. 무서워가지고 징그러운데.

@1 (웃음)

@1 어, 지금 벼 이제 벼 베어가지고 지금은 지금은,

– 이제는 그것 망태기 같은 것 멍석 같은 것 그런 것 절대 없어.

@1 예

– 이제는 막 막 말려 버리니까 뭐 해 가서.

@1 그러지요. 기계로 하지요?

– 기계로 말려 버리고 하니까 멍석 있는 집은 지금도 하나나 있을 거요, 어디.

@1 그것은 잘 쓰지도 않지요?

– 응

@1 옛날에는 그런데 기계 없었을 때는,

– 없었지.

@1 벼 벼 베어가지고 어떻게 했나요?

– 훑었지, 셋이, 손으로.

@1 뭘로요?

– 뭐 훑는 것이 있어. 저 이렇게 발로 밟고 서. 이제 여기다가 이제 이것이 기계다 그러면 여기가 뭐라면 여기에다가 딱 뭘 놓고 거기를 꽉 밟고 그 저 막 막 좌우간 이제 뭘 가져다 놓고,

– 판자 판자 가져다 거기다가 여기다가 이렇게 새끼 걸쳐 놓으면 여기다가 판자 놓고 꽉 판자를 밟고 그것이 이렇게 생겨가지고 있어.

@1 털털털털 이렇게.

— 아니여. 소리도 안혜, 그거슨. 소니로 뿌:꼬 소니로 뽀븐 여따.

@1 아. 소느로?

— 응, 나라그로.

@1 홀테?

— 그 놈 홀테로[149] 홀타.

@1 아

— 엔:나레는.

— 근디 인자는 인자는 홀트는 법또 웂꼬 거그서 막 나와부링께 조:체.

— 그떼는 다: 홀타써라, 멘년 전까지만 혜:도

@1 ***

— 응, 그러케 홀터.

@1 이러케요?

— 망:창 싸노코. 가따가 딱 싸노코.

— 인자 바뿌먼 얼릉 모:당께 나락베늘[150] 눌른다고[151] 그랍띠여?

@1 베눌 눌른다고

— 응. 베늘 눌른다고, 그런디 메늘 베늘 동글동글:하게 혜:가꼬 나:피[152] 눌러서 딱 싸:노코.

@1 그러며는 나라글 비여가꼬 이러케 싸:나따

— 무무 무끄제 무꺼. 인자 메칠 되야서 무꺼. 메칠 되야서 무꺼가꼬 인자 가따가, 여:오고 저오고 그래서 마당에다가 딱 눌리제.

— 눌러가꼬 인자 일: 거장[153] 혜:노코 인자 그러케 홀터, 소니로. 소니로 그러케 홀터.

- 아니야. 소리도 안 해, 그것은. 손으로 뽑고 손으로 뽑는 여기에다.

@1 아, 손으로.

- 응, 벼로.

@1 그네?

- 그것 그네로 훑어.

@1 아

- 옛날에는

- 그런데 이제는 이제는 훑는 법도 없고 거기서 막 나와 버리니까 좋지.

- 그때는 다 훑었어요. 몇 년 전까지만 해도.

@1 ???

- 응, 그렇게 훑어.

@1 이렇게요?

- 몽땅 쌓아 놓고. 가져다가 딱 쌓아 놓고.

- 이제 바쁘면 얼른 못하니까 볏가리 가린다고 그러잖습디까?

@1 가리 가린다고.

- 응. 가리 가린다고. 그런데 가리 동글동글하게 해가지고 높이 가려서 딱 쌓아 놓고.

@1 그러면은 벼를 베어가지고 이렇게 쌓아 놨다가,

- 묶지 묶어. 이제 며칠 돼서 묶어. 며칠 돼서 묶어가지고 이제 가져다가, 이고 오고 지고 오고 그래서 마당에다가 딱 가리지.

- 가려가지고 이제 일 거의 해 놓고 이제 그렇게 훑어, 손으로. 손으로 그렇게 훑어.

3.3 가을걷이와 겨우살이

예 그러며는 아까 나라근 나락 베늘 눌러나딱 헨:는데 금 보리하고 미:른 어:뜨케 하나요?

— 여리메 저 그 그거슨 보리는 인자 그럴떼게는 느께까지 처:메는 그 노믈 훌터가꼬 저 마당에다가 다 너러노코 밥 도루끼로154) 처.

— 그라문 인자 보리가 나오제. 그레가꼬 디레가꼬155) 바람불면 디레가 꼬 인자 헤:무꼬 사란는디. 요즘 씨상에는 다 게양156) 보리도 인자는 막 거그서 막 나와부리제.

아 기계로?

— 기계로.

아 옌:나레는 그러면

— 그놈

도리께도 다 *

— 도린 처:메는 도루께를157) 다 처끄덩, 보루를158). 그렌는디 그쪼까 나:중에는159) 아 인자 께가 낭께 보리를 인자 무꺼가꼬 가따가 홀테로160) 홀타. 그거뜨른 또 그건 홀트는 노미 따로 이써, 나락

아 나락 훌트는 노마고.

— 응, 그거다고 틀려161).

예

— 더 구 구녀기162) 크제, 도루께 그 멀:할꺼슨. 그레가꼬 글로 인자 인 자 훌터가꼬 여그다가 막 마:니 너러노코 처. 그라문 보리가 나와.

— 그란디 인자는 그거또 아나고 저거또 아나고 엄:마나 조은 시상이여?

그믄 콩하고 파슨 어:트케 수화글 헤요?

— 콩도 다: 헤:다가 뚜둘러.

예 그러면은 아까 벼는 볏가리 눌러 놨다고 했는데 그러면 보리하고 밀은 어떻게 하나요?

– 여름에 저 그 그것은 보리는 이제 그럴 때에는 늦게까지 처음에는 그것을 훑어가지고 저 마당에다가 다 널어 놓고 도리깨로 쳐.

– 그러면 이제 보리가 나오지. 그래가지고 드려가지고 바람 불면 드려가지고 이제 해 먹고 살았는데. 요즘 세상에는 다 그냥 보리도 이제는 막 거기서 막 나와 버리지.

아, 기계로.

– 기계로.

아, 옛날에는 그러면

– 그것

도리깨로 다 ???

– 도리깨 처음에는 도리깨를 다 쳤거든, 보리를. 그랬는데 그 조금 후에는 아 이제 꾀가 나니까 보리를 이제 묶어가지고 가져다가 그네로 훑어. 그것들은 또 그것 훑는 것이 따로 있어, 벼.

아, 벼 훑는 것하고.

– 응, 그것하고 달라.

예

– 더 구 구멍이 크지, 도리깨 그 뭐 할 것은. 그래가지고 그것으로 이제 이제 훑어가지고 여기다가 막 많이 넣어 놓고 쳐. 그러면 보리가 나와.

– 그런데 이제는 그것도 안 하고 저것도 안 하고 얼마나 좋은 세상이야?

그러면 콩하고 팥은 어떻게 수확을 해요?

– 콩도 다 해다가 두들겨.

뚜들러요?

— 야, 인자도 그거슨 인자 자우당간[163] 뜨러야 데고. 아이 기게로 또 처라, 인자는 다, 콩도.

— 포또 치고 콩도 치고 인자는 다 처라우, 옌:나라고 틀려서. 옌:나레 는 다 처쩨 그거또.

그렁께 또까틍가요? 그 아까 도리깨?

— 도리께로 치제 그거또.

으

— 그라고 도리께 오 질 모:단 사라믄 콩가틍 거슨 짝떼기로 뚜둘고[164].

그믄 여자드른 주로.

— 여자들또 뚜둘고

여자들도.

— 한자 사:람사람도 이쩨 여자들또. 응, 가따가 노코 인자 인자도 도루 께에다 뚜룩진자네[165] 망마리라 뚜두건네.

여자드른 토리께질 할라먼 여자드른 힘들지 안나요?

— 힘들제.

— 그라고 안헤보먼 모:다고.

— 그라고 도리께질도 이르케 인제 돌려서 친 사람 이꼬 막 친 사라미 이꼬 그러그덩.

— 막 친 사라미 도리께지를 잘친 사라미여.

아

— 그걸 돌려서 치머는 시미[166] 읍:쓰께 더 안 인자 몯 안처저.

예

— 우덜또 돌려서 잘 모:치거뜨만.

— 기양 머 기양 모:처 그르케 돌러서 치제.

그며는 머 상:머심이나 그거또 잘 치고 보:통 사리믄 다 돌려가꼬 이러케 치고.

두들겨요?

― 예, 지금도 그것은 이제 좌우지간 두들겨야 되고. 아니 기계로 또 쳐요, 이제는 다 콩도.

― 팥도 치고 콩도 치고 이제는 다 쳐요, 옛날하고 달라서. 옛날에는 다 쳤지, 그것도.

그러니까 똑같은가요? 그 아까 도리깨?

― 도리깨로 치지 그것도.

응

― 그리고 도리깨질 못하는 사람은 콩 같은 것은 작대기로 두들기고.

그러면 여자들은 주로.

― 여자들도 두들기고.

여자들도.

― 혼자 사는 사람도 있지 여자들도. 응, 가져다가 놓고 이제 이제도 도리깨에다 두들기지 않고 ???에 두들기겠네.

여자들은 도리깨질 하려면 여자들은 힘들지 않나요?

― 힘들지.

― 그리고 안 해 보면 못 하고.

― 그리고 도리깨질도 이렇게 이제 돌려서 치는 사람 있고 막 치는 사람이 있고 그러거든.

― 막 치는 사람이 도리깨질을 잘 치는 사람이야.

아

― 그걸 돌려서 치면은 힘이 없으니까 더 안 이제 못 안 쳐져.

예

― 우리들도 돌려서 잘 못 치겠더구먼.

― 그냥 뭐 그냥 못 쳐 그렇게 돌려서 치지.

그러면은 뭐 상머슴이나 그것도 잘 치고 보통 사람은 다 돌려가지고 이렇게 치고.

— 야

— 오직 망 너뭄서러 처야 딱딱 소리남서 잘 처저, 그거또. 그란디 이르코 돌려가꼬 치면 시미 업:씨 덜 터덕쩌[167]. 그러드라고 보리 처보면, 머:쑤기나 친사람드른.

아까 방아 예:기 하셔찌요? 방아?

— 야 야.

여기는 머 동네에 방아가 이썬나요?

— 방에까니[168] 이쩨 방에가.

예

— 야 드들빵에라고[169]. 그라고 또 발 한나비 인능 거또 이써.

디딜빵에는 바리 며께에요?

— 두:게제.

두게고.

— 한나 인능거또 이 거 거가 여러이 부터가꼬 또 자 자부뎅게가꼬 하하드마. 그린디 그거는 더 마:니 모:다고.

— 드들빵에는 발 마:니 푸마서[170] 가꼬 막 찌체. 그먼 나락 까틍거또 찌:코 보리 가틍거또 찌:코 마:니썩 찌여라우, 거:서.

그 아까 발 한나 인능거또 디딜빵에라고 하나요? 이르미 따로 인나요?

— 그거시 한나 인능 거슨 드들빵에가 아니고 저 거:그 두:게 인능 거시 드들빵에고, 그거슨 웨방에[171].

— 응, 한 아구 발로 한나 한나로.

여기는 그럼 두:가지 다 이써써요?

— 예

디딜빵에도 이꼬 외방에도 이꼬?

— 야야 다 이써써.

— 그레가꼬,

― 예

― ?? 막 넘으면서 쳐야 딱딱 소리 나면서 잘 쳐져, 그것도. 그런데 이렇게 돌려가지고 치면 힘이 없이 덜 터덕대. 그러더라고 보리 쳐 보면, 뭐 나 치는 사람들은.

아까 방아 얘기 하셨지요? 방아?

― 예, 예.

여기는 뭐 동네에 방아가 있었나요?

― 방앗간이 있지, 방아가.

예

― 예, 디딜방아라고. 그리고 또 발 하나 있는 것도 있어.

디딜방아는 발이 몇 개예요?

― 두 개지.

두 개고,

― 하나 있는 것도 이 거 거기에 여럿이 붙어가지고 또 잡아당겨가지고 하더구먼. 그런데 그것은 더 많이 못 하고.

― 디딜방아는 발 많이 품을 앗아가지고 막 찧지. 그러면 벼 같은 것도 찧고 보리 같은 것도 찧고 많이씩 찧어요, 거기에서.

그 아까 발 하나 있는 것도 디딜방아라고 하나요? 이름이 따로 있나요?

― 그것이 하나 있는 것은 디딜방아가 아니고 저 거기 두 개 있는 것이 디딜방아고, 그것은 '외방아'.

― 응, 한 ?? 발로 하나 하나로.

여기는 그럼 두 가지 다 있었어요?

― 예

디딜방아도 있고 '외방아'도 있고?

― 예, 예, 다 있었어.

― 그래가지고,

디딜빵에: 로는

– 도:구통에다가[172] 메고니로[173] 찐 사람도 이꼬 그럴떼는 보리를 마:
니 찌여. 나는 베구질[174]또 아네바서 몰라.

더 힘들지요 그러면?

– 정:마 힘들제. 그 메고니로 찌긍키가 그 떡치능 거시로.

그러니까요.

– 응, 인자도 고 떡 칩띠여 거? 저 이따금 보면. 그거시로 그 도구텅에
다 찌거[175].

– 도구텅에다 헤:가꼬 나락또 찌꼬 보리도 찌꼬 잘:한 사라믄 잘헤라우.

– 그란디 그 찌:런디 서:메 가보머는 그럴떼게 가보머는, 아치메 일찍
허이 이러나서 함번 찌여서 너러따가 나:제 와가꼬 또 시르드라고[176], 그
노물. 인자 멘노미로 시러가꼬 또 까블라가꼬 또 그 찌여야 뒈. 두:불 찌
여가꼬 몸:무거. 서:불[177] 또 찌여야 뒈.

아. 쌀: 싸:를?

– 나라글 아니 인자 나라글 그니까 보리를

보리는 서:불 찌여야 되요?

– 으~. 나라근. 나락또 두:불 찌여가꼬는 몸:무거. 니가[178] 이써.

예

– 덜 찌여저. 세:불 찌여야제.

아. 다 둘:다 보리도,

– 응. 두 서:불 요거또 서:불.

두:불 찌코.

– 두 거 머:시 잘 찌여진디 질:로[179] 안찌여징거시 머:시냐문 서:숙[180]

서:숙

– 서:숙 잘 안찌여저라우.

– 찌코바도 또 또 이꼬 또이꼬. 그란디 그중에서도 또 여리메 난 거

디딜방아로는

— 절구통에다 메공이로 찧는 사람도 있고 그때는 보리를 많이 찧어. 나는 메공이질도 안 해 봐서 몰라.

더 힘들지요 그러면?

— 정말 힘들지. 그 메공이로 찧기가 그 떡 치는 것으로.

그러니까요.

— 응, 지금도 그 떡 찧잖습디까 그? 저 이따금 보면. 그것으로 그 절구통에다 찧어.

— 절구통에다 해가지고 벼도 찧고 보리도 찧고 잘하는 사람은 잘해요

— 그런데 그 저런 곳 섬에 가 보면은, 그때에 가 보면은 아침에 일찍이 일어나서 한 번 찧어서 널었다가 낮에 와 가지고 또 쓿더라고, 그것을. 이제 맨 것으로 쓿어가지고 또 까불러가지고 또 그 찧어야 돼. 두 벌 찧어가지고 못 먹어. 세 벌 또 찧어야 돼.

아, 쌀 쌀을?

— 벼를, 아니 이제 벼를 그러니까 보리를.

보리는 세 벌 찧어야 돼요?

— 응, 벼는. 벼도 두 벌 찧어가지고는 못 먹어. 뉘가 있어.

예

— 덜 찧어져. 세 벌 찧어야지.

아, 다 둘 다 보리도?

— 응, 두 세 벌 이것도 세 벌.

두 벌 찧고.

— 두 그 뭐가 잘 찧어지는데 제일 안 찧어지는 것이 뭐냐면 조.

조.

— 조 잘 안 찧어져요.

— 찧고 봐도 또 또 있고 또 있고. 그런데 그 중에서도 또 여름에 나는

머:시 이써 서:숙 이써. 여리메 닝걸. 그거시 이리미 머:시냐마는[181], 그거
슨 미낄미낄헤가꼬[182].

율무?

― 응, 미낄미낄헤가꼬 서:수기 인자 그더 굴:거, 그 서수근. 그레가꼬
안 저::니[183] 안처저, 막 미끼롱께. 그 찔:수로기[184] 이거시 안찌여진다고.

응, 먼: 서수길까 그거시

― 거 저 먼: 서:수기냐 그러먼, 보 그 서:수기 먼: 서수기. 이저부러따야.

그 그 서숙또 그러믄 세: 번 찌여요 아니면 ?

― 야, 서 벌 찌여야 데.

다:: 곡씩뜨른

― 으~, 서:머는[185] 찌여야데, 두:분 찌여가꼬는 몸:무거, 뉘가 이씽게.
그레가꼬 나:중에 혹씨 뉘 인는 놈 덜 나흔 놈 헤 바블하문 찌금찌금
헤[186] 몸:묵쩨, 암버서진 노미라.

― 그렁께 그 게:속 찌여. 그릉께 옌:날 여자드리 고셍 마:니 헤따 그마
리여.

그러조.

― 미영 따:다가, 까:가꼬 까::, 인자 지베서. 거그서 모:까먼 몯 인자 따:먼.

― 그 거그서 따:다가 축:꼬 그라먼 저시레는 가을 따치먼 가꼬 오드라
레, 다:레이조차[187] 따:가꼬.

― 우 까:가꼬 또 몰려가꼬 인자 또 씨야세에다[188] 아서가꼬[189], 그노
믈 또 타[190]:. 여그서 타먼 막 날라뎅깅께 방에 가먼 또 어:디가 천지되
제[191] 그렁께, 또 정게가서[192] 저 무:더데. 그거 타제.

그러면 탇 타야데고 요거 찌여야 되고

― 응, 황: 그거까치 마:낭걷 업:써라우.

그 방아가 디딜빵아 아까 외방아에 디딜빵에 이꼬 여그는 뭐 물레방아 가틍
거는?

것 뭐가 있어. 조 있어. 여름에 나는 것. 그것이 이름이 무엇이다마는, 그 것은 미끌미끌해가지고.

율무?

− 응, 미끌미끌해가지고 조가 이제 그 더 굵어, 그 조는. 그래가지고 안 전혀 안 찧어져, 막 미끄러우니까. 그 찧을수록 이것이 안 찧어진다고.

응, 무슨 조일까 그것이?

− 그 저 무슨 조냐 그러면 그 조가 무슨 조가. 잊어 버렸다.

그 그 조도 그러면 세 번 찧어요 아니면?

− 예, 세 벌 찧어야 돼.

다 곡식들은.

− 응, 세 벌은 찧어야 돼. 두 벌 찧어가지고는 못 먹어, 뉘가 있으니까. 그래가지고 나중에 혹시 뉘 있는 것 덜 나온 것 해서 밥을 하면 설겅설겅 해 못 먹지, 안 벗겨진 것이라.

− 그러니까 그 계속 찧어. 그러니까 옛날 여자들이 고생 많이 했다 그 말이야.

그렇지요.

− 목화 따다가 까가지고 까, 이제 집에서. 거기서 못 까면 못 이제 따면.

− 그 거기서 따다가 춥고 그러면 겨울에는 가을 닥치면 가지고 오더라 고, 다래까지 따가지고.

− 까가지고 또 말려가지고 이제 또 씨아에다 앗아가지고 그것을 또 타. 여기서 타면 막 날아다니니까 방에 가면 또 사방이 먼지로 가득 차게 되지. 그러니까 또 부엌에 가서 저 뭐 하데. 그것 타지.

그러면 타야 되고 이것 찧어야 되고,

− 응, ?? 그것같이 맛난 것 없어요.

그 방아가 디딜방아 아까 외방아에 디딜방아 있고 여기는 뭐 물레방아 같은 것은?

— 물레방에도 이써써.

이써써요?

— 응, 이써써. 도파기로193) 동:거. 물레방에는 도파기로 헤서 소가 도라.

아 그건 연자방아.

— 연자방에.

— 그거시 연자방에여, 그런디 인저 그 요루코 셍겨가꼬이~,

예 도리 소가

— 응, 소가.

밀:고

— 응, 요로구 도라.

아. 그걸로도 찌:코?

— 응, 그레서 보리방에 찌:코.

제::일 흐나게는 어:느 어:느걸로 헨:나요?

— 어 흐나게 항거?

어 디딜빵에가 마:니 헨나요?

— 마:니 헤:쩨, 엔:나레는. 다 푸마시헤라우.

디딜빵에요?

— 드들빵에는 푸마시헤야 찌여. 한자는 몯:찡께.

여르명 가치?

— 그 머:당거슨 한자 찌여도.

외방에

— 그 에방에는 한자 찌여도.

— 거그다 인자 아치메 푸마시 허로 가고 저녀게 푸마시 허로 가고 서로 막 푸마시 뎅게가꼬.

— 막 나는 그저네 우리 어메가 불 잔 밥 앙처노코 감서러 불 잔 떼라이~ 그러면, 불 떼면 보리떼 뗑께 보리떼가 부부부불 하며 나와 부루그덩.

- 물레방아도 있었어.

있었어요?

- 응, 있었어. 돌로 도는 것. 물레방아는 돌로 해서 소가 돌아.

아, 그건 연자방아.

- 연자방아.

- 그것이 연자방아야. 그런데 이제 그 이렇게 생겨가지고,

예, 돌이 소가.

- 응, 소가.

밀고.

- 응, 이렇게 돌아.

아, 그걸로도 찧고?

- 응, 그래서 보리방아 찧고.

제일 흔하게는 어느, 어느 것으로 했나요?

- 어, 흔하게 한 것?

어, 디딜방아가 많이 했나요?

- 많이 했지, 옛날에는. 다 품앗이해요.

디딜방아요?

- 디딜방아는 품앗이해야 찧어. 혼자는 못 찧으니까.

여러 명 같이?

- 그 뭐 한 것은 혼자 찧어도.

외방아.

- 그 외방아는 혼자 찧어도.

- 거기다 이제 아침에 품앗이하러 가고 저녁에 품앗이하러 가고 서로 막 품앗이 다녀가지고.

- 막 나는 그전에 우리 엄마가 불 좀 밥 안쳐 놓고 가면서 불 좀 때라 그러면 불 때면 보릿대 때니까 보릿대가 부르르 하면서 나와 버리거든.

- 끄러나도 아나거등 얼렁, 부상만[194] 한:나 차제[195], 제만.

- 그레가꼬 하고 이쓰머넌 자미 오나[196] 주껀넌디 함부삭 너:노코 쪼까 이따 보면 가으까지[197] 다 나오고 곰방 또 이라고 이쓰면 가까이 타라우.

- 그레가꼬 하::튼 자믄 오르고[198] 그노멀 다 떼:가꼬 허문 이노무 소시 끌랴 앙끌랴 그라고는 또 너러서[199] 보고 함번 너러가꼬 끌릉가 안등능, 아 그 보문 머:다거써? 아이 저 앙끄르믄 더 떼야 그 끌:체. 그란디 떠 드러보면 또끄테. 떠 너러보면 또그테. 그레가꼬 어짤땐 불 반:틈[200]떼고 나:또가꼬[201] 잠자고 이써, 거그서 부사까세서.

(웃음)

- 어메가 방에찝 가가꼬, 워따워따이[202] 이거시 아조[203] 불도 안떼고 바블 언:제 헤:서 미겨서 보넬라고 하꼬 강께 아그덜, 언제서 보넬라고 요라고 이쓰까 그럼서 어쩨 불 안뗀냐 그라믄, 몰라 떼다봉께 자부러씽께

(웃음)

응, 글고 인자 아까 절구공이로 이러케 메고이로 찌:코.

- 참: 메고이로 찡:거또 길럭씬[204] 사라미 찌:체, 머 길럭 옴:는 사라믄 잘 모:찌여라.

그 하난 싸:를 근데 다 굼:도라

- 궁 거기서 떡 치능 거시로 쩨. 메고니는 떡치능 거시여.

예

- 떡치능 거시로 요로콜 치제, 보리를. 가라 인자. 그레서 물 물 줘:가 꼬 인자 글로[205] 찌면 인자 잘 찌여저라, 더.

아 무를 줘:가꼬.

- 응, 절 물 고 조:가꼬 처야 찌여저 그거또. 보쌀도[206] 뎅께 보쌀 데게 할랑께.

아. 싸:르 싸:른 무를 안준디

- 그라제 싸:른 기냥 찌거야제 그란디, 보싸른 물처서 찌거야 찌거야

- 끓지도 않거든 얼른. 아궁이만 가득 차지. 재만.

- 그래가지고 하고 있으면은 잠이 와서 죽겠는데 한 아궁이 넣어 놓고 조금 있다 보면 가에까지 다 나오고 금방 또 이렇게 있으면 가까이 타요.

- 그래가지고 하여튼 잠은 오고 그것을 다 때가지고 하면 이놈의 솥이 끓느냐 안 끓느냐 그러고는 또 열어서 보고 한 번 열어 가지고 끓는지 안 끓는지 아 그 보면 뭐 하겠어? 아니 저 안 끓으면 더 때야 그 끓지. 그런 데 떠들어 보면 똑같아. 또 열어 보면 똑같아. 그래가지고 어떤 때에는 불 절반 때고 놔 둬가지고 잠자고 있어, 거기서 아궁이 가에서.

(웃음)

- 엄마가 방앗간 가가지고 어따어따 이것이 아주 불도 안 때고 밥을 언제 해서 먹여서 보내려고, 학교 가니까 아이들 언제 보내려고 이렇게 있을까? 그러면서 왜 불 안 땠느냐 그러면, 몰라 때다 보니까 자 버렸으니까.

(웃음)

응, 그리고 이제 아까 절굿공이로 이렇게 절굿공이로 찧고.

- 참 절굿공이로 찧는 것도 근력 센 사람이 찧지, 뭐 근력 없는 사람 은 잘 못 찧어요.

그 ?? 쌀을 그런데 다 ???

- 거기서 떡 치는 것으로 쳐. 메공이는 떡 치는 거야.

예

- 떡 치는 것으로 이렇게 치지, 보리를. 갈아 이제. 그래서 물 물 줘가 지고 이제 그것으로 찧으면 이제 잘 찧어져요, 더.

아, 물을 줘가지고.

- 응, 물 고 줘가지고 쳐야 찧어져 그것도. 보리쌀도 되니까 보리쌀 되게 하려니까.

아, 쌀은 물을 안 주는데.

- 그러지 쌀은 그냥 찧어야지. 그런데 보리쌀은 물 쳐서 찧어야 찧어

인자 껍따기 버서징께.

　－ 그레가꼬 너러따가, 나:제는 또 드롸가꼬 실트라고, 사:람드리.

　－ 그러머는 멘노미로 부꼬 그양 이러고 찌거. 그라믄 인자 우게가 부터놈, 덜 인자 떠러진노믄 인자 까블라가꼬 저녁게아서 또 물부꼬 또 찌:트라고.

　－ 그리고 찐디 봐:쏘야.

음. 그 찌:꼬 난 껍낄 나옹거슨

　－ 그거슨 껍찌른 다 짐셍주제.

예, 껍 껍찌를 머:라 하나요?

　－ 그 제락207) 하제. 제 제.

제 제 제라고 하나요?

　－ 응, 제 소 준다고 그러제.

그리고 근데 세:번 찌으면 처뻔쩨는 제 나오고 두:번째는

　－ 또 제가 나오고

또 제가 나와요?

　－ 세 번쩨는 너: 서번쩨쯤 네 가리제208).

지남번 우리 학셍하고 뭐 나:무헝걸 그걸 하셔써요? 거그 안헤떵가요?

　－ 나:무항거슨 안헤써라우.

안헤써요이～.

　－ 보리:허고 나락하고 그렁검만 하고.

렁거이～.

　－ 야

지금 여기는 인자 까:스로 불떼시조?

　－ 예:

그저네 연탄도 떼셔써요?

　－ 엔:나레는 쫌 떼:쩨라우.

야 이제 껍질이 벗겨지니까.

    — 그래가지고 널었다가 낮에는 또 들어와가지고 쓿더라고, 사람들이.

    — 그러면은 '맨것'으로 붓고 그냥 이렇게 찧어. 그러면 이제 위에 붙은 것, 덜 이제 떨어진 것은 이제 까불러가지고 저녁에 와서 또 물 붓고 또 찧더라고.

    — 그렇게 찧는 것 봤소.

음, 그 찧고 난 껍질 나온 것은?

    — 그것은 껍질은 다 짐승 주지.

예, 껍 껍질을 뭐라 하나요?

    — 그 겨라고 하지. 겨 겨.

겨 겨 겨라고 하나요?

    — 응, 겨 소 준다고 그러지.

그리고 그런데 세 번 찧으면 첫 번째는 겨 나오고 두 번째는?

    — 또 겨가 나오고.

또 겨가 나와요?

    — 세 번째는 세 번째쯤은 가루지.

지난 번 우리 학생하고 뭐 나무 하는 것 그것 하셨어요? 거기 안 했던가요?

    — 나무하는 것은 안 했어요.

안 했어요?

    — 보리하고 벼하고 그런 것만 하고.

그런 것이

    — 예

지금 여기는 이제 가스로 불 때시지요?

    — 예:

그전에 연탄도 때셨어요?

    — 옛날에는 좀 땠지요.

저기 연탄도?

— 야 처:메는 인자 요론티는209) 나:무헤다만 게:속 떼:가210)

— 인자 세:상이 조와징께 또 연탄::이로 헤 떼:타가 인자 연탄도 업:써지고

— 인자 막 무:시로 하제라, 까스로 인자.

나 나:무헤다 떼:실떼 먼:나무를 주로?

— 난나무를211) 마:니 헤:라. 나시론 거 저 난나무.

음

— 옥 막 굴:궁거슨 모:찡께 어 그떼는 또 자부로 뎅기고라우.

음

— 막 그렁께.

— 그릉거또 모:다고 솔까지도 바메 가서 쩌다가 또 방 추:믄 떼코.

아 사람들 업는떼

— 야, 머 그럭 그럭쩌럭.

난나무라고 하는 거슨 풀?

— 풀, 푸리여라. 풀.

아:

푸리예요이~.

— 야, 풀.

음, 나스로 빈:다는 뜨시구뇨?

— 야 그러제라우. 나스로 비:제라.

— 그라고 그거또 갈쿠나무는 갈쿠가꼬와서 글거야데고.

예

— 솔라무나.

에

그 다으메 자장게비 가틍거이~.

저기 연탄도?

― 예, 처음에는 이제 이런 곳은 나무해서만 계속 때다가,

― 이제 세상이 좋아지니까 또 연탄으로 해 때다가 이제 연탄도 없어지고,

― 이제 막 뭐로 하지요, 가스로 이제.

나무해다 때실 때 무슨 나무를 주로?

― '낫나무'를 많이 해요. 낫으로는 그 저 '낫나무'.

음

― 막 굵은 것은 못 찌니까 어 그때는 또 잡으러 다니고요.

음

― 막 그러니까.

― 그런 것도 못하고 솔가지도 밤에 가서 쪄다가 또 방 추우면 때고.

아, 사람들 없는 때

― 예, 뭐 그럭 그럭저럭.

'낫나무'라고 하는 것은 풀?

― 풀, 풀이에요. 풀.

아

풀이에요?

― 예, 풀.

음, 낫으로 벤다는 뜻이군요?

― 예, 그러지요. 낫으로 베지요.

― 그리고 그것도 갈퀴나무는 갈퀴 가지고 와서 긁어야 되고.

예

― 소나무나.

예

그 다음에 삭정이 같은 것은?

- 야, 자장게비는212) 너푼데 올라가서 또 따:가꼬 나무지비213) 자란 사라믄 올라가서 다 따:라우.

멀: 잘헤요?

- 올라가서 자장게비를 딴:다고라우.

- 그 솔밭 우게로 올라가가꼬.

- 난 모돌라가바써.

- 우리동네 크네기 한나는 나야고214) 한살 차인디, 그르케 잘 올라가라우, 하:니215) 노푼디도

노푼데도?

- 야, 그란디 나는 무상게216) 모:돌라가라.

(웃음)

- 골짜기라 업:뜨라 합따.

그 나무는 충분헨나요?

- 야 헤:써라우, 마:니.

불떼신데는 큰 문제 업:써꼬요이~.

- 예

장작도 그러케 페노코 그레써써요?

- 예, 장작또 그저 알:게는 모:당께라우 그 엔:나레는 기양 헤:다가 마:니 헤:도 머 저 광게 업:썬는디,

- 나:중에는 인자 상 상가미 뎅김서러 사:람드리 머데가꼬먼 절:때 인자 그 솔나무를 모:삐게 헤:써라우.

소른 하지마라?

- 야, 소른 비지 마:라고. 그 일본놈떼 너머감서러.

그럼 머:스로 허라고요?

- 기양 저 난나무 헤:다 떼라고.

난나무는 참 마 마:니 인나요?

― 예, 삭정이는 높은 데 올라가서 또 따가지고 높은 나무에 잘 오르는 사람은 올라가서 다 따요.

뭘 잘 해요?

― 올라가서 삭정이를 딴다고요.

― 그 솔밭 위로 올라가가지고.

― 나는 못 올라가 봤어.

― 우리 동네 처녀 하나는 나하고 한 살 차이인데 그렇게 잘 올라가요, 아주 높은 곳도.

높은 곳도?

― 예, 그런데 나는 무서우니까 못 올라가요.

(웃음)

― 골짜기라 없더라 합디다.

그 나무는 충분했나요?

― 예, 했어요, 많이.

불 때시는 데는 큰 문제없었고요?

― 예

장작도 그렇게 패 놓고 그랬었어요?

― 예, 장작도 그저 알게는 못 하니까요. 그 옛날에는 그냥 해다가 많이 해도 뭐 저 관계없었는데,

― 나중에는 이제 산감이 다니면서 사람들이 뭐 해 가지고 오면 절대 이제 그 소나무를 못 베게 했어요.

솔은 하지 마라?

― 예, 솔은 베지 말라고. 그 일본놈 때 넘어가면서.

그럼 뭘로 하라고요?

― 그냥 저 '낫나무' 해다 때라고.

'낫나무'는 참 많이 있나요?

— 사:라믄 음:마 안상께.

— 아 그나제나217) 요:리서는 점부가 요:리만 하로와라우. 요 세장안 함벌218) 그런디 쩌: 너메 너까썩219)까지.

어디?

— 데 쩌: 건네 인자 사:는디가 인는디.

— 그 인자 머:데서 막 쩌그서 오먼 인자 그 그리헤:서 온 데여, 거가.

— 거그서까지 요:리 다: 뎅게써라우.

아 여기 나:무하러요?

— 야, 여가 소리 마:니 이씽께.

— 그레가꼬 다헤:가꼬 그러 사:람덜또 떼:꼬살고220) 우덜또 떼:꼬 그레써라우.

— 그란디다가 저 언 쩨:깐헤서부텀 나:무가 업쏩띠다. 다 어디가 업:써라우.

— 음, 머 벨버슬 다 주서다도 떼:타221) 머:더고.

예

— 인자가 세상이 조:체라.

(웃음). 그러지요?

— 야

지그믄 나:무헐꺼또 업:꼬.

— 나:무도 안허고 먼 질쌈도 아나고 먼 항거시 업:써라우. 그레도 다 인자도 되:닥헝가 어짱가 모르거쏘.

(웃음)

그렁께이~.

— 야

편 펴널라만 한:정이 업써요.

— 그러제라.

- 사람은 얼마 안 사니까.

- 아, 그러나저러나 여기서는 전부가 이리만 하러 와요. 세장안 한벌 그런 곳 저 너머 넛가석까지.

어디?

- 저 건너 이제 사는 데가 있는데.

- 그 이제 뭐 해서 막 저기서 오면 이제 그 그리 해서 오는 곳이야, 거기가.

- 거기서조차 이리 다 다녔어요.

아, 여기 나무하러요?

- 예, 여기가 솔이 많이 있으니까.

- 그래가지고 다 해가지고 그러 사람들도 때고 살고 우리들도 때고 그랬어요.

- 그런 데다가 저 조그매서부터 나무가 없습디다. 다 어디에 없어요.

- 음, 뭐 별걸 다 주어다 땠다가 뭐하고.

예

- 지금이 세상이 좋지요.

(웃음) 그렇지요?

- 예

지금은 나무할 것도 없고.

- 나무도 안 하고 무슨 길쌈도 안 하고 뭐 하는 것이 없어요. 그래도 다 지금도 힘들다고 하는지 어떤지 모르겠소.

(웃음)

그러니까.

- 예

편하려면 한이 없어요.

- 그렇지요.

(웃음)

갈 갈쿠나무 기틍거슨 인자 누가 그냥 남자드리 가서 거 글거가꼬 오나요?

— 아니 여자드리 다: 헤:라우.

그레요? 그럼 지게지를 지게질.

— 인자 이고오제.

아:

— 무꺼서 동치222) 거 세네끼223) 까:가꼬 가서 노코 인자,

— 거그다가 차근차근 헤:가꼬 인자 거그서 인자 비 이녀기 업 다 이고와라.

— 남자드리 암:꺼또 아납띠다.

남자드른 안헤요?

— 야, 여자들만 하제.

아

— 보지란한 사라믄 함버니나 할테제라우. 그란디 아납띠따.

그레요이~ 예, (3초) 겨우레 겨우레는 바미 길:자나요이~?

— 질:제라.

예

— 동지서딸 진진바미라고 안하요?

예

그러무뇨, 저녁 무꼬 또 오레이따보먼 또 베가 출출하고.

— 예 고구마가틍거 쩌서 쩌나따가 또 머끼도 하고.

간시근 주로 고구마?

— 야

음

— 인자는 누가 고구마 묵또 아나고,

— 요런티는 하도 모:단다고 저 무:시와서 다 메뙈야지 가틍거시 사네서 살:다 네려와가꼬 다 뒤지겨버링께224)

(웃음)

갈퀴나무 같은 것은 이제 누가 그냥 남자들이 가서 그 긁어가지고 오나요?

― 아니, 여자들이 다 해요.

그래요? 그럼 지게질을 지게질.

― 이제 이고 오지.

아:

― 묶어서 동 그 새끼 꽈가지고 가서 놓고 이제,

― 거기다가 차근차근 해가지고 이제 거기서 이제 자기가 다 이고 와요.

― 남자들이 아무 것도 안 합디다.

남자들은 안 해요?

― 예, 여자들만 하지.

아

― 부지런한 사람은 한 번이나 할 테지요. 그런데 안 합디다.

그래요. 예, (3초) 겨울에 겨울에는 밤이 길잖아요?

― 길지요.

예

― 동지섣달 긴긴 밤이라고 하잖아요?

예

그러면요, 저녁 먹고 또 오래 있다 보면 또 배가 출출하고.

― 예, 고구마 같은 것 쪄서 쪄 놨다가 또 먹기도 하고.

간식은 주로 고구마?

― 예

음

― 이제는 누가 고구마 먹지도 않고

― 이런 곳은 하지도 못 한다고 저 뭐가 와서 다 멧돼지 같은 것이 산에서 살다 내려와가지고 다 뒤적여 버리니까.

아 여 아페도에도 멜 데지가.

— 야, 이 어:서 나가꼬 세끼를 나가꼬 함뻐네 한 열마리도 올라가더락 하요.

— 즈그 엄씨하고 세끼들하고 막 줄줄줄 올라가드락 하요.

— 그레가꼬 네롸서 다 거 허지겨가꼬225) 감자이쓰먼 빼무거 막 씨버 머거부러.

— 그라고 이런티 올라가보면 인자도 바리 막 검::나게 큰 짐셍바리 이 써라우.

음

— 그런 노미 이써. 그래서 인자 그거뜨리 다:와서 그러케 바더부러.

음. 엔:나레는 그렁거 업써쪼? 메뚜야지?

— 옵:써써라, 엔:나레는.

— 그란디 어:디서 어쩌다 한나썩 저 데야지나 머:시 되야지 가틍거슨 어:승 거 수영 잘칩띠다 건네와라, 어디서.

그레요?

— 야

— 그래서 그또 자버 막 쪼차가서 자버가꼬 또 헤:무꼬 그럽띠다.

— 그란디 인자는 막 이런테가 사니 하도 우거저부러농께

— 그렁거 짐셍이 그르케 마:니 이따가요, 요즈메는.

그러머는 엔:나레는 고:구마가틍거 마:니 잡쑤고 또 시 궁금하면 잡쑤싱 거 뜰 머:가 이쓰까요?

— 벨걷 오:꼬쏘.

— 고:구마나 묵쩨 엔:나레는 뭐:시 이써야제라우? 앙:꾸또 옵:썬넌디.

— 고:구마는 쩌서 무꼬 인자 또 보리도 보까서 보까서 콩하고 보까서 무꼬 그럽띠다.

보리.

아, 압해도에도 멧돼지가.

− 예, 어디서 낳아가지고 새끼를 낳아가지고 한 번에 한 열 마리도 올라가더라고 하오.

− 저희 어미하고 새끼들하고 막 줄줄줄 올라가더라고 하오.

− 그래가지고 내려와서 다 그 헤집어가지고 감자 있으면 빼먹어 막 씹어 먹어 버려.

− 그리고 이런 데 올라가 보면 지금도 발이 막 굉장히 큰 짐승 발자국이 있어요.

음

− 그런 놈이 있어. 그래서 이제 그것들이 다 와서 그렇게 받아 버려.

음, 옛날에는 그런 것 없었지요? 멧돼지?

− 없었어요, 옛날에는.

− 그런데 어디서 어쩌다 하나씩 더 돼지나 뭐가 돼지 같은 것은 어디서 그 수영 잘 합디다 건너와요, 어디서.

그래요?

− 예

− 그래서 그것도 잡아 막 쫓아가서 잡아가지고 또 해 먹고 그럽디다.

− 그런데 이제는 막 이런 곳에 산이 하도 우거져 버려 놓으니까.

− 그런 것 짐승이 그렇게 많이 있다고 하오, 요즘에는.

그러면은 옛날에는 고구마 같은 것 많이 잡수고 또 궁금하면 잡수신 것들 뭐가 있을까요?

− 별것 없겠소.

− 고구마나 먹지 옛날에는 뭐가 있어야지요? 아무 것도 없었는데.

− 고구마는 쪄서 먹고 이제 또 보리도 볶아서 볶아서 콩하고 볶아서 먹고 그럽디다.

보리

- 야, 보리 가실헤:가꼬 인자 그능거슨226) 이씽께라우. 머 그놈 보까서 또 무꼬.

- 앙:꺼또 웁써써라.

예에. (8초) 무시가튼 무수가틍 거슨 또,

- 이써. 짐치나간227) 마:니 다마써라228), 짐치 가튼 거슨.

- 그레 엄:마나 꼬치까리도 마:니 너:서 당:꺼쏘? 그럴떼 꼬치도 모:단디.

- 인자가 저러케 항께 꼬치가 저러케 마:니 열:제.

- 바테다가 삐레서229) 하거등이라, 종자를.

옌:나레는?

- 엔:나레는 저기 저르케헤서 가따가,

모종을 안하고?

- 모중을 엔:나레 할찌 몰:라쩨.

- 긍께 기양 삐레서 하머넌 엄:마 앙커라우.

- 그라고 열:도 마:니 안널고230).

음

- 그레가꼬 하먼 음:마나 마:니 하거쏘?

- 쩨:끔썩 짐치도 마:니 너:서 모:다제.

- 그라고 무시는 싱건지231) 당꼬

- 그레가꼬 또 살:고

(웃음)

그레요이~. 자 그러면 바메 불쏠떼 그떼는 정:기가 업:써짜나요?

- 그러제라

그럼 언:제나 정:기가 드러와씀니까?

- 언:제 드롸쓰까? 저 맹진너메이 맹지니랑이 메쌀 무건능가 모:따야232).

- 그 에:나서 저 그떼부텀 드러오드마.

아 정:기가?

- 예, 보리 가을해가지고 이제 그런 것은 있으니까요. 뭐 그놈 볶아서 또 먹고.

- 아무 것도 없었어요.

예예, (8초) 무 같은 무 같은 것은 또,

- 있어. 김치랑은 많이 담갔어요. 김치 같은 것은.

- 그래 얼마나 고춧가루도 많이 넣어서 담겠소? 그때 고추도 못 하는데.

- 지금이 저렇게 하니까 고추가 저렇게 많이 열지.

- 밭에다가 뿌려서 하거든요, 종자를.

옛날에는

- 옛날에는 저기 저렇게 해서 가져다가,

모종을 안 하고?

- 모종을 옛날에 할 줄 몰랐지.

- 그러니까 그냥 뿌려서 하면은 얼마 안 커요.

- 그리고 열기도 많이 안 열고.

음

- 그래가지고 하면 얼마나 많이 하겠소?

- 조금씩 김치도 많이 넣어서 못 하지.

- 그리고 무는 싱건김치 담그고.

- 그래가지고 또 살고.

(웃음)

그래요. 자 그러면 밤에 불 켤 때 그때는 전기가 없었잖아요?

- 그렇지요.

그럼 언제쯤이나 전기가 들어왔습니까?

- 언제 들어왔을까? 저 명진엄마 명진이랑 몇 살 먹었는지 모르겠다.

- 그 아이 낳아서 저 그때부터 들어오더구먼.

아, 전기가.

- 야 금:나 오레데야써라.

- 서룬 메쌀 무거써라, 시방.

아 삼심면년저네 드란네요.

- 야

예, 그러머는

- 한 사:심년 다 되야꺼쏘.

사:심년? 그러머는 그저네는 어떠케 부를?

- 등 등잔불도 세구지름[233] 사다가라우 등자네다가 인자 한디,

- 아조 처:메는 저 이런 머:세다가 지 저 지름 멀 짠:능가 어쩬능가 나 그거또 모르거쏘야. 그란디

- 접씨에다가 헤노코 저 심지 멘드라서 저 어쩐 사라믄 지 종우로 멘든 사람도 이꼬 또 실:까:가꼬 실:로 멘든 사람도 이꼬

- 그레가꼬 그놈 써노코 저 바비나 무꼬 쪼까이따 기양 끄제 어짜거쏘?

- 그레가꼬 그 을:마나 저 그거또 하다가 나:중에는 인자,

- 그거또 저거또 업써저붕께 인자 정:기도 오고 어짜고 합띠다.

음, 그럼 할머니 시집오셔쓸떼는 그러케 접씨에다가?

- 야, 접씨에다가 접씨에다가 헤:서,

그떼 이르믈 머:라고 하덩가요? 고거슬 그?

- 등 저 초 촉씨부리라고[234] 그럽디다, 촉떼기[235] 써야 부리 써징께.

- 얼릉 인자 저 지비서 써락하고 말 할라머니라우,

- 거 머캅 저 거 접씨에 거 촉떼[236] 촉인는[237] 놈 가따 훼에 그러고 합띠다.

촉.

- 촉 거그다 부를 쓰라고.

- 그라문 지름 가:끔 부서야제 쪼끔 부서노문 기양 옴:마 안다라 다라 저부르고.

‒ 예, 굉장히 오래 됐어요.

‒ 서른 몇 살 먹었어요, 지금.

아, 삼십 몇 년 전에 들어왔네요.

‒ 예

예, 그러면은

‒ 한 사십 년 다 됐겠소.

사십 년? 그러면은 그전에는 어떻게 불을?

‒ 등, 등잔불도 석유기름 사다가요 등잔에다가 이제 하는데,

‒ 아주 처음에는 저 이런 뭐에다가 저 기름 뭘 짰는지 어쨌는지 나 그
것도 모르겠소. 그런데,

‒ 접시에다가 해 놓고 저 심지 만들어서 저 어떤 사람은 종이로 만든
사람도 있고 또 실 꽈가지고 실로 만든 사람도 있고,

‒ 그래가지고 그것 켜 놓고 저 밥이나 먹고 조금 있다 그냥 끄지 어쩌겠소?

‒ 그래가지고 그 얼마나 저 그것도 하다가 나중에는 이제,

‒ 그것도 저것도 없어져 버리니까 이제 전기도 오고 어쩌고 합디다.

음, 그럼 할머니 시집오셨을 때는 그렇게 접시에다가?

‒ 예, 접시에다가 접시에다가 해서,

그때 이름을 뭐라고 하던가요? 그것을 그?

‒ 등 저 '촛싯불'이라고 그럽디다, '촛대기' 켜야 불이 켜지니까.

‒ 얼른 이제 저 집에서 켜라고 하고 말하려면요.

‒ 그 뭐 같 저 그 접시에 그 심짓대 심지 있는 것 가져다 해! 그렇게
합디다.

심지.

‒ 심지 거기다 불을 켜라고.

‒ 그러면 기름 가끔 부어야지 조금 부어 놓으면 그냥 얼마 안 닳아 닳
아져 버리고.

먼: 지르밀까요 그거시?

― 저녀

*** 시구지름 아니

― 세규지름238) 웁:써써라, 그럴떼 처:메는.

그러먼 뭔?

― 나:중에 세구지름 셍게쩨.

찬지르미랑 먼: 이런 저길까?

― 야 참지름도239) 하고 피마주지름도 머리에다 볼릉거또 하고.

― 인자 그레가꼬 나:중에는 저 어:서 또 지름도 사다가 또 부서서도 하고 그럽띠다.

― 그레가꼬 인자 차차로 하다가 인자 웁:써저불고 인자 정:기가 와부링께는,

그저네 등잔 이로도 헤쪼?

― 예 등자네다 세구지름 볼 너: 부서서.

서규지름 너:찌요?

― 야 등자네다 속.

그러먼 쫌 더 발긍가요?

― 더 밥:꼬 또 그르케 마:니 안드러가고 더 조:아라우.

― 그란디 접씨에다 하머는 마:니 드러가제라, 더.

― 그라고 깐딱하먼240) 또 꺼저불고.

그뗀 뭐 바메는 별로 머: 일:도 모타고 그냥 자는수 바께 업네요이~?

― 야, 그러제라.

(웃음)

― 그레도 베 잘짠 사라믄 그놈 먼 촉떼기 불 써노코도 베도 짭:띠다, 바메.

(웃음)

무슨 기름일까요? 그것이?

― 전혀

??? 석유 아니

― 석유 없었어요, 그때 처음에는.

그러면 무슨?

― 나중에 석유 생겼지.

참기름이랑 무슨 이런 저길까?

― 예, 참기름도 하고 피마자유도 머리에다 바르는 것도 하고.

― 이제 그래가지고 나중에는 저 어디서 또 기름도 사다가 또 부어서도 하고 그럽디다.

― 그래가지고 이제 차차로 하다가 이제 없어져 버리고 이제 전기가 와 버리니까는,

그전에 등잔으로도 했지요?

― 예, 등잔에다 석유 불 넣고 부어서.

석유 넣었지요?

― 예, 등잔에다 속.

그러면 좀 더 밝은가요?

― 더 밝고 또 그렇게 많이 안 들어가고 더 좋아요.

― 그런데 접시에다 하면은 많이 들어가지요, 더.

― 그리고 까딱하면 또 꺼져 버리고.

그때는 뭐 밤에는 별로 뭐 일도 못하고 그냥 자는 수밖에 없네요.

― 예, 그렇지요.

(웃음)

― 그래도 베 잘 짜는 사람은 그놈 무슨 접싯불 켜 놓고도 베도 짭디 다, 밤에.

(웃음)

촉떼기 부리요이~?

— 야

정:기드로오 보니까 어쩌떵가요?

— 검:나게 조:타고 사:람드리 날:리 헤:써써라.

아 아 완:저니.

— 환::항께 을마나 조커쏘?

(웃음)

— 기양 먼: 이런떼도 이쓰까 그런 셍가기 들제.

(웃음)

— 이런떼도 이쓰까?

그러조이~.

— 야

접싯불이요?

— 예

전기 들어와 보니까 어땠던가요?

— 굉장히 좋다고 사람들이 난리 했었어요.

아, 아, 완전히.

— 환하니까 얼마나 좋겠소?

(웃음)

— 그냥 무슨 이런 때도 있을까 그런 생각이 들지.

(웃음)

— 이런 때도 있을까?

그렇지요.

— 예

3.4 마을 공동체 생활을 위한 일손

조:씀니다 자 그 다으메는요 머 속 소키우능거 헤:보셔쓰니까 인자 이건 잘
아시(웃음)

— 야, 소는 네가 키여바서 잘 아라라우.

예

그 옌 저 할머니가 소키우실떼하고 지금 소키우능거 다릉가요?

— 요즈메는 페나제라우, 하능거시 소키:능거시.

오

— 아유 거. 사로241) 막 가따가 메겨부링께라.

아 사료를.

— 야 사로 메겨부링께 그러케 막 풀뜨더다가 암 미겨라우.

— 요지메는 기양 다 보머는 인자 거 머: 가따가 메기고

— 집 가시레 짐 마:니 가따노코 지펀 주고 그러(고).

— 집또 엔:나레는 불떼니라고 안줘라.

— 그레도 요지메는 서로 가지가라고242).

쓸모가 업:따고?

— 야, 그거타 또.

그럼 할머니가 저 소키실떼는 다 풀뜨더다가,

— 예, 게:속 풀뜨더다 또 푸리 또 소 밍는 무리근 무글라고 줄라고 인
자 바테다 또 가라라우.

— 갈:면 인자 그놈 비여다가 요놈하고 인자 서틀 서꺼서 인자 써:러라
우, 기게로.

— 그레도 마:니 나:중에는 기게로 또 써:러쏘.

— 엔:나레는 짝뚜로 이러케헤 마

좋습니다. 자 그 다음에는요 뭐 소 키우는 것 해 보셨으니까 이제 이건 잘 아시(겠고). (웃음)

　　― 예, 소는 내가 키워 봐서 잘 알아요.

예

그 옛 저 할머니가 소 키우실 때하고 지금 소 키우는 것 다른가요?

　　― 요즘에는 편하지요. 하는 것이 소 키우는 것이.

오

　　― 아휴 그. 사료 막 가져다가 먹여 버리니까요.

아, 사료를

　　― 예, 사료 먹여 버리니까 그렇게 막 풀 뜯어다가 안 먹여요.

　　― 요즘에는 그냥 다 보면은 이제 그 뭐 가져다가 먹이고,

　　― 짚 가을에 짚 많이 가져다 놓고 짚은 주고 그러(고).

　　― 짚도 옛날에는 불 때느라고 안 줘요.

　　― 그래도 요즘에는 서로 가져가라고.

쓸모가 없다고?

　　― 예, 그것 또.

그럼 할머니가 저 소 키우실 때는 다 풀 뜯어다가

　　― 예, 계속 풀 뜯어다가 또 풀이 또 소 먹는, 먹으려고 주려고 이제 밭에다 또 갈아요.

　　― 갈면 이제 그놈 베다가 이놈하고 이제 섞어서 이제 썰어요. 기계로.

　　― 그래도 많이 나중에는 기계로 또 썰었소.

　　― 옛날에는 작두로 이렇게 해.

― 한자도[243] 썬:놈 이꼬 두:니[244] 한나는 봅:꼬[245] 이러코 쭉 싹 썬:놈
도 이꼬 그레라우. 그레썬넌디,

― 요지메는[246] 기양 막 쭤부러라.

― 거 그그서 써:러가꼬 나:뚜 가꿍께라.

― 그레가꼬 그 막 요주메는 보먼 그럽띠다.

그 소를 바테다가 아니 푸를 바테따가 이러케.

― 예

그라먼 먼: 푸리에요, 이르미 인나요?

― 그 바테다가 좌우당간 소푸리라고 그러라우.

아 소푸리라고요?

― 야 그란디 그 바테다가 숭거가꼬 메뻔 비여서 미겨라우, 보메. 그라
다 나:중에.

비:먼 또나고 또 비:먼 ****.

― 야 비 비:먼 또나고 또나고 그레얀는디,

― 나:중데먼 인자 인자 여름 다치고 저런데가 풀라고 그라머는,

― 저 자영히 그거또 인자 늘거부리제라우. 그라먼 인자 암비고 저 그
런놈 비여다 메기고.

소 키우실라머는 저 소 이러케 머: 소 가다논디가 이써야 델꺼아니?

― 그러제라우. 쩌: 우게다 만드라가꼬 이쓰 거그다가 헤:써라우.

― 쩌:우 쩌우게 무화가나면 시방 겜:나게 인는디 거가 소 키운디여
라우.

― 우리 소 킨디여. 그란디 거그다가 네가 심심항께 간 소 밥쭈로 가먼
심심헝께.

― 거그다가 무화과나무를 한 서너 나무나[247] 짤라다가 숭거나뜨이,

― 인자는 막 엄청나게 마네라.

(웃음) 그레요?

- 혼자도 써는 놈 있고 둘이 하나는 밟고 이렇게 쭉 싹 써는 놈도 있고 그래요. 그랬었는데,

- 요즘에는 그냥 막 줘 버려요.

- 그 거기서 썰어가지고 놔두, 가지고 오니까요.

- 그래가지고 그 막 요즘에는 보면 그럽디다.

그 소를 밭에다가 아니 풀을 밭에다가 이렇게.

- 예

그러면 무슨 풀이에요? 이름이 있나요?

- 그 밭에다가 좌우간 소풀이라고 그래요.

아, 소풀이라고요?

- 예, 그런데 그 밭에다가 심어가지고 몇 번 베어서 먹여요, 봄에. 그러다 나중에.

베면 또 나고 또 베면 ?????.

- 예, 베면 또 나고 또 나고 그랬는데,

- 나중 되면 이제 이제 여름 닥치고 저런 데가 풀 나고 그러면은,

- 저 자연히 그것도 이제 늙어 버리지요. 그러면 이제 안 베고 저 그런 놈 베어다 먹이고.

소 키우시려면은 저 소 이렇게 뭐 소 가둬 놓는 곳이 있어야 될 것 아니?

- 그러지요. 저 위에다 만들어가지고 있으 거기다가 했어요.

- 저 위 저 위에 무화과나무 시방 굉장히 많이 있는 데 거기가 소 키운 곳이에요.

- 우리 소 키운 곳이야. 그런데 거기다가 내가 심심하니까 소 밥 주러 가면 심심하니까,

- 거기다가 무화과나무를 한 서너 그루나 잘라다가 심어 놨더니,

- 이제는 막 엄청나게 많아요.

(웃음) 그래요?

─ 야

그러먼 지베서 좀 떠러진데다 키우션네, 소를?

─ 야, 그레쩨랃.

─ 저 인자 지비서 킬:라다가 지비서도 한낭가[248) 두:링가 키여써라, 여그다가.

─ 그라고는 거그다 기양 막[249) 크게 지서가꼬.

그럼 여러마리 키우셔써요?

─ 야, 솔차니[250) 여러마르쓱 키여써라.

음, 그러머는 이:리 꽝장히 마:늘텐데. ***

─ 그레도 거 제미이쓰로 하제라, 제미로.

─ 잘 크먼 제미 이꼬, 세끼 나:도 또 보기 조:코, 제미꼬.

그러먼 거 소킨디 가서는 소 머 머길라먼 멀 여러가지 도:구가 이써야델꺼 아님니까, 소죽?

─ 소주 아니.

소죽 쑨:디도 이써야 되고

─ 아 소주근 쑤:도 아나고 그 나 그를떼게는 기양 막 주:써라.

─ 야 풀 인자도 쩌런티는 소죽 쑴:띠안?

─ 그란디 소죽 안쑤고 기양 막 줘:부러라.

─ 그라고 저 소 밥 아니 쫌 사다가 인자 그놈 서꺼서 또 메기고.

겨우레는 소 소죽쑤지 아나요?

─ 저시레도 안써써라, 소죽 안써바써라.

그레요이~?

─ 야, 그레도 잘 키여써라.

(웃음)

─ 정성으로 키우먼.

─ 야

－ 예

그러면 집에서 좀 떨어진 데다 키우셨네, 소를?

　－ 예, 그랬지요.

　－ 저 이제 집에서 키우려다가 집에서도 한 마린지 둘인지 키웠어요,
여기다가.

　－ 그리고는 거기다 그냥 외양간 크게 지어가지고.

그럼 여러 마리 키우셨어요?

　－ 예, 꽤 여러 마리씩 키웠어요.

음, 그러면은 일이 굉장히 많을 텐데. ???

　－ 그래도 그 재미있으니까 하지요, 재미로.

　－ 잘 크면 재미있고, 새끼 낳아도 또 보기 좋고, 재미있고.

그러면 그 소 키우는 데 가서는 소 뭐 먹이려면 뭐 여러 가지 도구가 있어
야 될 것 아닙니까? 쇠죽?

　－ 쇠죽 아니.

쇠죽 쑤는 데도 있어야 되고.

　－ 예, 쇠죽은 쑤지도 않고 그 나 그때에는 그냥 막 줬어요.

　－ 예, 풀 지금도 저런 데는 쇠죽 쑤잖습디까?

　－ 그런데 쇠죽 안 쑤고 그냥 막 줘 버려요.

　－ 그리고 저 소 밥 아니 좀 사다가 이제 그놈 섞어서 또 먹이고.

겨울에는 소 쇠죽 쑤지 않아요?

　－ 겨울에도 안 쒔어요. 쇠죽 안 쒀 봤어요.

그래요?

　－ 예, 그래도 잘 키웠어요.

(웃음)

　－ 정성으로 키우면.

　－ 예

잘 크지요?

이런 이렁거또 인나 모르거써. 어떤 지븐 가난하니까 소살또니 업쓰면 나무집 소 노무집 소 키여주는 경우도 이써요?

— 야 그럴떼 이써써라. 인자 키:먼 세끼나:먼 한나 어:꼬.

아:

— 그러케 키여써라, 키울쑤도 이써써.

고런소는 먼: 소라고 이르미 인나요?

#— 씨압251).

— 씨약 가따 킨:다하제 씨약 가따가

씨악?

— 야

#— 송아지 가따가 이:십사게월 정도 키야가꼬 세끼나면 도로 인자 에미 주고 송아지는 인자 어더.

— 세끼는 인자 우리가 차지.

#— 씨아비라 헤써.

씨압? 씨아비라는 거슨 멀: 보고 씨아비라고?

#— 모르거쏘.

그 송아지를 가리켜요 아니면 어미소를 가리켜요 아니면

#— 그 송아 그 송아지를 가따가 그 집써 그 송아지를 한나 가저오머는 어

#— 인자 그노믈 키여가꼬 이:십사:게월정도 키:머는,

예

#— 인자 그 소가 어미가 또 세끼가 나가꼬 그노미,

그러조.

#— 세끼를 나:머는 그 에미를 주고 주인네,

예

잘 크지요?

이런 이런 것도 있나 모르겠어. 어떤 집은 가난하니까 소 살 돈이 없으면 남의 집 소 남의 집 소 키워 주는 경우도 있어요?

― 예, 그럴 때 있었어요. 이제 키우면 새끼 낳으면 하나 얻고.

아:

― 그렇게 키웠어요. 키울 수도 있었어.

그런 소는 무슨 소라고 이름이 있나요?

#― '씨압'

― '씨압' 가져다 키운다고 하지, '씨압' 가져다가.

'씨압'?

― 예

#― 송아지 가져다가 이십사 개월 정도 키워가지고 새끼 낳으면 도로 이제 어미 주고 송아지는 이제 얻어.

― 새끼는 이제 우리가 차지.

#― '씨압'이라 했어.

'씨압'? '씨압'이라는 것은 뭘 보고 '씨압'이라고?

#― 모르겠소.

그 송아지를 가리켜요 아니면 어미 소를 가리켜요 아니면?

#― 그 송아 그 송아지를 가져다가 그 집에서 그 송아지를 하나 가져오면은, 어

#― 이제 그놈을 키워가지고 이십사 개월 정도 키우면은, 예

#― 이제 그 소가 어미가 또 새끼가 낳아가지고 그놈이, 그렇지요.

#― 새끼를 낳으면은 그 어미를 주고 주인네, 예

＃ - 송아지 한나 난:노를 자기가 인자 키여가지고 가지고 인능거뿐다 씨야비라 하거든.

씨얍?

아 그 씨얍 머: 던다그레 씨얍 한다그레요?

＃ - 씨얍 가존다 그레라.

 - 씨얍 가존다 구레라우.

씨얍 가존다?

 - 야

노무 지베서 소 가꿀때 씨얍 가존다 그레요?

 - 야

아 할머니도 헤 헤:보셔써요 그렁거?

 - 우리는 처:메는보텀²⁵²⁾ 그러케 노무꺼슨 안 가따 키고.

놈한테 줘:본적또 업

 - 벨라 중거또,

씨얍 중거또,

 - 중거또 오:꼬 기양 그놈 키우먼 세끼 나코 그레가꼬 여러게²⁵³⁾ 키우먼 제미써라우.

(웃음)

그러조, 세끼들 망코 그라먼.

 - 그란디 여러게 키여봉께는 키여봉께 그 깐탁하먼 세끼 나:타가 세끼가 또 주끼도 하고,

예

 - 기양 아푸기도 하고 그랍띠다.

소가 아푸기도 하고,

 - 야 아푸기도 하고

그러거찌요 예.

＃ - 송아지 하나 낳은 놈을 자기가 이제 키워가지고 있는 것보고 '씨
압'이라고 하거든.

'씨압'?

아, 그 '씨압' 뭐한다고 그래 '씨압' 한다 그래요?

＃ - '씨압' 가져온다 그래요.

 - '씨압' 가져온다 그래요.

'씨압' 가져온다?

 - 예

남의 집에서 소 가져올 때 '씨압' 가져온다 그래요?

 - 예

아, 할머니도 해 해 보셨어요? 그런 것?

 - 우리는 처음부터는 그렇게 남의 것은 안 가져다 키우고.

남한테 줘 본 적도 없

 - 별로 준 것도,

'씨압' 준 것도,

 - 준 것도 없고 그냥 그놈 키우면 새끼 낳고 그래가지고 여러 마리 키
우면 재미있어요.

(웃음)

그렇지요, 새끼들 많고 그러면.

 - 그런데 여러 마리 키워 보니까는 키워 보니까 그 까딱하면 새끼 낳
다가 새끼가 또 죽기도 하고,

예

 - 그냥 아프기도 하고 그럽디다.

소가 아프기도 하고,

 - 예, 아프기도 하고

그러겠지요. 예.

— 야

— 너머 잘 미게도 그렁가 우리가 소아를 꺼멍소 저 전 거 저 짜:는소 그런 송:가[254] 한나 사다가 세끼를 한나 사다가 키여가꼬 얼:마나 세끼를 함베 나:농께 조웁띠다.

— 그레서 인자 또 세끼를 또 베:서 날:딸 다처간디,

— 그릉께 너머 잘 미게도 소:게서 에기가 마:니 커부링께 모:쓰거씁띠 다야.

— 송악찌가[255] 하도 소:게서 커부링께 나타 몬:나부러써라우.

어

— 그레가꼬 근디 그거또 저 베따:고 그 머:던 사라미 와서 나:줌시 로[256] 빼:줘써라.

— 그레가꼬 인자 세끼 또 베먼 안되요이~ 그러드마.

— 베:먼 포씨요[257] 그레서 그런다고 그레떠니.

긍께 그냥 한번 수술헤:불먼 안된다드만.

— 야 그라고 베를 따:서 세끼를 빼:농께 모:씬다고.

— 저 에 세끼베:먼 포르라고 합띠다야.

— 쌍둥이도 한나 나:서 키여바써라.

어유 오:지건[258] 어:저껜네요.

— 야 아들 한나 딸 한나

(웃음)

— 아따 진짜 제미이씁띠다.

아

— 가서 그라고 그 소가 검:나게 억씬 손디,

— 나 저또 한나나 안줄라냐[259] 어쩔라냐 그레뜨이 다 자기 세끼라 줍 띠다야.

두:마리다?

- 예

- 너무 잘 먹여도 그런지 우리가 소를 검정 소 저 젖 그 저 짜는 소 그런 소인지 하나 사다가 새끼를 하나 사다가 키워가지고 얼마나 새끼를 한 배 낳아 놓으니까 좋습디다.

- 그래서 이제 또 새끼를 또 배서 낳을 달 닥쳐가는데,

- 그러니까 너무 잘 먹여도 속에서 아기가 많이 커 버리니까 못 쓰겠습디다.

- 송아지가 하도 속에서 커 버리니까 낳다가 못 낳아 버렸어요.

어

- 그래가지고 그런데 그것도 저 배 따고 그 뭐한 사람이 와서 낳게 해주면서 빼 줬어요.

- 그래가지고 이제 새끼 또 배면 안 돼요 그러더구먼.

- 배면 파세요 그래서 그런다고 그랬더니,

그러니까 그냥 한번 수술해 버리면 안 된다더구먼.

- 예, 그렇게 배를 따서 새끼를 빼 놓으니까 못 쓴다고.

- 저 새끼 배면 팔라고 합디다.

- 쌍둥이도 하나 낳아서 키워 봤어요.

아휴, 오달지 오달졌겠네요.

- 예, 수컷 한 마리 암컷 한 마리.

(웃음)

- 아따 진짜 재미있습디다.

아

- 가서 그리고 그 소가 굉장히 억센 소인데

- 나 젖도 하나나 안 주려나 어쩌려나 그랬더니 다 자기 새끼라 줍디다.

두 마리 다?

- 야

- 그레가꼬 키여서 포라써라.

어

그 소 씨를 바들라먼 워: 어뜨케 헤요 어:디가요? 조 조:은씨 그놈 받

- 아 인자는 다 가꼬와서[260) 너:조라우.

아 씨를 너:준디

- 야

옌:나레는 그런 씨: 받는 소가 이써지라?

- 야 이:쩨라우 뿌닥찌[261).

어?

- 푸다구지[262) 거 멀 저 남자소.

뿌닥찌?

- 야 뿌닥찌 그노믈 인자 논 인자 어:서[263) 사먼 거:리 가꼬도 가고
그레라. 그 소를 가꼬가라우.

음, 뿌닥찌이~.

그렁거슬 머:라 그레요? 저기

- 데부치로[264) 간다고 그레라.

데부치러 간다고 그레요?

- 야

데부치러 간다고이~.

- 나는 큰:: 소 한나를 가꼬 송공니로 저 수:가 난는디[265),

- 효성이네 아부지가 뻬레 뎅기고 어짜고 헤:가꼬 얼릉 하도 모:다고
그레서는 네:가 근:노믈 그노믈 끄:코간디,

- 무삽띠다야, 하다[266) 소가 콩께

- 나 가다가 저 나를 미키러부리문[267) 크니리다 그런 셍각 드꼬 오그덩.

- 거 네가 무삽께 하고 강께 거그서 저 헤:줘써, 또이.

－ 예

－ 그래가지고 키워서 팔았어요.

어

그 소 씨를 받으려면 어떻게 해요? 어디 가요? 좋은 씨 그놈 받?

－ 아, 이제는 다 가져와서 넣어 줘요.

아, 씨를 넣어 주는데

－ 예

옛날에는 그런 씨 받는 소가 있었지요?

－ 예, 있지요. 부사리.

어?

－ 황소 종우 그 뭐 저 수소.

황소 종우?

－ 예, 황소 종우 그놈을 이제 논 이제 어디서 사면 그리 가지고도 가고 그래요. 그 소를 가지고 가요.

음, 황소 종우.

그런 것을 뭐라 그래요? 저기

－ '대 붙이러' 간다고 그래요.

'대 붙이러' 간다고 그래요?

－ 예

'대 붙이러' 간다고.

－ 나는 큰 소 하나를 가지고 송공리로 저 발정이 났는데,

－ 효성이네 아버지가 개펄에 다니고 어쩌고 해가지고 얼른 하지도 못하고 그래서는 내가 그놈을 끌고 가는데,

－ 무섭습디다, 하도 소가 크니까.

－ 나 가다가 저 나를 밀쳐 버리면 큰일이다 그런 생각 들고 오거든.

－ 그 내가 무섭게 하고 가니까 거기서 저 해 줬어, 또.

- 갈떼기는 요:리헤서 이르케 간는디 올떼는 쩌:그서 요르케 와부런넌디 얼렁 합띠다.

암노믈 가꼬 가요, 고리로?

- 야, 암노믈 가꼬

그노믈 그머 그놈보다 수:가 나따고 그레요?

- 야, 수나따고 그레라.

아 이게 쫌 발쩡이 낭거뽀다?

- 야 발쩡 발쩡난,

수가 나:따고?

- 야

- 발쩐 나따고 한 사람도 이찌요. 그란디 수난

수나따 글고.

- 데부치러 간다고 그라하요.

어 긍께 이우 우리 고향에서는 그걸 가 부치러 갑부친다고 보통 말하는데 여그서는 데부친다는 말로 어떤 어:떤 지방에서는 수부친다고도 그라데요.

- 야 그럴테제라 여러 가지제.

음, 글고 여기는 데부친다고도 이야그 헌다고

- 야 데부친다고.

그믄 그 씨압 가졸떼 그 인제 어미소는 주고

- 야 세끼 세끼.

인자 세끼 세양치는 가짜나요?

- 야

그 세양치보다 이르미 머 이써요? 무슨소라고?

- 펭이야268) 시양치라269) 하제 그거뽀다 무:다(거쏘?) 시양치라고 할 터제.

- 시양치 인자 우리 한나 주고 큰소 가저가따고 고러고허제. 야.

─ 갈 때는 이리 해서 이렇게 갔는데 올 때는 저기서 이렇게 와 버렸는
데 얼른 합디다.

암놈을 가지고 가요, 그리?

─ 예, 암놈을 가지고.

그놈을 그러면 그놈보고 '수가 났다고' 그래요?

─ 예, '수났다고' 그래요.

예, 이것이 좀 발정이 난 것 보고?

─ 예, 발정 발정난,

'수가 났다'고?

─ 예

─ 발정났다고 하는 사람도 있지요. 그런데 수 났

수났다 그러고.

─ '대 붙이러' 간다고 그러하오.

어 그러니까 우리 고향에서는 그걸 '갓붙이러' '갓붙인다'고 보통 말하는데
여기서는 '대붙인다'는 말로 어떤 어떤 지방에서는 '수붙인다'고 그러데요.

─ 예, 그럴 테지요. 여러 가지지.

음, 그리고 여기는 '대붙인다'고 이야기 한다고

─ 예, '대붙인다'고.

그러면 그 '씨압' 가져올 때 그 이제 어미 소는 주고

─ 예, 새끼 새끼.

이제 새끼 송아지는 가지잖아요?

─ 예

그 송아지보고 이름이 뭐 있어요? 무슨 소라고?

─ 특별한 것 없이 그저 송아지라 하지 그것보고 뭐라고 하겠소? 송아
지라고 할 테지.

─ 송아지 이제 우리 하나 주고 큰 소 가져갔다고 그러고 하지. 예.

씨압 음, 제민는말만 씨압이~.

－ 야

그게 씨 반는 소란 뜨신 모양이네요.

－ 야 그랑가 어짱가 씨얍 바더(따)

씨얍 가존다고이~.

－ 가존다고 그레라.

보통 그러면 그거슬 이:년? 이:십사:게월 기른다고요?

#－ 예

한 이:년 자바**

－ 일년 모:떼면 거 시양치를 잘 미기머는 한 칠팔메 아니 여덜다리나 데머는 수가 나라우.

－ 그럴쑤도 이써, 잘 잘 메기면.

#－ 조은 세상잉께 그러제 그저네는 이:년도 느께가.

－ 그러제 그저네는 이:년까지 키연는디

－ 네가 기르고 이쓸떼게는 저 그르꾸 저 한 야달달 데먼 소가 시양치를 한테다가 여러게 요그다가 키여써.

#－ 엔나레 팔로 업꼬 그럴떼는 만 이:년 미겨야데.

－ 그렁께 그레가꼬 거 데부처나:가꼬 키:고 어쭈고항께.

－ 그 저 데부처러 온 양바니 어:찌께270) 할메는 거 이르크 스 에 수:를 난지를 자라요이~ 그러문서는

－ 아니 이녁손디 어쩨 모린다우? 다: 알:제.

수나먼 머 먼: 헹동을 헤요?

－ 우러라우, 우러. 악써.

아: 아글써요? 소리가

－ 야

그먼 그 소리로 긍까 쫌 다른 소리 나니까

'씨압' 음, 재미있는 말만 '씨압'.

— 예

그게 씨 받는 소란 뜻인 모양이네요.

— 예, 그런지 어쩐지 '씨압' 받았다.

'씨압' 가져온다고.

— 가져온다고 그래요.

보통 그러면 그것을 이 년 이십사 개월 기른다고요?

#— 예

한 이 년 잡아??

— 일 년 못 되면 그 송아지를 잘 먹이면은 한 칠팔 몇 아니 여덟 달이나 되면은 발정이 나요.

— 그럴 수도 있어, 잘 잘 먹이면.

#— 좋은 세상이니까 그렇지 그전에는 이 년도 늦게 가.

— 그렇지. 그전에는 이 년까지 키웠는데

— 내가 기르고 있을 때는 저 그렇게 저 한 여덟 달 되면 소가 송아지를 한 데다가 이렇게 여기다가 키웠어.

#— 옛날에 판로 없고 그럴 때는 만 이 년 먹여야 돼.

— 그러니까 그래가지고 그 암귀가지고 키우고 어떻게 하니까.

— 그 저 암구러 온 양반이 어떻게 할머니는 그 이렇게 발정이 난 줄을 잘 아오 그러면서는

— 아니 자기 소인데 왜 모른대요? 다 알지.

발정 나면 뭐 무슨 행동을 해요?

— 울어요. 울어. 악 써.

아, 악을 써요? 소리가?

— 예

그러면 그 소리로 그러니까 좀 다른 소리 나니까,

－ 야 그라고도 보 아러라. 보먼 아러.

야: : :.

－ 거 저 오줌 눈데를 보먼 아러라, 보:통.

아

－ 그라먼 그레가꼬 나:노먼 나:가꼬 또 키:고.

예

제민네요이~.

－ 야

자 그다으메

그 노무 지베 소를 먹 머기능거슨 인제 고거 방 거 가따가 길러가 키워가지고 거 송아지 반능거 웨엔 다른 방버븐 다릉 거슨 엄나요?

－ 웁:꺼쏘.

음, 고 아이 코콕 송아지는 몬:나먼 어쩨부까요, 마나게? 키원는디.

－ 나:중에 도:니라도 줄테제라.

아

－ 쪼까니라도[271] 그라거쏘 안?

－ 어쭈고 막 까지가불락띠여[272]? 주제, 쪼까니라도.

긍께 이 기껃 이:넝간 길런는데

－ 야

그럼 송아지는 몬:나을쑤도 이짜나요? 저 나:타가 주거버릴 쑤도이꼬.

－ 야 그러제라. 깔따가문·깔따가문[273] 죽기도 헤:라우, 다와:가꼬.

그러면 그럼 너무집 소 가따가 길런는데 송아지 나:타가 주거부러따 그러면 어:트케 헤요? 도:늘 주까요?

－ 모르거쏘 도:는 안주거바쑹께 소는 안주거바쑹께.

예예

－ 그런디 그 쇠양치는[274] 깐따가먼 저 언:제 함버네는 쇠양치를 인자

- 예, 그러고도 알아요. 보면 알아.

아

- 그 저 오줌 누는 데를 보면 알아요, 보통.

아

- 그러면 그래가지고 낳아 놓으면 낳아가지고 또 키우고.

예

재미있네요.

- 예

자 그 다음에

그 남의 집의 소를 먹 먹이는 것은 이제 그것 방 가져다가 길러가 키워가지고 그 송아지 받는 것 외엔 다른 방법은 다른 것은 없나요?

- 없겠소.

음, 그 아니 그 송아지는 못 나면 어째 버릴까요, 만약에? 키웠는데.

- 나중에 돈이라도 줄 테지요.

아

- 조금이라도. 그러잖겠소?

- 어떻게 막 가져가 버리려 하겠소? 주지, 조금이라도.

그러니까 이 기껏 이 년간 길렀는데

- 예

그럼 송아지는 못 나올 수도 있잖아요? 저 낳다가 죽어 버릴 수도 있고.

- 예, 그렇지요. 까딱하면 까딱하면 죽기도 해요, 다 와가지고.

그러면 그러면 남의 집 소 가져다가 길렀는데 송아지 낳다가 죽어 버렸다 그러면 어떻게 해요? 돈을 줄까요?

- 모르겠소. 돈은 안 죽어 봤으니까. 소는 안 죽어 봤으니까.

예예

- 그런데 그 송아지는 까딱하면 저 언제 한번은 송아지를 이제 날 때

날:떼가 데얀는디

　－ 저녀게 소가 소가 세끼를 나컨는디 그람서러도,

　－ 여집 네가 가보도 아나고는 아치메 일치거이[275] 날 막 셍:께 가바써라우.

　－ 날 막셍:께 강께 충:께 요거시 그라고 멀:고,

　－ 세끼를 나:먼 소가 할터야되야라우, 즈그 세끼를.

　－ 그란디 이러고 데 인자 여러게 메:농께 저 이로꾸이로쿠 메:농께는 거 베 데:게 메:농께,

　－ 세끼는 뒤에다가 쩌그다가 빠처부르고는[276],

　－ 몰:할트고 추끼는 나른 추:꼬 서:딸 초하레나린디,

　－ 아 그레가꼬 주거가꼬 인능거 가터라, 보기에가.

　아이고

　－ 그레서 몬차봉께는[277] 쪼끔 어찌게 다쑬라고도[278] 하고 어짜그로헤 나도 눈 깍[279]깜:꼬 그라고 이씁띠다.

　음

　－ 그러고서는 인자 이 막 천동운동[280] 지비로 와가꼬 아그들 손지:들[281] 데꼬가가꼬 머 가꼬가가꼬 그노믈 가꼬와써라우. 다머가꼬 막 뜽:꼬와쩨, 아그드리.

　－ 그레서 방에다 불 막 마:니 뗌:서러 저 머리 하먼 거 머리 몰리능[282] 거시 이쏘?

　드라이어 허.

　－ 야, 글로 드라이로 막 두:겡가가꼬 막:: 문질름서러[283] 불 여그다 망:창[284] 떼:노코,

　－ 그러코 항께는 아이 나:중에 깐닥깐닥[285] 사라나라.

　오

　－ 주거떵거시.

　음

가 됐는데,

- 저녁에 소가 소가 새끼를 낳겠는데 그러면서도,
- 아직 내가 가보지도 않고는 아침에 일찍이 날 막 새니까 가 봤어요.
- 날 막 새니까 가니까 추우니까 이것이 그리고 멀고,
- 새끼를 낳으면 소가 핥아야 돼요, 저희 새끼를.
- 그런데 이렇게 대 이제 여러 마리 매어 놓으니까 저 이렇게 이렇게 매어 놓으니까는 그 배 되게 매어 놓으니까,
- 새끼는 뒤에다 저기다가 빠뜨려 버리고는,
- 못 핥고 춥기는 날은 춥고 섣달 초하룻날인데,
- 아, 그래가지고 죽어가지고 있는 것 같아요, 보기에.

아이고

- 그래서 만져 보니까는 조금 어떻게 따뜻하려고도 하고 어떻게 해 놔도 눈 꼭 감고 그렇게 있습디다.

음

- 그리고서는 이제 이 막 허둥지둥 집으로 와가지고 아이들 손자들 데리고 가가지고 뭐 가져가가지고 그놈을 가지고 왔어요. 담아가지고 막 떠메가지고 왔지, 아이들이.
- 그래서 방에다 불 막 많이 때면서 저 머리 하면 그 머리 말리는 것이 있잖소?

드라이어 허.

- 예, 그것으로 드라이로 막 두 개인지 가지고 막 문지르면서 불 여기다 왕창 때어 놓고,
- 그렇게 하니까는 아니 나중에 천천히 살아나요.

오

- 죽었던 것이.

음

― 아따 요로쿠도 사라낭갑따이.

― 아조 그레가꼬 열씨미 헤:가꼬 항:경께 그놈 저 거 안주꼬 사라낭께 그르케 제밉띠다. (웃음)

그러네요이~. 여러가지 참 어려우미 이썬네요 예.

자 소 질드를떼는 어떠케 질드린다고요? 막 키운놈 인자 젱기질 시킬라먼.

― 젱기질 할라머 인자 인자는 소를 가 인자는 그 옌:나레는 인자 젱기질할라고 그 지를 디릴라먼,

― 신장노에로 머:슬 무강거슬 노코 인자 요 헤:가꼬 끄꼬 뎅게써라우, 소 저 큰소를.

예

― 저으 그노믈 저 끄꼬뎅엔는디,

― 요즘 씨상에는 기양 사:람드리 막 가가꼬 바테서 막 헤:라.

― 잡꼬 한나가 와서 자부주고 한나는 뒤:에서 몰:고 그르케 헤:가꼬 인자는 합띠다.

― 그라고 소도 인자는 쓸 피료가 업써라, 벨라286).

그러지요, 기게로 하니까

― 기게로만 점:부 항께.

― 세상은 조:은 세상이여, 인자

요세도 인자 쩌그 산 우에 고런데나 인자.

― 야, 그런떼는 하더마니라우, 테레비서 보먼.

따로만 기게가 모:깐는.

― 그렁께라.

근데 이제 소:가 인제 코도 뚜려야 데자나요?

― 아 코는 뚠: 사라미 따로 이써라. 또 잘 뚠 사라미.

어 언:제쯤메 코를 뚜러요?

― 한 일고야덜딸 데먼 자우당287) 코뚤 꺼시오.

― 아따, 이렇게도 살아나나 보다.

― 아주 그래가지고 열심히 해가지고 한 것이니까 그놈 저 그 안 죽고 살아나니까 그렇게 재미입디다. (웃음)

그러네요. 여러 가지 참 어려움이 있었네요. 예.

자 소 길들일 때는 어떻게 길들인다고요? 막 키운 놈 이제 쟁기질 시키려면.

― 쟁기질 하려면 이제 이제는 소를 이제는 그 옛날에는 이제 쟁기질 하려고 그 길을 들이려면,

― 신작로로 뭘 무거운 것을 놓고 이제 이 해가지고 끌고 다녔어요. 소 저 큰 소를.

예

― 저기 그놈을 저 끌고 다녔는데,

― 요즘 세상에는 그냥 사람들이 막 가가지고 밭에서 막 해요.

― 잡고 하나가 와서 잡아주고 하나는 뒤에서 몰고 그렇게 해가지고 이제는 합디다.

― 그리고 소도 이제는 쓸 필요가 없어요, 별로.

그렇지요, 기계로 하니까.

― 기계로만 전부 하니까.

― 세상은 좋은 세상이야, 이제.

요새도 이제 저기 산 위에 그런 곳이나 이제.

― 예, 그런 곳은 하더구먼요, 텔레비전에서 보면.

따로 기계가 못 가는 곳은.

― 그러니까요.

그런데 이제 소가 이제 코도 뚫어야 되잖아요?

― 예, 코는 뚫는 사람이 따로 있어요. 또 잘 뚫는 사람이.

어 언제쯤에 코를 뚫어요?

― 한 일고여덟 달 되면 좌우간 코 뚫을 거요.

― 그레야 여그 어:디 *끄꼬*가면 더 나:쩨. 그라너문 막 시:끄덩이라288), 더.

― 그렁께 그랍띠여? 마:란드르면 꼬뚜러블고 코뚜러부른다고 사:람도.

(웃음) 그레요. 예.

저그 지남버네 함번 다 이야기 하싱거지마는 젱기질하고 갈:떼 인자 머라고 하면서 젱기질 하자나요?

― 자라자라자라자라 그람서 갑띠여?

아 자라자라 하면서 가고.

― 야 자라자라 그람서러.

또 어떤 소리드리 인나요?

― 막 되:게 머락함서러289) 머라.

#― 이:라 자:라.

― '이:라' '이라' 그라면 요:리 돌라 서라 그거또.

음음

― 어찌게 그랑께 그거또 아러러,

― 그 코뛰예 코에다가 인자 거그다가 딱찌 한 노믈 자부뎅이면 아푸거쏘?

어~

― 근디 '이라' 그람서 하면 다 아러라, 돌라슬찌를

으

― 그거또.

― 그레가꼬 바메 인자 쩌:으 먼:데다가 소를 메가꼬 저녀게 이:리 바뻐가꼬 소를 모끄스로 가요 안?

― 모:쓰끄스로290) 가면 바메라도 가서 *끄꼬*와야제.

으

- 그래야 여기 어디 끌고 가면 더 낫지. 그렇지 않으면 막 제멋대로 움직이거든요, 더.

- 그러니까 그러잖습디까? 말 안 들으면 코 뚫어 버리고 코 뚫어 버린다고 사람도.

(웃음) 그래요. 예.

저기 지난번에 한 번 다 이야기 하신 것이지마는 쟁기질 하고 갈 때 이제 뭐라고 하면서 쟁기질하잖아요?

- 자라자라자라자라 그러면서 가잖습디까?

아, 자라 자라 하면서 가고,

- 예, 자라 자라 그러면서.

또 어떤 소리들이 있나요?

- 막 되게 야단치면서 야단.

#- 이라 자라.

- 이랴 이랴 그러면 이리 돌아 서라 그것도.

음음

- 어떻게 그러니까 그것도 알아요.

- 그 코 뒤에 코에다가 이제 거기다가 딱지 한 것을 잡아당기면 아프잖겠소?

어

- 그런데 이랴 그러면서 하면 다 알아요, 돌아설 줄을.

으

- 그것도.

- 그래가지고 밤에 이제 저기 먼 곳에다가 소를 매가지고 저녁에 일이 바빠가지고 소를 못 끄으러 가잖소?

- 끄으러 가지 못하면 밤에라도 가서 끌고 와야지.

으

- 이녁송께.

- 쩌:으 우게다가 우리 시시아부지랑 메:즌는디 그 거그다가 메:노코,

- 여그서 아치메 인자 저녀게 소 끄스로 가머니라, 여그막 까먼 아:요? 소가.

- 그 악 쓰다도 '움마 움마' 그람서러 조:은말로 즈그가,

아 아

- 그러고 가면,

- 뽈끈291) 이러나라우, 앙거따가292).

기다련는 모양이네요

- 야

- 이러케 검나게 그거또 무삼293)탑능갑띠다. (웃음)

- 그레가꼬 가서 저 가문 기양 뽈끈294) 이러나라, 앙거따가도295). 그레가꼬,

**세 밤:세 잠 모짜고. (웃음)

- 야

그러초이~.

- 아 크나크난 짐성 나:뚜고 네라침까지는 몬:나뚜고 가서 끙:꼬 오자 그라면,

- 가면 그러케, 가면 안:단마리여, 여그 올라가머. 참 이상합띠다야.

- 거거 조은말로 그렁갑쏘 '움메 움메' 그라고 이써. 수 순:한 말로 그레라, 순:한.

막 악 쓰다가도.

- 야, 악쓰다가도.

긍께 무서운 짐승이 이쓰먼 무섭쪼

- 야

그러초.

- 자기 소니까.
- 저기 위에다가 우리 시아버지랑 매어졌는데 그 거기다가 매어 놓고,
- 여기서 아침에 이제 저녁에 소 끄으러 가면요, 여기 막 가면 알아요. 응? 소가.
- 그 악 쓰다가도 음매 음매 그러면서 좋은 말로 저희가,

아 아

- 그렇게 가면,
- 벌떡 일어나요, 앉아 있다가.

기다렸던 모양이네요.

- 예
- 이렇게 굉장히 그것도 무서움 타나 봅디다. (웃음)
- 그래가지고 가서 저 가면 그냥 벌떡 일어나요, 앉아 있다가도. 그래 가지고,

??새 밤새 잠 못 자고. (웃음)

- 예

그렇지요.

- 아 크나큰 짐승 놔두고 내일 아침까지는 못 놔두고 가서 끌고 오자 그러면,
- 가면 그렇게 가면 안단 말이야, 여기 올라가면. 참 이상합디다.
- 그 그 좋은 말로 그러나 보오. 음매 음매 그러면서 있어. 순한 말로 그래요. 순한.

막 악 쓰다가도.

- 예, 악 쓰다가도.

그러니까 무서운 짐승이 있으면 무섭지요.

- 예

그렇지요.

업:쓰께

－ 소도 무삼탕갑띠다. (웃음)

그러지요.

소도 여러가지 속 종:뉴가 이써요. 세까리나 모양에 따라서 먼:소 먼:소.

－ 아 이 노:란소가 여 항:국소고라, 그 꺼:망거슨 저 인자 접 삐:는 소고.

－ 그라고는 다 보:통 그런 껌 노:란숩띠다.

음, 노랑 노:랑소.

－ 야 인저까지도 키여바도.

다 노:랑소요.

－ 야, 노:랑소.

아니면 막 이러케 좀 얼룩떨룩하고 머 그런 모양드리나,

－ 그거슨 인자 거 쩌:런티서 그 저쏘 종:뉴여가가 얼룩떨룩헤라.

－ 그라고 인자 보면 다 노:레라.

－ 종자는 한 종장가 어짱가 다 노:랑겁띠다.

노:랑숸디도 이러케 얼루기 징거또 이쓸텐데 그렁거슨 웨 엄:는지

－ 읍:써. 어쩌다 한나는 이쓸랑가 어쩔랑가 잘 암비:입따야.

또 이런소요, 꺼:먼 줄무니가 이러케 줄로 쫙: 이러케 넨 그런 소도 이써따
그라데요, 엔:나레. 그렁거 모:뽀셔써요?

－ 그렁거슨 잘 모:빠써요.

#－ 여그서는

여그서는 업:써요?

#－ 칙쏘 가튼 거슨.

음

－ 다 보면 노:랑소, 노:란.

－ 나 에기떼부텀[296] 우리 친정지븐 키여꺼등이라우. 그래서 거그 저
에기떼부터 보면 그런숩띠다야. 노:란소.

없으니까.

- 소도 무서움 타나 봅디다. (웃음)

그렇지요.

소도 여러 가지 소 종류가 있어요. 색깔이나 모양에 따라서 무슨 소 무슨 소.

- 아 이 노란 소가 한국소고요. 그 검은 것은 저 이제 젖 빼는 소고.

- 그리고는 다 보통 그런 노란 소입디다.

음, 노란 노란 소.

- 예, 지금까지도 키워 봐도.

다 노란 소요.

- 예, 노란 소.

아니면 막 이렇게 좀 얼룩덜룩하고 뭐 그런 모양들이나.

- 그것은 이제 그 저런 곳에서 저 젖소 종류가 얼룩덜룩해요.

- 그리고 이제 보면 다 노래요.

- 종자는 한 종자인지 어떤지 다 노란 것입니다.

노란 소인데도 이렇게 얼룩이 진 것도 있을 텐데 그런 것은 왜 없는지

- 없어. 어쩌다 하나는 있을지 어떨지 잘 안 보입디다.

또 이런 소요, 검은 줄무늬가 이렇게 줄로 쫙 이렇게 낸 그런 소도 있었다 그러데요, 옛날에. 그런 거 못 보셨어요?

- 그런 것은 잘 못 봤어요.

\# - 여기서는

여기서는 없어요?

\# - 칡소 같은 것은.

음

- 다 보면 노란 소, 노란.

- 나 아이 때부터 우리 친정집은 키웠거든요. 그래서 거기 저 아이 때부터 보면 그런 소입디다. 노란 소.

그레요이~.

그 다으메 소가 인자 뿌리 이러케 이러케 이짜나요? 뿔 모양도 여러가질텐데.

― 뿌른 쫌 여러 가지여라우.

어

아 어뜨게 셍긴 뿔

― 쫌 오그라진 놈도 이꼬 이러케 뻐뻐단 놈도 이꼬 그럽디다.

― 이러케 다 또 이러구 아 셍게쏘 안, 뿌른?

예

― 그란디 여그 딱 이로코 셍인²⁹⁷⁾ 놈도 이꼬 그레라 어짜다 한나쓱또.
데:게는 또 그라허고

근데 고런 소뿔 모양에 따라서 머 이르미 이꺼나 그런 이르미 다르거나

― 아 옵:써라.

아 따로 이르미 업써요이~?

― 야

소도 그거또 나이 무근 한살 머꼬 두:살 머꼬 그러자나요이~.

― 그러제라.

거 그거 어뜨케 아라요, 나이를 또?

― 아니 사:람 너머감 나이나 그거시나 다 가터라.

― 한 일년데먼 사:람도 한 살 암묵쏘? 소도 그레라.

― 멘년 되얄 멘년 셍이라고 그레라, 폴:라먼.

― 그라고 이빨 바:도 알고 그런답띠다, 이빨.

이빨 어

― 이빠리 빠진다 합디다, 늘그믄 그거또.

그러먼 한살짜리 소나 두:살짜리 소나 머 딱 불르는 이르미 인나요?

― 웁:써라.

그냥 그냥

그래요.

그 다음에 소가 이제 뿔이 이렇게 이렇게 있잖아요? 뿔 모양도 여러 가지일 텐데.

― 뿔은 좀 여러 가지예요.

어

아, 어떻게 생긴 뿔?

― 좀 오그라진 것도 있고 이렇게 뻣뻣한 것도 있고 그럽디다.

― 이렇게 다 또 이렇게 생겼잖소, 뿔은?

예

― 그런데 여기 딱 이렇게 생긴 것도 있고 그래요. 어쩌다 하나씩도. 대개는 또 그러고.

그런데 그런 쇠뿔 모양에 따라서 뭐 이름이 있거나 그런 이름이 다르거나?

― 아, 없어요.

아, 따로 이름이 없어요?

― 예

소도 그것도 나이 먹은 한 살 먹고 두 살 먹고 그러잖아요?

― 그렇지요.

그 그것 어떻게 알아요, 나이를 또?

― 아니 사람 넘어가는 나이나 그것이나 다 같아요.

― 한 일 년 되면 사람도 한 살 먹잖아요? 소도 그래요.

― 몇 년 되었 몇 년 생이라고 그래요, 팔려면.

― 그리고 이빨 봐도 알고 그런다고 합디다, 이빨.

이빨 어.

― 이빨이 빠진다고 합디다, 늙으면 그것도.

그러면 한 살짜리 소나 두 살짜리 소나 뭐 딱 부르는 이름이 있나요?

― 없어요.

그냥 그냥.

   — 저 세양치보다는 어:디가 이쓰면 저 불르는 소리가 네:미네:미298)
그럽띠다. 네:미네:미 그레라.

   — 그라면 인자 그거시 따라와라.

음

   — 그거또 다 지가 부른지 앙:가 따라와라.

두:살 세:살 머근 소를 머 따로 구부네서 부르는 이르믄 업꼬요이~?

   — 야

소 팔라 그러먼 저 어:디로 가꼬가서헤요?

   — 사로뎅게라, 소를.

아

이 동네로 와가지고 소장사가?

   — 야

   — 그레가꼬 지갑또299) 모:바꼬 술이랑 신 첸: 사라믄 막 싸디싸게 줘:
부러라, 우리집 영:가믄.

소도 소장수가 수를 메겨요?

   — 야 그레가꼬 어:쩌케 됭가 그럽띠다. 그레서,

   — 함버네는300) 너머301) 싸게 우리 아조 먼: 사람 멀:게 된 사람도 아
니고 쫌 가깝게 된 냥바니 가꼬가부럴 쓰께.

   — 아서 무러봉께 그놈 발싸기 흐메302).

   — 거 우리망 두:쩨 아들뽀다303) 가서 동:가꼬서 얼:릉 가 소 가꾸와.
구 저:그 가거따.

   — 그라고 보네뜨니 안 주드락 하요.

   — 비싸게 폴:라고

   — 그레가꼬 항시 인자도 셍각납띠다.

아 (웃음)

하라버지가 수를 안 잡쑤머는.

- 저 송아지보고는 어디에 있으면 저 부르는 소리가 '네미네미' 그럽
디다. '네미네미' 그래요.

- 그러면 이제 그것이 따라와요.

음

- 그것도 다 제가 부르는지 아는지 따라와요.

두 살 세 살 먹은 소를 뭐 따로 구분해서 부르는 이름은 없고요?

- 예

소 팔려고 그러면 저 어디로 가져가서 해요?

- 사러 다녀요, 소를.

아

이 동네로 와가지고 소 장수가?

- 예

- 그래가지고 제값도 못 받고 술이랑 취한 사람은 막 싸디싸게 줘 버
려요, 우리 집 영감은.

소도 소 장수가 술을 먹여요?

- 예, 그래가지고 어떻게 되었는지 그럽디다. 그래서,

- 한번은 너무 싸게 우리 아주 먼 사람 멀게 된 사람도 아니고 좀 가
까운 양반이 가져가 버렸으니까.

- 와서 물어보니까 그놈 ??? ??.

- 그 우리 막 둘째 아들보고 가서 돈 가지고 가서 얼른 가 소 가져와.
저기 가겠다.

- 그러면서 보냈더니 안 주더라고 해요.

- 비싸게 팔려고.

- 그래가지고 항시 지금도 생각납디다.

아 (웃음)

할아버지가 술을 안 잡수면은.

- 그렁께서 아 머:시 그렁가 그러케 기양 술만 취헤 술만 취헤노먼,

- 논도 준지 모르게 쥐:불고 바또 준지 모르게 쥐:불고 그럽띠다야.

- 그레가꼬는 가서 막 네가 언제 함버는 어:뜬 양바니 그 머:만 헤:쩨 도:는 암바꼬

게약

- 인자 계약만 헨:능갑띠다. 그서 게약서를 주락 헤찌라, 네가.

- 우리가 마:니 이따거면 폴:기도 하제마는 벨라 엄:마 이또 안허고 그 거 포라불면 안뒹께.

- 머냐 저 바슨 포라찌마는 농까지 다 거그서 이러케 헤:부루면 쓰거쏘?

- 네가 할꺼싱께 도:는 저 머:더씨야. 나코[304] 쳉 모다 안쥐:씽께 얼릉 그 머:슬 게약써를 나를 쥐:라우. 찌저불랑께 여그서.

- 그레도 안주요, 암만. 그사람 인자도 사:라써라우.

- 그레가꼬 하도 안중께 네가 그레써라.

- 그 도:늘 얼렁 아 저 기약써를 안주면 약 까꼬와서 지비 방에 와서 주거, 나는. 네가 주글꺼여. 얼렁 주씨요이~.

- 아 거 돈 안 쥐:쓩께 주란 마리요. 돈 쥐:써도 쥐:도 되야라우.

- 그란디 어쩨 똑가튼 동:네서 그 술무근 사람한테 그러케 헤:야꼬 어 디그 싸디싸게 그러케 뻬:쏘? 그르케 하면 안되라우 함서러 얼렁 쥐:라우 그라고 그레도 안되야.

- 조:케 당신네 지비서 나 안주길라면 주씨요, 얼렁. 얼릉 쥐:라우.

- 그람서 막 보까따 헤:뜨이 나:중에 할 쑤 업씨 줍띠다.

- 그런 사람도 이써라우. 그드이 인자도 찬:차이 바:집띠다.

(웃음) 참 그레요이~ 음.

자:: 그러면 소를 어:디서 사셔 가 가서 사 산?

- 장에 가서 사제.

장에 가면 소가 마:니 이찌요?

- 그러니까 아 뭐가 그런지 그렇게 그냥 술만 취해 술만 취해 놓으면,
- 논도 주는 줄 모르게 줘 버리고 밭도 주는 줄 모르게 줘 버리고 그럽디다.
- 그래가지고는 가서 막 내가 언제 한번은 어떤 양반이 그 뭐만 했지 돈은 안 받고,

계약

- 이제 계약만 했는가 봅디다. 그래서 계약서를 달라고 했지요, 내가.
- 우리가 많이 있다고 하면 팔기도 하지마는 별로 얼마 있지도 않고 그것 팔아 버리면 안 되니까.
- 뭐냐 저 밭은 팔았지마는 논까지 다 거기서 이렇게 해 버리면 되겠소?
- 내가 할 테니까 돈은 저 뭐 하세요. 나중에 모두 안 줬으니까 얼른 그 뭘 계약서를 나를 줘요. 찢어 버리려니까 여기서.
- 그래도 안 줘요, 아무리. 그 사람 지금도 살아 있어요.
- 그래가지고 하도 안 주니까 내가 그랬어요.
- 그 돈을 얼른 아 저 계약서를 안 주면 약 가지고 와서 댁의 방에 와서 죽어, 나는. 내가 죽을 거야. 얼른 주세요.
- 아 그 돈 안 줬으니까 달란 말이오. 돈 줬어도 줘도 돼요.
- 그런데 왜 같은 동네에서 그 술 먹은 사람에게 그렇게 해가지고 어디 그 싸디싸게 그렇게 빼앗소? 그렇게 하면 안 돼요 하면서 얼른 줘요 그렇게 그래도 안 돼.
- 좋게 당신네 집에서 나 안 죽이려면 주세요, 얼른. 얼른 줘요.
- 그러면서 막 볶았다 했더니 나중에 할 수 없이 줍디다.
- 그런 사람도 있어요. 그러더니 지금도 찬찬히 봐집디다.

(웃음) 참 그래요. 음.

자 그러면 소를 어디서 사셔 가 가서 사 산?

- 장에 가서 사지.

장에 가면 소가 많이 있지요?

－ 야 장에 장날까먼 마:니 이써라우.

－ 나 소도 사로 뎅게바써라우.

예 뭘: 머:슬 보먼 조:은 손지 아라요?

－ 보먼 아러라우, 소도.

음, 어:디 어:디요?

－ 뿌리고 요 다리 다리도 쫌 너푸고305) 뿔도 난노먼 이:뿌게 나고 거일 머:또 이런데 보먼 반질반질혜:가꼬 클노믄 더 달라라우.

아

－ 그레가꼬 나 두:버닝가 장이로 가바쏘야.

아

－ 어:르니 가바짜 모:짜분 모:쌍께.

아

－ 그놈 사가꼬 가꼬문 또 사:람드리 인자 처:메는 거그다 사가 거그서 사가꼬 에기드리 뒤:께306) 저 선창에다 가따 메:준닥 하요.

－ 그런디 조구뜨리 어디 가저 어디로 앙가꼬 가냐 그 셍가기나, 여자라.

음

－ 그레서 운 얼릉 가야데꺼신디 인자 거그서 얼릉 몰 몬:나오고 그 아 그드리 일찍 보네고.

－ 근디 진짜로 거그다 가따 멜:까 그라고는 도:는 안줘:쩨라. 인자 와서 준다고.

－ 그렁께 차로 아가꼬 뒤:께를 나와서 봉께,

－ 그 에기가 그 소를 딱: 가꼬 이쏘?

으흠

－ 그레서 아 가꼬가든 안하구나. 그라고는,

으흠

－ 돈:주고 가꼬온디,

- 예, 장에 장날 가면 많이 있어요.

- 나 소도 사러 다녀봤어요.

예, 뭘 뭐를 보면 좋은 소인 줄 알아요?

- 보면 알아요, 소도.

음, 어디 어디요?

- 뿔이고 요 다리 다리도 좀 높고 뿔도 난 놈은 예쁘게 나고 그 일 뭐 또 이런 데 보면 반질반질해가지고 클 놈은 더 달라요.

아

- 그래가지고 나 두 번인가 장으로 가봤소.

아

- 어른이 가봤자 못 잡은 못 사니까.

아

- 그놈 사가지고 가져오면 또 사람들이 이제 처음에는 거기다 사가 거기서 사가지고 아이들이 뒷개 저 선창에다 가져다 매 준다고 하오.

- 그런데 저희들이 어디 가져 어디로 안 가지고 가느냐 그 생각이 나, 여자라.

음

- 그래서 얼른 가야 될 텐데 이제 거기서 얼른 못 나오고 그 아이들이 일찍 보내고.

- 그런데 진짜로 거기다 가져다 맬까 그러고는 돈은 안 줬지요. 이제 와서 준다고.

- 그러니까 차로 와가지고 뒷개를 나와서 보니까,

- 그 아이가 그 소를 딱 가지고 있잖소?

으흠

- 그래서 아 가져가지는 않구나. 그러고는,

으흠

- 돈 주고 가져오는데,

- 사:람드리 또 먼 만난 사:람마다 엄:마주고 산냐고 엄:마주고 산냐고 그레싸트만.

- 아니 줄만치307) 주제 머 엄:마나 준다우, 네가? 다 가치 가치제. 똑 가터야라우, 나는 잘 모:쌍께라우.

- 그라고는 나 더 줼:능가 어쩬능가 모:르거쏘 그라고 싹: 완는디,

- 거그서 소장시가308) 인자 주고 인자 돔:바꼬 한사라미 존:놈 차자줍띠다.

- 여그 싸라미 거그를 또 소 사로 와씁띠다.

- 그레가꼬 우리 소한나나 중쏘나 된놈 살랑께,

- 나 소한나 저 어떤 노미 조쏘? 나는 꼭 저노미 즉 마:메 들료야309) 그렁께는,

- 쫌 비싸라우. 아이 비싸든지 싸든지 더 저 존:놈 얼릉 클노믈 사야 제라이. 그람서러 헤:뜨이 그냥바니 사줍띠다.

- 그레서 가꼬와가꼬 바메라 여 거까 우리집까지 모:도고,

- 쩌 신장까에 친정이 이씽께 친정에서 자고 아치메 끄꼬 올라온디,

- 암무러 본사라미 움:네. 샤:라믄 보면 다 무러보네.

(웃음).

- 엄:마 주고 산냐고.

소가 조:케 보연능감네요

- 야

- 야 초자 소 잘사가꼬오야 그럼서는 다 글드라고.

- 아이 소 사로 간사라미 잘 사가꼬 와야제 모:싸가 오거쏘 그라고는,

- 가꼬와서 돈 네러 주고 사고 그 여:비는 넹게가꼬310) 인자 오고 옹께는,

- 존: 놈 사따고 그럽띠다.

- 사람들이 또 무슨 만나는 사람마다 얼마 주고 샀느냐고 얼마 주고 샀느냐고 그래 쌓더구먼.

- 아니 줄 만큼 주지 뭐 얼마나 준대요, 내가? 다 같이 같지. 똑같아요. 나는 잘 못 사니까요.

- 그러고는 나 더 줬는지 어쨌는지 모르겠소 그러면서 싹 왔는데,

- 거기서 소장수가 이제 주고 이제 돈 받고 하는 사람이 좋은 놈 찾아 줍디다.

- 여기 사람이 거기를 또 소 사러 왔습디다.

- 그래가지고 우리 소 하나나 중소나 되는 놈 사려니까,

- 나 소 하나 저 어떤 놈이 좋소? 나는 꼭 저놈이 즉 마음에 드오 그러니까는,

- 좀 비싸요. 아니 비싸든지 싸든지 더 저 좋은 놈 얼른 클 놈을 사아지요. 그러면서 했더니 그 양반이 사 줍디다.

- 그래서 가져와가지고 밤이라 이 거기까지 우리집까지 못 오고,

- 저 신장 가에 친정이 있으니까 친정에서 자고 아침에 끌고 올라오는데,

- 안 물어 보는 사람이 없네. 사람은 보면 다 물어 보네.

(웃음)

- 얼마 주고 샀느냐고.

소가 좋게 보였나 보네요.

- 예

- 예, 소 잘 사가지고 오오 그러면서는 다 그러더라고.

- 아니, 소 사러 간 사람이 잘 사가지고 와야지 못 사가지고 오겠소 그러고는,

- 가져와서 돈 내려 주고 사고 그 여비는 남겨 가지고 이제 오고 오니까는,

- 좋은 놈 샀다고 그럽디다.

예

소 그 소 이러케 거간하는 사람도 마:니 이짜나요?

― 야, 거가난 사람들 이써라우.

예

― 그래서 그 항시 소 풀:고 사고 그런 사라미 거가비311) 이뜨라마리요

예

― 잘 안:사라미.

― 그래서는 나 소사로 왇넌디 조은놈 한나 말:헤 주시요 어:뜬 노미 조커쏘 그람서러

― 나는 쩌그 저 소를 사고 잡쏘야12) 그랑께는, 잘 뵈쏘야13) 그러더라고라.

아아아

― 그래서 사가꼬 네가 가꼬와써라.

그럼 옹께 딱 보니깐 천누네도 딱 조:아보이덩가요?

― 야, 그럽띠다. 소가 봉께 인자 세깔도 이:뿌고 그 나뿌닥또314) 너부적적하고315) 어:따316) 네:노튼지 암빠꺼써317), 그거슨.

― 나 쭉 저놈 살라우 그래야제. 그레가꼬 사가꼬 와쩨.

할머니 보는 누니 정확하시고만. (웃음)

― 야

(웃음)

― 그 여자드리 소사로 뎅인 사람 엄:마나 이꺼쏘?

그러조이~.

― 야, 남자드리 다 ****

웨냐면 도:늘 또 마:니 가꼬가 되 되자나요, 소 살라먼?

― 야, 그랄떼 가다가 무거부름.

(웃음) 큰도늘 가꼬 다니니까 남자드리 주로 하조

― 야, 그러제라.

예

소 그 소 이렇게 거간하는 사람도 많이 있잖아요?

－ 예, 거간하는 사람들 있어요.

예

－ 그래서 그 항시 소 팔고 사고 그런 사람이 거간이 있더란 말이오.

예

－ 잘 아는 사람이.

－ 그래서는 나 소 사러 왔는데 좋은 놈 하나 말해 주시오 어떤 놈이 좋겠소 그러면서,

－ 나는 저기 저 소를 사고 싶소 그러니까는, 잘 봤소 그러더라고요.

아아아

－ 그래서 사가지고 내가 가져왔어요.

그럼 오니까 딱 보니깐 첫눈에도 딱 좋아 보이던가요?

－ 예, 그럽디다. 소가 보니까 이제 색깔도 예쁘고 그 낮바닥도 넓적하고 어디에다 내놓든지 안 빠지겠어. 그것은.

－ 나 쭉 저놈 사겠소 그래야지. 그래가지고 사가지고 왔지.

할머니 보는 눈이 정확하시구먼. (웃음)

－ 예

(웃음)

－ 그 여자들이 소 사러 다니는 사람 얼마나 있겠소?

그렇지요.

－ 예, 남자들이 다 ????

왜냐하면 돈을 또 많이 가지고 가야 되잖아요, 소 사려면?

－ 예, 그럴 때 가다가 먹어 버리.

(웃음) 큰돈을 가지고 다니니까 남자들이 주로 하

－ 예, 그렇지요.

– 또 바메 세보게 일치거니 나가쩨. 가.

– 나 일치거니 나감서러 저 돈:가꼬강께 좀 무살꺼라 헤뜨이. 네가 먼:도니 인는지 알건냐 누가 그라고는

– 여그서 거까지 거러가야 되그등이라, 그떼는, 저 쩌: 도:선장까지.

– 그레가꼬 거그서 소 사가꼬 여그로 끄:꼬와.

예, 그 소는 이정도로 하구요이~.

머슴사리, 엔:나레 머슴도 이게 쪼 도:닌는 집뜨른 머슴도 살,

– 머심 디리고 사러쩨라, 잉간 엥가난[318] 사라믄.

예, 그러믄 머시믄 또 어떤 종:뉴가 이써요, 먼:?

– 인자 저 잘헌 사라믄 돈 더바꼬 살:꺼시고,

어

– 일:도 모:다고 그런 아그들또 가서 살:고 그러거등이라.

– 이를 모:단 사라믄 쪼끔썩 바꼬 살:고 그러제라, 머시믄 허는데로.

아그드른 먼:니를 ** 주로 항가?

– 그 깔:도[319] 비:날리고[320] 소도 띠끼고

소도 띠끼고

– 가따 메:기도 하고 지비서 인자 먼: 이리쓰면 또 쪼가석 손데고 하고 그레들.

고런 에:기들보다 그런 에기들보다 머라고 함니까? *****

– 노무집산:다고[321] 그러제.

#– 깔땀사리라[322] 그레.

깔땀사리?

– 야, 깔땀사리 산:다고 그레

아 깔땀사리.

또 여자에들또 노무집 에:기봐주기 봐:주는 일만 허는 여자에들도 인나요?

– 이쩨라우, 엔:나레는.

- 또 밤에 새벽에 일찍이 나갔지. 가.

- 나 일찍이 나가면서 저 돈 가지고 가니까 좀 무서울 것이라 했더니, 내가 무슨 돈이 있는 줄 알겠냐? 누가? 그러고는

- 여기서 거기까지 걸어가야 되거든요, 그때는, 저 저 도선장까지.

- 그래가지고 거기서 소 사가지고 여기로 끌고 와.

예, 그 소는 이 정도로 하고요.

머슴살이, 옛날에 머슴도 이것이 좀 돈 있는 집들은 머슴도,

- 머슴 들이고 살았지요, 어지간한 사람은.

예, 그러면 머슴은 또 어떤 종류가 있어요, 무슨?

- 이제 저 잘하는 사람은 돈 더 받고 살 것이고,

어

- 일도 못하고 그런 아이들도 가서 살고 그러거든요.

- 일을 못하는 사람은 조금씩 받고 살고 그러지요, 머슴은 하는 대로.

아이들은 무슨 일을 ?? 주로 하는가?

- 그 꼴도 베어 나르고 소도 뜯기고

소도 뜯기고

- 가져다 매기도 하고 집에서 이제 무슨 일이 있으면 또 조금씩 손 대고 하고 그래들.

그런 아이들보고 그런 아이들보고 뭐라고 합니까? ?????

- 남의집산다고 그러지.

#- '깔담살이'라 그래.

깔담살이?

- 예, 깔담살이 산다고 그래.

아, 깔담살이.

또 여자애들도 남의 집 아이 봐 주기 봐 주는 일만 하는 여자애들도 있나요?

- 있지요, 옛날에는.

어

— 그런사람 어짜다 한나쓱 이써라우.

— 인자 이녁집까323) 너무너무 옵:쓰먼 인자 거 노무집까 에기바:주고,

음

— 오더더입꼬 밤어더무꼬 그라고,

고런 에:기 바:주는 에:들 머:라고 함니까?

#— 에:기담:사리324)

— 에:기 담:사리

아, 에:기담:사리?

— 야, 에:기담:사리라 그레

깔베능 건 깔땀사리

— 야 그러제.

어 담:사리라능 거는

— 야

주로 에:기드리 하능 거에요?

— 에, 에기드리 허제.

담:사리는이~? 어:르느는 인자 머심 살고

— 머심살고.

— 깔땀사리 산:닥 항거슨 머시메드리 가서 깔:비고 머다고 항거슨 그 거라하고 또 가이네드른325) 에기바주고.

음

— 저 집치여주고 어짜고 하고.

그 머심 살:라먼 한 일령간 일:하지 일령간?

— 야, 일령간 서:딸 금:날326) 가제라우.

예

예 서딸 그뭄날? 정월 초하루부터 헤서?

어

— 그런 사람 어쩌다 하나씩 있어요.

— 이제 자기 집에 너무 너무 없으면 이제 그 남의 집에서 아이 봐 주고,

음

— 옷 얻어 입고 밥 얻어먹고 그리고,

그런 아이 봐 주는 아이들 뭐라고 합니까?

— '애기담살이'

— 애기담살이

아, 애기담살이?

— 예, '애기담살이'라 그래.

꼴 베는 것은 '깔담살이'.

— 예, 그러지.

어, 담살이라는 것은

— 예

주로 아이들이 하는 것이에요?

— 예, 아이들이 하지.

담살이는? 어른은 이제 머슴 살고.

— 머슴 살고.

— '깔담살이' 산다고 하는 것은 사내애들이 가서 꼴 베고 뭐 하고 하
는 것은 그거라 하고 또 계집애들은 아기 봐 주고.

음

— 저 집 치워 주고 어쩌고 하고.

그 머슴 살려면 한 일 년간 일하지 일 년간?

— 예, 일 년간 섣달 그믐날 가지요.

예

예, 섣달 그믐날? 정월 초하루부터 해서?

− 그렁께 그레딱합띠여, 옌:날 사라미? 머시믈 산:디,

− 인자 방에를 좀 찌여주고 가락헨능갑써라327).

어

− 저녀게 갈꺼신디.

− 이 방에를 찌코 찌여주고 찌:가꼬 마:낭께 그 여자가 저 검:나게 제미뚱갑쩨라이?

− 여간328) 오지네이~329). 마:니 찌여서 여간 존:네 오:지네야 그럼서 항께,

− 지:가330) 오지제 네가 오지까 그레따합띠여?

(웃음)

− 지:가 오지제 네가 오지까 나는 지녀게331) 간디,

어

− 그레딱합띠여?

− 마:니 싸를 찌여놓께 제미뚱갑써. (웃음) 마:리 난능가 그러케.

머시믄 일년 이제 한 일:하면 저 머시 바찌요, 인제?

− 바더가꼬 간디 먼: 쬐끔썩 항께 거그서 무거부루고 혹씨라도 먼 오시라도 또 보기 존:놈 한나라도 사입뜬지 묵뜬지 헤:부루먼,

− 먼: 가꽁 거시 업:씹띠다.

그레요?

− 야, 가꽁건 업:써라. 쪼까썩 바꼬 뎅이드라도.

세:경 세:경을 바짜나요?

− 야

그떼는 도:느로 반나요, 곡씨그로 반 쌀:로 반나요?

− 아니 돈 도:니로 아이 곡씨기로 나라기로 바드먼 거그서 다 포라무거부루고 오고 그럽띠다.

그 다메요이~, 자기 노니나 바시 업쓰믄 너무꺼 벌:자나요이~.

－ 그러니까 그랬다고 하잖아요, 옛날 사람이? 머슴을 사는데.

－ 이제 방아를 좀 찧어 주고 가라고 했나 봐요.

어

－ 저녁에 갈 건데.

－ 이 방아를 찧고 찧어 주고 찧어가지고 많으니까 그 여자가 저 굉장히 재미있던가 보지요?

－ 매우 오달지네, 많이 찧어서 아주 좋네, 오달지네 그러면서 하니까,

－ 제가 오달지지 내가 오달질까 그랬다고 하잖습디까?

(웃음)

－ 제가 오달지지 내가 오달질까 나는 저녁에 가는데,

어

－ 그랬다고 하잖습디까?

－ 많이 쌀을 찧어 놓으니까 재미있던가 봐. (웃음) 말이 났는가 그렇게.

머슴은 일 년 이제 한 일하면 저 뭐가 봤지요, 이제?

－ 받아가지고 가는데 무슨 조금씩 하니까 거기서 먹어 버리고 혹시라도 뭐 옷이라도 또 보기 좋은 것 하나라도 사 입든지 먹든지 해 버리면,

－ 뭐 가져온 것이 없습디다.

그래요?

－ 예, 가져온 것 없어요. 조금씩 받고 다니더라도.

새경 새경을 받잖아요?

－ 예

그때는 돈으로 받나요, 곡식으로 받 쌀로 받나요?

－ 아니 돈 돈으로 아니 곡식으로 벼로 받으면 거기서 다 팔아 먹어 버리고 오고 그럽디다.

그 다음에요, 자기 논이나 밭이 없으면 남의 것 부치잖아요?

— 그러제라.

그러면 얼마나 주이난테 주고 얼마나 자기꺼 하제요?

— 미러서332) 다 말 하제라. 얼마 주꺼시 버:르라고

아

— 야, 그러케 헤:가꼬

보:통 절반씨근 자기가 간나요?

— 절바는 어:디가333) 절반 준다우? 쪼:끔만 주제.

그레요?

— 야

그러면 예:를서 열:마리 나와따 그러머는 주이난텐 얼마나 주고?

— 인자 그거슨 어더서 번:놈 자기 지비서.

음

— 농부가 바시 논:네는334) 우리가 모:뻴거쏭게 자네가 벌:소. 버:러가
꼬 나나묵쎄.

예

— 그라문자,

— 그노믄 인자 저 반:틈썽335) 나누꺼요, 거방336).

— 그 그레가지고 그 사람도

절바니나이~

— 야, 그라고

절반씩

그렁거를 머:라그레요? 반:틈씩 이르케이르케 나나뭉는걸보다?

#— 여그서는 나나묵짜.

나나무끼?

#— 예

— 나능께 나나무끼라고337).

- 그러지요.

그러면 얼마나 주인한테 주고 얼마나 자기 것 하지요?

- 미리서 다 말 하지요. 얼마 줄 것이니 부치라고.

아

- 예, 그렇게 해가지고

보통 절반씩은 자기가 가지나요?

- 절반은 어디 절반 준대요? 조금만 주지.

그래요?

- 예

그러면 예를 들어서 열 말이 나왔다 그러면은 주인한텐 얼마나 주고?

- 이제 그것은 얻어서 부친 것 자기 집에서.

음

- 농부가 밭이 논은 우리가 못 부치겠으니까 자네가 부치게. 부쳐가지고 나눠 먹세.

예

- 그러면 이제,

- 그놈은 이제 저 반씩 나눌 거요, 거의.

- 그 그래가지고 그 사람도

절반이나

- 예, 그리고

절반씩

그런 것을 뭐라 그래요? 반씩 이렇게 이렇게 나눠 먹는 것보고?

#- 여기서는 나눠 먹자.

나눠먹기

#- 예

- 나누니까 나눠먹기라고.

나나무글떼는 그 저 나라그로 나:눙가요?

― 그러제라.

쌀 쌀

― 쌀로 안낭꼬 나라기로

나라그로?

― 야

― 엔:나레는 노무집 사라가꼬도 저 잘 아주 착씨란 사:라미나 모르까 잘 모:싸라라우.

― 그 그떼경338) 써부루고 돈:도 아 가꼬도 안합따야.

― 우리 시아제들또 봉께.

겨우 겨우 머꼬만 살지

― 야

모으지를 모타는구만.

― 야, 그놈 또 지비다가 머 쪼까이라도 헤:주고 어짜게 헤:불고 고검만 이쩨 앙꾸또 업씨 기양 도로 드러가라우.

그레요이~. 음. 그 다으메 인제 이 동:네싸람들끼리 엔:나레 푸마시도 마:니 헤:찌요?

― 푸마시 하제라우.

주로 어:떤떼 푸마시를 헤요?

― 저:그 모숭굴떼도 푸마시 마:니 하고라 모숭굴떼 나락 숭굴떼.

예

― 인자 또 놈메고.

예

― 비고 홀트고 항거슨 다:: 푸마시 마:니 헤라우.

아

― 거그 드르갈떼까지

나눠 먹을 때는 그 저 벼로 나누나요?

 - 그렇지요.

쌀 쌀.

 - 쌀로 안 나누고 벼로.

벼로.

 - 예

 - 옛날에는 남의집살아가지고도 저 잘 아주 착실한 사람이나 모를까 잘 못살아요.

 - 그때쯤 써 버리고 돈도 가져오지도 않습디다.

 - 우리 시동생들도 보니까.

겨우 겨우 먹고만 살지

 - 예

모으지를 못하는구먼.

 - 예, 그놈 또 집에다가 뭐 조금이라도 해 주고 어떻게 해 버리고 고것만 있지 아무 것도 없이 그냥 도로 들어가요.

그래요. 음. 그 다음에 이제 이 동네 사람들끼리 옛날에 품앗이도 많이 했지요?

 - 품앗이하지요.

주로 어떨 때 품앗이를 해요?

 - 저기 모심을 때도 품앗이 많이 하고요, 모심을 때 벼 심을 때.

예

 - 이제 또 논매고.

예

 - 베고 타작하고 하는 것은 다 품앗이 많이 해요.

아

 - 거기 들어갈 때까지.

음

그먼 푸마시헐 떼는 늘 허던 사람드리 이씀니까, 이러케?

— 그러제라우. 인자 저 가:치 농사지꼬 산:사람드른 푸마시 헤:야제.

— 그레도 암본 사라믄 또 사서도 가고 쩨:꿈썩 조:써라, 엔나레는.

자세히 이야기혜 보세요.

— 하레339) 일하로 가먼.

— 그레도 요즘 씨:상에는 쌀 항가마이쎄기 너머라.

— 함번 일하믄 하레 일하믄.

쌀갑씨 싸니까

— 야

— 그저네는 쌀 한데썩 줘:써 하레 하먼. 남자드른 남자들.

*** 쌀 한되요?

— 야, 쌀 한뒈.

— 쌀 한 데도, 짝 까까서 줘:불고.

주로 쌀로 주나요?

— 쌀로도 주고.

품싸글?

— 보 보쌀도340) 주고.

보쌀도 주고.

— 야

하루종일 일:하먼 쌀 한데.

— 야

보쌀 어

— 그놈 바더다가 식꾸 마너먼 두:끄이341) 무거부루먼 항끄이 무거부루먼 끄나부루먼,

— 또 일:하로 가도 또구텍 또구텍 벵년사러도 구테기제, 어짜거쏘, 그

음

그러면 품앗이할 때는 늘 하던 사람들이 있습니까, 이렇게?

― 그러지요. 이제 저 같이 농사짓고 사는 사람들은 품앗이해야지.

― 그래도 안 부치는 사람은 또 사서도 가고 조금씩 줬어요, 옛날에는.

자세히 이야기해 보세요.

― 하루 일하러 가면.

― 그래도 요즘 세상에는 쌀 한 가마니씩이 넘어요.

― 한 번 일하면 하루 일하면.

쌀값이 싸니까

― 예

― 그전에는 쌀 한 되씩 주었어. 하루 하면. 남자들은 남자들.

??? 쌀 한 되요?

― 예, 쌀 한 되.

― 쌀 한 되도 싹 깎아서 줘 버리고.

주로 쌀로 주나요?

― 쌀로도 주고.

품삯을

― 보리쌀도 주고.

보리쌀도 주고.

― 예

하루 종일 일하면 쌀 한 되.

― 예

보리쌀 어.

― 그것 받아다가 식구 많으면 두 끼니 먹어 버리면 한 끼니 먹어 버리면 끝나 버리면,

― 또 일하러 가도 또 그 턱 또 그 턱 백 년 살아도 그 턱이지, 어쩌겠

사라믄, 게:속?

그러치요이~ 에.

그러케 나문 이제 어 푸마시를 허따들찌 이르케 다른 사람 어더서 일:하면 세 세:끄 세:차믈 마:니 술차믈 마:니 줘:야되지 아나요이~?

술:참도 주고

— 그러제라.

어영

에, 머:슬 주로 엔:나레는 머건나요?

— 엔:나레는 인자 모를 숭쏘, 사:람 어더가꼬? 사기도 하고 인자 푸마:시 덩겨:가꼬 하먼.

— 아침:을 암무꼬 가그등이라우, 바뽕께.

아 아침?

— 일찍342)갈라고. 암무꼬가고 어짝허먼 아치메 세보게부틈 이러나서 그 주글 써:라.

— 저 폭 가:서 저 밀:까리 가라가꼬 메또게다가343) 그눔 처가꼬 인자 그노메헤:서 죽써가꼬가라우.

— 앞 세보 인자 아치메 세보게 저 술차마고 아치마고헤:서 써꺼서.

— 그놈 가따주고 나:제는 또 바베가꼬가고 저녁술참 인자 무꼬.

저 술차믄 바븐 안하지요?

— 예?

— 예, 바븐 안하고 저 그렁걷 헤:가꼬 와라.

엔:나레.

— 엔:나레는 그레써라.

— 그란디 인자는 누:가 노무 일:도 하도 안할라고

— 엔:나레 아이그 노무 일:만 마:니 헤써.

그뗀 저기 싹 바꼬 일:하지요?

소, 그 사람은, 계속?

그렇지요. 예.

그렇게 남은 이제 어 품앗이를 했다든지 이렇게 다른 사람 얻어서 일하면 세 세 끼니 곁두리를 많이 곁두리를 많이 줘야 되잖아요?

곁두리도 주고.

─ 그러지요.

어영

예, 뭘 주로 옛날에는 먹었나요?

─ 옛날에는 이제 모를 심잖소, 사람 얻어가지고? 사기도 하고 이제 품 앗이도 해가지고 하면.

─ 아침을 안 먹고 가거든요, 바쁘니까.

아, 아침?

─ 일찍 가려고. 안 먹고 가고 어쩌면 아침에 새벽부터 일어나서 그 죽을 쒀요.

─ 저 푹 고아서 저 밀가루 갈아가지고 맷돌에다가 그놈 쳐가지고 이제 그놈 해서 죽 쒀가지고 가요.

─ 새벽 이제 아침에 새벽에 저 곁두리하고 아침밥하고 해서 섞어서.

─ 그놈 가져다 주고 낮에는 또 밥 해가지고 가고 저녁 곁두리 이제 먹고.

저 곁두리는 밥은 안 하지요?

─ 예?

─ 예, 밥은 안 하고 저 그런 것 해가지고 와요.

옛날에.

─ 옛날에는 그랬어요.

─ 그런데 이제는 누가 남의 일도 하지도 않으려 하고.

─ 옛날에 아이고 남의 일만 많이 했어.

그땐 저기 삯 받고 일하지요?

— 야

싹바꼬 일하나요

— 야 인자도 인자 싹바꼬 하제라우 쪼가썩.

근데 요세도 머: 중간 간:시근 줄꺼 아니에요?

— 그라제라우. 간:스근 헤:야:제.

— 인자는 어 아주 을:마나 잘헤 잘헤무꼬 잘쌀고 그랑께

멀 머:슬 머:스로 준다능거에요, 간:시글 요세는?

— 나더 안뎅겨봉께 몰:르거쏘야, 무:슬중가

— 다 무꼬크름344) 헤:서 가따 줄테제라.

아: 그레요이~.

— 야

— 야 난 저 인자 절머서는 헤:쩨마는 늘거부릉께 셍전 어:디를 안
강께.

(웃음)

— 주글 쏭가 바블 쏭가 모르거쏘.

모르시지요?

— 야

─ 예

샀 받고 일하나요?

─ 예, 지금도 이제 샀 받고 하지요, 조금씩.

그런데 요새도 뭐 중간 간식은 줄 것 아니에요?

─ 그렇지요. 간식은 해야지.

─ 지금은 어 아주 얼마나 잘해 잘해 먹고 잘살고 그러니까

뭐 뭘 무엇으로 준다는 거예요, 간식을 요새는?

─ 나도 안 다녀보니까 모르겠소, 뭘 주는지.

─ 다 먹게끔 해서 가져다 줄 테지요.

아, 그래요.

─ 예

─ 예, 난 저 이제 젊어서는 했지마는 늙어 버리니까 생전 어디를 안

가니까.

(웃음)

─ 죽을 쑤는지 밥을 쑤는지 모르겠소.

모르시지요?

─ 예

■ 주석

1) '서:숙'은 '조'의 방언형. '서숙'의 원 한자는 黍粟으로서 기장과 조를 모두 가리키는 말이지만 서남방언에서는 오직 '조'만을 가리킨다.

2) '숭구다'는 '심다'의 방언형. 중세어 '싦다'와 '심다'는 음운적 조건에 따른 교체형인데 표준어는 이 두 변이형 가운데 '심다'로 통일된 반면 전남방언은 '싦다'형으로 통일되어 오늘날 '숭구다' 또는 '싱기다' 등으로 쓰이게 되었다.

3) '노무'는 '남'(他人)의 방언형. '남'의 방언형으로 전남의 북부 지역은 '넘', 남부 전남은 '놈'이 각각 쓰인다. 그런데 이 '넘'과 '놈'에 관형격 토씨가 결합된 '너무'와 '노무'도 역시 '타인'의 뜻으로 쓰인다. 그래서 북부 전남은 '넘'과 '너무', 남부 전남은 '놈'과 '노무'가 공존하게 되었다. 아마도 관형격 토씨가 결합된 형태가 형태적 평준화를 거쳐 독립된 명사로 재구조화된 것으로 보인다.

4) '예일곱'은 '예닐곱'의 방언형. /ㅣ/ 앞에서 /ㄴ/이 탈락을 겪었다.

5) '들묵'은 지명.

6) '몰나락'은 '메벼'의 방언형.

7) '차나락'은 '찰벼'의 방언형.

8) '삐리다'는 '뿌리다'의 방언형.

9) '보텀'은 '부터'의 방언형.

10) '촉'은 '싹'의 방언형.

11) '질르다'는 '기르다', '키우다'의 듯.

12) '인자도'는 '지금도'의 뜻.

13) '데안'은 '뒤안'으로서 '뒤꼍'의 뜻.

14) '봉창'은 '몽창'의 변이된 형태로서 '몽땅'의 방언형.

15) '솔차니'는 '꽤'나 '상당히'의 뜻. '솔차니'는 아마도 '솔찬히'로 보이는데 이 낱말은 '솔찬하다'(=상당하다)에서 파생된 부사 '솔찬히'와 함께 쓰인다. 이런 예로는 '조용히'와 '조용하니' 등을 들 수 있다. '솔찬하다'는 어원적으로 '수월하지 않다'에서 온 것으로 보인다.

16) '즈그'는 재귀대명사 '저'의 복수형인 '저희'의 방언형. 여기에 결합된 '까지'는 토씨로서 여기서는 '끼리'의 뜻을 나타낸다. 서남방언에서 '끼리'는 구개음화를 겪어 '찌리'로 나타나는 것이 일반적인데, 어원을 달리하는 '까지'가 '끼리'의 뜻으로 쓰이는 것이 특이하다.

17) '한자'는 '혼자'의 방언형.

18) '어푸러지다'는 '엎어지다'의 방언형. '어푸러지다'의 어근 '어푿-'을 '어클-'로 바꾸면 표준어의 '엎지르다'의 뜻이 된다. '어클다'는 때로 '허클다'로도 쓰인다. 아마도 '어푿다'에서 /ㅍ/이 /ㅋ/로 변하면서 의미도 함께 변화한 것으로 보인다.

19) '인날치다'는 '일으키다'의 방언형. '인나치다'라고도 한다. 표준어에서는 '일다'로부터 '일어나다'와 '일으키다'의 두 낱말이 파생된 반면 서남방언에서는 '인나다'와 '인나치다'의 두 낱말이 파생되었다. '인나다'는 아마도 '일어나다'에서 변화된 낱말로 보이는데, 이 '인나다'로부터 사동 또는 강세의 접미사 '-치-'가 결합된 것이 '인나치다'이다. 접미사 '-치-'는 표준어의 접미사 '-키-'에 대응되는 형태임을 쉽게 알수 있다.

20) '쪼까썩'은 '조금씩'의 방언형.

21) '숭굽디여 안?'은 확인물음 구문이다. 원래 '안 숭굽디여?'처럼 짧은 부정문 형식으로써 확인물음을 나타내다가 부정사 '안'이 아예 확인물음의 낱말로 재구조화 하면서 위치가 자유롭게 되었다. 따라서 이 경우처럼 '안'은 동사 뒤 또는 문장 뒤에서도 나타날 수 있다.

22) '찌다'는 표준어에서 (1) 나무 따위가 촘촘하게 난 것을 성기게 베어 내다. (2) 나무나 풀 따위를 베어 내다. (3) 모판에서 모를 한 모숨씩 뽑아내다 등의 뜻을 갖는데 여기서는 (3)의 뜻으로 쓰였다.

23) '딱'은 '땅'의 방언형. 전남의 다른 지역에서는 '딱'으로 쓰이는 예가 없는데 개인어일 가능성이 있다. 중세어 '?'에 대응되는 형이다.

24) '징하게'는 '굉장히', '아주'의 뜻.

25) '불키다'는 '부르트다'의 방언형. 표준어 '부르트다'는 옛말에서 '부릍다'로 나타나는데, 아마도 '붇다'에서 파생된 낱말로 보인다. 형태적으로 보면 서남방언형 '불키다'는 '*부르키다'에서 변한 것으로 추정되므로 표준어 '부르트다'의 '트'는 이 방언의 '키'와 대응하는 것으로 생각된다.

26) '-데끼'는 '-듯이'의 방언형.

27) '-읍디여'는 '-습디까'의 방언형. 전남의 일부 지역에서는 '-읍딩겨'로 쓰이기도 한다.

28) '이로'는 토씨 '으로'의 방언형.

29) '키:다'는 '키우다'의 방언형.

30) '그럽디여'는 여기서 확인물음으로 해석된다. 일반적으로 확인물음을 나타낼 때는 '안'이 포함되어야 하지만 '안'이 있을 때의 억양을 그대로 유지할 경우 '안'은 생략될 수 있다.

31) '되:다'는 표준어와 같이 '일이 힘에 벅참' 또는 '힘듦'을 뜻한다.

32) '잘잘하다'는 '자잘하다'의 방언형.

33) '져날르다'는 '지고서 나르다'의 뜻. 나르는 방식을 동사로 표현할 때 씨끝 '-아'를 사용하는 것이 서남방언의 특징이다. 그래서 '여 날르다'(=머리에 이고 나르다), '져 날르다'(=등에 지고 나르다) 등으로 표현한다.

34) 표준어의 '끌다'의 의미 가운데 '바닥에 댄 채로 잡아당기다', '바퀴 달린 것을 움직이게 하다', '짐승을 부리다'의 경우 서남방언에서는 '끗다'라고 표현한다. 다만 '남의 관심 따위를 쏠리게 하다'와 '시간이나 일을 늦추거나 미루다'의 경우는 서남방언에서도 '끌다'라고 말한다. 그렇다면 서남방언의 '끗다'는 '끌다'의 기본의미에 가까운 의미들을 모두 포괄하는 셈이다.

35) '여 날리다'는 '이고서 나르다'의 뜻. 표준어에서는 '머리에 이어 나르다'는 불가능하며 언제나 '이고 나르다'로 써야 한다. 반면 서남방언은 '여날리다'처럼 '이어'가 가능하다. 이것은 동사 '이다'에서 이음씨끝 '-어 > -고'의 교체가 표준어에서는 일어난 반면 서남방언에서는 일어나지 않았기 때문이다.

36) '삐데다'는 옛말 '뻬다'를 계승한 말로 보이는데 '뿌리다'의 뜻.

37) '품 갚다'는 남에게 받은 품을 돌려주기 위하여 상대에게 품을 제공하다는 뜻.

38) '질다'는 '길다'의 방언형으로서 '길어나다'의 뜻을 갖는 동사. 『표준국어대사전』에는 동사 '길다'의 의미를 '머리카락, 수염 따위가 자라다.'로 풀이하고 있다. 그러나 서남방언에서 '질다'는 핵으로부터 기다란 것이 자라날 때 사용한다. 물론 머리카락이나 수염도 이 범주에 든다. 그 밖에 '싹이 질다', '원금에서 이자가 질다', '엿지름(=엿기름)이 질다' 등에도 쓰일 수 있다.

39) '한테'는 '한데'의 방언형.

40) '잎삭'은 '잎' 또는 '잎사귀'의 방언형.

41) '뿌렁구'는 '뿌리'의 방언형. '뿌렝이'라고도 한다.

42) '방죽'은 파거나, 둑으로 둘러막은 못을 뜻한다.

43) '삐작'은 '뽀짝'이라고도 하며 '바짝'의 방언형.

44) '즈그'는 '저희'의 방언형.

45) '도간'은 '독한'의 뜻. 전남 방언에서는 자음 사이의 /ㅎ/은 약화되어 소리 나지 않는다. 따라서 표준어라면 '도칸'으로 발음되어야 할 것이 이 방언에서는 '도간'으로 발음되는 것이다.

46) '예기'는 '예끼'의 방언형.

47) '써우레'는 '써레'의 방언형. 옛말 '서흐레'를 유지한 형이다.

48) '댕기다'는 '다니다'의 방언형.

49) '소시낭'은 '쇠스랑'의 방언형. 이 제보자는 '랑'을 '낭'으로 발음하는 습관이 있다.

50) '지심'은 논밭에 나는 잡초를 뜻하는 '김'의 방언형. 옛말 '기슴'으로부터 '기슴 >

지슴 > 지심'의 변화를 겪었다.

51) '차근차근'은 여기서 '점점'의 뜻.

52) '꺼랍다'는 '껄끄럽다'의 방언형. 그러나 표준어 '껄끄럽다'는 무난하거나 원만하지 못하고 매우 거북한 인간관계를 나타낼 때도 쓰이나 이 방언의 '꺼랍다'는 그러한 추상적인 의미는 없이 오직 '미끄럽지 못하고 꺼칠꺼칠하다'와 같은 구체적인 뜻만 나타낸다.

53) '모테다'는 '모으다'의 방언형. 서남방언에서 '모테다'는 자동사와 타동사이 두 가지로 쓰인다. 그래서 '사람이 많이 모텠다'(=사람이 많이 모였다), '돈을 많이 모텠구만'(=돈을 많이 모았구먼)과 같이 쓰인다. 옛말 '몯다'(=모이다)로부터 접미사 '-오'에 의한 '모도다'(=모으다)가 파생되었는바, 서남방언의 '모테다'는 형태적으로 '모도다'에 가깝지만 자동사의 용법도 함께 가진 것이 특이하다.

54) '별것'은 표준어에서 '여러 가지 것'을 뜻한다. 서남방언도 이 점은 마찬가지인데, 여기서는 '벨것'(=별것)을 반복함으로써 '여러 가지'를 강조하고 있다. 따라서 표준어로는 '별의별 것'으로 옮기는 것이 적당할 것 같다.

55) '뻘땅'은 개펄로 이루어진 땅이라는 뜻이다.

56) '그럴 때'는 여기서 '그때'의 뜻.

57) '펭야'는 '예측한 바와 같이', '특별한 것 없이', '늘 그렇듯'의 뜻.

58) '호무'는 '호미'의 방언형. 전남 지역에서는 '호무'와 '호맹이'의 두 형태가 쓰이는데, 주로 서부 전남에서는 '호무', 동부 전남에서는 접미사가 결합된 '호맹이'형을 사용한다.

59) 도구격토씨 '이로'는 '으로'의 방언형.

60) '불'은 '벌'의 방언형으로서 같은 일을 거듭해서 할 때에 거듭되는 일의 하나하나를 세는 단위로 쓰이는 말이다.

61) '엎지다'는 '엎드리다'의 방언형. 옛말에는 '엎드리다'의 뜻으로 '엎데다'와 '엎듣다'의 두 형태가 쓰였다. '엎듣다'는 '엎드러-'와 같이 ㄷ-불규칙활용을 하므로 이 활용형에 유추되어 '엎드리다'가 형성된 것으로 보인다. 반면 '엎데다'는 '엎데다 > 엎디다 > 엎지다'와 같은 변화를 거쳐 서남방언의 '엎지다'가 되었다.

62) 『표준국어대사전』에서 '이녁'은 하오체의 이인칭 대명사로 풀이하면서 '이녁을 대할 낯이 없소.'와 같은 예를 들었다. 서남방언에서도 같은 형태의 '이녁'이 쓰이는데, 이 방언에서는 이인칭대명사가 아닌 재귀대명사의 용법을 가져 '이녁 일은 이녁이 해야제.'처럼 쓰이는데, '이녁'은 이 방언의 기존의 재귀대명사인 '지'(=저)나 '자기'보다 상대높임의 위계가 더 높다. '*너는 이녁이 헐 일을 넘한테 시키냐?'에서 보듯 재귀대명사 '이녁'의 선행사가 '너'일 경우는 비문이지만 '자네는 이녁이 헐 일을 넘한테 시킨가?'나 '집이는 이녁이 헐 일을 넘한테 시키요?'처럼 선행사가

'자네', '집이' 등일 때에는 정문이 된다. 이로 미루어 서남방언의 '이녁'은 아주낮춤을 제외한 그 이상의 위계에 사용됨을 알 수 있다.

'까지'는 '끼리'의 뜻으로 쓰였다. 서남방언에서 '까지'가 '끼리'의 뜻을 가질 때에는 대체로 대명사 다음에 쓰이는 경우로 한정되는 듯하다.

63) '문:'은 '무슨'의 서남방언형 '먼:'의 모음이 상승한 결과이다.

64) '맘도리'는 벼를 심은 논에 마지막으로 하는 김매기를 뜻하는 '만도리'의 방언형.

65) '나무대'는 '길쭉한 막대기'의 뜻. '나무대'의 '대'는 竹으로 해석되는데, '삼대'나 '겨릅대'에서 보듯 대처럼 곧게 뻗은 길쭉한 줄기를 '대'로 통칭하는 경향이 있으므로 이에 따라 길쭉한 나무 막대기를 '나무대'로 부른 것으로 추정된다.

66) '-음서'는 '-으면서'의 방언형.

67) '시:끄니'는 '세 끼'의 방언형. '끄니'는 '끼니'나 '끼'의 방언형이다.

68) '술참'은 끼니와 끼니의 중간 되는 때를 가리키는 말로서 '쉬는 때'라는 의미의 '쉴참'에서 왔을 가능성이 있으나, '술'의 모음이 짧다는 점에서 '술을 먹는 때'라는 의미에서 왔을 가능성도 배제할 수 없다. 서남방언에는 '술참'과 같은 뜻으로 '샛:때'라는 말도 쓰이는데, 이 말이야말로 끼니와 끼니의 사이라는 의미를 담고 있다. 위의 발화에서는 '술참것'이라는 말로서 술참에 먹는 음식을 가리키고 있다. 그러나 '술참'만으로도 곁두리를 뜻하기도 하는데, 이는 시간을 나타내는 말의 의미가 확대되어 그 때에 먹는 음식을 가리키기도 하는 의미 확대의 일반적 경향 때문이다. '아침'이나 '저녁'이 각각 '아침밥'이나 '저녁밥'을 가리키는 경우가 전형적인 예다. 한편 '샛:때'를 사용하는 지역에서는 이때 먹는 곁두리를 '샛:것' 또는 '샛:거리'라 하기도 한다.

69) '술참것'은 술참에 먹는 음식인 곁두리를 가리킨다.

70) '낮:밥'은 '점심'의 방언형. '아침밥', '저녁밥' 등에 유추되어 생긴 낱말로 보인다.

71) '저녁 술참'은 점심과 저녁밥 사이에 먹는 음식이다. 여기서 보듯 '술참'은 때만 나타낼 뿐 아니라 그 때에 먹는 음식까지 나타낼 수 있다.

72) '나자'는 '낮밥'의 잘못된 발화임.

73) '얼렁'은 '얼른'의 방언형.

74) '옅에'는 '옆에'를 가리키는데 '옆에'가 '젙에'(=곁에)에 유추되어 '옅에'로 바뀐 것으로 보인다.

75) '해 주락'은 '해 달라고'의 뜻.

76) '퀴킨물'은 '키큰밀'로서 아마도 '호밀'을 가리키는 것으로 추정된다.

77) '드데'는 '두대' 또는 '두대통'이라고도 하는데 곡식을 담아 두기 위하여 짚 등으로 엮어 둘러막고 이엉으로 지붕을 덮은 시설을 말한다. 표준어의 '나락뒤주'에 해당되는 이 지역 방언형이다. 전남의 강진, 보성, 진도 등지에서도 '두대'나 '두대통'이라

는 말을 쓰는데, 전남 영암에서는 '어리통'이라 하기도 한다.

78) 표준어에서는 '하나도 없다'라고 해야 할 말을 이 제보자는 '한나 없다'라고 하였다. 토씨 '도' 없이 사용한 점에 표준어와 차이를 보인다.

79) '듫고'는 '딛고'의 방언형. 동사 '딛다'는 '디디다'의 준말로서 여기서는 누룩이나 메주 따위의 반죽을 보자기에 싸서 발로 밟아 덩어리를 짓는다는 뜻이다.

80) '미끼랍다'는 '미끄럽다'의 방언형.

81) '밀으보리'는 '밀보리'로서 '쌀보리'를 뜻하는 말이다.

82) '시풀하다'는 '새파랗다'의 방언형.

83) '쭈시'는 '수수'의 방언형.

84) '인자가'는 '지금이'의 방언형. '인자'가 '지금'과 같은 뜻으로 쓰이는 예이다.

85) '소랍다'는 '솔합다'인데 아마도 '수월하다'에서 온 말로 보인다. 전남의 다른 지역에서는 '솔허다', '솔하다' 등으로 쓰이는데 이 지역은 '솔하다'에 /ㅂ/이 첨가된 것으로 보인다. 전남의 내륙에서 '독허다'(=독하다), '징허다'(=대단하다)를 이 지역에서 '독합다', '징합다' 등으로 쓰는 것과 같다.

86) '꼬랑'은 '고랑'의 방언형.

87) '타다'는 '줄이나 골을 내어 두 쪽으로 나누다'는 뜻이다.

88) '깡'은 '땅'의 잘못된 발음으로 보인다.

89) '썩후다'는 '썩히다'의 방언형.

90) '보지란하다'는 '부지런하다'의 방언형.

91) '갓'은 '가'(邊)의 방언형. 옛말 'ㄱ'의 후대형이다.

92) '되도 안혀'는 전형적인 이 지역 방언의 부정 형식이다. 표준어와 달리 씨끝 '-지' 없이 토씨 '도'가 결합되며 여기에 부정의 조동사 '않다'가 '안하다' 형식으로 결합되어 있다. 따라서 '되도 안혀'는 표준어 '되지도 않아'에 대응되는 구문이다.

93) '여으'는 '여기'의 방언형. 보통 '여그'로 쓰이는데 이 경우는 /ㄱ/이 탈락한 형태이다.

94) '욱에서'의 '욱'은 '위'의 방언형으로서 옛말 '욿'에 대응되는 형태이다.

95) '밭 같으면'은 '밭이라면'의 뜻이다.

96) '어덕'은 '언덕'의 방언형. 따라서 '어덕지다'는 표준어 '언덕지다'와 같이 '평탄하지 못하고 언덕처럼 비탈지다'는 뜻이다.

97) 향격 '이로'는 '으로'의 방언형.

98) '자부댕기다'는 '잡아당기다'의 방언형.

99) '두럭'은 '두둑'의 방언형.

100) ‘밑엣 치’는 ‘밑에 있는 것’의 뜻. ‘치’는 표준어에서 사람과 사물을 모두 가리킬 수 있지만 서남방언에서는 사물만을 가리킨다. ‘밑엣 치’의 ‘밑에’는 ‘밑’과 같은 공간명사에 처격토씨 ‘에’가 결합되어 독자적인 명사로 재구조화한 경우이다. 따라서 ‘밑엣 치’는 표준어 ‘밑의 치’에 대응하는 이 방언의 표현이다. ‘치’와 대립적으로 쓰이는 의존명사로서 ‘야’(< 히 < 하)를 들 수 있는데 이 ‘야’는 [사람]의 의미 자질을 갖는 명사 뒤에 온다는 점에서 시간과 공간의 명사 뒤에 쓰이는 ‘치’와 대립된다. 예를 들어 ‘앞엣 치’(=앞의 것), ‘어젯 치’(어제 것)와 ‘아부지 야’(=아버지 것), ‘누 야’(=누구 것)가 이러한 의미적 대립 양상을 보여 준다.

101) ‘저실’은 ‘겨울’의 방언형으로서 옛말 ‘겨슬’의 후대형.

102) ‘미영’은 형태적으로 ‘무명’의 방언형이나 의미적으로는 ‘목화’의 뜻으로 쓰인다. 그러나 여기에서 ‘미영’은 아직 씨를 빼지 않은 목화솜을 가리킨다.

103) ‘씨앗’은 ‘씨아’의 방언형. ‘씨앗’의 ‘앗’은 동사 ‘앗-’에서 온 말인데 표준어에서는 이 ‘앗’이 ‘아’로 쓰여 흥미롭다.

104) ‘할’은 ‘활’의 방언형으로서 목화를 타서 솜을 만드는 데 사용하는 활인 ‘무명활’을 가리킨다.

105) ‘꼬불리다’는 ‘구부리다’의 방언형.

106) ‘이롱고’는 ‘이렇게’의 뜻.

107) 동사 ‘타다’는 ‘목화를 씨아로 틀어서 씨를 빼내고 활줄로 튀기어 퍼지게 하다’는 뜻.

108) 여기서 ‘고치’는 물레를 돌려 실을 뽑으려고 만들어 놓은 솜방망이를 가리킨다.

109) ‘몰다’는 ‘말다’의 방언형.

110) ‘잣다’는 ‘물레 따위로 섬유에서 실을 뽑다’는 뜻.

111) ‘미영을 잣다’는 고치에서 물레로 실을 뽑는다는 의미. 따라서 여기의 ‘미영’은 솜방망이인 고치를 뜻한다고 할 수 있다.

112) ‘날다’는 ‘명주, 베, 무명 따위를 짜기 위해 샛수에 맞춰 실을 길게 늘이다’의 뜻.

113) 여기서 ‘내일’은 ‘다음날’의 뜻.

114) ‘매다’는 ‘옷감을 짜기 위하여 날아 놓은 날실에 풀을 먹이고 고루 다듬어 말리어 감다’의 뜻.

115) ‘숫’은 ‘숯’의 방언형.

116) ‘뭉테기’는 ‘뭉텅이’의 방언형.

117) ‘조울조울’은 얽힌 실이나 끈 따위가 쉽게 잘 풀려 나오는 모양을 뜻하는 말로서 표준어 ‘솔솔’에 대응한다.

118) ‘몰리다’는 ‘말리다’의 방언형.

119) '도투마리'는 베를 짜기 위해 날실을 감아 놓은 틀을 말한다. 베틀 앞다리 너머의 채머리 위에 이 도투마리를 얹어 두고 날실을 풀어 가면서 베를 짠다.

120) '잉애'는 '잉아'의 방언형으로서 베틀의 날실을 한 칸씩 걸러서 끌어 올리도록 맨 굵은 실을 가리킨다.

121) '꾸리'는 실꾸리로서 둥글게 감아 놓은 실타래를 말한다.

122) '보디'는 '바디'의 방언형으로서 가늘고 얇은 대오리를 참빗살같이 세워, 두 끝을 앞뒤로 대오리를 대고 단단하게 실로 얽어 만든 베틀의 부속품이다. 살의 틈마다 날실을 꿰어서 베의 날을 고르며 북의 통로를 만들어 주고 씨실을 쳐서 베를 짜는 구실을 한다.

123) '시누대'는 일본어 'しの'[篠]와 관련이 있는 것으로 보인다. 일본어 しの는 조릿대 나, 이대를 가리키는 말이며 동의어로 'しの竹(だけ)'가 있다. '시누대'는 바로 'しの 竹(だけ)'에 대응되는 말이라 할 수 있다. 따라서 우리말로는 '조릿대'로 옮길 수 있다.

124) '뚜께'는 '뚜껑'의 방언형.

125) '가래'는 길이의 단위로서 실의 길이를 잴 때 쓴다. 표준어로는 '꼭지'라고 하는데, 한 가래는 스무 자로 약 6.66미터에 해당한다.

126) '나머'는 '남짓'이 방언형.

127) '벵이다'는 '보이다'의 방언형.

128) '쩌그 가서'는 '저기에'의 뜻. 여기서 이동동사 '가서'는 원래의 의미를 잃고 단순히 장소를 나타내는 토씨 '에서'와 같은 의미로 변하였다. 따라서 '쩌그 가서'는 '저기서'의 뜻을 갖게 된다. 이러한 '가서'는 흔히 '서' 없이 '가' 만으로 쓰여 토씨로의 재구조화를 겪는데 그렇다면 '쩌그 가서'의 '가서'는 이러한 재구조화의 중간 단계를 보여 주는 형태라 할 수 있다.

129) '방앗고'는 '방앗공이'의 방언형으로서 방아확 속의 물건을 찧는 데 쓰도록 만든 길쭉한 몽둥이를 말한다. '공이'는 옛말에서 '고'로 나타나는데 서남방언은 이 옛 형태를 그대로 유지하고 있다.

130) '치안에'는 '시안에'의 잘못된 발화임.

131) '부크다'는 '부풀다'의 방언형.

132) '미러서'는 '미리서'의 방언형.

133) '끄실르다'는 '그을리다'(사동형)의 방언형. 표준어에서 '그을다'에 대한 피동형과 사동형은 모두 '그을리다'이다. 한편 '그을다'의 서남방언형은 '끄슬다'이고 이것의 피사동형은 모두 '끄슬리다' 또는 '끄실리다'이다. '그을다'의 옛말은 '그슬다'이므로 /△/이 표준어에서 약화된 반면 서남방언에서는 /ㅅ/로 대응하고 있음을 알 수 있다.

134) '도둑길'은 '도둑질'의 방언형으로서 역구개음화를 겪은 어형이다.

135) '체'는 '키'의 방언형으로서 곡식 따위를 까불러 쭉정이나 티끌을 골라내는 도구를 말한다. 키버들이나 대를 납작하게 쪼개어 앞은 넓고 평평하게, 뒤는 좁고 우긋하게 엮어 만든다. 전남의 동부 지역에서는 '챙이'라고 한다.

136) '감태'는 갈조류(褐藻類)의 해조(海藻)서, 원기둥 모양의 줄기는 1~2미터이며, 갈색이다. 전복의 먹이로 중요하며 깊은 바다에서 난다. 한국의 남해안·제주도, 일본 등지에 분포한다.

137) '매다'는 표준어에서 논밭에 난 잡풀을 뽑는다는 뜻으로 쓰인다. 그러나 이 방언에서는 그 밖에도 바다에서 특정의 해조류를 뜯는 것을 '매다'라고도 한다. 그 대상이 되는 해조류가 결코 잡초가 아님에도 '매다'라는 동사를 쓰는 것이 육지와 다르다고 하겠다.

138) '바궁지', '바굼지'는 '바구니'의 방언형. 전남의 내륙에서는 '바구리'라 한다.

139) 접미사 '-니'는 사람을 가리키는 말이다. 대체로 '둘', '셋', '넷'의 수사에만 붙어 '두니', '서니', '너니'로 쓰이는데 여기서는 '여럿'이라는 다수를 나타내는 수사에 쓰였다.

140) '만썩'은 '많이씩'의 방언형.

141) '매답'은 '매듭'의 방언형. 옛말 '미듭'의 /으/가 각각 달리 발달한 결과이다.

142) '허치다'는 '흩어지게 하다'나 '흩뿌리다'의 뜻. '허치다'는 아마도 '흐트러지다'를 뜻하는 옛말 '헡다'의 사동형 '*헡이다'에서 변한 말로 추정된다.

143) '골망태'는 '망태기'의 방언형으로서 물건을 담아 들거나 어깨에 메고 다닐 수 있도록 만든 그릇을 가리킨다. 주로 가는 새끼나 노 따위로 엮거나 그물처럼 떠서 성기게 만든다. '골망태'는 '꼴망태'라고도 하는데 '깔'의 방언형인 '꼴'이 합성된 것으로 보이며, 꼴 등을 담아 어깨에 메고 다닐 수 있도록 만든 망태기라는 뜻이다.

144) '덕석'은 '멍석'의 방언형. 표준어에도 '덕석'이란 낱말이 있지만 의미가 훨씬 좁아져서 추울 때에 소의 등을 덮어 주는 멍석의 뜻으로 쓰일 뿐이다.

145) '귀찬시롭다'는 '귀찮다'의 뜻. 서남방언은 표준어에 비해 접미사 '-시롭'(=-스럽)의 생산력이 훨씬 강하다. 예를 들어 '미안하다'에 대해 '미안시롭다' 등도 가능하기 때문이다.

146) '새내끼'는 '새끼'(繩)의 방언형. 서남방언 안에서도 '사챙이', '샌내끼' 등 다양한 형태가 확인된다.

147) '까다'는 '꼬다'의 방언형.

148) '징하다'는 '징그럽다'의 뜻.

149) '홀태'는 여기서 '그네'를 가리킨다. 표준어 '그네'는 벼를 훑는 데 쓰던 농기구로

서, 길고 두툼한 나무의 앞뒤에 네 개의 다리를 달아 떠받치게 하고 몸에 빗살처럼 날이 촘촘한 쇠틀을 끼운 것이다. 서남방언에서는 동사 '훑다'에 접미사 '-애'를 결합시켜 '홀태'를 파생시켰고 이 말로써 전통적인 탈곡용 농기구를 모두 가리켰다. 탈곡의 농기구는 '벼훑이 → 그네 → 탈곡기'의 세 단계로 발전하였는데, 서남방언에서는 이 모든 단계에 사용된 농기구를 '홀태'로 불렀다.

150) '베늘'은 단으로 묶은 곡식이나 장작 따위를 차곡차곡 쌓은 더미를 뜻하는 '가리'의 방언. 따라서 볏가리는 벼를 베어서 가려 놓거나 볏단을 차곡차곡 쌓은 더미를 가리킨다. 집으로 옮기기 전에 논에 임시로 쌓은 벼의 더미일 수도 있고, 아니면 집 마당 한쪽에 상당 기간 쌓아 놓은 더미일 수도 있다. 한반도의 전체 분포 상황을 보면 '볏가리'는 경기, 강원, 충북, 충남, 경북, 경남 지역에서 쓰이고, 충남 일부와 전남, 전북, 제주 지역에서는 '볏가리'에 대응하여 '벼눌'이라는 말이 쓰인다. '볏가리'의 '가리'는 '곡식이나 장작 따위의 단을 차곡차곡 쌓아 올려 더미를 짓다'는 뜻을 갖는 동사 '가리다'로부터 영파생에 의해 생겨난 말이다. '볏가리'는 지역에 따라 '벳가리'나 '벳가래' 등으로도 나타나며, '벼' 대신 방언형 '나락'이 합성된 '나락가리'나 '나락가래' 등이 경북과 경남 지역에 나타나고, '벳가리'가 '뻿가리'나 '뻿가리' 등으로 경음화 되면서 '벼'와의 유연성이 상실되자 벼뿐만 아니라 장작이나 나무 등 일반적으로 쌓은 더미를 가리키는 의미로 확장되게 된다. 그럴 경우 여기에 '벼'의 방언형 '나락'이 다시 합성되어 '나락뻿가리'나 '나락뻿가리' 등의 방언형이 형성되는데, 이런 형들은 대체로 경북 지역에 나타난다.

전남 지역에서도 '가리'라는 말이 쓰이는데, 벼를 베어서 논에 임시로 쌓은 더미를 가리키는 말로 쓰인다. 그리고 이렇게 '가리'를 만드는 일을 '가리를 치다'라고 한다. 반면 볏단을 차곡차곡 쌓은 더미는 따로 '베눌'이라는 말을 사용한다. '베눌'은 물론 '벼눌'에서 변한 말인데 이 말에 포함된 '눌'은 동사 '누리다'에서 영파생에 의해 생겨난 명사 '누리'가 줄어든 말이다. '누리다'는 '가리다'와 마찬가지로 '곡식이나 장작 따위의 단을 차곡차곡 쌓아 올려 더미를 짓다'는 뜻의 동사인데, 16세기 문헌인 '훈몽자회'에서 한자 襷의 훈으로 쓰인 바 있다.(襷 누릴 라≪훈몽하:3≫) '누리다'에서 파생된 명사 '누리' 역시 '훈몽자회'에서 확인된다.

옛 문헌에 나타난 시기를 보면 중부 방언에서 '곡식이나 장작 따위의 단을 차곡차곡 쌓아 올려 더미를 짓다'는 뜻의 동사로 '누리다'가 먼저 쓰이다가 나중에 '가리다'로 바뀐 것으로 추정된다. 오늘날 경기, 강원, 충북, 충남, 경북, 경남 지역은 완전히 '가리다'로 대체된 반면 충남 일부와 전남, 전북, 제주 지역은 '벼눌'형을 사용하여 고형을 유지하고 있다. 전남 지역에서 '가리'와 '베눌'이 의미를 달리하면서 함께 쓰인다는 사실은 '누리다 > 가리다'로의 대체가 완료된 것이 아니라는 사실을 의미한다. 고형인 '누리다'가 '곡식이나 장작 따위의 단을 차곡차곡 쌓아 올려 더미를 짓다'는 애초의 의미를 유지하고, 신형인 '가리다'가 '베어 낸 벼를 임시로 논에 쌓아둠'이라는 제한된 의미로 쓰이고 있기 때문이다. 오늘날 전남 지역에서 동사 '누리다'는 '누르다' 또는 '눌르다'의 형태로 남아 있는데 대체로 '베눌을 누르다'와 같은 구성으로만 쓰일 뿐이다.

전남 방언에서 '벼눌'은 '베눌'이나 '비늘' 등의 방언형으로 나타나는데, 이러한 형태 변화로 인해 '벼'가 더 이상 인식되지 못하자 경북의 '볏가리'와 마찬가지로 나뭇단이나 보릿단 등을 쌓아 놓은 더미를 가리키는 데도 쓰이게 된다. 볏단을 쌓아둘 경우 '벼'의 방언형 '나락'이 합성된 '나락베눌'이나 '나락비늘'이 쓰이고, 보릿단을 쌓은 것은 '보릿베눌', 장작을 쌓은 더미는 '장작베눌' 등으로 쓴다. 한편 제주도에서는 '벼'의 방언형 '나록' 또는 '산듸'가 결합된 '나록눌'이나 '산듸눌'이 나타난다. 충남 지역에서는 사이시옷이 결합된 '볏누리'나 '볏눌'형이 일부 확인된다. 전북의 일부에서는 '베눌가리'와 같은 합성어도 나타난다. 이는 '벼눌'과 '가리'가 혼태(blending)된 것으로서 '볏가리' 지역과 '벼눌' 지역의 경계 지역에 나타나는 것이 흥미롭다.

전남 방언에서 '벼'는 '나락'으로 쓰인다. 그러나 '베눌'이라는 말에서 알 수 있듯이 이 방언에서도 '나락' 이전에 '벼'가 쓰였음을 추정할 수 있다. 즉 '벼 > 나락'의 교체가 일어났다고 보아야 한다. 이러한 변화는 '올벼 쌀'의 이 지역 방언형인 '올베쌀'이나 '올기쌀'에서도 다시 확인된다.

151) '눌르다'는 '곡식이나 장작 따위의 단을 차곡차곡 쌓아 올려 더미를 짓다'는 뜻을 나타내는데, 표준어로는 '가리다'라 한다. 옛말에 '누르다'가 같은 뜻으로 쓰였으므로 서남방언은 이 옛말을 유지하고 있다고 하겠다.

152) '나피'는 '높이'의 방언형.

153) '거장'은 '거지반'의 방언형. '거진' 또는 '거자' 등으로 쓰이기도 한다.

154) '도루끼'는 '도루깨'의 방언형.

155) '디리다'는 섞인 잡것을 없애기 위하여 떨어 놓은 곡식을 바람에 날린다는 뜻을 나타내는 '드리다'의 방언형.

156) '게양'은 '그냥'의 방언형.

157) '도루깨'는 '도리깨'의 방언형.

158) '보루'는 '보리'의 방언형.

159) '쪼까 나중'은 '조금 후'의 의미.

160) '홀태'는 벼훑이, 그네, 탈곡기 등을 모두 아우르는 말이다. 원래는 벼훑이처럼 벼의 이삭을 훑는 기구를 가리키는 말이었기에 동사 '훑-'에 접미사 '-애'가 결합된 '홀태'가 생겨났을 것이다. 그러나 이후 탈곡기와 같은 기계를 사용하여 이삭을 훑을 경우에도 '홀태'라는 명칭을 사용하게 되었다.

161) '틀리다'는 여기서 '다르다'의 뜻.

162) '구녁'은 '구멍'의 방언형. 전남의 다른 지역에서는 '구먹'이나 '구녕' 등을 쓰기도 한다. '구녁'은 '구먹'의 /ㅁ/이 /ㄴ/으로 바뀐 형태로 보인다.

163) '자우당간'은 '좌우지간'의 뜻.

164) '뚜둘다'는 형태적으로는 '두드리다'의 방언형이지만, 의미상으로는 오히려 표준어 '두들기다'에 더 가까운 낱말이다.

165) '-자내'는 '-잔해'로서 '-지 안해'가 축약된 것인데, 표준어 '-지 않아'의 방언형이지만 의미상으로는 '-지 않고'에 대응된다. 이것은 역사적으로 씨끝 '-아 > -고'의 대체 변화를 겪지 않아 고형이 유지된 결과이다.

166) '심'은 '힘'의 방언형.

167) '터덕지다'는 '터덕거리다'의 방언형으로서 일이 힘에 벅차 애처롭게 겨우 몸을 놀린다는 뜻이다.

168) '방앳간'은 '방앗간'의 방언형.

169) '드들방애'는 '디딜방아'의 방언형.

170) '품앗다'는 '품앗이하다'의 뜻으로 쓰인 동사.

171) '외방애'는 발로 밟는 가지가 하나인 디딜방아를 말한다.

172) '도구통'은 '절구통'의 방언형.

173) '메고니'는 '메공이'의 방언형으로서 메처럼 자루가 따로 달린 절굿공이를 가리킨다. 흔히 떡을 치거나 떡가루 따위를 빻을 때 쓴다.

174) '베구질'은 '메고니질'의 잘못된 발화로 보인다.

175) '찍다'는 '찧다'의 방언형. 이 제보자는 '찧다'와 '찍다'를 혼용하고 있다.

176) '쓿다'는 '쓿다'의 방언형으로서 거친 쌀, 조, 수수 따위의 곡식을 찧어 속꺼풀을 벗기고 깨끗하게 한다는 뜻.

177) '서불'은 '세 벌'의 방언형.

178) '니'는 '뉘'의 방언형.

179) '질:로'는 '제일로'에서 온 말이지만 서남방언에서는 '가장'의 뜻으로 굳어져 쓰인다.

180) '서숙'은 '조'의 방언형. '서숙'은 어원적으로 한자어 '서속(黍粟)'에서 온 말이다. '서속'의 '서'는 기장, '속'은 조를 이르는 말인데, 전남방언에서는 오직 조만을 가리키는 말로 지시의 범위가 줄어들었다.

181) '멫이냐마는'은 어떤 말이 생각나지 않을 때 쓰는 표현이다. 이런 의미로는 '멫이 다마는'이 일반적인 형이다.

182) '미낄미낄하다'는 '미끌미끌하다'의 방언형.

183) '저니'는 '전혀'의 방언형.

184) '-수록이'는 '-수록'의 방언형. 뜻 없는 형태 '이'가 결합되어 있다.

185) '서머는'은 '세번은'의 잘못된 발화이다.

186) '찌금찌금하다'는 밥에 뉘가 있어 먹을 때 부드럽게 삼켜지지 않는 감각을 가리 킨다.

187) '다래이'는 '다래'의 방언형으로서 아직 피지 않은 목화의 열매를 가리킨다.

188) '씨아새'는 '씨아'의 방언형. '씨아새'는 '씨'와 동사 '앗다'에서 파생된 명사 '앗애' 의 합성어.

189) '앗다'는 '목화의 씨를 빼다'는 뜻으로 쓰였다. 표준어에서 '앗다'는 이 밖에도 수 수나 팥 따위의 껍질을 벗길 때에도 쓰인다.

190) '타다'는 '목화를 씨아로 틀어서 씨를 빼내고 활줄로 튀기어 퍼지게 하다'는 뜻.

191) '천지'는 '이다'와 함께 쓰여 대단히 많음을 나타낸다. 그러므로 여기서 '어디가 천 지 되다'고 하는 것은 '사방이 먼지로 가득 차게 된다'는 뜻이다.

192) '정게'는 '부엌'의 방언형. 원래 '부엌'은 서남방언에서 '정제'나 '정지'로 쓰이는 것이 일반적이다. '정제'는 기원적으로 한자어 '정주(鼎廚)'에서 온 것으로 추정되 는데 서남방언에서 '정제'나 '정지'처럼 변하여 쓰이는 것이다. 그런데 이 지역처 럼 '정게'도 일부 나타나는데 이것은 /ㅈ/ > /ㄱ/의 음변화를 겪은 결과이다.

193) '도팍'은 '돌덩이'의 방언형. 여기서는 연자방아에서 쓰일 정도의 커다란 돌덩이를 가리킨다.

194) '부삭'은 '아궁이'의 방언형. 지역에 따라 '부삽'이나 '부삵'도 쓰인다.

195) '한나 차다'는 '가득 차다'의 뜻.

196) '오나'는 '와'의 뜻. 이음씨끝 '-아'가 동사 '오-'에 결합될 경우 이 지역은 '-아' 대 신 '-나'를 수의적으로 사용하는 것이 특이하다. 다만 '와서', '와 갖고', '와 불다' 와 같은 경우에는 '-나'가 확인되지 않는다. 동사 '오-'의 경우 '-아'에 대해 '-나' 류의 씨끝을 사용하는 지역은 주로 충남의 서해안 지역(태안, 보령 등)에서 확인 된다(이기갑 2003:368-371). 그렇다면 '오느'나 '오나' 등의 형태는 서해안을 따라 충남과 전남북 지역에서 쓰일 가능성이 크다. 보다 면밀한 확인이 필요한 문제라 하겠다.

(예) 가. 나오느(=나와) 눈으로 보니깨(충남 태안)

나. 우리 입에 오느두(=와도) 나 워디 갔을 제 살그머니 오느서(=와서) 워디루 후 딱 가구(충남 태안)

197) 이 제보자는 '가(邊)'의 뜻으로 '갓'을 일반적으로 쓰는데 이 경우는 표준어와 같은 '가'를 쓰고 있다.

198) '잠 오르다'는 '잠이 오다', '졸리다'의 뜻. 동사 '오르다'는 표준어에서 '옴이 오르 다'나 '신이 오르다'처럼 병균이나 독 또는 귀신 따위가 우리 몸에 옮는 것을 나타 낸다. 잠기운이 우리 몸으로 몰려 오는 것을 마치 옴이 오르거나 신이 오르는 것

과 비슷하게 여겨 생긴 표현으로 보인다. 전남 지역에서도 내륙의 대부분 지역에서는 '잠이 오다'로 표현한다.

199) '널다'는 '열다'(開)의 방언형.

200) '반틈'은 '절반'의 방언형. '반틈'은 '반툼'으로도 쓰이는데 '반'이 한자어 半임은 분명하지만 여기에 결합된 '틈'이나 '툼'의 어원은 분명하지 않다.

201) '나:뚜다'는 '놔두다'의 방언형.

202) '워따'는 감탄사 '아따'보다 말맛이 더 강한 표현이다.

203) '아조'는 '아주'의 방언형.

204) '길럭'은 '근력'의 뜻.

205) '글로'는 '그것으로'의 뜻.

206) '보쌀'은 '보리쌀'의 방언형.

207) '제'는 '거'의 방언형.

208) '가리'는 '가루'의 방언형.

209) '티'는 '데'의 방언형. 보통 '디'라고 하는데 이 경우는 거센소리로 변하여 '티'로 발음되었다. 같은 소리 변화가 '한데'를 '한테'나 '한티'로 말하는 경우에서도 확인된다.

210) '때다가'를 '때타가'로 발음하였다. 이것은 이 지역에서 '때다'를 '땡다'로 쓰기 때문이다.

211) '낫나무'는 낫으로 베는 마른 풀이나 작은 가지 등의 땔나무를 가리킨다. 갈퀴로 긁어모으는 솔가리나 마른 나뭇잎 등의 '갈쿠나무'와 대립적으로 쓰인다.

212) '자장개비'는 '삭정이'의 방언으로서 살아 있는 나무에 붙어 있는, 말라 죽은 가지를 가리킨다.

213) '나무지비'는 높은 나무에 잘 오르는 능력을 가진 사람을 뜻하는 것으로 보이며, 어원은 '나무잡이'일 것으로 추정된다. 접미사 '-잡이'는 '칼잡이'에서처럼 무엇을 잘 다루는 사람을 의미한다.

214) '야고'는 토씨 '하고'의 방언형.

215) '한:이'는 '한없이' 정도의 뜻을 갖는 것으로 추정된다.

216) '무삽다'는 '무섭다'의 방언형.

217) '그나제나'는 '그러나저러나'의 방언형.

218) '세장안', '한벌'은 지명.

219) '넛가석'은 지명.

220) '불을 때다'의 '때다'는 전남의 내륙에서 자음 앞에서 '때다'와 '땡:다'의 두 가지

수의적인 변동형이 쓰인다. 압해도에서는 자음 앞에서 '땡다'와 '땟다'의 수의적 변동이 확인된다.

221) '땟:타'는 '땟다'의 방언형인데 '때다'가 '땡다'로 변동함을 보여 준다.

222) '동치'는 땔나무를 묶은 덩이로서 '동'의 방언형.

223) '새내끼'는 '새끼'의 방언형.

224) '뒤지기다'는 '뒤적이다'의 방언형.

225) '허직이다'는 '헤집다'의 방언.

226) '그능거슨'은 '그런 것은'이다. 여기에서 보듯 이 제보자는 /ㄹ/을 /ㄴ/으로 발음하는 수가 많다.

227) '짐치나간'은 '짐치랑은'으로 해석된다. 이 제보자의 발음 특성대로 /ㄹ/을 /ㄴ/으로 발음한 결과 '짐치낭은'이 되고 이것이 변이되어 '짐치낙안'으로 발음된 것으로 추정된다.

228) '담다'는 표준어 '담그다'의 방언형. 옛말에 '담그다'는 '돍다'와 '둠다'의 두 가지 어형이 쓰였는데, 자음 씨끝 앞에서는 '둠-', 모음 씨끝 앞에서는 '돍-'이 쓰였다. 현대에 와서 이러한 변동은 사라지고, 표준말은 '돍다'를, 서남방언에서는 '둠다'를 계승하였다.

229) '삐리다'는 '뿌리다'의 방언형.

230) 열매를 맺다는 뜻의 '열다'에 대해 이 제보자는 '열다'와 '널다'를 한 문장 안에서 혼용하고 있다.

231) '싱건지'는 '싱건김치'의 방언형. 다만 표준어의 '싱건김치'가 소금물에 삼삼하게 담근 무김치의 뜻이라면, 서남방언의 '싱건지'는 싱거운 국물이 섞인 국물김치에 가깝다.

232) '모:따야'는 '모르겠다야'가 축약된 말이다. 여기서 토씨 '야'는 자신의 말에 대한 다짐이나 강조를 나타낸다.

233) '세구지름'은 '석유기름'의 방언형.

234) '촉시불'은 '접싯불'의 방언.

235) '촉대기'는 접시 위에 세워 놓은 심지를 가리킨다.

236) '촉대'는 심지의 서 있는 모양을 가리키는 말.

237) '촉'은 불을 켜는 심지를 가리킴.

238) '세규지름'은 '석유지름'이다. '석유'에 이미 기름을 뜻하는 油가 포함되어 있으나, 한자어이기 때문에 그 느낌이 생생하지 않으므로 다시 순수한 우리말 '지름'을 여기에 덧붙인 것이다. 이러한 낱말의 구성 방식은 '외가집'이나 '역전앞' 등에서도 흔히 찾아볼 수 있다.

239) '참지름'은 '참기름'의 방언형.

240) '깐딱허먼'은 '까딱하면'의 방언형.

241) '사로'는 '사료'의 방언형.

242) '가지가다'는 '가져가다'의 방언형.

243) '한자'는 '혼자'의 방언형.

244) '두니'는 수사에 붙는 접미사로서 사람을 뜻한다. 즉 '두니'는 두 사람, '서니'는 세 사람, '너니'는 네 사람을 의미한다. 접미사 '-니'는 다섯 이상의 수사에는 붙지 않는다.

245) '볿다'는 '밟다'의 방언형.

246) '요짐'은 '요즘'의 방언형.

247) 나무를 세는 분류사로 '그루' 대신 '나무'를 사용하고 있다.

248) 소를 셀 때 분류사 '마리' 없이 '하나, 둘'과 같은 수사만을 사용하는 것이 독특하다.

249) 여기서 '막'은 '외양간'의 뜻. '소막'이라고도 한다.

250) '솔찬히'는 '꽤'나 '상당히'의 뜻.

251) '씨압'은 남의 소를 송아지 때 가져다가 길러서, 다 자라거나 새끼를 낳으면 원래 주인과 그 이득을 나누어 가지기로 하고 기르는 소를 뜻한다. 표준어로는 '배냇소'라 하며 전남 지역에서는 '바냇소', '도짓소' 등의 방언이 사용되기도 한다.

252) '첨에는보텀'은 형태상으로 '처음에는부터'의 방언형인데 도움토씨 '는'과 '보텀'의 결합 순서가 표준어와 다르다. 표준어로는 '처음에부터는'으로 옮겨야 마땅하다.

253) '개'(個)는 '마리'의 뜻. 이 지역어에서는 소를 셀 때 수량사인 '마리' 대신 물건을 세는 수량사인 '개'를 사용하는 것이 특징이다. 또한 수량사를 사용하지 않을 경우 '한나, 둘'과 같은 수사를 쓴다. 그래서 '송아지 하나 난 놈'(=송아지 한 마리 낳은 것)과 같이 표현한다.

254) '송가'의 '송'은 '소'를 발음하려다 '송아지'와의 혼태를 일으켜 '송'으로 잘못 발음한 예이다.

255) '송악지'는 '송아지'의 방언형.

256) '나ː주다'는 '낳아주다'로서 여기서는 '낳게 해 주다'의 뜻이다.

257) '포씨요'는 '파세요'의 뜻. '폴다'는 '팔다'의 방언형. 명령형 씨끝 '-씨요'는 기원적으로 '-읍시오'에서 발달한 씨끝이다. '-읍시오 > -으씨오 > -으씨요'와 같은 변화를 거쳐 오늘날 예사높임의 명령형 씨끝으로 굳어졌다. 어원만을 고려하면 '포씨요'는 '파시오'에 대응할 것이다.

258) '오지다'는 '오달지다'의 방언으로서 '마음에 흡족하게 흐뭇하다'의 뜻.

259) '-을라냐'는 '-으려나'에 대응하는 말로서 말할이의 추정이나 짐작을 나타낸다. 상
대에게 직접 의향을 물을 때에는 '-을래'가 사용된다.

260) '갖고오다'는 '가져오다'의 뜻. 표준어에서는 '가져오다'와 '가지고 오다'의 두 표
현이 쓰이나 더 오래된 표현인 '가져오다'는 하나의 낱말로 굳어진 반면 후대의
표현인 '가지고 오다'는 낱말이 아닌 구의 상태에 머물러 있다. 이것은 씨끝 '-어
> -고'의 교체가 표준어에서 일어났지만 '가져오다'와 같은 낱말에서는 아직도 옛
형태를 고수한 까닭이다. 반면 서남방언에서는 '가져오다'가 거의 쓰이지 않고 '갖
고오다'가 일반적으로 쓰인다. 이것은 '-어 > -고'의 교체가 완료되어 동사 '갖다'
에서도 '-어' 대신 '-고'만이 쓰이기 때문이다. 따라서 '갖고오다'는 서남방언에서
구가 아닌 낱말로 기능한다.

261) '뿌닥지'는 커다란 황소를 뜻한다. '뿌닥지'와 형태적으로 관련이 있는 표준어 '부
사리'는 머리로 잘 받는 버릇이 있는 황소를 뜻하나 '뿌닥지'는 체구가 크고 억센
황소를 가리킨다. 전남방언에서는 '뿌락지', '뿌사리', '뿌래기' 등과 함께 예사소리
를 갖는 '부락지', '부사리', '부래기' 등이 함께 쓰인다. 여기서는 종우(種牛)로 쓰
이는 커다란 황소를 가리킨다.

262) '푸다구지'는 '뿌닥지'와 같은 뜻으로 쓰인 말이다.

263) '어:서'는 '어디서'의 방언형. 의문사 '어디'는 전남방언에서 '얼:로'(=어디로), '어:
서'(=어디서)처럼 '으로' 앞에서 '얼', '에서' 앞에서 '어'로 변동되어 쓰인다.

264) '대붙이다'는 '교미를 붙이다'는 뜻의 표준어 '암구다'의 방언. 전남 지역에서는 지
역에 따라 '수붙이다', '갓붙이다' 등의 말을 더 사용한다.

265) '수나다'는 '발정나다'의 뜻. '수나다'의 '수(雄)'는 '암'의 대립어일 것으로 추정되
는데, 따라서 '수가 나다'는 것은 수컷에 대한 성적 욕구가 발생한다는 뜻으로 풀
이된다. '수가 난' 암소를 씨수소에 데리고 가서 교미를 붙이는 것을 '수붙이다'라
고 하는 지역도 있다. 이때의 '수'가 수컷인 씨수소를 가리키는 것은 분명하다. 그
런데 압해도에서는 '수가 나다'라는 표현과 함께 '수붙이다' 대신 '대붙이다'라는
말을 사용하는 것이 특이하다.

266) '하다'는 '하도'의 방언형.

267) '미킬다'는 '밀치다'의 방언형. 보통 '미클다' 또는 '미틀다'라고 한다. '밀-'에 붙는
강세 접미사 '-클'은 표준어의 접미사 '-치'(<-티)에 대응한다.

268) '펭야'는 '특별한 것 없이 그저'의 뜻.

269) '시양치'는 '송아지'의 방언형.

270) '어찌께'는 '어떻게'의 방언형.

271) '쪼깐'은 '조금'의 방언형.

272) '막 가지가다'는 '대가를 주지 않고 그냥 가져가다'의 뜻.

273) '깔딱하문'은 '까딱하면'의 방언형.

274) '쇠앙치'는 '송아지'의 방언형.

275) '일치거이'는 '일칙허니'로서 '일찍이'의 뜻.

276) '빠치다'는 '빠뜨리다'의 방언형.

277) '몬치다'는 '만지다'의 방언형.

278) '다쑬라고도'는 의미가 불분명한 표현이다. 혹시 '다숩다'(=다습다)가 아닐까 추정해 본다.

279) '꽉'은 '꼭'의 듯.

280) '천동운동'은 '허둥지둥'의 뜻.

281) '손지'는 '손자'의 방언형.

282) '몰리다'는 '말리다'의 방언형.

283) '-음서러'는 '-으면서'의 방언형.

284) '망창'은 '왕창'의 뜻.

285) '깐닥깐닥'은 '조금씩 조금씩' 또는 '천천히'의 뜻.

286) '벨라'는 '별로'의 방언형.

287) '자우당'은 '자우당간'으로 흔히 쓰이는데 '좌우지간'의 뜻.

288) '시끄다'는 아마도 '제멋대로 움직이다' 정도의 뜻으로 추정된다.

289) '머락하다'는 '뭐라고 하다'에서 줄어든 말로서 '야단치다'의 뜻.

290) '모:쓰끄스로'는 '못 끄스로'의 잘못된 발화.

291) '뿔끈'은 '벌떡 일어나는 모양'을 가리킨다.

292) '앙ㄱ다' 또는 '앙그다'는 '앉다'의 방언형.

293) '무삼'은 '무서움'의 방언형.

294) '뽈끈'은 '뿔끈'과 같이 '벌떡 일어나는 모양'을 가리킴.

295) '앙겄다가'는 '앉아 있다가'의 방언형. '앙거 있다'가 '앙겄다'로 줄어들어 쓰인다.

296) '애기'는 '아이'의 뜻. 서남방언에서 '아이'는 '아그'로 쓰이는데, '아기'의 방언형 '애기' 역시 '아이'의 뜻으로 쓰이므로 이 방언에서는 '아이'를 가리킬 때 '아그'와 '애기'의 두 낱말이 혼용된다고 할 수 있다. 이것은 '애기'의 지칭 범위가 확대되어 '아그'의 지칭 범위와 겹치게 된 결과이다. 그러므로 서남방언에서 '애기'의 지칭 범위는 '아그'에 비해 더 넓다고 하겠다.

297) '생이다'는 '생기다'의 방언형. / l / 앞에서 /ㄱ/이 탈락하였다.

298) '네:미'는 송아지를 부르는 소리.

299) '지값'은 '제값'의 방언형.

300) '한번에는'은 '한번은'의 뜻.

301) '너머'는 '너무'의 방언형.

302) '발싸기 흐메'는 의미를 추정하기 어려운 발화이다. 혹시 '팔려 버린 소의 발자취 가 휑하다' 정도의 뜻이 아닐지 추정해 본다.

303) '보다'는 '보고'의 방언형. '보다가'로도 쓰인다.

304) '나코'는 '나중에'의 뜻.

305) '너푸다'는 '높다'의 방언형.

306) '뒷개'는 섬이나 해안 지방에서 흔히 있는 지명이다. '뒷개'의 '뒤'는 북쪽을 가리 키며, '개'는 강이나 내에 바닷물이 드나드는 곳을 말한다. 따라서 '뒷개'는 '북쪽 에 있는 개'라는 뜻이며, 흔히 한자어로 '북항'(北港) 또는 '후포'(後浦)로 바꾸어 부 르기도 한다.

307) '만치'는 '만큼'의 방언형.

308) '소장시'는 '소장수'의 방언형.

309) '들료야'는 '들-오-야'로 분석되는 말로서 표준어의 '드오'에 대응된다. 여기서 토씨 '야'는 자신의 발화에 대한 다짐이나 강조를 나타낸다.

310) '냉기다'는 '남기다'의 방언형.

311) '거갑'은 거간'의 뜻.

312) '잡다'는 '싫다'의 방언형.

313) '봤소야'의 '야'는 앞의 발화를 강조하면서 상대방에 대한 다정한 느낌을 부여하는 기능을 갖는다. 이 토씨 '야'는 높임의 응답어 '야'에서 문법화를 거쳐 재구조화된 것으로 보이는데, 응답어에서 토씨로의 재구조화는 낮춤의 응답어 '응'이 서남방언 에서 '이~' 등으로 재구조화되는 방향과 한가지다.

314) '낫부닥'은 '낯바닥'의 방언형.

315) '너부적적하다'는 '넓적하다'보다 말맛이 강한 뜻을 갖는다.

316) '얻:다'는 '어디다'의 준말. 물음말 '어디'는 토씨 '에다가' 앞에서 '얻:'으로의 수의 적 변동을 보인다.

317) '빳:다'는 '빠지다'의 방언형. 전남의 남부 지역에서 '빠지다'는 콧소리가 아닌 자 음 앞에서 '빳:'으로 변동한다.

318) '엔간하다'는 '어지간하다' 또는 '웬만하다'의 뜻. 아마도 '어지간하다'와 '웬만하 다'의 혼태에 의해 생긴 형으로 추정된다.

319) '깔'은 말이나 소에게 먹이는 풀을 뜻하는 '꼴'의 방언형.

320) '비: 날리다'는 '베어 나르다'의 방언형.

321) '노무집살다'는 '남의집살다'의 방언형으로서 '남의 집안일을 하여 주며 그 집에 붙어살다'는 뜻이다.

322) '깔담살이'는 땔나무나 꼴을 베는 일을 하는 어린 머슴을 뜻하는 '꼴머슴'의 방언. '담살이'는 옛말 '다뭇사리'(← 다뭇-살-이)에서 온 말인데, '다뭇'이 '더불어'나 '같이'의 뜻이므로 '다뭇사리'는 '더부살이'를 뜻하게 된다. 따라서 서남방언의 '깔담살이'는 꼴 따위를 베면서 남의 집에 더부살이하는 어린 아이를 가리키게 된다.

323) '이녁 집가'는 '자기 집에'의 뜻이다. 이때 토씨 '가'는 '에'나 '에서'에 대응하는 뜻을 갖는다, 이 '가'는 원래 이동동사 '가'의 활용형 '가아'인데 토씨로 재구조화된 것이다. 예를 들어 '서울에 가 공부한다'는 문장에서 이동동사 '가'의 활용형 '가'는 처소를 나타내는 토씨 '에'와 더불어 쓰이는 빈도가 높기 때문에 '에가'로 굳어져 쓰이게 된다. 이 경우 장소 이동의 의미는 사라지고 단순히 위치나 처소를 뜻하는 말로 문법화된다. 따라서 '서울에 가 공부한다'는 '서울에가' 또는 '에'가 생략된 '서울가'로 쓰여 '서울에서'의 뜻을 갖게 되는 것이다. '이녁 집가' 역시 원래는 '이녁 집에 가'와 같은 구의 형식이었을 터이지만 '에가'가 토씨로 재구조화되면서 '이녁 집가'와 같이 굳어지게 되고 그 의미도 단순히 '이녁 집에'로 변하게 된다.

324) '애기담살이'는 갓난아기를 돌봐 주는 일을 하면서 남의 집에 더부살이하는 어린 여자아이를 가리키는 말로서 표준어 '업저지'에 대응한다.

325) '가이내'는 '계집아이'의 방언형. 서남방언에서는 '가시내'라고도 한다.

326) '금:날'은 '그믐날'의 축약형.

327) '했는갑서'는 '했나봐'의 방언형. 여기서 씨끝 '-는갑서'는 '-는가 봐'에 대응하는 형태이다. '-는가 보다'에 대응하는 서남방언의 형태는 '-는갑다' 또는 '-는갑이다' 등인데, 여기에 반말의 씨끝 '-아'가 결합되면 '-는가봐'나 '-는갑이여'가 될 것이다. 그러나 '-는갑이여'는 가능하지만 '-는가봐'는 이 방언에서 쓰이지 않고 대신 '-는갑서'가 사용된다. 일종의 보충형이라 할 수 있는데, 반말의 씨끝 '-아' 대신 '-서'가 쓰이는 이유는 분명하지 않다.

328) '여간'은 여기서 '아주'나 '대단히'의 뜻으로 쓰였다. 표준어에서 '여간'은 부정문에서만 쓰이나 서남방언에서는 그러한 제약이 없어 긍정문에서도 쓰일 수 있다.

329) '오지다'는 마음에 흡족하게 흐뭇하다는 뜻을 가지며, '오달지다'와 동의어이다. 서남방언에서는 '오달지다'는 쓰이지 않고 오로지 '오지다'로만 쓰인다.

330) '지'는 재귀대명사 '저'가 주격토씨 앞에서 쓰이는 '제'의 방언형.

331) '지녁'은 '저녁'의 방언형. '지역'이라고도 한다.

332) '미러서'는 '미리서'의 방언형.

333) '어디가'는 표준어의 '어디'에 해당하는 감탄사이다. 대체로 뒤에 수사적 물음이 옴으로써 표면의 의미와 반대되는 내용을 강조한다.

334) '논네는'은 '논은' 정도의 뜻으로 해석된다.

335) '반틈'은 '절반'의 뜻.

336) '거방'은 '거반'의 방언형으로서 '거지반'의 줄인 말인데, '거의'와 동의어이다.

337) '나나묵기'(=나눠먹기)는 지주가 소작인에게 소작료를 수확량의 절반으로 매기는 일을 가리키며 표준어 '배메기'의 방언이다.

338) '그때경'은 '그때쯤'의 뜻을 나타낸다. '그때경'의 '경'(頃)은 시간이나 날짜 따위를 나타내는 명사나 명사구 뒤에 붙어 '그 시간 또는 날짜에 가까운 때'의 뜻을 더하는 접미사이다. 그러나 한자어 '경'은 표준어에서 '때'와 같은 시간명사 뒤에서는 결합되지 않는 것이 원칙인데 이 제보자는 '때'와 '경'을 결합하여 쓰고 있다.

339) '하래'는 '하루'의 방언형.

340) '보쌀'은 '보리쌀'의 방언형.

341) '끄이'는 '끄니'라고도 하는데 표준어 '끼니'의 방언형. / ㅣ / 앞에서 /ㄴ/이 탈락하였다.

342) '일착'은 '일찍'의 방언형.

343) '맷독'은 '맷돌'의 방언형.

344) '묵고크름'은 '먹게끔'의 방언형. '-고크름'은 '-게끔'의 방언형이다.

04 의생활

그 엔:나레는 질싸믈 마:니 하셔짜나요,

— 야

미영도 마:니 시머씀니까?

— 그레쩨라우. 미영 하 인자 거 보 보리 소:게다 미영을 숭거라.

아 그레요?

— 그 어:쯔게 숭냐 그라면,

— 저 사:라미 *끄서라우.* 먼 멘드라가꼬 거 보리 소:게다가 이루 *끄꼬*
뎅임.

— 거그다 미영뿌리고 인자 더푸제라우.

— 그란디 그르케 헤:야꼬 얌 보리비:고나면 인자 미영바슬 메제라.

— 메:가꼬 여러불 메가 그거슬 한 데:뿔또 메야데라.

— 메:가꼬 인자 여:를흐서 인자 익쏘?

— 그라면 방울방울헤:가꼬[1] 이쓰이 흐:게가꼬 미영이 그르케 셍게쏘 안?

음

— 그눔 헤:다가 인자 거 베멘들끼까지 검:나게 여러 가지여라우.

그러지요이~? 복짭하제라이~.

— 야, 복짭하제.

그러면 미영은 언:제 따서 언:제 시머 숭거요?

— 한 오:올 유:월 그럴떼.

오월 유월에?

— 유:워레는 앙까거씨야. 오:월따리시퍼. 보리까실함서러[2] 미영을 숭:
꺼등이니라. 보리까실 인자 저 보리가 쪼간 이그면.

어:따가 주로 심:씀니까?

— 보리받 소:게다.

보리받 쏘:게다가.

— 야

그 옛날에는 길쌈을 많이 하셨잖아요?

- 예

목화도 많이 심었습니까?

- 그랬지요. 목화 하 이제 그 보 보리 속에다 목화를 심어요.

아, 그래요?

- 그 어떻게 심느냐 그러면,

- 저 사람이 끌어요. 무엇 만들어가지고 그 보리 속에다가 이렇게 끌고 다니면서.

- 거기다 목화 뿌리고 이제 덮지요.

- 그런데 그렇게 해가지고 그냥 보리 베고 나면 이제 목화밭을 매지요.

- 매가지고 여러 벌 매 가 그것을 한 댓 벌도 매어야 돼요.

- 매가지고 이제 ???? 이제 익잖소?

- 그러면 방울방울해가지고 있으니 하얘가지고 목화가 그렇게 생겼잖소?

음

- 그놈 해다가 이제 그 베 만들기까지 굉장히 여러 가지예요.

그렇지요? 복잡하지요.

- 예, 복잡하지.

그러면 목화는 언제 따서 언제 심어 심어요?

- 한 오월 유월 그럴 때.

오월 유월에?

- 유월에는 안 까겠네. 오월이지 싶어. 보리 수확하면서 목화를 심거든요. 보리 수확 이제 저 보리가 조금 익으면.

어디에 주로 심습니까?

- 보리밭 속에다.

보리밭 속에다가.

- 예

네

− 거그서 저 사:라미 이르고 끄꼬 자부뎅기고 그레라

아

− 그 소:게서.

아, 보리밭 보리밭 소:게서

− 야, 약깐 인자 거 거가 저 스 흐기 올라오제 어짜거쏘3), 약깐?

− 그레가꼬 거그다 자 미영씨 삐리고 인자 더퍼 발로.

음, 발로.

− 야, 그라면 나중에 나라.

나요이~?

− 야

그러면 미영이 다 이그면 어:트케 그걸 수화글 함니까?

− 아이 거 미영을 따제라, 가마이.

아, 일니리 소느로?

− 야

− 게:속 함버네 암피고 그거슨,

으

− 인자 자:꾸 저 따:면 또 저 커가꼬 또 열:고 또 피고 또 피고 그라면,

− 한 데:뿔도 더 따거쏘. 한 예일고뿌리나 머하그나.

− 그러고 따:다가 인자 기양도4) 폰사람도 폴고,

− 거한5) 사라믄 게:속 인자 베를 멘드제라.

그떼 그 미영 땅:거슨 어뜨케헤요?

− 미영 따서,

어떠케 손지를 헤요?

− 가서 이러쿠 셍게가꼬 이딱허면 여그 요르코 따 인자 여 소:게가 이 끄등이라, 미영이?

예

− 거기서 저 사람이 이렇게 끌고 잡아당기고 그래요.

아

− 그 속에서.

아, 보리밭 보리밭 속에서.

− 예, 약간 이제 그 거기에 저 스 흙이 올라오잖겠소, 약간?

− 그래가지고 거기다 이제 목화씨 뿌리고 이제 덮어 발로.

음, 발로.

− 예, 그러면 나중에 나요.

나요?

− 예

그러면 목화가 다 익으면 어떻게 그걸 수확을 합니까?

− 아니, 그 목화를 따지요, 가만히.

아, 일일이 손으로?

− 예

− 계속 한 번에 안 피고 그것은,

으

− 이제 자꾸 저 따면 또 저 커가지고 또 열고 또 피고 또 피고 그러면,

− 한 댓 벌도 더 따겠소. 한 예닐곱 벌이나 뭐 하거나.

− 그렇게 따다가 이제 그냥 파는 사람도 팔고,

− 거시기한 사람은 계속 이제 베를 만들지요.

그때 그 목화 딴 것은 어떻게 해요?

− 목화 따서,

어떻게 손질을 해요?

− 가서 이렇게 생겨가지고 있다고 하면 여기 요렇게 따 이제 여 속에 있거든요, 목화가?

예

— 봉울봉울헤가꼬6) 흑:헤가꼬.

— 그놈 인자 거그서 딸:서 가꼬먼 이:리 옴:넌디 가시레는 춥쏘 안?

예

— 그라먼 다:레조차 막 따:버러라.

— 다:레조차 막 따:가꼬 아서 지비와서 인자 그놈 뻬:제, 또.

음

— 그레가꼬 씨야시로 아서7), 베멘들라먼.

씨야시로 아서?

— 야 씨아시:로 머:시 돌리능거시 이씹띠다. 이러코 돌레.

예

— 씨야시.

녜

— 그라먼 거그다가 미영을 느:먼8) 저 씨는 요:리 네 네로고 미영은 쩌
리 나가고 그레라.

음

— 그레가꼬 그노믈 또 타:. 저 머:시로.

— 그그뽀다가 저 머:시롭따 머:시다마는9).

— 거:그다가 인자 이러케 이러곧 이러쿠 이러케 쑥 문 꼭두말로10) 타
머는,

— 자 흐:게 이써가꼬 딱 푸러지거등이라.

예

— 그라믄 또 저 머: 갑써 저 쭈시떼나11) 머시나 그렁거 가따가,

— 인자 또 고치를 이제 모라라우.

예

— 거그다 이러케 모라.

예

- 봉올봉올해가지고 하얘가지고.
- 그놈 이제 거기서 따서 가져오면 일이 없는데 가을에는 춥잖소?

예

- 그러면 다래조차 막 따 버려요.
- 다래조차 막 따가지고 와서 집에 와서 이제 그놈 빼지, 또.

음

- 그래가지고 씨아로 앗아, 베 만들려면.

씨아로 앗아?

- 예, 씨아로. 뭐가 돌리는 것이 있습디다. 이렇게 돌려.

예

- 씨아.

예

- 그러면 거기다가 목화를 넣으면 저 씨는 요리 내려오고 목화는 저리 나가고 그래요.

음

- 그래가지고 그놈을 또 타. 저 뭘로.
- 그것보고 저 뭐이다 뭐이라고 한다마는,
- 거기다가 이제 이렇게 이렇게 이렇게 이렇게 쑥 무슨 꼭지마리처럼 타면은,
- 자 하얗게 있어가지고 딱 풀어지거든요.

예

- 그러면 또 저 뭐 저 수숫대나 뭐나 그런 것 가져다가,
- 이제 또 고치를 이제 말아요.

예

- 거기다 이렇게 말아.

− 그래서 인자 마:니 헤:나뚠코 인자 또 푸마시혜가꼬 또 무 자사라, 그노믈 또.

자사?

− 머:스로 네:제, 인자 실:로. 네:우가꼬.

시:릴떼는 그거슬 머:스로 이러게 물레 돌리던.

− 야, 물레로 돌리제라.

− 아이구, 그레가꼬 인자 그노믈 한테다가 인자,

− 푸마시혜서 막 그거또 미영을 또 하머는,

− 다: 물레빵이 이써라우.

− 거그서 인자 푸마시혜서 자사서 난 미영도[12] 잘 모:짜사써라. (웃음) 인자 무 딴니른 헤:써도.

− 미영 인자 시어메가 자서 인자 그러케혜가꼬 자사서 준 헤:가꼬 인자,

− 인제 거또 뽀바라우. 열께쓰 열께썩 한테다가헤:서 이러케 자버노코 거그다가 저 끼:거든. 머 꼬젱이다[13] 끼여가꼬 이러케 자부뎅게가꼬 열게썩 헤서 여그다 이로케 막 마:니헤 인자 헤:가꼬,

− 또 나라라우, 쩌:그서. 큰 마당 큰 거기 요로쿠 진:디서.

− 나라가꼬 인자 그노믈 또 인자 쌀마라, 또.

아하

− 인자 안떠러지게.

음

− 쌀마가꼬 너러따가 인자 그노믈 또 도투마리에다 가뭄:서러 저 마까지[14] 또 한나썩 갸:끔 나라우. 거가 부틍께.

− 그레하고 또 도 도토마네다가 인자 다 멜 게가 되야뜬지 스무자써기 하그등이라.

− 그라고 네그 네꺼까꼬 네:가 하머는 서룬자도 하고 열짜슥 짜도 다

— 그래서 이제 많이 해 놔두고 이제 또 품앗이해가지고 또 자아요, 그놈을 또.

자아?

— 뭘로 내지, 이제 실로. 내가지고.

실 낼 때는 그것을 뭘로 이렇게 물레 돌리던.

— 예, 물레로 돌리지요.

— 아이고, 그래가지고 이제 그놈을 한데다가 이제,

— 품앗이해서 막 그것도 목화를 또 하면은,

— 다 물레 방이 있어요.

— 거기서 이제 품앗이해서 자아서 나는 무명도 잘 못 자았어요. (웃음) 이제 뭐 딴 일은 했어도.

— 무명 이제 시어머니가 자아서 이제 그렇게 해가지고 자아서 준 해가지고 이제,

— 이제 그것도 뽑아요. 열 개씩 열 개씩 한데다가 해서 이렇게 잡아놓고 거기다가 저 끼거든. 뭐 꼬챙이에다 끼워가지고 이렇게 잡아당겨가지고 열 개씩 해서 여기다 이렇게 막 많이 해 이제 해가지고,

— 또 날아요, 저기서. 큰 마당 큰 거기 이렇게 긴 곳에서.

— 날아가지고 이제 그놈을 또 이제 삶아요, 또.

아하

— 이제 안 떨어지게.

음

— 삶아가지고 널었다가 이제 그놈을 또 도투마리에다 감으면서 저 막대기 또 하나씩 가끔 나요. 거기에 붙으니까.

— 그리하고 또 도투마리에다가 이제 다 몇 개가 됐든지 스무 자씩 하거든요.

— 그리고 내 그 내 것 가지고 내가 하면은 서른 자도 하고 열 자씩 짜

고 하고 데:고15) 한디,

— 인자 나나무낄 하요, 그거슬

— 여 미엉을 줌서러 인저 이놈하먼 멜 피리 나웅께 두리 또까치 난:짜고16) 그레서 가조머는,

— 헤:보머는 머 여 여서까레를 헤:딱헤도 서:게베끼 안돼. 서니 두리 또까치 나:나부링께.

— 우리 시아부지는 또 할 너:머너머 키가 쿵께,

— 저 온 함불 할라먼 두 저 수무자쓱짜리 두:게가 모:지레17). (웃음)

— 그레가꼬 헤:서 입꼬 그라고 살:다가 봉께 이러구 돼야쏘. (웃음)

그러먼 메 그 인제 메가지고 인제 베를 짜:지요이~?

— 야, 그러조. 잘 짠 사라믄 하레 항가레썩 짜:라.

— 그란디 모:짜먼 한 하레 바:니나 짜:야 짜고 그라고 또 바메도 짜고.

— 바메는 까따가문 북 쑤세 부루먼 부기를 요리 너:따빼:따 하거든 하하고 이꺼등이라우.

— 그런디 그롬 드 쑤세부루먼 다 떠러저부루먼 그놈 일:꼬나먼 아조 얼릉 마:니 짜:도 모:데라우.

(웃음)

보통 긍께 나제 짜:고.

— 야, 바메 짜:고

에, 바메 짜:고.

— 잘 짠 사라믄 바메도 잘 짜라우.

예

그러면 그건만 허능건 아니자나요? 여자드리 다른일도 헐 하면서 또 베:짜:고이~.

— 그러제라 벨닐 다 험서러 허제.

하:이고, 보통니리 아니겐네요이~?

기도 하고 멋대로 하는데,

 — 이제 나눠먹기를 하오, 그것을.

 — 목화를 주면서 이제 이놈 하면 몇 필이 나오니까 둘이 똑같이 나누자고 그래서 가져오면은,

 — 해 보면은 뭐 여섯 꼭지를 했다고 해도 세 개밖에 안 돼. 셋이 둘이 똑같이 나눠 버리니까.

 — 우리 시아버지는 또 너무 너무 키가 크니까,

 — 저 옷 한 벌 하려면 두 저 스무 자짜리씩 두 개가 모자라. (웃음)

 — 그래가지고 해서 입고 그렇게 살다가 보니까 이렇게 됐소. (웃음)

그러면 매 그 이제 매가지고 이제 베를 짜지요?

 — 예, 그러지요. 잘 짜는 사람은 하루에 한 꼭지씩 짜요.

 — 그런데 못 짜면 한 하루에 반이나 짜야 짜고 그리고 또 밤에도 짜고

 — 밤에는 까딱하면 북 쑤셔 버리면 북을 이리 넣었다 뺐다 하거든 하 하고 있거든요.

 — 그런데 그놈 쑤셔 버리면 다 떨어져 버리면 그놈 잃고 나면 아주 얼른 많이 짜지도 못해요.

(웃음)

보통 그러니까 낮에 짜고.

 — 예, 밤에 짜고.

예, 밤에 짜고.

 — 잘 짜는 사람은 밤에도 잘 짜요.

예

그러면 그것만 하는 건 아니잖아요? 여자들이 다른 일도 하면서 또 베 짜고.

 — 그렇지요. 별일 다 하면서 하지.

아이고, 보통 일이 아니겠네요?

ㅡ 다:: 에:기업꼬 벨거슨 다 할쑤 이써도 기:도 자불쑤 이꼬 머:또하고
도 다:: 할쑤 이써도, 에기업꼬 베는 모짜꺼시요야[18].

　　ㅡ 여그다가 업꼬 우쯔게 짜:꺼쏘, 아페서? 또 보두더 체:야쓰고.

　　ㅡ 그레다 하:더허더 베를 한디 우리 아드리 우 잘 웅:께 풀떡풀떡뜸:
서[19] 웅:께,

　　ㅡ 네가 들묵써 삼:서러 업꼬라 업꼬 짜볼랑께 절:떼 모:다거써.

아

　　ㅡ 모짜.

　　ㅡ 업꼬 가서 기:는 자버도 잡꺼뜨만.

(웃음)

업꼬는 모짜요이~?

　　ㅡ 야, 업꼬는 다:: 헤도 그 업꼬는 업꼬 기:는 거 베는 모짜.

긍께 미영::은 인제 다:들 헤:보셔짜나요, 미영은?

　　ㅡ 미영은 헤:쩨라, 마:니.

예

근데 삼베도 헤:써써요?

　　ㅡ 삼베는 안헤써라우.

아, 이동네서 삼베는.

　　ㅡ 야, 삼베 웁:써라 여그는

　　ㅡ 인자 쩌 육찌에서 헤:서 다 가저아서 또 사서 입꼬 그러제.

어어

　　ㅡ 여그는 그넝걸 웁:쩨.

삼 자체가 업:써요?

　　ㅡ 야, 에초에 업:써라.

에초에 업써이~?

　　ㅡ 야

- 다 아기 업고 별것은 다 할 수 있어도 게도 잡을 수 있고 뭐도 하고 도 다 할 수 있어도, 아기 업고 베는 못 짤 거요.

- 여기다가 업고 어떻게 짜겠소? 앞에서? 또 바디도 채워야 되고.

- 그래도 하도 하도 베를 하는데 우리 아들이 잘 우니까 펄쩍펄쩍 뛰면서 우니까,

- 내가 들목(지명)에서 살면서 업고요 업고 짜 보려니까 절대 못 하겠어. 아

- 못 짜.

- 업고 가서 게는 잡아도 잡겠더구먼.

(웃음)

업고는 못 짜요?

- 예, 업고는 다 해도 그 업고는 업고 게는 그 베는 못 짜.

그러니까 무명은 이제 다들 해 보셨잖아요, 무명은?

- 무명은 했지요. 많이.

예

그런데 삼베도 했었어요?

- 삼베는 안 했어요.

아, 이 동네서 삼베는.

- 예, 삼베 없어요 여기는.

- 이제 저 육지에서 해서 다 가져와서 또 사서 입고 그러지.

어어

- 여기는 그런 것 없지.

삼 자체가 없어요?

- 예, 애초에 없어요.

애초에 없어?

- 예

모시는 더 업:껀네요.

— 야, 모시도 오:꼬 어디 멩기베도[20] 우:꼬.

멩기베도 아나고.

— 야, 그런디 우들 크네기떼는 한데[21] 바:쏘마는 시집와가꼬는 모:빠 쏘야, 멩기베.

아

— 그레가꼬 그 저 볼레 거그 소테다가 쌀마가꼬 그놈 삐:고,

— 그거시 마시따고 막 무급띠다마는 나는 주거도 몸:무꺼쏘.

(웃음) 뻔데기?

— 야

음, 그러며는 여기서는 다심능게 이제 점:부 미영이네요?

— 예

음, 주로 미영 점::부 지베서 미영가꼬 헬 오데입꼬 그러셔써요?

— 그러제라우.

그떼는 사서입능거슨 업:써꼬.

— 사서입능거시 옵:써써라. 그란디,

— 어짜먼 잘하머넌 저 그 어:쯔게헤:서 그 삽띠 그옴만 입는디,

— 또 머:시라고 가서 사다가 이제 이불가틍거 어디를 인자 보네요, 거 시집까고 장:게갈떼?

— 그럼 당모글[22] 사라. 당모기라 함피를 사오먼 이상 마:니 뎅께.

당모근 머:에요?

— 검:나게 넙쩍헤가꼬 당모기라고 이써라. 강:목[23] 이라고 이써라.

강목? 어

— 당모기 으 그걸 사다가 그러케헤서 입꼬.

— 아이고, 옵:써가꼬 나 산:니를 셍각허먼 누니 꺼먹꺼먹헤[24].

(웃음)

모시는 더 없겠네요.

― 예, 모시도 없고 어디 명주 베도 없고.

명주 베도 안 하고.

― 예, 그런데 우리들 처녀 때는 하는 것 봤소마는 시집와가지고는 못 봤소, 명주 베.

아

― 그래가지고 그 저 본래 거기 솥에다가 삶아가지고 그것 빼고,

― 그것이 맛있다고 막 먹습디다마는 나는 죽어도 못 먹겠어.

(웃음) 번데기?

― 예

음, 그러면은 여기서는 다 심는 것이 이제 전부 목화네요?

― 예

음, 주로 목화 전부 집에서 목화 가지고 옷 해 입고 그러셨어요?

― 그렇지요.

그때는 사서 입는 것은 없었고,

― 사서 입는 것이 없었어요. 그런데,

― 어쩌면 잘하면은 저 그 어떻게 해서 그 ?? 그 옷만 입는데,

― 또 뭐라고 가서 사다가 이제 이불 같은 것 어디를 이제 보내잖아요, 그 시집가고 장가갈 때?

― 그럼 당목을 사요. 당목이라 한 필을 사오면 꽤 많이 되니까.

당목은 뭐예요?

― 굉장히 넓적해가지고 당목이라고 있어요. 광목이라고 있어요.

광목? 어

― 당목이 그것 사다가 그렇게 해서 입고.

― 아이고, 없어가지고 나 산 일을 생각하면 눈이 캄캄해.

(웃음)

― 아이, 시지블 옹께 앙꺼또 옵:써가꼬 머 베도 할찌[25] 모:르고, 우리 시어메는.

― 어디 쩌 산쏘게서 살:고 이씅께 바빼끼 안헤드렌능갑띠다.

― 나이가 우리 하나 하나부지하고 인자 하나씨 시아부지하고 시어메 하고헤서 열뚜살 차이라 합따.

― 열두살 차인디 그럴떼는 하다[26] 옵:씽께 게양[27] 크네기를[28] 줸:능 갑띠다야.

― 그레가꼬는 거그서 사라따고 금:띠다[29].

음, 그레요이~. 질쌈하실떼 먼: 노레도 부르고 그러싱가요?

― 먼 노레 부르거쏘? 바빼주껀는디. (웃음)

(웃음)

― 모:뿌레라.

질쌈하실떼 먼:?

― 나 노레도야 이데꿈[30] 함번도 모:뿔러바쏘.

아 어 바 밤멜떼도 안?

― 야, 안.

밤멜떼도 보통 노레허고 힘드니까 그러자나요?

― (웃음)

― 아니, 노레도 어짜다 저테사라미나[31] 하면 몰라도,

아

― 노레 함::번도 암불러 바쏘. 모:뿔러.

(웃음)

― 아니, 잘 뿌른 사라믄 이써라, 또 따로.

그러지요. 질쌈하실떼 머 또 제민는 이야기나 저그 일 기영나는 이야기 이 쓰세요? 질쌈하실떼 옌:나레?

― 아니, 제민는 이른 웁:쩨라. 만:나 나가,

— 아니, 시집을 오니까 아무 것도 없어가지고 뭐 베도 할 줄 모르고, 우리 시어머니는.

— 어디 저 산속에서 살고 있으니까 밥밖에 안 했던가 봅디다.

— 나이가 우리 할아 할아버지하고 이제 할아버지 시아버지하고 시어머니하고 해서 열두 살 차이라 합디다.

— 열두 살 차이인데 그때는 하도 없으니까 그냥 처녀를 줬나 봅디다.

— 그래가지고는 거기서 살았다고 그럽디다.

음, 그래요. 길쌈하실 때 무슨 노래도 부르고 그러시나요?

— 무슨 노래 부르겠소? 바빠 죽겠는데. (웃음)

(웃음)

— 못 불러요.

길쌈하실 때 뭐?

— 나 노래도 이때껏 한 번도 못 불러 봤소.

아 어 밭 맬 때도 안?

— 예, 안.

밭 맬 때도 보통 노래하고 힘드니까 그러잖아요?

— (웃음)

— 아니, 노래도 어쩌다 옆 사람이나 하면 몰라도,

아

— 노래 한 번도 안 불러 봤소. 못 불러.

(웃음)

— 아니, 잘 부르는 사람은 있어요, 또 따로.

그렇지요. 길쌈하실 때 뭐 또 재미있는 이야기나 저기 일 기억나는 이야기 있으세요? 길쌈하실 때 옛날에?

— 아니, 재미있는 일은 없지요. 만날 내가,

― 인자 나:중에는 나는 인자 선:수가 되야써써라우.

아

― 아주 자란 사라미.

― 그레가꼬 노무 베도 메로 뎅게쩨, 베짜로도 뎅게쩨, 미영은 아졸 마:니는 모:짜쩨.

― 또 깡:깡허니[32) 짜:징께 저 미영이 암부러나.

― 놈드른 부르레 빼서 올리고 부르레 빼서 올른다.

― 나는 깡:깡헤가꼬 그르코 셍게농께 저 그 마:니는 모:데써도 미영도 저그 메럴 하고 문 삘거슨 삘거슨 다 헌디.

― 나:중에는 기술짜가 되야아꼬 노무베 메로뎅기제, 노무 베도 짜:제, 바느질또 헤:주제, 머:속 또하제, 막 게:속 그릉그또 하고.

다음 동:네에서 질쌈자란다고 소:무니 나셔써요?

― 야, 그레가꼬 인자 처:메는 오또 옵:써가꼬 항가지썩 이분놈 그놈 뿌니인는디,

― 나:중에는 온 헤:가꼬 막 저그 마:니 나:뚜고 이버써라.

아하

― 그렁께

질싸므로요?

― 야, 우리 시아부지가 아조 아조 메느리 자러더따고 얼:마나 조아한 지아요?

(웃음)

― (8초) 시집옹께 인자 소 쩌그다가 저 헤우를 헨:는디 검:나 잘데따그레라우, 놈들 마리. 헤우가 잘 데따고.

― 그란디 셍전 뜨드로를 앙가요. 뜨더다 놈드른 다 허는디.

― 그 웨 뜨드로 앙강고? 그라고는 어쩨 앙간다냐고 네가 무러바써라.

― 그렁께 추웅께 모간닥하요.

- 이제 나중에는 나는 이제 선수가 됐었어요.

아

- 아주 잘하는 사람이.

- 그래가지고 남의 베도 매러 다녔지, 베 짜러도 다녔지, 무명은 아주 많이는 못 짰지.

- 또 단단하게 짜지니까 저 무명이 안 불어나.

- 남들은 부르르 빼서 올리고 부르르 빼서 올리는데.

- 나는 단단해가지고 그렇게 생겨 놓으니까 저 그 많이는 못 했어도 무명도 저기 매러 하고 무슨 별의별 것은 다 하는데.

- 나중에는 기술자가 돼가지고 남의 베 매러 다니지, 남의 베도 짜지, 바느질도 해 주지, 뭐도 하지, 막 계속 그런 것도 하고.

?? 동네에서 길쌈 잘한다고 소문이 나셨어요?

- 예, 그래가지고 이제 처음에는 옷도 없어가지고 한 가지씩 입은 것 그것뿐이었는데,

- 나중에는 옷 해가지고 막 저기 많이 놔두고 입었어요.

아하

- 그러니까

길쌈으로요?

- 예, 우리 시아버지가 아주 아주 며느리 잘 얻었다고 얼마나 좋아하는 줄 아오?

(웃음)

- 시집오니까 이제 소 저기다가 저 김을 했는데 굉장히 잘 됐다 그래요, 남들 말이. 김이 잘 됐다고.

- 그런데 생전 뜯으러를 안 가요. 뜯어다 남들은 다 하는데

- 그 왜 뜯으러 안 가나? 그러고는 왜 안 간다냐고 내가 물어 봤어요.

- 그러니까 추우니까 못 간다고 해요.

어허

　－ 발 머 시늘꺼시 업:씹띠다.

　－ 이 그저네 엔:나레는 머:시 싱:꼬 거그 뻬레 갈꺼시 업써라, 앙끄또.

　－ 털메신33) 싱:꼬 뎅입띠다.

음흠

　－ 그란디 나는 얼::마나 강:헤뚱가,

　－ 기양 데:고데:고 가서 헤:도 그르케 머 몰: 하거뜬. 안하거뜨마.

　－ 그런디 하 가 인자 네가 뜨더주먼 가 지고라도 오시요야? 갑씨다
가:치.

　－ 그러고가먼 나는 가서 쩌: 미테가서 먼: 고 저 머 자버가꼬 올란닥
하요.

　－ 저 거그가서 도라뎅임서러 이쓰먼 게:저기랑34) 주서가꼬 온다 구레.
모:당께

흠흠

　－ 손시랍꼬35) 모:당께.

음

　－ 그레가꼬 헤:주먼 또 지고와서 또 꾹 하오먼,

　－ 그놈 가꼬와서 수리나 또 양:썬36) 무꼬오고.

（웃음） 그러치요. 에.

　－ 야

그러면 오슨 그럼 점:부 미영베로만 헤써요?

　－ 야, 그레쩨

머 삼베나 모시베나 이렁거는 안허고.

　－ 야, 오:꼬 깐::단 미영베.

어

　－ 기양

어허

 - 발 뭐 신을 것이 없습디다.

 - 이 그전에 옛날에는 뭐가 신고 거기 개펄에 갈 것이 없어요, 아무 것도

 - 털메기 신고 다닙니다.

음흠

 - 그런데 나는 얼마나 강했던지,

 - 그냥 함부로 함부로 가서 해도 그렇게 뭐 못 하거든. 안 하겠더구먼.

 - 그런데 가 이제 내가 뜯어 주면 가서 지고라도 오세요 예? 갑시다 같이.

 - 그러면서 가면 나는 가서 저 밑에 가서 무슨 그 저 뭐 잡아가지고 오겠다고 해요.

 - 저 거기 가서 돌아다니면서 있으면 '게적'이랑 주워가지고 온다 그래. 못 하니까.

흠흠

 - 손 시리고 못 하니까.

음

 - 그래가지고 해 주면 또 지고 와서 또 ? 해 오면,

 - 그놈 가져와서 술이나 또 양껏 먹고 오고.

(웃음) 그렇지요. 예.

 - 예

그러면 옷은 그럼 전부 무명베로만 했어요?

 - 예, 그랬지.

뭐 삼베나 모시베나 이런 것은 안 하고.

 - 예, 없고 단지 무명베.

어

 - 그냥

― 그런디 인자 거 예우 이:부기로 인자 먼: 모지블 가써라, 우리 어:르니.

예

― 간는디 거그는 메:삐가 더웁뜨락하요37). 여그부듬 더 모:쌀드락하요.

어

― 그레가꼬 삼베로 저시레도 입꼬 살:드락하요.

아하

― 막 올라 저 삼베가 그런다마리요. 여으우로 올라가.

― 막 그 추우머니라우 막 딸딸 몰라서 올라가.

― 그레가꼬 온 함불만 헤:서 보네주락 헤서 보네줘:뜨이,

― 그놈 포라가꼬 아서 미영사가꼬 그레또 여러필헤쏘야38), 아게도.

― 그 소무니 이떵가 어쩌덩가,

(웃음)

그 미영으로 오슨 어떤 오뜨를 만들 만드러보셔써요?

― 바지도 멘들고 저 또 우리 시야제가 나 옹께,

― 망뚜이39) 시야제가 저 돌너머씹띠다. 인자 금방 돌너머딱하등만.

― 그노믈 네가 키:데끼 헤:써라.

예

― 그레가꼬 저 꺼멍베 물 꺼:멍40) 물드레가꼬 헤:가꼬 글로 저 입 쩌머:또 헤:줘써라.

― 저 임:자 임능거 다 모도 제 거 신:식 올:슬 인자 그 바지가틍거 여머:까틍거또 헤:주고,

― 죄께가틍거또41) 잘 모:데라우. 참 어렵띠다.

― 여그 초부를 막 한노믄 헤:라우. 하기 조:아라우. 근디,

― 호 접쩨끼는42) 참 그거시 어렵띠다 그레서,

― 그렁거또 다 하고 거 저 바지저구리도 거 에기드른 그렁건 몬:니피거쓰께 기양,

- 그런데 이제 그 이북으로 이제 무슨 모집을 갔어요, 우리 어른이.

예

- 갔는데 거기는 몇 배가 덥더래요. 여기보다 더 못살더라고 해요.

어

- 그래가지고 삼베로 겨울에도 입고 살더라고 해요.

아하

- 막 올라 저 삼베가 그런단 말이오. 여기 위로 올라가.
- 막 그 추우면요 막 딸딸 말려서 올라가.
- 그래가지고 옷 한 벌만 해서 보내 달라고 해서 보내 줬더니,
- 그것 팔아가지고 와서 무명 사가지고 그래 또 여러 필 했소. ???
- 그 소문이 있던지 어쨌던지,

(웃음)

그 무명으로 옷은 어떤 옷들을 만들 만들어 보셨어요?

- 바지도 만들고 저 또 우리 시동생이 나 오니까,
- 막내 시동생이 저 돌 넘었습디다. 이제 금방 돌 넘었다고 하더구먼.
- 그놈을 내가 키우듯이 했어요.

예

- 그래가지고 저 검정 베 물 검정 물 들여가지고 해가지고 그것으로 저 입 저 뭐도 해 줬어요.
- 저 임자 입는 것 다 모두 제 그 신식 옷을 이제 그 바지 같은 것 이 뭐 같은 것도 해 주고,
- 조끼 같은 것도 잘 못해요. 참 어렵습디다.
- 여기 초벌을 막 한 것은 해요. 하기 좋아요. 그런데,
- 홑 겹 조끼는 참 그것이 어렵습디다. 그래서,
- 그런 것도 다 하고 그 저 바지저고리도 그 아이들은 그런 것 못 입 히겠으니까 그냥,

－ 거 다 거 학꾜감서입꼬 그런다고 멘드라서[43] 다 이피고 아조 열씨
미 헤:써라.

먼: 온: 오슬 다 허고요이~?

－ 야, 벨:뜨 오슨오슨 나한테로 다 비:로와쏘, 나:중에는.

－ 나 앙:꺼또 암보기고 와써도 여그아서 인자 헤:봉께 하거썹다.

－ 그레서 다 비:고강께 두루메기 가틍거 여 바지가틍거 머:까틍거 빌:
라먼 다:: 나한테로 와라.

아

－ 그레서 다 비여찌라.

아, 오슬 함부로 모:뿐 모양이네요?

－ 예, 잘 모:뻐여라우.

－ 인자 큰 사람 자근 사라미 딱 따로 따로 이꼬,

－ 그렁께는 그런 죄께 멘든 사라믄 잘 옵:써라[44].

음

－ 그레도 나는 죄끼도 멘들고 두루메기도 게:속 시아부지 거 지 우리
어:른들꺼또 다 멘들고,

－ 그레가꼬 나:중에는 시집깔 시 장:게를 가 인자 네:가 인자 장:소니
라 베 헤:가꼬 다 보네고 이불하라고 또 오또 다: 헤:서 이피고 잘헤가꼬
사라써라.

－ 그란디 일찍일찍 다 주거부러써.

(웃음)

이런 옫 고르미나 단추나 이렁거뜰도 다 하셔써요?

－ 야, 그러제라

오꼬름

－ 단 오꾸람만[45] 인자 오꾸라만 **헝께 이러코 소니로 그냥 멘들먼
된디,

－ 그 다 그 학교 가면서 입고 그런다고 만들어서 다 입히고 아주 열심히 했어요.

무슨 옷 옷을 다 하고요?

－ 예, 별 옷은 옷은 나에게로 다 베러 왔소, 나중에는.

－ 나 아무 것도 안 보고 왔어도 여기 와서 이제 해 보니까 하겠습디다.

－ 그래서 다 베고 가니까 두루마기 같은 것 이 바지 같은 것 뭐 같은 것 베려면 다 나에게로 와요.

아

－ 그래서 다 베었지요.

아, 옷을 함부로 못 베는 모양이네요?

－ 예, 잘 못 베어요.

－ 이제 큰 사람 작은 사람이 딱 따로 따로 있고,

－ 그러니까는 그런 조끼 만든 사람은 많이 없어요.

음

－ 그래도 나는 조끼도 만들고 두루마기도 계속 시아버지 그 지 우리 어른들 것도 다 만들고,

－ 그래가지고 나중에는 시집갈 시 장가를 가 이제 내가 이제 장손이라 베 해가지고 다 보내고 이불 하라고 또 옷도 다 해서 입히고 잘 해가지고 살았어요.

－ 그런데 일찍 일찍 다 죽어 버렸어.

(웃음)

이런 옷고름이나 단추나 이런 것들도 다 하셨어요?

－ 예, 그렇지요.

옷고름

－ 단 옷고름만 이제 옷고름만 ??하니까 이렇게 손으로 그냥 만들면 되는데,

— 거 단추를 엔:나레는 이러케 저버서 이러그 실:가틍거시로 이러고
질쭉하니 가늡띠46)가늘게 헤가꼬 멘드라라.

예

— 그 고47) 뻬:서 쩍 멘드라. 그거또 다 헤:서 노무꺼또 헤:주고 누구도
하고 그렌는디,

— 인자는 아네바서 잘 모:르꺼쏘야.

흐흠

동:전가틍거

— 동전가틍거또48) 다를 달:고, 항시.

또 무슨 주머니도 만드셔써요?

— 주머니가 이써야제.

으~

— 이써야 헤 어:딘 먼 느:체라이~49).

— 죄께 가틍거또 주머이50) 이써야 되고

으~

— 다 주머이 이써야 데.

에, 그럼 오뜨리 다다 다라셔꼬요?

— 야, 그렁걸 하기가 쫌 어러와라51).

그니까요.

— 예, 보:통꺼슨 안:디 저 합씨 우게 저 머:다요? 요즘 씨상에는 저 우
게 시방 저런온 다 입쏘 안?

예

— 그렁께 그오슬 멘들라먼 검:나게 어러와라우.

— 그레도 잘 멘든사라만테 인자 비여가꼬와서 지비서 인자 멘드라서
이피고 그레써라.

음, 비여가꼬 와서?

- 그 단추를 옛날에는 이렇게 접어서 이러 그 실 같은 것으로 이렇게 길쭉하게 가늘디가늘게 해가지고 만들어요.

예

- 그 고 빼서 만들어. 그것도 다 해서 남의 것도 해 주고 누구도 하고 그랬는데,

- 지금은 안 해 봐서 잘 모르겠소.

흠흠

동정 같은 것.

- 동정 같은 것도 달고, 항시.

또 무슨 주머니도 만드셨어요?

- 주머니가 있어야지.

으

- 있어야 해. 어디 무엇 넣지요.

- 조끼 같은 것도 주머니 있어야 되고,

으

- 다 주머니 있어야 돼.

예, 그럼 옷들이 다 다 달으셨고요?

- 예, 그런 것 하기가 좀 어려워요.

그러니까요.

- 예, 보통 것은 하는데 저 위에 저 뭐래요? 요즘 세상에는 저 위에 시방 저런 옷 다 입잖소?

예

- 그러니까 그 옷을 만들려면 굉장히 어려워요.

- 그래도 잘 만든 사람에게 이제 베어가지고 와서 집에서 이제 만들어서 입히고 그랬어요.

음, 베어가지고 와서?

− 야

− 그레도 나:중에는 또 비기도 하고.

인자 비여. 그니깐 보:통삼 어떤사람 보:통싸람드른 빌:찌를 모르고마니이~.

− 야, 몬.

잘몬 쨀라불먼 안뎅께이~.

− 예, 데:고 쨀라부루먼 안뎅께 다:: 우리지비로 옵띠다.

아, 잘 비:는 사라만테 와가지고 헤:달라고.

− 야, 그라고 또 바느지를 헤도 손싸게52) 헤:뜽가 조글 적쌈만 하먼
어짠 사라믄 머 사흘나흘 한닥헤도 아침밤 무꼬 하먼 저녕 술참떼 데먼
네가 다 바 헤:써라우.

− 저그 저구리야53), 적쌈. 여리메 이블꺼시라우, 그놈 멘:: 바거야만
되그등이라, 그거슨.

− 그레도 하레 한나썩 헤:서 주고 그라먼 어:쭈고 얼릉헤:따고 망 날:
리고.

(웃음)

− 그라고 저라고 살:다봉께 다 늘거서 네가 그나저나 미영은54) 마:니
타고나쏭께 이러케 살:고 이쩨, 어짜거쏘?55)

그러지요.

− 다 주거써라, 마:니. 그레도 나야고56) 동갑짜리는57) 멘 이낀 이딱헙
띠다마는 우리 동:네싸람들.

바늘하실떼는 또 여러가지가 피료하자나요이~?

− 예, 그러제라.

머:가 피료헤요?

− 바늘

바늘, 또

− 실

- 예

- 그래도 나중에는 또 베기도 하고.

이제 베어. 그러니깐 보통 어떤 사람 보통 사람들은 벨 줄을 모르는구먼.

- 예, 못.

잘못 잘라 버리면 안 되니까.

- 예, 함부로 잘라 버리면 안 되니까 다 우리 집으로 옵디다.

아, 잘 베는 사람한테 와가지고 해 달라고.

- 예, 그리고 또 바느질을 해도 손 싸게 했든지 적삼만 하면 어떤 사람은 뭐 사흘 나흘 한다고 해도 아침밥 먹고 하면 저녁 곁두리 때 되면 내가 다 했어요.

- 저기 저고리여, 적삼. 여름에 입을 거요, 그놈 맨 박아야만 되거든요, 그것은.

- 그래도 하루에 하나씩 해서 주고 그러면 어떻게 얼른 했다고 막 난리고.

(웃음)

- 그렇게 저렇게 살다 보니까 다 늙어서 내가 그나저나 명은 많이 타고 났으니까 이렇게 살고 있지, 어쩌겠소?

그렇지요.

- 다 죽었어요, 많이. 그래도 나하고 동갑내기는 몇 있기는 있다고 합디다마는 우리 동네 사람들.

바느질 하실 때는 또 여러 가지가 필요하잖아요?

- 예, 그렇지요.

뭐가 필요해요?

- 바늘

바늘, 또?

- 실

실:도 이꼬.

― 실:도 멘드라야데

실:도. 어~.

― 야, 가느케 헤:가꼬 거 한테다가 둘: 헤:야꼬 멘드라야.

음

또 인제 이필라먼.

― 가세도58) 잘드러야데고.

가세도 이써야되고 소네낀: 저기도 이써야 되고.

― 골무도 이써야데고.

또 이 바늘 실:가튼 골무 땅 너어두는 상.

― 야, 장 거그도 이씨야 쓰고 그거또 이써야.

고건 머:라고헤요? 고걸 너어두는?

― 골품 담:꼬 바늘가틍거 담 상기59).

상기.

― 상기라고 그레써.

상기?

― 야, 시집올떼도 그거 가꼬와라.

예

― 시집헤:가꼬.

근데 허다가 나:중에 제봉트리 나와쩌?

― 제봉틀 이써써라.

제봉틀

― 우리도 사써써라우.

아

― 나:중에. 사가꼬 하다가,

― 늘거지고 인자 사:람도 머 할 누구 멘드라줄꺼또 읍:꼬 긍께,

실도 있고.

― 실도 만들어야 돼.

실도. 어.

― 예, 가늘게 해가지고 그 한데다가 둘 해가지고 만들어야.

음

또 이제 입히려면.

― 가위도 잘 들어야 되고.

가위도 있어야 되고 손에 끼는 저기도 있어야 되고.

― 골무도 있어야 되고.

또 이 바늘 실 같은 골무 딱 넣어 두는 상(자)

― 예, 거기도 있어야 되고 그것도 있어야.

그건 뭐라고 해요? 그것 넣어 두는?

― 골무 담고 바늘 같은 것 담 '상기'.

'상기'.

― '상기'라고 그랬어.

'상기'

― 예, 시집올 때도 그것 가지고 와요.

예

― 시집해 가지고.

그런데 하다가 나중에 재봉틀이 나왔지요?

― 재봉틀 있었어요.

재봉틀

― 우리도 샀었어요.

아

― 나중에. 사가지고 하다가,

― 늙어지고 이제 사람도 뭐 할 누구 만들어 줄 것도 없고 그러니까,

— 딸 줘:뜨이 따리 또 요:리주고 저:리주고 헤가꼬 인자도 어:디가 이
따합띠다.

(웃음) 지금도?

— 야

예, 바느르질 헐떼 여러가지 방버비 이씀니까? 바느질헐떼?

— 인자 그 오빠서,

으~

— 오슬 또 이러케 할노미 이꼬 저러케 할노미 이꼬 그렁께 단.

그니까머 요러케가따 부울조

— 부울 그러제. 그거또 감:치기도 하고.

어~.

— 줍:끼[60] 이러고 주운놈도 이꼬 바거서도 하고.

어

— 그거또 여러 가지여라.

줍:능거슨 머:에요?

— 주 주웅거슨 이러케 자꾸떠서 가능거시고,

어~.

— 방능거슨 뒽:빠늘질헤서 이러케 바거가:웅거또 이꼬,

으~

— 또 감:치능거또 이꼬.

감:치능거슨 머:에요?

— 이러코 감 감:치고 이러쿠 돌려서,

여푸로?

— 야

돌려서?

— 야, 그런노믄 어쩨 감:치냐그라면 빠:찌 마:라고.

- 딸 줬더니 딸이 또 이리 주고 저리 주고 해가지고 지금도 어디에 있다 합디다.

(웃음) 지금도?

- 예

예, 바느질할 때 여러 가지 방법이 있습니까? 바느질 할 때?

- 이제 그 옷 봐서,

으

- 옷을 또 이렇게 할 것이 있고 저렇게 할 것이 있고 그러니까 단.

그러니까 뭐 이렇게 가져다 ???

- ?? 그러지. 그것도 감치기도 하고.

어

- 깁기 이렇게 기운 것도 있고 박아서도 하고.

어

- 그것도 여러 가지예요.

깁는 것은 뭐예요?

- 깁는 것은 이렇게 자꾸 떠서 가는 것이고,

어

- 박는 것은 '뒷바느질' 해서 이렇게 박아가는 것도 있고,

응

- 또 감치는 것도 있고.

감치는 것은 뭐예요?

- 이렇게 감 감치고 이렇게 돌려서,

옆으로?

- 예

돌려서?

- 예, 그런 것은 왜 감치느냐 그러면 빠지지 말라고.

아

― 나:중에 그레서 감처.

빠:찌 마라고?

― 야

음

그 다으메 인제 와따가따 하능거또 이꼬.

― 야, 여러 가지여라우, 그거또

와따가따하는 고노믄 인제 누빈다고 뉘빈다고 헤요?

― 인자 저 그건 그렁거또 악 인자 한다고 악 아야 헤: 헤:바야 또 하고 그놈 몰 모:르머는 또 그거또 까까바고.

으음

오까메 따라서 빨:레하는 방버비 다름니까? 미영베 미영으로된 오슨 또 이러케 빨레하고 삼베오또 이러케 빨레하고.

― 아니, 삼베하고 미영베하고는 다 가치이~,

으~.

― 하는디.

― 거 여 모시베 가틍거슨,

음

― 더 착실허게 잘헤야제.

음

― 그 뚜둘도 안허고.

아, 모시베도 안 뚜들고?

― 엔:나레는 머:스로 비누도 업써써라우.

그럼 어:뜨케헤요?

― 웜:메61), 나 놀레부러쏘야. 저 그 멀 테:가꼬,

예

아

− 나중에 그래서 감쳐.

빠지지 말라고?

− 예

음

그 다음에 이제 왔다 갔다 하는 것도 있고.

− 예, 여러 가지예요, 그것도.

왔다 갔다 하는 그것은 이제 누빈다고 누빈다고 해요?

− 이제 저 그건 그런 것도 이제 한다고 해 봐야 또 하고 그것 모르면 은 또 그것도 갑갑하고.

으음

옷감에 따라서 빨래하는 방법이 다릅니까? 무명베 무명으로 된 옷은 또 이렇게 빨래하고 삼베옷도 이렇게 빨래하고.

− 아니, 삼베하고 무명베하고는 다 같이,

응

− 하는데.

− 그 이 모시 베 같은 것은,

음

− 더 착실하게 잘해야지.

음

− 그 두들기지도 않고.

아, 모시베도 안 두들기고?

− 옛날에는 뭘로 비누도 없었어요.

그럼 어떻게 해요?

− 아이고, 나 놀래 버렸소. 저 그 뭐 태워가지고,

예

— 부사케다62) 불떼가꼬,

예

— 물 63)꽉꽉 끼레가꼬 저 시리에다64) 그놈 담:꼬,

음

— 미테다 머:깔:고 시리우게다가 그 우에서 나:뚜고 무를 줘:라우.

— 물 끼레가꼬.

음

— 주머는 미낄미낄하여65) 헤가꼬 인자 그러기만하제 떼는 안저라우.
그 떼 지거쏘?

— 안지면 인자 그레도 그러케헤서 이부먼 그 요 껑:끈거시66) 다 벵여
라우67).

— 거 저 여그여 이러케헤서 인자 여 여그다 이러케 하머넌.

— 인자 소:게치하고68) 베까테치하먼 한테다 보테섬 아이 바거가고 줍:
꼬 그런디,

— 그 여그요 여그가 항 자리가 다 이써.

— 반 비누를 헤:야한디 비누가 업씨 기양 막 항께.

자 그러면 이여서 쪼끔만 더 하고 쉬:게씀니다. 빨:레할떼는 아까 빨:레허
능게 인제 미영떼 빨:레 빨:레허능거슨 인제 형뿐? 비 어쩨 비누가 업:써따다
고 그러셔짜나요이~?

— 거이 비누가 업:씀께.

젬물로?

— 야, 젬물도 인자 엔:나레는 인자 쪼깐 더 일 사라가꼬는 젬물도69)
사다 할쑤 인는디,

어

— 그럴떼게는 불떼가꼬 먼,

제:

- 아궁이에다 불 때가지고,

예

- 물 펄펄 끓여가지고 저 시루에다 그것 담고,

음

- 밑에다 뭐 깔고 시루 위에다 그 위에서 눠두고 물을 줘요.
- 물 끓여가지고.

음

- 주면은 미끌미끌해 해가지고 이제 그러기만 하지 때는 안 져요. 그 때 지겠소?
- 안 지면 이제 그래도 그렇게 해서 입으면 그 이 꺾은 것이 다 보여요.
- 그 저 여기 여 이렇게 해서 이제 여 여기다 이렇게 하면은.
- 이제 속에 있는 것하고 밖에 있는 것 하면 한데다 보태면서 아니 박아가지고 깁고 그런데,
- 그 여기요 여기가 하는 자리가 다 있어.
- 비누를 해야 하는데 비누가 없이 그냥 막 하니까.

자 그러면 이어서 조금만 더 하고 쉬겠습니다. 빨래할 때는 아까 빨래하는 것이 이제 목홧대 빨래 빨래 하는 것은 이제 왜 비누가 없었다고 그러셨 잖아요?

- 거의 비누가 없으니까.

잿물로?

- 예, 양잿물도 이제 옛날에는 이제 조금 더 살아가지고는 양잿물도 사다 할 수 있는데,

어

- 그때는 불 때가지고 무슨,

재

- 제:.
- 제를 저 시리에다가 먼 노코 다무 나:뚜고 인자 뜨건 무를 부수머는,
- 거 제가 머:데가꼬 무리 나와라우.

어

- 미낄미낄한 무리 나옵띠다. 어허
- 그놈가꼬 한디 먼: 떼가 지거쏘? 안지제.

안저요?

- 여그요 바느지랑거시 다 그데로 이쏘요.

아

- 요그요러케 이러케 아 이러케헤서 인자 한도 이놈하고 저놈하고 하
머 여그요가 깡꺼진디가 이꺼쏘? 그런디 여가 떼 안집띠다,

아

- 절떼 안저.

아

- 그레가꼬 그 벡뼈늘 헤바짜 안저라.

(웃음)

- 그렁게 바느질 모:단사람드른 거그 또로 줘:야제, 인자 할떼게.

그러다가 인자 양젬무리 나와쪼?

- 예, 양젬물도 인자 저 비누가 인자 나:중에 나와쓰게 비누가 저인자
거그다 네:가꼬 문질릉게 더 나:쩨.
- 양젬물도 쌀무먼 벨라 안저라우.

그레요? 양젬물도 안?

- 양젬물도. 야.
- 여더 저 께끄다긴 하제.
- 음, 이제 이러쿠 막 일:함서러 오레 이버불먼 땀도나고 머:또나고 막
그레야꼬 오시 더:러꺼쏘 안?

- 재

- 재를 저 시루에다 뭐 놓고 담아 놔두고 이제 뜨거운 물을 부으면은,

- 그 재가 뭐 해가지고 물이 나와요.

어

- 미끌미끌한 물이 나옵디다. 어허

- 그것 가지고 하는데 무슨 때가 지겠소? 안 지지.

안 져요?

- 여기요 바느질 한 것이 다 그대로 있소.

아

- 여기 이렇게 이렇게 아 이렇게 해서 이제 ?? 이것하고 저것하고 하면 여기 여기 꺾어진 데가 있잖겠소? 그런 곳 여기가 때 안 집디다.

아

- 절대 안 져.

아

- 그래가지고 그 백 번을 해 봤자 안 져요.

(웃음)

- 그러니까 바느질 못 한 사람들은 거기 따로 기워야지, 이제 할 때에.

그러다가 이제 양잿물이 나왔지요?

- 예, 양잿물도 이제 저 비누가 이제 나중에 나왔으니까 비누가 저 이제 거기다 내가지고 문지르니까 더 낫지.

- 양잿물도 삶으면 별로 안 져요.

그래요? 양잿물도 안?

- 양잿물도. 예.

- 여기 저 깨끗하긴 하지.

- 음, 이제 이렇게 막 일하면서 오래 입어 버리면 땀도 나고 뭐도 나고 막 그래가지고 옷이 더럽잖겠소?

음

- 그거시 달:70) 안저라, 그거또.

음, 양젬물도?

- 양젬물 헤:도 양젬물 헤:도 안저라.

비누가 더 난:네요?

- 비누가 더 나:쩨.

- 비누가 헤:야꼬 이러쿠 망 문질러야 더 얼렁 지제.

옌:나레는 그레서 께끄다게 살:기 어려원네요?

- 야, 어렵쩨라.

예

- 그라고 엥간한디는 또 저녀게 무를 데려야71)데그덩.

- 저 신장 까:튼데는 무리 업:써쩌라.

아하

- 어찌 그렁께 거리 씨 모도 아 딸 안여운다고72)헤따, 거그다 그동
네다.

- 저녀게도 모:구뿔73) 피여노코 뻥 돌려앙거쩌라.

물풀라고?

- 물

물델라고?

- 야, 물 쪼까니라도 더 데:가꼬74) 여 헤:가꼬 갈라고.

- 그레가꼬 인자는 사:방데서75) 물나옹께 그런떼도 여간 조웁띠다.

긍께 고런 고런물 헤:가꼬 빨:레하기가 참 어려워껀네요?

- 야, 그러제라우. 그 무꼬 상:거또 저:근디 요 빨:레까지 할라먼 엄:마
나 고셍시랍꺼쏘?

여기는 그냥 무리 좀.

- 야, 여그가치 물 존:디가 또 옵:써찌라.

음

― 그것이 잘 안 져요, 그것도.

음, 양잿물도.

― 양잿물 해도 양잿물 해도 안 져요.

비누가 더 낫네요?

― 비누가 더 낫지.

― 비누가 해가지고 이렇게 막 문질러야 더 얼른 지지.

옛날에는 그래서 깨끗하게 살기 어려웠네요?

― 예, 어렵지요.

예

― 그리고 어지간한 데는 또 저녁에 물을 긁어 모아야 되거든.

― 저 신장(지명) 같은 데는 물이 없었어요.

아하

― 어찌 그러니까 그리 모두 딸 결혼 안 시킨다고 했대요, 거기 그 동네에다.

― 저녁에는 모깃불 피워 놓고 빙 둘러 앉아있었어요.

물 푸려고?

― 물

물 긁어 모으려고?

― 예, 물 조금이라도 더 긁어 모아가지고 해 가지고 가려고.

― 그래가지고는 이제는 사방에서 물 나오니까 그런 곳도 아주 좋습디다.

그러니까 그런 그런 물 해가지고 빨래하기가 참 어려웠겠네요?

― 예, 그러지요. 그 먹고 사는 것도 적은데 이 빨래까지 하려면 얼마나 고생스러웠겠소?

여기는 그냥 물이 좀.

― 예, 여기처럼 물 좋은 데가 또 없었지요.

아

— 아페도에서 헤:서는.

이 꼴창에는 무리 그레도 나와써요?

— 야, 쩌그 송공사네서 요:리 막 네링께 거 네:꼴창에76) 가서 기양 이러케 막 주물르먼 막 무리 네레가부링께.

어 아주 조안네요?

— 잘헤써라.

어 그레써이~ 예.

그러먼 그 네:꼴창에서 허먼 동:네싸람들도 다와서 거그서?

— 야, 거그서 인자 머가 오제라. 고먼,

(웃음) 그레요이~.

— 그렁께 어:떤 사람 한나가 인자도 나보다가 인자 그리 빨레하로 오머는 나보다가 아여77) 어이 아나푸요 그레서는.

— 하영이 각씨가야 어디 아나푸요 그레서 어 절문디 어:디가 그러케 아푸께라 아프 아푸든 안헤라 나는 그렁께,

— 쓰거쏘야. 나는 나이가 쩨깐 무거쏘도 멘 아퍼라 그러더라고.

— 그렁께 인자도 절머서보틈 아나푼 사라미라고 나보다.

(웃음)

어 빨:레헤:가지고는 인제 데롸야데자나요? 어:서 머 어뜨케 데룸니까? 데루?

— 데루미로78) 데리미 이써라.

데리미?

— 거 소니로 거 저 순 노코,

어허.

— 하능거 이써라.

고거는 혼자헤요, 두:리헤요?

아

— 압해도에서 해서는.

이 골짜기에는 물이 그래도 나왔어요?

— 예, 저기 송공산에서 이리 막 내리니까 그 개울에 가서 그냥 이렇게 막 주무르면 막 물이 내려가 버리니까.

어, 아주 좋았네요?

— 잘 했어요.

어, 그랬어. 예.

그러면 그 개울에서 하면 동네 사람들도 다 와서 거기서?

— 예, 거기서 이제 뭐가 오지요. 그러면,

(웃음) 그래요.

— 그러니까 어떤 사람 하나가 지금도 나보고 이제 그리 빨래하러 오면은 나보고 "어이! 어디 안 아파요?" 그래서는,

— 하영이 색씨가 "어디 안 아파요?" 그래서 "어 젊은데 어디가 그렇게 아플까요? 아프 아프지는 않아요." 나는 그러니까,

— "좋겠소. 나는 나이가 조금 먹었어도 맨 아파요" 그러더라고.

— 그러니까 지금도 젊어서부터 안 아픈 사람이라고 나보고.

(웃음)

어 빨래해 가지고는 이제 다려야 되잖아요? 어디서 뭐 어떻게 다립니까? 다리미?

— 다리미로 다리미 있어요.

다리미?

— 그 손으로 그 저 숯 놓고,

어허

— 하는 것 있어요.

그것은 혼자 해요, 둘이 해요?

- 인자 두 한나는 잡꼬 또 한나는 혀하 인자 하고 헤:야제.

두:리헤야 되조?

- 야, 나:제 일:하고 와서 인자 시처서 빨레 시처서 인자 아치메 너러 나:따가 나:제오머느 그 무처서 또 풀무처서 너러나따가,

- 저녀게는 요놈 인자 덜:몰 인자 함번 더 볼:바서 너러노코 가머느 저녀게는 데레야 데거등이라.

음

- 저녀게 데리고.

- 그라고 다 스 엔:나레는 사라쩨라.

음, 그 다으메 인제 요 동전가틍거슨 인자.

- 인자 여름꺼슨 동전 안달고 막헤부리그등이라.

음

- 다 다물 기양 헤.

저실꺼슨?

- 야, 그릉께 막 헤:부리고 인자 저을꺼슨[79] 저 헤:서 풀 헤서 또 솜: 나서 또 그러케 또 헤:야데고.

음

인제 데루미로 또 수뿌레 데려입꼬 또 인두가틍거또.

- 인두도 이꼬 이써써라. 거 하:리에다[80] 너:가따,

음

- 또 멀 동전가튼 그른데 달:고 지딸고[81] 그랄라먼.

음

- 그거슬 또 문질러야 뎅께.

음

글 올 올 따듬또게다가 뚜두를떼는 고거슨 데루기 저네 뚜두리조?

- 그러제라. 데리기저네 인자 저 반:틈 몰르먼.

- 이제 두 하나는 잡고 또 하나는 이제 하고 해야지.

둘이 해야 되지요?

- 예, 낮에 일하고 와서 이제 씻어서 빨래 씻어서 이제 아침에 널어 났다가 낮에 오면은 그 묻혀서 또 풀 묻혀서 널어 났다가,

- 저녁에는 이놈 이제 덜 말 이제 한 번 더 밟아서 널어 놓고 가면은 저녁에는 다려야 되거든요.

음

- 저녁에 다리고.

- 그러면서 옛날에는 살았지요.

음, 그 다음에 이제 이 동정 같은 것은 이제.

- 이제 여름 것은 동정 안 달고 막 해 버리거든요.

음

- 다 그냥 해.

겨울 것은?

- 예, 그러니까 막 해 버리고 이제 겨울 것은 저 해서 풀해서 또 솜 놔서 또 그렇게 또 해야 되고.

음

이제 다리미로 또 숯불에 다려 입고 또 인두 같은 것도.

- 인두도 있고 있었어요. 그 화로에다 넣어 가져다,

음

- 또 뭐 동정 같은 그런 데 달고 깃 달고 그러려면.

음

- 그것을 또 문질러야 되니까.

음

그 옷 옷 다듬잇돌에다 두들길 때는 그것은 다리기 전에 두들기지요?

- 그렇지요. 다리기 전에 이제 저 절반 마르면.

음

— 그를떼게 뚜두러야 잘 뚜두러지제.

왜 뚜두러요?

— 푸러지라고.

아

— 팔떠러지라고 헤.

풀 풀헤:논노미 푸러지라고?

— 야, 그라고 인자 풀씨미82) 더 이꼬.

아, 풀씨미 더.

— 야, 뚜두리노먼.

음

— 그렁께 빨:레또기83) 이꼬 인자 뚜둘고.

음

그 오세다가 미영 베는 하야차나요?

— 그라제.

물 디레야서 입.

— 아이, 남자더른 랑 인자 우덜까튼 사라믄 치메가틍거 헤:이불랑께 꺼멍무를84) 디레.

꺼멍무를?

— 야, 꺼멍물.

— 꺼멍물 디레가꼬 모다 헤:서 입꼬.

— 저구리도 또 바베무꼬 하먼 저 기양 끄실러지고85) 그라거쏘 안?

— 긍께 또 꺼멍물 디레가꼬 저구리도 헤:입꼬.

꺼멍물 그러먼 오시 하얀걷 아니먼 꺼멍세기네?

— 야, 그러제라우.

하얀세근 물 안디링거고?

음

– 그럴 때에 두들겨야 잘 두들겨지지.

왜 두들겨요?

– 풀어지라고.

아

– 풀 떨어지라고 해.

풀 풀 해 놓은 것이 풀어지라고?

– 예, 그리고 이제 '풀힘'이 더 있고.

아, '풀힘'이 더.

– 예, 두들겨 놓으면.

음

– 그러니까 다듬잇돌이 있고 이제 두들기고.

음

그 옷에다가 무명베는 하얗잖아요?

– 그러지.

물 들여야 입.

– 아니, 남자들은 이제 우리들 같은 사람은 치마 같은 것 해 입으려니까 검정 물을 들여.

검장 물을?

– 예, 검장 물.

– 검정 물 들여가지고 모두 해서 입고,

– 저고리도 또 밥 해 먹고 하면 저 그냥 그을려지고 그러잖겠소?

– 그러니까 또 검정 물 들여가지고 저고리도 해 입고.

검정 물 그러면 옷이 하얀 것 아니면 검정색이네?

– 예, 그렇지요.

하얀 색은 물 안 들인 것이고.

— 아, 그러제 흐:게가꼬 이쩨라우.

— 흐:게가꼬.

그러먼 물 드려따 허먼 꺼멍물 뿌니에요? 다른물 업:써요 다른세깔?

— 다른 세까른 옵:써라.

빨강세기나 노랑섹 무른 업:써요?

— 야, 옵:쩨 그레가꼬 펭이야86) 꺼멍물 아니먼.

껌 껌정무른 어:디서 물까먼 나요?

— 어 목포가면 사가꼬 옵띠다, 어디가서.

아, 사가지고 와요?

— 야, 사가꼬 와라.

— 그레가꼬 베 짜:가꼬 그거또 막 안데리고 시처가꼬87),

어

— 방망이질헤서 거 저 물 풀뻬부르고,

— 풀로 헤:서 그 베를 멘들그등이라.

예

— 저기 거 이러고 먼 솔:도 이써라. 베메:는 소:리.

으~

— 글로인자 여그다 실: 헤:노코 거그다 불 피여노코,

음

— 불도 피:먼 저 깐딱허먼 타질 타질테제라우88). 그란디,

— 그 우게다 제를 마:니 쩌라우89).

음

— 머 순노코 수두게다가 저,

아, 부리 이러케 쎄지 앙케?

— 야

— 쎄:시 안하게.

- 아, 그러지. 하얘가지고 있지요.

- 하얘가지고.

그러면 물 들였다 하면 검은 물뿐이에요? 다른 물 없어요? 다른 색깔?

- 다른 색깔은 없어요.

빨강색이나 노란색 물은 없어요?

- 예, 없지. 그래가지고 특별한 것 없이 검정 물 아니면.

검 검정 물은 어디서 물감은 나요?

- 어 목포 가면 사가지고 옵디다, 어디 가서.

아, 사가지고 와요?

- 예, 사가지고 와요.

- 그래가지고 베 짜가지고 그것도 막 안 다리고 씻어가지고,

어

- 방망이질해서 그 저 물 풀 빼 버리고,

- 풀로 해서 그 베를 만들거든요.

예

- 저기 그 이렇게 뭐 솔도 있어요, 베 매는 솔이.

응

- 그것으로 이제 여기다 실 해 놓고 거기다 불 피워 놓고,

음

- 불도 피우면 저 까딱하면 탈 탈 테지요. 그런데,

- 그 위에다 재를 많이 쩌요.

음

- 뭐 숯 놓고 숯 위에다 저,

아, 불이 이렇게 세지 않게?

- 예

- 세지 않게.

으~

- 그레가꼬 인자 인자 몰레서 이러케 감:쩨.

- 도투마리라고 이써라, 또.

어

- 이러케 이마난 가운데다 감:쩨.

- 그라고 기냥 가무머는 막 까머부르먼 부터불제라, 까따가믄

음

- 그렁께 저 베 베 베 베떼라고 이써라.

- 쩌 데를 헤:서 그소:게다 한나썩 노코 또 강:꼬 또 강:꼬 그레가꼬
짜라.

그니깐 무른 그냥 사서 드련는데 사서 드릴떼에도 그러케 여러가지 세까를
안써씀니까? 껌정물?

- 야, 그거베끼 업써.

- 꺼멍

빨간섹또 이쓸테 텐:디

- 아, 옌:나레는 옵:쓸띠다

그레요이~?

- 그렁께 그건만 데레가꼬 이번능갑쩨.

오시 그 너무.

- 절무나 늘그나.

세까리나 힌세가니먼 껌정세기네요.

- 야, 힌섹 아니먼 업:써.

어~

- 그레도 나:중에는 머 뻘:간물도⁹⁰⁾ 이꼬 파:란물도 이꼬 먼 물도 이
꼬 인자도⁹¹⁾ 꽉:차써. 사:방 벨거시 다:이쏘. 그런디 그를떼는 옵:써써라.

음

으

- 그래가지고 이제 이제 말려서 이렇게 감지.

- 도투마리라고 있어요, 또.

어

- 이렇게 이만한 가운데다 감지.

- 그리고 그냥 감으면은 막 감아 버리면 붙어 버리지요, 까딱하면.

음

- 그러니까 저 베 베 '벳대'라고 있어요.

- 저 대를 해서 그 속에다 하나씩 놓고 또 감고 또 감고 그래가지고 짜요.

그러니깐 물은 그냥 사서 들였는데 사서 들일 때에도 그렇게 여러 가지 색깔을 안 썼습니까? 검정 물?

- 예, 그것밖에 없어.

- 검정

빨간색도 있을 텐데.

- 아, 옛날에는 없습디다.

그래요?

- 그러니까 그것만 다려가지고 입었나 보지.

옷이 그 너무.

- 젊으나 늙으나.

색깔이나 흰색 아니면 검정색이네요.

- 예, 흰색 아니면 없어.

응

- 그래도 나중에는 뭐 빨간 물도 있고 파란 물도 있고 무슨 물도 있고 지금은 꽉 찼어. 사방 별것이 다 있소. 그런데 그때는 없었어요.

음

- 치:자무른 디레꺼쏘, 치:자.

치:자?

- 야

아, 치:자나:무에서 열메에서?

- 야, 그거따:다가.

그건 야깐 노루수룸항거 아니에요?

- 야, 노:라제라우.

어

- 그 물 디린 사람도 이써써라우. 치:자물.

아, 치:자물.

그니깐 물깜 안사고 요런 푸리나 이렁거 가지고 물깜 디린 사라믄 업 이썬 나요?

- 옵:써써라우. 문 머:시 무리 푸:란무리 어:서 나오고쏘?

- 잘 안나오고.

아, 물감도이~?

- 안데, 안뎁띠다.

아까 인제 제가꼬 인제 비누데:시 업:써쓸떼,

- 야

그런 시저리 이써꼬, 이제 빨 빨:레 저 비누 나와가꼬 양젬물 나와가꼬 그 렌네요이~.

- 그레쩨.

또 막 기와짱 뽀사가꼬 멀 저.

- 그륵딱쩨 시

#- 옌:날 옌:날 노끄륵.

- 옌:날 노끄륵.

아하

– 치자 물은 들였겠소. 치자.

치자?

– 예

아, 치자나무에서 열매에서?

– 예, 그것 따다가.

그건 약간 노르스름한 것 아니에요?

– 예, 노랗지요.

어

– 그 물 들인 사람도 있었어요. 치자 물.

아, 치자 물.

그러니깐 물감 안 사고 이런 풀이나 이런 것 가지고 물감 들인 사람은 없,
있었나요?

– 없었어요. 무슨 뭐가 물이 파란 물이 어디서 나오겠소?

– 잘 안 나오고.

아, 물감도?

– 안 돼, 안 됩디다.

아까 이제 재 가지고 이제 비누 대신 없었을 때,

– 예

그런 시절이 있었고, 이제 빨래 저 비누 나와가지고 양잿물 나와가지고 그
랬네요.

– 그랬지.

또 막 기왓장 빻아가지고 뭐 저.

– 그릇 닦지.

#– 옛날 옛날 놋그릇.

– 옛날 놋그릇.

아하

— 저 지아짱[92] 주서다가[93] 뽀사가꼬[94] 가리[95] 멘드라가꼬 그놈녀:서 따꺼.

아하

#— *** 교수님 인자

아 그러게 헤써써요? 에.

그러면 잠깐 쉬여따 할까요? 예.

－ 저 기왓장 주워다가 빻아가지고 가루 만들어가지고 그것 넣어서 닦아.

아하

#－ ??? 교수님 이제

아, 그렇게 했었어요? 예.

그러면 잠깐 쉬었다가 할까요? 예.

1) '방울방울하다'는 꽃봉오리가 둥글게 피어 있는 모양을 형용하는 말이다.

2) '보리 가실허다'는 '보리 수확하다'의 뜻. '가실하다'는 원래 가을에 벼를 수확하는 일을 가리키는 말이었으나 그 의미가 '수확하다'의 뜻으로 일반화되었다. 그래서 가을이 아닌 계절에 수확하는 경우, 그리고 벼가 아닌 다른 곡물을 수확하는 경우에도 두루 쓰이게 되었다.

3) '올라오제 어쩌겠소?'는 확인물음으로서 '올라오잖겠소?'의 뜻이다.

4) '기양도'은 '그냥'의 뜻. 표준어에서는 '그냥'에 토씨 '도'가 붙지 않는데 이 제보자는 '도'를 결합해서 사용하고 있다. 여기서 '도'는 '기양'을 강조하는 기능을 하는 것으로 추정된다.

5) '거하다'는 '거시기하다'로서 문맥상 '그냥 팔지 않다'로 해석되지만 이를 명시적으로 표현하지 않고 부정(不定)의 대용어로 나타내었다.

6) '봉울봉울하다'는 꽃봉오리가 둥글게 피어 있는 상태를 말한다.

7) '앗다'는 '수수나 팥 따위의 껍질을 벗기거나 목화의 씨를 빼다'의 뜻.

8) '눟다'는 '넣다'의 방언형.

9) '멋이다마는'의 '마는'은 종결씨끝이나 '-지' 뒤에 붙어 후행 발화로 이어지는 기능을 담당하는데, 여기서는 문장을 끝맺는 기능을 한다. 물론 '멋이다마는' 뒤에 '얼른 생각이 안 난다'와 같은 발화를 상정할 수도 있으나, 여기서는 단순히 말할이가 문장을 끝맺는 것으로 이해하는 것이 온당할 것으로 보인다. 이때 다른 경우와 달리 '마는'이 '만'으로 줄어들지 않는 점도 이 점을 뒷받침한다. 표준어로는 '뭐라고 한다마는' 정도로 옮길 수 있다.

10) '꼭두말'은 아마도 물레를 돌리는 손잡이를 뜻하는 '꼭지마리'의 방언으로 추정된다.

11) '쑤싯대'는 '수숫대'의 방언형.

12) 이때의 '미영'은 피륙으로서의 '무명'을 의미한다.

13) '꼬쟁이'는 '꼬챙이'의 방언형. '꼬쟁이'는 '꽂-앙이'가 움라우트를 겪은 형이라 할 수 있으며 '꼬챙이'는 '꼬쟁이'가 격음화를 겪은 형으로 생각된다.

14) '막가지'는 '막대기'의 방언형. '막대기'와 '나뭇가지'와의 혼태형이다.

15) '대고'는 '함부로'나 '멋대로'의 뜻. 『표준국어대사전』에는 '대고'의 뜻으로 '무리하게 자꾸. 또는 계속하여 자꾸'를 들었다. 그러나 서남방언의 '대고'는 '계속하여 자꾸'의 의미는 없고 '무리하게 자꾸'와 유사한 뜻을 나타내기는 하나 완전히 같지는 않다. 이 방언의 '대고'는 자꾸 이루어지는 동작의 의미는 없기 때문이다.

16) '난:자'는 '나누자'의 방언형. '나누다'는 이 방언에서 '난:다'로 쓰인다.

17) '모질하다'는 '모자라다'의 방언형. 옛말 '모즈르다'의 후대형인 표준어 '모자라다'
   와 달리 서남방언은 '모즈르다'가 '모질하다'로 재구조화 되면서 어근인 '모질'이
   생겨났다. 이로부터 부족한 사람을 가리키는 '모질이'라는 낱말이 파생되기도 한다.
   위에서 '모지레'는 '모질하-'에 반말의 씨끝 '-아'가 결합된 활용형 '모질해'에서 /ㅎ/
   이 약화된 형이다.

18) '못 짤 것이요야'의 '야'는 상대에게 확인을 위해 되묻는 물음을 나타낸다. '야'는
   원래 높임의 응답어에서 문법화를 겪어 토씨로 재구조화 된 것이다. 이 '야'가 원래
   높임의 응답어에서 출발한 것이므로 결합되는 마침법 맺음씨끝도 높임의 위계로 제
   한된다. 이 점에서 낮춤의 마침법 맺음씨끝에 결합되는 또 다른 '야'와 구별하여야
   한다. 즉 명령법의 '하씨요야1'와 '해라야2'의 두 '야'는 다른 것이다. 이런 점을 뒷
   받침하는 증거로서 '하씨요야'의 야1'가 '예'로 대체되는 가능성을 들 수 있다. '하
   씨요야'와 함께 '하씨요예'도 같은 기능으로 쓰이기 때문이다. 이처럼 토씨 '야1'와
   '예'가 공존하는 것은 이 방언에서 높임의 응답어로 '예'와 '야'가 함께 쓰이기 때문
   이다.

19) '풀떡풀떡'은 '팔딱팔딱'의 뜻.

20) '멩기베'는 '명주베'의 방언형. '명주'는 서남방언에서 '멩지'로 쓰이는 것이 일반적
   인데 여기서는 역구개음화를 겪어 '멩기'로 변하였다.

21) '한 데'는 '하는 곳'이라기보다는 '하는 것'이라고 옮기는 것이 타당하다. 공간명사
   '데'가 공간뿐만 아니라 추상적인 대상에도 쓰일 수 있음을 보이는 경우이다.

22) '당목'은 두 가닥 이상의 가는 실을 되게 한 가닥으로 꼰 무명실로 나비가 넓고 발
   이 곱게 짠 피륙을 말한다. 광목보다 실이 가늘고 하얗다. 서양에서 발달하여 서양
   목이라고 하였는데, 중국을 거쳐 우리나라에 들어왔으므로 이렇게 부르기도 한다.

23) '강:목'은 '광목'의 방언형. '광목'은 무명실로 서양목처럼 너비가 넓게 짠 베를 가리
   킨다.

24) '꺼먹꺼먹하다'는 '캄캄하다'의 뜻. '껌-'에 접미사 '-억'이 결합된 파생 어근을 형성
   하였다.

25) 의존명사 '지'는 '줄'의 방언형. '줄'과 같이 '알다/모르다' 앞에 쓰이며 그 의미도
   '줄'과 같다.

26) '하다'는 '하도'의 방언형.

27) '게양'은 '그냥'의 방언형.

28) '큰애기'는 '처녀'의 방언형.

29) '급다다'는 '그립다'의 방언형.

30) '이데껏'은 '이때껏'의 뜻.

31) '저테'는 '곁에'가 구개음화를 겪은 어형이다. 서남방언은 '곁'과 같은 공간명사의 경우 처격의 토씨 '에'를 결합하여 명사처럼 쓰는 특징이 있다. 그래서 '옆에', '앞에', '뒤에', '욱에'(=위), '밑에', '절에'(=곁)와 같이 쓰이는 것이다. 이것은 공간명사와 처격토씨의 결합 빈도가 매우 높기 때문에 빚어진 결과이다. 이처럼 재구조화된 공간명사와 다른 명사가 결합하게 되면 여기에 사이시옷이 결합되는 것이 일반적이다. 그래서 '절엣사람'이나 '욱엣사람', '밑엣것' 등과 같이 쓰이는 것이다. '절엣사람'도 이러한 구성을 형성한 것으로 추정된다. 다만 이 '절엣사람'은 표준어로는 '곁 사람'이 아닌 '옆 사람'으로 옮겨야 하므로 서남방언의 '절에'는 '옆'과 같은 뜻으로도 쓰인다고 할 수 있다.

32) '깡깡허다'는 '단단하다'의 뜻. 표준어에서 '꽝꽝'은 매우 단단하게 굳어지는 모양을 나타내는 부사인데 서남방언은 그 변이형 '깡깡'에 접미사 '하-'를 결합하여 '매우 단단한 상태'를 뜻한다. 반면 표준어에서는 이러한 형용사는 발달하지 않았다.

33) '털메신'은 '털메기'의 방언.

34) '게적'은 개펄에서 주울 수 있는 조개 종류로 주정된다.

35) '시랍다'는 '시리다'의 방언형.

36) '양씬'은 '양껏'의 뜻.

37) '더웁다'는 '덥다'의 방언형.

38) '했소야'의 '야'는 '했소'를 강조하는 말. 높임의 응답어 '야'가 첨사화된 것이다.

39) '망뚱이'는 '막둥이'의 방언형.

40) '꺼멍'은 '껌정'의 뜻.

41) '죄께'는 '조끼'의 방언형.

42) '접제끼'는 '겹 조끼'의 방언형.

43) '맨들다'는 '만들다'의 방언형.

44) '잘 없다'는 '많이 없다'는 뜻.

45) '옷구람'은 '옷고름'의 방언형.

46) '가늡다'는 '가늘다'의 방언형.

47) '고'는 옷고름이나 노끈 따위의 매듭이 풀리지 않도록 한 가닥을 고리처럼 맨 것을 가리킨다.

48) '동전'은 '동정'의 방언형으로서 한복의 저고리 깃 위에 조붓하게 덧대어 꾸미는 하얀 헝겊 오리를 말한다.

49) '늫제라이~'의 '이~'는 상대에게 동의를 구하는 기능을 맡는 토씨이다. 낮춤의 응답어 '응'에서 문법화를 거쳐 토씨로 재구조화된 말이다.

50) '주머이'는 '주머니'의 방언형.

51) '어럽다'는 '어렵다'의 방언형.

52) '싸다'는 표준어에서 (1) 걸음이 재빠르다. (2) (입을 주어로 하여) 들은 말 따위를 진중하게 간직하지 아니하고 잘 떠벌리다. (3) 불기운이 세다. (4) 성질이 곧고 굳세다. (5) 비탈진 정도가 급하다. 등 다섯 가지의 뜻으로 쓰인다. 서남방언에서 '싸다'는 주로 (1)-(3)의 뜻으로 쓰이는데 특히 (1)의 경우 단지 걸음이 빠른 것만 아니라 일반적인 빠름을 나타낸다. 그래서 여기서처럼 '손싸다'는 '손놀림이 재빠르다'의 뜻을 나타내게 된다.

53) '저구리'는 '저고리'의 방언형. 여기에 붙는 '야'는 열거를 나타내는 토씨이다.

54) '미영'은 '명'(綿)의 방언형.

55) '있제 어짜겠소?'는 '있지 않겠소?'의 뜻을 갖는 확인물음의 형식이다.

56) '야고'는 토씨 '하고'의 방언형.

57) '짜리'는 표준어에서 '(수나 양 또는 값을 나타내는 명사구 뒤에 붙어) 그만한 수나 양을 가진 것' 또는 '그만한 가치를 가진 것'의 뜻을 더하는 접미사이다. 여기서 '동갑짜리'는 나이가 동갑인 사람들을 가리키므로 표준어의 '동갑내기'에 대응한다고 할 수 있다.

58) '가새'는 '가위'의 방언형. 전남의 동부 지역에서는 '가시개'라 한다.

59) '상기'는 '상자'의 방언형이나 여기서는 '반짇고리'의 뜻. 이 제보자는 여러 낱말에서 역구개음화를 보이고 있는데 '상기' 역시 '상지'로부터 같은 변화를 겪은 어형으로 해석된다.

60) '쭙다'는 '깁다'의 방언형.

61) '웜매'는 놀라움을 표현하는 감탄사. 표준어에는 여자들의 놀라움 등을 나타내기 위해 '어머'나 '어마' 등의 감탄사를 사용한다. 이에 대해 서남방언은 '워매', '워마', '웜매', '왐마' 등 표준어와 비슷한 음성 배열을 가진 감탄사를 사용하는데, 이들은 모두 어떤 사태를 보면서 느끼는 놀라움, 안타까움 등을 표현하는 점에서 표준어의 '어머'나 '어마'와 동일하다. 다만 표준어의 감탄사가 주로 여자들이 사용하는 것이라면 서남방언의 감탄사들은 남자들도 흔히 사용한다는 점에서 차이를 보인다.

62) '부삭'은 '아궁이'의 방언형. 전남에서는 지역에 따라 '부삽', '부삭', '부석' 등이 쓰이기도 한다.

63) '꽉꽉'은 물이 끓는 모양을 형용하는 표준어 '펄펄'의 방언.

64) '시리'는 '시루'의 방언형.

65) '미낄미낄하다'는 '미끌미끌하다'의 방언형.

66) '껑끄다'는 '꺾다'의 방언형.

67) '뵁이다'는 '보이다'의 방언형.

68) 의존명사 '치'는 표준어에서 (1) 사람'을 낮잡아 이르는 말. (2) 어떠한 특성을 가진
물건 또는 대상. (3) 일정한 몫이나 양. 처럼 세 가지의 의미를 나타낸다. 서남방언
에서는 (1)의 의미로는 거의 사용하지 않지만 (2)와 (3)의 의미로는 흔히 쓰인다. 특
히 (2)의 의미로 쓰일 때 '치'는 언제나 시간과 공간의 의미 속성을 갖는 명사 다음
에 온다. 예를 들어 '오늘 치'나 '학교 치' 등으로 쓰이는 것이다. 반면 사람의 속성
을 갖는 명사의 경우 '아버지 치'와 같은 표현은 불가능하며 이 경우에는 '치' 대신
'야'가 쓰인다. 의존명사 '야'는 표준어 '해'에 대응하는 것으로서 서남방언에서는
[+사람]의 의미적 속성을 갖는 명사 뒤에만 나타나 [+시간]이나 [+공간] 등의 의
미 속성을 갖는 명사 뒤에 나타나는 '치'와 대립한다. '속엣치'는 '속에 있는 것'이
라는 의미인데, 서남방언에서는 이처럼 '공간명사-처격토씨-사이시옷-치'의 구조를
갖는 표현이 흔히 쓰인다. 이는 중세어의 관형격 토씨 'ㅅ'의 잔존형으로 해석된다.
'베깥엣치'도 '밖에 있는 것'이라는 의미이며 '속엣치'와 같은 구조를 보여 준다.

69) 제보자는 '잿물'을 '양잿물'로 잘못 이해하고 있다.

70) '달'은 '잘'의 잘못된 발화.

71) '데리다'는 샘의 바닥에 고인 물을 바가지로 긁어 모아 푸는 행위를 가리킨다.

72) '여우다'는 '결혼시키다'의 뜻. 표준어 '여의다'에 대응하나 의미적으로는 표준어와
달리 딸이나 아들을 구별하지 않고 두루 적용하는 점에서 차이가 있다.

73) '모굿불'은 '모깃불'의 방언형.

74) '데갖고'는 '데려갖고'의 줄임말로 보인다.

75) '사방데'는 '사방'의 뜻. '사방간디'라고도 한다.

76) '내꼴창'은 '개울'의 뜻.

77) '아여'는 부름말. '아야'나 '아이'가 아주낮춤의 부름말이라면 '아여'나 '어이'는 예
사낮춤의 부름말이다.

78) '대루미'나 '대리미'는 '다리미'의 방언형.

79) '저을'은 '겨울'의 방언형.

80) '하:리'는 '화로'의 방언형.

81) '짓'은 '깃'의 방언형.

82) '풀심'은 '풀의 힘'이라는 뜻일 텐데, 아마도 풀을 먹은 천이 빳빳해진 정도를 가리
키는 것으로 추정된다.

83) '빨랫독'은 '다듬잇돌'의 뜻.

84) '꺼멍 물'은 '검정 물'의 방언형.

85) '끄실러지다'는 '그을리다'의 뜻.

86) '펭이야'는 '펭야'라고도 하는데 '모두가 예상하는 바와 같이'의 뜻을 갖는다.

87) '시치다'는 '씻다'의 방언형.

88) '타지다'는 형태상으로 '타다'의 피동형으로 해석할 수 있으나 의미적으로는 반드시 그렇지는 않다. 『표준국어대사전』에서 '타다'는 (1) 불씨나 높은 열로 불이 붙어 번지거나 불꽃이 일어나다.(예: 장작이 타다) (2) 피부가 햇볕을 오래 쐬어 검은색으로 변하다.(예: 얼굴이 타다) (3) 뜨거운 열을 받아 검은색으로 변할 정도로 지나치게 익다.(예: 밥이 타다) (4) 마음이 몹시 달다.(예: 속이 타다) (5) 물기가 없어 바싹 마르다.(예: 입술이 타다) 등 다섯 가지의 뜻풀이가 제시되어 있다. 서남방언의 '타지다'는 이 가운데 (2)와 (3)의 의미로 쓰이며 (4)와 (5) 같은 비유적 의미로는 쓰이지 않는다. 만약 '입술이 타졌다'라고 한다면 그때는 비유적인 의미가 아니라 실제로 입술에 화상을 입었음을 의미한다. 다만 (1)과 같은 기본의미로는 '타지다'가 잘 쓰이지 않지만, '탈 수 있는 것은 죄다 타 버리고'의 '타 버리다'는 '타져 불다'로 바꿔 쓸 수 있다. 이처럼 서남방언의 '타지다'는 피동의 의미가 어느 정도 남아 있으면서 또한 본래의 의미에 충실할 뿐 비유로의 확대가 일어나지 않는 점에서 표준어와 차이를 보인다고 하겠다.

89) '찌다'는 '끼다'의 방언형. 표준어 '끼다'는 (1) 때나 먼지 따위가 엉겨 붙다. (2) 이끼나 녹 따위가 물체를 덮다. (3) 얼굴이나 목소리에 어떤 기미가 어리어 돌다.(예: 수심이 끼다)처럼 어떤 물체 위에 다른 것이 덮이거나 엉겨 붙을 때 쓰이는 말이다. 서남방언에서는 구개음화를 겪어 '찌다'로 쓰이는 것이 보통인데, 여기서는 숯불 위에 재를 덮는 경우에 쓰였다. 표준어로 옮기자면 '뿌리다'나 '덮다'로 써야 할 경우인데, 서남방언은 '끼다'의 의미를 확장하여 쓰고 있는 것이다.

90) '뻙:하다'는 '빨갛다'의 방언형. /ㅎ/의 약화 때문에 실제 발음은 '뻘:가다', 또는 '뻬:라다' 등으로 나타난다.

91) '인자도'는 형태적으로 표준어 '이제도'에 대응하지만 의미적으로는 '지금은'에 해당된다.

92) '지아짱'은 '기왓장'의 방언형.

93) '줏다'는 '줍다'의 방언형.

94) '뽀수다'는 '빻다'의 방언형.

95) '가리'는 '가루'의 방언형.

05 어촌생활

－ 그레가꼬 언:제 함버네는 그러코 홀트다가 인자 그 중구떼가¹⁾ 되야
써. 구:월.

아.

　－ 초아흐렌 나리 중구중가 되야이~?

　－ 중구:뗀디 네가 우리 시아부지랑 여그 여그여그서 나락 홀튼디, 나
함번 저 머:시 이뜬지 함번 가바야 쓰거쏘야. 이러코 추:면 나끼가²⁾ 나올
수 이써라우.

　－ 궁게 나끼도 한나라도 잡꼬 함번 가따오께라 그라고는,

어디를?

　－ 인자 요 뽀짜게랑³⁾. 요 인자 저 뻘로 가바쩨, 가:세로⁴⁾. 가봉께는 그
럴떼는 잘자븐 사라믄 메 까마니 잡꺼써.

기:를료?

　－ 아니, 나 저 이러그등. 조그미⁵⁾ 다처노먼 무리 안써⁶⁾. 딱 써부르고
옵:써, 베까테가.

　－ 옵:써가꼬 어짤떼는 이틀도 무리 거가 안젱길떼가 이써, 저 조금 다
처부루먼. 거그 쩌 미테망큼⁷⁾ 드러따 써부러.

　－ 그란디 바람 부르고 검:나게 추운디 거그를 강께는, 먼 낙찌로 한나
삐쩌쭈르메⁸⁾ 바를 네:노코 이써.

낙찌가요?

　－ 웅, 낙찌가. 그래서 얼릉 자붕게, 거 가세 가세가 이떠라고. 그래서
자버써.

　－ 차근:차근⁹⁾ 감서 봉께 이노무 낙찌 꾸녀기¹⁰⁾ 깍::체야가꼬 낙찌가
여그서도 베이고 저그서도 벵이고 사방떼가¹¹⁾ 베이네.

　－ 그 모:쩐뎅께¹²⁾ 다 나와써 인자.

무리 업스니까.

　－ 무리 업쓰께. 이적써기 추끼는 하고 깡:판¹³⁾ 몰르기는 하고 그렁께

― 그래가지고 언제가 한번은 그렇게 훑다가 이제 그 중구(중양절) 때가 됐어. 구월.

아

― 초아흐렛날이 중군가 돼. 응?

― 중구 때인데 내가 우리 시아버지랑 여기 여기 여기서 벼 훑는데, 나 한번 저 뭐가 있든지 한번 가 봐야 되겠소. 이렇게 추우면 낙지가 나올 수 있어요.

― 그러니까 낙지도 하나라도 잡고 한번 갔다 올게요. 그러고는,

어디를?

― 이제 이 아주 가까운 곳이에요. 이 이제 저 개펄로 가 봤지, 가로. 가 보니까는 그때는 잘 잡는 사람은 몇 가마니 잡겠어.

게를요?

― 아니, 나 저 이러거든. 조금이 닥쳐 놓으면 물이 안 써. 딱 써 버리고 없어, 밖이.

― 없어가지고 어떤 경우는 이틀도 물이 거기에 안 잠길 때가 있어, 저 조금 닥쳐 버리면. 거기 저 아주 얕게 들었다 써 버려.

― 그런데 바람 불고 굉장히 추운데 거기를 가니까는, 무슨 낙지가 하나 약간 삐죽하게 발을 내 놓고 있어.

낙지가요?

― 응, 낙지가. 그래서 얼른 잡으니까 그 가에 가에 있더라고. 그래서 잡았어.

― 천천히 살피면서 가면서 보니까 이놈의 낙지 구멍이 꽉 차가지고 낙지가 여기서도 보이고 저기서도 보이고 사방에서 보이네.

― 그 못 견디니까 다 나왔어 이제.

물이 없으니까.

― 물이 없으니까. ??? 춥기는 하고 꽝꽝 마르기는 하고 그러니까 나왔

나완능갑써. 깍::차부리써.

－ 바굼지가 그럴떼는 헤:우 뜬는 바굼지가 이끄등, 따로. 헤:우 인자 가서 뜨더옹께 소이 글로 이마낭 거.

－ 그노믈 가꼬와뜨이~ 아이 무침허이[14] 자번네, 거그다가.

자붕거시 아니고 주스션네.

－ 주서쩨 주서, 막.

－ 그레가꼬 아 어:찌케보먼 이레도 이꼬 저레도 이꼬. 아 나 벨라 그러케 이르케 파서 모:짭꺼등, 소니로. 어쩌다 한나썩 잡쩨 그란디,

－ 깍::차부리써. 긍게 엉청나게 자버써. 자버가꼬, 효:성이네 아부지 여 아들나:서 쪼깐 커써라우. 쪼:깐 커서. 그런디,

－ 에:기들또 암묵쩨, 어 이사람도 암묵쩨, 저사람도 암묵쩨. 그렁께 아 조[15] 이사람 저사람 온사람마당[16] 오라게가꼬 다 무거쓩게 그러제

－ 아::따, 마:니 네농께 열 아이 야 닫 다쩝, 열쩌비 다 데드라고.

한저비 한 열.

－ 한저비 시무게.

와. 그러며는

－ 그이까 열쩝::비 너머. 인자 열 인자 열게썩 하면. 다쩝 메께 열 열쩌비 열쩌비 다부쓩께 열두저비 다되제, 인자로 시:먼.

－ 그르코 자버가꼬는 가따가 함번 가꼬와바섭띠여?[17] 그떼 함번 처:미로 하고는 그디로는 잘 앙가고 그릉께 이녁 무글 노믄 항시 잡쩨.

음

－ 폴드른[18] 이런디서 누가 사가도 아넝께 폴:도 아나고.

－ 인자가 잘싸가제 인나레는 안사가써. 누가 안사갑따야. 돈 업쓩께 안 사제. 무꼬 살:기도 어렁께.

－ 긍께 낙찌는 쫌 자부로러 뎅게써라, 엔:나레는. 자버다가 무끼도 하고 잘 안무그면 또 ** 메:칠까지 나:뚜기도 하고, 막. 인자는 항게도[19]

나 봐. 꼭 차 버렸어.

– 바구니가 그때는 김 뜯는 바구니가 있거든, 따로. 김 이제 가서 뜯어 오니까 손이 그것으로 이만한 것.

– 그것을 가지고 왔더니 아니, 묵직하게 잡았네, 거기다가.

잡은 것이 아니고 주우셨네.

– 주웠지 주워, 막.

– 그래가지고 아 어떻게 보면 이래도 있고 저래도 있고. 아 나 별로 그렇게 이렇게 파서 못 잡거든, 손으로. 어쩌다 하나씩 잡지. 그런데,

– 꼭 차 버렸어. 그러니까 엄청나게 잡았어. 잡아가지고 효성이네 아버지 여 아들 낳아서 조금 컸어요. 조금 컸어. 그런데,

– 아이들도 안 먹지, 어 이 사람도 안 먹지, 저 사람도 안 먹지, 그러니까 아주 이 사람 저 사람 오는 사람마다 오라고 해가지고 다 먹었으니까 그러지.

– 아따, 많이 내어 놓으니까 여 아니 야 닷 닷 접 열 접이 다 되더라고.

한 접이 한 열.

– 한 접이 스무 개.

와, 그러면은

– 그러니까 열 접이 넘어. 이제 열 이제 열 개씩 하면. 닷 접 몇 개 열 열 접이 열 접이 다 부으니까 열두 접이 다 되지, 지금으로 세면.

– 그렇게 잡아가지고는 갔다가 한 번 가지고 와 봤잖습디까? 그때 한 번 처음으로 하고는 그 뒤로는 잘 안 가고 그러니까 자기 먹을 것은 항시 잡지.

음

– 팔지는 이런 데서 누가 사가지도 않으니까 팔지도 않고.

– 지금이 잘 사 가지 옛날에는 안 사 갔어. 누가 안 사 갑디다. 돈 없으니까 안 사지. 먹고 살기도 어려우니까.

– 그러니까 낙지는 좀 잡으러 다녔어요, 옛날에는. 잡아다가 먹기도 하고 잘 안 먹으면 또 ?? 며칠까지 놔두기도 하고, 막. 지금은 한 마리도

업:쏭께.

업:찌요, 이 아페?

- 야, 업:따우. 하다하다 자붕께. 그레도 잘자부먼 한서너접썩또 잡꼬 너데쏘 달쩝 자꼬 열접또 자분 사라미 이써. 잘 자분 사람 이써, 이 동네에.

- 여 남잔디. 그사라믄 어쩔떼는 다갈키로20) 한나썩21) 케분다게.

- 약 야기 가꼬 강 거시로.

부:자 되부러껀네요.

- 저 크게 집또 조:케 지서써라우. 장:게를 서른 메쌀 묵뜨륵 장:게를 모까써. 그릉게 노미 장:게 모까도 성가십떠다이~22)?

- 한동네 싸라미 은:제 가까:: 그레지고. 인자도 어 저 오 인저 사:십한 데:쌀 무근 사람도 이써라, 인자.

- 사:십쌀 너문 사라미 두:리쏘. 그러고 삼심 너무고 사:십쌀 거장 되간 사람 하나 이꼬. 서시나 시방 모:까고 이써.

- 거머 한사라믄 두:사라믄 벨라 쓸모가 엄는디 한 사라믄 열:씨미 하고 살:더라고. 이 이:년데 나와써라, 목포서. 그레가꼬 즈그 어메도 주거블고 즈가부지도 주거불고 갑짜기 주거부리써.

- 주거부릉께 누가 저아 시믈 안쏭께 그레. 아이 자기가 심써서 어쭈고 어더야제, 부모가 인자는 모:다그덩.

- 인자 자기가 어:디가서. 나는 그레쏘, 아 열씨미 돔: 버러가꼬 넘덜 마이로23) 외:구게 가서도 놈드른 데꼽떠다24). 그레 데꼬와서라도 한나:썩 데꼬 살:지 그라요 긍께,

- "아이고, 어:쭈고 그러케 한다우? 모:다라, 나는." 그러드라고.

- 어 보지란헤:가꼬이~25) 그 사라믄 살:쑹은 불러26). 열씨미 하드라고

없으니까.

없지요, 이 앞에?

— 예, 없대요. 하도 하도 잡으니까. 그래도 잘 잡으면 한 서너 접씩도 잡고 너댓 닷 접 잡고 열 접도 잡는 사람이 있어. 잘 잡는 사람 있어, 이 동네에.

— 여, 남잔데. 그 사람은 어떨 때는 ??? 가득 캐 버린다고 해.

— ??? 가지고 간 것으로.

부자 돼 버렸겠네요.

— 저 크게 집도 좋게 지었어요. 장가를 서른 몇 살 먹도록 장가를 못 갔어. 그러니까 남이 장가가지 못해도 신경이 쓰입디다.

— 한 동네 사람이 언제 갈까 그렇게 생각되고. 지금도 어 저 오 이제 사십 한 댓 살 먹은 사람도 있어요, 지금.

— 사십 살 넘은 사람이 둘 있소. 그리고 삼십 넘고 사십 살 거의 돼 가는 사람 하나 있고. 셋이나 지금 못 가고 있어.

— 그 뭐 한 사람은 두 사람은 별로 쓸모가 없는데 한 사람은 열심히 하고 살더라고. 이 이년제 나왔어요, 목포에서. 그래가지고 저희 엄마도 죽어 버리고 저희 아버지도 죽어 버리고 갑자기 죽어 버렸어.

— 죽어 버리니까 누가 힘을 안 쓰니까 그래. 아니 자기가 힘써서 어떻게 얻어야지 부모가 이제는 못 하거든.

— 이제 자기가 어디 가서. 나는 그랬소, 아 열심히 돈 벌어 가지고 남들처럼 외국에 가서도 남들은 데리고 옵디다. 그리 데리고 와서라도 하나씩 데리고 살지 그래요 그러니까,

— "아이고, 어떻게 그렇게 한대요? 못 해요, 나는." 그러더라고.

— 어, 부지런해가지고 그 사람은 살 듯은 싶어. 열심히 하더라고.

■ 주석

1) '중구'(中九)는 일반적으로 그 달의 초아흐렛날을 말하는데, 여기서는 重九節로서 음력 9월 9일인 중양절을 가리킨다. 이 날은 예부터 남자들은 시를 짓고 각 가정에서는 국화전을 만들어 먹고 놀았다.

2) '낙기'는 '낙지'의 방언형. 전통적으로는 '낙자'라는 말을 쓰는데 '낙기'는 '낙지'로부터 역구개음화를 겪은 형이다.

3) '뽀짝'은 '바짝'의 방언형으로서 여기서는 명사처럼 쓰였다 '뽀짝에'는 공간명사에 처격 토씨가 결합되어 쓰이는 서남방언의 일반적 경향에 따라 생긴 어형으로서 '아주 가까운 곳'의 뜻을 나타낸다.

4) '가세'는 '가' 또는 '가에'의 뜻.

5) '조금'은 조수(潮水)가 가장 낮은 때를 이르는 말. 대개 매월 음력 7, 8일과 22, 23일에 있다.

6) '쓰다'는 '써다'의 방언형으로서 '밀물이나 밀린 물이 물러 나가다'의 뜻. '혀다 > 써다 > 쓰다'의 변화를 겪은 것이다.

7) '밑에만큼'은 '아주 얕은 물의 깊이'를 뜻한다. 따라서 '밑에만큼'은 '아주 얕게'로 옮길 수 있다.

8) '삐쩌쭈름하다'는 물체의 끝이 조금 나와 있는 상태를 나타내는 말이다. 표준어로는 '약간 삐죽하게 나오다' 정도로 옮길 수 있다.

9) 표준어에서 '차근차근'은 말이나 행동 따위를 아주 찬찬하게 순서에 따라 조리 있게 하는 모양을 뜻하는 말이다. 따라서 이동 동작을 나타낼 때 이 부사를 사용하면 어색한 말맛을 준다. 반면 서남방언에서는 '차근차근 가다'라는 말을 쓸 수 있는데 이때의 '차근차근'은 '천천히 살피면서' 정도의 뜻으로 해석된다.

10) '구녁'은 '구멍'의 방언형.

11) '사방떼'는 '사방'과 의존명사 '데'의 합성어로서 '사방'이나 '이곳저곳'의 뜻.

12) '전데다'는 '견디다'의 방언형.

13) '깡ː판'은 아주 말라서 단단한 상태를 이르는 말로 표준어 '꽝꽝' 정도에 대응되는 말이다.

14) '무침하다'는 '묵직하다'의 방언.

15) '아조'는 '아주'의 방언형.

16) '마당'은 토씨 '마다'의 방언형. '마닥'이라고도 한다.

17) '갖고와 봤습디여?'는 확인물음으로서 '갖고와 봤잖습디까'의 의미이다. 서남방언에

서 '-습디여'는 표준어 '-습디까'에 대응하는 씨끝이지만, 여기서는 일반적인 물음문이 아닌 확인물음문으로 쓰였다.

18) '폴들은'의 '-들은'은 아마도 '-든'의 변이형으로 보인다. 서남방언의 부정문에서 장형부정의 경우 씨끝 '-지'가 없이 '-들'(=-지를), '-든'(=-지는), '-도'(=-지도)의 세 형식이 쓰인다. 그렇다면 '-들은'은 '-들'에 도움토씨 '은'이 결합된 것으로 볼 수도 있다.

19) 낙지 같은 것을 셀 때 분류사 '마리' 대신 '개'를 사용하는 것이 이 지역어의 특징이다.

20) 낙지를 잡는 도구인 갈퀴일 가능성 또는 큰 그릇일 가능성이 있으나 분명하지 않다.

21) '한나썩'은 형태상으로는 '하나씩'의 방언형이지만 의미적으로는 '가득'의 뜻이다. 서남방언에서 '한나 차다'는 '가득 차다', '한나다'는 '가득이다' 등의 뜻을 갖는다.

22) '성가시다'는 '자꾸 들볶거나 번거롭게 굴어 괴롭고 귀찮다'의 뜻이나 여기서는 '자꾸 마음이나 신경이 쓰이다' 정도의 뜻으로 해석된다.

23) '마이로'는 토씨 '처럼'의 뜻.

24) '데꼬다'는 '데리고 오다'의 방언형. '데꼬 오다'가 줄어든 말이다.

25) '보지란하다'는 '부지런하다'의 방언형.

26) '숭 불르다'는 '성부르다'의 방언형으로서 '성싶다'의 뜻.

06 거주생활

6.1 가신과 조상 숭배 신앙

자: 그럼 이제 이버네 할머니한테 여:쪼보게씀니다.

옌:나레는 할머니는 인제 절머쓸 때부터 교:헤를 다니셔써요?

— 아니라우. 진 살:다가,

예

— 뎅긴 제가 한 사:심면녀니나 데야꺼쏘.

@1 오~

긍께이~.

— 야

@1 오레되션네요.

— 야

그러면 데도 인자 교:헤 안 다닌 사람드른 보머는 지베가 먼: 귀:신 이따고,

— 예, 그러제라우.

막 거: 세:메도 귀:신 네코 시니 이따 그러고이~.

— 다: 이딱 헤라우.

정게에도 기 응? 이라고.

— 네, 진.

어, 손 비비고 망 머 하고 그러자나요?

— 야, 굳 하고 모도.

헤: 보셔써요, 고롱 거?

— 아, 구슨 안 헤 바써.

구슨 아니고 그렁 건 머.

— 그릉 거또 아니 허고.

어~

자 그럼 이제 이번에 할머니한테 여쭤 보겠습니다.

옛날에는 할머니는 이제 젊었을 때부터 교회를 다니셨어요?

― 아니요. 저 살다가,

예

― 다닌 지가 한 사십 몇 년이나 됐겠소.

@1 오

그러니까.

― 예

@1 오래 되셨네요.

― 예

그래도 이제 교회 안 다니는 사람들은 보면은 집에 무슨 귀신 있다고,

― 예, 그러지요.

막 그 샘에도 귀신 있고 신이 있다 그러고.

― 다 있다고 해요.

부엌에도 귀신 응? 이러고.

― 예, 진.

어, 손 비비고 막 뭐 하고 그러잖아요?

― 예, 굿 하고 모두.

해 보셨어요, 그런 것?

― 아, 굿은 안 해 봤어.

굿은 아니고 그런 것 뭐.

― 그런 것도 안 하고.

어

- 접

그

- 답

복 보기는 하셔써요? 다른 지비?

- 딴데도 잘 앙 가 봉께 모르고쏘야, 잘.

- 인자 저 쓰이 거 서:레 그를 떼는 인자 바메 우들 크네기 떼는 인자 사:람 주극:뜬지 안 죽뜬지 마당에다 머 차라 논 사람 이써라우.

예

- 서 서:메도 또치 걸:파이라고[1].

걸:판?

- 야, 걸:판이라고 이쓰.

- 그라고 이런 띠다 이르케 사라[2].

- 에기드리 주근 지비는 또 사 머 헤:다가 거그다 노꼬 무그라고.

아 명절 떼.

- 어디가 이써서 무꺼쏘이~?

명절 떼 구:시니 와서 무그라고.

- 야

- 그레가꼬 우리 친정 어메가 아드를 두:리 젇: 헤 거 인자는 머 손니 메도[3] 으 젇 으 젤 안 죽쏘?

응

- 그란디 그 엔:나레는 그르고 주급띠다, 에:더리.

- 그레가꼬 아들 두:리 주거 부런넌디 그 웜:메웜:메[4] 그륵:케도 날마당[5] 날마당 울:고, 날마당.

- 그 인잔 서:레 머:설 고로고로[6] 헤:가꼬 상에다 다머서 마당에다 야차막:하게[7] 나:도. 너푸먼 모:딴다고.

@1 음

- 접

그

- 답

보기는 하셨어요? 다른 집?

- 딴 데도 잘 안 가 보니까 모르겠소, 잘.

- 이제 저 그 설에 그런 때는 이제 밤에 우리들 처녀 때는 이제 사람 죽든지 안 죽든지 마당에다 뭐 차려 놓는 사람 있어요.

예

- 섬에도 또 걸판이라고.

걸판?

- 예, 걸판이라고 있습디다.

- 그리고 이런 데다 이렇게 접시.

- 아이들이 죽은 집은 또 뭐 해다가 거기다 놓고 먹으라고.

아, 명절 때.

- 어디에 있어 먹겠소?

명절 때 귀신이 와서 먹으라고.

- 예

- 그래가지고 우리 친정어머니가 아들을 둘이 그 이제는 뭐 천연두에도 저 저 안 죽잖아요?

응

- 그런데 그 옛날에는 그렇게 죽습디다, 아이들이.

- 그래가지고 아들 둘이 죽어 버렸는데 그 아이고 아이고 그렇게도 날마다 날마다 울고, 날마다.

- 그 이제 설에 뭘 고루고루 해가지고 상에다 담아서 마당에다 나지막하게 봐 둬. 높으면 못 닿는다고.

@1 음

- 구:시이 모:따꼬 달코8) 하거쏘이~?

(웃음)

- 그란디 야차막하게 헤노꼬 그 그그 손 데지 마라이~ 그레. 그러고
- 저 당시이~ 어:디가 베이거쏘, 머:다거쏘? 그거시 주거 부러는 그먼 그마니제.
- 그란디 다 당시이르 누가 걸:판 거더가 부린다고 머 꼭 즈그 아드를 아서 무그라건다고 이르케 보고 앙거써.
- 그러믄

응

- 나 우더리 인자 어:뜬 인자 모::도 가 가이네드리 우들 걸:판 거드로 가자 그르드만.
- 나는 안 헤, 무상케. 나는 모: 까. 날 거비 마:네써라우. 나는 모: 까 그릉께 그레도 가작 헤:싸뜽마.
- 절 아:제 절문 청녀이 주건는디 그 지비다가 마:이 차라나떼.

음

- 따러가작 헤서 네가,

@1 음

- 간는디 그노믈 딱 가꼬 와써.

음

- 인제 지비로
- 가이네드리 모:두 여러니 가가꼬.
- 어:서 가꼬 완냐 그라고 무러봉께, 어 아:무게네 지비서 그릉께, 도로 가따 둬 얼릉.

@1 어머니가?

- 그 지비다 도로 가따 주랑 거시여, 얼릉. 그 구:시니 와서 무그라고.
- 구:시니 이땅가9) 긍께, 구:시니 이쩨 어쩨 업따야10) (웃음)

- 귀신이 못 닿고 닿고 하겠소?

(웃음)

- 그런데 나지막하게 해 놓고 거기 손 대지 마라 그래. 그리고

- 저 당신이 어디 보이겠소, 뭐 하겠소? 그것이 죽어 버리면 그러면 그만이지.

- 그런데 당신이 누가 '걸판' 걷어가 버린다고 뭐 꼭 자기 아들을 와서 먹으라 한다고 이렇게 보고 앉았어.

- 그러면

응

- 나 우리들이 이제 어떤 이제 모두 계집애들이 우리들 '걸판' 걷으러 가자 그러더구먼.

- 나는 안 해, 무서우니까. 나는 못 가. 나는 겁이 많았어요. 나는 못 가 그러니까 그래도 가자고 해 쌓더구먼.

- 젊 아주 젊은 청년이 죽었는데 그 집에다가 많이 차려 놨데.

음

- 따라가지고 해서 내가,

@1 음

- 갔는데 그것을 딱 가져왔어.

음

- 이제 집으로.

- 계집애들이 모두 여럿이 가가지고.

- "어디서 가지고 왔느냐" 그렇게 물어 보니까, "응, 아무개네 집에서." 그러니까, "도로 가져다 둬 얼른".

@1 어머니가.

- 그 집에다 도로 가져다 주라는 거야, 얼른. 그 귀신이 와서 먹으라고.

- "귀신이 있단가?" 그러니까 "귀신이 있지 왜 없다냐?" (웃음)

@1 응

— 그람서로

— 가따가 도로 주락 헤도 안 줘써. 어:쭈고 또 가꼬 갈 꺼시여?

@1 (웃음)

— 그레도 멀쩡합따[11].

(웃음)

— (웃음)

아 그러케

@1 네

그니깐 주근 자식뜨리랄찌 아깝께 주근 사람들,

— 야

위헤서 여기 걸:판 체레농 거또 이꼬,

— 에, 절문::서 거 장:게갈만할 떼 주거 부러써.

총:각구신이네.

— 야, 총:각구신.

또 정게:에다가 이르케 우르케 머 헤 농 거또 이써요, 이르케?

— 아이

— 벨반디다[12] 다 차러 노코 세:메다도 차러 노코,

세:메다도.

— 예, 장:깡에다도[13] 차러 노코 사:란 사:람더른.

언제 체레나요?

— 거시 정워레.

정월

— 서:레라, 서:레.

아~

— 그럴 떼 보르메 서:레 그럴 떼.

@1 응

- 그러면서

- 가져다가 도로 주라고 해도 안 줬어. 어떻게 또 가져갈 거야?

@1 (웃음)

- 그래도 멀쩡합디다.

(웃음)

- (웃음)

아, 그렇게

@1 예

그러니깐 죽은 자식들이라든지 아깝게 죽은 사람들,

- 예

위해서 여기 '걸판' 차려 놓은 것도 있고,

- 예, 젊어서 그 장가갈 만할 때 죽어 버렸어.

총각귀신이네.

- 예, 총각귀신.

또 부엌에다가 이렇게 이렇게 뭐 해 놓는 것도 있어요, 이렇게?

- 아이

- 별의별 곳에다 다 차려 놓고 샘에다가도 차려 놓고,

샘에다가도.

- 예, 장독대에다도 차려 놓고 사는 사람들은.

언제 차려 놓아요?

- 그것이 정월에.

정월

- 설에요. 설에.

아

- 그런 때 보름에 설에 그런 때.

@1 네

그럼 다 체레 놀라먼 집 지베 뭐 여러 군데를 체레 나야 되건네요?

- (기침 소리)

- 그 그럴 테제라우. 난 안 차러나 바:쓰께 모:르거쏘.

어

- 나는 안 헤, 절:떼.

어

- 그릉께 예:수 안 미들 떼도 멀:,

@1 응

- 차러 노코 머:다고 하먼 구:시니 와서 하레 한 끄니 아부서 넴:세 마트고14) 간다고 아 일런네 베 앙 고푸거써?

- 다 또:까쩨. 앙 고파. (웃음) 그라고는 나는 안 헤써라우.

음

- 그레아꼬 인제 예:수 미더 부링께 에초에15) 안 헤 부리제.

음

@1 음

근데 이제 암민는 사람드른,

- 야

옌나레 마:니 헤:써쪼?

- 야, 마:니 헤쩨라우. 구또 마:니 하고.

#- 바로 아페 당:산나무 가튼디서 다:.

- 음

아 마을 마을 전체

- 야

#- 예

당:산쩨

@1 예

그럼 다 차려 놓으려면 집 집에 뭐 여러 군데를 차려 놓아야 되겠네요?

─ (기침 소리)

─ 그 그럴 테지요. 난 안 차려 놓아 봤으니까 모르겠소.

어

─ 나는 안 해, 절대.

어

─ 그러니까 예수 안 믿을 때도 뭐,

@1 응

─ 차려 놓고 뭐하고 하면 귀신이 와서 하루 한 끼니 앞에서 냄새 맡고 간다고 일년내 배 안 고프겠어?

─ 다 똑같지. 안 고파. (웃음) 그러고는 나는 안 했어요.

음

─ 그래가지고 이제 예수 믿어 버리니까 아예 안 해 버리지.

음

@1 음

그런데 이제 안 믿는 사람들은,

─ 예

옛날에 많이 했었지요?

─ 예, 많이 했지요. 굿도 많이 하고.

#─ 바로 앞에 당산나무 같은 곳에서 다.

─ 음

아, 마을 전체

─ 예

#─ 예

당제

#- 예

- 그라고

#- 당산나무 가튼디서도 거,

체레 노코.

#- 예, 체레 나써.

- 아, 이 쩌:짜게 처람네가칠로¹⁶⁾ 저쯔 구 응, 구또 잘할라디야?¹⁷⁾

- 쩨:까넌 지비서 밤:날 굳 헤 거그서.

@1 아, 그레요?

- 쩨:까넌 집 한나 지서 노코.

#- 근디 굳 헤서도 팔자가 펭으 그 팔자드만.

(웃음)

@1 굳 헤서 그 정도일 쑤도 이써요. (웃음)

#- 응?

#- 아니 그걷할차¹⁸⁾

@1 덕 뽈 쑤도 인는데 (웃음)

#- 아이 나어저써야 될 꺼인디 나아진 거시 하나가 오꼬 인자는 겔:
모 싼디 어쩌꺼시오?

누가 누가 뭐꼬 당고를 불러야 써:써네요.

- 예

- 점제이들

점젱이들

- 당골레도¹⁹⁾ 오고.

오

- 당골레 가서 깅:²⁰⁾ 치고 껭멕²¹⁾ 치고 모도 마:니 드러가라우.

돈도 마:니 드러갈 꺼인디.

- 예

#- 예

- 그리고

#- 당산나무 같은 곳에서도 그,

차려 놓고.

#- 예, 차려 놓았어.

- 아, 이 저쪽에 철암네(인명)같이 저 굿도 잘 할까?

- 조그마한 집에서 밤낮 굿 해 거기서.

@1 아. 그래요?

- 조그마한 집 하나 지어 놓고.

#- 그런데 굿 해서도 팔자가 내나 그 팔자더구먼.

(웃음)

@1 굿 해서 그 정도일 수도 있어요. (웃음)

#- 응?

#- 아니 그것조차

@1 덕 볼 수도 있는데 (웃음)

#- 아이 나아졌어야 될 텐데 나아진 것이 하나가 없고 이제는 제일
못사는데 어쩔 거요?

누가 누가 뭐 무당을 불러야 썼었네요.

- 예

- 점쟁이들

점쟁이들

- 무당도 오고.

오

- 무당이 가서 징 치고 꽹과리 치고 모두 많이 들어가요.

돈도 많이 들어갈 것인데.

- 예

- 막 쩌 금 먼 질 땅는다고.

어

- 와따 가따 함서름 먼 말 함 이 저 하고 그럴 떼는 망:놔 부러. 도:널 이씬는데로.

어

- 그레 우리는 그 굳 안 헤 바써, 함:번도.

음

- 그란디 저 우리 에기 한나가 효:승이네 아부지 우기로 머시멘:디[22] 그르케 에기가 잘셍게따고 막 사:람드리 다: 그렌는디 저지렁께 주끼능 주급띠다.

- 저 예 에:는 우리 아지미여. 에. 에가쩝 아지민디 쩌: 너메서 사란는디,

- 이 거가 인자 에:기 나서 그리 오레 우리가 안 덴는디 에:기 즈그 에기 도 머 먼 셍어릉감 먼:싱가 지:넴서러,

- 인자 밤씨리[23] 헤: 논다고 인자 시리를 거그서 어더 가지간는디, 또 그누믈 가지로 가서 우리 시어메가 가꼬 와서 에기가 먼: 나서, 네가 밤씨리 헤 놀란다우[24] 그레서 아러서 하씨요, 나는 모르거쏘 그레써.

- 그레뜨이 그러꼬 그눔 가따가 밤씨리 헤:서 놔:뿨뜨이, 그 뒨날 아치메 그노믈 무금서 조:아라고 에기가 막: 헤:싸뜨마.

- 그드르말로[25] 그날 지녀게 초 사혼날 저녀게는 에기가 이르케 자다가 몬차봉께[26] 불보듬[27] 더 뜨가버레써라우. 그눔 무꼬 그 뒨날, 그날.

- 그레서 웨 이러코 에기가 마:니 아푸까 마:니 아퍼서.

- 그런디 딱 다리고 어께고 딱 이르케 나: 부러뜨라고.

음

- 그라고 주글락 하드라고.

- 그레서 아이 주글 썽 부리다 네가 그렁께는, 먼: 주근다냐 그라드마, 그날 초사혼날 이트먼 아흐렌날 초아흐렌날 딱 주거라우.

- 막 저 그럼 무슨 길 닦는다고.

아

- 왔다 갔다 하면서 무슨 말 함 이 저 하고 그럴 때는 막 놔 버려. 돈을 있는 대로.

어

- 그래 우리는 그 굿 안 해 봤어. 한 번도.

음

- 그런데 저 우리 아기 하나가 효성이네 아버지 위로 사내애인데 그렇게 아기가 잘생겼다고 막 사람들이 다 그랬는데 저지르니까 죽기는 죽습디다.

- 저 ??는 우리 아주머니야. 외가 아주머니인데 저 너머에서 살았는데,

- 이 거기서 이제 아기 낳아서 그렇게 오래 우리가 안 됐는데 아기 저희 아기 도 뭐 무슨 생일인지 뭔지 지내면서,

- 이제 '밤시루' 해 놓는다고 이제 시루를 거기서 얻어 가져갔는데, 또 그것을 가지러 가서 우리 시어머니가 가져와서 아기가 뭐가 나서, 내가 '밤시루' 해 놓겠다고 그래서 "알아서 하세요, 나는 모르겠소" 그랬어.

- 그랬더니 그렇게 그것 가져다가 '밤시루' 해서 놔 두었더니, 그 뒷날 아침에 그것을 먹으면서 좋아라고 아기가 막 해 쌓더구먼.

- 그러더니마는 그날 저녁에 초사흗날 저녁에는 아기가 이렇게 자다가 만져 보니까 불보다 더 뜨거워 버렸어요. 그것 먹고 그 뒷날 그날.

- 그래서 왜 이렇게 아기가 많이 아플까 많이 아파서.

- 그런데 딱 다리고 어깨고 딱 이렇게 놔 버렸더라고.

음

- 그렇게 죽으려고 하더라고.

- 그래서 아이 죽을 성부르다 내가 그러니까는, "무슨 죽는다니?" 그러더니마는, 그날 초사흗날 이를테면 아흐렛날 초아흐렛날 딱 죽어요.

메 쌀

― 멜 메 쌀 안 세:살 머건는디.

― 그레가꼬 한 데 봉께는 나는 가꼬 간 데 보도 안 허고 걍 놔:뚸 부리뜨이 어:다 가따가 무더 부러따고 그러드마.

음~ 그 그뜨 밤씨리랑 게 뭐:예요?

― 떠걸 인자 싸를 인자 당가따가 도구통에다 찌거가꼬 그놈만 인자 시리에다 쩌 가꼬 서녕이다 가덩가 그거.

#― 아이, 지그미로 바서는 벡썰기.

― 벡썰기.

음

― 흐:간 체로 기양 그르케 헤서,

고거 서녕에다

― 야

서녕에다 바치는

― 야

걷 그걸 밤씨리예요?

― 엔:나레는 그러지라우.

음

― 그란디 그 헤라우,

― 저 쩌: 산쏘게서 산:디 여 나는 바슬 멘디 저 어:뜬 노인네가 와서 마를 가꼬 와서 쩌 건네다 메:고 와서 여가서 우리 방을 디레다봉께[28],

― 세:상에, 베야미[29] 이마나 진: 노미,

@1 네

― 쩌 거 성주[30] 미테 이러트믄[31] 밥 차려 논 데,

음

― 거가서 딸:딸[32] 모라가꼬 요로꾸 모라가꼬 고게는 가운데다 땅 네:

몇 살

― 몇 몇 살 한 세 살 먹었는데.

― 그래가지고 하는 것 보니까는 나는 가져가는 것 보지도 않고 그냥 놔 둬 버렸더니 어디에다 가져다 묻어 버렸다고 그러더구먼.

그 그 '밤시루'라는 것이 뭐예요?

― 떡을 이제 쌀을 이제 담갔다가 절구통에다 찧어가지고 그것만 이제 시루에다 쪄가지고 선영에다 가던가 그것.

#― 아이, 지금으로 봐서는 백설기.

― 백설기.

음

― 하얀 채로 그냥 그렇게 해서,

그것 선영에다

― 예

선영에다 바치는

― 예

그것 그걸 밤시루예요?

― 옛날에는 그러지요.

음

― 그런데 그 해요,

― 저 저 산속에서 사는데 이 나는 밭을 매는데 저 어떤 노인네가 와서 말을 가지고 와서 저 건너에다 매고 와서 여기 와서 우리 방을 들여다보니까,

― 세상에, 뱀이 이만큼이나 긴 것이,

@1 네

― 저 그 성주 밑에 이를테면 밥 차려 놓는 데,

음

― 거기서 둘둘 말아가지고 이렇게 말아가지고 고개는 가운데다 딱 내

노코 이로코 앙꺼뜨락 하요, 나:제 봉께. (웃음)

― 그래서 오:메오:메 베야미 다 여가 이떼 궁께, 거 마루가 널붕께 마룩 마루에서 잘란디 멘:: 거그서 베얌만 나옹 거 가:터라우, 네 마:메서.

― 그러드이 안 조:씁띠다. 메칠 안 뎅께 그 에기가 죽뜨라고라우.

@1 아~

― 아, 그릉께 그그또 모:쓱갑떼.

음, 사저네 베:미 며칠 저네 나와써써요?

― 예

음~

@1 아~

그럼 그 성주 아까 성주:가틍 거슨 짜 그걸 그거시 저 밥 체레 논 데가치 그떼 이써써요?

― 예, 그 밥 차라논 디 쩌:짝 꾸썩떼기다[33] 젤로 그 우게 쩌 우게 거 그다가 차라 놉띠다.

어머니가, 시어머니가?

― 야

언:제요? 언:제 체레 나요?

― 설:, 보름, 셍얼[34] 떼.

음

― 그럴 떼 그 잘하드라고라우.(웃음)

음, 금서 밤만 체레 놔요, 아니면 그그다 또 손도 비비고 머:라고 하면서?

― 만:세[35] 소는 모:삐베라우.

― 웅, 비빌찌 모:른닥합띠다.

아

― (웃음)

어 놓고 이렇게 앉았더라고 해요, 낮에 보니까. (웃음)

　－ 그래서 "아이고 아이고 뱀이 다 여기에 있데." 그러니까, 그 마루가 넓으니까 마루 마루에서 자려는데 맨 거기서 뱀만 나오는 것 같아요, 내 마음에서.

　－ 그러더니 안 좋습디다. 며칠 안 되니까 그 아기가 죽더라고요.

@1 아~

　－ 아. 그러니까 그것도 못쓴가 보데.

음, 사전에 뱀이 며칠 전에 나왔었어요?

　－ 예

음

@1 아~

그럼 그 성주 아까 성주 같은 것은 그것 그것이 저 밥 차려 놓는 데같이 그때 있었어요?

　－ 예, 그 밥 차려 놓는 데 저쪽 구석에다 제일 그 위에 저 위에 거기다가 차려 놓습디다.

어머니가, 시어머니가?

　－ 예

언제요? 언제 차려 놔요?

　－ 설 보름 생일 때.

음

　－ 그럴 때 그 잘 하더라고요. (웃음)

음, 그러면서 밥만 차려 놔요, 아니면 거기다 또 손도 비비고 뭐라고 하면서?

　－ 만고에 손은 못 비벼요.

　－ 응, 비빌 줄 모른다고 합디다.

아

　－ (웃음)

체러 노키만 하고.

— 야

어떤 디는 이르케 뭐 조상 단:지락 헤:가꼬 조상시늘 모싱가?

— 야, 영거 나라우.

어

— 머:세담 즈 저 오가레36) 가틍 거세다가 쭉 이르케 셍긴 놈.

어

— 그레따우37)?

— 인자 그:거슬 헤 헤:나끼에,

이르메 뭐:라고 그거보다 머:라고 먼:단지 단:지라고 먼: 단지?

— 거그다가

#— 조상 조상딴지.

— 조상딴지

어

— 인자 거:기에서 이 스렁에다38) 이르케 영거 난는디 저가 뭐:시 드런

능가 함번 (웃음) 네레바야 쓰거따,

— 네가 그라고

어

— 네러 봉께 벨거또 업:씁따다. 먼 이름 성명 써서 거그다 넌:능갑떼야.

@1 할머니도 제미쓰시네.

— (웃음)

@1 안 무서우세요?

— 저그를 어:쩨 언:제 함번 네려 보까 그라고 인자 게:속 생각헤 바:써.

— 그레따가는 함버네는 인자 사:라미 옵:써.

— 시어메도 오꼬 머:도 깜:도 옵써.

— 긍께 아 네러 바야 쓰거끄나, 오느른. 그라고 여그다 비:게랑39) 머:

차려 놓기만 하고.

－ 예

어떤 곳에서는 이렇게 뭐 조상단지라고 해가지고 조상신을 모시는지?

－ 예, 얹어 놔요.

어

－ 뭐에다 저 오지그릇 같은 것에다가 쭉 이렇게 생긴 것.

어

－ 그런 일이 있었어요.

－ 이제 그것을 해 놨기에,

이름에 뭐라고 그것보고 뭐라고 무슨 단지 단지라고 무슨 단지?

－ 거기다가

#－ 조상 조상단지.

－ 조상단지

어

－ 이제 거기에서 시렁에다 이렇게 얹어 놨는데 저기에 뭐가 들었는지 한 번 내려 (웃음) 봐야 되겠다,

－ 내가 그렇게

어

－ 내려 보니까 별 것도 없습디다. 무슨 이름 성명 써서 거기다 넣었나 봅디다.

@1 할머니도 재미있으시네.

－ (웃음)

@1 안 무서우세요?

－ 저기를 어째 언제 한 번 내려 볼까 그러면서 이제 계속 생각해 봤어.

－ 그랬다가 한 번은 이제 사람이 없어.

－ 시어머니도 없고 뭐도 아무도 없어.

－ 그러니까 아 내려 봐야 되겠구나, 오늘은. 그리고 여기다 베개랑 뭐

시랑 가따 노꼬 잘 안 당께.

@1 (웃음)

― 포도:시[40] 올라가서 네레야꼬 그 요건 조 딱: 헤서 거 뚜겅 딱: 더퍼서 아:네다가 머:슬 딱: 종우:떼기[41]헤:서 싸:서 너: 노코 이르케 딱 더퍼서 그르케 영거 나뜨라고.

― 그레서는 나 네레 봉께 암:꺼또 업써.

― (웃음)

음

― (웃음)

― 그레서 아 이름 성명 써서 여그다 이르케 너:농 거시구나 그라고 도로 가따 여:나떠.

오.

― 굳 언제 뭐 부트도 안 합따.

@1 (웃음)

그러면 그 옌:날 첟 친정 찌베서는 그렁 걷 안 헨나요?

― 운 거그서는 안 헤써라우.

그러니까 모르시구마, 이렁 거는

― 야 야

― 우릳 아부지::가 다서 싸리나 무거쓸 떼게 어메가 주거땁:따. 어메 주거 부릉께.

예

― 노무 이:부더메[42] 어더가꼬 산:디 그러케 우리 친정 어메는 친정어미 에가찌븐 잘 사라써라우.

― 인자 가르무지라 헌데 산:디 잘 서른는디,

― 아서 거 노무 집 그 시 인자 이:부더메라 정기빵이라고[43] 꼭 여그서 요마끄미나 데꺼시오, 요 쩌짜기로.

랑 가져다 놓고 잘 안 닿으니까.

@1 (웃음)

－ 겨우 올라가서 내려가지고 그 이건 조 딱 해서 그 뚜껑 딱 덮어서 안에다가 뭘 딱 종잇장 해서 싸서 넣어 놓고 이렇게 딱 덮어서 그렇게 얹어 놨더라고.

－ 그래서는 내려 보니까 아무 것도 없어.

－ (웃음)

음

－ (웃음)

－ 그래서 아 이름 성명 써서 여기다 이렇게 넣어 놓는 것이구나 그러고 도로 가져다 넣어 놨어.

오

－ 그 언제 뭐 붙지도 않습디다.

@1 (웃음)

그러면 그 옛날 친정집에서는 그런 것 안 했나요?

－ 거기서는 안 했어요.

그러니까 모르시는구먼, 이런 것은.

－ 예예

－ 우리 아버지가 다섯 살이나 먹었을 때에 어머니가 죽었답디다. 어머니 죽어 버리니까.

예

－ 남의 의붓어머니 얻어가지고 사는데 그렇게 우리 친정 어머니는 친정어머니 외가는 잘 살았어요.

－ 이제 '가르무지'(지명)라 하는 데 사는데 잘 살았는데,

－ 와서 그 남의 집 그 시 이제 의붓어머니라 부엌방이라고 꼭 여기서 이만큼이나 될 것이오, 이 저쪽으로.

- 그런 방에서 자고일 사러따고 그럽뜨마.

- 그레가꼬 다: 딸 여워도 이:분어메 인는 디로는 안 녀울란다 그러드
라고라우.

- 따:를 여워도 저 웬:⁴⁴⁾ 즈그 시어메 인는 디로 여워야제 이:부더메
인는 디로 여워 농께 절::때 모쓰거뜨라야.

- 그릉께 인자는 나는 절: 안 녀울란다고 안 녀울란다 그러드이,

- 여운다고 여웅 거시 두:차 따른 이부더미 인는 디로 여워써.

@1 또 가 안 한닥 헨:는디.

- 어, 안 한닥 헨는디

- 야:주 절뭅뜨마. 거그를 가 봉께 쩌 봉용으로 간는디,

- 그레가꼬 오레 모:싸라써라.

@1 쩌기 오레 오는 데 봉용이라고 써저떤데.

- 야, 봉용 쩌: 우게

어

그게 옌:나레 그 조상딴지가 이써꾸마뇨이~.

- 야

어. 거 밥 체레 노코.

- 야, 그레뜽갑띠다.

음

자, 그 다으메 그게 저 조상 신들 이써따고 옌:날 사람드른 이러케 미더꺼
드뇨.

- 응?

조상님들

- 야, 그릉게

조상님들

- 조상님드리 이딱항게 인는지 아러쩨 어짜거쏘?

‒ 그런 방에서 자고 살았다고 그러더구먼.

‒ 그래가지고 다 딸 여의어도 의붓어머니 있는 곳으로는 안 여의겠다 그러더라고요.

‒ 딸을 여의어도 저 원 자기 시어머니 있는 곳으로 여의어야지 의붓어머니 있는 곳으로 여의어 놓으니까 절대 못쓰겠더라.

‒ 그러니까 이제는 나는 절대 안 여의겠다고 안 여의겠다고 그러더니,

‒ 여윈다고 여윈 것이 둘째 딸은 의붓어머니 있는 곳으로 여의었어.

@1 또 가 안 한다고 했는데.

‒ 어, 안 한다고 했는데

‒ 아주 젊더구먼. 거기를 가 보니까 저 복룡(지명)으로 갔는데,

‒ 그래가지고 오래 못 살았어요.

@1 저기 오래 오는 데 복룡이라고 써졌던데.

‒ 예, 복룡 저 위에.

어

그게 옛날에 그 조상단지가 있었구먼요.

‒ 예

어. 그 밥 차려 놓고.

‒ 예, 그랬던가 봅디다.

음

자, 그 다음에 그게 저 조상신들 있었다고 옛날 사람들은 이렇게 믿었거든요.

‒ 응?

조상님들

‒ 예, 그러니까

조상님들

‒ 조상님들이 있다 하니까 있는지 알았지 어쩌겠소?

어어

－ 오 암 바써도. 구:시네 이씰 테제라이~?

예

－ 그라 구:시니 어:이가 이또 업:따고[45]. 어:디도 옵:써.

아 (웃음)

#－ 거 그렁께 괴수:도 만:지지 마:라게.

－ 그넝께

#－ 마:귀여

－ 마:귀 역싸한다

#－ 마:귀 방에 마:귀 역싸한다고.

－ 구:시니 이끼는 인능갑써.

#－ 목싸덜또 이딱 헌디 마:귀 이딱헌디.

#－ 부를 떼 거 구:시니라고 오꼬 마:귀랑 안 그르던디.

음

그레 인제 혹씨 인젤 단:지로 모신 데도 이꼬, 또 또 다를 다른 방버브로
모시는 데?

－ 이 지:사 떼, 지:사 지낸 사라믄 [46]혜:년마당 지:네제라.

음

－ 그 날짜 바더. 날짜에, 주근 날짜에.

음

#－ 단:지도 안 나뚜고 석짝[47] 가튼 디다 나:뚠 사람도 이써. 석짝.

석짜게요?

#－ 에

아

#－ 동 동구르가[48] 둥구르라고

동구리. 거기다가 어 단:지 데:시네.

어어

- 오 안 봤어도 귀신은 있을 테지요?

예

- 그렇게 귀신이 어디에 있지도 않다고. 어디에도 없어.

아 (웃음)

#- 그 그러니까 교회에서도 만지지 말라고 해.

- 그러니까

#- 마귀야.

- 마귀 역사한다

#- 마귀 방에 마귀 역사한다고.

- 귀신이 있기는 있나 봐.

#- 목사들도 있다고 하는데 마귀 있다고 하는데.

#- 부를 때 그 귀신이라고 없고 마귀라 안 그러던데.

음

그래 이제 혹시 이제 단지로 모시는 곳도 있고, 또 또 다른 다른 방법으로 모시는 데?

- 이 제사 때 제사 지내는 사람은 해마다 지내지요.

음

- 그 날짜 받아. 날짜에, 죽은 날짜에.

음

#- 단지도 안 놔두고 동구리 같은 데다 놔 두는 사람도 있어. 동구리.

동구리에요?

#- 예

아

#- 동 동구리가 동구리라고

동구리. 거기에다가 어 단지 대신에.

\#- 네

- 야, 그런 사람도 이써써라우.

\#- 동구르라고 이써.

- 그그또 버리시 데야노면 차:꼬 하드머 구슬 하드마.

음

- 이짜게 쩨:깐 오두막찌비서 산:디,

- 우리 샴:방에서49) 살:다가 저 그저네는 쩌: 너메서 사른는디 어:디 가서 살:다가 모:쌀거씨께 아 가꼬는,

- 느 걍 그저네 나 쫌 아:리미 이써써라우. 그른디 50)무조껀하고 우리 지비로 아쏘.

- 아, 열녀서시 살:다 나가쏘. 여그 방이.

- 어쩨서 그러냐 그러머 옵:딱 하먼 불쌍항께 또 주고, 또 주고, 또 주고. 게:속 주:쩨, 네가.

- 그레가꼬는 한디 인쟌 그날 그헤는 인자 우리 집 와서 쫌 살:란다고 드롸뜨마.

- 꺼:만 모돔 머 가꽁 거시 이불 시커만 놈 한:나 쩨:까난 건하고, 소또 뚜껑도 엄:는 놈 저 한나하고, 보쌀 한 서: 데나 데게 가꼬 와쓰까?

- 그놈만 가꼬 우리 지비로 딱 드란네.

- 함번 묵 안한닥 헤:써도 소양51)옵:꼬써.

- 인자 요리 딱 드롸써. 방 짠 주라고.

- 즈그 시꾸야고52) 저 그 남편하고 헤:서 그레서 줘:쩨.

- 줘:따가는 기양 인자 요짜게다 거 청가들 땅잉께.

@1 예

- 모도 수:데로53) 머 머:데서 담찌비라도54) 지:짜고 그레야꼬는 그 담찝 지서써라우, 그어또.

\#- 거 땅:찝 지여쩨, 그떼.

#- 예

- 예, 그런 사람도 있었어요.

#- 동구리라고 있어.

- 그것도 버릇이 되어 놓으면 자꾸 하더구먼. 굿을 하더구먼.

음

- 이쪽에 조그마한 오두막집에서 사는데,

- 우리 작은방에서 살다가 저 그전에는 저 너머서 살았는데 어디 가서 살다가 못 살겠으니까 와가지고는,

- 그냥 그전에 나 좀 알음이 있었어요. 그런데 무조건 우리 집으로 왔소.

- 아, 열여섯이 살다 나갔소. 여기 방이.

- 어째서 그러냐 그러면 없다고 하면 불쌍하니까 또 주고 또 주고 또 주고 계속 주었지, 내가.

- 그래가지고는 하는데 이제 그 날 그 해는 이제 우리집 와서 좀 살겠다고 들어왔더구먼.

- 까만 모두 뭐 가져온 것이 이불 시커먼 것 하나 조그마한 것하고 솥도 뚜껑도 없는 것 저 하나하고 보리쌀 한 서 되나 되게 가지고 왔을까?

- 그것만 가지고 우리 집으로 딱 들어왔네.

- 한 번 안 한다고 했어도 소용없겠어.

- 이제 이리 딱 들어왔어. 방 좀 달라고.

- 저희 식구하고 저 그 남편하고 해서 그래서 줬지.

- 주었다가는 그냥 이제 이쪽에다 그 천씨들 땅이니까.

@1 예

- 모두 전부 뭐 뭐해서 담집이라도 짓자고 그래가지고는 그 담집 지었어요, 그것도.

#- 그 담집 지었지, 그때.

음

― 그레가꼬 거그서 삼:스러 멘:: 굼만 하네, 또.

@1 웨 웨 구슬 헤:떼요?

― 어, 구:신 부터따고.

@1 누가?

― 즈그 시꾸가 그렁갑쩨.

#― 아이, 지금 셍각허먼 강:기만 걸려도 구:신,

― 음

― 지침만 헤도 구:신.

어거도 그거시 돈도 들 텐데 엄:는 사:라미.

― 돈:도 들제라우.

― 꺼르 구슬 아조 그르케 자레.

#― 마:니 드러. 어:먼 엄:는 사람드리.

음

#― 마:이들 ***

@1 아

― 그런디 보머 아 구:시니 이끼는 이쓰까 그란디.

#― 그렁께 그 사람드리 그런 머 찌리찌리도⁵⁵⁾ 인능가 미:시네 데헤서
아마,

#― 즈그 시야제도 머 법싸한다고⁵⁶⁾ 굳허로 뎅긴다고,

음

@1 아~

그레 인자 고로케 미드미 그쪼그로 가 이써.

#― 예

― 그릉께 그렁 갑띠다야.

인제 이런:: 거 이써요. 머:슬 이제 하지 마라이~?

음

- 그래가지고 거기서 살면서 맨 굿만 하네, 또.

@1 왜 왜 굿을 했데요?

- 어, 귀신 붙었다고.

@1 누가?

- 저희 식구가 그러나 보지.

#- 아이, 지금 생각하면 감기만 걸려도 귀신,

- 음

- 기침만 해도 귀신.

그래도 그것이 돈도 들 텐데 없는 사람이.

- 돈도 들지요.

- 굿을 아주 그렇게 잘 해.

#- 많이 들어. 없는 없는 사람들이.

음

#- 많이들 ???

@1 아

- 그런 것 보면 아 귀신이 있기는 있을까 그런데.

#- 그러니까 그 사람들이 그런 뭐 끼리끼리도 있는가 미신에 대해서 아마,

#- 저희 시동생도 뭐 박수 한다고 굿 하러 다닌다고,

음

@1 아~

그래 이제 그렇게 믿음이 그쪽으로 가 있어.

#- 예

- 그러니까 그러나 봅디다.

이제 이런 것도 있어요. 뭘 이제 하지 마라 응?

정워레는 머:슬 허먼 안 덴다이~?

뭐 이런 이런 저 그런 풍소기 이쓸 수 인는데,

— 정워레:는 그 또 저 지비서 집 인자 그 그헤 잘 데라고 그렁가 어쩡가 또 겡[57] 일급띠다. 그 저네 보면.

정워레 꼭

정워레. 어~

— 설 야:네.

누:가 일거요?

— 거 사:람 데려다가 은자 밥 차라 노코,

경 일근 일근 사람 이써요?

— 야, 여그 이따가 인자박가[58] 다 주거 부르써라.

음

— 그란디 그르케 일근 데가 또 따로 이써, 인는 지비.

어어어

— 그른 이런 사라믄[59] 함:번도 안 헤바쓰께 모르거쏘야.

어

정월에는 뭘 하면 안 된다 응?

뭐 이런 이런 저 그런 풍속이 있을 수 있는데,

- 정월에는 그 또 저 집에서 집 이제 그 그 해 잘 되라고 그러는지 어쩐지 또 경 읽습디다. 그전에 보면.

정월에 꼭

정월에. 어.

- 설 안에.

누가 읽어요?

- 그 사람 데려다가 이제 밥 차려 놓고,

경 읽는 읽는 사람 있어요?

- 예, 여기 있다가 이제 곧 다 죽어 버렸어요.

음

- 그런데 그렇게 읽는 데가 또 따로 있어, 있는 집이.

어어어

- 그런 이런 사람은 한 번도 안 해 봤으니까 모르겠소.

어

6.2 금기 생활

#- 거 여 여그는 따른디는60) 어쩡가 모르거쏘, 여기는 이:워레 결혼 허느지 마:락 헤라.

@1 아

이 이:워레 겨로나지 마:라.

#- 예 이 그름 이혼헌다고.

오

웨 그 웨 그까?

#- 이별헌다고.

이:짜가 드러서 이별허까?

#- 예, 이별헌다고 이:워레 텝 결혼허지 마:라고.

아

#- 그라고 사이 들 쩨그 구두 사 주지 마:라.

@1 사위 구두 사 주지 마라라.

#- 마:라고. 그 놈 싱:꼬 나간다고.

- (웃음)

#- 그런 풍토드리 이써.

@1 예예예예

하이간 그 혼 이르케 혼사와 관련데서 머:시 만:치요?

아까 마란 사:우 구두 사 주지 마:라.

#- 이

날 바다 노코는 초상찌베 가지 마:라.

- 예

그러지요.

#- 그 이 여기는 다른 곳은 어쩐지 모르겠소. 여기는 이월에 결혼하는 것 말라고 해요.

@1 아

이 이월에 결혼하지 마라.

#- 예, 그럼 이혼한다고.

오

왜 그 왜 그럴까?

#- 이별한다고.

이 자가 들어서 이별할까?

#- 예, 이별한다고 이월에 결혼하지 말라고.

아

#- 그리고 사위 둘 적에 구두 사 주지 마라.

@1 사위 구두 사 주지 마라.

#- 말라고. 그것 신고 나간다고.

- (웃음)

#- 그런 풍속들이 있어.

@1 예예예예

하여튼 그 이렇게 혼사와 관련 되어서 뭐가 많지요?

아까 말한 사위 구두 사 주지 마라.

#- 이

날 받아 놓고는 초상집에 가지 마라.

#- 예

그러지요.

― 야

날 바다 노코는

#― 불기런 디 가지 마:라고.

네

#― ***

그런 거 또 거 그렁 뭐: 여러 가지가 이써요.

여자드른 또 머:더지 마라.

할머니 기영나시능 거 이써요?

#― 아이, 여자드른 여그서 여 헤:변까라 어장을 마:니 헌디라,

네

@1 예

#― 그 어구 가틍 거 거 바 밥:찌 마라.

@1 아

#― 버꼬 그 건너가지 마라.

아~, 여자드른 어장 어구

#― 예

보크 봄:찌 마:라.

#― 버:꼬 건:느가먼 크닐날찌아라.

어 에에

@1 어

엑엑

예

― 아:뜨, 쩌그 누가 거 여 헤우빠를 여끄고 인는디 그 누가 지 이러고 지:네가떤 갑띠다, 조깐.

@1 네

― 웜:메메61) 술 취에가꼬 이틀살 악쓴디 모:뽀거써.

― 야

날 받아 놓고는

#- 불길한 데 가지 말라고.

예

#- ???

그런 것 또 그 그런 뭐 여러 가지가 있어요.

여자들은 또 뭐 하지 마라.

할머니 기억 나시는 것 있어요?

#- 아이, 여자들은 여기서 여 해변가라 어장을 많이 하는 곳이라,

예

@1 예

#- 그 어구 같은 것 밟지 마라.

@1 아

#- 밟고 그 건너가지 마라.

아, 여자들은 어장 어구

#- 예

밟지 마라.

#- 밟고 건너가면 큰일날 줄 알아.

어 예예

@1 어

엑엑

예

― 아따, 저기 누가 그 이 김발을 엮고 있는데 그 누가 이렇게 지나갔
던가 봅디다, 조금.

@1 네

― 아이고, 술 취해가지고 이틀 사흘 악쓰는데 못 보겠어.

― 그레도 헤웅만62) 그에 잘 하데.

@1 (웃음)

(웃음)

#― 거이 그런 풍스븐 이써.

@1 어이

어

아이고

@1 여이 여 이런 디도 모:당께 하자나요?

#― 문트게

― 문터게 앙찌 마:라.

@1 예예

― 문턱 봅:찌63) 마라.

그게 여기 지그 바다까니까 베에 베 이 벤닐하고 그러니까.

#― 예

위험하자나요?

― 음

#― 예

그니까

더 조:시마자나요?

#― 예 그레.

머 머 허지 마:라 머.

#― 예, 여예드른 베 타 어장하는64) 떼 어장한 데 안 나가야 된다.

아

#― 엔나레는 인자 느 여자드른 어장삐65) 안 올라가야 된다.

@1 아, 안 올라가야 데요?

베도 옌:나렌 모:타쩨, 여자드른.

- 그래도 김만 그 해 잘 하데.

@1 (웃음)

(웃음)

#- 거의 그런 풍습은 있어.

@1 어이

어

아이고

@1 여이 여 이런 데도 못 앉게 하잖아요?

#- 문턱에

- 문턱에 앉지 마라.

@1 예예

- 문턱 밟지 마라.

그게 여기 저희 바닷가니까 배에 배 이 뱃일 하고 그러니까.

#- 예

위험하잖아요?

- 음

#- 예

그러니까

더 조심하잖아요?

#- 예, 그래.

뭐 뭐 하지 마라 뭐.

#- 예, 여자들은 배 타 어장 하는 때 어장하는 데 안 나가야 된다.

아

#- 옛날에는 이제 여자들은 어장배 안 올라가야 된다.

@1 아, 안 올라가야 돼요?

배도 옛날엔 못 탔지, 여자들은.

\# ㅡ 어, 그레쩨라우. 어장뻬는 모타게.

어

@1 어

ㅡ 그레가꼬 여:간 저 그 머슬 그 잘 요짝 산:사라미 비:슨66) 만:날 안 묻 구:시나나 그렁가 어쩡가 모:르거뜨라고.

ㅡ 인자 우리 망뛰이~따를 인자 저 스 사물 초하렌날 난:는디, 인자 네가 안 소:라께67) 나아써라. 딸 항:시 에기를. 소라께 난:디.

ㅡ 그날 하레 정도로68) 모도 우리지비서 앙거서 보리랑 보까서 무꼬막 그라가꼬 저라고 하고 놀:다가는 인자 에:가 인자 돌리드마.

ㅡ 그레서 나락 싸를 쫌 시러서 나:뚤라고 도구통에다 씰:코 읻넌디,

ㅡ 유:싸람이69) 아이 저 어쩨 쌀 실릉 거시 어쩨 다른네 그러게는 뭐:슬 달라? 밥 헤무금서 쪼가썩 너:서 헤:묵쩨.

ㅡ 그럼서로 인자 그노믈 하고 인능께 아이 그노멀 불도 당아70) 덜: 뗀는디 에야가 거그 그서기 막 드롬서 나:부써.

@1 아

아

ㅡ 돌리도 어쩌도 안 하고.

@1 (웃음)

ㅡ 나:부런넌디 인자 나:노코 인자 누가 그 가세랑,

@1 예

ㅡ 스리랑 가따줘야 에기를,

ㅡ 인 저

**짜로 빤냐

ㅡ 우우우 인자 테쭈를 짤를 꺼인디 아, 옵:써, 암:도.

ㅡ 그런디 요짝 방에서 사 그 사라미 사러써. 요짝 방. 여싹71) 싸라미.

@1 아이

\# - 어. 그랬지요. 어장배는 못 타게.

어

@1 어

- 그래가지고 여간 저 그 뭘 그 잘 이쪽 사는 사람이 비손 만날 안 묻
(?) 귀신이나 그런지 어쩐지 모르겠더라고.

- 이제 우리 막내딸을 이제 저 삼월 초하룻날 낳았는데, 이제 내가 수
월하게 낳았어요. 딸 항시 아기를. 수월하게 낳는데.

- 그날 하루 저물도록 모두 우리집에서 앉아서 보리랑 볶아서 먹고 막
그래가지고 저렇게 하고 놀다가는 이제 아기가 이제 돌리더구먼.

- 그래서 벼 쌀을 좀 쓿어서 놔두려고 절구통에다 쓿고 있는데,

- 이웃 사람이 "아이 저 어째 쌀 쓿는 것이 어째 다르네." 그러니까는
"뭐가 달라 밥 해 먹으면서 조금씩 넣어서 해 먹지."

- 그러면서 이제 그것을 하고 있으니까 아니 그것을 불도 아직 덜 땠
는데 아기가 거기 거시기 막 들어오면서 낳아 버렸어.

@1 아

아

- 돌리지도 어쩌지도 않고.

@1 (웃음)

- 낳아 버렸는데 이제 낳아 놓고 이제 누가 그 가위랑,

@1 예

- 실이랑 가져다 줘야 아기를,

- 인 저

??자로 ??

- 우우우 이제 탯줄을 자를 것인데 아 없어, 아무도.

- 그런데 이쪽 방에서 그 사람이 살았어. 이쪽 방. 이쪽 사람이.

@1 어이

- 우리지비 와서 인자 상:께.

- 야[72] 아무게너메[73] 처럼너메 나 여그 시:라고 저 가세하고 쫌 가따
줘 그렁께,

- 이 아 에:가 이르콤 보등꼬만 이씽께 까까바구마, 여그다 나:뚜고 이
씽께. 그릉께는,

- 나는 넬: 여그 요 저 집터 네릴랑께 모:데 그러드마.

오

- 안 한다여[74].

오

- 참 그런 습 그렁 거또 다 시 싱:감네 그라고는, 그래도 인제 나:뚜고
이써. 그러덩게

- 아 그라면 우리 시야제 요짜게 이 뽀짝 상:께 우리 아제보다가 마:레.

- 거그서:라도 쫌 가꼬라고, 네가 그렁께는,

- 거그 가서 마:레뜽가 우리 시염 저 시야제가, 세:차 시야제가 으 절
거 가세하고 시:라고 헤:서 요 문 카마니 널:고[75] 이르케 디레나 주드라고

@1 예에

- 그래서 저

@1 혼자 다 이러케

- 으~, 헤. 그레썬네.

@1 아 진짜 옌나레는 ***

- 아이 노무 에기도 다 바드로 뎅깅께. 에덩

@1 아니

- 이

@1 요세는 에 난다가믄 크닐인데 그냥 혼자 이르케 슈슝 나셔 가지고.
(웃음)

- 응

- 우리집에 와서 이제 사니까.
- "여보! 아무개 엄마! 철엄네 엄마! 나 여기 실하고 저 가위하고 좀 가져다 줘." 그러니까,
- "이 아 아기가 이렇게 안고만 있으니까 갑갑하구면. 여기다 놔 두고 있으니까." 그러니까는,
- "나는 내일 여기 이 저 집터 내리려니까 못 해." 그러더구면.
오
- 안 한대.
오
- 참 그런 그런 것도 다 세나 보네 그러고는 그래도 이제 놔 두고 있어. 그러더니
- 아 그러면 우리 시동생 이쪽에 이 바짝 옆에 사니까 우리 시동생보고 말해.
- 거기서라도 좀 가지고 오라고 내가 그러니까는,
- 거기 가서 말했던지 우리 저 시동생이 셋째 시동생이 저 그 가위하고 실하고 해서 이 문 가만히 열고 이렇게 들여놔 주더라고.
@1 예에
- 그래서 저
@1 혼자 다 이렇게
- 응, 그랬었네.
@1 아. 진짜 옛날에는 ???
- 아이 남의 아기도 다 받으러 다니니까. ??
@1 아니
- 이
@1 요새는 아기 낳는다 하면 큰일인데 그냥 혼자 이렇게 쑥쑥 낳으셔가지고. (웃음)
- 응

@1 **

− 그레가꼬

@1 (웃음)

− 나:뚜고 이씅께 우리 쩔 서울까 샤:는 아드리 그떼 세:살 무거써써.

− 그런디

@1 예

− 엄마 어:세 에:기 사가꼬 와써?

@1 (웃음)

− 그라고 무러 바.

(웃음)

− 아따 그 예기 이쑤도,

@1 (웃음)

− 세살 무근 에기 이써도 여그서 나키 실트라고.

@1 예

− 에기가 이씽께.

@1 예예예

− 그 강:게 가서 인저 헤까리쫑우 하나 가꼬 가서 거그서 나:가꼬 들고 드롱께,

@1 어

− 에기 어:서 사가꼬 와써?

@1 (웃음)

− 그러드라고. 에기라.

− 그래서 이 쩍:써 사가꼬 와따 네가 그레쩨.

@1 (웃음) 아이고

거 이 가세가틍 거 지그믄 거기 소독 안 허먼 위험하거드뇨.

엔:나렌 그렁 거 업써 소독또 안 허고.

@1 **

- 그래가지고

@1 (웃음)

- 놔두고 있으니까 우리 저 서울에 사는 아들이 그때 세 살 먹었었어.

- 그런데

@1 예

- 엄마 어디서 아기 사가지고 왔어?

@1 (웃음)

- 그렇게 물어 봐.

(웃음)

- 아따 그 아기 있어도.

@1 (웃음)

- 세 살 먹은 아기 있어도 여기서 낳기 싫더라고.

@1 예

- 아기가 있으니까.

@1 예예예

- 그 광에 가서 이제 횟가루 종이 하나 가지고 가서 거기서 낳아가지고 들고 들어오니까,

@1 어

- 아기 어디서 사가지고 왔어?

@1 (웃음)

- 그러더라고. 아기라.

- 그래서 "이 저기서 사가지고 왔다." 내가 그랬지.

@1 (웃음) 아이고

그 이 가위 같은 것 지금은 거기 소독 안 하면 위험하거든요.

옛날엔 그런 것 없어 소독도 안 하고.

— 야, 그 소독또 안 하고 무:또 안 하고 게양,

@1 파:상풍

그러제.

— 야

— 인자는 다: 그거또 다 헤 그르케 하꺼시오. 그란디,

예

— 그럴 떼는 기양 데:고데:고 헤:써.

서른

@1 그레도 별 닐 업:꼬.

— 아야 히

(웃음)

@1 다헹이네요.

#— 지난

— 처:메만 에기가 쫌,

@1 예

— 더두께 쫌 아퍼쩨,

@1 예

— 음, 밤 메다도 옴스러 남:서 그라제.

#— (웃음)

(웃음)

— 또 모 승구고 와 가꼬 또 막 옴서 남:서 그러제.

@1 (웃음)

@1 막 옴시로 그냥 (웃음)

— 음, 그레. 이 쩜 돌리면

@1 예

— 인자 이 돌링께 네리라고 인자 날: 테제.

- 예, 그 소독도 안 하고 뭐도 안 하고 그냥.

@1 파상풍

그러지.

- 예

- 이제는 다 그것도 다 해 그렇게 할 거요. 그런데,

예

- 그때는 그냥 함부로 함부로 했어.

??

@1 그래도 별일 없고.

- 아야 히

(웃음)

@1 다행이네요.

#- 지난

- 처음에만 아기가 좀,

@1 예

- 더디니까 좀 아팠지.

@1 예

- 음, 밭 매다가도 오면서 낳으면서 그러지.

#- (웃음)

(웃음)

- 또 모 심고 와가지고 또 막 오면서 낳으면서 그러지.

@1 (웃음)

@1 막 오면서 그냥 (웃음)

- 음, 그래. 이 좀 돌리면

@1 예

- 이제 돌리니까 내리라고 이제 낳을 테지.

@1 그냥

— 그라고 이쑹게 에:가 기양 나와. (웃음)

@1 예

— 그레야꼬 나코 나코 항께 소:람끼는.

#— 지금 가트먼 가위 가틍거 데:고 고 거 이런 즈 부어까위 가따가 요로고 한다먼 날:리 날 꺼여.

— 그라제.

@1 글지요.

@1 아니::, 에:를 나:코 인제 함번 베가 살쌍만 아푸믄 그떼부터 막 아푸다고 울:고불:고 날:리 시자글 헤:요

— (웃음)

@1 가치 이러케 에:를 나:고 이써도 누구는 엄:청 시끄러웅 거예요.

@1 보면

— 음

@1 가치 엔:나로 인는데 잎 막 어떤 사라믄 참:꼬 인는데 어떤 사라문 진짜 시끄럽께 하문 진:짜 시끄러워요. (웃음)

— 정시니 빙:빙 돌:게 악쓰제이~, 어짠 사라먼?

@1 (웃음)

아, 그니깐.

@1 진짜 그러케 아퍼서 그렁 건지 그냥 쩨꼼 아푸니까 그렁 건지.

— 야~, 그릉가 어쩡가 몰라.

@1 (웃음) 큰닐 난

— 에기 바드로를 마:니 뎅게나서,

@1 예예

— 저 더 아푼 사람 따로 이쓰땨.

@1 예에에

@1 그냥

― 그러고 있으니까 아기가 그냥 나와. (웃음)

@1 예

― 그래가지고 낳고 낳고 하니까 수월하기는.

― 지금 같으면 가위 같은 것 대고 그것 이런 부엌 가위 가져다가 이렇게 한다면 난리날 거야.

― 그러지.

@1 그러지요 .

@1 아니, 아기를 낳고 이제 한 번 배가 살짝만 아프면 그때부터 막 아프다고 울고불고 난리 시작을 해요.

― (웃음)

@1 같이 이렇게 아기를 낳고 있어도 누구는 엄청나게 시끄러운 거예요.

@1 보면

― 음

@1 같이 아기 낳으러 있는데 이 막 어떤 사람은 참고 있는데 어떤 사람은 진짜 시끄럽게 하면 진짜 시끄러워요. (웃음)

― 정신이 빙빙 돌게 악쓰지, 어떤 사람은?

@1 (웃음)

아, 그러니깐.

@1 진짜 그렇게 아파서 그러는 것인지 그냥 조금 아프니까 그러는 것인지.

― 예, 그런지 어쩐지 몰라.

@1 (웃음) 큰일 난

― 아기 받으러를 많이 다녀 봐서,

@1 예예

― 저 더 아픈 사람 따로 있습디다.

@1 예에에

- 살:살 도라뎅기다 기양 난: 사람도 이꼬.

@1 예에

- 에기 뭐여

@1 야

- 동:네는 다 바드로 뎅게써라우.

@1 예

- 네가.

- 어허쩨 나보담 다 오라가까이~? 그런디 에기,

- 으 밤 메다도 가고, 인제 일하다도 가고, 하레 점:드록[76] 그 집 까서 또 막 나마 가면 또 오라고 항께 또 가고 또 가고 그레가꼬 저녀게 나:코 그러드마.

그 에:기 에:기 나먼 또 뭐 이게 (오토바이 소리) 음, 뭐

어, 에: 나:먼 사:람뜰 또 모:도게 또,

- 금찔 치제라우.

예

- 아, 가신 에:들 딸 나머넌 순하고 종이하고만 찡게서[77] 하고,

음

- 자 아들 나머넌 꼬추랑 수시랑[78],

음

- 종우랑 그르케 서:게,

음

- 헤써.

언:제까지 얼마 똥안 그러케 헤씀?

- 이레 다: 가도록 처눕뜨다.

이레?

- 야

－ 살살 돌아다니다 그냥 낳는 사람도 있고.

@1 예에

－ 아기 ??

@1 예

－ 동네는 다 받으러 다녔어요.

@1 예

－ 내가.

－ 왜 나보고 다 오라고 할까? 그런데 아기,

－ 밭 매다가도 가고 이제 일하다가도 가고 하루 저물도록 그 집에 가서 또 막 나만 가면 또 오라고 하니까 또 가고 또 가고 그래가지고 저녁에 낳고 그러더구먼.

그 아기 아기 낳으면 또 뭐 이게 (오토바이 소리) 음, 뭐.

어, 아기 낳으면 사람들 또 못 오게 또,

－ 금줄 치지요.

예

－ 아, 계집, 아기들 딸 낳으면은 숯하고 종이하고만 끼워서 하고,

음

－ 이제 아들 낳으면은 고추랑 숯이랑,

음

－ 종이랑 그렇게 세 개,

음

－ 했어.

언제까지 얼마 동안 그렇게 했습?

－ 이레 다 가도록 쳐 놓습디다.

이레?

－ 예

아~, 일곱 니레?

— 일곱 니레 다 가도록.

어

— 그릉께 오레 되제.

어

한 달 반 정도이~.

@1 와~

— 야, 게:속 처 놔.

@1 어 일곱 니레?

— 야

아. 널: 시게구나.

— 그저네 후:일짜[79] 저 그걷 이쓸 떼도 그 지비는 딱 헤서 처 노코 뻴:간 뭐 기떼 가틍 거 거그다가 거 다 다라 노코 야 놈부끄로꺼씹따야[80].

— 그르케 데우고[81] 막 그랍따.

@1 어

어

— 거 그 지비 가지 마:라고.

@1 예예예예예

— 그레아꼬,

그니간 아갇 집터 네리니까 에:기 난:데 가먼 안 안 덴다 고런 고런 토 뭐:가 이써는 모양이네요?

@1 (웃음)

그렁께아

— 아따, 그 이 야 할 아 저 하기 시릉께 그렌능가 어쪤능가 모:르거씹따.

— 아이, 가서 말: 잔 헤:주먼 어쩐다우?

— 여그 가따가 여그다 너:주먼 어짜고이~?

아, 일곱 이레?

- 일곱 이레 다 가도록.

어

- 그러니까 오래 되지.

어

한 달 반 정도.

@1 와~

- 예, 계속 처 놔.

@1 어. 일곱 이레?

- 예

아, ????

- 그전에 콜레라 저 그것 있을 때도 그 집은 딱 해서 쳐 놓고 빨간 뭐 깃대 같은 것 거기다가 그 다 달아 놓고 남부끄럽겠습디다.

- 그렇게 세우고 막 그럽디다.

@1 어

어

- 그 그 집에 가지 말라고.

@1 예예예예예

- 그래가지고

그러니깐 아까 집터 내리니까 아기 낳는 데 가면 안 안 된다 그런 그런 뭐가 있었는 모양이네요?

@1 (웃음)

그러니까

- 아따, 그 이 야 할 아 저 하기 싫으니까 그랬는지 어쨌는지 모르겠습디다.

- 아이, 가서 말 좀 해 주면 어쩐대요?

- 여기 가져다가 여기다 넣어 주면 어쩌고?

어

- 가 한테서 상:께,

어

- 한 지비서. 그레도 안 한닥 하드라고.

@1 아

- 그레서 네가 모냐[82] 함버네는[83] 그르케 잘 게레이~ 그람스로 우리 맹수기 날 떼 거 저 가세하고 뭐:다고,

@1 실

- 좀 가따 주랑께 가따 주도 안트마.

- 긍께 엑 어:쭈꼬 할라고 어짜먼 그르케 에끼 머:설 그르케 보냐고,

@1 예

- 기양 그락쩌락 너머가제 그릉께는,

- 몰라 그레뜽가. 즈그 시어메가 그르케 하락 헤따고.

@1 예~

- 그렁께 그런다고 그러등마.

음

- 아니 사라미 쫌 구르케 셍게써라우. 그렁께 그러제.

- 아이 바비라도 헤줄:쩨, 이른 사람 가트먼.

그러지요.

- 그레 네가 네.

@1 음

또 사람 이케 저 초상 나면 또 뭐 하지 마:라.

- 앙 가는 사람도 이쓰꺼시여.

#- 아, 엔:날 덕 덕썩 키워서 세우지 마:라.

덕썩

#- 모라서 세우지 마:라고.

어

- 한데서 사니까,

어

- 한 집에서. 그래도 안 한다고 하더라고.

@1 아

- 그래서 내가 이전에 한번은 그렇게 잘 가려 그러면서 우리 명숙이 (인명) 낳을 때 그 저 가위하고 뭐하고,

@1 실

- 좀 가져다 달라고 하니까 가져다 주지도 않더구먼.

- 그러니까 어떻게 하려고 어쩌면 그렇게 에끼 뭘 그렇게 보느냐고,

@1 예

- 그냥 그럭저럭 넘어가지 그러니까는

- 몰라 그랬던가. 저희 시어머니가 그렇게 하라고 했다고.

@1 예~

- 그러니까 그런다고 그러더구먼.

음

- 아니 사람이 좀 그렇게 생겼어요. 그러니까 그러지.

- 아이 밥이라도 해 주지, 이런 사람 같으면.

그러지요.

- 그래 내가 내.

@1 음

또 사람 이렇게 저 초상 나면 또 뭐 하지 마라.

- 안 가는 사람도 있을 거야.

#- 아, 옛날 멍 멍석 키워서 세우지 마라.

멍석

#- 말아서 세우지 말라고.

사람 주거 주글 떼느뇨?

#- 예

웨 그레요? 덕 덕썩 모라서 세우지 마.

#- 음, 송 송:장이 슨다고.

송:장이 수바데.

@1 (웃음)

#- (웃음)

#- 굴 굴뚝 마거.

@1 커 사라나는 거자나요 (웃음)

- 아이 기:뚜게는[84] 거 그 짐셍 드러가:먼 또 모:씬다고 이 서 슨닥 허디야 셩장 송:장도 스거쏘?

어

- (웃음)

기:뚝 마그라고?

- 하 야, 기:뚝 마그라고.

어 송:장이 슨다고[85]?

- 야

(웃음)

#- (웃음)

#- 글면 조:은 거십띠야 ,지금 셍각허먼.

어어, 음.

#- 사 사라낭께.

@1 아이들 사라날까바.

- 하기사 주거가꼬 슨닥하제 어:쭈고 사라가꼬 또 슬라디야[86]?

@1 (웃음)

- 주거가꼬 슨다고 그 마링갑쩨.

사람 죽을 죽을 때는요?

#- 예

왜 그래요? 멍석 말아서 세우지 마.

#- 음, 송장이 선다고.

송장이 ???

@1 (웃음)

#- (웃음)

#- 굴뚝 막아.

@1 커 살아나는 것이잖아요? (웃음)

- 아이 굴뚝에는 그 그 짐승 들어가면 또 못쓴다고 이 서 선다고 하더
냐? 송장 송장도 서겠소?

어

- (웃음)

굴뚝 막으라고.

- 예, 굴뚝 막으라고.

어. 송장이 선다고?

- 예

(웃음)

#- (웃음)

#- 그러면 좋은 것입디다, 지금 생각하면.

어어, 음.

#- 살아나니까.

@1 아이들 살아날까 봐.

- 하기야 죽어가지고 선다고 하지 어떻게 살아가지고 또 설까?

@1 (웃음)

- 죽어가지고 선다고 그 말인가 보지.

#- 아이, 주그 주근 사라미 다 사라나먼 조:치 뭐.

- 안 사라나.

@1 (웃음)

- 함번 가 부런는디 어:쭈게 사라 나. (웃음)

그러네요.

또 여기

- (한숨 소리)

널: 이르케 널: 쓰면 과늘 쓰며는 뭐 관 인는 데로 뭐 어 너머가지 마:라 뭐 그런,

- 안 그 문너머가. 안 너머가제로, 그거슨.

어

- 그리구 쩌: 움머게다가[87] 나:둥께.

어

- 나갈 떼 게:쓰니 안 나가야제.

예, 데쏨니다.

#- 아이, 죽은 죽은 사람이 다 살아나면 좋지 뭐.

- 안 살아나.

@1 (웃음)

- 한 번 가 버렸는데 어떻게 살아 나. (웃음)

그러네요.

또 여기

- (한숨 소리)

널 이렇게 널 쓰면 관을 쓰면은 뭐 관 있는 데로 뭐 어 넘어가지 마라 뭐 그런,

- 안 그 못 넘어가. 안 넘어가지요, 그것은.

어

- 그리고 저 윗목에다가 놔 두니까.

어

- 나갈 때 ??? 안 나가야지.

예, 됐습니다.

■ 주석

1) '걸판'은 명절 때 죽은 사람을 위해 마당에 차려 놓은 음식상을 말한다.

2) '사라'(さら)는 '접시'의 일본말.

3) '손님'은 '천연두'을 가리키는 말로서 표준어 '손님마마'에 대응하는 말이다.

4) '웜메'는 놀라움이나 당황스러움, 안타까움 따위를 나타내는 감탄사로서 표준어 '아이고' 정도로 옮길 수 있는 말이다.

5) '날마당'은 '날마다'의 방언형.

6) '고로고로'는 '고루고루'의 방언형.

7) '야차막하다'는 '야트막하다'의 방언형이나 여기서는 '꽤 낮다'의 뜻.

8) '닳다'는 '닿다'의 방언형.

9) '있단가?'의 '-은가'는 예사낮춤의 물음씨끝이다. 이 씨끝은 딸이 어머니에게 하는 말로서 일반적으로는 쓰이기 어려운 말이다. 그러나 서남방언에서는 자녀들이 부모나 조부모 특히 엄마나 할머니 등 여성 가족이나 친족에게 친근감을 표시하기 위해 예사낮춤의 표현들을 흔히 사용하는 경향이 있다. 예사낮춤 외에 반말 표현도 흔히 쓰이는데 이 모든 것들이 윗사람에게 친근감을 표현하기 위한 말법이라 할 수 있다.

10) '없다야'는 '없다냐'의 변이형으로서 /ㄴ/이 탈락한 형태이다.

11) '-읍다'는 '-읍디다'의 줄어든 말.

12) '벨반디'는 '별의별 곳'의 뜻. 여기서 '반디'는 공간명사 '군데'의 방언형이다. '간디'로 쓰이는 것이 일반적이나 '간디'의 /ㄱ/이 /ㅂ/으로 바뀌어 '반디'로도 흔히 쓰인다.

13) '장:깡'은 '장독대'의 방언형. '장:꼬방 > 장:꽝 > 장:깡'의 변화를 겪은 어형이다.

14) '마트다'는 '맡다'의 방언.

15) '애초에'는 여기서 '아예'의 뜻.

16) '같일로'는 '같이'의 뜻. 같은 뜻을 갖는 토씨 '마이로'나 '마일로' 등에 유추되어 '같이'에 '로'가 덧붙은 것으로 보인다.

17) '-을라디야?'는 상대방의 의향을 묻는 물음씨끝이지만, 여기서는 수사적인 물음으로 쓰였다. 따라서 '굿도 잘 할라디야?'는 '굿도 자주 하였다'를 강조하는 말이다.

18) '할차'는 '조차'의 뜻. 동사 '아울다'(<*아불다)에서 토씨로 재구조화한 말로서(김병제1965:114), 방언에 따라 '아부랑', '하부랑', '암불라', '엄걸라', '알롸', '할라' 등으로 나타난다. 서남방언에서는 '할라'와 '한지'가 쓰이고 이 말이 혼태되어 '한질

라'라는 어형도 쓰인다. 그 밖에 같은 뜻의 토씨 '조차'가 '할라'가 혼태되어 '할차'로도 쓰이게 된다. 충남 지역어에서는 '할래'나 '할채' 형도 나타난다.

19) 서남방언에서 무당은 흔히 '당골'이라 부른다. 그런데 여기에 접미사 '-네'가 결합된 '당골네'도 무당의 뜻으로 쓰인다. '-네'가 흔히 여성을 나타내는 데 쓰이므로 '당골네'는 원래 여자 무당을 뜻하였던 말이었을 것이나 오늘날에는 남녀를 가리지 않고 무당 일반을 지칭하는 데 쓰인다.

20) '깅ː'은 '징'의 방언형. '징'으로부터 역구개음화를 겪은 어형이다.

21) '껭맥'은 '껭메기'라고도 하는데 '꽹과리'의 방언이다.

22) '머시매'는 '사내아이'를 가리키는 방언.

23) '밤시리'는 '밤시루'의 방언형. '밤시리'는 밤에 조상을 위해 바치는 백설기 떡을 말한다. 여기서 '시리'는 '시루'의 방언형.

24) '놀란다우'는 '놓겠다고'의 뜻. 여기서 '우'는 인용토씨 '-고'의 변이형이다.

25) '-드말로'는 '-더니마는'의 방언형.

26) '몬치다'는 '만지다'의 방언형. 옛말은 '몬지다'로서 /ㅇ/가 순음 다음에서 /ㅗ/로 변화하는 서남방언의 특징을 보여 준다.

27) '보듬'은 비교격 토씨 '보다'의 방언형.

28) '딜에다보다'는 '들여다보다'의 방언형.

29) '베암'은 '뱀'의 방언형. 서남방언에서 '비얌', '뱀' 등의 어형이 확인된다.

30) '성주'는 가정에서 모시는 신의 하나. 집의 건물을 수호하며, 가신(家神) 가운데 맨 윗자리를 차지한다. 여기서는 성주를 모시는 곳을 뜻한다.

31) '이러트믄'은 '이를테면'의 방언형.

32) '똘똘'은 둘둘 말아 있는 상태를 이르는 말. 표준어 '돌돌'이나 '둘둘'에 대응하는 말이다.

33) '꾸석데기'는 '구석'을 낮추어 부르는 말. '꾸석지'라고도 한다.

34) '생얼'은 '생일'의 방언형.

35) '만세'(萬歲)는 '만고'(萬古)와 마찬가지로 '오랜 세월'을 뜻하는 말이지만 흔히 부정을 강조하는 말로 쓰인다.

36) '오가리'는 '항아리'보다는 작고 '단지'보다는 큰 오지그릇을 말한다.

37) '그랬다우?'는 형태상으로 '그랬대요?'에 대응하나 그 기능은 표준어와 사뭇 다르다. 여기서 '그랬다우?'는 앞으로 자신이 할 말을 미리 선점하는 표현으로서 일종의 역행대용어라 할 수 있다. 또한 이러한 역행대용어는 자신의 말을 듣는 상대방의 관심을 끄는 담화적 효과를 수행하기도 한다. 그래서 '그런 일이 있었어요' 정도로 옮길 수 있다.

38) '스렁'은 '시렁'의 방언형으로서 물건을 얹어 놓기 위하여 방이나 마루 벽에 두 개
의 긴 나무를 가로질러 선반처럼 만든 것을 말한다. 전남의 동부 지역에서는 '실경'
이라 한다.

39) '비:개'는 '베개'의 방언형.

40) '포도시'는 '겨우'의 뜻. 옛말 'ㅂ드시'로부터 발달한 말로서 표준어 '빠듯이'와 기원
을 같이 하는 말이다. 다만 '포도시'는 '빠듯이'에 비해 더 넓은 의미 영역을 지닌
다. '빠듯이'가 시간이나 공간, 돈 등의 제약 때문에 겨우 해내는 것을 의미한다면
'포도시'는 그러한 경우뿐만 아니라 일반적인 의미로도 쓰인다. 그래서 '*머리가 아
파서 빠듯이 왔소'라고 하면 이상하지만, '머리가 아파서 포도시 왔소'라고 하면 아
주 자연스러운 말이 된다.

41) '종우떼기'는 '종잇장'의 뜻. 여기서 접미사 '-떼기'는 비하의 뜻을 나타낸다.

42) '이:붓어메'는 '의붓어머니'의 방언형.

43) '정기방'은 '부엌방'의 뜻. '정기'는 부엌의 방언형 '정제'나 '정지'에서 역구개음화
를 겪은 어형이다.

44) '웬:'은 '원'(原)의 뜻.

45) '있도 없다'는 '있지도 않다'의 방언. 원래는 '있도 안하다'가 서남방언의 표현이겠
지만, '있다'가 일반적으로 어휘적 부정형 '없다'를 취하므로 이 '없다'와 '있다'의
장형부정 형식 '있도 안하다'가 혼태를 일으켜 '있도 없다'처럼 쓰인다. 이처럼 어
휘적 부정을 취하는 말에서는 장형부정 형식과의 혼태가 일어나는 경향이 있는데
'알다'의 경우에도 어휘적 부정어인 '모르다'와 장형 부정인 '알도 못하다'의 혼태
가 일어나 '알도 몰르다'처럼 쓰이는 것이 그러한 예이다.

46) '해년마당'은 '해마다'의 방언. 표준어와 달리 '해'에 한자어 '年'이 결합되었다.

47) '석짝'은 '동구리'의 방언형으로서 대나무 줄기나 버들가지를 촘촘히 엮어서 만든
상자를 가리킨다. 음식을 담아 나를 때 쓰며, 아래위 두 짝으로 되어 있다

48) '동구르'는 '동구리'의 방언형.

49) '샴방'은 샘이 있는 곳 근처의 방이란 뜻으로 추정된다. 샘이 있는 집을 '시얌집' 또
는 '샴집'이라 하는 것과 같은 조어 방식인 셈이다.

50) '무조건 하고'는 '무조건'의 뜻. 뜻 없는 '하고'가 결합된 것이 이 방언의 특징이다.

51) '소양'은 '소용'의 방언형.

52) '야고'는 토씨 '하고'의 방언형.

53) '수대로'는 '있는 사람 모두'의 뜻.

54) '담집'은 재목을 쓰지 않고 흙담이나 죽담을 쳐서 벽체로 삼고 지붕을 얹은 집.

55) '찌리찌리'는 '끼리끼리'의 방언형.

56) '법사'는 원래 설법하는 승려를 뜻하는 말이나 여기서는 남자 무당인 '박수'의 뜻으로 추정된다.

57) '갱'은 '경'(經)의 방언형.

58) '인자 박가'는 '인자 막사'의 잘못된 발화임. '인자 막사'는 '이제 막'의 뜻.

59) '이런 사람'은 말할이 자신을 가리키는 말이다.

60) '따른'은 '딴'과 '다른'의 혼태로 만들어진 말이다.

61) '웜:메메'는 감탄사 '웜메'의 강조 표현.

62) '해웅만'은 '해우만'의 잘못된 발화이다. '해우만'은 '김만'의 뜻.

63) '붋다'는 '밟다'의 방언형.

64) '어장하다'는 바다에서 고기를 잡거나 김, 전복 등을 양식하다는 뜻.

65) '어장배'는 고기를 잡거나 어장에서 활동하는 배를 말한다.

66) '비슨'은 '비손'의 방언형으로서 두 손을 비비면서 신에게 병이 낫거나 소원을 이루게 해 달라고 비는 일을 말한다.

67) '소:랍다'는 '수월하다'의 방언형.

68) '정도로'는 '저물도록'의 방언형. 보통 '점두룩'으로 쓰인다.

69) '윳:사람'은 '이웃 사람'의 방언형.

70) '당아'는 '아직'의 뜻을 지닌 방언.

71) '여싹'은 '여짝'의 잘못된 발화. '여짝'은 '이쪽'의 방언형.

72) '야'는 '예'와 같은 응답어인데 사람을 부르는 말로 쓰이기도 한다. 표준어로는 '여보' 정도로 옮길 수 있을 것이다.

73) '-너메'는 '-네 어메'의 준말. 예를 들어 '철수너메'는 '철수네 어메'라는 뜻이다. '철수너메'는 일종의 택호이다. 첫아이 이름이 '철수'이므로 그 어머니의 호칭이나 지칭은 '철수네어메'가 되며, 이 '철수네어메'가 줄어 '철수너메'가 되는 것이다. 내륙은 친정 지명을 이용한 택호를 사용하므로 예를 들어서 담양에서 시집온 여자는 '담양떡(=담양댁)'이라고 불린다. 반면 서남해 섬 지역은 친정 지명이 아니라 큰자식 이름을 이용한 택호를 사용하는 것이 특징인데, 이때 접미사로서 '-네'를 쓴다. 이 '-네'는 흔히 줄어들어 '철수네어메'가 '철수너메'로 발음된다. 전남의 진도에서 '-너메'에 대립하는 남편의 택호는 '-납씨'라 하는데 이는 물론 '-네압씨'가 줄어든 것이다. 거금도에서는 '-너메'를 '-넘', 그 남편을 '-남'으로 불러 '-넘'과 '-남'을 대립시킨다(이돈주 1977:134). '넘'은 '-네 엄', '남'은 '-네 암'이 축약된 것일 것이다.

74) '한다여'는 '한다고 히여'가 축약된 것이다. '해'가 서남방언의 일부에서 '히여' 등으로 실현되므로 표준어 '한다고 해'에 대응하는 '한다고 히여'가 축약된 것으로 추정된다.

75) '널다'는 '열다'(開)의 방언형.

76) '점드록'은 '저물도록'의 방언형. '하래 점드록'은 '하루가 다 가도록'의 뜻.

77) '찡게다'는 '끼우다'의 방언형.

78) '숫'은 '숯'의 방언형.

79) '후일짜'는 '호열자'((虎列剌)의 방언형. '호열자'는 콜레라의 음역어.

80) '놈부끄롭다'는 '남부끄럽다'의 방언형.

81) '데우고'는 아마도 '세우고'의 잘못된 발화로 보임.

82) '모냐'는 '먼저'의 방언형. 여기서는 '이전에'의 뜻. '몬자'로도 쓰이는데 '몬자'의 /ㅈ/이 반모음 /ㅣ/ 앞에서 탈락한 예이다.

83) '한번에는'은 '한번은'의 뜻.

84) '기:뚝'은 '굴뚝'의 방언형.

85) '스다'는 '서다'의 방언형.

86) '-을라디야'는 '-으려더냐'의 방언형으로서 여기서는 수사적인 물음으로 쓰였다.

87) '웃먹'은 '윗목'의 방언형.

07 질병과 민간요법

7.1 각종 질병과 민간요법

그 다메 옌:나레 병:드리 좀 마:나써쓰까요?

― 더 마:네뚱갑써라우.

지금보다?

― 야

먼: 병이?

― 인자는 야기 조응께

예

― 병워네 가먼 다: 나:쏘?

@1 예

― 엥가난 사라믄. 그란디,

― 그럴 떼는 벵워니 오:꼬등이라우.

에

― 그레 아푸먼 죽쩨 어짜거쏘?

우선 에:기드른 먼: 병이 이뜽가요? 에:기드른?

― 이 저 머:담서름 마:니 주거라우, 거 호뇩함서러[1].

호녁. 어.

― 야, 인자는 다 호녁주사를 마저 붕께

어

― 호녀기 머:신지도 몰라 .

@1 예

― 그란디 엔:나 엔:나레는 거 거 얼근 병.

예

― 그거또 이써쏘 안?

그 다음에 옛날에 병들이 좀 많았었을까요?

— 더 많았던가 봐요.

지금보다?

— 예

무슨 병이?

— 이제는 약이 좋으니까.

예

— 병원에 가면 다 낫잖아요?

@1 예

— 어지간한 사람은. 그런데,

— 그때는 병원이 없거든요.

예

— 그래 아프면 죽지 어쩌겠소?

우선 아기들은 무슨 병이 있던가요? 아기들은?

— 이 저 뭐 하면서 많이 죽어요, 그 홍역하면서.

홍역. 어.

— 예, 이제는 다 홍역주사를 맞아 버리니까.

어

— 홍역이 뭔지도 몰라.

@1 예

— 그런데 옛날 옛날에는 그 그 얽는 병.

예

— 그것도 있었잖아요?

@1 수두 수두.

예

― 인자 그걷하문 데:터로 마:니 죽뜨만.

@1 아~

음

― 그라고 요 이런 호녀게도 주거라우.

음

― 그레도 아그들 우리 동상들 봉께 두:리나 주급띠다, 호녁헤:다가.

거 증:상이 어떼요?

― 막 잘자라게 막 싹 싹:: 나제라우.

음

― 요 모메가 막 점부 거 저 먼: 나데끼 머 저 어:디 아푸면 망 머리 이런 디가 막 뚜들뚜들2) 그 먼 나데끼 여그 막 옴: 모미 다 나:가꼬, 그노믈 얼릉 모 다문, 거 그노무로 헤서 마:니 주급띠다.

음

― 그렌는디 인자는 주:사 마저 부링께 미려서3) 다: 헤:부링께 거 그렁 걷 옵:써. 절:떼 업쩨.

― 거 홀:릴짜도 오:꼬 그 저 그 머:당 거또 그: 나:면 억쏘?

손님

― 야 손님.

음

― 앙소님.

방:손님?

― 야

― 그거:또 오:꼬 이 지 인자 호녁또 오:꼬. 아그드리 호녁하다 마:니 주거써라, 엔:나레는.

@1 수두 수두.

예

― 이제 그것하면 대체로 많이 죽더구먼.

@1 아~

음

― 그리고 이 이런 홍역에도 죽어요.

음

― 그래도 아이들 우리 동생들 보니까 둘이나 죽습디다, 홍역하다가.

그 증상이 어때요?

― 막 자잘하게 막 싹싹 나지요.

음

― 이 몸에 막 전부 그 저 무엇 나듯이 뭐 저 어디 아프면 막 머리 이런 곳이 막 도톨도톨 그 무엇 나듯이 여기 막 온 몸이 다 나가지고, 그것을 얼른 못 아문 것 그것으로 해서 많이 죽습디다.

음

― 그랬는데 이제는 주사 맞아 버리니까 미리서 다 해 버리니까 그 그런 것 없어. 절대 없지.

― 그 콜레라도 없고 그 저 그 뭐 한 것도 그것 나면 얽잖소?

손님

― 예, 손님.

음

― 왕손님

왕손님

― 예

― 그것도 없고 이 지 이제 홍역도 없고 아이들이 홍역하다 많이 죽었어요, 옛날에는.

호녀근 이게 전:녑뼁이예요?

— 전늠뼁이 여 아 아니고 그르케 오

안 아니조?

— 야 올 은자 그 지비 그 안 한 사라믄 또 헤:라, 에:기드리.

뒤에서이~?

— 야

음

— 그러지요. 한 사라믄 다신 안 하고.

음

— 그릉께 그러르가꼬도 주거라우.

먼: 그떼도 야근 업써쓰까? 야근 또.

— 앙:꺼또 업써라우.

그냥 한 봄 바라보게 복 보

— 보고만 이쩨.

보고만 이써?

— 야

뭔 당고리라도 불러다 구슬 한다등가 (웃음) 그거또 안 허고? (웃음)

— 당고슬4) 불러. (웃음)

(웃음)

— 그 구또 몰:하는 벵인가 어쩡가 안 합띠다.

아

— 그글 헤야꼬는 절:떼 안 헤.

#- 허

어

@1 아

그러먼 걸리먼 아:무 데:쳑 업씨 그냥 에:기를,

홍역은 이게 전염병이에요?

— 전염병이 이 아 아니고 그렇게 오

안 아니지요?

— 예, 이제 그 집 그 안 한 사람은 또 해요, 아이들이.

뒤에서?

— 예

음

— 그러지요. 한 사람은 다신 안 하고.

음

— 그러니까 그래가지고도 죽어요.

무슨 그때도 약은 없었을까? 약은 또.

— 아무 것도 없었어요.

그냥 한 바라보게 복 보

— 보고만 있지.

보고만 있어?

— 예

무슨 무당이라도 불러다 굿을 한다든지 (웃음) 그것도 안 하고? (웃음)

— 무당을 불러. (웃음)

(웃음)

— 그 굿도 못하는 병인지 어쩐지 안 합디다.

아

— 그것 해가지고는 절대 안 해.

#— 허

어

@1 아

그러면 걸리면 아무 대책 없이 그냥 아이를,

- 예, 그노미 조:케 자자지고 거 막: 아조 옴: 모미 싹 나그등이라.

아

- 막 잘잘:하게 싸레 먼 써 잘잘:한 싸레기마니로5) 막 옴:모미 싹 나가꼬 하:가 후끈후끈헤라.

- 함 방에서 서:싱가 한디 요 쩨까난6) 방에서 이 방이 쫌 인자 더 키여써라우. 더 저:거써라. 여그 여 저 한 도마기.

- 거그서 에기드르 놈 방 다 조:불고 인::즈 거가 인는디 거 방에 모:뜨러가거씹따, 하:그7) 따미로.

아

- 그르케 여리 만:트마이라우8).

아하

- 그레야꼬9) 거그서 서:니 아퍼가꼬 함뻐네 하고 그러드,

- 쩌 요 우리 아드라고 우리 큰따라고는 인자 쩌:그10) 이사 가가꼬 네가 거그서 데꼬 인는디 거그서 헤:가꼬 아 함번뇨 온다강께 옵띠다야.

- 꾸메 그르케 호녀기 드롸따고 그라요. 우리는 쩌:그 우게서 상:께 안 옵띠다, 셍겐.

@1 네~

- 거 그레서 먼: 먼: 사:라미 꾸메 이르크 막 기떼랑 시:고라우11) ,기랑 막 여러 가지.

@1 예

- 세깔로 덴 놈 시:고 여 호넉 한디 머:더로 온다고 오요, 바메, 꾸메.

- 그레서는 먼: 꾸미 이런 꾸미 다 이쓰까 그러더이, 우리지븐 저 호녀기 사 사:라미 안 산 데라 안 온:께 우리지비로 가께라우 그레끄등, 그 사람들뿌다, 네가. 그릉께 간다가요12).

- 그레서 여그서 인자 게양 이사를 저 돌도 이 아니 머:또 이레도 다 덜: 너먼는디 쩌리 이사를 가써라, 네가.

- 예, 그것이 좋게 잦아지고 그 막 아주 온 몸이 싹 나거든요.

아

- 막 자잘하게 싸래 무슨 써 자잘한 싸라기처럼 막 온 몸이 싹 나가지고 화가 후끈후끈해요.

- 한 방에서 셋인가 하는데 이 자그마한 방에서 이 방이 좀 이제 더 키웠어요. 더 적었어요. 여기 이 저 한 도막이.

- 거기서 아이들을 남 방 다 줘 버리고 이제 거기에 있는데 그 방에 못 들어가겠습디다, 화기 때문에.

아

- 그렇게 열이 많더구먼요.

아하

- 그래가지고 거기서 셋이 아파가지고 한 번에 하고 그러더,

- 저 이 우리 아들하고 우리 큰딸하고는 이제 저기 이사 가가지고 내가 거기서 데리고 있는데 거기서 해가지고 아 한 번요 온다고 하니까 옵디다.

- 꿈에 그렇게 홍역이 들어왔다고 그래요. 우리는 저기 위에서 사니까 안 옵디다, 생전.

@1 네~

- 그 그래서 무슨 무슨 사람이 꿈에 이렇게 막 깃대랑 세우고요, 기랑 막 여러 가지.

@1 예

- 색깔로 된 것 세우고 이 홍역 하는데 뭐 하러 온다고 와요, 밤에, 꿈에

- 그래서는 무슨 꿈이 이런 꿈이 다 있을까 그러더니, 우리집은 저 홍역이 사람이 안 사는 곳이라 안 오니까 우리집으로 갈까요 그랬거든, 그 사람들보고 내가. 그러니까 간다고 해요.

- 그래서 여기서 이제 그냥 이사를 저 돌도 이 아니 뭐도 이레도 다 덜 넘었는데 저리 이사를 갔어요, 내가.

− 동세보다[13] 쫌 지비서 이쓰락 하고.

− 어쩨 멘: 나갈라고만 합따, 동세가.

음

− 어던는디.

− 그래서 아 네 저 동세:라고 네가 나뿐 머:슬 셍전 안 한디 저루케 헤:쌍께,

− 저 시어메보다가 쫌 데꼬 이써 보씨요, 잘 할 잘 갈치씨요[14].

− 저러코 갈라고만 헤:싸코 멘 저 어디가 수머가꼬 이꼬 그릉께 모:쓰 거쏘야.

− 네:가 가 들목 까서 살:다 올랑께 저 어무니가 쫌 데꼬 이써 보씨요. 그라고 인자 간는디,

− 아이, 간닥 헤:농께 거그 가서도 오오 저 호뇨글 하게 되야라우, 에 기드리. 얀:, 그러기도 합따.

− 그래서 거그서 한:디 거그 동네 싸:람덜또 모:두 헤:써.

− 인자 한테다 인자 요거시 하고 즈그 누나야고 두:니 한디 그러기도 합따다야. 그거시 온다겡께 꼭 오드라고라우.

음, 그레도 무사헨:네요, 에기드른.

− 야, 순 순:허게 자롸써.

@1 음

− 잘 헤:써라.

소니믄 인제 안 아놔꼬요?

− 예, 손니믄

밤 방손님.

− 야

− 잘 오깜상께[15] 무삽띠다. 그거슨 언느긍 거시라.

응

- 동서보고 좀 집에 있으라고 하고.

- 어째 맨 나가려고만 합디다, 동서가.

음

- 얻었는데

- 그래서 아 내 저 동서라고 내가 나쁜 뭘 생전 안 하는데 저렇게 해 쌓으니까

- 저 시어머니보고 좀 데리고 있어 보세요. 잘 할 잘 가르치세요.

- 저렇게 가려고만 해 쌓고 맨 저 어디에 숨어가지고 있고 그러니까 못쓰겠소.

- 내가 가 들목(지명) 가서 살다가 오려니까 저 어머니가 좀 데리고 있어 보세요. 그러고 이제 갔는데,

- 아이, 간다고 해 놓으니까 거기 가서도 오 저 홍역을 하게 되어요, 아이들이. 그러기도 합디다.

- 그래서 거기서 하는데 거기 동네 사람들도 모두 했어.

- 이제 한데다 이제 이것이 하고 저희 누나하고 둘이 하는데 그러기도 합디다. 그것이 온다고 하니까 꼭 오더라고요.

음. 그래도 무사했네요, 아기들은.

- 예, 순순하게 자랐어.

@1 음

- 잘 했어요.

손님은 이제 안 안 왔고요?

- 예, 손님은.

왕 왕손님.

- 예

- 잘 올까 무서우니까 무섭습디다. 그것은 얽는 것이라.

응

- 그라너먼 깐따거문 주꼬.

음

- 근디 우리지븐 쩌 산 쏘게서 상:게 안 오두마.

음

에기드리 인제 그게 제:일 무서웅거시 호녀기고이~?

- 야

호열짜 가틍 거슨 어뜨게 보면 에:기허고 상관업쪼? 어:런들또 다 걸리고.

- 야, 그레제라우 그거슨.

오

엔날 여기 함번씩 와 와썬나요? 마으레?

- 아, 암, 헤 야, 하 인자 요 우리 동네는 아 젠찬헨:넌디 쩌 야 함몰
그 넝:장이락 한 디서,

어

- 여러니 주거써써라우.

- 그레가꼬 그를 떼는 우리 걸 우게가 저 엔:나렐 거 거가 사:람들 다
다업 주그므냐 가따 무든 디여라우.

음

- 우리 집 뽀짝 우게가.

음

- 그란디 거그다 장작 노코 거그서 꼬실르요16), 사:라믈.

음

@1 음

- 뽀짝 우리 집 뒤예서.

- 아

- 아따, 무섭띠다.

#- (웃음)

− 그렇지 않으면 까딱하면 죽고.

음

− 그런데 우리집은 저 산속에서 사니까 안 오더구먼.

음

아이들이 이제 그게 제일 무서운 것이 홍역이고?

− 예

콜레라 같은 것은 어떻게 보면 아이하고 상관없지요. 어른들도 다 걸리고.

− 예, 그러지요 그것은.

오

옛날 여기 한 번씩 와 왔었나요? 마을에?

− 아, 아무렴, 예, 하 이제 이 우리 동네는 아 괜찮았는데 저 이 함몰
(지명) 그 넝장(지명)이라고 한 데서,

어

− 여럿이 죽었었어요.

− 그래가지고 그때는 우리 그 위가 저 옛날에 그 거기가 사람들 다 죽
으면 이제 가져다 묻던 데예요.

음

− 우리집 바짝 위가.

음

− 그런데 거기다 장작 놓고 거기서 불살라요, 사람을.

음

@1 음

− 바짝 우리집 뒤에서.

− 아

− 아따, 무섭습디다.

#− (웃음)

- 인자 아그들 소:기라[17].

- 그레가꼬 무꼬 막 거그다가 그르케 꼬시르고 그러드마. 그러든 나 인자 거슬 메:따 하고느나 게양 끈처[18] 부러뚱가 아눕띠다.

- 야, 초:분도 드글드글헤라우[19].

예?

초분?

@1 초분

- 초:분 모도 멘드라가꼬.

음

- 여자들 아 아그들또 고 올라온 질까테 그런 띠다도[20] 막 여가[21] 이꼬 저가 이꼬 사:방데가 이꼬.

그란디 호:열짜로 주근 그거는 그르케 초:분 멘들먼 안 데꺼신디.

- 그럼 그 사람들 꼬실라 부러.

바로 꼬실라가꼬

- 야, 꼬실라가꼬 인자 무더 부러씰 테제라우.

#- 음

- 그란디 에기드리 주근 분면 그러케 여러 게 거 올라감서 보머넌 그르케 마람[22] 조 똥글똥글하게[23] 헤:노코, 쫌 크네기는[24] 인제 이런 사:람들마니로 그르케 하고.

- 그 질:게. 그르케 헤가꼬. 아:따 무삽따[25].

- 그 그 암:시락또[26] 안체마는 그거시 머 구시:니 이꺼쏘, 머:시 이꺼 쏘이~? 그란디,

@1 그레도

- 그 무사앙 기가 알칵[27] 달라드러.

음

긍께 엔:나레는 지금:메 비헤서는 에:기드리 마:니 주거써요.

- 이제 아이들 마음이라.

- 그래가지고 묻고 막 거기다가 그렇게 불사르고 그러더구면. 그러더니 나 이제 그것을 몇 하고는 그냥 그쳐 버렸던지 안 옵디다.

- 예, 초분도 득시글득시글해요.

예?

초분?

@1 초분

- 초분 모두 만들어가지고.

음

- 여자들 아 아이들도 그 올라오는 길가에 그런 데다가도 막 여기에 있고 저기에 있고 사방에 있고.

그런데 콜레라로 죽은 그것은 그렇게 초분 만들면 안 될 건데.

- 그럼 그 사람들 불살라 버려.

바로 불살라가지고

- 예, 불살라가지고 이제 묻어 버렸을 테지요.

#- 음

- 그런데 아이들이 죽어 버리면 그렇게 여러 개 그 올라가면서 보면은 그렇게 마름 둥글둥글하게 해 놓고 좀 큰 아이는 이제 이런 사람들처럼 그렇게 하고.

- 그 길게. 그렇게 해가지고. 아따 무섭습디다.

- 그 그 아무렇지도 않지마는 그것이 뭐 귀신이 있겠소, 뭐가 있겠소? 그런데,

@1 그래도

- 그 무서운 기가 왈카닥 달려들어.

음

그러니까 옛날에는 지금에 비해서는 아이들이 많이 죽었어요.

− 예, 에기드리 마:니 주거써라.

에:기드리 마:니 주거.

− 야

− 어짠28) 사:라믄 아 예:더리 야 메시라도 인는 놈 다 주거 부르고,

@1 어

− 한나도 한나썩 어쩌다 이꼬 그레라우.

− 그렌는디 인자는 주글 메:리29) 30)업써란:.

− 이 야기 조코 이 세상이 조응게 병:워네 가먼 다 엥가너먼 다 나슨디.

엔:나레는 데:게 주긍 거시 아까 마란 호녀기나 그렁 거세 주꼬 또 머:스로 마:니 에기드리?

− 경끼도 나:서 주거라우.

아, 경끼가 나서.

@1 아~

− 야, 정끼31) 나서.

정끼요?

− 정끼 나면 게양 여 이상하게 기양 갑짜기 그 에:기가 그러드마.

음

− 그레가꼬 주꼬 그런다여.

멈 베타리 나거나 그런 떼도.

− 그르케 주근 노믄 모:빠써도 그르케,

어

− 저 거 망 나:가꼬도 깐따가먼 주꼬라우.

마 망 나:가꼬

− 야

음

인제 아까 그 네 가세 머 소독 안 항 거처럼 엔:나레는 위셍 께끄더지 아느니까

─ 예, 아이들이 많이 죽었어요

아이들이 많이 죽어.

─ 예

─ 어떤 사람은 아 아이들이 몇이라도 있는 것 다 죽어 버리고,

@1 어

─ 하나도 하나씩 어쩌다가 있고 그래요.

─ 그랬는데 이제는 죽을 이유가 없어요.

─ 이 약이 좋고 이 세상이 좋으니까 병원에 가면 다 어지간하면 다 낫는데.

옛날에는 대개 죽는 것이 아까 말한 홍역이나 그런 것에 죽고 또 뭘로 많이 아이들이?

─ 경기도 나서 죽어요.

아, 경기가 나서.

@1 아~

─ 예, 경기 나서.

경기요?

─ 경기 나면 그냥 어 이상하게 그냥 갑자기 그 아기가 그러더구먼.

음

─ 그래가지고 죽고 그런대.

무슨 배탈이 나거나 그런 때도.

─ 그렇게 죽은 놈은 못 봤어도 그렇게,

어

─ 저 그 막 낳아가지고 까딱하면 죽고요.

마 막 낳아가지고.

─ 예

음

이제 아까 그 가위 뭐 소독 안 한 것처럼 옛날에는 위생 깨끗하지 않으니까.

─ 그릉께 그른

우리도 몰:른 사이예,

─ 야

세규네 그냥 가:몀데서,

@1 아하

─ 그렁 그르기도 항갑써라우.

예, 머: 어트게 주근지도 모:르게 주거.

─ 야, 모:르제라우.

예

@1 뭐 그 눼:염 가틍 거또 아마.

─ 야, 인자는 앙:꺼또 업:써저써.

#─ 아이, 아까지르는 써근 밤씨레서 무꼬 주거따갑띠다.

#─ 얼렁 말로32) 그거시 식쭝도까틍 거십띠다.

@1 어

에?

@1 밤씨리도

#─ 식쭝도 가틍

식쭝독

#─ 예

#─ 지금들로 마랑거시 식쭝도기지, 그거시.

음

#─ 엔:나레는 넹:장고도 오:꼬 그렁게 다 성:거 무꼬,

@1 어 예.

#─ 열 나고 설싸하고 그러고,

─ 으 그 긍께 또:까치 난 에기들리 보머 저 할 저 누:랑 다 기거든33),
그그시.

— 그러니까 그런

우리도 모르는 사이에,

— 예

세균에 그냥 감염돼서,

@1 아하

— 그런 그러기도 하나 봐요.

예, 뭐 어떻게 죽는 줄도 모르게 죽어.

— 예, 모르지요.

예

@1 뭐. 그 뇌염 같은 것도 아마.

— 예, 이제는 아무 것도 없어졌어.

#— 아이, 아까처럼 썩은 '밤시루'에서 먹고 죽었다고 합디다.

#— 쉽게 말하자면 그것이 식중독 같은 것입디다.

@1 어

예?

@1 밤시루도

#— 식중독 같은

식중독

#— 예

#— 지금 말하면 식중독이지, 그것이.

음

#— 옛날에는 냉장고도 없고 그러니까 다 쉰 것 먹고,

@1 어 예.

#— 열 나고 설사하고 그러고,

— 으 그 그러니까 똑같이 낳은 아기들이 보면 저 할 저 누구랑 (할 것 없이) 다 그렇거든, 그것이.

음

― 저 그렇께 그 사람들 보머,

#― 우구구 그릏께

― 우리 에기도 커쓰먼 저러코 늘거꺼따 그람스로,

#― 지그므로 마:랑 거시 시

음

#― 뭐 그떼 뭐 쉬: 그떼 먼: 이꺼쏘? 머글게?

― 앙:꺼또 업써.

#― 쉬여도 기양 다 무꼬 쉰: 음식또 무꼬 어쭈고헤야꼬,

음:식 사서 걸려쩨.

#― 이

네

― 야

식쭝도기네.

― 그레가꼬 주근

날걸 무그먼 더

#― 이

규니찌 뭐 어짜고 여러 가지 꺼뜨리. 예.

그 다메는 인자 요런 피부뼝, 피부뼝 가틍 거뜨리 머:시 이써쓰까요, 옌:나레?

― 옌:나레는

에:기들

― 옌:나레는 그런 뼝이 마:니 이써써라우.

예

― 자:당간.

#― 아이 엔:나렌 그릏께

― 먼: 약또 오꼬.

음

- 저 그러니까 그 사람들 보면,

\# - 우구구 그러니까

- 우리 아이도 컸으면 저렇게 늙었겠다 그러면서,

\# - 지금으로 말한 것이

음

\# - 뭐 그때 뭐 쉬 그때 뭐 있겠소? 먹을 것이?

- 아무 것도 없어.

\# - 쉬어도 그냥 다 먹고 쉰 음식도 먹고 어쩌고 해가지고,

음식 ??? 걸렸지.

\# - 이

예

- 예

식중독이네.

- 그래가지고 죽은

날것 먹으면 더

\# - 이

균 있지 뭐 어쩌고 여러 가지 것들이. 예.

그 다음에는 이제 이런 피부병 피부병 같은 것들이 뭐가 있었을까요? 옛날에?

- 옛날에는

아이들

- 옛날에는 그런 병이 많이 있었어요.

예

- 좌우간

\# - 아이 옛날엔 그러니까

- 무슨 약도 없고

#－ *** 야기 델라먼 저 머 머리에 기게똑34) 가틍 거또 그러고.

－ 아이 그 기게똑 올라노문35) 또 게:속 번:지고 거가.

음

－ 머 머리 다 빠짐서로 거드마근36) 똥글똥그레이~,

－ 그레야꼬

기게또근 어:떠케 헤서 생 어더?

－ 아그들이 인자 혹씨 인자 기게르 머르 까꺼 주요?

어

－ 어:디서 와서 인자 까끌 줄락 한 사람도 이씅께.

어어

－ 돈 주고 인자 그 사람드란테 까끈디,

어

－ 그 사람드리 그 기게 단소글37) 잘 몯:헤가꼬먼 그 쥐풍드 그 머 기게또기 올링갑써라우.

아하

－ 그레가꼬 머리부 다 빠:꼬38) 뚜들뚜들뚜들함서 여가 부스름 셍게.

어

－ 그레가꼬는 그럽띠다. 그르케 헤야꼬 에기드리 고셍헤, 마:니.

이게 그 바리깡이제 바리깡. 머리 깡는 이게.

－ 야

아까 가:세처럼 그거또 어디 뜨거운 부레다가도 소독또 좀 하고 그레야 되는데.

－ 예

#－ 그런 것.

그릉 거 절:떼 업:쓰니까, (웃음)

－ 업:쓍께 게양 그디로 항께 그레뜽갑써야.

#- ??? 약이 되려면 저 머 머리에 기계총 같은 것도 그러고.

- 아이 그 기계총(두부백선) 올라 놓으면 또 계속 번지고 거기에.

음

- 뭐 머리 다 빠지면서 그 부근은 동글동글하게,

- 그래가지고

기계총은 어떻게 해서 생 얻어?

- 아이들이 이제 혹시 이제 기계로 머리 깎아 주잖아요?

어

- 어디서 와서 이제 깎아 달라고 하는 사람도 있으니까.

어어

- 돈 주고 그 사람들한테 깎는데,

어

- 그 사람들이 그 기계 관리를 잘 못 해가지고 하면 그 ??? 그 뭐 기계총(두부백선)이 옮나 봐요.

아하

- 그래가지고 머리도 다 빠지고 도톨도톨도톨하면서 여기에 부스럼 생겨.

어

- 그래가지고는 그럽디다. 그렇게 해가지고 아이들이 고생해, 많이.

이게 그 바리캉이지 바리캉. 머리 깎는 이게

- 예

아까 가위처럼 그것도 어디 뜨거운 불에다가도 소독도 좀 하고 그래야 되는데.

- 예

#- 그런 것

그런 것 절대 없으니까, (웃음)

- 없으니까 그냥 그대로 하니까 그랬던가 봐.

이 이게 함번 걸린 그 규니,

― 야

그 자리에 이쓰니까,

― 야

기게로 머리 까끄면 다: 기게똑 오르고 머. (웃음)

＃― 그럴 떼는 머:시,

＃― 버진

― 앙:끄또 업쓰께.

＃― 그떼는 긍께 그 질병도 아일 턴디 나 나 가튼 경우는 분:는 병이 이써써라우.

부서요?

＃― 네

머: 어:디가?

― 아 요

＃― 얼굴 가튼 디.

― 얼굴 가튼 디도 부꼬 손 이런 디,

＃― 봄 막 봄마다 이른 디,

― 다 다: 부:꼬 봄:다치면 부:뜨라고라, 에기더리. 우리 에기드른 또,

아~

― 그라요.

알레르기까?

― 알러르깅가 모르.

＃― 봄만 달치면 그

＊또체고 알레르기들.

― 부서라. 그레야꼬 사:라미 이르케 부슨디라우.

＃― 이 그 음녁 이:월 딸쯤 달치면39),

이 이게 한 번 걸린 그 균이,

─ 예

그 자리에 있으니까,

─ 예

기계로 머리 깎으면 다 기계총(두부백선) 옮고 뭐. (웃음)

─ 그럴 때는 뭐가,

#─ 버짐

─ 아무 것도 없으니까.

#─ 그때는 그러니까 그 질병도 아닐 텐데 나 나 같은 경우는 붓는 병이 있었어요.

부어요?

#─ 예

뭐 어디가?

─ 아 요

#─ 얼굴 같은 데.

─ 얼굴 같은 데도 붓고 손 이런 데,

#─ 봄 막 봄마다 이런 데,

─ 다 다 붓고 봄 닥치면 붓더라고요, 아이들이. 우리 아이들은 또,

아

─ 그래요.

알레르기일까?

─ 알레르기인지 모르.

#─ 봄만 닥치면 그

??? 알레르기들.

─ 부어요. 그래가지고 사람이 이렇게 붓는데요.

#─ 이 그 음력 이월쯤 닥치면,

#- 거 나만 그러자나[40] 그런 사람드리 여러 이써써.

#- 데:기랑.

- 응, 여러 이써서.

- 그거시 잘 몸: 무거서 그렁가 어쩡가도 몰라.

#- 근디,

#- 그 엔:나레는 그거보따 [41]부상 나따 그레꺼등이라우.

예?

- 아이, 웨: 인자 니:가 딱 어 그 병:이 인자 들:묵써 할 떼게는,

#- 아 안 남녈례집,

- 남녈례 지비서,

#- 베 메로 가쓸 떼여.

- 네가 베를 메고 인는디 에기 떼부터 늘: 부 지비로 오락 헤도 오도 안하요.

- 여 인자

#- **** 인자

- 놈더른 어더무그로 가따 어메 인는 디 머 간다 마리요.

#- 남녈례집.

#- 베 메로 ***

- 간디 이거는 저:: 건네서 밥 주라고 악쓰제, 이리 오락 헤도 안 오요.

#- 네

- 지비 가서 밥 쮜 그람서.

@1 (웃음)

#- 어:제

@1 (웃음)

#- 남녈례 지비라고 고시기 엄마가 베 메로 간는디,

- 네:가 베를 메써, 그 집치를.

\# - 그 나만 그러는 것이 아니라 그런 사람들이 여럿 있었어.

\# - 대기(인명)랑.

- 응, 여럿 있었어.

- 그것이 잘 못 먹어서 그런지 어쩐지도 몰라.

\# - 그런데,

\# - 그 옛날에는 그것보고 '부상' 났다 그랬거든요.

예?

- 아이, 왜 이제 네가 어 그 병이 이제 들목(지명)에서 할 때에는,

\# - 안 남열례(인명) 집,

- 남열례(인명) 집에서,

\# - 베 매러 갔을 때야.

- 내가 베를 매고 있는데 아이 때부터 늘 집으로 오라고 해도 오지도 않아요.

- 이 이제

\# - ???? 이제

- 남들은 얻어먹으러 갔다 엄마 있는 데 뭐 간단 말이오.

\# - 남열례 집,

\# - 베 매러 ???

- 그런데 이것은 저 건너서 밥 달라고 악쓰지 이리 오라고 해도 안 와요

\# - 예

- 집에 가서 밥 줘 그러면서,

@1 (웃음)

\# - 어제

@1 (웃음)

\# - 남열례 집이라고 거시기 엄마가 베 매러 갔는데,

- 내가 베를 맸어, 그 집 것을.

#- 그 그 그릉께,

#- 나: 그떼 가서 봉께로 서 그 서:숙빠브다가 베쩌:그 서:숙빠빙가 머그 모요파븐 머:으 고:구마를 너:가꼰 빨:게가꼬고고 노:라고 그레 셍게 씁따.

#- 그러니 뭐 에:기 떼 누가 잡싸야제? 데:여섣쌀 무거 놓께.

@1 (웃음) 네

- 데:싸리나도 무거써, 엄:마 암무거써.

#- 음, 난 데:쌀 다 다섣 말 그떼 유기오 지쿠라. 그노믈 몸:무꼬 와가꼬 그날 쩌녁부터 부서 부러써라우.

@1 (웃음)

- 아이, 그레가꼬 암::무리 오라게도 아놔:.

- 그레서 그 뒫:날,

#- 그릉께 그 그 그 떼가 유기오 지쿠:여꺼드니라.

@1 네

- 네가 예:게가⁴²⁾ 게양 저녁부텀 부뜨라고.

- 그레서는 그 뒫:날 인자 서:숙 찌:여서 바블 또 헤:줘써, 그르케.

음

- 그 무거도 소양업:써라, 함번 부서 부릉께.

@1 (웃음)

- 그레가꼬 이르케 부서 부써.

@1 허

- 다

#- 딱 봄만 다치면 그거시.

- 그레야꼬 인자 그떼 그라고는 게:속 봄다마 봄만 다치면 분:네, 또 꼭 그

아하

#- 그 그 그러니까,

#- 나 그때 가서 보니까 그 조밥에다 베 저기 조밥인지 뭐 그 ?? 밥인지 뭐 그 고구마를 넣어가지고 빨개가지고 노랗고 그렇게 생겼습니다.

#- 그러니 뭐 아이 때 누가 잡숴야지? 대엿 살 먹어 놓으니까.

@1 (웃음) 네

- 댓 살이나 먹었어. 얼마 안 먹었어.

#- 음, 난 댓 살 다섯 말 그때 육이오 직후라 그것을 못 먹고 와가지고 그날 저녁부터 부어 버렸어요.

@1 (웃음)

- 아이, 그래가지고 아무리 오라고 해도 안 와.

- 그래서 그 뒷날,

#- 그러니까 그 그 그 때가 육이오 직후였거든요.

@1 예

- 내가 아이가 그냥 저녁부터 붓더라고.

- 그래서는 그 뒷날 이제 조 찧어서 밥을 또 해 줬어, 그렇게.

음

- 그 먹어도 소용없어요, 한 번 부어 버리니까.

@1 (웃음)

- 그래가지고 이렇게 부어 부었어.

@1 허

- 다

#- 딱 봄만 닥치면 그것이.

- 그래가지고 이제 그때 그러고는 계속 봄 되면 봄만 닥치면 붓네, 또. 꼭 그.

아하

－ 떼만 다치먼.

아하하

#－ 그 나만 글자네 그런 칭구드리 그 우리 또리,

　－ 이써써. 메시나 이써쏘야.

　－ 그 그레가꼬,

여양실쪼에서 부:낀 분:는데.

　－ 그렌:능가 어쩬능가도 머,

#－ 그게 영양실쫀가 몰라.

어

　－ 하여간 무꼬자붕거 몸:무거 불고.

어

영양이 부족헤서.

　－ 그레서 인자 누 저 거 모를 숭구로 가머넌 에:기드리 다:,

#－ 아 저 지금 셍각허먼 ****

　－ 밤 무그로 온단 마리요. 어메 인는 데로 와. 인자 거 떼 다치먼.

　－ 쩌:: 멀리 서서,

(웃음)

　－ 밥 펀니라고[43] 악쓰제, 오든 안헤.

(웃음)

　－ 그람 저 지브로 데꼬 가야제.

　－ 가서 지베 가서 밥 쭈고 인자,

#－ 그릉께

　－ 거그서

#－ 그른 사람드리 아직또 몸:무꼬 상:께,

　－ 아이 그라고,

@1 예예예예

- 때만 닥치면.

아하하

#- 그 나만 그런 것이 아니라 그런 친구들이 그 우리 또래,

- 있었어. 몇이나 있었소.

- 그 그래가지고

영양실조에서 붓긴 붓는데.

- 그랬는지 어쨌는지도 뭐,

#- 그게 영양실조인지 몰라.

어

- 하여간 먹고 싶은 것 못 먹어 버리고.

어

영양이 부족해서.

- 그래서 이제 누 저 그 모를 심으러 가면은 아이들이 다,

#- 아 저 지금 생각하면 ????

- 밥 먹으러 온단 말이오. 엄마 있는 데로 와. 이제 그 때 닥치면.

- 저 멀리 서서,

(웃음)

- 밥 퍼내라고 악쓰지. 오지는 않아.

(웃음)

- 그러면 저 집으로 데리고 가야지.

- 가서 집에 가서 밥 주고 이제,

#- 그러니까

- 거기서

#- 그런 사람들이 아직도 못 먹고 사니까,

- 아이 그러고

@1 예예예예

— 저 어:찌게44) 부 부끄렁께 모:동가, 암무글라고 아농가, 아:무리 불러도 네:빼, 무장45).

— 그릉께 거 어:떤 사람드리 하는 마리, 지베기는 어쩌 구러고 날마당 저 머 염:만 사 주락 한다우 그레서 어:짜 줘야 어:짜 줘야 어버 주라고.

@1 네

— 그라고 쪼차뎅게. 인자 업꼬 가자고.

— 그라 하다하다 헤:쌍께 저 그집 어메 주거꾸마. 절머서.

— 지베기는 어쩨 날:마당 염만 사 주락 한다우?

(웃음)

— 긍께,

— 아니라. 여 싸 주락 항거시 아니라

(웃음)

@1 (웃음) 어버 주라고 그런다우 그릉께는, 이레 또.

— 이 저 바블 주락한 소리가 이 이:찌는 수제여.

— 이:찌하고 으여 이 쥠:무라고. 떠 찬물.

— 뜨겅께 저 참물하고 또 앙기46). 기 큰 놈.

어

— 앙기하고 그르케 헤서 밥쭤 그르케 헤서 밥쭤 그라고 도라뎅게.

아아아아아 (웃음)

@1 (웃음)

— 허, 허교, 나 우께부러.

(웃음) 긍께 지베기는 먼: 여슬 날마당 사 주라간다 그레게.

— 아니 열 쌀쌀항 거시 아니라,

@1 (웃음)

— 바블 그르케 헤:서 주라고 그런다고 그릉께 줌:는다 줌는다 우꼬. 아이고.

― 저 왜 부끄러우니까 못 오는지 안 먹으려고 안 오는지 아무리 불러도 도망쳐. 점점.

― 그러니까 그 어떤 사람들이 하는 말이 "댁의 아이는 왜 그렇게 날마다 저 뭐 엿만 사달라고 한 대요?" 그래서 '어짜 줘야' '어짜 줘야' 업어 달라고

@1 예

― 그렇게 쫓아다녀. 이제 업고 가자고.

― 그렇게 하도 하도 해 쌓으니까 저 그 집 엄마 죽었구먼, 젊어서.

― 댁의 아이는 왜 날마다 엿만 사 달라고 한대요?

(웃음)

― 그러니까,

― 아니에요. 엿 사 달라고 하는 것이 아니라

(웃음)

@1 (웃음) 업어 달라고 그런대요 그러니까는, 이래 또.

― 이 저 밥을 달라고 하는 소리가 '이찌'는 숟가락이야.

― '이찌' 하고 으여 이 집물하고 떠 찬물.

― 뜨거우니까 저 찬물하고 또 왕게. 게 큰 것.

어

― "왕게하고 그렇게 해서 밥 줘 그렇게 해서 밥 줘." 그러면서 돌아다녀.

아아아아아 (웃음)

@1 (웃음)

― 하, 아이고, 나 웃겨 버려.

(웃음) 그러니까 집 아이는 무슨 엿을 날마다 사 달라고 한대요 그러서.

― 아니 엿 사 달라 하는 것이 아니라,

@1 (웃음)

― 밥을 그렇게 해서 달라고 그런다고 그러니까 죽는다 죽는다 웃고. 아이고.

― 그라고 악쓰고 도라뎅기제 묵뜨는⁴⁷⁾ 무그로는 아봐. 주:거도.

― 아, 그 날또 네:가 거그서 베를 멩께 따른 에기들꺼 까틈 이:론나⁴⁸⁾ 이론나 항께 올껄 아니요? 무장 네뻬.

― 아, 그레야꼬 그르케 부서가꼬 오드이 헤년마당 부서, 또. 그레아꼬 인자는 늘거징께 안 합띠다.

(웃음) 음

구녀에가 엔:나레는 몬: 머거서,

― 야, (문 여는 소리)

부 부:끼도 하고,

#― 그런디

또 얼구레 하:야케,

― 야 부짐 버짐

어. 버짐 다 피고.

― 버지미 버지미 피여써라우.

그러지요

― 엔:나레

예

― 야

그 다: 게 영양실쪼데서 그렁 거여.

@1 아

― 그런

버짐 핑: 거시.

― 야

어

#― 그 입쑬

나도 어려쓸 떼 그레꺼등.

- 그렇게 악쓰고 돌아다니지, 먹지는 먹으려는 안 와. 죽어도.

- 아, 그날도 내가 거기서 베를 매니까 다른 아이들 같으면 이리 오너라 이리 오너라 하니까 올 것 아니오? 점점 도망쳐.

- 아, 그래가지고 그렇게 부어가지고 오더니 해마다 부어, 또. 그래가지고 이제는 늙어지니까 안 합디다.

(웃음) 음

그러니까 옛날에는 못 먹어서,

- 예, (문 여는 소리)

붓기도 하고,

#- 그런데

또 얼굴에 하얗게,

- 예, 버짐 버짐

어 버짐 다 피고.

- 버짐이 버짐이 피었어요.

그러지요.

- 옛날에

예

- 예

그 다 게 영양실조 돼서 그런 거야.

@1 아

- 그런

버짐 핀 것이.

- 예

어

#- 그 입술

나도 어렸을 때 그랬거든.

\# - 입쑤를

- 그릉 께라우.

@1 제 친구도 버짐 핀 에:가 이썬는데,

어

@1 이썬는데 저는 이케 게: 어떤 에:드른 꼭 이러케 피워요.

어

@1 근데 저는 피여본 저기 엄:는데 진짜 싱기헤. (웃음)

어 하:야케 이러케 피여.

\# - 이 이 그릉께 지금 생각형게 머 뭐 다 다란49) 나고 그렁 거또 영양실쪼라 가고.

@1 아:: 다:란.

\# - 입쓸 틍 거또,

다:란?

\# - 입쓸 뜽 입쓸 버러징 거또 영양실쪼라가고,

@1 어

\# - 지그믄 그러드마.

@1 이거는 아마 피고네서.

응

@1 예

엔:나레는 거 베고 거 영양실쪼 데 몸: 머그먼 베 베가 베가 뿡 안 나와뜽가요?

- 그렝 (기침소리)

\# - 그레쩨라우.

예

- 야, 그러제라.

\# - 올쳉이베마니로.

\# - 입술을

- 그러니까요.

@1 제 친구도 버짐 핀 아이가 있었는데,

어

@1 있었는데 저는 이렇게 어떤 아이들은 꼭 이렇게 피어요.

어

@1 그런데 저는 피어 본 적이 없는데 진짜 신기해. (웃음)

어 하얗게 이렇게 피어.

\# - 이 이 그러니까 지금 생각하니까 뭐 뭐 다 다래끼 나고 그런 것도 영양실조라고 하고.

@1 아. 다래끼.

\# - 입술 튼 것도,

다래끼

\# - 입술 뜬 입술 벌어진 것도 영양실조라고,

@1 어

\# - 지금은 그러더구먼.

@1 이것은 아마 피곤해서.

응

@1 예

옛날에는 그 배고(파서) 그 영양실조 못 먹으면 배 배가 배가 뿍 나왔었잖아요?

- 그래. (기침소리)

\# - 그랬지요.

예

- 예, 그러지요.

\# - 올챙이 배처럼.

\#- 뽈록

네, 그런 에:기들또 보셔써요?

- 그레쩨라우. 마:니 봐쩨라우.

\#- 야, 우~ 유기오 유구

유기오 유기오 떼.

\#- 우리들치 우리들또 마:니 그레써라.

그레써요?

@1 아~

아 하도 몸:무궁께.

\#- 게우리조카 요 게우리⁵⁰⁾ 꼭 올챙이베마니로 뽈록 **.

부서.

- 응, 베가.

\#- 지금 우:: 우리들 우리들 우리들 또레가 마:니 그레써라우.

예

- 에 우리 에:기드른 그러진 아네써.

예

\#- 꼭 머 꼭 올챙이우동마니로 그러지.

응

@1 다른 데가 막 마를까

저 아푸리카 아푸리카 지금

\#- 예예

보니까 고로코 셍게뜨마.

\#- 거 남:민들 지금.

어 고로케 셍겨뜨마.

겔 퐁

\#- 그게 긍께 꽁 지금 거 엔:날 셍각납띠다.

#— 볼록

예, 그런 아이들도 보셨어요?

— 그랬지요. 많이 봤지요.

#— 예, 육이오 육이오

육이오 육이오 때.

#— 우리들 우리들도 많이 그랬어요.

그랬어요?

@1 아~

아 하도 못 먹으니까.

#— 개구리?? 이 개구리 꼭 올챙이배처럼 볼록 ??

부어.

— 응, 배가.

#— 지금 우리들 우리들 우리들 또래가 많이 그랬어요.

예

— 예, 우리 아이들은 그러지는 않았어.

예

#— 꼭 뭐 꼭 올챙이??처럼 그러지.

응

@1 다른 데가 막 마를까

저 아프리카 아프리카 지금

#— 예예

보니까 그렇게 생겼더구먼.

#— 그 난민들 지금.

아 그렇게 생겼더구먼.

??

#— 그게 그러니까 꼭 지금 그 옛날 생각납디다.

\# - 네, 난민 난민들 보머,

\# - 불쌍합띠다.

네

- 불쌍헤.

\# - 거 아무도 암 무거,

엔:나레 우리 옌날 모스비 그레요.

- 야

\# - 아 아푸 아푸리까 거 사마낄 인는디 에:들 베가 요로고 나와 가꼬
말레다 머 걸리고.

응

- 응, 그러드라고. 그래서,

\# - 유기오 꼭 지쿠랑은 똑까터.

@1 응

- 이 정 그래서 나는 저 이 여런 티⁵¹⁾ 에기들 가트머는,

\# - 난미는 아니제이~. 또까트제⁵²⁾.

- 저런 놈 한나썩 여그서 데레다 잠 키:먼 조:커타 그런 셍각 들드마.

\# - 먼 이:를 좀 할라므니라.

- 으 키여보먼 자스기나 똑:가딴 마리요.

그러제.

- 노무 자식또.

\# - 그레도 남미는 아이제마는 오고 가고,

- 그라는디

\# - 원주민들도 모두 가고,

- 응, 너머너머⁵³⁾ 불쌍하다 그런 셍가기 들데.

\# - 꼭 우들 우리나라,

\# - 꼭 유기오 ***

\#- 예, 난민 난민들 보면,

\#- 불쌍합디다.

예

- 불쌍해.

\#- 그 아무도 안 먹어.

옛날에 우리 옛날 모습이 그래요.

- 예

\#- 아 아프 아프리카 그 사막길 있는데 아이들 배가 이렇게 나와 가지고 말라리아 뭐 걸리고,

응

- 응, 그러더라고. 그래서,

\#- 육이오 꼭 직후랑 꼭 같아.

@1 응

- 이 정 그래서 나는 저 이 이런 곳 아이들 같으면은,

\#- 난민은 아니지. 똑같지.

- 저런 놈 하나씩 여기서 데려다 좀 키우면 좋겠다 그런 생각 들더구먼.

\#- 무슨 일을 좀 하려면요.

- 키워 보면 자식이나 꼭 같단 말이오.

그러지.

- 남의 자식도.

\#- 그래도 난민은 아니지마는 오고 가고,

- 그러는데

\#- 원주민들도 모두 가고,

- 응, 너무너무 불쌍하다 그런 생각이 들데.

\#- 꼭 우리들 우리나라.

\#- 꼭 육이오 ???

- 은:제54) 함버네는 봉께는,

- 깡넹이를55) 저 물 부꼬 끼렌는 저 뗀:능갑떼.

어

어

\# - 아이 그렁께

- 그 그 그노메다가 그라나도 그노멀 그르께 마시케 무거 싸:트라.

\# - 아이, 그렇께 우덜 우덜 클 떼하고 또:까뜨라고 안56)?

- 그릉께.

\# - 지금 머야

무리 업:써가꼬

- 야

뭔:

- 먼 물도 머또 아잉 거슬 마시고,

- 상키를

서너 시간 거러 가꼬 머 가서 물 기러 가꼬 옵띠까?

- 야

\# - 지금도 엠비씨끄

- 물도 시크 막

예

- 아조

\# - 엠비씨에서는 단두리57) 참 존: 방송이여.

- 꼽짜구가58) 한:나 찬 놈.

응, 빔물 까지고

\# - 네

- 이놈 집 막 흑쪼차 머:쪼차59) 인는 디서 떠가꼬 오드라고.

긍께

- 언젠가 한번은 보니까,

- 옥수수를 저 물 붓고 끓었는 저 땠는가 보데.

어

어

#- 아이 그러니까

- 그 그것에다가 그렇지 않아도 그것을 그렇게 맛있게 먹어 쌓더라.

#- 아이, 그러니까 우리들 우리들 자랄 때하고 똑같잖아?

- 그러니까.

#- 지금 뭐야

물이 없어가지고

- 예

무슨

- 무슨 물도 무엇도 아닌 것을 마시고,

- 산길을

서너 시간 걸어가지고 뭐 가서 물 길어가지고 오잖습디까?

- 예

#- 지금도 엠비시 그

- 물도 시커 막

예

- 아주

#- 엠비시에서는 '단비'가 참 좋은 방송이야.

- 꼽재기가 가득 찬 것.

응, 빗물 가지고

#- 예

- 이것 집 막 흙이랑 뭐랑 있는 데서 떠가지고 오더라고.

그러니까

\# - 아 그렇께 우:덜 우들,

더러운

\# - 어려쓸 떼하고 또까트지, 우리 현:시리.

- 그릏께.

\# - 우리도 시골에서 그르크로 꼭 끄른 시그로 사라써라우.

음

버짐도 엔나레 마:네꼬.

\# - 야

\# - 꼭끄른 시그로 사라, 뭐. 지금 아푸리카 거 흐긴드라고 그런 시그
로 사라쩨.

뚜드럭또 마:니 나고.

- 뚜드릉⁶⁰⁾ 나:제라우.

뚜드럭 뭐:덜 떼 뭐:더먼 뚜드럭 나:덩가요?

- 아이, 카마이써도⁶¹⁾ 막 가람서러⁶²⁾,

어

\# - 손뿌당만씩⁶³⁾ 나온데.

- 막 *** 뭐 이르케 헤아꼬 에:기드리 거 우리 에기도 그럽띠다.

\# - 아, 지금 말로 식쭝도기여.

예

먼 음시글 인제 잘몸 머거서,

- 야, 잘몸 무거서 그렁가.

@1 아

그떼는 머 이유를 몰:란는데,

- 야

\# - 그 으 네

큰 뼝은 지금 그러제.

#- 아 그러니까 우리들 우리들,

더러운

#- 어렸을 때하고 똑같지, 우리 현실이.

- 그러니까.

#- 우리도 시골에서 그렇게 꼭 그런 식으로 살았어요.

음

버짐도 옛날에 많았고.

#- 예

#- 꼭 그런 식으로 살아, 뭐. 지금 아프리카 그 흑인들하고 그런 식으로 살았지.

두드러기도 많이 나고.

- 두드러기 나지요.

두드러기 뭐 할 때 뭐 하면 두드러기 나던가요?

- 아이, 가만있어도 막 가려우면서,

어

#- 손바닥만큼씩 나오데.

- 막 ??? 뭐 이렇게 해가지고 아이들이 그 우리 아이도 그럽디다.

#- 아, 지금 말로 식중독이야.

예

무슨 음식을 이제 잘못 먹어서,

- 예, 잘못 먹어서 그러지

@1 아

그때는 뭐 이유를 몰랐는데,

- 예

#- 그 으 예

큰 병은 지금 그러지.

#- 그르 음

#- 그 손뿌당만씩 헤까꼬 와:따,

가렵쩨.

#- 가든마리

@1 아 이르케 이르케

#- 커.

@1 네

— 돔:보집또64) 나, 또.

네?

— 돈보지비라고라이~.

네

— 막 으 얼구리곤 저 머리고 그런 느비가65) 넙쩍넙쩍헤가꼬 꼭 동굴 똥구락 헤가꼬,

#- ***

— 막 거 뚜들뚜드룩헤야꼬 거가 머리도 빠코 그레라.

— 나먼 이런 데.

돈:보짐 돈.

— 돈:보짐 나먼,

에 돈:보짐 나먼. 네.

— 뭐 똥굴똥굴헤가꼬 항게 돔:보지비락 헨:능가.

네

#- 그렌능가 지금 나.

#- 티브이 보먼서 요 엠비씨에서 한 담비 그 참 조은 프로더라.

(웃음)

#- 우들 그른 그런 세:상을 사라농께,

음

\#- 그러 음

\#- 그 손바닥만큼씩 해가지고 아따,

가렵지.

\#- ????

@1 아 이렇게 이렇게

\#- 커.

@1 예

- 둥근버짐도 나, 또.

예?

- '돈버짐'이라고요.

예

- 막 얼굴이고 저 머리고 그런 넓이가 넓적넓적해가지고 꼭 동글동글해가지고,

\#- ???

- 막 그 도톨도톨해가지고 거기에 머리도 빠지고 그래요.

- 나면 이런 데.

둥근 버짐

- 둥근버짐 나면,

예 둥근 버짐 나면. 예.

- 뭐 둥글둥글해가지고 하니까 '돈버짐'이라고 했는가.

예

\#- 그랬는지 지금 나.

\#- 텔레비전 보면서 이 엠비시에서 한 '단비'(프로그램 이름) 그 참 좋은 프로더라.

(웃음)

\#- 우리들 그런 그런 세상을 살아 놓으니까,

음

@1 그니까요.

― 아:따, 옥쑤시⁶⁶⁾ 그 짜자낭⁶⁷⁾ 거 쌀마서 중께 그노물,

＃― 아, 그럼 그럼서로

― 그르:케도 머거쌈서러,

＃― 음, (음악 소리)

＃― 거 우들 우더른 그노물 신쭈머니다,

그쵸

＃― 타 타가꼬 데님서 쌩이로다⁶⁸⁾ 무건는디, (웃음) 요거시

@1 바비요?

＃― 네

@1 아

유기오 후에 인자 미 미:국 미:국 싸람드리 원조 헤중 거지. 그게 인자.

＃― 워:커⁶⁹⁾ 인능 거시 크:제.

＃― 도라무통 가튼 디다,

우유 가틍 거 이렁 거 뭐 어

＃― 예, 우유. 쌩우유 가꼬 오먼 그놈 거 오다가 머실 종우짜기르 뜨더가꼬 이베다 너:문 다 드러부터가꼬,

@1 (웃음)

어

＃― 그 그떼 머 끄를 무글 찌도 모:르고 그떼는. 끄러서 우유를 무글 찌도 모르고 (전화벨소리) 음.

― 넬: 온다고 쓰거따, 넬:.

그 다메 저네도 말씀하셔찌만 그떼는 또 인제 그 문:둥이들또,

― 떼로 뎅게써라우.

떼로 뎅게써요?

― 야

@1 그러니까요.

— 아따, 옥수수 그 변변치 않은 것 삶아서 주니까 그것을,

#— 아, 그러 그러면서

— 그렇게도 먹어 쌓으면서,

#— 음, (음악 소리)

#— 그 우리들 우리들은 그것을 신주머니에다,

그렇지요.

#— 타 타가지고 다니면서 날로도 먹었는데, (웃음) 이것이.

@1 밥이요?

#— 예

@1 아

육이오 후에 이제 미국 미국 사람들이 원조해 준 것이지. 그게 이제,

#— 워낙 있는 것이 크지.

#— 드럼통 같은 데다,

우유 같은 것 이런 것 뭐 어

#— 예, 우유 생우유 가져오면 그것 그 오다가 뭐 종잇장을 뜯어가지고 입에다가 넣으면 다 들어붙어가지고,

@1 (웃음)

어

#— 그 그때 뭐 끓여 먹을 줄도 모르고 그때는. 끓여서 우유를 먹을 줄도 모르고 (전화벨소리) 음.

— 내일 온다고 좋겠다, 내일.

그 다음에 전에도 말씀하셨지마는 그때는 또 이제 그 문둥이들도,

— 떼로 다녔어요.

떼로 다녔어요?

— 예

\# - (웃음)

- 아:따, 무삽띠다.

아

- 인자 그를 떼게는 어쩨 그러냐머 우리 줄:목써라고 거:가서 인자 쫌 사라딴 마리요. 그 우리

예

- 아까침 마:라데끼 우리

- 인제 동세를 쫌 저 시어메보다 쫌

어

- 가:치 살:름서 갈치이라고 가 사:고 인는디,

- 효:승이네 아부지는 노:무자 가버리고 오:꼬,

어

- 저삼네[70] 아부지는,

- 저 저거슬 업꼬 인는디, 아이 문:딩이 페가 저 건네 사네 가서 멍:차 가가꼬 거그서 노레를 붐:냐, 저녀게.

어

- 저 노레도 잘 부르데.

- 그레야꼬 인는디,

\# - 그집 ** 가믄 또까튼 ** 인는디

- 오:메 인제 저 문:디이페가 우리 지비로 나 한자 인는지 알고 오먼 어:찌케 사:까 그라고는,

(웃음)

- 무사서 어:찌케 사:까 인자 그라고는 인는디, 인자 초:네서 에 이 건네로 또 어드로 옹거뜽가 어찌등가 이르케 떼로 오드란 마리요.

- 이거슬 오:꼬 나:무청에[71] 안 베. 남 정기도[72] 쩨:깐헤:제.

- 거가서 딱: 인는디 아 니:가 함:시로, 어~ 허~ (웃음)

\# - (웃음)

- 아따, 무섭습디다.

아

- 이제 그때에는 어째 그러냐면 우리 들목(지명)이라고 거기서 이제 좀 살았단 말이오. 그 우리

예

- 아까 말하듯이 우리

- 이제 동서를 좀 저 시어머니보고 좀

어

- 같이 살면서 가르치라고 살고 있는데,

- 효성이네 아버지는 노무자 가버리고 없고,

어

- 저이 아버지는,

- 저 저것을 업고 있는데 아이 문둥이패가 저 건너 산에서 멈춰 가지고 거기서 노래를 부르잖아, 저녁에.

어

- 저 노래도 잘 부르데.

- 그래가지고 있는데,

\# - 그집 ?? 가면 똑같은 ?? 있는데

- 아이고 이제 저 문둥이패가 우리 집으로 나 혼자 있는 줄 알고 오면 어떻게 살까 그러고는,

(웃음)

- 무서워서 어떻게 살까 이제 그러고는 있는데, 이제 촌에서 이 건너로 또 얻으러 온 것이던지 어쩌던지 이렇게 떼로 오더란 말이오.

- 이것을 업고 나뭇간에 안 보여. 나무 부엌도 조그마하지.

- 거기 가서 딱 있는데 아 네가 하면서, 어 허 (웃음)

(웃음)

@1 (웃음)

─ 그라고 악 써. 뒤:에서 네가 업꼬 인는디.

어 (웃음)

─ 그렁께 오메오메, 암:트 마레야73).

(웃음)

─ 으 저 저 사람들 우리지비 달라등께 그,

─ 그라고 이쓩께 요마꿈 와따가는 저 안 데거뚱가 도로 저 사니로 가서 사네 가 또 노레 부르고 이뜨마.

─ 꼭 올 껀만 가터 지비로.

어

─ 저 사람드리 떼로 달라들면 어쩌끄나, 그런 셍가게.

어~

─ 그러드말로74) 나:중에는 거 가서 잠자고 기양 가고 가고 그러듬마.

떼로는 아니고 와따 한두 명 다니기도 헤요?

#─ 아유

─ 어짤 떼는 마:니 이따라우.

#─ 저네는 *** 거 거 메이 멘 멩이서 다 다 거세가꼬,

음

─ 음

#─ 인자 보기 시른 흉터가 이쓩께 긍가 중 지그므로 마라자먼 중절모

음

#─ 땅: 네러 쓰고 얼굴 암 보이게,

음

#─ 엔나레 그르고 다녀써.

그러초 흉터 떼무네 암 보일라고.

(웃음)

@1 (웃음)

─ 그렇게 악 써. 뒤에서 내가 업고 있는데

어 (웃음)

─ 그러니까 워메 워메, 아무 말도 하지 마라.

(웃음)

─ 으 저 저 사람들 우리집에 달려드니까 그,

─ 그렇게 있으니까 이만큼 왔다가는 저 안 되겠던지 도로 저 산으로 가서 산에 가 또 노래 부르고 있더구먼.

─ 꼭 올 것만 같아 집으로.

어

─ 저 사람들이 떼로 달려들면 어쩔거나, 그런 생각에

어

─ 그러더니만 나중에는 거기 가서 잠자고 그냥 가고 가고 그러더구먼.

떼로는 아니고 왔다 한두 명 다니기도 해요?

─ 아유

─ 어떤 때는 많이 있어요.

─ 전에는 ??? 그그 몇 명이 다 다 거시기해 가지고,

음

─ 음

─ 이제 보기 싫은 흉터가 있으니까 그런지 중 지금으로 말하자면 중절모

음

─ 딱 내려 쓰고 얼굴 안 보이게,

음

─ 옛날에 그렇게 다녔어.

그렇지요. 흉터 때문에 안 보이려고.

─ 야

\# ─ 흉터 떼무네 얼굴 흉터 떼무네 암 보일라고.

눈썹또 업:꼬 뭐 이러니까이~.

\# ─ 중절모를 안:저니 딱 네려. **마니로 네레.

─ 긍께 이런 티도 가:끔 그스런 사람 이써뜽갑띠다.

─ 우리 동네 싸라미 저 신장 싸라미 잘살:긴 잘사라써라우.

─ 잘사란는디 그 집 아부지가 그 병:을 걸려따 구레.

음

─ 뽀:짝 우아레 찌빈디.

─ 그레서 살:기는 겐차너게 산:디,

─ 거그:느 가지 마:라고 샤:람드리 그레라우.

─ 그레서 봉께 소니 다 저 진짜 오그라저 부러뜨라고.

\# ─ 오메, 이러 이런 티도 서:메도 그 나:병 한자들 마:네뜽가 벼.

─ 음, 마:니 이써뜽갑뜨라야.

네, 그레요이~?

─ 야

─ 제민:네 하나씨도⁷⁵⁾ 그레따하디야?

서:문 오이려 저기한데,

─ 엔:나레

다 병:인지 알고 아노는데.

\# ─ 응, 예, 그:드리 여그도 마:네뜽가 바요.

음

─ 인자는 인자 옵:쩨.

\# ─ 그러지

─ 절때.

\# ─ 그 사람드리 긍께 에:지에서 아 여리 드롼능가는 몰:라도,

― 예

#― 흉터 때문에 얼굴 흉터 때문에 안 보이려고.

눈썹도 없고 뭐 이러니까.

#― 중절모를 완전히 딱 내려. ??처럼 내려.

― 그러니까 이런 데도 가끔 그런 사람 있었던가 봅디다.

― 우리 동네 사람이 저 신장(지명) 사람이 잘살기는 잘살았어요.

― 잘살았는데 그 집 아버지가 그 병을 걸렸다 그래.

음

― 바짝 위아래 집인데.

― 그래서 살기는 괜찮게 사는데,

― 거기는 가지 말라고 사람들이 그래요.

― 그래서 보니까 손이 다 저 진짜 오그라져 버렸더라고.

#― 아이고, 이런 이런 곳에도 섬에도 그 나병 환자들 많았던가 봐.

― 음, 많이 있었던가 보더라.

예, 그래요.

― 예

― 재민(인명)네 할아버지도 그랬다 하더냐?

섬은 오히려 저기한데,

― 옛날에

다 병인 줄 알고 안 오는데.

#― 응. 예, 그런 사람들이 여기도 많았던가 봐요.

음

― 이제는 이제 없지.

#― 그러지.

― 절대

#― 그 사람들이 그러니까 외지에서 이리 들어왔는지는 몰라도,

그레요.

\#- 우리도 어려쓸 떼 이써, 마:니.

음 음

\#- 그 에:지에서 긍께 드롼:쓸 쑤도 이쩨.

- 그라제.

그러지요.

\#- 여 뭐 어더무꼬 살:라고.

- 음

음

그 다으메~ 눈 누네 인는 병:드른 어떤 병:드리 이써요?

- 이쩨라, 꽉: 차쩨라우.

꽉:차써. 먼: 병이 일니리 이써?

\#- 저

- 누네피도76) 이꼬,

누네피는 머:예요?

- 막 인제 누니 저

\#- 안질

- 안:질

음

- 긍께 누네피나 눙꼬비 이씀서로 막 검나게 그거또 오레 오레까지 헤라우 거:까만.

음

- 기트

그릉자 고거또 한 사라미 허먼 다른 사라만테 올 올마 가지요?

- 올른닥 헤라우.

올른닥 헤.

그래요

\#- 우리도 어렸을 때 있어, 많이.

음음

\#- 그 외지에서 그러니까 들어왔을 수도 있지

- 그러지.

그러지요.

\#- 이 뭐 얻어먹고 살려고.

- 음

음

그 다음에 눈 눈에 있는 병들은 어떤 병들이 있어요?

- 있지요. 꽉 찼지요.

꽉 찼어. 무슨 병이 일일이 있어?

\#- 저

- '눈애피'도 있고

'눈애피'는 뭐예요?

- 막 이제 눈이 저

\#- 안질

- 안질

음

- 그러니까 눈병이나 눈곱이 있으면서 막 굉장히 그것도 오래 오래까지 해요. ???.

음

- ??

그럼 이제 그것도 한 사람이 하면 다른 사람에게 옮아가지요?

- 옮는다고 해요.

옮는다고 해.

- 보지 마라고 막 그릉께.

보지 마:라고이~?

- 야

어, 누네피는 보지 마라고이~.

- 야

#- 그 아까치메 마:란 다랃,

- 다라또 나고 석또77) 나고 막 그레가.

네? 서기 머예요?

- 서기라고 또 누네가 막 삘:게가꼬 그거 석 써:따고 그럽띠다.

- 누네 피빨 이써가꼬.

- 누네가.

피빠리 이써. 어.

- 야, 그 저그 그르케 야 셍게가꼬 이씨머 피 그 느 석 써따고 그러드마.

음

- 눈 본 사람

어:트게 치료헤요? 옌:나레 누넫 누네피나 다:라시나 이렁 거슨 뭐:슬 어떠케?

- 그거뚜 검나게 오레까지 나: 뚱게 납띠다.

캉 놔:뚸 부러요?

- 야, 놔:뚜먼 나:꺼쏘야.

방버비 업:써.

#- (웃음)

- 몯:사라나서

#- 아이 다랃 나먼 에:기덜 꼬치로 문질르고.

- 음

@1 네

예

― 보지 말라고 막 그러니까.

보지 말라고?

― 예

어, 눈병은 보지 말라고.

― 예

#― 그 아까 말한 다래끼.

― 다래끼도 나고 '석'도 나고 막 그래가지고.

예? '석'이 뭐예요?

― '석'이라고 또 눈에 막 빨개가지고 그것 석 섰다고 그럽디다.

― 눈에 핏발 있어가지고.

― 눈에.

핏발이 있어. 어

― 예, 그 저기 그렇게 생겨가지고 있으면 피 그 석 섰다고 그러더구먼.

음

― 눈 본 사람

어떻게 치료해요? 옛날에 눈에 눈병이나 다래끼나 이런 것은 뭘 어떻게?

― 그것도 굉장히 오래까지 놔 두니까 낫습디다.

그냥 놔 둬 버려요?

― 예, 놔두면 낫겠소.

방법이 없어.

#― (웃음)

― 못살아서

#― 아이 다래끼 나면 아이들 고추로 문지르고.

― 음

@1 네

예

에? 꼬추

#- 에:기덜 거 에기덜 남자 에기덜 꼬추로,

네

#- 문질러써.

문질러요? 그럼 나은 니승 거여?

#- 나는 몰:라 (웃음)

@1 (웃음)

- (웃음)

(웃음)

- 딱허면 나산능가 모:린디,

아니 꼬:치로 문질른다고?

- 야, 그르케 헤:써라우.

@1 (웃음)

어?

#- 그런 나숭가 안나숭가 몰:라.

(웃음)

- (웃음)

그런 마긍까 그런 민간뇨:뻐비 이써쓰 꺼예요.

- 야

나:두진 앙코.

- 그릉께라우. 흠.

어

@1 눈썹 뽀바 가지고,

- 음

#- 그릉 거야.

@1 돌:레다 이러케 헤:노라고.

예? 고추?

\# - 아이들 그 아이들 남자 아이들 고추로,

예

\# - 문질렀어.

문질러요? 그럼 낫는 낫는 거야?

\# - 나는 몰라. (웃음)

@1 (웃음)

- (웃음)

(웃음)

- 딱하면 나았는지 모르는데,

아니 고추로 문지른다고?

- 예, 그렇게 했어요.

@1 (웃음)

어?

\# - 그러면 낫는지 안 낫는지 몰라.

(웃음)

- (웃음)

그런 말 그러니까 그런 민간요법이 있었을 거예요.

- 예

놔두지는 않고.

- 그러니까요. 흠.

어

@1 눈썹 뽑아가지고,

- 음

\# - 그런 거야.

@1 돌에다 이렇게 해 놓으라고.

\# - 아니

\# - 그릉께 그 그 그릉 거슨 모:른 그르고 또 이자 머:던[78] 디는 인자 머 누구 머리카락 자꼬 눈 뜨 머이요 누늘.

\# - 여 소금 여그 머 눔물 구멍 트고 그렁 거 체:그네 야기고, 에 엔나레르 에기들 꼬치로 눔 비비고.

- (웃음)

(웃음)

- 엄:마나 여 야기 업:쓰먼 그레꺼쏘이~?

(웃음)

@1 (웃음)

- 어 그 나:뚜먼 검:나 오레까지 가, 그거시.

@1 음

- 누네피 걸려 노먼.

음

\# - 아, 그러고 자 이녁 오줌 발라 가꼬 따끄고 그런,

오

\# - 나으 염:끼따메 그렁가 저 염:기.

아 오줌 바다가 따끼도 하고.

- 야

음

\# - 눙꼽 나먼 엔:나레 그레써.

눙꼽 나먼뇨? 예.

그 다메 머 감:기는 엔:나레도 흔히 이써쓸 꺼시고.

- 야, 강:기 마:니 드러쩨라우.

네. 그거도 따로 뭐 머 야긴나?

- 강:기약또 업:쓸 테제라우, 엔:나레는 인자.

#- 아니

#- 그러니까 그 그 그런 것은 모르는 그러고 또 이제 어떤 곳은 이제 뭐 누구 머리카락 잡고 눈 뜨 뭐요 눈을.

#- 이 소금 여기 뭐 눈물구멍 트고 그런 것 최근에 이야기고, 옛날에는 아이들 고추로 눈 비비고.

- (웃음)

(웃음)

- 얼마나 약이 없으면 그랬겠소?

(웃음)

@1 (웃음)

- 어 그 놔두면 굉장히 오래까지 가, 그것이.

@1 음

- 눈병 걸려 놓으면.

음

#- 아, 그리고 이제 자기 오줌 발라가지고 닦고 그런,

오

#- 나으 염기 때문에 그런지 저 염기.

아 오줌 받아서 닦기도 하고.

- 예

음

#- 눈곱 나면 옛날에 그랬어.

눈곱 나면요? 예.

그 다음에 뭐 감기는 옛날에도 흔히 있었을 것이고.

- 예, 감기 많이 들었지요.

예, 그것도 따로 뭐 뭐 약 있나?

- 감기약도 없을 테지요, 옛날에는 이제.

음

　─ 떼 다치면 일 이러난다고 헤쩨.

음

　─ 떼 다치먼.

음

　─ 인자 오레 이쓰먼 인자 나스꺼이다고 그레.

그라먼 인제 지금 가트먼 풍 걸린 사람도 마:니 이써요? 풍?

　─ 그러제라우. 엔:나레는 풍 걸린 사람 이쩨라우.

음

　─ 풍 걸려 노먼 어 어:쭈카 잘몯 허먼 거 다리도 실렁실렁하고[79] 뭐 또 그랍띠여?

음

　─ 그런 사라미 풍 걸려서.

음

그리고 지금 가트먼 치메 환:자라고 할 쑤 인는데 노:망 드러따고이~?

　─ 야, 노:망 헤:따고 그레.

어~

　─ 노:망헤:따고.

그런 주위에서 보신 적 이쎄요?

　─ 몯 고처제라우. 어:쭈구 고:치거쏘, 누가?

아:니 몯:뽀셔써요?

　─ 예

그런 노:망한 사람 업:써써요?

　─ 야, 고친 사람 업:써써라우.

어?

#─ 본 저근 마니 이트라도, 정:주마난 데 와.

음

― 때 닥치면 일 일어난다고 했지.

음

― 때 닥치면.

음

― 이제 오래 있으면 이제 나을 것이라고 그래.

그러면 이제 지금 같으면 풍 걸린 사람도 많이 있어요? 풍?

― 그러지요. 옛날에는 풍 걸린 사람 있지요.

음

― 풍 걸려 놓으면 어떻게 잘못 하면 그 다리도 슬렁슬렁하고 뭐 또 그러잖습디까?

음

― 그런 사람이 풍 걸려서.

음

그리고 지금 같으면 치매 환자라고 할 수 있는데 노망 들었다고?

― 예, 노망했다고 그래.

어

― 노망했다고.

그런 주위에서 보신 적 있으세요?

― 못 고치지요. 어떻게 고치겠소, 누가?

아니 못 보셨어요?

― 예

그런 노망한 사람 없었어요?

― 예, 고친 사람 없었어요.

어?

#― 본 적은 많이 있더라도. ??????

@1 본 저기 이쓰션냐고?

\# – 노:망한 사람?

@1 예

– 우리 지부게 어:른 한 냥반 노:망끼 드러딱하드마.

– 하:다 오레 사라서, 그 냥반도.

@1 음

– 거장 엔:날 나이로 한 백살까장 되야뜽가 몰:라.

@1 허

– 검:나 오레 사라써라우.

– 그레야꼬 잘 상:께 여:를80) 검:나게 그 영:감 마체서 인저 헤:가꼬 거 치리랑 치레서 누금 저 그 영:감 방에다가 찌드란:하게81) (웃음) 그놈 까라나뜨라고. 어 무삽떼. 크네기 떼. 에기드리라.

응

– 그거뽀먼.

– 그러드니 나:중에 주궁께 거그다가 다마가꼬 가고.

음

– 그레도 어쩌다가 하 그 즈그 하나씨 아부지만 그 문:디이뼁얼 걸레 쩨 딴 사람드른 암:사토82) 안합띠다.

@1 네

– 안 헨는디 즈그 두:쩨 아들 한나가 커 가꼬 인자 즈그 아부지 그런 뼁이 걸련 뒤:로까지 여그서 사라썬는디 인자 그르고 잘싼:디도 어디 가서 여짱시를 한다고 그레라우.

어

– 여짱시를 한닥 하드이 안 드로고 주거 부러써.

– 그렁 거이 그런 거시 거 그 빙:이 걸려 부러뜽갑써. 문 문:디이뼁이.

– 인자 생각항께.

@1 본 적이 있으셨냐고?

\#- 노망한 사람?

@1 예

- 우리집 위에 어른 한 양반 노망기 들었다고 하더구면.

- 하도 오래 살아서, 그 양반도.

@1 음

- 거의 옛날 나이로 한 백 살까지 되었던지 몰라.

@1 허

- 굉장히 오래 살았어요.

- 그래가지고 잘 사니까 관을 굉장히 그 영감 맞춰서 이제 해가지고 그 칠이랑 칠해서 누구 저 그 영감 방에다가 기다랗게 (웃음) 그것 깔아 놨더라고. 어 무섭데. 처녀 때. 아이들이라.

응

- 그것 보면

- 그러더니 나중에 죽으니까 거기다가 담아가지고 가고.

음

- 그래도 어쩌다가 하 그 저희 할아버지 아버지만 그 문둥이 병을 걸렸지 다른 사람들은 아무렇지도 않습디다.

@1 네

- 않았는데 저희 둘째 아들 하나가 커가지고 이제 저희 아버지 그런 병이 걸린 뒤로까지 여기서 살았었는데 이제 그렇게 잘사는데도 어디 가서 엿장수를 한다고 그래요.

어

- 엿장수를 한다고 하더니 안 들어오고 죽어 버렸어.

- 그런 것이 그런 것이 그 그 병이 걸려 버렸던가 봐. 문 문둥이 병이.

- 이제 생각하니까.

음

― 그레야꼬 아놔부러.

음

― 장:게룽 가서 여자랑 지비가 인는디도 아놔부러써.

― 모:씨게 뎅께 기양안 아놔부러뜽가.

아, 겨론까지 헨:는데.

― 야

그럼 엔:나레 인제 그 피부뼁가틍 거 이르케 이르케 기게똑 올라따 또 머

부시레미 나따,

― 야

그럼 뭐:뜨게 치료헤요?

― 아, 그저네는 뭐 씩 나코[83] 시처나 주먼 모르까 먼 약 뽈르고 그능

거슨 옵:써써라. 야기 옵:썬능갑써, 에초예.

음

― 뭐 사다가 볼륜 저근 업:써.

음

― 에기들레다.

음

― 시처나 중 걸 머 부무가.

시처나 주고

― 시처나 주고.

시처농거또 그냥 물로 헝거뿌듬 무슨 소금무리랄찌 뒌:장물.

― 야, 그러제라. 아니 소굼물.

소금물

― 소굼물 쪼끔 소금 타가꼬 쩌 야깐 타가꼬 아퍼 주글락헙떼.

― 시처 중께.

음

— 그래가지고 안 와 버려.

음

— 장가를 가서 여자랑 집에 있는데도 안 와 버렸어.

— 못쓰게 되니까 그냥 안 안 와 버렸던지.

아, 결혼까지 했는데.

— 예

그럼 옛날에 이제 그 피부병 같은 것 이렇게 이렇게 기계충(두부백선) 옮았다 또 뭐 부스럼이 났다,

— 예

그럼 어떻게 치료해요?

— 아, 그 전에는 뭐 싹 나중에 씻어나 주면 모를까 무슨 약 바르고 그런 것은 없었어요. 약이 없었는가 봐, 애초에.

음

— 뭐 사다가 바른 적은 없어.

음

— 아이들에다.

음

— 씻어나 주는 걸 뭐 부모가.

씻어나 주고.

— 씻어나 주고.

씻어 놓는 것도 그냥 물로 하는 것보다 무슨 소금물이라든지 된장물.

— 예, 그러지요. 아니 소금물.

소금물

— 소금물 조금 소금 타가지고 저 약간 타가지고 아파 죽으려고 할 때.

— 씻어 주니까.

어, 그거시 오히려 소독 데니까 사시른 조응 건데.

— 야

어

— 엔:나레는

@1 다치면 덴:장 발라주고 그러셔써요?

— 아이, 그 머:던 디는 된:장 볼르제, 어:덴 상하면.

@1 아

— 얼른 가따 된:장 띠여다가 거그다 *저.

어디 다친 데?

— 예, 다치혜서 은자 어쩨 피가 나고,

음

— 다치요? 그라머,

음

— 된:장을 띠에다가 거그다 얼릉 이르케 합띠다.

@1 에

— 그라면 인잔 인자 짱거 드러강께 안 피가 안 흘릉갑써.

(웃음)

— (웃음)

그레요.

— 야

자 그 다으메

— 쪼:끔 이따가 너 저 죽 셍:견 안 써 묵따 함본 쑤: 무거 볼라고 거 녹뚜헤:서 가 걸러 나쏘. 쑤 잡쑤고 가게84).

@1 저히 점심 인제 머꼬 완는데. (웃음)

— 아까 인자 쪼까 이따가 가실락 할 떼.

(웃음) 죽

어, 그것이 오히려 소독 되니까 사실은 좋은 건데.

— 예

어

— 옛날에는

@1 다치면 된장 발라 주고 그러셨어요?

— 아이, 그 어떤 곳은 된장 바르지, 어디 상하면.

@1 아

— 얼른 가져다 된장 떼어다가 거기다 ??.

어디 다친 데?

— 예, 다쳐서 이제 어째 피가 나고,

음

— 다치잖소? 그러면,

음

— 된장을 떼어다가 거기다 얼른 이렇게 합디다.

@1 예

— 그러면 이제 이제 짠 것 들어가니까 안 피가 안 흐르나 봐.

(웃음)

— (웃음)

그래요.

— 예

이제 그 다음에

— 조금 있다가 너 저 죽 생전 안 쒀 먹었다가 한 번 쒀 먹어 보려고 그 녹두 해서 그 걸러 놨소. 쒀 잡수고 가서.

@1 저희 점심 이제 먹고 왔는데. (웃음)

— 아까 이제 조금 있다가 가시려고 할 때.

(웃음) 죽

@1 이 시가네.

그러면 에 또 아까 그 음:시글 잘몬 머거가꼬 병:이 셍기자나요?

너무 마:니 머거서 셍깅 거시 인제 체한 거지요.

― 야, 그러제라우.

그믄 체하문 어:뜨께 치료를?

― 거 소금 무그께라? 소금.

소금?

― 응, 소금 비벼가꼬 마시라고, 망 무라고 헤서 마시랍따.

어~, 소그믈?

― 응, 소그믈.

그러면

― 뭔 야기 업:쩨라우.

치료가 네? 아니 글고 또 그

― 네레감마.

체 체네리는 떼도.

― 체 누구도 저 널: 싸람도 업:쩨라우.

응, 아 여기 이른 데 체네는 사람 업써써요?

― 야, 그레 업:써써라우.

― 그란디 인자는 체넨 사라미 따로 딱 이써, 은 쩌~ 아레가.

― 그릉께 가먼 니 기양 모:슬 네:드락헙띠다.

아

― 나도 함번 가바써라우.

@1 네

체 네 보셔써요?

― 야

― 그도 긍 그떼 함버는 가따 오고는 셍견 앙 가. 겐찬헙따.

@1 이 시간에.

그러면 예 또 아까 그 음식을 잘못 먹어가지고 병이 생기잖아요?

너무 많이 먹어서 생기는 것이 이제 체한 것이지요.

— 예, 그러지요.

그러면 체하면 어떻게 치료를?

— 그 소금 먹을까요? 소금.

소금?

— 응, 소금 비벼가지고 마시라고. 막 물하고 해서 마시라고 합디다.

어, 소금물?

— 응, 소금을.

그러면

— 무슨 약이 없지요.

치료가 예? 아니 그리고 또 그

— 내려가는구먼.

체 체내릴 때도.

— 체 누구도 저 낼 사람도 없지요.

응, 아 여기 이런 데 체내는 사람 없었어요?

— 예, 그래. 없었어요.

— 그런데 이제는 체내는 사람이 따로 딱 있어, 저 아래에.

— 그러니까 가면 그냥 뭘 내더라고 합디다.

아

— 나도 한 번 가 봤어요.

@1 예

체 내 보셨어요?

— 예

— 그래도 그때 한 번은 갔다 오고는 생전 안 가. 괜찮습디다.

아

— 효:승이네 아부지도 오레도 가고 두:버니나.

어

@1 아

체네로?

— 야

@1 뭐:가 나오등가요?

— 뭐:슬 쫌 잘몸:무그먼 저 우 우명으라 모믈 아눔직끼링께,

@1 네

— 깐따가믄 체헤라우.

음

@1 음

— 우리 아들또.

@1 헤 보셔써요?

— 카마니 이찌.

나도 어려쓸 떼 함번 네봉거 가튼디.

@1 아

뭐 고기가 나와따 그런디 그그시 진짠지 가:짠지,

— 그르 잘 몰라라우.

응

— 고 근짠지 가:짠지.

@1 막 닥뼈도 나오고.

— 응

그게 항상 그게 그렁 거 가찌 아는데 하여튼 그렁.

@1 음

응

아

— 효성이네 아버지도 올해도 가고 두 번이나.

어

@1 아

체내러?

— 예

@1 뭐가 나오던가요?

— 뭘 좀 잘못 먹으면 저 우 ???? 몸을 안 움직이니까,

@1 예

— 까딱하면 체해요.

음

@1 음

— 우리 아들도.

@1 해 보셨어요?

— 가만히 있지.

나도 어렸을 때 한 번 내 본 것 같은데.

@1 아

뭐 고기가 나왔다 그러는데 그것이 진짜인지 가짜인지,

— 그것을 잘 몰라요.

응

— 그 진짜인지 가짜인지.

@1 막 닭 뼈도 나오고.

— 응

그게 항상 그게 그런 것 같지 않는데 하여튼 그런.

@1 음

응

그 다으메 그니까 소금물 멍는 거시 엔:날 방법이여꼬,

— 예

너머 이러케 체헤서,

— 야, 소금 무그라고 헤.

어

그 담막 이제 막 토사광:나니라고,

— 야

막 설싸하고,

— 우알로[85].

어

— 체함서러.

어 어 그런

— 그릉 거또 어:쭈게 나선능가 나 모르거쏘야. 난 사라믄 보기는 반:는디.

어

— 어:찌께 나선능가는 몰라.

— 그를 떼는 에초에 병:워니 옵:쏘쏘 안?

그냥 네버려 보는 수바께 엄능 거. (웃음)

— 야

어

— 그릉께 에:기들또 거 저 마:니 주거부러.

— 에기들 커가 큼스러.

음

— 멘: 저 에기드른 죽쩨 어짜거쏘?

음

그 다으메 설싸병 걸리며는 어:뜨케 나슨다요?

— 설싸핑 걸리머 뭐:슬 묵 음 음 냐 그러머 아 굴무야 얼릉 나슨다홉따.

그 다음에 그러니까 소금물 먹는 것이 옛날 방법이었고,

— 예

너무 이렇게 체해서,

— 예, 소금 먹으라고 해.

어

그 다음 막 이제 막 토사곽란이라고,

— 예

막 설사하고,

— 위아래로.

어

— 체하면서.

어 어 그런

— 그런 것도 어떻게 나았는지 나 모르겠소 나은 사람은 보기는 봤는데.

어

— 어떻게 나았는지는 몰라.

— 그때는 애초에 병원이 없었잖소?

그냥 내버려 두는 수밖에 없는 것. (웃음)

— 예

어

— 그러니까 아이들도 그 저 많이 죽어 버려.

— 아이들 커서 크면서.

음

— 맨 저 아이들은 죽지 어쩌겠소?

음

그 다음에 설사병 걸리면은 어떻게 낫는대요?

— 설사병 걸리면 뭘 먹느냐 그러면 아 굶어야 얼른 낫는답디다.

아 물론 불 에 굴머.

― 기양 굼 굴머야.

어

― 어쩨 그러냐먼 저 토하고 어짜고 하면 설싸가 설싸하고 우알로서 인
자 사하고 그러면 암무그먼 안 드러가머는 안 할 껄 아니요?

네

― 그릉께 이 저 굴무라고.

어

따로 뭐 어떤?

― 야기 업쩨.

밍간뇨:뿝 아까 마:란드시 여러 가지 이상한 방법뜨리 이써요 뭐 그 그링
거슨 업:꼬요? 예.

― 그건 헤:가꼬 멀:헤:가꼬늘 얼릉 나:또 안허꺼시요. 거 굼:능 거시 야
기거쏘.

예~, 그러치요이~.

자~ 음:식 머꺼나 잘몬 머거 가지고 머시 들리지에게? 사

― 그럴 쑤도 이쩨라우.

먿 뜰린다 그레요?

― 영체딱86) 하제라우.

#― 살르들린다.

― 살레드러쏘 그런다고도 하고 영체서 그런다고.

영처따고.

― 야

영칭 거는 체항거시고.

― 잘몬 잘몬 무거가꼬,

어

아 물론 굶어.

- 그냥 굶어야.

어

- 왜 그러냐면 저 토하고 어쩌고 하면 설사가 설사 하고 위아래로 이 제 사하고 그러면 안 먹으면 안 들어가면은 안 할 것 아니오?

예

- 그러니까 이 저 굶으라고.

어

따로 뭐 어떤?

- 약이 없지.

민간요법 아까 말한 듯이 여러 가지 이상한 방법들이 있어요 뭐. 그런 것은 없고요? 예.

- 그것 해가지고 뭐 해가지고는 얼른 낫지도 않을 거요. 그 굶는 것이 약이겠소.

예, 그렇지요.

자 음식 먹거나 잘못 먹어가지고 뭐가 들리지요? 사?

- 그럴 수도 있지요.

뭐가 들린다 그래요?

- 얹혔다고 하지요.

#- 사레들린다.

- 사레들렸소 그런다고도 하고 얹혀서 그런다고.

얹혔다고.

- 예

얹힌 것은 체한 것이고.

- 잘못 잘못 먹어가지고,

어

─ 영체따고.

살레드링 거슨 머:예요?

─ 살 저 우알로 막 저 머:담서로 항 거슨 그거시 뭔: 뭔: 벵잉가 나도
모르거쏘.

@1 사레들링 거

─ 응, 사레들링 거슨

@1 응

─ 인제 나:쩨 더 얼릉. 토하고 막.

사레들링 거 토 안 토 하

#─ 아, 그 제치기항 거여.

─ 제치기하고 이뜨마.

음

#─ 일 물 가틍 거 묵따가.

음

─ 그레가꼬 죽뜬 사람 업:쓰꺼이다이~87). (웃음)

@1 (웃음)

음~, 사레들링 거 안 죽쩌요.

─ 야

어

─ 등거리88) 잔89) 뚜드러주고 우차고.

@1 (웃음)

(웃음)

그 다으메 요 저네 함번 이르케 말:씀 드련는데 이르게 그런 병 이르게 짝
이게 테어날 떼 이르케 덴 사람 이쩨? 입쑤리 이르케.

─ 아이 저

#─ 올쳉이

- 엎혔다고.

사레들리는 것은 뭐예요?

- 살 저 위아래로 막 저 뭐하면서 하는 것은 그것이 무슨 무슨 병인지 나도 모르겠소.

@1 사레들리는 것

- 응, 사레들리는 것은

@1 응

- 이제 낫지 더 얼른. 토하고 막.

사레들리는 것 토 안 토하

#- 아, 그 재채기하는 거야.

- 재채기 하고 있더구먼.

음

#- 물 같은 것 먹다가.

음

- 그래가지고 죽은 사람 없을 것이다. (웃음)

@1 (웃음)

음, 사레들린 것 안 죽지요.

- 예

어

- 등 좀 두들겨 주고 어쩌고.

@1 (웃음)

(웃음)

그 다음에 이 전에 한 번 이렇게 말씀 드렸는데 이렇게 그런 병 이렇게 짝 이게 태어날 때 이렇게 된 사람 있지? 입술이 이렇게?

- 아이 저

#- 언청이

- 얼체이~?

예

얼쳉이라감니까?

- 얼체이락 헤라우.

- 그 사람보다.

어 테어날 떼어부터 그르케 셍게찌?

- 그릉께. 그릉거 오 올쳉이⁹⁰⁾ 나:따고 그러제.

올쳉이 나:따고?

- 아이, 그른 사:라믄 인자 저 그걸 헤:도 인자는 그란허꺼시요마는⁹¹⁾ 저 테가⁹²⁾ 이씹따이~.

어

- 쩌 우레

#- 인자고싸⁹³⁾ 저:나온 걸 보건소 아,

- 아가씨.

#- 음, 아가씨.

안 타덩가요?

- 아가씨

#- 수술헨는디.

- 그:걸 헤서 수시랑⁹⁴⁾ 거 까떼.

#- 응응

- 마:른 안 헤도.

#- 인자도 요로코 요고.

- 응, 테가 이뜨라고.

테가 이써요?

- 야, 테가 이씹따.

지그믄 성형수술하지요?

－ 언청이

예

언청이라고 합니까?

－ 언청이라고 해요.

－ 그 사람보고.

태어날 때부터 그렇게 생겼지?

－ 그러니까. 그런 것 언청이 낳았다고 그러지.

언청이 낳았다고?

－ 아이, 그런 사람은 이제 저 그것 해도 이제는 그러지 않을 것이오마는 저 흉터가 있습디다.

어

－ 저 위에

#－ 방금 저 나온 그 보건소 아,

－ 아가씨.

#－ 음, 아가씨.

안 타던가요?

－ 아가씨

#－ 수술했는데.

－ 그것 해서 수술한 것 같아.

#－ 응응

－ 말은 안 해도.

#－ 지금도 이렇게 이것.

－ 응, 흔적이 있더라고.

흔적이 있어요?

－ 예, 흔적이 있습디다.

지금은 성형수술하지요?

- 그러제라우. 그란디 그 아가씨도.

엔: 나레는 저그 낟 수수리 업써써요?

- 업:써쩨라우.

그데로

- 그 인자 그데로 사라쩨 어쩰랍띠여?[95)]

- 이써 그레써라우. 게양 그데로 사라써라우. 그란디

- 인자는 그 테: 옵:씨 한다간데 어쩨 그 크네기는 이뜨랑께.

\# - 음, 바늘 짜국.

- 응, 바늘 짜구기.

\# - 거 쩨:진 자국.

- 응, 여그 여그서부터 여러케 이뜨라고.

음

- 그서 아 틀:림업씨 저 아가씨는 사:라믄 참 조:트마는 거 머:덴능갑
따. 얼쳉이등갑따야, 망 날:떼. 그레땅께.

음음

- 사:람 맘:데로 모:당 거시라 할 쑤 업쩨.

\# - 잘나고 목포데하꼬 나와써.

- 그렁께.

음

- 그 저네는 올체이도 꽉: 차써써라우. 근디 인자는

막 놀려묵쪼이~ 사:람드리 에기들 떼는.

- 야, 그러제라우.

- 그란디 인자는 그런 아그들 막 나문 게양,

수수레 붕께

- 수실헤: 부링께,

응

- 그러지요. 그런데 그 아가씨도.

옛날에는 저기 수술이 없었어요?

- 없었지요.

그대로

- 그 이제 그대로 살았지 어쩌겠소?

- 있어 그랬어요. 그냥 그대로 살았어요. 그런데

- 이제는 그 흉터 없이 한다고 하는데 어째 그 처녀는 있더라니까.

#- 음, 바늘 자국

- 응, 바늘 자국이.

#- 그 째진 자국.

- 응, 여기 여기서부터 이렇게 있더라고.

음

- 그래서 아 틀림없이 저 아가씨는 사람은 참 좋더니마는 그 뭐 했는
가 보다. 언청이던가 보다. 막 낳을 때. 그랬다니까.

음. 음.

- 사람 마음대로 못 하는 것이라 할 수 없지.

#- 잘나고 목포대학교 나왔어.

- 그러니까.

음

- 그전에는 언청이도 꽉 찼었어요. 그런데 이제는

막 놀려 먹지요. 사람들이 아이들 때는.

- 예, 그러지요.

- 그런데 이제는 그런 아이들 막 낳으면 그냥,

수술해 버리니까.

- 수술해 버리니까,

응

─ 께끋하제.

음

─ 세:상은 존: 세상이여라우.

흠흠흠

당골들 병:걸려서 당골들 불릉 거 보셔써요?

─ (웃음) 마:니 불러쩨라이~.

오~, 마:니 불러써요?

─ 야

여기는 이 여그 동:네 당골드리,

─ 옵:써써라우, 여그는.

─ 여 세장앙까 이써써라우.

세장안~.

─ 세장안 여그 이따고 여그,

#─ 엽 똥네

─ 여 똥네.

아, 거기 어뜨게 아르 아직 사라요? 당고리?

─ 인자는 아노 당골 소양업:씹따.

헝께 엔:나레.

─ 야, 엔:나레 사러써라우.

어

그라지고 병:이 나서 불르먼,

─ 와서 인자

와서 굳 헤요?

─ 거 구시나 하고 인자 손도 비비고,

음

─ 저녀김 아 가꼬 모도 멀 장마네 노코.

─ 깨끗하지.

음

─ 세상은 좋은 세상이에요.

흠흠흠

무당들 병 걸려서 무당들 부르는 것 보셨어요?

─ 많이 불렀지요.

오, 많이 불렀어요?

─ 예

여기는 이 여기 동네 무당들이,

─ 없었어요, 여기는.

─ 여 세장안(지명)에 있었어요.

세장안

─ 세장안 여기 있다고 여기,

#─ 옆 동네

─ 옆 동네

아, 거기 어떻게 알 아직 살아요? 무당이?

─ 이제는 안 오 무당 소용없습디다.

그러니까 옛날에.

─ 예, 옛날에 살았어요.

어

그래가지고 병이 나서 부르면,

─ 와서 이제

와서 굿해요?

─ 그 굿이나 하고 이제 손도 비비고,

음

─ 저녁이면 와가지고 모두 뭐 장만해 놓고.

음

− 그릉 거또 자주 한 사람 이써라우.

음

효:꽈가 이써떵가요?

− 몰:거쏘.

(웃음)

− 이써뜽가 업써뜽가.

− 아니, 인자 나서쓩께 헤:쓸 테지라이~96).

어

− 아니 여 열씨미 하 한디.

아

− 사람 이짜게 행:구기네가 아조 당골레 잘: 와쏘.

아

그 엔:나레는 으 으:사가 병:워니 업:쓰니까,

− 야

그 양반드리 인자 으:사 노르슬 허조.

− 그러제라우.

음, 병 올라쓸 떼나,

− 그런 당골레97) 무나따:나98) 또 이 절무나 늘그나 어 어:이합띠다99).

아, 당골레한테는?

− 야, 당골레한티는.

오

− 다 그르케 합떼다. 그레 나는 몯하거씹따이~.

음

− 나는 셍겐 누구보다 야짜바서 으으 모:다거뜨라고.

음

음

- 그런 것도 자주 하는 사람 있어요.

음

효과가 있었던가요?

- 모르겠소.

(웃음)

- 있었던가 없었던가.

#- 아니, 이제 나았으니까 했을 테지요.

어

- 아니 열심히 하는데.

아

- 사람 이쪽에 형국이(인명)네가 아주 무당 잘 왔소.

아

그 옛날에는 의사가 병원이 없으니까,

#- 예

그 양반들이 이제 의사 노릇을 하지요.

- 그러지요.

음, 병 옮았을 때나,

- 그런 무당들은 젊더라도 또 이 젊으나 늙으나 하게합디다.

아, 무당에게는?

- 예, 무당에게는.

오

- 다 그렇게 합디다. 그래 나는 못하겠습니다.

음

- 나는 생전 누구보고 얕잡아서 응응 못하겠더라고.

음

- 아, 거그다가 예:하먼[100] 이 저 뭐이 그거시 나뻐저 멀헤? 나는
- 절문 사람드리 어:이 어:이헤:싸먼 절무 늘근 사람보다 저르케 안 하
먼 쓰거따 그런 셍가기 들드라고.

어

인제 처:난 지거비다고.

- 야, 그레서 그릉가,

그레서

- 당골레보다는 다 어:이헤라우.

음

- 나이는

그 인제 그 사람드른 또 데:를 물려서 당골:레 한 안 합니까?

- 하제라우. 부모도 그러고 자식뜰도 그러고 오~.

- 야, 다: 헤:라우. 그런디,

어

- 인자는 당골레 저 메느리도 저 에초에 안 항께,

어

- 한트로[101] 삽:따다.

어

- 멀 하도 안 하고. 인자도 이쏘야.

@1 음

어

#- 당골 메느리느 이쩨 그름 당골레가 요그 업:쓰께.

- 그릉께 당골레가 메느리가 오:레까지 살:고 이뜨라고. 어

음

서:메 그런 당골드리 마:니 이써 꺼 가테요.

- 엔:나레는 마:니 이써써라우.

─ 아, 거기다가 합쇼하면 이 저 뭐가 그것이 나빠져 뭐해? 나는

─ 젊은 사람들이 어이 어이 해 쌓으면 젊은 늙은 사람보고 저렇게 안 하면 좋겠다 그런 생각이 들더라고.

어

이제 천한 직업이라고.

─ 예, 그래서 그런가,

그래서

─ 무당보고는 다 하게해요.

음

─ 나이는

그 이제 그 사람들은 또 대를 이어서 무당 하잖습니까?

─ 하지요. 부모도 그러고 자식들도 그러고 오.

─ 예, 다 해요. 그런데,

어

─ 지금은 무당 저 며느리도 저 아예 안 하니까,

어

─ 한데서 삽디다.

어

─ 뭐 하지도 않고. 지금도 있소.

@1 음

어

#─ 무당 며느리는 있지 그럼 무당이 여기 없으니까.

─ 그러니까 무당이 며느리가 오래까지 살고 있더라고. 어

음

섬에 그런 무당들이 많이 있을 것 같아요.

─ 옛날에는 많이 있었어요.

네

— 동:네마당102) 이써써라우.

그런 다드마뇨.

— 야

다 자기 이르케

— 야

한 당고리 요 요동네 마꼬,

— 그릉께라우.

저 저 당고른 저동네 마꼬.

— 야, 그레라우.

예, 서로.

그러면 이르케 그 사람들 위헤서 뭐 거더 쌀:도 거더서 주고 그레요?

#— 암:103), 거더찌라우.

— 아이, 그 줘:라우.

— 가으레 여

#— 농사 지면,

— 농사 지면,

음

— 당골레 특끄이 줘:라우.

음

— 뎅김서.

어드로 다녀요?

— 야, 뎅기로.

어

— 인자 가지로 오면,

오

예

- 동네마다 있었어요.

그렇다더구먼요.

- 예

다 자기 이렇게

- 예

한 무당이 이 이 동네 맡고,

- 그러니까요.

저 저 무당은 저 동네 맡고.

- 예, 그래요.

예, 서로

그러면 이렇게 그 사람들 위해서 뭐 걷어 쌀도 걷어서 주고 그래요?

#- 아무렴, 걷었지요.

- 아이, 그 줘요.

- 가을에 이

#- 농사 지으면,

- 농사 지으면,

음

- 무당 특별히 줘요.

음

- 다니면서.

어디로 다녀요?

- 예, 다니러.

어

- 이제 가지러 오면,

오

─ 바드로 뎅깁띠다. 그럼 다 줘:라우, 가으레.

웨 웨 줘:요?

─ 어뜬 잘 헤:준다고 중갑써. 사:람 아푸먼 아서 손 비베 주고.

어, 자레 준다고.

@1 (웃음)

─ 잘헤 씨인다고

아~, 헌데 인제 정:작 또 불르먼 또 도:늘 줘:야지요?

─ 야, 그러제라우. 줘:야제.

어

#─ 그떼 뭐 이

─ 쌀도 주고 보쌀도104) 주고.

#─ 그떼 인자 닥 비빈다고 먼: 노코 비빙 거슨 당골레가 다 가저.

─ 다: 가꼬가제105).

다 가꼬가고.

─ 야

음

─ 떠기고 머:시고 다:가꼬가라우.

음

─ 여 느그 쌀도 노코 보쌀도 노코. 노락 헤라우, 또.

─ 그람 노먼 다:가꼬가라우.

음

가저 갈라니까 마:니 노락 허건네요.

─ 야, 만:썩106) 노라고 그레. (웃음)

(웃음) 어.

─ 먼 질다끈닥107) 할 떼는 돈:도 망 나 부리락 헤, 자꼬108).

─ 그

- 받으러 다닙니다. 그럼 다 줘요, 가을에.

왜 왜 줘요?

- 어떤 잘해 준다고 주나 봐. 사람 아프면 와서 손 비벼 주고

어, 잘해 준다고.

@1 (웃음)

- 잘해 ????

아, 한데 이제 정작 또 부르면 또 돈을 줘야지요?

- 예, 그러지요. 줘야지.

어

#- 그때 뭐 이

- 쌀도 주고 보리쌀도 주고.

#- 그때 이제 자꾸 비빈다고 뭐 놓고 비비는 것은 무당이 다 가져.

- 다 가져가지.

다 가져가고.

- 예

음

- 떡이고 뭐고 다 가져가요.

음

- 여 너희 쌀도 놓고 보리쌀도 놓고. 놓으라고 해요, 또.

- 그러면 놓으면 다 가져가요.

음

가져가려니까 많이 놓으라고 하겠네요.

- 예, 많이씩 놓으라고 그래. (웃음)

(웃음) 어

- 무슨 '길닦는다'고 할 때는 돈도 막 놔 버리라고 해, 자꾸.

- 그

아

― 군 할 떼게라우[109].

어 질 다끈다고.

― 군 할 떼 군 뽀로 가보먼 그 베를 이르케 찔:게 뼈:떼노코 그리 질따 끈다고 머:슬 아따가따 함서 먼 소리 함스러,

음

― 빌:눙가 어쩡가 또 먼:합띠다.

음

― 그람스러 하먼 다: 동:가틍 거 나.

음

― 그 또 구:시니 아따고 그 또 그런 말 하고.

음 (웃음)

@1 (웃음)

그레요~. 네.

― 인자는 업:써져 부러, 에초에.

네

#― 오늘 저녀게 비온다는 더 올 퉁 불레*.

아

－ 굿 할 때에요.

어 '길닦는다'고.

－ 굿 할 때 굿 보러 가 보면 그 베를 이렇게 길게 뻗대 놓고 그리 길
닦는다고 뭘 왔다갔다 하면서 무슨 소리 하면서,

음

－ 비는지 어쩌는지 또 뭐 합디다.

음

－ 그러면서 하면 다 돈 같은 것 놔.

음

－ 그 또 귀신이 왔다고 그 또 그런 말 하고

음 (웃음)

@1 (웃음)

그래요 네.

－ 지금은 없어져 버려, 아예.

예

#－ 오늘 저녁에 비 온다는 더 올 성불러.

7.2 약초 캐는 과정과 주변 이야기

그 다메 쪼끔 마지마그로요.

혹씨 이 여그 사니 이긴 이쓸 떼니 약초 가틍 거슨 케보셔쏘? 약초?

— 약초로 여러근데는 벨라 옵:써라우.

어르 어르신.

#— 아니

#— 여 섬머초[110] 가틍 거시,

— 섬모초 가틍 거슨 인자 그 네레뭉능 거 그렁 거슨,

#— 거 우:술[111] 가틍 거.

— 인자 그렁 거슨 켈:쑤 이쓰넌디 우스른 마:니 이꼬.

어

— 그란디 그릉 거 케:다가 엄마나 머 거시기한다요?

#— 엔나레 섬모초, 지네초[112].

— 케:다가 데 한테다 노코 데레가꼬,

긍께 야기 옌나레 업:쓰니까,

— 야

그 약초로

— 야

#— 예예

헤:가꼬 지베서 헤 헤:자나요?

— 데레가꼬 무거라우.

그러먼 섬모초 섬모초는 쓸 거 아니예요?

#— 쓰제라우.

#— 삼모초라고 또 이써. 그 임모초[113] 말:고.

그 다음에 조금 마지막으로요.

혹시 이 여기 산이 있기는 있을 테니 약초 같은 것은 캐어 보셨어요? 약초?

－ 약초로 이런 데는 별로 없어요.

어르 어르신

#－ 아니

#－ 이 구절초 같은 것이,

－ 구절초 같은 것은 이제 그 내려 먹는 것 그런 것은,

#－ 그 쇠무릎 같은 것.

－ 이제 그런 것은 캘 수 있는데 쇠무릎은 많이 있고.

어

－ 그런데 그런 것 캐다가 얼마나 뭐 거시기한대요?

#－ 옛날에 구절초, 딱지꽃.

－ 캐다가 한데다 놓고 달여가지고,

그러니까 약이 옛날에 없으니까,

－ 예

그 약초로,

－ 예

#－ 예예

해가지고 집에서 하잖아요?

－ 달여가지고 먹어요.

그러면 구절초 구절초는 쓴 것 아니에요?

#－ 쓰지요.

#－ 구절초라고 또 있어. 그 익모초 말고.

잉목 이 아 잉목초 말:고.

#- 예

#- 섬모초라고 그거또,

- 임모초라, 그그슨.

#- 얼 얼릉 아서 디 지금 마라먼 산들:구콰.

아

- 무지:무지하게 써 부러라우.

#- 잉모초를 인자 이,

- 요짜게

@1 네?

- 여그 잠 빼:주소.

- 나 화장실 가따 올랑께.

응

@1 주까요?

어

- 삼마초

#- 이 잉이 잉모초.

잉목초가 쓴 거조?

#- 네

- 약또 마:니 헤.

고 임마시 나, 고거 머그먼

#- 네

임만 난다고 항 거.

#- 네

#- 그러제라.

음

익모 이 아 익모초 말고.

#- 예

#- 구절초라고 그것도,

- 익모초라, 그것은.

#- 쉽게 말하면 지금 말하면 산들국화.

아

- 무지하게 써 버려요.

#- 익모초를 이제 이,

- 이쪽에

@1 예?

- 여기 좀 빼 주게.

- 나 화장실 갔다 오려니까.

응

@1 줄까요?

어

- 구절초

#- 이 이 익모초.

익모초가 쓴 것이지요?

#- 예

- 약도 많이 해.

그 입맛이 나, 그것 먹으면.

#- 예

입맛 난다고 하는 것.

#- 예

#- 그러지요.

음

- 들그뚝 바뚝까튼 데 인능 거.

음, (문 여닫는 소리)

#- 여 여그서 여 그먼 기 네 떼 정수목[114]

음

#- 기 넬 떼 정수목 글랑가?

음

그렁 거뜨른

#- 여 사네 인능 거.

사네 인능 거뜨른 케다가 지베서 야그로 쓰기도 하고.

#- 네, 그러트

#- 다레 가지고 고놈 부레다 과:가지고 네 안저나 찐득찐득허게끔 과:가지고,

엑끼스 으

#- 엑끼스를 네:가꼬,

하고 그럼 어떤 경우에 거 어떤 기양 보:야그로 머거요, 아니면 뭐

#- 아, 인자 삭씬 아푸고 인제 지금 마라먼 간절럼 가틍 노:인 양반들 여자분들,

아

#- 그런 양반들 마:니 잡싸찌라우.

삭씬 아풀 떼?

#- 네

#- 정수목 까틍 거슨 인자 뻬 아푼 디 인자 마:니 무꼬. (문 여닫는 소리) 뻬 아푼 사람드리.

음, (문 여닫는 소리)

그떼나 (문 여닫는 소리) 엔:나리나 지그미나 삭씬 아풍 거는 똑 이:를 마: 니 허니까.

- 들 가, 밭둑 같은 데 있는 것.

음, (문 여닫는 소리)

#- 여 여기서 어 그러면 기 낼 때 '정수목'

음

#- 기 낼 때 '정수목' 그러려나?

음

그런 것들은

#- 이 산에 있는 것.

산에 있는 것들은 캐다가 집에서 약으로 쓰기도 하고.

#- 예, 그렇

#- 달여가지고 그것 불에다 과가지고 완전히 진득진득하게끔 과가지고,

즙

#- 즙을 내가지고,

하고 그럼 어떤 경우에 그 어떤 그냥 보약으로 먹어요, 아니면 뭐?

#- 아, 이제 삭신 아프고 이제 지금 말하면 관절염 같은 노인 양반들 여자분들,

아

#- 그런 양반들 많이 잡수었지요.

삭신 아플 때?

#- 예

#- '정수목' 같은 것은 이제 뼈 아픈 데 이제 많이 먹고. (문 여닫는 소리) 뼈 아픈 사람들이.

음, (문 여닫는 소리)

그때나 (문 여닫는 소리) 옛날이나 지금이나 삭신 아픈 것은 똑 일을 많이 하니까.

#- (웃음)

네 고롱 거뜰 용으로 인자 야글,

#- 네

야글 지여 가셔꾸마뇨.

#- 네

- 우더른 그르케 아무리 힘들거나 벨로 안 헤 바쏘마는, 어

#- 그릉 거 마:니 헤:써라니.

음

딱 처 부러요. 네.

그러며는 여기까지 하고 쉬제. 예, 수고하셔씀니다.

\#- (웃음)

예 그런 것들 용으로 이제 약을,

\#- 예

약을 지어 가셨구먼요.

\#- 예

- 우리들은 그렇게 아무리 힘들거나 별로 안 해 봤소마는, 어

\#- 그런 것 많이 했어요.

음

딱 쳐 버려요. 예.

그러면은 여기까지 하고 쉬지. 예, 수고하셨습니다.

1) '호녁' 또는 '호눅'은 '홍역'의 방언형.

2) '뚜들뚜들'은 '도톨도톨'의 뜻.

3) '미려서'는 '미리서'의 방언형.

4) '당곳을'은 '당골을'의 잘못된 발화.

5) '마니로'는 '처럼'의 뜻으로 쓰이는 토씨.

6) '쩨깐하다'는 '조그맣다'의 방언형.

7) '하:그'는 '화기(火氣)'의 방언형.

8) '많드만'은 '많더구먼'의 방언형. 씨끝 '-드만'의 기저형은 '-드구만'인데 '-드구만 → -드ㄱ만→ -드만 → -드마'와 같은 연속적인 탈락을 수의적으로 겪는다. 따라서 실제 실현형은 '-드구만', '-등만', '-드만'. '-드마' 등의 네 가지가 가능하다.

9) '그래갖고'에서 /ㄱ/ 탈락이 일어나 '그래야꼬'로 나타난다. 이 지역어에서는 모음 사이, 특히 /ㅣ/나 반모음 /ㅣ/ 앞에서 자음 탈락이 매우 빈번하게 일어난다.

10) '쩌:그'는 '저기'의 방언형. 말할이와의 상대적 거리가 다른 지시어에 비해 멀기 때문에 경음화와 장음화의 변화를 겪게 되었다. 언어와 물리적 거리를 일치시키려는 도상성(iconicity)의 심리가 작용한 결과로 해석된다.

11) '시:다'는 '세우다'의 방언형.

12) '간다가요'는 '간닥하요'의 /ㅎ/이 약화된 발음인데 이 '간닥하요'는 '간다고 하요'에서 인용의 토씨 '고'가 'ㄱ'으로 줄어들어 생긴 형식이다. 이처럼 서남방언의 인용문에서는 '고 → ㄱ'과 /ㅎ/ 탈락의 변화가 일어나는 점이 다른 방언과 다른 점이다.

13) '동세'는 '동서'의 방언형.

14) '갈치다'는 '가르치다'의 방언형.

15) '오깜상께'는 '올까 무서우니까'의 방언형. 표준어에서도 '-을까 무섭다'와 같은 구성의 사용 빈도가 매우 높은데 이러한 고빈도 때문에 서남방언에서는 축약이 일어난다. '-을까 무섭다'에 대한 이 지역 방언형은 '-으까 무삽다'이므로 이것이 축약되면 '-으깜삽다'가 된다. '무삽다'의 첫 음절 '무'의 모음 /ㅜ/ 탈락에 의한 축약인 셈이다. 이러한 축약된 형식은 대체로 이유를 나타내는 이음씨끝 '-아서'나 '-응께'와 결합되는 빈도가 높으므로 '-으깜사서'나 '-으깜상께' 등으로 쓰이는 예가 입말의 발화에서 흔히 확인된다. 이 두 씨끝의 결합형은 아직까지 하나의 씨끝으로 재구조화 되었다고 보기는 어렵지만 그 중간 단계에 있는 것으로 추정된다.

16) '꼬실르다'는 '불사르다'의 방언.

17) '속'은 여기서 '마음'의 뜻.

18) '끈치다'는 '그치다'의 방언형. /ㅈ/나 /ㅊ/ 앞에서 /ㄴ/이 삽입된 변화를 겪었다. 같은 변화가 '깐치'(=까치), '난중'(=나중) 등에서 확인된다.

19) '드글드글하다'는 '득시글득시글하다'의 뜻.

20) '띠'는 '데'의 방언형. 전남의 내륙에서는 '디'로 쓰이는 것이 보통인데 이 지역에서는 격음화나 경음화를 겪어 '티' 또는 '띠'로 나타난다.

21) '여가'는 '여기에'의 뜻. 장소의 지시어 '여그'(=여기)에 처격의 토씨 '가'가 결합되면 '여그가' 또는 축약형 '여가'로 쓰인다.

22) '마람'은 이엉을 엮어서 말아 놓은 단을 뜻하는 '마름'의 방언형.

23) '똥글똥글하다'는 '둥글둥글하다'의 방언형.

24) '큰 애기'가 구를 형성하면 '큰 아이'의 뜻이나 한 낱말로 굳어진 '큰애기'는 '처녀'의 뜻이 된다.

25) '무삽다.'는 '무섭습디다'의 뜻이므로 원래는 '무섭습디다'이었을 터인데, 축약되어 '무삽다.'가 되었다. '무섭다'의 뜻인 '무삽다'와는 마지막 음절의 장음으로 구별된다.'

26) '암시락도 않다'는 '아무렇지도 않다'의 방언형. 서남방언에서 '암시락'은 보통 '암시랑'으로도 쓰인다.

27) '알칵'은 '왈칵'의 방언형으로서 갑자기 격한 감정이나 기운 또는 생각이 한꺼번에 치밀거나 떠오르는 모양을 나타낸다. 표준어에서 '왈칵'은 '왈카닥'의 준말로 풀이되어 있다.

28) '어짠'은 '어떤'의 방언형. 전남의 북부 내륙에서는 '어쩐'으로 쓰이는데 이는 기본적으로 동사 '하다'가 전남의 남부에서는 '하-', 북부에서는 '허-'로 변이되기 때문이다. 즉 '하-'와 '허-'의 분화 양상과 '어짠'과 '어쩐'의 분화 양상이 동일하다. 이는 '하-'를 포함한 다양한 복합어에서도 그대로 나타난다.

29) '멜'은 '머리'의 방언형. 『표준국어대사전』에서 '머리'는 '((어미 '-을' 뒤에 쓰여)) '까닭'이나 '필요'의 뜻을 나타내는 말.'로 풀이되어 있고 그 예로 채만식의 '태평천하'에 나오는 '시비를 따질 수도 있겠지만 그럴 머리가 도무지 없다.', '폐를 끼칠 머리가 없지 않은가?', '부화를 참거나 조심을 할 머리도 없는 것이고 해서….' 등을 들었다. 이처럼 '머리'는 '있다/없다'와 함께 쓰여 '까닭이 없다'나 '필요가 없다'와 같은 의미를 나타내는 데 주로 쓰인다. 작가 채만식의 고향이 전북 군산이라는 점을 고려하면 '머리'와 그 변이형들이 전남북의 서부 지역에서 쓰였음을 추정할 수 있다. 그러나 전남의 북부 지역에서는 '머리'나 '멜'이 단독으로 쓰이지는 않지만 '멜갑시'(=괜히)처럼 '없이'와 합성어를 이루어 쓰인다. '멜갑시'는 '멜겁시', '메겁시', '뻬겁시' 등으로 쓰이기도 한다.

30) '없어란'은 '없어라'의 잘못된 발화.

31) '정기'는 '경기'(驚氣)의 방언형으로서 구개음화를 겪은 어형이다.

32) '얼렁 말로'는 형태상으로 '얼른 말로'의 방언형이지만 의미적으로는 '얼른 하는 말로' 또는 '쉽게 말하자면' 등으로 옮길 수 있다.

33) '기다'는 '그이다'가 '긔다'를 거쳐 줄어든 말로서 '그것이다'의 뜻.

34) '기계똑'은 '기계독'의 방언형으로서 '두부 백선'을 일상적으로 이르는 말.

35) '오르다'는 '병균이나 독 따위가 옮다'는 뜻.

36) '거드막'은 '부근'의 뜻으로 추정된다.

37) '단속'은 여기서 '관리'의 뜻.

38) '빳:다'는 '빠지다'의 방언형. '빠지-'는 전남의 남해안 지역에서 자음 씨끝 앞의 /ㅣ/ 가 탈락하여 '빳:'으로 변동하는 경향이 있다. 그래서 '빳:고', '빳:드마', '빳:니라고' 등으로 쓰인다.

39) '달치다'는 '닥치다'의 방언형.

40) '그러자나'는 '그러자네'라고도 하는데 '그러지 안해'가 원래의 형태이며 대조적인 구성에 쓰이는 형식이다. 이때 '안해'에 쓰인 씨끝 '-아'는 표준어나 다른 방언에서 '-고'로 대체되어 표준어에서는 '그러지 않고'로 쓰인다. 그러나 서남방언은 '- 아 > -고'로의 대체가 일어나지 않고 옛 형태를 유지한 탓에 오늘날에도 그러지 안해'와 같은 형식을 쓰게 되었다.

41) '부상'은 몸이 붓는 병을 가리킨다. 형태적으로 '붓-앙'으로 분석된다.

42) '예:게'는 '아기'의 방언형.

43) '펀니라고'는 '퍼내라고'의 잘못된 발화로 보인다.

44) '어찌게'는 '어떻게'의 방언형. 여기서는 '왜 그런지' 정도의 뜻으로 해석된다.

45) '무장'은 '점점'의 뜻.

46) '앙기'는 '왕게'로서 큰 게를 가리킨다.

47) '묵드는'의 '-드는'은 '-든'으로서 표준어 '-지는'에 대응하는 씨끝이다. 여기서는 '-든'에 다시 '은'이 결합하여 '-든은'으로 나타났다. 별다른 뜻의 첨가 없이 형태만 길어진 것이다.

48) '일온나'의 '일'은 '이리'의 준말. '온나'는 '오너라'와 같은 해라체의 명령형.

49) '다랏'은 '다래끼'의 방언형.

50) '개우리'는 '개구리'의 방언형.

51) '티'는 장소 명사 '데'의 방언형. 보통 '디'로 많이 쓰이는데 이 지역어에서는 '티' 또는 '띠'로 쓰인다.

52) '가트다'는 '같다'의 방언형.

53) '너머'는 '너무'의 방언형. 때로 '너머다'(=너무나)로 쓰이기도 한다.

54) '은:제'는 '언제'의 방언형이지만 뜻은 '언젠가'와 같이 과거의 어느 때를 가리킨다.

55) '깡냉이'는 '옥수수'의 방언형.

56) '똑같드라고 안?'은 확인물음이다. 씨끝 '-드라고'는 형태상 표준어의 '-더라고'처럼 '-드라'에 인용토씨 '고'가 결합된 형식이다. 그러나 이것은 완형보문으로 쓰이는 것이 아니라 상위문의 용언 씨끝으로 쓰인다. 그래서 서남방언의 '-드라고'는 서술법에 쓰이면 '가 봉께 차말로 좋드라고.'에서는 '좋드라'와 같은 뜻을 갖지만, '차말로 좋드라고?'는 상대에게 동의를 구하는 확인물음을 나타낸다. 그래서 흔히 이 형식은 '자네'라고 부를 만한 상대에게 제안을 하는 말로 쓰이기도 한다. 예를 들어 '인자 가보드라고.'는 '이제 가 보세'와 같은 뜻으로 쓰이는 것이다. '똑같드라고 안?'에서 '안'이 없이 '똑같드라고?'만으로도 상대에게 동의를 구하는 확인물음으로서 '똑같았잖아?'와 같은 뜻을 나타내며, 여기에 확인물음의 전용 표현인 '안'이 함께 쓰이면 동의를 구하는 기능이 약간 강화될 뿐 본질적인 의미 기능은 달라지지 않는다.

57) '단비'를 잘못 발음하여 '단두리'라 하였다. '단비'는 MBC 방송의 프로그램 이름.

58) '꼽자구'는 '꼽재기'의 방언형으로서 때나 먼지 따위와 같은 작고 더러운 물건을 가리킨다.

59) '조차'는 여기서 열거를 나타내어 표준말과는 다른 의미를 보인다.

60) '뚜드릉'은 '두드러기'의 방언형.

61) '카마'는 '가만'의 방언형.

62) '가랍다'는 '가렵다'의 방언형.

63) '손부닥'은 '손바닥'의 방언형.

64) '돈보짐'은 동전처럼 둥근 버짐.

65) '느비'는 아마도 '넓이'의 방언형으로 보인다.

66) '옥수시'는 '옥수수'의 방언형. 보통은 '깡냉이'라 하는데 표준말이 유입되어 '옥수시'로도 쓰인다.

67) '짜잔하다'는 '변변치 않다' 또는 '보잘 것 없다'의 뜻.

68) '쌩이로'의 '쌩'은 '생'(生)으로서 여기서는 명사처럼 쓰였다. 따라서 '쌩이로'는 표준어의 '날로'에 대응한다.

69) '워커'는 '원컨'의 잘못된 발화로 보이는데, '원컨'은 '워낙'의 방언.

70) '저삼네'는 '저 사람네'의 준말이다. 전남의 신안 지역에서는 인칭 대명사로서 '그삼네'(=그이), '저삼네'(=저이), '이삼네'(=이이)와 같은 표현을 사용한다. 표준어 '그 사람네'와 달리 신안 지역의 '그삼네'는 마치 '그이'와 같은 삼인칭 대명사로 기능한다. (예) 가. 그삼네가 꼬치 몰린다고. (=그이가 고추 말린다고.)

나. 여삼네 들오먼 (=이이가 들어오면)

　　다. 저삼네가 쓰면 (=저이가 쓰면)

한편 지시어 '이, 그, 저' 외에 의문대명사 '누'와 결합된 '누삼네'가 쓰이기도 한다. '누삼네'는 발화 현장에 없는 사람을 가리키는 대명사로 쓰이는데, 표준어로는 '아무개' 정도에 해당된다. 따라서 '누삼네 어메'는 '아무개 엄마'로 번역할 수 있다.

71) '나무청'은 '나뭇간'의 방언. '나무청'과 '나뭇간'의 대응 관계는 '허청'과 '헛간'의 관계와 같다.

72) '정기'는 '정지'에서 역구개음화를 겪은 것이다. '정지'는 '정주'(鼎廚)로서 '부엌'의 방언.

73) '암:트 마레야'는 '암말도 말아야'인데 '암말'은 '아무 말'의 준말이며, '말아야'의 '야'는 명령을 강조하는 토씨이다.

74) '그르드말로'는 '그러더니마는'의 뜻. '말로'는 '마는'에 대응하는 형이다.

75) '하나씨'는 '할아버지'의 방언형. '한압씨'에서 /ㅂ/ 탈락이 일어났다.

76) '눈애피'의 '애피'는 형용사 '아프-'에 접미사 '-이'가 결합된 '아피'가 움라우트를 겪은 형이다. 따라서 '애피'는 표준어의 '앓이'에 대응하는 방언형인 셈이다. 표준어가 동사 '앓-'을 써서 病을 나타냈다면 서남방언은 형용사 '아프-'를 이용한 '애피'로 病을 표현하였다. 이처럼 '애피'가 들어간 병으로는 '가심애피'(=가슴앓이), '배애피'(=배앓이) 등이 있다.

77) '석'은 눈에 핏발이 서는 병.

78) '머던'은 '멋헌'으로서 '무엇 하는'에 대응하는 방언형이다. 서남방언에서는 '머던'이 '어떤'의 의미로 쓰인다.

79) '실렁실렁하다'는 '슬렁슬렁하다'의 방언형.

80) '열:'은 '널'(=棺)의 방언형.

81) '찌드란하다'는 '기다랗다'의 방언형.

82) '암:상토'는 '아무렇지도'의 방언형.

83) '나코'는 나중에의 뜻.

84) '가게'는 '가서'의 뜻인데 형태소로는 '가-아-게-어'로 분석된다. 서남방언은 주체높임의 안맺음씨끝 '-시-'와 함께 '겨'를 쓰는데, 이 '겨'는 앞에 씨끝 '-어'가 오고 뒤에 다시 씨끝 '-어'나 '-어서', 안맺음씨끝 '-었-' 등이 올 경우에만 나타나는 제약을 보인다(박양규 1980). 이러한 형태소 결합의 제약은 '-어 잇-'의 높임형 '-어 겨시-'와 관련이 있다. '-어 잇-'의 통사적 구성이 과거시제 형태소 '-었-'으로 재구조화된 역사적 변화와 평행되게 '-어 겨시-' 역시 '-어겼-' 또는 '-어겠-'으로 재구조화된다. 따라서 서남방언에서 '잡아'의 과거형은 '잡았어'이며 이것의 높임 표현은 '잡아겼어'(=잡으셨어)가 된다. 고광모(2000)은 '-어겠-'으로부터 역성법(backformation)에 의

해 '-어게-'가 생긴 것으로 해석하였다. '가게'가 바로 이 경우에 해당되는 것이다.

85) '우알로'는 '위아래로'의 방언형.

86) '영치다'는 '얹히다'의 방언형.

87) '-을 것이다'는 중부방언에서 '-을 거다'로 쓰이는데, 서남방언은 이와 달리 '것'의 /ㅅ/이 탈락되지 않으며, 또한 '것이다'의 잡음씨 '이-' 역시 탈락되지 않는 차이를 보인다.

88) '등거리'는 '등'의 방언형.

89) '잔'은 '좀'의 방언형.

90) '올챙이'는 '언청이'의 방언형.

91) '글 안 허꺼시요마는'은 '글하다'(=그렇다)의 부정어 '글 안 하다'의 활용형이다.

92) '테'는 '티'라고도 하며, 어떤 일이 일어난 흔적이나 자국을 뜻하는 말로서 여기서는 '흉터'의 뜻으로 쓰였다.

93) '인자곤사'는 '인자-곤-사'로서 분석되는 말로서 '방금'의 뜻. '인자'는 '이제', '사'는 도움토씨 '야'의 방언형.

94) '수실'은 '수술'의 방언형.

95) '어쩔랍디여?'의 '-읍디여'는 높임의 물음씨끝인데 여기서는 상대에게 동의를 구하는 확인물음으로 쓰였다. '어쩔랍디여?'는 표준어의 '어쩌겠습디까?'에 대응하는 말이나 확인물음의 말맛을 살리려면 '어쩌겠소?' 정도로 옮기는 편이 좋을 것이다.

96) '라이~'는 두루높임의 토씨 '라우'에 상대에게 확인을 구하는 첨사 '이~'가 결합된 것이다.

97) '당골레'는 '당골네'로서 무당을 뜻하는 '당골'에 여자를 나타내는 접미사 '-네'가 결합한 말이다. 따라서 원래는 '당골'은 남자 무당, '당골네'는 여자 무당을 가리켰을 것으로 추정되나, 서남방언에서는 '당골'과 '당골네'가 거의 혼동되어 쓰인다.

98) '-으나따나'는 '-더라도'와 같은 양보의 의미를 나타내는 이음씨끝이다. 서남방언과 동남방언에서 쓰이며 서북방언에서는 '-으나다나'로 나타난다(이기갑 2003:459-460).

99) '어이' 또는 '어야'는 예사낮춤의 부름말로서 아주낮춤의 부름말인 '아이'나 '아야'와 대립되어 쓰인다. 따라서 '어이하다'라고 하면 상대를 조금 낮춰 부른다는 뜻이며 표준어의 '하게하다'에 해당한다.

100) '예'는 높임의 부름말로서 표준어의 '여보세요'에 해당하는 말이다. 예를 들어 '예, 거그서 멋 허요?'라고 하면 '여보세요, 거기서 뭐 해요?' 정도의 뜻을 갖는다. 이 부름말 '예'는 높임의 응답어 '예'와 기원이 같을 것으로 추정된다. 따라서 '예하다'라고 하면 상대를 높여 부른다는 뜻으로서, 예사낮춤의 '어이하다'나 아주낮춤의 '야하다' 등에 대립되는 표현이다. 표준어의 '합쇼하다'에 해당되는 말이다.

101) '한트로'는 '한데로'의 방언형인데 여기서는 '한데서'의 뜻으로 쓰였다.

102) '마당'은 토씨 '마다'의 방언형.

103) '암'은 '아무렴'의 방언형. 서남방언에서는 '아무렴'은 쓰이지 않고 '암', '함', '항' 등이 쓰여 상대에 대한 강한 긍정을 나타낸다. 동남방언의 '하모'와 어원을 같이 하는 것으로 보이는데 이진호(2014)에서는 '하모'가 '하면'에서 감탄사로 문법화한 것으로 해석한 바 있다.

104) '보쌀'은 '보리쌀'의 방언형.

105) 표준어에서 '가져가다'는 한 낱말이지만 '가지고 가다'는 낱말이 아닌 구를 형성한 다. 이는 동사 '가지-'에 원래 결합되었던 씨끝 '-어'가 나중에 '-고'로 대체되면서 '-어'가 결합된 구성은 낱말로 굳어진 반면 씨끝 '-고'가 결합된 구성은 아직 낱말 로 굳어지지 않았기 때문이다. 반면 서남방언은 '가져가다' 대신 '갖고가다'를 즐 겨 사용하는데, 이는 '-어 > -고'의 대체가 이 방언에서는 완료되었기 때문이다. 따라서 이 방언에서 '갖고가다'는 표준어와 달리 한 낱말로 쓰인다.

106) '만썩'은 '많이씩'의 방언형.

107) '질닦음'은 '길닦음'의 방언형. '질닦음'은 진도 씻김굿의 한 절차로서, 죽은 이가 이승에 맺힌 원한을 풀고 극락으로 가는 길을 닦아 주는 것을 말한다.

108) '자꼬'는 '자꾸'의 방언형. '차꼬'라고도 한다.

109) '때게'는 '때에'의 방언형. 처격의 토씨 '에'가 '때' 앞에서 '게'로 변동하는 경우이다.

110) '선모초'(仙母草)는 '구절초'의 방언형. 국화과의 여러해살이풀. 높이는 50cm 정도 이며, 9~11월에 붉은색·흰색의 꽃이 줄기 끝에 피고 열매는 수과(瘦果)를 맺는다. 한방에서 약재로 쓴다.

111) '우슬'(牛膝)은 '쇠무릎'의 방언형. 비름과의 여러해살이풀로서, 높이는 50~100cm 이며, 줄기는 가지가 많고 마디가 두드러진다. 잎은 마주나고 타원형이다. 8~9월 에 연한 녹색 꽃이 수상(穗狀) 화서로 피고 열매는 포과(胞果)로 겉에 가시가 있어 서 사람의 옷에 잘 붙는다. 뿌리는 임질약, 강장제, 이뇨제, 해열제 따위로 쓰고, 줄기와 잎은 독사에 물렸을 때 해독약으로 쓴다.

112) '지네초'는 '딱지꽃'의 방언형. 곧은 외줄기에 20센티 정도 자라며 잎모양이 지네 발처럼 길이 약 7센티 정도로 엇갈려 난다. 꽃은 5-8월에 피고 작고 여러 개 뭉쳐 피는 흰꽃 또는 분홍꽃 두 종류로 나뉜다.

113) '임모초'는 '익모초'의 방언형, 꿀풀과의 두해살이풀. 높이는 1미터 정도이며, 잎은 마주나고 잎자루가 길다. 7~9월에 엷은 홍자색 꽃이 윤산(輪繖) 화서로 잎겨드랑 이에서 피고 열매는 다섯 갈래가 지는 분과(分果)이며 약재로 쓰인다. 말려서 더위 먹은 데, 산모의 지혈, 강장제, 이뇨제 따위에 쓴다.

114) '정수목'은 약초의 하나. 뼈마디나 근육이 아플 때 먹는다.

08 세시풍속과 놀이

8.1 세시풍속

(웃음)

\# - 아니 그에 쫌 쉬:작헝께,

(웃음)

\# - 줌신다고 드러가 분.

예

가만 이써라, 지금 여기 인제 뭐:냐면요이~,

명저리 만:차나요?

- 그러제라우.

서:리 설:

- 야

설: 이쩨.

- 야

또 뭐: 이씀니까?

- 설: 이쩨, 보림¹⁾ 이쩨.

네

- 또 여리메도²⁾ 파뤄레 인는디,

\# - 벡쭝

어

- 또 그 아:네도 그저네는 마:니 이써써라우.

그러니까요.

- 인자 다 너머가 부르고 아 누가 안 항께,

\# - 아니 그 엔:날

\# - 지그믄 여그는 다노는 안 센디 벡쭝을 엔:나레는 세:써써.

(웃음)

#- 아니 그게 좀 쉬자고 하니까,

(웃음)

#- 주무신다고 들어가 분.

예

가만 있어라, 지금 여기 이제 뭐냐면요,

명절이 많잖아요?

- 그러지요.

설이, 설.

- 예

설 있지.

- 예

또 뭐 있습니까?

- 설 있지, 보름 있지.

예

- 또 여름에도 팔월에 있는데,

#- 백중

어

- 또 그 안에도 그 전에는 많이 있었어요.

그러니까요.

- 이제 다 넘어가 버리고 아 누가 안 하니까,

#- 아니 그 옛날

#- 지금은 여기는 단오는 안 쇠는데 백중을 옛날에는 쇠었었어.

어, 그니까 고론 인제 각 명저를 떼:는 또 타 다 노 놀:고 이렁 거뜨른 다르자나요이~?

— 그러제라. 더 다르체라.

네, 그래서 인제 그렁 고뜰 함번 쭉:,

— 트키

— 인자 서:라고 보르마고 파러라고는 저 인자 잘 놀:고 하고,

어

— 이자 사사로3) 쪼까썩 하는 인능 거슨 한 사람도 이꼬, 안 한 사람도 이꼬 그레써라. 그냥 그런.

그레써요.

멘: 처메 인제 설: 함 볼까요? 저 정워레이~.

— 야

서:레는 자 뭐:슬 함니까, 서:레는?

— 서:레는 떠꾹또 하고,

음

— 떡또 하고 인자 여러 가지 고기도 마:니 장마나고 그레라우.

네

— 보르므 또 사르레 허고.

음

— 보름.

음

— 보름 이따가 항께라우.

음

#— 보르멘 오:곡빱.

— 오:국빱4).

음

어, 그러니까 그런 이제 각 명절을 때는 또 타 다 노 놀고 이런 것들은 다르
잖아요?

　－ 그러지요. 더 다르지요.

예, 그래서 이제 그런 것들 한 번 쭉,

　－ 특히

　－ 이제 설하고 보름하고 팔월하고는 저 이제 잘 놀고 하고,

어

　－ 이제 사사로이 조금씩 하는 있는 것은 하는 사람도 있고, 안 하는
사람도 있고 그랬어요. 그냥 그런.

그랬어요.

맨 처음에 이제 설 한번 볼까요? 저 정월에.

　－ 예

설에는 자 뭘 합니까, 설에는?

　－ 설에는 떡국도 하고,

음

　－ 떡도 하고 이제 여러 가지 고기도 많이 장만하고 그래요.

예

　－ 보름은 또 ??? 하고.

음

　－ 보름

음

　－ 보름 있다가 하니까요.

음

－ 보름엔 오곡밥.

　－ 오곡밥.

음

- 밥 바블 인자 자꼭빱 하제.
- 여러 가지 너:서.

긍께 서:레는 인제 음식또 마:니 장마나고,

- 예, 마니.

그 다으메,

에~ 동:네 가네 또 세:베도

- 네. 사 세:베도 뎅기제라우.

저 엔나레 세벤 다녀찌, 다른 지베.

- 야, 뎅게써라우.

어

- 그렌넌디 인자는 그렁 걸 옵:써저 부러써라우.

인자 인자

- 야

다닝 거슨 업:쩨.

- 야

어

- 뎅기능 거슨 옵:꼬 인자 그 지:사는 지:네제 어짤랍떠?

음음

그 다으메 세:베 다닝 거 웨에 머 설:라레 놀:거나 그렁 거시 이씀니까? 마
을크 마을 아:네서 놀:고.

- 야, 노:제라우. 실 저 보름 한:하고5) 어쩔 때는6) 한 일쭈일 똥안 노라라우.

#- 아, 실쩨 보름까잉7) 노라써.

- 보름까지 한:허고 뭘,

아, 서:레서 보름까지.

- 야, 일 옵:씽께.

어

- 밥 밥을 이제 잡곡밥 하지.

- 여러 가지 넣어서.

그러니까 설에는 이제 음식도 많이 장만하고,

- 예, 많이.

그 다음에

예, 동네 간에 또 세배도

- 예, 세배도 다니지요.

저 옛날에 세배 다녔지, 다른 집에.

- 예, 다녔어요.

어

- 그랬는데 이제는 그런 것 없어져 버렸어요.

이제 이제

- 예

다니는 것은 없지.

- 예

어

- 다니는 것은 없고 이제 그 제사는 지내지 어쩌겠소?

음음

그 다음에 세배 다니는 것 외에 뭐 설날에 놀거나 그런 것이 있습니까? 마을 마을 안에서 놀고.

- 예, 놀지요. 저 보름 계속해서 어떤 때는 한 일주일 동안 놀아요.

#- 아, 실제 보름까지 놀았어.

- 보름까지 계속해서 뭐,

아, 설에서 보름까지.

- 예, 일 없으니까.

어

- 그럴 떼는

\# - 농악 허고,

- 밤나8) 놀:고.

머:더고 노:등가요?

\# - 농악

- (웃음)

- 야

\# - 구 치고 놀:제.

- 구 치고 노라라. 구 치고9).

음

- 껭메기 치고 장구 치고 깅: 치고.

음

- 뭐 그렁걷쩌렁걷 치고 소구라 하디야10) 머:시라 하디야 그거또 치고,

- 그레야꼬 제미이께 노라라우. 그런디,

음

- 인자는 마:니 옵:써저써라우. 그릉 거또.

음

\# - 음

\# - 보름까지 게:속 헤땅께.

- 그릉께 놀:제.

음

- 기냥.

음

- 머도 이:랄 걷 옵씽께.

음

그러면 그런 치는 분드리 잘 치는 분드리 게세요, 이 마으레?

- 그럴 때는
\# - 농악 하고,
- 밤낮 놀고.

뭐하고 놀던가요?
\# - 농악
- (웃음)
- 예
\# - 굿치고 놀지.
- 굿치고 놀아요. 굿치고.

음
- 꽹과리 치고 장구 치고 징 치고.

음
- 뭐 그런 것 저런 것 치고 소구라 하더냐 뭐라 하더냐 그것도 치고,
- 그래가지고 재미있게 놀아요. 그런데,

음
- 이제는 많이 없어졌어요. 그런 것도.

음
\# - 음
\# - 보름까지 계속 했다니까.
- 그러니까 놀지.

음
- 그냥

음
- 뭐도 일할 것 없으니까.

음
그러면 그런 치는 분들이 잘 치는 분들이 계셔요, 이 마을에?

― 일 이쩨라우.

음

― 인는 사라믄 인자 잘 치 인자 게:속 한 사람드른 잘 치고,

음

― 저 집 아부지는11) 서:레 가문 보리메 오고, 보리메 가면 저 보 이:월 따레 그럴 떼 오고 그레라우.

#― 처

― 거 가서 날:마당 무꼬 춤추고 놀:고, 그

아~ 노:능 걸 조:아하시구마.

― 야, 안:저니 거그는 조아라 헤.

@1 (웃음)

(웃음) 안 들도록. 예.

그 다으메~ 뭐 이르케 인자 굳 허고 할 떼는 너무 지베 가서 이르케 이~? 땅 발버준다고 이르케 그렁 거하고.

― 야, 그 헤:써라우.

헤:써요? 집찜마다 도라뎅김서?

― 야

아

― 그럼 다 빙:골로12) 몬:나와라우.

아

― 다 돈:도 주고 이 뭐슬 주제.

아

― 그라면 인자 그놈 모테가꼬 또 무꼬사 모도 놀:고 그럽띠다.

아

― 인자는 그거 업:써저써라우.

어

— 있지요.

음

— 있는 사람은 이제 잘 치 이제 계속 한 사람들은 잘 치고,

음

— 우리 남편은 설에 가면 보름에 오고 보름에 가면 저 보 이월에 그럴 때 오고 그래요.

#- 처

— 거기 가서 날마다 먹고 춤추고 놀고, 그

아. 노는 걸 좋아하시구먼.

— 예, 완전히 거기는 좋아라고 해.

@1 (웃음)

(웃음) 안 들도록. 예.

그 다음에 뭐 이렇게 이제 굿하고 할 때는 남의 집에 가서 이렇게 응? 땅 밟아 준다고 이렇게 그런 것 하고.

— 예, 그 했어요.

했어요? 집집마다 돌아다니면서?

— 예

아

— 그럼 다 빈손으로 못 나와요.

아

— 다 돈도 주고 이 뭘 주지.

아

— 그러면 이제 그것 모아가지고 또 먹고서 모두 놀고 그럽디다.

아

— 이제는 그것 없어졌어요.

어

인:나레는 인자 그러케 지벤 드러가서,

― 야

#― 마당 보꼬,

아

― 마당 보:꼬[13],

#― 정기[14] 보꼬,

― 정기로 헤서 어:디로 헤서 막 이러뜨면 집.

#― 세:메 가면,

― 막 세:메[15] 가서 또 하고 막,

#― 셈꾼[16] 셈꾼 허고,

아

― 막 정신업씨 하요. 그런디 인자는 옵:써저써라우.

예

― 세:상이 그리 되야농께 그렁갑띠다.

어

― 조 조아전능가 나뻐전능가 모르거쏘.

그르게 데써요이?

― 야

음

또 당:산 당:산나무.

― 야, 당산:나무에 가서도 헤:라우.

예

(전화벨소리)

― 거 구처라우.

음. (전화벨소리)

그레요이~.

옛날에는 이제 그렇게 집에 들어가서,

— 예

— 마당 밟고,

아

— 마당 밟고,

— 부엌 밟고,

— 부엌으로 해서 어디로 해서 막 이를테면 집.

— 샘에 가면,

— 막 샘에 가서 또 하고 막,

— 샘굿 샘굿 하고,

아

— 막 정신없이 해요. 그런데 이제는 없어졌어요.

예

— 세상이 그렇게 되어 놓으니까 그러나 봅디다.

어

— 좋아졌는지 나빠졌는지 모르겠소.

그렇게 됐어요 응?

— 예

음

또 당산 당산나무.

— 예, 당산나무에 가서도 해요.

예

(전화벨소리)

— 그 굿쳐요.

음. (전화벨소리)

그래요.

- 야

이 저:놔 바드세요.

#- 안 끈난능가 모르거쏘.

(웃음)

#- 붕아자 인자고싸17) 이 길리를 지나가농께

당:산나무 당:산나무쩨 당:산쩨이~?

- 야

- 거그서 헤:.

어:트케 함니까 그릉 거?

- 거그서 거그 와서도 머 차라 노코 고 저 헨:능가 어쩬능가는 모르거쏘야. 안 따라가 바서.

- 당:사네 가서 굳 한다고.

마을 사람들 다 가능 거 아니에요?

- 닫

#- 아써 질 젠치치 거 제:를 모:심스로 뺑뺑 도라감스로.

그랑께. 우리 할머니는 웨 앙 가 보셔써요?

- 나는 그런 디가18) 취:미가 벨로 옵:써뜽가 잘 안 뎅게써라우.

아

나는 저는 다 동:네뿐 다 가신 줄 아란는데.

- 야

어

- 안 갈 떼가 마:너찌라우.

음

어려쑬 데 보니까 뭐 세끼로이~ 가마노코 막,

#- 네

- 야

― 예

이 전화 받으세요.

#― 안 끝났는지 모르겠소.

(웃음)

#― ??? 이제 막 이 길을 지나가 놓으니까.

당산나무 당산나무제 당산제?

― 예

― 거기서 해.

어떻게 합니까 그런 것?

― 거기서 거기 와서도 뭐 차려 놓고 그 저 했는지 어쨌는지는 모르겠소. 안 따라가 봐서.

― 당산에 가서 굿한다고.

마을 사람들 다 가는 게 아니에요?

― 다

#― ?????? 제 그 제를 모시면서 뱅뱅 돌아가면서.

그러니까 우리 할머니는 왜 안 가 보셨어요?

― 나는 그런 것이 취미가 별로 없었던지 잘 안 다녔어요.

아

나는 저는 다 동네 사람 다 가신 줄 알았는데.

― 예

어

― 안 갈 때가 많았지요.

음

어렸을 때 보니까 뭐 새끼로 감아 놓고 막,

#― 예

― 예

당:산나무에다가,

― 야

― 그 세끼도 왼:쪼그로 까:가꼬 오른쪼그로 깡:거시 아이라,

음

― 왼 왼:세네키로[19) 까.

이 외약쪽 외약 싸네키.

― 야

― 그릉께 에악소네끼가 머:덩가 저 저 장:다머도[20) 에약쏜세네끼[21)
까:서 모도 순:나 문:나 찡게서 그르케 나:뚜고 뭐 동헤[22) 노테.

어

― 보면.

엑 엑뗌헌다고.

― 야

외약 외약쏜

― 그러제.

외약쏜 사네키가.

― 야, 에악쏜.

― 그 그 스 세네끼 잘 모 까거씹따[23), 우더른.

(웃음)

― 에약쏜세레끼를 까:농 이:상히저.

어

― 나 세네끼도 잘: 까라우. 잘 깐:는디,

어

― 짐뜰 이노믈 다: 세네끼로 마: 여그 베:게 다 헤:야 데고 또 저 또
허깐도 헤:야 데고 그릉께 검:나게 마:니 까:거등이라우. 음

― 우리집 어:런보듬 네:가 더 마니 까제. 잘 까제.

당산나무에다가,

－ 예

#－ 그 새끼도 왼쪽으로 꽈가지고 오른쪽으로 꼬는 것이 아니라,

음

#－ 왼새끼로 꽈.

이 왼쪽 왼새끼.

#－ 예

－ 그러니까 왼새끼가 뭐하는지 저 저 장 담가도 왼손 새끼 꽈서 모두 숯이나 뭐나 끼워서 그렇게 놔 두고 뭐 동아줄 등으로 둘러서 묶어 놓데.

어

－ 보면.

액땜한다고.

－ 예

왼 왼손

－ 그러지.

왼새끼가

－ 예, 왼손.

－ 그 그 새끼 잘 못 꼬겠습다, 우리들은.

(웃음)

－ 왼손 새끼를 꽈 놓으면 이상해져.

어

－ 나 새끼도 잘 꽈요. 잘 꼬는데,

어

－ ?? 이것을 다 새끼로 막 여기 배게 다 해야 되고 또 저 또 헛간도 해야 되고 그러니까 굉장히 많이 꼬거든요.

－ 우리집 어른보다 내가 다 많이 꼬지. 잘 꼬지.

음. 음.

– 처:메는 안 까전는디 나:중에는 모:깐닥 헤쌍께 나도 까:저.음

음

– 마라믄 잘 처:메는 몬:녀끄거뜨마. 그 나:중에 마람도 여꺼 보고.

@1 허

음

– 안 헤 봉 건 업:써라우.

음

그러메 아까 이야기한 조상딴지 거그다도 또 정월에는 저 상 차라 놈니까?

– 그 위에 영거 나:쓰께 그 미테다 차리지라우.

아

– 차립띠다.

어

– (웃음)

이따고이~

– 야

또 복쪼리 가틍 거또 이써짠?

– 예, 복쪼리 이쩨라우.

복쪼리 팔:러 뎅기덩가요?

– 예, 팔:로도 뎅기고 또 이녀기 만든 사람 만들기도 하고.

아

– 그레가꼬 두:게썩 다: 삽띠다, 어지그떼는. 그레가꼬 거러 놉띠다.

아

– 그 복쪼리 이딱 헤서 뭐 잘살거쏘 어짜거쏘?

(웃음)

– 버비 그러제.

음음

- 처음에는 안 꽈졌는데 나중에는 못 꼰다고 해 쌓으니까 나도 꽈져.

음

- 마름은 잘 처음에는 못 엮겠더구먼. 그 나중에 마름도 엮어 보고.

@1 허

음

- 안 해 본 것 없어요.

음

그러면 아까 이야기한 조상단지 거기다도 또 정월에는 저 상 차려 놓습니까?

- 그 위에 얹어 놨으니까 그 밑에 차리지요.

아

- 차립디다.

어

- (웃음)

있다고.

- 예

또 복조리 같은 것도 있었잖아요?

- 예, 복조리 있지요.

복조리 팔러 다니던가요?

- 예, 팔러도 다니고 또 자기가 만든 사람 만들기도 하고.

아

- 그래가지고 두 개씩 다 삽디다, 어디 그때는. 그래가지고 걸어 놓습니다.

아

- 그 복조리 있다고 해서 뭐 잘살겠소 어쩌겠소?

(웃음)

- 법이 그러지.

- 헨:는디 시누데가24) 하다 마니씽께 엔:나레 복쪼리 멘든 사라미나 우리집 아 아라가꼬 쫌 베여가문 쓰거따 그른 셍가그 듭띠다. (웃음)

- 이 뒤:예 데가 아주 시누데가 점:부가 빙 한:나 차 부러씽께.

음

- 너무 마니씽께 궁 성가시라.

음

그 다으메 보르메는 뭐:헤요? 보르메?

- 보르메

응

- 오:국빱하고25),

네

- 저

#- 쥐불노리도 하고,

- 쥐불노리 하고,

#- 게:불띠기도 하고,

- 게:불 지린다고라우26).

#- 게:불 질러.

그거 먼: 마리에요?

- 게:불 지린다고 저린 띠다 모:도 저,

- 그 논뚜럭 바뜨럭27) 인디다가,

#- 아 쉬운 말로는 쥐불노리.

어

- 그런 디다 막 불 질르고 끄:고 막,

음

- 주벼네.

어

- 했는데 조릿대가 하도 많이 있으니까 옛날에 복조리 만드는 사람이나 우리집 아 알아가지고 좀 베어 가면 좋겠다 그런 생각이 듭디다. (웃음)

- 이 뒤에 대가 아주 조릿대가 전부 빙 가득 차 버렸으니까.

음

- 너무 많이 있으니까 그 성가셔요.

음

그 다음에 보름에는 뭐 해요? 보름에?

- 보름에

응

- 오곡밥 하고,

예

- 저

#- 쥐불놀이도 하고,

- 쥐불놀이 하고

#- 개불뛰기도 하고,

- 개불 지른다고요.

#- 개불 질러.

그것 무슨 말이에요?

- 개불 지른다고 저런 데다 모두 저,

- 그 논둑 밭둑 있는 데다가,

#- 아 쉬운 말로는 쥐불놀이.

어

- 그런 데다 막 불 지르고 끄고 막,

음

- 주변에.

어

\# − 쩌: 쩌:찌 말:로는 지불노리.

− 야

\# − 여그서는 게:불.

음

− 게:불 질른다고 그레.

음

− 그란디 그건 헤:가꼬 인자는 그거또 옵써저써라우.

− 엔:나레는

\# − 혹깐28) 인자 삼뿔라도 혼난다고,

− 삼뿔란다고 큰 일:라 꺼씨요.

@1 음음

음

그리고 또 뭐 콩 가틍 거슨 보까 먹찌 아난나요?

\# − 아, 이:월 하루다른날29).

네?

− 이:월 하레다른날 콩을 보까라우.

− 또

이:월? 무슨 날?

− 이 이:월 초하렌날.

초하렌날.

− 야

어

− 그날 아 거 콩 가틍 거 보까서 보리도 보끄고 콩도 보끄고 그레야꼬
모도 어:런더리 줍띠다.

음, 웨 그 웨 그날 콩을 보끙 거예요?

− 모:르거쏘야.

\# – 저 저쪽 말로는 쥐불놀이.

– 예

\# – 여기서는 개불.

음

– 개불 지른다고 그래.

음

– 그런데 그것 해가지고 이제는 그것도 없어졌어요.

– 옛날에는

\# – 혹시 이제 산불 나도 혼난다고,

– 산불 난다고 큰일날 것이오.

@1 음음

음음

그리고 또 뭐 콩 같은 것은 볶아 먹지 않았나요?

\# – 아, 이월 '하루다룻날'.

예?

– 이월 '하레다룻날' 콩을 볶아요.

– 또

이월? 무슨 날?

– 이월 초하룻날.

초하룻날.

– 예

어

– 그날 이 그 콩 같은 것 볶아서 보리도 볶고 콩도 볶고 그래가지고
모두 어른들이 줍다.

음, 왜 그 왜 그날 콩을 볶는 거예요?

– 모르겠소.

음

- 어 이유가 이씽께 보까쓸 테제라이~.

으으응으응, 그러지요이~.

아까 보름 떼에는 줄다리기 가튼 거또 헤쩨요, 줄뎅기기?

- 엔:나레는 헤:쩨라우.

마을마다이~.

- 야

어, 여그는 어:디 마으라고 어:디 마으라고?

- 여그는 동:네가 쬐까넝께 어 어:디하고 한: 적또 옵써라우.

그럼 그믄 어:디서 헨:나요?

- 그

여페?

- 응, 그 그날 기양 그라고 그 그르케 즈그 지비서 다 저.

- 여:그는 저 본사:람드리³⁰⁾ 업:써라. 엔:날 싸람드리.

네

- 드롸서 사 샤:러라우.

#- 면:사무소에 거그 인자,

아, 거까지 가야 데능구나.

#- 예예예

- 야

#- 거그서 인자 니:벨로.

음

그리고 보름 떼에는 또 저렁 거 여기서는 그렁 곧 하 쩌:그 쩌 서울 가튼 디서는 이~ 부럼 께무른다고 딱따간 바:미나,

- 야

땅:콩이나 이렁 거 막 께무러 묵떼요.

음

― 어 이유가 있으니까 볶았을 테지요.

으으응으응, 그러지요.

아까 보름 때에는 줄다리기 같은 것도 했지요, 줄다리기?

― 옛날에는 했지요.

마을마다.

― 예

어. 여기는 어디 마을하고 어디 마을하고?

― 여기는 동네가 조그마하니까 어 어디하고 한 적도 없어요.

그러면 그러면 어디서 했나요?

― 그

옆에?

― 응, 그 그날 그냥 그렇게 그 그렇게 자기 집에서 다 저.

― 여기는 저 원주민들이 없어요. 옛날 사람들이.

예

― 들어와서 살아요.

#― 면사무소에 거기 이제,

아, 거기까지 가야 되는구나.

#― 예예예

― 예

#― 거기서 이제 이(里)별로

음

그리고 보름 때에는 또 저런 것 여기서는 그런 곳 하 저기 저 서울 같은 데서는 이 부럼 깨문다고 딱딱한 밤이나,

― 예

땅콩이나 이런 것 막 깨물어 먹데요.

이런 그렁 거 여기 인나요?

− 옵:써라우.

여기 우리 이쪽 찌방은 업찌요이~?

− 예

음

보르메는 오:곡 쩌 오:곡빱.

− 야

그렁걸 헤:가지고,

− 모도 쭈시조차 저 뻘:간 돔부,

어

− 폴 까틍 거 그렁 거 느:코 먼:헤서 찌라우.

− 시 리 시리에다 찌 노코 무거.

쪼 그럼 그 바블 어:뜨케 헤요?

− 시리에다 쩌서,

쩌서 바블 헤가 한 다으메 그냥 머거요?

− 예

아님 딴:디다가 나둰나?

− 야, 머거라우.

음

@1 이르케 만드러가꼬?

− 아, 멘들도 안하고 막 거 시린쪼차 노콘 거그서,

@1 어

− 퍼다가 묵떼.

#− 거그

음

#− 거거 그먼 그근 걸.

이런 그런 것 여기 있나요?

― 없어요.

여기 우리 이쪽 지방은 없지요?

― 예

음

보름에는 오곡 저 오곡밥.

― 예

그런 것 해가지고,

― 모두 수수랑 저 빨간 동부,

어

― 팥 같은 것 그런 것 넣고 뭐해서 쪄요.

― 시루 시루에다 쪄 놓고 먹어.

저 그러면 그 밥을 어떻게 해요?

― 시루에다 쪄서,

쪄서 밥을 해가지고 한 다음에 그냥 먹어요?

― 예

아니면 다른 곳에다가 놔 뒀느냐?

― 예, 먹어요.

음

@1 이렇게 만들어가지고?

― 아, 만들지도 않고 막 그 시루랑 놓고 거기서,

@1 어

― 퍼다가 먹데.

#― 거기

음

#― 그그 그러면 그것.

@1 헤우로

#― 가따 나:뚜먼 돌라가금31).

― 음, 돌라다도 무꼬.

아 나무 집

#― 예

나무 지베

#― 야

오:곡빱 돌라다 무꼬.

#― 예

그 나른 돌라다 무거도 겐찬나요?

― 겐찬허제라우32).

― 그라고

(웃음) 덜라다 무거도 겐잔헤라우.

어

― 돌라다 무꼬.

음

그 다으메 그떼 또 이렁 거또 이쪼? 막. 막 이르므 불러 가꼬 더우목 더우

사가라고.

― 야, 그러제라우.

어뜨케 헤요?

― 정월 보름날.

긍께 정월 보름딸.

#― 네 더우33)

― 네 더우: 그러그등이라.

어

#― 이름 불러.

@1 김으로

\#－ 가져다 놔두면 훔쳐 가.

－ 음, 훔쳐다가도 먹고.

이 남의 집

\#－ 예

남의 집에

\#－ 예

오곡밥 훔쳐다 먹고.

\#－ 예

그 날은 훔쳐다 먹어도 괜찮나요?

－ 괜찮지요.

－ 그리고

(웃음) 훔쳐다 먹어도 괜찮아요.

어

－ 훔쳐다 먹고.

음

그 다음에 그때 또 이런 것도 있지요? 막. 막 이름을 불러가지고 더우면 더위 사가라고.

－ 예, 그러지요.

어떻게 해요?

－ 정월 보름날.

그러니까 정월 보름날.

\#－ 내 더위

－ 내 더위 그러거든요.

어

\#－ 이름 불러.

- 그라고 니 더우, 네 더우, 느그 하네비34) 더꾸 그람서로,

(웃음)

- (웃음)

#- 니 더우

- 응, (웃음)

- 그람 좀 막 어짜 사람드른 부에35) 네. (웃음)

어

- 인자 무담씨36) 데답헤따 그말 그릉가 어쩡가,

그뜽으 어뜨케 아:무게 이르믈 불런나요? 누구 이름?

#- 예

- 야

- 불르고라우, 인자 그 소리 합띠다. 네 더우 그람서로.

음

#- 네 더우 니 더우 느그 하네비 코떼우.

- (웃음)

음음음

@1 (웃음)

- 허 그.

네 더우를 가저가그라.

- 음, 그라고 그렁갑써라우.

아

자 이게 정월까지 이제 정워레는 이르케 설:라라고이~ 보르미 이써짜

나요?

- 야

이:워레는 머:가 이떼요?

- 하리다리37)

－ 그리고 네 더위 내 더위. 너희 할아버지 더위 그러면서,

(웃음)

－ (웃음)

#－ 네 더위

－ 응, (웃음)

－ 그러면 좀 막 어떤 사람들은 화 내. (웃음)

어

－ 이제 괜히 대답했다 그 말 그런지 어쩐지,

그럴 때는 어떻게 아무개 이름을 불렀나요? 누구 이름?

#－ 예

－ 예

－ 부르고요, 이제 그 소리 합디다. 내 더위 그러면서.

음

#－ 내 더위 네 더위 너희 할아버지 코 더위.

－ (웃음)

음음음

@1(웃음)

－ 허 그

내 더위를 가져가거라.

－ 음, 그렇게 그러나 봐요.

아

자 이제 이게 정월까지 이제 정월에는 이렇게 설날하고 보름이 있었잖
아요?

－ 예.

이월에는 뭐가 있는데요?

－ '하리다리'

하리다리?

― 야

하리다리 아까 콩 보까 멍는다는?

― 야

― 그 초하렌날 그떼 콩 보까라우.

이:월 초하렌날이~?

― 야

하리다리이~?

― 야

하리다리가 무슨 마링가 모르건네.

― 모:르거쏘. 나도 모:린디 하리다리랑 항께 하리다링갑따 그레요.

@1 아

음

#― 글고 인제 영:등 든다38) 그레라우.

― 물령둥 네리능가39),

#― 이:워 이:월 초하른날.

음

#― 그 금 헤삐시 나:머는 베길간 헤 그 나리 가물다고 비가 아노고 비가 아논다고. 바라미 불머는

네

#― 또 베길간 분:다고 그런 물레.

아, 이:월 초하룬날.

― 야

#― 예 지금도 그레라우, 지금도.

음

그날 가무면.

'하리다리'?

— 예

'하리다리' 아까 콩 볶아 먹는다는?

— 예

— 그 초하룻날 그때 콩 볶아요.

이월 초하룻날.

— 예

하리다리?

— 예

하리다리가 무슨 말인지 모르겠네.

— 모르겠소 나도 모르는데 하리다리라고 하니까 하리다리인가 보다 그래요

@1 아

음

#— 그리고 이제 영등 든다 그래요.

— '물영등' 내리는가,

#— 이월 이월 초하룻날.

음

#— 그럼 햇볕이 나면은 백 일간 해 그 날이 가물다고 비가 안 오고
비가 안 온다고. 바람이 불면은.

예

#— 또 백 일간 분다고 그런 물영등.

아, 이월 초하룻날

— 예.

#— 예, 지금도 그래요, 지금도.

음

그날 가물면.

\# ─ 헤질

베길 딸 똥안 가물고.

\# ─ 예

─ 야

그날 바람 불면 베길 똥안 바람 분다고요?

\# ─ 네

그거시 머:예요? 영?

\# ─ 그런 전:서리 이써.

\# ─ 여그 여그

영:둥

─ 백

\# ─ 예, 영:등 든다고 글드라고.

─ 베길이머는 석:딸 여를이거써.

\# ─ 아, 영:등 드러 일반저그로 보면.

\# ─ 그레서 물령둥 네리냐 바람 영:둥 네리냐 불릉둥 네리냐[40] 그레라우. 불령둥, 바람영둥[41],

음

\# ─ 물령둥 그런 시기로.

불령동은 머:예요?

\# ─ 그거슨

─ 불 난다고 그거.

\# ─ 헤뻴난다고 헤뻰 그란다 그마리고.

어

─ 긍께

응

─ 불라게 난:다고.

#- 해 질

백 일 동안 가물고.

#- 예

- 예

그날 바람 불면 백 일 동안 바람 분다고요?

#- 예

그것이 뭐예요? 영?

#- 그런 전설이 있어.

#- 여기 여기

영등

- 백

#- 예, 영등 든다고 그러더라고.

- 백 일이면은 석 달 열흘이겠어.

#- 아, 영등 들어. 일반적으로 보면.

#- 그래서 물영등 내리느냐 바람 영등 내리느냐 불영등 내리느냐 그래요. 불영등, 바람영등.

음

#- 물영등 그런 식으로

불영등은 뭐예요?

#- 그것은

- 불 난다고 그것.

#- 햇볕 난다고 햇볕 그런다 그 말이고.

어

- 그러니까

응

- 불나게 난다고.

음음

그거시 다 하르다르 하른할 떼 하는,

\# - 네

뭐냐

- 차마링가 거진마링가 모르거쏘.

차마 (웃음)

\# - 긍께 지금도 그 그런 마를,

- 그렁께

\# - 지금도

할머니도 드러 보셔써요? 뭐 영:등 영:등 든다고?

- 야, 그레라우. 오늘 물령등 네런능갑따고 그라고 비와서머니라우.

어

- 그나라우 그날 일찍 비오먼 아 그 물령등 네리거따야 그레라우.

어

- 불령등 네리먼 가물고 부 바람 불고 부여.

\# - 바람 불면 다 가 바람 불면.

- 빈나고⁴²⁾ 막떼기에 그런다고.

어

- 물령등 네리먼 그런 머:다고.

응

- 참마링가 모:르거쏘.

어

- 한닥 항께.

사뭐레는 뭐 헤요?

- 사뭘 삼질라리라고.

삼질라리지요이~.

음음

그것이 다 하리다리 하리 할 때 하는,

\#- 예

뭐냐

- 참말인지 거짓말인지 모르겠소.

참말. (웃음)

\#- 그러니까 지금도 그 그런 말을,

- 그러니까

\#- 지금도

할머니도 들어 보셨어요? 뭐 영등 영등 든다고?

- 예, 그래요. 오늘 물영등 내렸는가 보다고 그러고 비 오면요

어

- 그날요 그날 일찍 비 오면 아 그 물영등 내리겠다 그래요.

어

- 불영등 내리면 가물고 바람 불고 불어.

\#- 바람 불면 다 가 바람 불면.

- 볕 나고 막대기에 그런다고.

어

- 물영등 내리면 그런 뭐 하고.

응

- 참말인지 모르겠소.

어

- 한다고 하니까.

삼월에는 뭐 해요?

- 삼월 삼짇날이라고.

삼짇날이지요.

- 야

그떼는 멀:함니까? 엔:나레는 삼진날?

- 그거슨 벨건 업:씁띠다. 아 아 인자,

- 사뭘 삼질랄 뭐:슬 하거쏘이~?

- 머 혜:묵또 안 하고,

응

#- 이 여그서는 특뼈랑 건,

- 특뼈랑 거스 업:써라우.

음

사: 워른?

#- 초파일

- 초파일랄

음

초파이른

#- 절 가서 절허러 가제, 여그는. 그 머머머 특뼈랑 거슨 업:꼬.

- 초파일 나리라고 그레라우. 거 이자 저 에:수님 오신 나리라고.

#- 머:시

- 아니, 에:수님 오시자네 그날 머:더구나.

(웃음)

- 거 지쿠 저레서,

@1 네

- 모여가꼬 인자 하능 거.

음

부처님 오신

- 야, 부처님 나온다.

그니까 불교 신자 아닌 사라믄 별로 상관엄:네.

－ 예

그때는 뭐 합니까? 옛날에는 삼짇날?

－ 그것은 별것 없습디다. 아 아 이제,

－ 삼월 삼짇날 뭘 하겠소?

－ 뭐 해 먹지도 않고,

응

#－ 이 여기서는 특별한 것,

－ 특별한 것은 없어요.

음

사월은

#－ 초파일

－ 초파일날

음

초파일은

#－ 절 가서 절하러 가지, 여기는. 그 뭐 뭐 뭐 특별한 것은 없고.

－ 초파일날이라고 그래요. 그 이제 저 예수님 오신 날이라고.

#－ 뭐가

－ 아니, 예수님 오신 것이 아니라 그날 뭐 하구나.

(웃음)

－ 그 자꾸 절에서,

@1 예

－ 모여가지고 이제 하는 것.

음

부처님 오신

－ 예, 부처님 나온다.

그러니까 불교 신자 아닌 사람은 별로 상관없네.

― 야, 앙 가제라우. 아:무 상관업:쩨라우.

어, 엔:나레도 그레써요?

― 예

음

― 그레써라우, 엔:나레도.

오:워레는?

#― 다노.

― 다노

― 오:월 데

다노는 쫌 셀

― 야, 셀: 엔:나렌 다 세:써라우.

어

― 그란디 인자는 셴:지 몰거씹따.

요세 이제 안 하는데.

#― 예

― 야

엔:나레는 뭐:헨나요?

― 그 날

다논나른?

― 다논날 모도 특빼리 뭘 헤:서 머꼬 모도 그런다고 그러드라고.

#― 널띠기도 허고,

― 널:뛰기도 하고 노 인자 글떼 인자 논:다고 그레라. 하레 논:다고.

음, 음~, 좀 서 성경이가 헤 보까? 유월 딸?

@1 음

@1 유:월 따레는 뭔:날 인나요?

#― 유둔디 그떼

- 예, 안 가지요. 아무 상관없지요.

어, 옛날에도 그랬어요?

- 예

음

- 그랬어요, 옛날에도.

오월에는?

#- 단오

- 단오

- 오월

단오는 좀 쇠

- 예, 쇠었 옛날에는 다 쇠었어요.

어

- 그런데 이제는 쇠는지 모르겠습디다.

요새 이제는 안 하는데.

#- 예

- 예

옛날에는 뭐 했나요?

- 그날

단오날은?

- 단오날 모두 특별히 뭐 해서 먹고 모두 그런다고 그러더라고.

#- 널뛰기도 하고,

- 널뛰기도 하고 노 이제 그때 이제 논다고 그래요. 하루 논다고.

음, 음, 좀 성경이가 해 볼까? 유월?

@1 음

@1 유월에는 무슨 날 있나요?

#- 유두인데 그때

@1 예, 음.

\# − 머:데써라우. 여그서는 무꺼서 긍께 그 밀:까리 전: 부처 무꼬.

@1 꼬스로? 뭐 그냥

− 야, 그날.

\# − 아니, 밀까리전:[43] 부처 주먼.

− 음, 그릉께

\# − 유두 떼 유두 떼

@1 음

− 그릉께

− 다: 일런 열뚜달 다 이씹따, 이끼는.

\# − 밀:까리 엔:나레 메또게다[44] 가라가꼬 고놈 밀까리 전: 문집 문:지라고[45] 이써, 문:지.

@1 예

\# − 문:지 부처 뭉는다고 그레라우.

@1 예

\# − 전: 부처 무긍 거뽀다 문:지 부처 무근다고.

− 치뤄른 또 칠썩 이꼬이~?

@1 응, 치러레는.

− 응

@1 칠써근 먼:나리에요?

− 치뤌 즈 치를 치릴라리 칠써기라고 칠써기라고 그떼도 전:도 모도 부처 무꼬 그럽따.

@1 어

− 그 밀: 가라가꼬.

\# − 여르메는 인자 머이 업:쓰께 그떼는 저유 뻭쭝 그떼까지는 전: 부처 뭉능 거시,

@1 예, 음.

\#- 뭐 했어요. 여기서는 ??? 그러니까 그 밀가루전 부쳐 먹고.

@1 꽃으로 뭐 그냥?

- 예, 그날.

\#- 아니, 밀가루전 부쳐 주면.

- 음, 그러니까

\#- 유두 때 유두 때

@1 음

- 그러니까

- 다 일 년 열두 달 다 있습디다, 있기는.

\#- 밀가루 옛날에 맷돌에다 갈아가지고 그것 밀가루전 '문지' '문지' 라고 있어, '문지'.

@1 예

\#- '문지' 부쳐 먹는다고 그래요.

@1 예

\#- 전 부쳐 먹는 것보고 '문지' 부쳐 먹는다고.

- 칠월은 또 칠석 있고?

@1 응, 칠월에는

- 응

칠석은 무슨 날이에요?

- 칠월 칠일 칠일날이 칠석이라고 칠석이라고 그때도 전도 모두 부쳐 먹고 그럽디다.

@1 어

- 그 밀 갈아가지고.

\#- 여름에는 이제 뭐가 없으니까 그때는 저 유 백중 그때까지는 전 부쳐 먹는 것이,

@1 아

\# - 벡쭝 때 가트먼 치뤌 칠썩 벡쭝 떼까지는 전:부처 무거써라우.

\# - 문:지락 헤야꼬.

@1 어

\# - 밀: 가라가꼬.

@1 음~

@1 그 다메 파뤌 되면,

- 파뤌 파럴 이씨쏘.

- 파뤄레는 파뤄리 이쏘 안?

@1 예 (웃음)

- (웃음)

@1 파뤄레는 뭘: 먼: 장만하세요?

- 그떼는 장만헤라우.

@1 뭘: 장만?

- 저 모도 떡또 거 저 뭔: 또 하고,

\# - 여그들 말로 셍펜46).

- 셍펜.

@1 어

- 셍펜 멘들고 또,

- 그떼는 설:마니로 그르케 장만헤라우.

@1 예

@1 셍펜 어:뜨케 만드지 먼: 너:가꼬?

- 아이, 여러 가지 여:가꼬도 하고 기냥도 하고 거 셍펜 멘들:게.

@1 예, 세까른 어:뜨케 만들지라우?

- 가리 모도 처 저 밀:까리::가 인제 떡,

\# - 물 처가꼬 쌀:까리47),

@1 아

\# – 백중 때 같으면 칠월 칠석 백중 때까지는 전 부쳐 먹었어요.

\# – '문지'라 해가지고.

@1 어

\# – 밀 갈아가지고.

@1 음~

@1 그 다음에 팔월 되면,

– 팔월 팔월 있소.

– 팔월에는 팔월이 앉잖소?

@1 예 (웃음)

– (웃음)

@1 팔월에는 뭘 뭐 장만하세요?

– 그때는 장만해요.

@1 뭘 장만?

– 저 모두 떡도 거 저 무슨 또 하고,

\# – 여기들 말로 송편.

– 송편.

@1 어

– 송편 만들고 또,

– 그때는 설처럼 그렇게 장만해요.

@1 예

@1 송편 어떻게 만들지 뭐 넣어가지고?

– 아이, 여러 가지 넣어가지고도 하고 그냥도 하고 거 송편 만들게.

@1 예, 색깔은 어떻게 만들지요?

– 가루 모두 쳐 저 밀가루가 이제 떡,

\# – 물 쳐가지고 쌀가루,

@1 네

— 쌀:까리 처:가 헤:가꼬 인자 아서 거그서 열씨미 멘들고 이쩨.

@1 어, 세깔 힌세그로만 만드세요?

— 야

— 고물 너:서 그르케 만.

\# — 엔:날 엔:나레는 삼 너:써 만드라써.

@1 사미요?

\# — 네

— 팥

\# — 삼, 삼닙:싹

@1 아

— 삼닙싹 뜨더다가,

@1 예

— 그노마고 찌거서[48] 만드라노면 더 마시따고 멘드라써라우.

@1 무슨 세까리에요?

\# — 이게 쑥쎅 인제 쑥뿌:다무니나 비스테요.

@1 예~, 여그서는 사밍감네요?

— 야

@1 모신닙처럼?

\# — 예, 모신닙 그거뽀다 사미락 헤.

@1 그거시 사미에요?

— 그거시 사미여.

\# — 음, 모신닙.

— 음, 모신니비.

@1 예

\# — 머신닙뽀다 산닙싸기라 그레라우.

@1 예

－ 쌀가루 쳐가지고 해가지고 이제 와서 거기서 열심히 만들고 있지.

@1 어, 색깔 흰색으로만 만드세요?

－ 예

－ 고물 넣어서 그렇게 만.

#－ 옛날 옛날에는 삼 넣어서 만들었어.

@1 삼이요?

#－ 예

－ 팥

#－ 삼, 삼잎

@1 아

－ 삼잎 뜯어다가,

@1 예

－ 그것하고 찧어서 만들어 놓으면 더 맛있다고 만들었어요.

@1 무슨 색깔이에요?

#－ 이게 쑥색 이제 쑥???이나 비슷해요.

@1 예~, 여기서는 삼인가 보네요?

－ 예

@1 모싯잎처럼?

#－ 예, 모싯잎 그것보고 삼이라고 해.

@1 그것이 삼이에요?

－ 그것이 삼이야.

#－ 음, 모싯잎.

－ 음, 모싯잎이.

@1 예

#－ 모싯잎보고 삼 잎사귀라 그래요.

@1 예

@1 모신님 미리 헤:노치요?

― 야, 글로 모시헤:야. 글로.

@1 어 그리고 또?

@1 예, 그리고 또 뭘 뭘 그거 말:고 또 장만하세요? 송 셍펜 말:고.

― 펭야 밥 하고,

@1 예

― 반찬 장만하고,

@1 예

― 그레야꼬,

― 파뤄레는 묵쩨.

@1 먼: 반차네, 먼: 반찬?

― 고기 가틍 걸 모도 그릉 거 사다가 하제.

@1 어

@1 혹씨 여그서만 또 파럴 데먼 머 헤:멍능 거 이쓰세요, 바다까라서?

#― 머 특뻴홍 그는 업꼬.

@1 예

#― 아 그떼 당시게는,

@1 예

#― 머이 인냐 그레 지그믄 걍 그거시 자라가 어장을 안헝께 빌로⁴⁹⁾ 안 나온디,

@1 네

#― 엔:나레는 이 중화세비게⁵⁰⁾ 인자 먼 그거 세끼가 호야라고⁵¹⁾ 허요. 호야.

@1 호야?

#― 네

@1 예

@1 모싯잎 미리 해 놓지요?

— 예, 그것으로 모시 해야. 그것으로.

@1 어 그리고 또?

@1 예, 그리고 또 뭐 뭐 그것 말고 또 장만하세요? 송 송편 말고.

— 내나 밥 하고,

@1 예

— 반찬 장만하고,

@1 예

— 그래가지고,

— 팔월에는 먹지.

@1 무슨 반찬에, 무슨 반찬?

— 고기 같은 것 모두 그런 것 사다가 하지.

@1 어

@1 혹시 여기서만 또 팔월 되면 뭐 해 먹는 것 있으세요, 바닷가라서?

#— 뭐 특별한 것은 없고.

@1 예

#— 아 그때 당시에는,

@1 예

#— 뭐가 이제 그래 지금은 그냥 그것이 자라서 어장을 안 하니까 별로 안 나오는데,

@1 예

#— 옛날에는 이 중하새우가 이제 뭐 그것 새끼가 '호야'라고 해요. '호야'.

@1 '호야'?

#— 예

@1 네

— 중화세끼 그거 대:화세끼보다 호야라고 그런디,

@1 응

— 그거이 까:가꼬 이잔 짤자레.

— 고놈 인자 고노멀 티김 여,

@1 예

— 티김 헤서 머꼬,

@1 아~

@1 근데 쩌 울 우:테서는 토랑꾹 끄려 먹뜨라고요. 근데 저히는,

— 그 저 쩌:으 순:천 찌방에로 감서 토랑꾸글 마:니 묵떼요.

@1 예, 근데 여기는 잘 그렁 걸 업찌요?

— 예에예

@1 음

— 그 순:천 찌방 곡썽 그쪼그로 강께,

@1 예, 토란.

— 토라늘 마:니 무꼬.

— 토랑궁이 마또 엄:는디,

@1 (웃음)

— (웃음)

— 아, 그떼 식쭝독 까틍 거이,

— 응

— 걸려서 긍가요?

— 깐 다닐 나써.

@1 오

@1 그레서 머 또 바메 그레 가지고 놀:고 그러셔써요?

— 파뭐레는 놀:제.

@1 예

#- 중하 새끼 그것 대하 새끼보고 '호야'라고 그러는데,

@1 응

#- 그것이 까가지고 이제 자잘해.

#- 그것 이제 그것을 튀김 이,

@1 예

#- 튀김 해서 먹고,

@1 아~

@1 그런데 저 위 위에서는 토란국 끓여 먹더라고요. 그런데 저희는,

#- 그 저 저기 순천 지방으로 가면서 토란국을 많이 먹데요.

@1 예, 그런데 여기는 잘 그런 것 없지요?

#- 예예예

@1 음

#- 그 순천 지방 곡성 그쪽으로 가니까,

@1 예, 토란.

#- 토란을 많이 먹고.

- 토란국이 맛도 없는데,

@1 (웃음)

- (웃음)

#- 아, 그때 식중독 같은 것이,

- 응

#- 걸려서 그러나요?

#- 그러니까 ?? 났어.

@1 오

@1 그래서 뭐 또 밤에 그래가지고 놀고 그러셨어요?

- 팔월에는 놀지.

@1 에에에

ー 파뤄레

되써. 어어 음.

@1 (웃음) 피곤하싱 거 가테.

음, 나 여기서 자께. (웃음)

#ー 강 강:강술레

@1 쩨금만 누워 게세요.

어 되써.

ー 쪼:끔만 뉘:게쓰머52) 어너이53) 나서라우.

@1 예예예예

다 헨:는디 다 끝나써?

ー 야

#ー 강강술레54) 마:니 헤:써.

@1 예, 강:강수월레 여기서도 하셔써요?

ー 야, 헤:써라우.

@1 어디 어:디서 모여가꼬 하셔써요?

#ー 마당에서.

ー 마당에서.

@1 여그 마당에서요?

ー 음

@1 그믄 사:람드리 다 놀:러 와요?

ー 다:드 오제.

@1 예

ー 놀:로.

@1 근데 뭐

여자드리 헤요, 남자드리 헤요?

@1 예예예

− 팔월에

됐어. 어어 음.

@1 피곤하신 것 같아.

음, 나 여기서 잘게. (웃음)

#− 강강술래

@1 조금만 누워 계세요.

어. 됐어.

− 조금만 누워 계시면은 훨씬 나아요.

@1 예예예예

다 했는데 다 끝났어?

− 예

#− 강강술래 많이 했어.

@1 예, 강강술래 여기서도 하셨어요?

− 예, 했어요.

@1 어디 어디서 모여가지고 하셨어요?

#− 마당에서.

− 마당에서.

@1 여기 마당에서요?

− 음

@1 그러면 사람들이 다 놀러 와요?

− 다들 오지.

@1 예

− 놀러.

@1 그런데 뭐

여자들이 해요? 남자들이 해요?

－ 여자드리 하제라우.

남자드른 안 헤?

－ 남자드른 안 헤라우.

@1 남자드른 그믄?

－ 남자가 그거슬 하고 이꺼쏘? (웃음)

#－ 남자드른 윤:놀제.

－ 윤:놀제라우.

아

－ 남자드른.

@1 (웃음) 아

@1 묻

강:강수얼레는 얼 얼마 똥아니나 헤요?

－ 한 메칠 헤라우.

며칠 헤버려?

－ 야 으

밤 느께까지?

－ 야

－ 인자 저녁빱 무꼬 모테라우.

어

－ 강강술레는. 그레야꼬 저녀게 인자 오레:까지 하제.

－ 그라고 인자 끈나면 인자 검:나 오레데제.

@1 어

－ 인자는 그르케 안 헤라우.

－ 엔:나레가 다 그르케 헤:쩨.

어: 트케 광:강술레 한다?

－ 어, 미기는55) 사라미 따로 이써라우. 가 여.

- 여자들이 하지요.

남자들은 안 해?

- 남자들은 안 해요.

@1 남자들은 그러면?

- 남자가 그것을 하고 있겠소? (웃음)

\# - 남자들은 윷 놀지.

- 윷 놀지요.

아

- 남자들은.

@1 (웃음) 아

@1 ?

강강술래는 얼마 동안이나 해요?

- 한 며칠 해요.

며칠 해 버려?

- 야 으

밤 늦게까지?

- 예

- 이제 저녁밥 먹고 모아요.

어

- 강강술래는. 그래가지고 저녁에 이제 오래까지 하지.

- 그리고 이제 끝나면 이제 굉장히 오래 되지.

@1 어

- 이제는 그렇게 안 해요.

- 옛날이 다 그렇게 했지,

어떻게 강강술래 한대요?

- 어, 메기는 사람이 따로 있어요. 가 여.

소리를?

— 야, 소리를.

어

— 강강술레하먼 인자 거그서 또 미게.

— 잘 하는 사라미.

예

— 노레도 잘 뿌른 사라미.

#— 잘 창 창한 사라미 이쩨.

@1 예

— 잘헤. 잘한 사람 따로 이써라우. 난 한 자리도[56] 모데라우. (웃음)
에초에

하 한번 헤:보시락 헐락 헤떠니.

@1 하

— (웃음) 아니

@1 (웃음) 미리 아시고

(웃음)

— 난 몯:헤라우. (웃음) 예

@1 어

— 잘 뎅기도 안 하제마는.

@1 예

— 노레도 모:뿔르고 함:번도 암 불러바써 당아.

@1 하

강강술레는 허기는 하션는데?

@1 (웃음)

— 그거또 잘 안 하제라우. (웃음)

— 미기라 가먼 미길 찌도 모:린디 자깐 노레를 불러야 머,

소리를

─ 예, 소리를

어

─ 강강술래 하면 이제 거기서 또 메겨.

─ 잘 하는 사람이.

예

─ 노래도 잘 부르는 사람이.

#─ 잘 창 창하는 사람이 있지.

@1 예

─ 잘해. 잘하는 사람 따로 있어요. 난 한 곡도 못 해요. (웃음) 애
초에.

하 한번 해 보시라고 하려고 했더니.

@1 하

─ (웃음) 아니

@1 (웃음) 미리 아시고

(웃음)

─ 난 못 해요. (웃음) 예.

@1 어

─ 잘 다니지도 않지마는.

@1 예

─ 노래도 못 부르고 한 번도 안 불러 봤어, 아직.

@1 하

강강술래는 하기는 하셨는데?

@1 (웃음)

─ 그것도 잘 안 하지요. (웃음)

─ 메기러 가면 메길 줄도 모르는데 좌우간 노래를 불러야 뭐,

아니 그 따라서만 허제. 미기 미기진 앙코.

― 아니 그 나 나너 잘 그 무심헤:가꼬,

@1 예

― 구시나 보제 안 헤써.

@1 아

처:메 길: 메 씨간 똥안 헐찌 아나요 놀:지 아나요?

― 야, 그러제라우. 멘 씨가 저

땀 뻘뻘 흘르고이~?

― 야

― 그러제라우. 그란디

#― 다: 함:복 이꼬 나와.

@1 아~

― 함:봉 니꼬 나와서 머리도 그럴 때는 뎅기를 드려서57) 따:거드니라우.

― 우덜 크네기떼는.

@1 예

― 뎅기 드려서 머리 진: 사라믄.

― 네 머리는 머리가 몰총머리여58). 그레아꼬 질:도 안헤 마:니.

― 검: 솔 수 수:만 만체.

― 그릉께 뎅기도 잘 모:뜨레 바:써라우.

― 딜기는 드로도 짤봐. 짤바. 머리가 여그 여그 안 다.

― 어쩐 사라믄 넙떠기59) 철렁철렁하게60) 또,

@1 그며는 크네기랑 겨론난 사라미랑 다 나와가꼬,

― 그러제. 크네기도 나오고 각씨도61) 나오고 다: 그레가꼬,

@1 언

― 제미께 헤:라우.

@1 예

아니 그 따라서만 하지. 메기 메기진 않고.

― 아니 그 나 나는 잘 그 무심해가지고,

@1 예

― 굿이나 보지 안 했어.

@1 아

처음에 길 몇 시간 동안 할 줄 아나요 놀 줄 아나요?

― 예, 그러지요. 몇 시가 저

땀 뻘뻘 흘리고?

― 예

― 그러지요. 그런데

#― 다 한복 입고 나와.

@1 아~

― 한복 입고 나와서 머리도 그럴 때는 댕기를 드려서 따거든요.

― 우리들 처녀 때는.

@1 예

― 댕기 드려서 머리 긴 사람은.

― 내 머리는 머리가 말총머리야. 그래가지고 길지도 않아, 많이.

― 그 솔 수 숱만 많지.

― 그러니까 댕기도 잘 못 드려 봤어요.

― 드리기는 드려도 짧아. 짧아. 머리가 여기 여기 안 닿아.

― 어떤 사람은 엉덩이 치렁치렁하게 또,

@1 그러면은 처녀랑 결혼한 사람이랑 다 나와가지고,

― 그러지. 처녀도 나오고 결혼한 여자도 나오고 다 그래가지고,

@1 언

― 재미있게 해요.

@1 예

- 파뤄레. 인자는 옵:써저 부리써.

@1 뭐 이르케 막 머:도 밥꼬 다니고 막 등을 이르케 밥꼬 다니고,

- 야 봅:짜봅.

@1 그렁 거또 다 헤요?

- 야

- 봅:짜 업:짜

@1 예

- 저 무 봅:짜 함스러.

@1 예

- 또 업쩌쓰무 다: 그 업쩌62). 우기로63) 올라가서.

@1 예예예

- 다 거러가고 양:짜게서 들고 작꼬,

꼬사리 끈짜 멀:또 일

@1 하

- 야

끈:짜 끈:짜 꼬사리 끈짜.

- (웃음)

@1 (웃음)

노레가 안 나오네 (웃음)

- (웃음)

@1 (웃음)

@1 드러 보셔써요?

#- 마:니 드러바쩨라우.

@1 예, 꼬사리 끈뜽가요?

#- (웃음)

@1 (웃음)

─ 팔월에. 이제는 없어져 버렸어.

@1 뭐 이렇게 막 뭐도 밟고 다니고 막 등을 이렇게 밟고 다니고,

─ 예, 밟자 밟.

@1 그런 것도 다 해요?

─ 예

─ 밟자 업자

@1 예

─ 저 무 밟자 하면서,

@1 예

─ 또 엎드려 있으면 다 그 엎드려, 위로 올라가서.

@1 예예예

─ 다 걸어가고 양쪽에서 들고 잡고,

고사리 끊자 뭐도

@1 하

─ 예

끊자 끊자 고사리 끊자

─ (웃음)

@1 (웃음)

노래가 안 나오네. (웃음)

─ (웃음)

@1 (웃음)

@1 들어 보셨어요?

#─ 많이 들어 봤지요.

@1 예, 고사리 꺾던가요?

#─ (웃음)

@1 (웃음)

거 뭘 뭘머머?

— 이 동네느니라우 꼬사리가 마:니써.

@1 예

— 딴데 앙 가꼬[64].

#— 그제

— 다:: 요리만 오고. 목포서 강주서 다: 요리만 온다우.

@1 긍께 노레를 이제 파뤌 되먼 끈짜 끈짜

#— 헝께

#— 무:슬 뒤에다 부처서 헝가 몰라도 저녁네도 딱 그,

#— 그게 일상생할 하고 인능 거이 다 너벵께.

@1 예 (웃음)

— 어

누가 잘 미깁띠여? 여 여 여기서는 이 동네서는?

— 다 주거 부러써라우.

먼: 떡

@1 먼: 떠기 먼: 떠기 잘 부르등가요?

#— 여그는 먼 떡 먼 떡 업써라우.

@1 그르믄 머:라고 아 먼 머:먼네

#— 야, 여그는 그르고 부르제.

@1 예

#— 여기가.

@1 마저요, 마저. 데고를 안 쓰제.

@1 어, 누구네가 잘 부르등가요?

— 쩌리 나가야 어디가 하제, 여 동네는

@1 예

— 저 한: 사람 한사라미 여 다: 각 싸라미그등이라우.

그 뭐 뭐 뭐뭐

— 이 동네는요 고사리가 많이 있어.

@1 예

— 다른 데와 달리.

#— 그러지.

— 다 이리만 오고. 목포서 광주서 다 이리만 온대요.

@1 그러니까 노래를 이제 팔월 되면 끊자 끊자

#— 하니까

#— 뭘 뒤에다 붙여서 하는지 몰라도 저녁내 해도 딱 그,

#— 그게 일상생활 하고 있는 것이 다 노래니까.

@1 예 (웃음)

— 어

누가 잘 메깁디까? 여 여 여기서는 이 동네서는?

— 다 죽어 버렸어요.

무슨 댁

@1 무슨 댁이 무슨 댁이 잘 부르던가요?

#— 여기는 무슨 댁 무슨 댁 없어요.

@1 그러면 뭐라고 아 무슨 무슨 네

#— 예, 여기는 그렇게 부르지.

@1 예

#— 여기가.

@1 맞아요, 맞아. 택호를 안 쓰지.

@1 어, 누구네가 잘 부르던가요?

— 저리 나가야 어디에서 하지, 이 동네는.

@1 예

— 저 한 사람 한 사람이 여 다 각 사람이거든요.

@1 예

— 저 한 이 동:네 싸라미 인자 옵:써라우.

@1 예

— 그 저네는 김가드리 이썬는디 김가들또 다: 옵써저 불고 인자는 옵:써라우.

\# — 여기 자가일상한[65] 동:네가 아니라,

@1 음

— 그릉께 각:짜 각짜가 한나썩 한나썩 와 농께 성:바지웨[66] 아주 검:니[67].

@1 음

— 그릉께 하나비[68] 안 데라우.

@1 아

— 사:라미, 한 성:바지 데고 인자 그런 저 자기 시꾸드리 여 머 메 저 이:가머 이가, 청가머 청가 인자 급 그르케 모에서 살:먼 더 머:던디.

— 다:: 깡 싸람. 예 이 성:이 다 깡바니 깡 한나한나가 다 따로따로.

— 그릉께 이 하베질 쑤가 업쩨.

@1 예

@1 그레야꼬 노레 잘 부르시는 분도 다 도라가서 불고요?

@1 (하품소리) 강강술레 뎅기시던 분도?

— 그릉께라우.

@1 (웃음)

@1 응, 또 다릉 거또 헤썬나요?

@1 다른 응~ 그떼 차레는 지:네셔찌요?

— 예?

@1 차레는 지:네셔쯔?.

— 야

\# — 이 그 그떼는 지:네쩨라우.

@1 예

― 저 한 이 동네 사람이 이제 없어요.

@1 예

― 그전에는 김 씨들이 있었는데 김 씨들도 다 없어져 버리고 이제는 없어요.

#― 여기 자작일촌한 동네가 아니라,

@1 음

― 그러니까 각자 각자가 하나씩 하나씩 와 놓으니까 성바지가 아주 많아.

@1 음

― 그러니까 화합이 안 돼요.

@1 아

― 사람이 한 성바지 되고 인자 그런 저 자기 식구들이 여 머 메 저 이 씨면 이 씨, 천 씨면 천 씨 이제 급 그렇게 모여서 살면 더 뭐 하는데.

― 다 각 사람. 예 이 성이 다 각 바지 각 하나 하나가 다 따로따로.

― 그러니까 이 합해질 수가 없지.

@1 예

@1 그래가지고 노래 잘 부르시는 분도 다 돌아가셔 버리고요?

@1 (하품소리) 강강술래 다니시던 분도?

― 그러니까요.

@1 (웃음)

@1 응, 또 다른 것도 했었나요?

@1 다른 응, 그때 차례는 지내셨지요?

― 예?

@1 차례는 지내셨지요?

― 예

#― 이 그 그때는 지냈지요.

— 야, 지:네쩨라우.

@1 어

— 그레야꼬 안 지넌 저 그리우끄 한 삼사:심년 데야쓰까?

@1 음

— 그레꺼쏘야.

@1 처메 겨론하셔쓸 떼

— 야

@1 지:네션는데

— 아, 그뗀 교:회도 셍겐 뎅기도 아네 보고 여그는 교:회도 오:꼬.

#— 어쩨뜬 그떼는,

— 쩌스

#— 우드른 제:사 가틍 거또 넘덜고마니로 다 지서.

— 잘 지:네써라우.

— 그렌는디

#— 다 지난바메 다 디리고,

— 자 바메 지:네고 다 헨:는디 차레 다 디리고 그렌는디,

#— 차레를 차레 다 디리고,

— 저 그 교회를 어쩨 간냐머 하:다하다 술만 무꼬 일:도 안 하고 하다
하다 성가싱께 네가 우리도 놈드리 예:수 민는 사람드른 조:커썹따.

— 술도 안 무꼬 착씨레가꼬 그릉께 우리도 예:수 미꼬 함번 사라봅씨
다 그릉께,

— 그라먼 네가 가까 그러데.

@1 예

— 네가 교회를 가까 그레서 아 가 보시요야 인제 여그서 쩌:그까지 가
야 데그등.

@1 예

- 예, 지냈지요.

@1 어

- 그래가지고 안 지낸 지 그래서 한 삼사십 년 됐을까?

@1 음

- 그래겠소.

@1 처음에 결혼하셨을 때

- 예

@1 지내셨는데

- 아, 그땐 교회도 생전 다녀 보지도 않고 여기는 교회도 없고.

#- 어쨌든 그때는,

- 저 스

#- 우리들은 제사 같은 것도 남들처럼 다 지내.

- 잘 지냈어요.

- 그랬는데

#- 다 지난밤에 다 드리고,

- 자 밤에 지내고 다 했는데 차례 다 드리고 그랬는데,

#- 차례를 차례 다 드리고,

- 저 그 교회를 어째 갔느냐면 하도 하도 술만 먹고 일도 안 하고 하도 하도 성가시니까 내가 우리도 남들이 예수 믿는 사람들은 좋겠습디다.

- 술도 안 먹고 착실해가지고 그러니까 우리도 예수 믿고 한 번 살아봅시다 그러니까,

- 그러면 내가 갈까 그러데.

@1 예

- 내가 교회를 갈까 그래서 아 가 보시오 이제 여기서 저기까지 가야 되거든.

@1 예

- 여그느 옵:씽께.

@1 예

- 함벌로[69].

- 함병 가, 두:병 가, 긍께 저 메 따리나 뎅깁띠다.

- 그레가꼬는 인자 거그서 지페를 한다고 그럽따. 그레서는 나보다 가보작 헤.

- 나는 느께 가도 나 주글 떼까지 뎅게라우. 그란 당시는 금방 앙 갈 싸라미여.

- 그란디 당시나나 가. 난 안 갈랑께. 나코 가도 나는 주글 떼까지 뎅길 사라밍께.

- 그라고 이뜨니 그르쿠 데까? 나도 뎅긴디. 그레서 뎅기나 안 뎅기나 다 뻐:니 아러라우 그레뜨니, 진짜 쫌 뎅기다가는 안 뎅게.

@1 (웃음)

- 네:가 버:러서 형:그미랑 다 주 꺼싱께,

@1 네

- 자네나 가소[70].

@1 네

- 난 앙 갈라네[71] 그레.

- 그레야 나 그럴 찌 아라땅께라우. (웃음)

음 (웃음)

- 그르제.

@1 (웃음)

- 그럴 찌 아레써라, 나는.

- 네:가 가먼 죽또로까지 뎅게라, 나는.

@1 응

- 그릉께 앙 앙 갈찌 아러써라우. 그라고는 네:비둬:뜨이,

- 여기는 없으니까.

@1 예

- 하더라도.

- 한 번 가, 두 번 가 그러니까 저 몇 달이나 다닙디다.

- 그래가지고는 이제 거기서 집회를 한다고 그럽디다. 그래서는 나보고 가 보자고 해.

- 나는 늦게 가도 나 죽을 때까지 다녀요. 그러는 당신은 금방 안 갈 사람이야.

- 그런데 당신이나 가. 난 안 갈 테니까. 나중에 가도 나는 죽을 때까지 다닐 사람이니까.

- 그렇게 있더니 그렇게 될까? 나도 다니는데. 그래서 다니나 안 다니나 다 뻔히 알아요 그랬더니, 진짜 좀 다니다가는 안 다녀.

@1 (웃음)

- 내가 벌어서 헌금이랑 다 줄 테니까,

@1 예

- 자네나 가게.

@1 예

- 난 안 가겠네 그래.

- 그러면 그렇지. 나 그럴 줄 알았다니까요. (웃음)

음 (웃음)

- 그러지.

@1 (웃음)

- 그럴 줄 알았어요, 나는.

- 내가 가면 죽도록까지 다녀요, 나는.

@1 응

- 그러니까 안 안 갈 줄 알았어요. 그리고는 내버려뒀더니,

― 차말로 뭘 저 쌀 가틍 거 보리 가틍 거 인자 버르싸르나 싸:리나 하먼 그 게에다가 바치요 헤:따고.

― 그란디 아:네 드러가 부루머 아깡게 미려서[72] 가따 주소 그레.

― 막 저 나락또 처 노머 얼른 가따 줘.

@1 아

― 쩌걸 교회다가 가따 나.

@1 네

― 그람서 하고 잘 줍떼야. 동:가틍 거또 어쭈고 헤:서 머,

― 나는 안 뎅게도 네:가 버:러서 주꺼싱께 뎅게 그람스롬,

@1 어

― 그레가꼬는 그레도 주글락 할 떼는 그레도 청꾸근 가고 자붕가,

@1 예

― 세:레 바꼬 주글란닥 헤라우.

@1 음

― 그 목싸님 오라 가라고. 나 세:에 바꼬 청국 갈란다 그럼서.

― 나 간담:께 그럼서로 나 남 넘 모달닐 찌른 안 헤써 그람서로,

― 나 저 네:가 갈 꺼여 청구근. 그럼스로 아이 저 나 아서 기도 쫌 헤:주라 가라고 그르데.

― 그레서는 세:레 바꼬 저 목싸님 늘 뎅김서 기도도 헤:주고 그레야꼬 간닥 합따. 가 부르쩨.

@1 그떼 어쩨써요

― 그레야꼬 네:가 그레써라우.

― 저 남 어:럼만 저 저 냥반만 주거 부르먼 자식뜨라고 오신:도신함서러[73] 네가 잘 쌀거따.

― 그레띠 그거또 아니드라고라우, 사러 봉께.

음

- 참말로 뭐 저 쌀 같은 것 보리 같은 것 이제 보리쌀이나 쌀이나 하면 그 교회에다가 바치겠다고 했다고.

- 그런데 안에 들어가 버리면은 아까우니까 미리서 가져다가 주게 그래.

- 막 저 벼도 쳐 놓으면 얼른 가져다 줘.

@1 아

- 저걸 교회에다가 가져다 놔.

@1 예

- 그러면서 하고 잘 줍디다. 돈 같은 것도 어떻게 해서 뭐,

- 나는 안 다녀도 내가 벌어서 줄 테니까 다녀 그러면서,

@1 어

- 그래가지고는 그래도 죽으려고 할 때는 그래도 천국은 가고 싶은지,

@1 예

- 세례 받고 죽겠다고 해요.

@1 음

- 그 목사님 오라고 하라고. 나 세례 받고 천국 가겠다 그러면서.

- 나 간다니까 그러면서 나 남 남 못할 짓은 안 했어 그러면서,

- 나 저 내가 갈 거야 천국은. 그러면서 아이 저 나 와서 기도 좀 해 달라고 하라고 그러데.

- 그래서는 세례 받고 저 목사님 늘 다니면서 기도도 해 주고 그래가지고 간다고 합디다. 가 버렸지.

@1 그때 어땠어요?

- 그래가지고 내가 그랬어요.

- 저 남 어른만 저 저 양반만 죽어 버리면 자식들하고 오손도손하면서 내가 잘 살겠다.

- 그랬더니 그것도 아니더라고요, 살아 보니까.

음

- 사러 봉께 그거시 아니드라고.

\# - 영:감텡이가이드른74) 또가테.

- 응, 영:가미 그레도 더 나서, 야:무리 구쩌도75).

\# - (웃음)

- 이 그러거뜨라고. 그레서 아니 나는 그레 인자는 아니여.

- 나는 여::간 잘 나 한자 오신도신함서 자석뜨라고 살면 여:간 졸:찌 아라뜨말로 그레도 유 구진 영:가미 더 난:능갑떼 그레써.

- 구저도 영:가미 더 나:쩨. (웃음)

(웃음)

- 페나기는 하제.

- 술 무그믄 저 잠퉁이서부터 악써라우. 오도 안하고 어버 가라고.

(웃음)

- (웃음)

- 그람 돈 처넌 주께 어버 가그라 그른 누가 조:케?

- 돈 저 이 베권 주께 업 나 잔 어버다 줘.

네

- 그라면 어짠 사람드른 또 하다하다 어버다만 주라긍께 기버리라도76) 지고 와, 기발.

- 나락 아니 보리 까슨 보리 할라면 모도 거 거름 저날린 지게에다 지고 뎅긴당께, 사:라믈.

- 뻴척씨롸77). (웃음)

- 함버네는 여 인자 동:네 술 양:썬78) 무꼬 와서는, 아이고 소나 가꼬 와서 포라야 쓰거따, 아 그라고 바메 소를 가꼬 나가라우.

으으

- 그 문주라고 그 모시메랑 산:디. 그레서

- 아야79), 문주야. 아부지가 소 가꼬 나가 부러써. 허. 가 바야 짠 니가.

- 살아 보니까 그것이 아니더라고.

\# - 영감쟁이들은 똑같아.

- 응, 영감이 그래도 더 나아, 아무리 궂어도.

\# - (웃음)

- 이 그렇겠더라고. 그래서 아니 나는 그래 이제는 아니야.

- 나는 아주 잘 나 혼자 오손도손하면서 자식들하고 살면 아주 좋을 줄 알았더니 그래도 유 궂은 영감이 더 나았는가 보데 그랬어.

- 궂어도 영감이 더 낫지. (웃음)

(웃음)

- 편하기는 하지.

- 술 먹으면 저 잠틍(지명)에서부터 악써요. 오지도 않고 업어 가라고.

(웃음)

- (웃음)

- 그럼 돈 천 원 줄 테니 업어가거라 그러면 누가 좋게?

- 돈 저 이백 원 줄 테니 나 좀 업어다 줘.

예

- 그러면 어떤 사람들은 또 하도 하도 업어다만 달라고 하니까 '기발'이라도 지고 와, '기발'.

- 벼 아니 보리 가을 보리 하려면 모두 거 거름 져서 나르는 지게에다 지고 다닌다니까, 사람을.

- 별나. (웃음)

- 한 번은 여 이제 동네 술 양껏 먹고 와서는, 아이고 소나 가져와서 팔아야 되겠다, 아 그러고 밤에 소를 가지고 나가요.

으으

- 그 문주(인명)라고 사내애랑 사는데. 그래서

- 애야, 문주야. 아버지가 소 가지고 나가 버렸어. 허. 가 봐 좀 네가.

- 네가 그레서 이 데 인자 나 네:가 거 도라뎅긴 머스메 데러다 킨:디,

- 언느 가 바야. 거그 저 소 가꼬 나가딴 마다80).

- 그레뜨 어:따 나:뛰불먼 어디로 튀:네뻴 껀 아니냐?

- 가 가 디꼬 와 그레뜨이 가따 오디81) 그레.

- 인자 어메82), 인자 크닐 나부러써 그레서 머:시 크닐란데 그릉께,

- 소가 아부지 바를 볼:바 부러써 다 버서저 부러써 그레서, (웃음) 자기 바레 자레따, 께버서저83).

- 네:가 어디 하레라도 앙 가고 자레따, 응.

- 그레서 꼭 그를 떼가 이씨야써야. 인자 거 그레써 그레뜨이,

- 차말로 버서저 놓께 오도가도 (웃음) 몯:하고 지비가 게:속 앙거써.

- 그레 잘 데따 그레쩨.(웃음)

@1 네

- 여그 네려가다가 저 멘: 저 바우라 소가 아 저녀게는 앙 갈락헤라우.

- 소도 아리라우. 저녀긴지 나:진지.

음

- 앙 갈라간 노믈 억찌로 끄:꼬 강께 볼:바 부런능갑써. (웃음)

@1 (웃음)

- 역뿔로84) 볼릉 거시 아이라 (웃음) 어찌게 잘 모다 버른 볼:바 분능가 어쩡가.

강:강수월레는 파뤄레 주로 하나요?

- 예

- 파뤄레 마:니 헤라우.

마:니 헤요?

- 야

바다 너 마당이 널븐 지비서?

- 야

‒ 내가 그래서 이 대 이제 나 내가 그 돌아다니는 사내애 데려다 키우는데,

‒ 얼른 가 봐. 거기 저 소 가지고 나갔단 말이다.

‒ 그랬더니 아따 놔둬 버리면 어디로 튀어 내뺄 것 아니냐?

‒ 가 가서 데려와 그랬더니 갔다 오더니 그래.

‒ 이제 엄마 이제 큰일나 버렸어. 그래서 뭐가 큰일난대 그러니까,

‒ 소가 아버지 발을 밟아 버려서 다 벗어져 버렸어 그래서, (웃음) 자기 발에 잘했다, 살갗이 다 벗겨져서.

‒ 내가 어디 하루라도 안 가고 잘 했다, 응.

‒ 그래서 꼭 그럴 때가 있어야 돼. 이제 그 그랬어 그랬더니,

‒ 참말로 (살갗이) 벗어져 놓으니까 오도가도(웃음) 못하고 집에 계속 앉아 있어.

‒ 그래 잘 됐다 그랬지. (웃음)

@1 예

‒ 여기 내려가다가 저 맨 저 바위라 소가 아 저녁에는 안 가려고 해요.

‒ 소도 알아요. 저녁인지 낮인지.

음

‒ 안 가려는 것을 억지로 끌고 가니까 밟아 버렸는가 봐. (웃음)

@1 (웃음)

‒ 일부러 밟은 것이 아니라 (웃음) 어떻게 잘못해 밟은 밟아 버렸는지 어쩐지.

강강술래는 팔월에 주로 하나요?

‒ 예

‒ 팔월에 많이 해요.

많이 해요?

‒ 예

바다 너 마당이 넓은 집에서?

‒ 예

아이, 그러면 한:참 똥안 띠놀먼 머 머글 머글 껏 시작 가저오나요?

— 머 머글 꺼시 이꺼쏘, 그떼?

그저 티기만 헤요?

— 야

@1 암 무꼬?

— 응, 암 무꼬.

제민나요? 강:강수월레 하먼?

— 모르거쏘, 나는 안 헤 바씽께.

안 헤 보셔써? 우:쩨 안 헤 보셔쓰까?

— 아이, 나는 몯:하거쌍께 안 헤라. (웃음)

(웃음)

그 다음

@1 네

@1 그 다으메 구:월딸 음.

— 술하디 순:헤 가꼬 어:찌게 그르케 셍계뚱갑써, 네가.

@1 할머니가 어~

— 그레가꼬 그 으데 가서 머 놀:도 안 하고 어쩌도85) 안허고,

— 아그드른 가:치 나무흐로 가먼 즈즈 이러구 너푼 쩌 솔라무도 마골라가 버러라우.

— 가서 자장게비86) 따. 거 입싹 죽

@1 아 예예

— 떠러저분 놈.

@1 예

— 따:서 네레가꼬 다 이리 가꼬와. 그런디 나는 무사서 네 네가 올라 가보지도 모데, 셍겐.

@1 아까 파뤌 말씀하션는데 그 다으메 구:월 따레도?

아이, 그러면 한참 동안 뛰놀면 뭐 먹을 먹을 것 시장 가져오나요?

─ 뭐 먹을 것이 있겠소, 그때?

그저 뛰기만 해요?

─ 예

@1 안 먹고?

─ 응, 안 먹고

재미있나요? 강강술래 하면?

─ 모르겠소, 나는 안 해 봤으니까.

안 해 보셨어? 어째 안 해 보셨을까?

─ 아이, 나는 못 하겠으니까 안 해요. (웃음)

(웃음)

그 다음

@1 예

@1 그 다음에 구월 음.

─ 순하디 순해가지고 어떻게 그렇게 생겼던가 봐, 내가.

@1 할머니가 어.

─ 그래가지고 그 어디 가서 뭐 놀지도 않고 어찌하지도 않고,

─ 아이들은 같이 나무 하러 가면 즈즈 이렇게 높은 저 소나무도 막 올라가 버려요.

─ 가서 삭정이 따. 그 잎사귀

@1 아 예예

─ 떨어져 버린 것.

@1 예

─ 따서 내려가지고 다 이리 가져와. 그런데 나는 무서워서 내 내가 올라가 보지도 못해. 생전.

@1 아까 팔월 말씀하셨는데 그 다음에 구월에도?

- 구월도 이써라우.

@1 네

\# - 중구[87] 이쩨.

@1 구:월. 중구요?

\# - 예

- 중구

@1 어

@1 중구 떼는 뭐: 헤요?

- 그 떼는 거 세:나락 빙:께

@1 예

- 그놈 비여다가 모도 쩌가꼬 밥또 헤:무꼬 그라고 노라고. 하레 노라라우.

@1 아, 마을 싸람드리 가치 노나요? 아니며는,

- 야, 마을 싸람들 다 모테서도 놀:고 그레제.

@1 어

- 중구 떼.

@1 어디 사느로 가가꼬?

- 아따, 이른 디서서 모테제.

@1 예~, 약 그 미테서 모여가꼬?

- 야

@1 응

- 그럴 떼가 제미저:쓸 테제라이~? 농:께.

- 하레 일년네: 일하고 여름네: 밤메고 놈메고 별:리른 별리른 다:허고 인자 그떼는 인자 쫌 항가할 뗑께 놀:제. 하레 노라라우.

@1 음

@1 그 다음 시월 따레는?

- 구월도 있어요.

@1 예

#- 중구 있지.

@1 구월 중구요?

#- 예

- 중구

@1 어

@1 중구 때는 뭐 해요?

- 그때는 그 새 벼 베니까

@1 예

- 그것 베어다가 모두 쪄가지고 밥도 해 먹고 그렇게 놀라고. 하루 놀아요.

@1 아, 마을 사람들이 같이 노나요? 아니면은,

- 예, 마을 사람들 다 모아서도 놀고 그러지.

@1 어

- 중구 때

@1 어디 산으로 가가지고?

- 아따, 이런 데서 모이지.

@1 예, 약 그 밑에서 모여가지고?

- 예

@1 응

- 그럴 때가 재미있었을 테지요 응? 노니까.

- 하루 일 년내 일하고 여름내 밭매고 논매고 별일은 별일은 다 하고 이제 그때는 이제 좀 한가할 때니까 놀지. 하루 놀아요.

@1 음

@1 그 다음 시월에는?

－ 시워른

#－ 업:쩨

－ 업:써라우. 그렁께 저

#－ 시제나 모:시로 가제.

@1 아

－ 시제 모신다우 그 달.

@1 시월 상:달 헤가꼬

－ 야

@1 시제 모신다고?

#－ 예

－ 야, 그 따른 저 시제 모신 다리여.

@1 어

@1 여기서도 시제 모:실 떼 머 음시글?

－ 다: 헤:가꼬 인자 거 사니로 가제.

@1 안 니키지요? 이키나요?

#－ 다 이켜서.

@1 꼭 속:까지 다: : 이르케 이켜가꼬,

#－ 예

－ 야

@1 싸:가꼬 가나요?

#－ 예

－ 모도 싸:가꼬도 가고 그럽따.

@1 예예예.

－ 야

－ 또 그떼는 또 어더무그로도 가.

@1 막 피 칠:칠 흘리는데.

- 시월은

\# - 없지.

- 없어요. 그러니까 저

\# - 시제나 모시러 가지.

@1 아

- 시제 모신대요 그 달.

@1 시월 상달 해가지고

- 예

@1 시제 모신다고?

\# - 예

- 예, 그 달은 저 시제 모시는 달이야.

@1 어

@1 여기서도 시제 모실 때 뭐 음식을?

- 다 해가지고 이제 그 산으로 가지.

@1 안 익히지요? 익히나요?

\# - 다 익혀서.

@1 끝 속까지 다 이렇게 익혀가지고,

\# - 예

- 예

@1 싸가지고 가나요?

\# - 예

- 모두 싸가지고도 가고 그럽디다.

@1 예, 예, 예.

- 예

- 또 그때는 또 얻어먹으로도 가.

@1 막 피 철철 흘리는데.

- 암 거

@1 어

- 그리 떠거더무그로 간다고 그람서러 어더무그로 또 아그드리 와라우.

@1 어

- 인자는 누가 조:도 아노꺼시요. 아그들또 오꼬.

@1 저히 친정은 시제 지네는데 살풀88) 하시드라고요.

- 예

#- 아, 여그는 안저니 이께라우.

@1 완저니 이켜요? 거기는 고기도 그냥 거테만 이께.

#- 아니, 여그는 그란헤.

@1 가:꼬 셍선도

- 야

@1 그르케 하고.

- 야

#- 여그는

- 여그는 안:저니 이커가꼬.

@1 오~. 그거까지 다 이켜가꼬.

#- 안:저니 먹께끄름 다.

@1 예

@1 흠, 그 다음 시비뤌 따레는?

#- 동지.

@1 동지가 이꼬.

- 서:따른 설.

@1 응, 동지 딸

@1 팥 포쭉 어:뜨게 드세요?

- 동기89)

- 암 거

@1 어

- 그리 떡 얻어먹으러 간다고 그러면서 얻어먹으러 또 아이들이 와요.

@1 어

- 지금은 누가 줘도 안 올거요. 아이들도 없고.

@1 저희 친정은 시제 지내는데 살짝 하시더라고요.

- 예

#- 아, 여기는 완전히 익혀요.

@1 완전히 익혀요? 거기는 고기도 그냥 겉만 익게.

#- 아니. 여기는 그렇지 않아.

@1 그래가지고 생선도

- 예

@1 그렇게 하고

- 예

#- 여기는

- 여기는 완전히 익혀가지고.

@1 오. 그것까지 다 익혀가지고.

#- 완전히 먹게끔 다.

@1 예

@1 음, 그다음 십일월에는?

#- 동지.

@1 동지가 있고.

- 섣달은 설.

@1 응, 동짓달

@1 팥 팥죽 어떻게 드셔요?

- 동지

@1 어

― 가 들면 인자 그 떼에

@1 어

― 동긴날 인자 포쭉 써:묵쩨.

@1 예

― 어

@1 어:뜨게 어뜨게 드셔써요?

― 음, 폰 가:서,

@1 예

― 저 쌀 가서 헤:서 인자는 도:구텅에다⁹⁰⁾ 안 찌꼬 막 찌여오문 뎅께 쩌:거다가 그놈 인제 죽 쓰제. 그레가꼬 무꼬.

@1 음

― 다

― 그릉께 일런 열뚜다에 오 저 바 거 인자 오 멈:만 업:쩨, 저 시:월만.

― 그릉께 인제 그 시:워를 인자 지:사딸로 헨:능갑뜨마.

@1 음

― 누가 알:기도 잘 아라요.

@1 음

@1 파쭉 포쭉 엔:나레 써가꼬 막 이글 이르케 무네 발라따 하던디.

#― 아이, 우리들 어릴 떼는 지붕 우게다 뿌리써라우. 초가지붕.

@1 아

#― 귀:신 오지 마라고.

― (웃음)

@1 지붕 우에다 뿌려써요?

― 야

@1 어 어:뜨게 이르케 으르크 으르크 드그

@1 어

─ 가 들면 이제 그때에

@1 어

─ 동짓날 이제 팥죽 쒀 먹지.

@1 예

─ 어

@1 어떻게 어떻게 드셨어요?

─ 음. 팥 갈아서,

@1 예

─ 저 쌀 갈아서 해서 이제는 절구통에다 안 찧고 막 찧어 오면 되니까 찧어다가 그것 이제 죽 쓰지. 그래가지고 먹고.

@1 음

─ 다

─ 그러니까 일 년 열두 달에 오 저 바 그 이제 오 뭐만 없지, 저 시월만.

─ 그러니까 이제 그 시월을 이제 제사 달로 했나 보더구먼.

@1 음

─ 누가 알기도 잘 알아요.

@1 음

@1 팥죽 팥죽 옛날에 쒀가지고 막 이걸 이렇게 문에 발랐다 하던데.

#─ 아이, 우리들 어렸을 때는 지붕 위에다 뿌렸어요. 초가지붕.

@1 아

#─ 귀신 오지 말라고.

─ (웃음)

@1 지붕 위에다 뿌렸어요?

─ 예

@1 어 어떻게 이렇게 이렇게 이렇게 드그

\# - 네

@1 (웃음)

\# - 지붕 우에 물 뿌려써.

@1 예

\# - 파쭉 궁무를.

@1 아 가치 궁무를요? 그

@1 잡 잡쑤기 저네 그럼 뿌링 거지요?

- 막 막 헤:가꼬,

@1 예

- 떠가꼬,

@1 예

- 이를 떼 핑게91).

@1 뿌린 다으메 인제,

지붕까지 올라감니까 고거시?

\# - 아니 미테서 뿌려써

- 미테서 우기로 삐링게라.

- 가제라우.

@1 (웃음)

\# - 멀:리는 앙 가드라도.

@1 예

\# - 귀:신 오지 마라고.

@1 그 다메 시비워른 서:따리라.

- 다: 이써라, 달다리92).

@1 응

- 시:월만 업:쩨.

@1 어

\# - 예

@1 (웃음)

\# - 지붕 위에 물 뿌렸어.

@1 예

\# - 팥죽 국물을.

@1 아 같이 국물을요? 그.

@1 잡 잡수기 전에 그럼 뿌리는 것이지요?

\- 막 막 해가지고,

@1 예

\- 떠가지고,

@1 예

\- 이럴 때 뿌려.

@1 뿌린 다음에 이제,

지붕까지 올라갑니까? 그것이?

\# - 아니 밑에서 뿌렸어.

\- 밑에서 위로 뿌리니까요.

\- 가지요.

@1 (웃음)

\# - 멀리는 안 가더라도.

@1 예

\# - 귀신 오지 말라고.

@1 그 다음에 십이월은 섣달이라.

\- 다 있어요, 다달이.

@1 응

\- 시월만 없지.

@1 어

－ 시:월만 인자 옵:씽께.

@1 설 그믄

－ 지:사제.

@1 윤:달 지나고 그 다메 서:따레는 멀:하나요?

－ 서:따레는

@1 응

－ 인자 거 설: 쇠:고

@1 어

－ 인자 놀:제 그떼까지 보름까지 하:너고.

@1 아

－ 논:사람드른.

서:딸부터 정월까지 짝 ***

－ 야, 게:속 망 놀:제.

@1 음, 막 잠 안 자기 막 그렁 거또 하시고?

@1 이

－ 남 야 남자드른 마:니 잠 안 자라우, 하토 칭:께.

@1 (웃음)

#－ (웃음)

그믐날 서:딸 그믐날

@1 서:딸 금날

잠자먼 막

@1 잠 오먼

저기 헌데자나요, 하:야케?

－ 음음음, 써까리 세륜다고[93] 우리 누넨끄 눈써베가.

@1 에?

－ 써까리[94] 실른다고 자지 마:라고 그레써.

- 시월만 이제 없으니까.

@1 섣 그러면

- 제사지.

@1 윤달 지나고 그 다음에 섣달에는 뭘 하나요?

- 섣달에는

@1 응

- 이제 그 설 쇠고

@1 어

- 이제 놀지 그때까지 보름까지 계속해서.

@1 아

- 노는 사람들은

섣달부터 정월까지 쫙 ???

- 예, 계속 막 놀지.

@1 음, 막 잠 안 자기 막 그런 것도 하시고?

@1 이

- 남 예 남자들은 많이 잠 안 자요, 화투 치니까.

@1 (웃음)

#- (웃음)

그믐날 섣달 그믐날

@1 섣달 그믐날

잠자면 막

@1 졸리면

저기 한대잖아요, 하얗게?

- 음음음, 서캐 슨다고 우리 눈에 눈썹에.

@1 에?

- 서캐 슨다고 자지 말라고 그랬어.

어

— 저 보름날 보르메.

#— 열나흔날 저녀게.

— 열난:날[95] 지녀게.

아

@1 열 난:나리요?

— 응

아, 아, 서딸 그믐나리 아니고?

— 야, 열난:날 지녀게.

@1 어

— 자면 써까리 실른다고 자지 마라고 그레, 어먼드리.

@1 아

#— 이 그러고 나:무 아홉 찜허고 밥 아홉 뻔 무그라고 그러고.

— (웃음)

@1 아~

@1 나:머

#— 나:무 아홉 찜 하고 밥또 아홉 뻔 무그라고.

@1 기:신도 도라다니자나요? 심발 훔처간 귀:신. (웃음)

— (웃음)

@1 아페도도 도라다녀써요?

— 그룽가 몰:구쏘. 그렌능가 저렌능가 아:이구.

#— 네 이***

@1 네

#— 열라흔날 가쓰.

#— 무조꺼나 써까리를 잠 모짜게 할라고 드롸써.

— 나:모 아홉 찜 허고, 아 나:모 아홉 찌믈 어:뜨케 허거쏘? 아홉 찜하

어

- 저 보름날 보름에.

#- 열나흗날 저녁에.

- 열나흗날 저녁에.

아

@1 열나흗날이요?

- 응

아, 아, 섣달 그믐날이 아니고?

- 예, 열나흗날 저녁에.

@1 어

- 자면 서캐 슨다고 자지 말라고 그래, 어머니들이.

@1 아

#- 이 그리고 나무 아홉 짐 하고 밥 아홉 번 먹으라고 그러고.

- (웃음)

@1 아~

@1 나무

#- 나무 아홉 짐 하고 밥도 아홉 번 먹으라고.

@1 귀신도 돌아다니잖아요? 신발 훔쳐가는 귀신. (웃음)

- (웃음)

@1 압해도도 돌아다녔어요?

- 그런지 모르겠소. 그랬는지 저랬는지 아이고.

#- 예, ???

@1 예

#- 열나흗날 갔어.

#- 무조건 서캐를 잠 못자게 하려고 들어왔어.

- 나무 아홉 짐하고 아 나무 아홉 짐을 어떻게 하겠소? 아홉 짐 하고

고 밥 아홉 끄륵[96] 무그라고.

@1 누먼 잠 오자나요?

\# — 허니까.

— 암 무거쓰머 암 무거쩨 저 나 가튼 사라믄 잠 마낭께 모:데거쏘 (웃음)

@1 (웃음)

— 살:다 보문 벨릴도 벨릴도 사:라미 다: 더꾸고[97] 사라라우.

— 함버네는 우리 여 서울까 인는 아드리 인자 에기가 무담:시 뚱::뚱 부서가꼬 막 부자저가꼬 이르케 부서부써, 막.

— 그레가꼬 인 베:고 머:시고 어 업찌를 몰 헤, 다:부서서.

— 그레서 망뚱이[98] 나:가꼬 휴승이네 아부지하고 나야고 인자 거 에기를 데꼬 갈란디,

— 또 깐나니[99] 가시네가 이씽께 또 그놈도 데꼬가야 데고 너:시[100] 너:이 가가꼬 도라뎅기다가,

— 여그 가 바도 모:꼬치고 저그 가도 모:꼬치고 에기가 그르게 셍게가꼬 인자 요그 도로 인자 지브로 오게 데야써.

— 인자 주끼 아니먼 살:기로 셍게가꼬.

— 셍깅 거슨 검:나 이:뿌게 셍겐넌디,

— 그레서는 즈 야 아드리 인자 지부로 가야 델랑갑쏘야 이러쿠 셍게가꼬 어:디로 가거쏘이~ 그레서,

— 그나저나 인자 지비로 가야지 어:디로 가건냐 그라고는 에기 그놈 업:꼬 또 깐나니 한나 업:꼬 망뚜이,

— 그러고 너:니 바메 준 이른 베를 타고 온디 두른 인제 베가 이르케 노지레서[101] 자꼬 오도 몰:하고,

— 부름지리라[102] 항거시 바라미 불:먼 싸게[103] 온디 그 도짜리[104] 이르케 시:먼[105],

@1 예예예

밥 아홉 그릇 먹으라고.

@1 누우면 졸리잖아요?

\# - 그러니까.

- 안 먹었으면 안 먹었지 저 나 같은 사람은 잠 많으니까 못 했겠소 (웃음)

@1 (웃음)

- 살다 보면 별일도 별일도 사람이 다 겪고 살아요.

- 한번은 우리 여 서울에 있는 아들이 이제 아이가 괜히 퉁퉁 부어가지고 막 부어져가지고 이렇게 부어 버렸어, 막.

- 그래가지고 인 배고 뭐고 어 업지를 못해, 다 부어서.

- 그래서 막둥이 낳아가지고 효성이네 아버지하고 나하고 이제 그 아이를 데리고 가려는데,

- 또 갓난아이 계집애가 있으니까 또 그놈도 데리고 가야 되고 넷이 넷이 가가지고 돌아다니다가,

- 여기 가 봐도 못 고치고 저기 가도 못 고치고 아이가 그렇게 생겨가지고 이제 여기 도로 이제 집으로 오게 되었어.

- 이제 죽기 아니면 살기로 생겨가지고.

- 생긴 것은 굉장히 예쁘게 생겼는데,

- 그래서는 저희 얘 아들이 "이제 집으로 가야 되려나 봐요 이렇게 생겨가지고 어디로 가겠소?" 그래서,

- 그나저나 이제 집으로 가야지 어디로 가겠니 그러고는 아이 그놈 업고 또 갓난아이 하나 업고 막둥이,

- 그리고 넷이 밤에 좀 이른 배를 타고 오는데 둘은 이제 배가 이렇게 노질 해서 잡고 오지도 못하고,

- '부름질'이라 하는 것이 바람이 불면 빨리 오는데 그 돛 이렇게 세우면,

@1 예, 예, 예.

— 저 집 바라미 타야 데, 거가.

— 바람도 암 불고 그릉께 아따 올라가따 네레가따 그레야꼬 바메 오
레:: 데야서 지비로 드롱께는 지비가 머 날:리가 나 버러써라우.

— 그레서 문: 날:리가 난:냐 그라면 우리집 어:러닝가 까 무 여그다가
물 머:슬 떵게부런능갑써106), 부럴.

@1 아이고

— 다 타저 부러써. 방이, 우게가.

@1 아이고

— 지붕이 싹 타저가꼬,

@1 어

— 막 동:네 싸람드리 모에가꼬 그 요리 막 끄지버107) 네레놓께 한:나
차 부러써.

— 마당에가 지비 막 다써 머저 타저가꼬.

@1 네

#— 엔날 초가지붕.

@1 예예예예

— 워:메, 워메, 징항 꼴도 네가 다 보고 사요야, 사러쏘야.

— 그레가꼬 와서 봉께는 큰따리 이써써.

— 큰따리 인자 인자 밥 헤주고 인자 그날 모도 수 수 인자 논도 메고
그레딱 헤.

— 그란디 아 불 질른다이~ 불 질른다 그르드락 헤.

— 그릉께 차말로 지를라디108) 헤:딱 헤.

— 아이, 그레가꼬 마당에다 헤쩌 거그서 떵게붕께 다 타저 부러따여,
지비.

— 그레가꼬 쩌: 잔등에109) 가서 외따게110) 저 누구지비 불나가서 다
타저 부러따고.

― 저 집 바람이 타야 돼, 거기에.

― 바람도 안 불고 그러니까 아따 올라갔다 내려갔다 그래가지고 밤에 오래 되어서 집으로 들어오니까 집이 뭐 난리가 나 버렸어요.

― 그래서 무슨 난리가 났느냐 그러면 우리집 어른인가 뭐 여기다가 뭘 뭘 던져 버렸나 봐, 불을.

@1 아이고

― 다 타 버렸어, 방이, 위가.

@1 아이고

― 지붕이 싹 타가지고,

@1 어

― 막 동네 사람들이 모여가지고 그 요리 막 끌어 내려놓으니까 가득 차 버렸어.

― 마당에 짚이 막 다 마저 타가지고.

@1 예

#― 옛날 초가지붕

@1 예예예예

― 아이고, 아이고, 징그러운 꼴도 내가 다 보고 사요, 살았소.

― 그래가지고 와서 보니까는 큰딸이 있었어.

― 큰딸이 이제 이제 밥 해 주고 이제 그날 모두 수 수 이제 논도 매고 그랬다고 해.

― 그런데 아 불 지른다 불 지른다 그러더라고 해.

― 그러니까 참말로 지르려더냐 했다고 해.

― 아이, 그래가지고 마당에다 획 저 거기서 던져 버리니까 다 타 버렸대, 집이.

― 그래가지고 저 작은 언덕에 가서 외쳤다고 해. 저 누구 집이 불나서 다 타 버렸다고.

@1 네네

─ 그레야꼬 와서 수:데로 인자 막 끄지버 네레쩨. 인자 그 물 질러 부서가꼬 얼릉 탁 인자 꺼:야근디 끄:도 몯:하고.

─ 그레야꼬 마당에가 짐 머:시 한:나 차 부러써 지비이~. 막 끄지버 네레가꼬 다 타저가꼬.

─ 나 그런 일들도 다 당헤 바써.

@1 웨 웨 그러셔떼요?

─ 아 술 머긍께 인자 우더른 오도가도 안하고 다 가가꼬 오도 안하고 그릉께,

@1 긍께 부에 나가꼬. (웃음)

─ 뭐 인자 어쩨 성:질나등가 어쩌등가 불 질러 부러뜨락헤, 마당에.

─ 아이, 질를라면 저나 디지제111) 머:덜라고 주봉에다112) 질르거쏘?

─ 느그 살:도 모다게. 시쿠도 만한디.

@1 (웃음)

─ 오:메, 그레야꼬 아 아서 봉께 기가 메케서 모:쌀 거뗴.

─ 난 셍:겐 눈물도 안 낭께 울:도 안헤라우. 그란디 막 우러뜨랑께.

@1 예

(웃음)

─ 하:다하다 얼척업씽께113).

@1 예예. 지비 다 타가꼬.

─ 야

@1 (웃음)

─ 어메 도라가시고 아부지 도라가게써도 아누러. 눔무리 안 나와.

─ 하:도 얼처검는 시:상만 상:께 그릉가 어쩡가 눔무리 안 나옵따야. 께 아누러.

─ 그란디 그나른 머 하다하다 이젇 다 아서 봉께 마당에가 짐만 다 글

@1 예예

－ 그래가지고 와서 모두 이제 막 끌어 내렸지. 이제 그 물 길러 부어 가지고 얼른 탁 이제 꺼야 하는데 끄지도 못하고.

－ 그래가지고 마당에 짚 뭐가 가득 차 버렸어 짚이. 막 끌어 내려가지고 다 타가지고.

－ 나 그런 일들도 다 당해 봤어.

@1 왜 왜 **그러셨데요?**

－ 아 술 먹으니까 이제 우리들은 오도가도 않으니까 다 가가지고 오지도 않고 그러니까,

@1 그러니까 부아가 나가지고. (웃음)

－ 뭐 이제 어째 성질나던가 어찌하던가 불 질러 버렸더라고 해, 마당에.

－ 아이, 지르려면 저나 뒈지지 뭐 하려고 지붕에다 지르겠소?

－ 너희 살지도 못하게. 식구도 많은데.

@1 (웃음)

－ 아이고, 그래가지고 아 와서 보니까 기가 막혀서 못 살겠데.

－ 난 생전 눈물도 안 나니까 울지도 않아요. 그런데 막 울었더라니까.

@1 예

(웃음)

－ 하도 하도 어처구니없으니까.

@1 예, 예, **집이 다 타가지고.**

－ 예

@1 (웃음)

－ 엄마 돌아가시고 아버지 돌아가셨어도 안 울어. 눈물이 안 나와.

－ 하도 어처구니없는 세상만 사니까 그런지 어쩐지 눈물이 안 나옵디다. 그러니까 안 울어.

－ 그런데 그 날은 뭐 하도 하도 이제 다 와서 보니까 마당에 짚만 다

거 네레가꼬 한:나 차고,

― 또 덕썩 이라고 이써라우. 오 인제 빨고 모도 곡썩.

@1 어

― 너:는 저그.

@1 나 예예.

― 덕썩 그검만만 요 우게가 한:나 차뗴. 글로 더펀능갑뗴.

@1 예에에에

― 몬 나오게.

@1 그게 몬 나오게

― 이

@1 음

― 그레야꼬 여 그떼 겜물 질러다가 찌크러타¹¹⁴⁾ 하데. 무 딴 무던 옵:
씽께.

@1 에헤

긁어 내려가지고 가득 차고,

— 또 멍석 이렇게 있어요. 오 이제 빨고 모두 곡식.

@1 어

— 너는 저기.

@1 나 예예.

— 멍석 그것만 이 위에 가득 찼데. 그것으로 덮었나 보데.

@1 예, 예, 예, 예.

— 못 나오게.

@1 그게 못 나오게.

— 이

@1 음

— 그래가지고 이 그때 갯물 길어다가 끼었었다고 하데. 뭐 다른 물은 없으니까.

@1 에헤

8.2 전통 놀이

여긴 다 헤써? 세:시풍소근?

@1 예예. 시비월까지.

음, 전:통 노록 노리헐 차레네.

@1 예

어려 잠깐만 이거 좀 졸려서. ***

― 야, 그러씨요. 장깐 노:게시씨요.

음

@1 예

전:통 노리.

@1 예

@1 엔:나레 노리하던 거시 여자:들 하능 거하고 남자들 하능 거하고 남 좀 달라찌요?

― 달르체라우.

@1 남자들도 또 에기드리 노:능 거시?

― 아, 보름 다치머넌

@1 네

― 아그드른

@1 네

― 다:: 또 여 논뚜럭 반뚜러게다 부를 질러.

@1 어예예

― 불 질러가꼬 꺼.

― 막 그라고 몽 꽁:치깅가 머:싱가 머 인자 가트먼 머 공:치기여.

#― 자치기

여기는 다 했어? 세시풍속은?

@1 예, 예, 십이월까지.

음, 전통 놀이 놀이 할 차례네.

@1 예

잠깐만 이거 좀 졸려서 ????

― 예, 그러세요. 잠깐 눠 계세요.

음

@1 예

전통 놀이.

@1 예

@1 옛날에 놀이하던 것이 여자들 하는 것하고 남자들 하는 것하고 남 좀 달랐지요?

― 다르지요.

@1 남자들도 또 아이들이 노는 것이?

― 아, 보름 닥치면은

@1 예

― 아이들은

@1 예

― 다 또 이 논둑 밭둑에다 불을 질러.

@1 어, 예, 예.

― 불 질러가지고 꺼.

― 막 그리고 뭐 공치긴지 뭐인지 뭐 지금 같으면 뭐 공치기야.

#― 자치기

- 공:도 옵:씽께.

- 이르케

@1 네

- 머 응

#- 그기 지금 가트먼 자치기.

- 응, 여

#- 엔:나렌 땡:꽁.

- 응, 그

@1 땡:꽁?

- 응, 땡:꽁이라고[115] 이러케 저 스 꼬구라지게[116] 이르케 멘드라가꼬 글로 치먼 논 우기로 올라가:야 데.

- 그르케 치고 그집 불 질러서 또 게:불 질른다고 다 질러서 또 끄:고.

@1 네

- 그 인제 정워레는 게:속 그라고 노라써라 머시메드른.

@1 응

- 가시네드른 강:강술레하고 모도 그라고 노레도 불르고.

@1 응

- 모도 놀:고.

@1 그 다메 또 남자들 노:는 노리가 또 뭐 이써쓰까요?

- 그 인자 하토나 치제 먼: 하거쏘이~?

#- 엔나레

@1 아니, 에기 떼 에기 떼는

#- 아주 엔날 엔날 에기들또 딱:찌치기.

@1 딱:찌치기

#- 다 다 구슬노리 그리고 다마치기[117] 헤.

@1 네

— 공도 없으니까.

— 이렇게

@1 예

— 뭐 응

#— 그것 지금 같으면 자치기.

— 응, 여

#— 옛날엔 '땡꽁'.

— 응, 그

@1 땡꽁?

— 응, '땡꽁'이라고 이렇게 저 스 구부러지게 이렇게 만들어가지고 그것으로 치면 논 위로 올라가야 돼.

— 그렇게 치고 그 짚 불 질러서 또 '개불' 지른다고 다 질러서 또 끄고.

@1 예

— 그 이제 정월에는 계속 그렇게 놀았어요 사내애들은.

@1 응

— 계집애들은 강강술래 하고 모두 그렇게 노래도 부르고.

@1 응

— 모두 놀고.

@1 그 다음에 또 남자들 노는 놀이가 또 뭐 있었을까요?

— 그 이제 화투나 치지 뭐 하겠소?

#— 옛날에

@1 아니, 아이 때 아이 때는

#— 아주 옛날 옛날 아이들도 딱지치기.

@1 딱지치기

#— 다 다 구슬놀이 그리고 구슬치기 해.

@1 예

@1 네

\# – 거름

@1 그 다메 또 저기

– 으 음음, 거 니 땅 네 땅 찬능 거.

@1 제기차기

– 그거또 하고,

@1 제:기차기?

\# – 제:기차기.

@1 에, 또 뭐?

– 제:기차기도 하고.

@1 땅?

– 땅 땅치기라고 또,

@1 에

– 저 그 따:무끼하드마.

@1 예에예

\# – 그레써.

\# – 땅따무끼.

@1 예에

– 응

– 그럴 떼가 존:떼등갑써이~?

@1 네

– 인자는 그렁 걸 옵:써저 부러써. 앙꺼또.

@1 그 다메 겨우레 머:또 날리셔찌요?

\# – 연:.

@1 예예예

@1 직쩝 만드셔써요?

@1 예

\# ─ 그럼

@1 그 다음에 또 저기

─ 음음, 그 네 땅 내 땅 찾는 것.

@1 제기차기

─ 그것도 하고,

@1 제기차기?

\# ─ 제기차기

@1 예, 또 뭐?

─ 제기차기도 하고

@1 땅?

─ 땅 땅치기라고 또,

@1 예

─ 저 그 따먹기 하더구먼.

@1 예, 예, 예.

\# ─ 그랬어.

\# ─ 땅따먹기.

@1 예예

─ 응

─ 그럴 때가 좋은 때던가 봐.

@1 예

─ 이제는 그런 것 없어져 버렸어. 아무 것도.

@1 그 다음에 겨울에 뭐도 날리셨지요?

\# ─ 연.

@1 예, 예, 예.

@1 직접 만드셨어요?

\# ─ 응

\# ─ 그러제라.

─ 다: 만드제라우.

\# ─ 다 연: 만드러.

@1 어 어:뜨게 만드셔써요? 기엉나세요?

\# ─ ****. 문짠 네:가 멘드란는디 인자 거

@1 예

\# ─ 안 항께 그라제.

@1 예

\# ─ 아이, 사:서 만들고, 연 시누데 데 쩌다가 할때 만들고, 엔:나레 종이도 업:씅께 공책짱 가튼거 마:니 부처가꼬 고론 놈 만들고.

\# ─ 심문 가틍 거또 벨라 업:씅께, 그떼는.

@1 네에

─ 심무는 시넙써서도 잘 몸:멘드라여 거.

@1 예, 짱짱헤:야조118).

─ 야

\# ─ 그르케 엔:나레는 우:딜 어려쓸 떼는,

─ 창호지가 조:아.

\# ─ *** 그 종이가 구구종이는 벨라 업:씅께,

─ 야, 옵:씽께 모두 모테.

\# ─ 첵짱이랑 공책짱 찌저가꼬 고놈 요리저리 부체가꼬 그로코 만드러.

@1 응

@1 연: 이르미 머:여써요?

\# ─ 인자 홍에딱찌119).

@1 이르미?

\# ─ 네

\# - 응

\# - 그러지요.

- 다 만들지요.

\# - 다 연 만들어.

@1 어 어떻게 만드셨어요? 기억나세요?

\# - ????. 문자는 내가 만들었는데 이제 그

@1 예

\# - 안 하니까 그러지.

@1 예

\# - 아이, 사서 만들고, 연 조릿대 대 쪄다가 활대 만들고, 옛날에 종이도 없으니까 공책장 같은 것 많이 붙여가지고 그런 것 만들고.

\# - 신문 같은 것도 별로 없으니까, 그때는.

@1 예

- 신문은 힘없어서도 잘 못 만들어 그.

@1 예, 팽팽해야지요.

- 예

\# - 그렇게 옛날에는 우리들 어렸을 때는,

- 창호지가 좋아.

\# - ???? 그 종이가 고급 종이는 별로 없으니까.

- 예, 없으니까 모두 모아.

\# - 책장이랑 공책장 찢어가지고 그것 이리저리 붙여가지고 그렇게 만들어.

@1 응

@1 연 이름이 뭐였어요?

\# - 이제 '홍어딱지'.

@1 이름이?

\# - 예

@1 아

ㅡ 또 거

#ㅡ 지그미로 마라먼 가오리연.

@1 예

@1 홍에딱찌요?

ㅡ 응

ㅡ 가오리여니 나오고

#ㅡ 홍어가치 셍게가 홍어가치 셍게쓴게 다게가꼬120) 홍어딱찌.

ㅡ 또 네 네:모지기 머시냐?

#ㅡ 말:련121)

ㅡ 말련

@1 말:려는

ㅡ 네:모지게 이르케 네:모지게.

@1 네

#ㅡ 방:페연.

@1 네에에. 아~

#ㅡ 그 자:세도122) 우들가123) 만들고,

@1 네

#ㅡ 시:를 그떼 당시에 여그서 흔헤써 아조. 발:짱시라고 김:

@1 예에에

#ㅡ 그거 발:짱.

@1 예

#ㅡ 그 시:를 인자,

@1 예

#ㅡ 그걸로 허고.

#ㅡ 엔:나레 무명실,

@1 아

ㅡ 또 그

#ㅡ 지금으로 말하면 가오리연.

@1 예

@1 홍어딱지요?

ㅡ 응

ㅡ 가오리연이 나오고

#ㅡ 홍어같이 생겨가지고 홍어같이 생겼으니까 닮아가지고 홍어딱지.

ㅡ 또 네 네모지기 뭐냐?

#ㅡ '말연'

ㅡ 말연

@1 말연

ㅡ 네모지게 이렇게 네모지게.

@1 예

#ㅡ 방패연.

@1 예, 예, 예, 아

#ㅡ 그 자새도 우리들이 만들고,

@1 예

#ㅡ 실을 그때 당시에 여기서 흔했어 아주. '발장 실'이라고 김.

@1 예, 예, 예.

#ㅡ 그것 발장.

@1 예

#ㅡ 그 실을 이제,

@1 예

#ㅡ 그걸로 하고.

#ㅡ 옛날에 무명실,

@1 네

#- 글로 하고.

@1 풀 업:쓰께 푸른 저기로 헤:껀네요?

#- 밥 밥.

@1 어

- 밤 이 이겨가꼬,

#- 이기가. 밤 니기가꼬.

@1 네, 다 그르게 싸:가꼬 다녀야 데자나요?

#- 네

- 응, 그러제.

@1 떠러지먼 다시 부처야 데니까. (웃음)

#- 응, 그러제. 밥 밥테기124).

@1 응

#- 보:수공사 할랑께.

@1 (웃음)

- (웃음)

#- 그라고 저 꼴랑지는,

@1 네

#- 이 종이는 더 금방고다도 나:무가틍 거 다:문 잘 떠러저 분단 마리요.

@1 예

#- 뭐 그릏께 지푸라기로 게:속 이여 여꺼:서 길:게 무꺼가꼬,

@1 아:::, 지푸라기로.

#- 예

@1 헤써요?

#- 예, 꼴랑지는.

@1 예

#- 그것으로 하고.

@1 풀 없으니까 풀은 저기로 했겠네요?

#- 밥 밥.

@1 어

- 밥 이겨가지고,

#- 이겨가지고. 밥 이겨가지고.

@1 예, 다 그렇게 싸가지고 다녀야 되잖아요?

#- 예

- 응, 그러지.

@1 떨어지면 다시 붙여야 되니까. (웃음)

#- 응, 그러지. 밥 밥알.

@1 응

#- 보수공사 하려니까.

@1 (웃음)

- (웃음)

#- 그리고 저 꼬리는,

@1 예

#- 이 종이는 더 금방이라도 나무 같은 것 닿으면 잘 떨어져 버린단 말이오.

@1 예

#- 뭐 그러니까 지푸라기로 계속 이어 엮어서 길게 묶어가지고,

@1 아, 지푸라기로.

#- 예

@1 했어요?

#- 예, 꼬리는.

\# ― 그라 그렇게 종이를 게:속 부처가꼬 호면 어:서 나:무 한나나 걸리믄 떠러저 부러, 그거시.

― 떠러저 붕께 지푸라기를 게:속 그거 무꺼가꼬 길:게 헤:서,

@1 네

\# ― 꼬랑지로 만들고.

@1 어:트께 무꺼쓰까요, 그거슬?

\# ― 압뚜 게:속 영겨레서 무끄면 데제라우.

@1 아 이르케

― 잉

\# ― 네

@1 이르케 이쓰면 여기다 이르케 무끄고.

\# ― 여

\# ― 헤 영결

― 그람 가 올라간 데 보무 할랑할랑할랑함서[125] 올라가데.

\# ― 음

\# ― 그렇게 게:속 영겨레서 무끄면 되야.

@1 예예예

@1 어디 여기 연:날리기 조은 데가 이써요?

\# ― 이 아페 조:쏘느. 여으 바다까요.

\# ― 어디든 누가 머 걸릴 꺼또 벨라 오:꼬.

@1 예

@1 아니, 어어 어떤 데는 보니까 여기는 바라미 안는디 요 아페만 바라미 부:는데 이쓰면 딱 이르케 누워가꼬 바라미, 요기는

\# ― 음

@1 부는 데는 안 치고 위에만 치드라고요. 요러케 이쓰면 딱.

\# ― 아 여기는

\# - 그러 그러니까 종이를 계속 붙여가지고 하면 어디서 나무 하나나 걸리면 떨어져 버려, 그것이.

\- 떨어져 버리니까 지푸라기를 계속 그것 묶어가지고 길게 해서,

@1 예

\# - 꼬리로 만들고.

@1 어떻게 묶었을까요, 그것을?

\# - 앞뒤 계속 연결에서 묶으면 되지요.

@1 아 이렇게

\- 응

\# - 예

@1 이렇게 있으면 여기다 이렇게 묶고.

\# - 여

\# - 해 연결.

\- 그럼 가 올라간 곳 보면 할랑할랑할랑하면서 올라가데.

\# - 음

\# - 그러니까 계속 연결해서 묶으면 돼.

@1 예, 예, 예.

@1 어디 여기 연날리기 좋은 데가 있어요?

\# - 이 앞에 좋소. 여기 바닷가요.

\# - 어디든 누가 뭐 걸릴 것도 별로 없고.

@1 예

@1 아니, 어어 어떤 데는 보니까 여기는 바람이 없는데 요 앞에만 바람이 부는 데 있으면 딱 이렇게 누워가지고 바람이, 여기는.

\# - 음

@1 부는 데는 안 치고 위에만 치더라고요. 이렇게 있으면 딱.

\# - 아 여기는

@1 네

\# ― 어:쩨케헝고니¹²⁶⁾ 쩌 우:게가튼 데 잔동¹²⁷⁾가튼 디가 김: 할라머 겨우레 김: 할라면,

@1 예

\# ― 요 하이 머리가 이써라우. 건장이라고¹²⁸⁾.

@1 예

\# ― 그 기 베찌비로 지드레가꼬 요 마거나, 요로케.

@1 네

― 그라먼야 요 인자,

\# ― 마거노문 아페는 따뜨허제. ***

@1 그조.

― 인자 기:미 요만썩하요? 그라먼

@1 네

― 다:: 늘:제¹²⁹⁾, 여러케.

\# ― 긍게 여푸로.

― 너러.

\# ― 요 요러요러요러 이런 시그로 요까 데노코 헤:노먼 이 미:테 아페 가 다: 따숩찐 아낭지라.

@1 그조. 에, 에.

\# ― 거 거그서

@1 긍께 거기 그리

\# ― 네

@1 딱 이 이러고

\# ― 이야 카 카망 앙거서 고,

@1 (웃음)

\# ― 이 여그는 인자 그런자 김:허는 디라 김: 한자 아페 건장 아페,

@1 예

\# - 어떻게 하느냐면 저 위 같은 데 작은 언덕 같은 데 김 하려면 겨울에 김 하려면,

@1 예

\# - 이 ?? 뭐가 있어요. '건장'이라고.

@1 예

\# - 그 볏짚으로 기다래가지고 이 막아 놔, 이렇게.

@1 예

- 그러면 이 이제,

\# - 막아 놓으면 앞은 따뜻하지. ???

@1 그러지요.

- 이제 김이 이만큼씩 하잖아요? 그러면

@1 예

- 다 널지, 이렇게.

\# - 그러니까 옆으로.

- 널어.

\# - 이 이러 이러 이러 이런 식으로 이렇게 대 놓고 해 놓으면 이 밑앞이 다 따뜻하지는 않지요.

@1 그러지요. 예, 예.

\# - 거 거기서

@1 그러니까 거기 그리

\# - 예

@1 딱 이 이렇게

\# - 이야 가만 앉아서,

@1 (웃음)

\# - 이 여기는 이제 그런 이제 김 하는 곳이라 김 하는 데 앞에 건장 앞에,

@1 예에에 아

\# - 그그뿐다 건장이라고 부릅니다.

@1 또 그다메 그거또 만드셔찌요?

\# - 펭이.

@1 예에에

- 펭이도

\# - 펭이만 나:무 까꺼가꼬,

- 마:이 멘드러.

\# - 만들먼 마:이 만드러쩨라우.

@1 예

@1 어:트게 만드셔써요?

\# - 거 나 나시로,

- 나시로 깡:꺼가꼬130),

\# - 그 일니리 거거

- 차근차근

\# - 솔라무 쩌다가 나시로 까꺼가꼬,

@1 아

@1 솔라무를요?

- 야

\# - 네

\# - 그라고 아페도 저런디 그 도라갈 다 그 땅으나 그 딴 사람드른 인
자 고따 모슬 알룽 안 다라지게 모슬 바그께.

@1 아, 모슬 바가요?

\# - 모떼가리가 땅에 딱 다:먼 쐬라 얼릉 안 안 머:덩께.

@1 아::, 그라고 요거는 멀:로 만드셔따고요?

\# - 체 저 머 헝:겁떼기가틍 거시로 인자 나무떼다 무꺼가꼬,

@1 예, 예, 예, 아

#- 그것보고 '건장'이라고 부릅니다.

@1 또 그 다음에 그것도 만드셨지요?

#- 팽이.

@1 예, 예, 예.

- 팽이도

#- 팽이만 나무 깎아가지고,

- 많이 만들어.

#- 만들면 많이 만들었지요.

@1 예

@1 어떻게 만드셨어요?

#- 그 나 낫으로,

- 낫으로 깎아가지고,

#- 그 일일이 그 그

- 차근차근

#- 소나무 쪄다가 낫으로 깎아가지고,

@1 아

@1 소나무를요?

- 예

#- 예

#- 그리고 압해도 저런 곳 그 돌아갈 다 그 땅에나 그 딴 사람들은 이제 거기다 못을 얼른 안 닿게 못을 박으니까.

@1 아, 못을 박아요?

#- 못 대가리가 땅에 딱 닿으면 쇠라 얼른 안 안 뭐 하니까.

@1 아, 그리고 요것은 뭘로 만드셨다고요?

#- 채 저 뭐 헝겊조각 같은 것으로 이제 나무막대기에다 묶어가지고,

@1 네

#- 오찌저징 거 그렁거시로,

@1 네

#- 헝:겁떼기로 무꺼가꼬 거 펭이체하고,

@1 네. 만드셔가꼬?

#- 네

@1 어

#- 어써 그게 그저네는 인자 충:께,

@1 네

#- 어름도 마:니 어러딴 마리요 거그서 썰메도 타고.

@1 썰메도 만드셔찌요

#- 네

#- 엔:나렌 인자 거,

@1 어

#- 자여드리 미테 인자 판자떼기로 혜:가꼬 여그는 데가 흐닝께 데를 요로코 딱 쪼게가꼬 요로코 나:두고,

#- 아벼 포 여여여 여뜨고 여르 스 효:자손마니로 그런 시그로 만드러가꼬,

@1 예예

#- 미테다 까라가꼬,

@1 어디 어:디서 타셔써요?

#- 아, 농 가튼 디 어러불면,

@1 농가튼 디서?

#- 에메, 엔:나레는,

@1 어

#- 참 추와 농께 농 가튼 디서 마:니 허고,

@1 요세는 안 글 모:타는데.

@1 예

\#- 옷 찢어진 것 그런 것으로,

@1 예

\#- 헝겊조각으로 묶어가지고 그 팽이채 하고,

@1 예, 만드셔가지고?

\#- 예

@1 어

\#- 그래서 그게 그전에는 이제 추우니까,

@1 예

\#- 얼음도 많이 얼었단 말이오. 거기서 썰매도 타고.

@1 썰매도 만드셨지요.

\#- 예

\#- 옛날엔 이제 그,

@1 어

\#- 자녀들이 밑에 이제 판자조각으로 해가지고 여기는 대가 흔하니까 대를 이렇게 딱 쪼개가지고 이렇게 놔 두고,

\#- 앞에 이 이이 ??? 효자손처럼 그런 식으로 만들어가지고,

@1 예, 예.

\#- 밑에다 깔아가지고,

@1 어디 어디서 타셨어요?

\#- 아, 논 같은 곳 얼어 버리면,

@1 논 같은 곳에서?

\#- 아이고, 옛날에는,

@1 어

\#- 참 추워 놓으니까 논 같은 곳에서 많이 하고,

@1 요새는 안 글 못 타는데.

#- 이 요세는 어름 아녕께, 인자,

@1 예

@1 따뜨타니까 그렁가

- 인자가 더 따뜯항갑써라우.

@1 이

- 엔:나라고 여그다 데:먼,

#- 이 엔:날 엔:나레가 눈:도 마:니 오고 그릉께,

@1 어

- 누:니 오머넌 하꾜를 모:까게 와 부러, 그럴 떼.

@1 아

- 거러 간디 막 어 지리 암 베이게 막 와 부러.

@1 지그믄 그르케 막 아노지요?

- 야, 그르케 아놔라우.

#- 예, 지그믄 어름도 아널고,

@1 어 여기 따뜨타지요?

#- 야

- 야, 어너이131) 따숩쩨.

@1 응

@1 어~, 그런 그런 노리도 하시고 주로 이거뜨른 남자들 노리지요?

@1 여자드른 여자드른 뭐 하고 노나요?

#- 여자들 그거 우들로 아 어려서 머:할 떼 보므,

@1 어

#- 고:무줄노리.

@1 고:무줄노리.

#- 팔방.

@1 팔방은 어:트케 한데요?

\#— 이 요새는 얼음 안 어니까, 이제,

@1 예

@1 따뜻하니까 그런지

— 지금이 더 따뜻한가 봐요.

@1 이

— 옛날하고 여기다 대면,

\#— 이 옛날 옛날이 눈도 많이 오고 그러니까,

@1 어

— 눈이 오면은 학교를 못 가게 와 버려, 그때.

@1 아

— 걸어가는데 막 어 길이 안 보이게 막 와 버려.

@1 지금은 그렇게 막 안 오지요?

— 예, 그렇게 안 와요.

\#— 예, 지금은 얼음도 안 얼고,

@1 어 여기 따뜻하지요?

\#— 예

— 예, 훨씬 따뜻하지.

@1 응

@1 어, 그런 그런 놀이도 하시고 주로 이것들은 남자들 놀이지요?

@1 여자들은 여자들은 뭐 하고 노나요?

\#— 여자들 그것 우리들 아 어려서 뭐 할 때 보면,

@1 어

\#— 고무줄놀이

@1 고무줄놀이

\#— 팔방

@1 팔방은 어떻게 한대요?

\# − 팔방을 요로 그:려 노코,

@1 예

\# − 그 그 그거뿐다 머:락허냐, 요고?

\# − 그:려노코 홀딱홀딱 띠여 데님서,

@1 혹씨 돌: 가꼬 가치?

\# − 아니

− 여 발로 차.

@1 아::

− 그 저 요:리 차고 자기 머:던 데로 요르케 차서,

\# − ** 사투리

\# − 여자들도 그로고 머,

@1 어

\# − 특뼈리 머가 오제미노리132). 인자 봉께.

@1 예에에

\# − 이 그건 허고,

@1 이르케 던저가꼬 마추능 거요?

\# − 네, 아니 이로고요로꼬 머 두:게도 허고 거렁마. 지금 요로고 던저
따가 잡꼬 그레.

@1 예

\# − 두:게씩 세:게씩 가꼬,

@1 예

\# − 이로고 주머니에다가 머 콩 가틍 거 멀 어어,

@1 예에에

\# − 곡시기라도 너:가꼬 하고 오제미를 요로고,

@1 아

\# − 던저따 요로고.

\# - 팔방을 이리 그려 놓고,

@1 예

\# - 그그 그것보고 뭐라고 하느냐, 이것?

\# - 그려 놓고 홀딱홀딱 뛰어 다니면서,

@1 혹시 돌 가지고 같이?

\# - 아니

- 이 발로 차.

@1 아

- 그 저 이리 차고 자기 뭐 하는 대로 이렇게 차서,

\# - ?? 사투리

- 여자들도 그러고 뭐,

@1 어

\# - 특별히 뭐가 콩주머니놀이. 이제 보니까.

@1 예, 예, 예.

\# - 이 그것 하고,

@1 이렇게 던져가지고 맞추는 것이오?

\# - 예, 아니 이렇게 이렇게 뭐 두 개도 하고 그러더구면. 지금 이렇게 던졌다가 잡고 그래.

@1 예

\# - 두 개씩 세 개씩 가지고,

@1 예

\# - 이렇게 주머니에다가 뭐 콩 같은 것 뭘 어 어,

@1 예, 예, 예.

\# - 곡식이라도 넣어가지고 하고 콩주머니를 이렇게,

@1 아

\# - 던졌다 이렇게.

\# - 두:게 가꼬 양:쪽 소니도 허고,

\- 세: 거 가꼬도 한 사람 이씨야[133].

@1 이르케 이르케 이르케 이르케?

\- 응

\# - 응

@1 아

\- 그릉께

@1 아::

\# - 쩌: 그런 그 우우우 어

@1 또 또 먼: 노리 하셔써요, 할머니는?

\- 난 항 거시 읍:땅게.

@1 어려쓸 떼 안 노셔써요?

\- 응

@1 (웃음)

\- 진짜.

@1 고 요세는 공기노리라고 하는데 돌: 가꼬.

\# - 응, 그그그 그거또 하고.

@1 어 머라 이르미 멍:가요?

\# - 그거 그거뿌다가,

\# - 돌 그 다서께썩이나 가꼬 가드마.

@1 다서 께 하능 거또 이꼬 돌 마:니 가꼬 하능 거또 이꼬.

\# - 이

\# - 콩주서무끼[134].

@1 콩주서머끼?

\# - 이

@1 아~

\# - 두 개 가지고 양쪽 손으로 하고,

\- 세 개 가지고도 하는 사람 있어.

@1 이렇게 이렇게 이렇게 이렇게?

\- 응

\# - 응

@1 아

\- 그러니까

@1 아

\# - 저 그런 그 우우우 어

@1 또 또 무슨 놀이 하셨어요, 할머니는?

\- 난 한 것이 없다니까.

@1 어렸을 때 안 노셨어요?

\- 응

@1 (웃음)

\- 진짜.

@1 그 요새는 공기놀이라고 하는데 돌 가지고.

\# - 응, 그그그 그것도 하고.

@1 어 뭐라 이름이 뭔가요?

\# - 그것 그것보고,

\# - 돌 그 다섯 개씩이나 가지고 하더구먼.

@1 다섯 개 하는 것도 있고 돌 많이 가지고 하는 것도 있고.

\# - 이

\# - '콩줏어먹기'.

@1 '콩줏어먹기'?

\# - 이

@1 아

\# ─ 이르고 틀리고 땅 요꼬,

@1 어

\# ─ 여그서 하나 딱 자바 무꼬 헤가꼬,

@1 예

\# ─ 딱 허거?

@1 예에에

\# ─ 주 콩주서무끼

@1 (웃음)

\# ─ 그렁가 비.

@1 응~

@1 그 다메~ 또 떼마다 인능 거 인는데 여기도 그:네타기나 이렁 거또 헨:나요?

@1 씨르미나?

─ 헤:쩨라우, 그:네타기.

\# ─ 이 그건 헤:쩨라우, 엔:나레.

@1 어. 다노 떼?

\# ─ 아이 여거쩌그 수시로, 그거는

@1 수시로.

\# ─ 하튼 쩌 나 솔 솔라무 가:지에다가,

@1 예

\# ─ 줄 메:노코,

@1 예

─ 거그 타고,

\# ─ 암:제라도¹³⁵⁾

─ 미 미러 주고,

\# ─ 미러 주고 암:제라도 이르케 그.

\# - 이렇게 들고 딱 이렇게,

@1 어

\# - 여기서 하나 딱 잡아먹고 해가지고,

@1 예

\# - 딱 해?

@1 예, 예, 예.

\# - '콩줏어먹기'

@1 (웃음)

\# - 그런가 봐.

@1 응

@1 그 다음에 또 때마다 있는 것 있는데 여기도 그네타기나 이런 것도 했나요?

@1 씨름이나?

- 했지요, 그네타기.

\# - 이 그것 했지요, 옛날에.

@1 어 단오 때?

\# - 아이 여기저기 수시로, 그것은.

@1 수시로.

\# - 하여튼 저 나 솔 소나무 가지에다가,

@1 예

\# - 줄 매어 놓고,

@1 예

- 거기 타고,

\# - 아무 때라도

- 밀어 주고,

\# - 밀어 주고 아무 때라도 이렇게 그,

@1 으 음~

@1 그 다음 씨름도 헨나요?

\# — 씨름도 하긴 헤:쩨.

@1 음

— 머시메드른 그거시 이:리제.

\# — ********

— 잘 하제.

\# — 머 떼가 업씨 기양 암:제라도 힘 자랑이제, 그그시.

@1 예에에

@1 그 다메 머 여기 보면 봄노리, 여름노리, 가을노리, 겨 이런 시그로 이
써가꼬 떼가 인는데 머 혹씨 그 풀로 뭐 이녕 만드러가꼬 노:능 거.

\# — 그렁 건 안 헤.

— 제:기차기.

@1 어

— 거서

\# — 아니 이녕은 안 만드러써.

— 어 이녕은 암 멘드라쩨.

— 풀 안 저 머:데가꼬 모인 거스 제:기는 차드마, 이러케 발로.

@1 어

@1 예에에에에 제:기차기는 한다는데,

— 응

@1 그 다으멘 머조? 보리 나오면 꺼꺼가꼬?

\# — 볼 끄시름.

@1 보리떼 부:능 거

\# — 아 보 멀리 버들피리?

— 응

@1 으음

@1 그 다음 씨름도 했나요?

#- 씨름도 하긴 했지.

@1 음

- 사내애들은 그것이 일이지.

#- ??????

- 잘 하지.

#- 뭐 때가 없이 그냥 아무 때라도 힘 자랑이지, 그것이.

@1 예, 예, 예.

@1 그 다음에 뭐 여기 보면 봄놀이, 여름놀이, 가을놀이 그 이런 식으로 있어가지고 때가 있는데 뭐 혹시 그 풀로 뭐 인형 만들어가지고 노는 것.

#- 그런 건 안 해.

- 제기차기

@1 어

- 거기서

#- 아니 인형은 안 만들었어.

- 어 인형은 안 만들었지.

- 풀 안 저 뭐 해가지고 모인 거시 제기는 차더구먼, 이렇게 발로.

@1 어

@1 예, 예, 예, 예, 예, 예, 제기차기는 한다는데,

- 응

@1 그 다음에 뭐지요? 보리 나오면 꺾어가지고?

#- 보리 그을린 것.

@1 보릿대 부는 것

#- 아 보 보리 버들피리?

- 응

\#─ 그게 지금 삘:레136) 분다고 엔:나레는.

─ 보리떼 보리떼 삘:레 분다고.

@1 아~

\#─ 보리 이러고,

@1 네

\#─ 데 끄너가꼬,

─ 짤라가꼬

@1 응, 소리 여기에 데.

\#─ 네

─ 그 데 데 끄너가꼬.

@1 응

@1 할머니, 헤: 보셔써요, 그거는?

─ 그거또 안 헤 바쩨.

@1 (웃음)

\#─ (웃음)

─ (웃음)

\#─ 그거슨 그렁 거슨 안 헤. 이써써라우. 하긴 헤:써.

@1 (웃음)

─ (웃음)

@1 응, 안 헤 보셔꾸마, 할머니는.

─ 난 안 헤땅께.

@1 응

\#─ 그러고 그 크 가시나드른137) 똥 까:리라고,

@1 네

\#─ 얼렁

@1 깔?

#- 그게 지금 '삘레' 분다고 옛날에는.

- 보릿대 보릿대 '삘레' 분다고.

@1 아

#- 보리 이렇게,

@1 예

#- 대 끊어가지고,

- 잘라가지고

@1 응, 소리 여기에 대.

#- 예

- 그 대 끊어가지고.

@1 응

@1 할머니 해 보셨어요, 그것은?

- 그것도 안 해 봤지.

@1 (웃음)

#- (웃음)

- (웃음)

#- 그것은 그런 것은 안 해. 있었어요. 하긴 했어.

@1 (웃음)

- (웃음)

@1 응, 안 해 보셨구먼, 할머니는.

- 난 안 했다니까.

@1 응

#- 그리고 그 계집애들은 또 꽈리라고,

@1 예

#- 얼른

@1 꽈리?

\#— 깔138). 까:리.

@1 이 아:: 이베 너:가꼬?

— 응

\#— 응

— 그레가꼬 빡:빡:빡 으 소리 나데 거그 무지게 하머이~.

@1 예

— 이르케 위:랑게

\#— 그릉께 그거슨 인자 또 꽈:리라무 그거또 열메도 이써꼬.

@1 예

\#— 또 복떼까리라고 이써. 복떼깔139).

@1 예

\#— 그거또 씨 빼:불고 쩨까너니 열멘지 그거시 조타고.

@1 네~

@1 그 다메 인제 여름노리로 머 방아께비, 방아께비 글고,

\#— 아

주로 인자

\#— 방아께비랑거슨 인자 땅게비140).

@1 네, 멍:게비?

\#— 땅게비

@1 이~

\#— 땅게비도 바:꼬,

@1 보꼬

이거 가꼬 머: 헤요?

— 아이, 뭐::지 땅게비보듬141) 또 이상항 거시 이씨야. 그레야꼬

— 느거메 어:디 간냐 그라면 쩌:그 이르케 여그 요롬스로 인자,

\#— 아니 저 그 그거슨 인자,

\# - 꽐. 꽈리.

@1 이 아 입에 넣어가지고?

- 응

\# - 응

- 그래가지고 빡빡빡 으 소리 나데 거기 무지하게 하면.

@1 예

- 이렇게 ???

\# - 그러니까 그것은 이제 또 꽈리나무 그것도 열매도 있었고.

@1 예

\# - 또 '복때깔'이라고 있어. '복때깔'.

@1 예

\# - 그것도 씨 빼 버리고 조그맣게 열매인지 그것이 좋다고.

@1 예

@1 그 다음에 이제 여름놀이로 뭐 방아깨비 방아깨비 그리고,

\# - 아

주로 이제

\# - 방아깨비라는 것은 이제 '땅개비'.

@1 예, 무슨 개비?

\# - 땅개비

@1 이

방아깨비도 봤고,

@1 봤고

이것 가지고 뭐 해요?

- 아이, 뭐지 땅개비보다 또 이상한 것이 있어. 그래가지고

- 너희 엄마 어디 갔냐 그러면 저기 이렇게 여기 이러면서 이제,

\# - 아니 저 그 그것은 이제,

\# - 소금장시라고[142].

\- 소금장시

\# - 여그는 사:마귀.

\- 응, 사:마귀 사:마귀가 그레.

@1 네

@1 그거 가꼬 이르케 놀:고?

\- 응

\# - 예, 그걸 인자,

@1 네~

\# - 그러고 인자 멀리

@1 응

\# - 앤:나레는 노리 놀:꺼시 업:씅께 연 쩌그 잠:자리 자버가꼬 와서 놀:다가,

@1 어:뜨게 어:뜨게 논:담니까?

\- 무꺼가꼬,

\# - 무꺼가꼬 요로고 그,

\- 인자 돌림서르 이러고 이러고 뭐,

\# - ** 날리제.

\- 말 함:서 그 도라뎅기데. 다 아그드르믄 한테가 또부터.

@1 어

\- 그람 또 잡쩨 잡뜨라고, 또.

\# - 그렁께 잠:자리 발 무꺼가꼬 시:레다가,

@1 예

\# - 발 바느질 시:레다,

@1 예

\# - 막떼기에다 요로고 딱 무꺼가꼬 다닐 놀:레제. 놀:고.

@1 (웃음)

\# − 소금쟁이라고.

− 소금쟁이

\# − 여기는 사마귀.

− 응, 사마귀 사마귀가 그래.

@1 예

@1 그것 가지고 이렇게 놀고?

− 응

\# − 예, 그걸 이제,

@1 예

\# − 그리고 이제 멀리

@1 응

\# − 옛날에는 놀이 놀 것이 없으니까 연 저기 잠자리 잡아가지고 와서 놀다가,

@1 어떻게 어떻게 논답니까?

− 묶어가지고,

\# − 묶어가지고 이렇게 그,

− 이제 돌리면서 이렇게 이렇게 뭐,

\# − ?? 날리지.

− 말하면서 그 돌아다니데. 다 아이들은 한데 다 붙어.

@1 어

− 그럼 또 잡지 잡더라고, 또.

\# − 그러니까 잠자리 발 묶어가지고 실에다가,

@1 예

\# − 발 바느질실에다,

@1 예

\# − 막대기에다 이렇게 딱 묶어가지고 다닐 놀래지. 놀고.

@1 (웃음)

\# － 엔:나렌 머 놀:꺼시 머 이써? 그렁 거베끼.

@1 서리도 헤:보셔쯔?

\# － 쪼 쫌 헤:쩨라우.

@1 어, 쫌 헤 하셔써요. 쫌 뭐: 하셔써요?

\# － 아니, 머 수:박, 차뭬, 노무 닥또 함번씩 허고.

@1 어 다는 헤:가꼬 어뜨게?

\# － 어어 묵쩨.

－ 어:따가 나:뚜고 언:제나 함번 허지.

－ 오레 데야 부릉께 저 누가 헤:무근지도 몰르게 머 나:뛰따 하디야[143] 어쩨따 하디야 그레.

@1 에?

\# － 닥또 허고,

－ 어

\# － 꼭 서리라먼 또 노무 보리도 눌루베이[144] 이그먼,

@1 네

\# － 보리나 미리나 가따 고놈 뀌실도 무끼도 허고,

@1 예

－ 다: 헤라, 그거슨.

@1 어

\# － 그 공식쩌그로 다 허니께.

@1 어

\# － 누구든지.

@1 마니

－ 그라고 절 먼 머:시기나[145],

@1 어

－ 언:제는

\#- 옛날에는 뭐 놀 것이 뭐 있어? 그런 것밖에.

@1 서리도 해 보셨지요?

\#- 좀 했지요.

@1 어, 좀 해 하셨어요? 좀 뭐 하셨어요?

\#- 아니, 뭐 수박, 참외, 남의 닭도 한 번씩 하고.

@1 어 닭은 해가지고 어떻게?

\#- 어어 먹지.

- 어디에다 놔두고 언제나 한 번 하지.

- 오래 돼 버리니까 저 누가 해 먹는지도 모르게 뭐 놔뒀다 하더냐 어쨌다 하더냐 그래.

@1 예?

\#- 닭도 하고,

- 어

\#- 꼭 서리라면 또 남의 보리도 노르스름하게 익으면,

@1 예

\#- 보리나 밀이나 가져다 그것 불에 그을려 먹기도 하고,

@1 예

- 다 해요, 그것은.

@1 어

\#- 그 공식적으로 다 하니까.

@1 어

\#- 누구든지.

@1 많이

- 그리고 저 무슨 뭐나,

@1 어

- 언젠가는

#－ 보메는 가면 감자도146) 케다 쩌147) 무꼬,

－ 응

#－ 가으레는 호박도 헤. 가으레나 여르 여르메 호박,

－ 호박 가따가 쩌서 모도,

@1 어

－ 저 무꼬,

#－ 뭉꾸 몬:녀러.

#－ 가으레는 베:추가틍 거또 존:놈 속:뜬 놈 가따가,

@1 어

#－ 뽀바다 무꼬,

@1 예

#－ 무: 가틍 거또 보면 모:르게 뽀바다 무꼬,

@1 (웃음)

#－ 그건 공:쩌그로 으레 다 하능 거싱께.

@1 (웃음)

@1 뭐 서리할 떼가 젤 제미쓰시등가요?

#－ 아이튼 머 안 들키고 베 고플 떼는 운:둥이 그리 마시써.

@1 (웃음)

@1 친구들끼리 바메 모여가꼬?

#－ 예

@1 어여 오느른 어디로 가자,

#－ 응, 그리고 겨으레는 인자 여그는 인자 김 발:짱이라고148) 발:짱치
면서 엔:날 다 처땀 마리요.

@1 예에

#－ 세:이로149).

@1 예

\#- 봄에는 가면 고구마도 캐다 쪄 묵고,

- 응

\#- 가을에는 호박도 해. 가을에나 여르 여름에 호박,

- 호박 가져다가 쪄서 모두,

@1 어

- 쪄 먹고,

\#- ?? 못 열어.

\#- 가을에는 배추 같은 것도 좋은 것 속 든 것 가져다가,

@1 어

\#- 뽑아다 먹고,

@1 예

\#- 무 같은 것도 보면 모르게 뽑아다 먹고,

@1 (웃음)

\#- 그건 공적으로 으레 다 하는 것이니까.

@1 (웃음)

@1 뭐 서리할 때가 제일 재미있으시던가요?

\#- 하여튼 뭐 안 들키고 배 고플 때는 ??? 그리 맛있어.

@1 (웃음)

@1 친구들끼리 밤에 모여가지고?

\#- 예

@1 어여 오늘은 어디로 가자,

\#- 응, 그리고 겨울에는 이제 여기는 이제 '김발장'이라고 '김발장' 치면서 옛날 다 쳤단 말이오.

@1 예예

\#- 사이로.

예

─ 인자 헤우 떠:서 널:라고.

@1 이르케

─ 응

#─ 발짱 어이 경 김:빱 거 귀빰 모:는 발:짱

@1 예에에예

#─ 그거 다 죄이당150) 소니로 까야제.

@1 네

#─ 다 수자거브로 지비서 만드러써라우.

예예

#─ 그러면 고:구마 그 구더게다가151) 고:구마 인자 파무더 나꺼쏘? 그놈 케다가 발:짝친 저녀게 모:르게 케다 무꼬.

#─ 어 동:치미

─ 우리 지까 그라고 도바기여라우.

#─ 동:치미 다머논 놈 다 가따 무꼬.

@1 (웃음)

─ 모리게 자던

@1 그믄

─ 우리지까 받 널부꼬,

@1 예

─ 그렁께 머시메들 가시네들 모테가꼬 차고도 차고도 넘처.

#─ 아이 그거슨 공:시깅께.

─ 이 아조

#─ 무조끈

#─ 저여게 **

─ 무조껀 하고

@1 그 동:치미 인는지 아라쓰면 그집 아들도 껴 이써가꼬 ** 다

－ 이제 김 떠서 널려고.

@1 이렇게

－ 응

#－ 발 어이 저 김밥 그 김밥 마는 발.

@1 예, 예, 예, 예.

#－ 그것 다 좌우간 손으로 까야지.

@1 예

#－ 다 수작업으로 집에서 만들었어요.

예, 예.

#－ 그러면 고구마 그 구덩이에다가 고구마 이제 파묻어 놨잖겠소? 그것 캐다가 발 친 저녁에 모르게 캐다 먹고.

#－ 어 동치미

－ 우리 집이 그렇게 도박집이에요.

#－ 동치미 담가 놓은 것 다 가져다 먹고.

@1 (웃음)

－ 모르게 자던

@1 그러면

－ 우리집이 넓고,

@1 예

－ 그러니까 사내애들 계집애들 모아가지고 차고도 차고도 넘쳐.

#－ 아이, 그것은 공식이니까.

－ 아 아주

#－ 무조건

#－ 저녁에 ??

－ 무조건 하고

@1 그 동치미 있는 줄 알았으면 그집 아들도 껴 있어가지고 ?? 다

#- 거:지고 다 헤. 거 다 자기꺼 자기가 가따 묵쩨 긍께.

- 다 가저오제

@1 (웃음) 어~

#- 으 즈그가 그 우에 이따고 갈차 줌서 가질로 가자 하제.

@1 그러지요 (웃음)

#- 음

@1 사라믄 노무 집또 모:르니까.

@1 예

#- 아이, 벨거 다:가따 묵쩨 그거.

@1 예~

#- 네걸 니거시 거 다 가따 무근 사라미 임:제지.

@1 (웃음) 음~

- 지발로도 저아야, 감자를[152] 그저네.

#- 아, 긍께

#- 고:구마 가틍 거또 인자 밥 여 감자 가틍 거또 인자 누가 줌:네는 얼릉 [153]아까라고 얼릉 민 덜:드러따고 안 케다 무꺼등.

@1 예

#- 노미[154] 먼저 묵쩨.

@1 (웃음)

- 그라고 저녀게 가서 에포또[155] 막 따:가꼬 와 불고, 망:창썩[156].

@1 아

- 가꼬 와서 막 케가꼬 쩌서 모도 무꼬.

- 그레서 함버네는

@1 네

- 느그 자근아부지도 인자 순하디순:헤라우.

- 그레도 그그또 헤. 그레가꼬 이 아제

\#- 거의 다 해. 거 다 자기 것 자기가 가져다 먹지 그러니까.

- 다 가져오지.

@1 (웃음) 어

\#- 으 저희가 그 위에 있다고 가르쳐 주면서 가지러 가자 하지.

@1 그러지요. (웃음)

\#- 음

@1 사람은 남의 집도 모르니까.

@1 예

\#- 아이, 별것 다 가져다 먹지 그것.

@1 예

\#- 내 것 네 것이 그 다 가져다 먹는 사람이 임자지.

@1 (웃음) 음

- 제발로도 져 와, 고구마를 그전에.

\#- 아, 그러니까.

\#- 고구마 같은 것도 이제 밥 여 고구마 같은 것도 이제 누가 주인네는 얼른 아깝다고 얼른 밑 덜 들었다고 안 캐다 먹거든.

@1 예

\#- 남이 먼저 먹지.

@1 (웃음)

- 그리고 저녁에 가서 왜팥도 막 따가지고 와 버리고, 왕창씩.

@1 아

- 가지고 와서 막 캐가지고 쪄서 모두 먹고.

- 그래서 한 번은

@1 예

- 너희 작은아버지도 이제 순하디 순해요.

- 그래도 그것도 해. 그래가지고 이 아저씨

\# ― 아이 아써 아이 함빼네[157) 휩씰며는 안 헐 쑤가 업:꼬

― 어야

― 저 세아~에 한 두:게나 따:가고 가제 요리 싹 따와 부러써? 그릉께, 안 따가꼬 간지 알고 또 따:고 가꼬 또 따:고강께 그르케 마:니 따부러써 라우 그르드라고.

\# ― 긍께

\# ― 수:박 서리가틍 거슨,

@1 네

\# ― 긍께 그거시 잘몯되야써.

\# ― 우더른[158) 멍는 자체도 그 어찌게 보면 보:통 하기늘 허고 고놈을 따:쓰먼 은자 딱 이근 놈만 따 꺼인디,

@1 그러초.

\# ― 거 먹따 머거가꼬 안니거쓰먼 네:뽈고[159) 또 따코[160) 또 따코 허 문서 지금 허믄서 다:들다 베레붕 거이제, 싹 따붕께,

@1 예

― (웃음)

\# ― 그 쥔:네가 에끼 그럼 느그들도 몸:무꼬 나도 몸:묵짜하고 탁 타부 러.

\# ― 수:방농으로 뽀바분 사람들또 이꼬,

@1 아~

\# ― (기침 소리) 나:뚜먼 이끼도 저네 다 모씨게 되야 부르 받 버려 불게.

@1 아이고

@1 막 저기하고 지키고 인나요?

― 아니, 저 거그스 저,

\# ― 실쩨로 안

\#- 아이 왔어 아이 한꺼번에 휩쓸리면 안 할 수가 없고.

- 얘야

- 저 세상에 한두 개나 따가지고 가지 이렇게 싹 따 와 버렸어? 그러니까, 안 따가지고 간 줄 알고 또 따고 가지고 또 따고 가니까 그렇게 많이 따 버렸어요 그러더라고.

\#- 그러니까

\#- 수박 서리 같은 것은,

@1 예

\#- 그러니까 그것이 잘못 됐어.

\#- 우리들은 먹는 자체도 그 어떻게 보면 보통 확인을 하고 그것을 땄으면 이제 딱 익은 것만 딸 것인데,

@1 그렇지요.

\#- 거 먹다 먹어가지고 안 익었으면 내버리고 또 따고 또 따고 하면서 지금 하면서 다들 다 버려버린 것이지. 싹 따 버리니까,

@1 예

- (웃음)

\#- 그 주인네가 에끼 그럼 너희들도 못 먹고 나도 못 먹자 하고 탁 타 버려.

\#- 수박용으로 뽑아 버린 사람들도 있고,

@1 아

\#- (기침 소리) 놔두면 익기도 전에 다 못쓰게 되어 버리 밭 버려 버리니까.

@1 아이고

@1 막 저기하고 지키고 있나요?

- 아니, 저 거그 저,

\#- 실제로 안

#— 아이, 지키 거뜰 업써라.

— 요짜게 저 누가 어 인자 또 지키로 간다고 밤 무꼬 쌀:쌀 강께 즈그 드른 따:다가 진:작 가꼬 와서 저가 앙거서 무꼬 앙건는디,

@1 지킬 엄:는디이~?

— 으험, 헴, 그라고 가드라여¹⁶¹⁾. 지키로 간다고.

@1 허~ 저역빱

— 응

@1 드시고?

— 응

— 그레 몽창¹⁶²⁾ 따:다가 노코 인자 무꼬 앙건는디 가드라여. 글드라고 그 문:제엄따 그레땀서.

@1 (웃음) 음~

— 성항 거시 업:써라우. 다: 따 와. 다: 따 가.

#— 어느 어느 시고리나 다 마차가지여.

@1 예예예

— 음

— 인자는 덜:그레. 아그들도 오:꼬.

그러초

— 다 에기 마:니 안 나꼬.

@1 예

— 다 또 객쩌에 가서 공부하고 머:다고 하고.

@1 예, 뭐 께임 가틍 거또 이써찌요? 음, 아니 잠깜 요렁 거는 나:중에.

@1 그 다:메 에기들 에기들 키우면서 인제 테어나며는 여러 가지 에기들 키우면서 뭐 또 하시조?

@1 에기들 쪼끔 반칙 며 며 딸 데가꼬 이르케 하며는 고게 이르케 하능 거.

— 응, 도:리도리?

#- 아이, 지킬 것들 없어요.

- 이쪽에 저 누가 어 이제 또 지키러 간다고 밥 먹고 살살 가니까 저희들은 따다가 진작 가지고 와서 저기에 앉아서 먹고 앉았는데,

@1 지킬 없는데

- 으음, 헴, 그러면서 가더래. 지키러 간다고.

@1 허 저녁밥

- 응

@1 드시고?

- 응

- 그래 몽땅 따다가 놓고 이제 먹고 앉았는데 가더래. 그러더라고 그 문제 없다 그랬다면서.

@1 (웃음) 음.

- 성한 것이 없어요. 다 따 와. 다 따 가.

#- 어느 어느 시골이나 다 마찬가지야.

@1 예, 예, 예.

- 음

- 이제는 덜 그래. 아이들도 없고.

그렇지요.

- 다 아기 많이 안 낳고.

@1 예

- 다 또 객지에 가서 공부하고 뭐하고 하고.

@1 예, 뭐 게임 같은 것도 있었지요?. 음, 아니 잠깐 이런 것은 나중에.

@1 그 다음에 아이들 아이들 키우면서 이제 태어나면은 여러 가지 아이들 키우면서 뭐 또 하시지요?

@1 아이들 조금 반칙 며 며 딸 데리고 이렇게 하면은 고개 이렇게 하는 것.

- 응, 도리도리?

@1 예예예. 어:트게 하 하세요?

― 도리도리 도리도리 그렁 고게 네:둘네:둘하고163).

@1 어

― 또 지얌지얌지얌지얌 이르케 하락 하고.

@1 예

― 뭐 그릉 거 저릉 거 막 시김서로164) 아:먼 에기가 하고,

@1 예에에

― 또 따:러서 하고,

@1 네

@1 또 또 다릉 거 뭐 이써요? 에기들 또 크며는 뭐,

― 작짱작짱작짱하고서165) 요르케도 하락 하고 고, (박수 소리)

@1 예

― 또 이르케도 하락 하고 막 벨 건 다 시게쓰, 에기드를.

@1 예에에

― 그럼 다 잘 하데.

@1 예

― 할 찌 알고.

@1 에, 그 다메 에기들 또 어린 에기들 여기다 이르케 테워가꼬,

― 그러제. 몽멀166) 몽물 테여가꼬 뎅기고.

@1 어어. 똔 그 쪼끔 크네기드른 그거또 헤 주드라고요. 뭐 보인다고.

― 음

@1 이러케

― 벵에다167) 주고.

@1 예에에

@1 그 다으메 아까 마:레떵 거 에:들 노:리 방법?

@1 쫌 인제 나이가 마:느며는 바끄로 안 돌고 모여가꼬 또 놀:자나요?

@1 예, 예, 예. 어떻게 하세요?

― 도리도리 도리도리 그러면 고개 자꾸 내두르고.

@1 어

― 또 쥐암쥐암쥐암쥐암 이렇게 하라고 하고.

@1 예

― 뭐 그런 것 저런 것 막 시키면서 알면 아이가 하고,

@1 예, 예, 예.

― 또 따라서 하고,

@1 예

@1 또 또 다른 것 뭐 있어요? 아이들 또 크면은 뭐,

― 짝짜꿍 짝짜꿍 하고서 이렇게도 하라고 하고, (박수 소리)

@1 예

― 또 이렇게도 하라고 하고 막 별것 다 시켰어, 아이들을.

@1 예, 예, 예.

― 그럼 다 잘 하데.

@1 예

― 할 줄 알고.

@1 예, 그 다음에 아이들 또 어린 아이들 여기다 이렇게 태워가지고,

― 그러지. 목말 목말 태워가지고 다니고.

@1 어어. 또 그 조금 큰 아이들은 그것도 해 주더라고요. 뭐 보인다고.

― 음

@1 이렇게

― 보여 주고.

@1 예, 예, 예.

@1 그 다음에 아까 말했던 그 아이들 놀이 방법?

@1 좀 이제 나이가 많으면은 밖으로 안 돌고 모여가지고 또 놀잖아요?

− 그러제라우.

@1 예에에. 저 먼:노리 하셔써요? 머 장:기 가틍 거또.

#− 이 장:기도 두고 바둑뚜 뒤고[168].

@1 어예예

− 인자 크먼 그러제.

@1 예

#− 하:투도 치고.

@1 응, 그조?

#− 응, 시고레서는 하투 거 하투, 장기가 거 시:메쓸 꺼시여.

@1 어~

@1 그 다:메 아깐 마:레뜨시 윷 유또?

#− 네, 유 유스또 저 추석 떼 마:니 놀:고,

@1 예

#− 남자드른.

#− 그러고 나 나:무나 깔 비로 가면 또 윷노리허고.

@1 네?

#− 나무나 깔 비로 가면.

− 그거또 따:무끼헤라우.

#− 따:무끼

− 깔: 비로 가먼 소 소 깔: 비로 가가꼬,

#− 소깔 비로 가먼 소깔 따:무끼.

@1 이

#− 응

@1 글면 이제 칭구들끼리 이르케 가가꼬,

#− 네

− 여 비여다가,

― 그러지요.

@1 예, 예, 예, 저 무슨 놀이 하셨어요? 뭐 장기 같은 것도?

#― 이 장기도 두고 바둑도 두고.

@1 예, 예, 예.

― 이제 크면 그러지.

@1 예

#― 화투도 치고.

@1 응, 그러지요?

#― 응, 시골에서는 화투 그 화투, 장기가 거 심했을 거야.

@1 어

@1 그 다음에 아까 말했듯이 윷 윷도?

#― 예, 윷 윷도 저 추석 때 많이 놀고,

@1 예

#― 남자들은.

#― 그리고 나 나무나 꼴 베러 가면 또 윷놀이 하고.

@1 예?

#― 나무나 꼴 베러 가면.

― 그것도 따먹기 해요.

#― 따먹기

― 꼴 베러 가면 소 쇠꼴 베러 가가지고,

#― 쇠꼴 베러 가면 쇠꼴 따먹기.

@1 이

#― 응

@1 그러면 이제 친구들끼리 이렇게 가가지고,

#― 예

― 이 베어다가,

@1 예

― 인자 한 깍찌씩169) 이빠이170) 비여가다가 한테다 땅 모테171) 노코,

#― 모테 노꼬,

@1 예

― 인자

#― ***

― 윤: 노라 가꼬 이긴 사라미 싹 글거 당꼬,

@1 예

― 뭐야 진 사라믄 또 저 빌:골로도172) 올 쑤 이써.

@1 (웃음)

― 다 이저불고.

#― 그렁께 그르고 노라찌라우.

@1 (웃음)

@1 또 고누노리 가틍 거또?

#― 뭐?

@1 고누노리 고누라고 아주 이르케 먼 카네 기리 하 며 께바께 업:써가꼬 이 기리 길 가고 막 그릉 거?

#― 아니, 그릉 건 안 헤 바써.

@1 어으~

@1 뭐 승경도노리?

#― 그릉 거또 안 헤 보고.

@1 네~

@1 그며는 아까 하이떵 거 그렁 건만 하션네요.

#― 응, 음.

@1 응. 그먼 여자드른? 여자드른 어려쓸 때 아까 마:레떵 거?

#― 청소년 떼 인자,

@1 예

― 이제 한 동씩 가득 베어가다가 한데다 딱 모아 놓고,

#― 모아 놓고,

@1 예

― 이제

#― ???

― 윷 놀아가지고 이기는 사람이 싹 긁어 담고,

@1 예

― 뭐야 진 사람은 또 저 빈손으로도 올 수 있어.

@1 (웃음)

― 다 잃어 버리고.

#― 그러니까 그렇게 놀았지요.

@1 (웃음)

@1 또 고누놀이 같은 것도?

#― 뭐?

@1 고누놀이 고누라고 아주 이렇게 무슨 칸에 길이 하 몇 개밖에 없어가지고 이 길이 길 가고 막 그런 것?

#― 아니, 그런 건 안 해 봤어.

@1 어으

@1 뭐 승경도놀이?

#― 그런 것도 안 해 보고.

@1 예

@1 그러면은 아까 했던 것 그런 것만 하셨네요.

#― 응, 음.

@1 응. 그러면 여자들은? 여자들은 어렸을 때 아까 말했던 것?

#― 청소년 때 이제,

@1 네

@1 아까 마:레떵 거 고:무줄노리하고,

- 네, 오제미노리[173].

@1 그 다메 콩 콩 콩 주속:끼.

- 응, 콩 주서 무끼.

@1 예, 하고 또 머 숨바꼭찌가틍 거또 하셔찌요?

- 네, 숨바꼭찔

 - 숨바꼭찔 마:니 하제.

@1 할머니 하셔써요?

 - 그거슨 헤:쩨.

@1 어::. 숨바꼭찔하 예. 며 뻔까지 시여써요?

 - 아이 머 하다가 쫌 모:다기도 하고 그레라 그거또.

@1 예

@1 아니, 아니, 시 며 뻔 시며는

- 아주

 - 응

@1 얼릉 수머야 데자나요?

 - 그라제. 그레 모:쑹꼬 그라면,

- 아그들 베께까지 심 진짜 시:라거 하:머넌,

@1 예

- 지금 머 무궁아꼬시 피여씀니다 열 뻔허고 베께 시여딱 허고,

@1 예에에

 - (웃음)

- *****

@1 예에에

@1 그리고 또 머 소 소꿉노리가틍 거또 하셔써요? 소꿉짱?

@1 예

@1 아까 말했던 것 고무줄놀이하고,

#- 예, 콩주머니놀이.

@1 그 다음에 콩 콩 콩 주워먹기.

#- 응, 콩주워먹기.

@1 예, 하고 또 뭐 숨바꼭질 같은 것도 하셨지요?

#- 예, 숨바꼭질

- 숨바꼭질 많이 하지.

@1 할머니 하셨어요?

- 그것은 했지.

@1 어. 숨바꼭질 하 예. 몇 번까지 세었어요?

- 아이 뭐 하다가 좀 못하기도 하고 그래요. 그것도.

@1 예

@1 아니, 아니, 세 몇 번 세면은

#- 아주

- 응

@1 얼른 숨어야 되잖아요?

- 그러지. 그래 못 숨고 그러면,

#- 아이들 백 개까지 세 진짜 세라고 하면은,

@1 예

#- 지금 뭐 무궁화꽃이 피었습니다 열 번하고 백 개 세었다 하고,

@1 예, 예, 예

- (웃음)

#- ?????

@1 예, 예, 예.

@1 그리고 또 뭐 소꿉놀이 같은 것도 하셨어요? 소꿉장난?

- 그렁 거슨 헤쏘예.

@1 예에에

- 머 철딱174)엄는 거뜰 다,

@1 예

- 바꿈사리175) 한다고 모도,

@1 예

- 머:슨 머슨 다:가따노코 쭈시기가 그를 때는 마:니썩 가라가꼬 숭거 가꼬 좀 그 쑤 쑤시알 이르케 까:가꼬,

@1 예

- 또 밥또 하고,

@1 예에에에

- 저 거 나락 또 까:고,

@1 예

- 쭈시도176) 까고,

@1 예

- 포또 까:고 그레야꼬,

@1 예

- 머 가따 노코 집 거그다가 영거177) 노코 미테다 밥 하고 무 그레야 꼬 또,

@1 예

- 우께부러 거.

@1 할머니는 머:하셔써요? 거기다?

- 나는 나는 뭘,

@1 엄마 엄마 하셔써요?

- 밥 바비나 허여쩨.

@1 긍께 엄마 엄마 하션네요, 엄마.

－ 그런 것은 했소.

@1 예, 예, 예.

－ 뭐 철없는 것들 다,

@1 예

－ 소꿉놀이 한다고 모두,

@1 예

－ 뭐는 뭐는 다 가져다 놓고 수수가 그때는 많이씩 갈아가지고 심어가지고 좀 그 수수알 이렇게 까가지고,

@1 예

－ 또 밥도 하고,

@1 예, 예, 예, 예.

－ 저 그 벼도 까고,

@1 예

－ 수수도 까고,

@1 예

－ 팥도 까고 그래가지고,

@1 예

－ 뭐 가져다 놓고 짚 거기다가 얹어 놓고 밑에다 밥 하고 뭐 그래가지고 또,

@1 예

－ 웃겨 버려 그.

@1 할머니는 뭐 하셨어요? 거기다?

－ 나는 나는 뭐,

@1 엄마 엄마 하셨어요?

－ 밥 밥이나 했지.

@1 그러니까 엄마 엄마 하셨네요, 엄마.

- 응, 그러제. 엄마하고,

@1 응

- 밥 하고,

@1 네 음~

- 아, 그 그레야꼬 어짤 떼는 또 불르먼 가야제 지비서,

@1 예에~

- 어:디 간냐고 불르먼,

@1 그믄 옐

- 그를 떼가 조을 떼에야이178)?

@1 그러지요.

- 음, 조울 떼야.

@1 응, 걱쩡 업씨.

- 야

@1 응, 먼:음시글 제:일 마니 헤써 소꿉 빠꿈사리할 떼는?

- 아따, 그를 떼가 먼:마시꺼쏘? 머:슬 마시께 할 쑤:가 옵:쩨.

@1 아니, 가:짜로. (웃음)

- (웃음) 바비 마시딱 할 테제.

@1 엔:나레 나는 밥 하게 그르셔써요?

- 응, 그레쩨.

@1 예

@1 그 다메,

- 그 멸

@1 어

- 순:하디 순:헤가꼬 구서게 이씨께 멘마당께179) 바비나 하제.

@1 어~

- 싸:난180) 여자가 각씨 가시네가 이써써.

- 응, 그러지. 엄마 하고,

@1 응

- 밥 하고,

@1 예 음

- 아, 그래가지고 어떤 때는 또 부르면 가야지 집에서,

@1 예예

- 어디 갔냐고 부르면,

@1 그러면 옛

- 그럴 때가 좋을 때야. 응?

@1 그렇지요.

- 음, 좋을 때야.

@1 응, 걱정 없이.

- 예

@1 응, 무슨 음식을 제일 많이 했어 소꿉 소꿉놀이할 때는?

- 아따, 그럴 때가 무슨 맛있겠소? 뭘 맛있게 할 수가 없지.

@1 아니, 가짜로. (웃음)

- (웃음) 밥이 맛있다고 할 테지.

@1 옛날에 나는 밥 할게 그러셨어요?

- 응, 그랬지.

@1 예

@1 그 다음에,

- 그 멀

@1 어

- 순하디 순해가지고 구석에 있으니까 만만하니까 밥이나 하지.

@1 어

- 사나운 여자가 각시 계집애가 있었어.

@1 예

― 그거시 데:홍수¹⁸¹⁾ 노릳하고 어:런 노릳하고,

@1 그럼 그 갸는 머:헤써요?

― 그거슨 저 저는 안 하고,

@1 예

― 어 저 딴 사람만 시기제, 늘 앙거서.

@1 어, 그먼 먼: 여기여써요, 그먼?

― 민:시미라고 그.

― 그르고 셍엔는디 주건능가 모르거쏘야. 목포서 산:디 셍:겔¹⁸²⁾ 암바서.

@1 (웃음) 어~

― 아유, 똘 이르케 나이 먹뚜룩 산: 사람 벨라 옵쓰꺼여. 마:니 주건능 가 몰:라.

@1 어

― 저 그떼는 마:니 이썬는디 칭구드리. 이떼꿈¹⁸³⁾ 산:사라미 멘 옵쓰꺼 여. 제 동갑.

@1 음, 그 다메 음음, 인제 한 하라버지들 할머니들 연세 드신 사 분들도 또 노:시자나요?

― 다 모테가고 노라라, 그 냥반들또.

@1 예 그떼 뭐:하고 노시나요? 주로?

― 모도 앙거서 바비나 헤:무꼬 미영이나 잡꼬,

#― 아이, 엔:나레는 다 머시고 무조껀 거 노비랑 헤바쩨 여그서 먼 이 꺼쏘?

@1 어

#― 머 하투치기나,

@1 예

#― 할 하 머 머 모 모테서 놀:먼 장:기나,

@1 예

― 그것이 대장 노릇하고 어른 노릇하고,

@1 그럼 그 걔는 뭐 했어요?

― 그것은 저 저는 안 하고,

@1 예

― 어 저 다른 사람만 시키지, 늘 앉아서.

@1 어, 그러면 무슨 역이었어요, 그러면?

― '민심'(인명)이라고 그

― 그렇게 생겼는데 죽었는지 모르겠소. 목포에서 사는데 생전 안 봐서.

@1 (웃음) 어

― 아휴, 또 이렇게 나이 먹도록 사는 사람 별로 없을거야. 많이 죽었
는지 몰라.

@1 어

― 저 그때는 많이 있었는데 친구들이. 이제껏 사는 사람이 몇 없을 거
야. 제 동갑.

@1 음, 그 다음에 음음, 이제 한 할아버지들 할머니들 연세 드신 사 분들
도 또 노시잖아요?

― 다 모아가지고 놀아요, 그 양반들도.

@1 예, 그때 뭐 하고 노시나요? 주로?

― 모두 앉아서 밥이나 해 먹고 목화나 잣고,

#― 아이, 옛날에는 다 뭐이든지 무조건 거 놀이랑 해 봤자 여기서 뭐
있겠소?

@1 어

#― 뭐 화투치기나,

@1 예

#― 할 하 뭐 뭐 모 모아서 놀면 장기나,

@1 예에

\# - 모도 여그 그 그거시제, 머.

@1 예~

\# - 머 노레를 불고 놀:든184) 아네. 안허고.

@1 예~

@1 아까 우리 여러 가지 그 노리 말:씀하션는데 그거 뭐 제:기차기 할라먼 제:기를 만드러야 데자나요?

\# - 네

\- 멘드러야 데야. 으

@1 아까 그걸 만드셔가꼬 노:셔찌요?

\# - 예, 마 머 긍께 음, 마:니 만들면 엽쩌느로 인자 엔:날 엔:날,

@1 예

\# - 동전

@1 예

\# - 그 아:네 구먹185) 뚜러징거.

@1 예

\# - 그거시 창호지로 헤서 만들고,

@1 아~

\- 아:조 멘들라고 에:를 피고186) 뎅기제.

\# - 머 먼지터리 만들드끼187) 인자 여그 가:에 요그여 창호지를가 짝:작 찌저가꼬 인자,

@1 예

\# - 그른 시그로 말:고, 그거또 엄:는 사람 동저니 엄:는 사람드른,

@1 예

\# - 풀

@1 예

@1 예에

#- 모두 여기 그것이지, 뭐.

@1 예

#- 뭐 노래를 부르고 놀지는 않아. 않고.

@1 예

@1 아까 우리 여러 가지 그 놀이 말씀하셨는데 그것 뭐 제기차기 하려면 제기를 만들어야 되잖아요?

#- 예

- 만들어야 돼. 음

@1 아까 그걸 만드셔가지고 노셨지요?

#- 예, 마 뭐 그러니까 음, 많이 만들면 엽전으로 이제 옛날 옛날,

@1 예

#- 동전

@1 예

#- 그 안에 구멍 뚫린 것.

@1 예

#- 그것이 창호지로 해서 만들고,

@1 아

- 아주 만들려고 애를 쓰고 다니지.

#- 뭐 먼지떨이 만들 듯이 이제 여기 가에 여기 여 창호지를 가지고 쫙쫙 찢어가지고 이제,

@1 예

#- 그런 식으로 말고. 그것도 없는 사람 동전이 없는 사람들은,

@1 예

#- 풀

@1 예

\# – 그 똥그란 뿌리조차 파가꼬 그놈,

@1 예

\# – 잘 소니로 잘 비베가꼬 부드로께 헤:서 노라찌 인자.

@1 네~

@1 그럼 아까 펭이치능 거 펭이 어:트게 만든지 말씀하셔꼬,

@1 연: 만드능 거 함번 다시 함번 설명 좀 헤주실레요?

\# – 아이, 긍께

\# – 엔:나레는 종이가 업:씽께,

@1 예

\# – 첵짱이랑 공첵짱 찌저가 밥 밥테기로 부처가꼬,

@1 예

\# – 데 쪼게가꼬 까꺼서,

@1 네

\# – 그거시로 만들고,

\# – 시:른 여기는 에 쫌 흐넌페닝께 발:짱실 그놈 인자 헤:가꼬,

\# – 발:짱이 거 세놈 업:쓰먼 헌 발:짱 고놈 인자 꺼 빼:불고,

@1 예

\# – 거 여 데막떼가지로[188] 그 풀 빼:불고 그놈 좀 이서가꼬 그노므로 허고,

@1 응, 모양은 먼: 모양으로.

\# – 인자 홍에딱찌[189].

@1 예

\# – 또 그 홍어딱찌:는 엔:날 여그 말로 말:런[190].

@1 네

\# – 걸 인제 지금말로 가오리연허고 방페연.

@1 음

\# - 그 동그란 뿌리랑 파가지고 그것,

@1 예

\# - 잘 손으로 잘 비벼가지고 부드럽게 해서 놀았지 이제.

@1 예

@1 그럼 아까 팽이 치는 것 팽이 어떻게 만드는지 말씀하셨고,

@1 연 만드는 것 한 번 다시 한 번 설명 좀 해 주시겠어요?

\# - 아이, 그러니까

\# - 옛날에는 종이가 없으니까,

@1 예

\# - 책장이랑 공책장 찢어가지고 밥 밥알로 붙여가지고,

@1 예

\# - 대 쪼개가지고 깎아서,

@1 네

\# - 그것으로 만들고,

\# - 실은 여기는 에 좀 흔한 편이니까 김 발장 실 그것 이제 해가지고,

\# - 발장이 그 새 것 없으면 헌 발장 그것 이제 빼버리고,

@1 예

\# - 그 이 대막대기로 그 풀 빼버리고 그것 좀 이어가지고 그것으로 하고,

@1 응, 모양은 무슨 모양으로?

\# - 이제 홍어딱지.

@1 예

\# - 또 그 '홍어딱지'는 옛날 여기 말로 '말연'.

@1 네

\# - 그걸 이제 지금 말로 가오리연하고 방패연.

@1 음

#- 음

@1 그 다메 아까 그 표주너로는 자치긴데,

#- 예, 땅 여그느 뗑:꽁191).

@1 어, 그건 어:트게 만드러요?

#- 데:로 긴: 놈 한날하고,

@1 네

#- 장떼

@1 예

#- 로 그 에:프로 노코 쪼깡거 한나하고,

@1 예

#- 데 큰: 놈 한나 쩨깐놈 한나,

@1 예

#- 그레가꼬 인자 하제.

#- 뭐 구머그자 땅에다 구먹 파가꼬,

@1 예

#- 요:리 딱 걸:로 가로로 걸:체노꼬 탁 처가꼬,

@1 아 금 기리가 깅: 거하고 쨀붕 거하고만 이쓰니까,

#- 네. 긴 깅: 거슨 이제 자로 쓰고,

@1 예

#- 나 저 데로 요로고 딱:: 칭거슨 헤가꼬 인자 자로 그놈 제:제 인자.

#- 멀:리 날 여 구머게서부터 떼 겔:192) 멀리 날라가능거시 자로 곧 제:가꼬,

@1 네

#- 겔 멀:리 날라간 사람 던진 사라미 인제 이긴 이기기도.

@1 응~

@1 쥐불노리 아까 머? 게:불노리?

\#－ 음

@1 그 다음에 아까 그 표준어로는 자치기인데,

\#－ 예, 땅 여기는 '땡꽁'

@1 어, 그건 어떻게 만들어요?

\#－ 대로 긴 것 하나 하고,

@1 예

\#－ 장대

@1 예

\#－ 로 그 옆으로 놓고 조그마한 것 하나 하고,

@1 예

\#－ 대 큰 것 하나 조그마한 것 하나,

@1 예

\#－ 그래가지고 이제 하지.

\#－ 뭐 구멍 이제 땅에다 구멍 파가지고,

@1 예

\#－ 이리 딱 그것으로 가로로 걸쳐 놓고 탁 쳐가지고,

@1 아 금 그려가지고 긴 것하고 짧은 것하고만 있으니까,

\#－ 예, 긴 긴 것은 이제 자로 쓰고,

@1 예

\#－ 나 저 대로 이렇게 딱 치는 것은 해가지고 이제 자로 그것 재지 이제.

\#－ 멀리 날 여 구멍에서부터 때 제일 멀리 날아가는 것이 자로 곧 재가지고,

@1 예

\#－ 제일 멀리 날아간 사람 던진 사람이 이제 이긴 이기기도,

@1 응

@1 쥐불놀이 아까 뭐 개불놀이?

#— 네

@1 예 사

#— 게:불193) 요거슨.

@1 네

#— 인자 바뚜게다 논뚜러게다194) 요로코,

@1 네

#— 거 하:고,

— 불질러.

#— 불 불질르고 또 거 엔:날 깡:통 우유 깡통 강거 주서가꼬 구먹 뚜러가꼬,

#— 거그다 인자 나:무떼기195) 인자 엔:날 인자 소 솔라무 보문 강:소리라고196),

@1 네

#— 송진 달린 나무 무궁 걸. 그거 너러서 인제 짤:자라게197) 쪼게가꼬 거석헤가꼬198) 불질러가꼬 돌리고 도라뎅게써.

@1 바쁘지요?

#— 네?

@1 그거 만들라먼?

#— 바쁘제, 그거 깡:통이 업:쓰게.

@1 깡통 이써 (웃음) 미리 다,

#— 그 까깡 그 깡:통이 어:디가 이꺼쏘? 그그 메 메딸 전부터.

— (웃음)

#— 깡:통 이쓰먼 가서 가따 보:관헤야제.

— (웃음)

#— 깡:통이 업:쩨 시고레가. 머 그 에 지금까지 부뉴 미긴다고 부뉴 깡:통이나 이쩨마는 지그믄.

\# - 예

@1 예 사

\# - 개불 이것은.

@1 예

\# - 이제 밭둑에다 논둑에다 이렇게,

@1 예

\# - 그것 하고,

- 불 질러.

\# - 불 불 지르고 또 그 옛날 깡통 우유 깡통 그런 것 주워가지고 구멍 뚫어가지고,

\# - 거기다 이제 나뭇조각 이제 옛날 이제 소나무 보면 관솔이라고,

@1 예

\# - 송진 달린 나무 무거운 것, 그것 넣어서 이제 자잘하게 쪼개가지고 거시기 해가지고 불 질러가지고 돌리고 돌아다녔어.

@1 바쁘지요?

\# - 예?

@1 그것 만들려면?

\# - 바쁘지, 그것 깡통이 없으니까.

@1 깡통 있으면 (웃음) 미리 다,

\# - 그 깡 그 깡통이 어디에 있겠소? 그 그 몇 몇 달 전부터.

- (웃음)

\# - 깡통 있으면 가서 가져다 보관해야지.

- (웃음)

\# - 깡통이 없지 시골에. 뭐 그 예 지금까지 분유 먹인다고 분유 깡통이나 있지마는 지금은.

– 멀:라터니199) 지그므 요 요 요세는 깡:통 마니쩨, 무 버 켄200) 켄:
가틍 거 마:니 무궁께. 엔:나레는 켄:이 업:쓴떼라 깡:통이 업:쩨.

@1 예

– 글거 머:세다가 헤:가꼬 이르게 돌리고 뎅기데.

@1 예에에

– 그떼는 업:쓴께 깡:통이고. 그거 얼:마나 구허기가 힘들거써요, 여
그 시고레서?

– (웃음)

@1 하나 이쓰먼 얼:른. (웃음)

– 긍께

– 깡:통이 업:쩨, 여그서 질:로.

@1 하, 그지요.

– 에초에. 에초에.

@1 에에에 그레야꼬 거 만드러가꼬,

– 엔:나레는 가쑤메통201) 그 깡:통 구허기가 하느르 별 따기여.

@1 (웃음)

@1 아

– 그거는 오레 쓰고도 아쑥타고따라.

– 또 그걸 또 아니저불먼 또 네년까장202) 또 잘 보:과네 나뚸.

@1 어

– 업:쓴께.

@1 예에에

– 누가요?

@1 또 혹씨 여기서만 하는 노리가틍 게 인나요?

– 여그서는 머 인자 그러고는 인자,

@1 네

\# ─ 뭘 넣을지라도 지금은 이 이 요새는 깡통 많이 있지, 무 버 캔캔 같은 것 많이 먹으니까. 옛날에는 캔이 없던 때라 깡통이 없지.

@1 예

─ 그런 것 뭐에다가 해가지고 이렇게 돌리고 다니데.

@1 예, 예, 예.

\# ─ 그때는 없으니까 깡통이고 그것 얼마나 구하기가 힘들겠어요, 여기 시골에서?

─ (웃음)

@1 하나 있으면 얼른. (웃음)

\# ─ 그러니까

\# ─ 깡통이 없지, 여기서 제일

@1 예, 그러지요.

\# ─ 애초에. 에초에.

@1 예예예예 그래가지고 그것 만들어가지고,

\# ─ 옛날에는 통조림통 그 깡통 구하기가 하늘에 별따기야.

@1 (웃음)

@1 아

\# ─ 그것은 오래 쓰고도 ??????

\# ─ 또 그것 또 안 잃어버리면 또 내년까지 또 잘 보관해 놔둬.

@1 어

\# ─ 없으니까.

@1 예, 예, 예.

\# ─ 누가요?

@1 또 혹시 여기서만 하는 놀이 같은 것이 있나요?

\# ─ 여기서는 뭐 이제 그리고는 이제,

@1 예

\# – 열 찌그제.

\# – 베타고 나가서 요 수영은 수영날 베타고 나가고.

@1 아

@1 어:디 어:디로 나가요?

\# – 바다에 바다에서,

@1 어:디로 어:디로들 가서?

\# – 이 아페 바다 물 들문203),

– 무리 여까지 등께.

@1 예

\# – 타고 나가서 절 바다에서 인자 비어면,

@1 어

– 아니, 여그가 인자 한제 저 장년 그르끄네분204) 다 헤:쓰까 장녀네 다 지여쓰까 그른디,

– 여까지 무리 들그등이라우.

\# – 여그는 인제,

– 우리 우리 걸마께까지205).

\# – 요다궁 바다에 가서 놀:고,

– 야, 그러지.

@1 어, 그지요. 그래서 노:능 거슨.

\# – 야, 고기 잡꼬 저 우덜또 궁민하꾜 막 조릅 마트고부터 어장 하고 고 고기 잡꼬,

@1 고기를 그냥 노:니라고 이르케 잠는 경우.

\# – 아니 머 상어쓴 뒤써리는 이꼬오꼬,

@1 응

\# – 머 노인 노 놀 놀 그떼는 은자, 이 바우 미테 가튼 데가 요 네꼴창 에206) 물 네론 바우 미테가 쩌,

\# - ???

\# - 배 타고 나가서 이 수영은 수영 배 타고 나가고.

@1 아

@1 어디 어디로 나가요?

\# - 바다에 바다에서,

@1 어디로 어디로들 가서?

\# - 아 앞에 바다 물 들어오면,

- 물이 여기까지 드니까.

@1 예

\# - 타고 나가서 저 바다에서 이제 ???,

@1 어

- 아니, 여기가 이제 작년 저 작년 그러께 다 했는지 작년에 다 지었
는지 그런데,

- 여기가지 물이 들거든요.

\# - 여기는 이제,

- 우리 우리 대문께까지.

\# - ??? 놀려면 바다에 가서 놀고,

- 예, 그러지.

@1 어, 그러지요. 그래서 노는 것은.

\# - 예, 고기 잡고 저 우리들도 초등학교 막 졸업하고서부터 어장 하
고 고기잡고,

@1 고기를 그냥 노느라고 이렇게 잡는 경우.

\# - 아니 뭐 ??????? 있고 없고,

@1 응

\# - 뭐 노인 노 놀 놀 그때는 이제 이 바위 밑 같은 데 이 개울에 물
내려오는 바위 밑에 저,

#- 손 느먼 짱어가[207] 하나씩 살.

@1 아이고

#- 눈:장어가

@1 네

#- 그놈 자버.

@1 어

#- 그러면서 노르.

@1 여르메?

#- 네

@1 응, 또 가서 바메 또 구워 머꼬.

#- 몰르 더체뜽가. 하이튼 네:뿔든 안헤쓰꺼신디.

@1 (웃음) 어

- 길레미랑이 잘: 자부로 뎅겐니라[208].

#- 그 그러고 인자 엔:나레는 겨을처레는 인자 꽁:가틍 거 잡꼬,

@1 산?

#- 응

@1 아~

#- 거 저 양나가 싸이나[209] 나:가꼬 ** 모:뜨로가고 싸이나 나감서,

@1 예에에

#- 그러고 언:제함버는 노루도 모라써요.

@1 아

#- 응, 눈:바테서.

@1 눈:바테서요?

@1 어:트케 잠는데요, 노루는?

#- 아, 모르제 긍께. 게:가 위:넙씨 인자 모라 모라나:뜽가비제.

#- 글고 이떼

\#- 손 넣으면 장어가 하나씩 살아.

@1 아이고

\#- 눈장어가

@1 예

\#- 그것 잡아.

@1 어

\#- 그러면서 놀고.

@1 여름에?

\#- 예

@1 응, 또 가서 밤에 또 구워 먹고

\#- 몰라 어쨌던가. 하여튼 내버리지는 않았을 것인데.

@1 (웃음) 어

\- 길남이(인명)랑 잘 잡으러 다녔느니라.

\#- 그 그리고 이제 옛날에는 겨울철에는 이제 꿩 같은 것 잡고,

@1 산?

\#- 응

@1 아

\#- 그 저 약 놔서 청산가리 놔가지고 ?? 못 들어가고 청산가리 놔 가면서,

@1 예, 예, 예.

\#- 그리고 언제 한 번은 노루도 몰았어요.

@1 아

\#- 응, 눈밭에서.

@1 눈밭에서요?

@1 어떻게 잡는대요, 노루는?

\#- 아, 모르지 그러니까. 개가 원 없이 이제 몰아 몰아 놨던가 보지.

\#- 그리고 이때

@1 게:가요?

#- 응, 히멉씅께 게안테 자페쩨.

@1 (웃음)

@1 어 여기 여기 사네 여기 송:공사네서요?

#- 이

@1 아 토끼 가틍 거또?

#- 아, 여근 토끼는 업:써써요.

@1 아, 여기 토끼 업써요?

#- 응

#- 토끼는 업:써꼬 그 여그는 노루라고항시 여 여그는 진짜 노루는
아니고,

@1 예

#- 지금 마:라먼 그 얼릉 또 셍가기 안 나네.

#- 고라니

@1 예

#- 고라니 그 여그는 고라니보다 노루라고 하거드뇨, 그 엔:나레는.

@1 네

#- 지그믄 고라니하고 노뤼하고 엔:나레 구분헐찌를 모:릉께,

- 음

#- 무조끈 노루락 헤쩨.

@1 아~

#- 고라니보다.

@1 고라니하고 노루는 어:트케 달라요?

- 달라라우.

- 뭐

#- 음, 고고 고라니는 입또 입 이러꼬 이로고,

@1 개가요?

- 응, 힘 없으니까 개한테 잡혔지.

@1 (웃음)

@1 어 여기 산에 여기 송공산에서요?

- 이

@1 아 토끼 같은 것도?

- 아, 여기는 토끼는 없었어요.

@1 아, 여기 토끼 없어요?

- 응

- 토끼는 없었고 그 여기는 노루라고 하는 것이 여 여기는 진짜 노루는 아니고,

@1 예

- 지금 말하면 그 얼른 또 생각이 안 나네.

- 고라니

@1 예

- 고라니 그 여기는 고라니보고 노루라고 하거든요, 그 옛날에는.

@1 예

- 지금은 고라니하고 노루하고 옛날에 구분할 줄을 모르니까,

- 음

- 무조건 노루라고 했지.

@1 아

- 고라니보고.

@1 고라니하고 노루는 어떻게 달라요?

- 달라요.

- 뭐

- 음, 고 고 고라니는 입도 입 이렇게 이렇게,

@1 네

#- 송:군니가 탕 나오고,

@1 예

#- 노루는 요 뿌리 나오고,

@1 아~

#- 그 고라니는 꼬리가 이꼬,

@1 어

#- 노루는 꼬리가 어:꼬.

@1 아~

#- 엔:나레는 인자 구부를 헐찌 모:릉께 다 머 사러 세:뎅께 노루라고 글지.

@1 음

#- 지금 여 동물농 세:게 그릉 거 봉께 노루하고 고라니하고 틀려 불데.

@1 (웃음)

- 음

@1 어 근디 웬 고라니는 인는데 토끼가 업:썬네요?

#- 네, 여그 업:써요. 토끼 모빠서.

@1 다 아예 업써요?

#- 네, 산토끼 업:써라우.

@1 아~

- 인자는 들가도 모:데라우.

- 어:찌께 성:헤 부런는데.

@1 아

- 막 나:무가.

#- 그르제.

#- 엔:날부터 산토끼는 오:꼬, 여그는.

@1 예

#ㅡ 송곳니가 탁 나오고,

@1 예

#ㅡ 노루는 이 뿔이 나오고,

@1 아

#ㅡ 그 고라니는 꼬리가 있고,

@1 어

#ㅡ 노루는 꼬리가 없고.

@1 아

#ㅡ 옛날에는 이제 구분을 할 줄 모르니까 다 뭐 ?????? 노루라고 그러지.

@1 음

#ㅡ 지금 이 '동물농장' '동물의 세계'(텔레비전 프로그램 이름) 그런 것 보니까 노루하고 고라니하고 달라 버리데.

@1 (웃음)

ㅡ 음

@1 어 그런데 왜 고라니는 있는데 토끼가 없었네요?

#ㅡ 예, 여기 없어요. 토끼 못 봤어.

@1 다 아예 없어요?

#ㅡ 예, 산토끼 없어요.

@1 아

ㅡ 이제는 들어가지도 못해요.

ㅡ 얼마나 성해 버렸는데.

@1 아

ㅡ 막 나무가.

#ㅡ 그러지.

#ㅡ 옛날부터 산토끼는 없고, 여기는.

@1 아~

#— 섬:찌방이라 그릉가.

@1 근디 고라니는 이썬네요.

#— 예, 고라니는 헤염차 와뜽가 고라니는 이꼬.

@1 아~

— 메떼야지도 히염처서 건:네와야, 어:서.

@1 어? 그레가꼬 여기서 사라써요?

— 어, 여그서 그저네,

#— 엔:나레* 자버써라우.

— 자버써라우.

@1 아~

#— 육씸년 저네도 자버써. 메떼지 세끼들. 육씸 면년 저네 자버써. 그 떼도 ***

@1 어~

@1 고라니도 그르케 완능갑네요.

— 근디 요즈메는 저 머:시 사네가 저 메뙤야지가 깍: 차딱 하요.

@1 허? 지금 여기에요?

— 야, 어디그나[210]. 그렁께 고구:마를 나:노문 여무만 짠 미시 들:만하면 다 파서 무거 부린다우.

— 그릉께 인자는 잘 모:단다고.

@1 예

— 그람 머:슬 바테도 막 뜨더무거 부르고 그레라우.

@1 아

#－ 섬지방이라 그런가.

@1 그런데 고라니는 있었네요.

#－ 예, 고라니는 헤엄쳐 왔던지 고라니는 있고.

@1 아

－ 맷돼지도 헤엄쳐서 건너와, 어디서.

@1 어? 그래가지고 여기서 살았어요?

－ 어, 여기서 그전에,

#－ 옛날에 잡았어요.

－ 잡았어요.

@1 아

#－ 육십 년 전에도 잡았어. 맷돼지 새끼들. 육십 몇 년 전에 잡았어. 그때도 ???

@1 어

@1 고라니도 그렇게 왔나 보네요.

－ 그런데 요즘에는 저 뭐가 산에 저 맷돼지가 꽉 찼다고 해요.

@1 허? 지금 여기에요?

－ 예, 어디서나. 그러니까 고구마를 놔 놓으면 여물면 좀 밑이 들 만 하면 다 파서 먹어 버린대요.

－ 그러니까 이제는 잘 못한다고.

@1 예

－ 그럼 뭘 밭에도 막 뜯어 먹어 버리고 그래요.

8.3 전설과 설화

@1 혹씨 그 옌:날 이야기 알:고 게:싱 거 이쓰세요?

− 옌:날 이야기를 네가 이녁카지나²¹¹⁾ 도커쑤? 다 이저부르쩨. (웃음)

@1 옌:나레 머 이르면서 혹씨 헤: 줘떤 얘:기. 도께비 얘:기. 뭐 귀:신 얘기.

#− 어 얘기

#− 이땀 이쩨 그 이야그도.

@1 네

#− * 무금서,

− 난 잘 무:데.

@1 어~

@1 알:고 게:싱 거 업쓰세요?

− 야

@1 여기 혹씨 여기 도께비 나와따는 얘:기가틍 건 업:써써요?

− 도께비가

#− 엔:나레 어쩨 업써써?

− 음

#− 마:니 이써쩨.

− 이써쩨.

@1 네

#− 머 비찔하면 우리를 네:뿔면 거,

@1 네

− 도께비 나 도께비 된다고,

#− 도도도 도께비가 거그 도께비 난:다고 비찔하믄 그그슬 여 꼭 테:불고,

@1 혹시 그 옛날이야기 알고 계신 것 있으세요?

― 옛날이야기를 내가 이제까지 뒀겠소? 다 잊어 버리지. (웃음)

@1 옛날에 뭐 이러면서 혹시 해 줬던 이야기. 도깨비 이야기. 뭐 귀신 얘기.

#― 어. 얘기.

#― 있다면 있지 그 이야기도.

@1 예

#― ?? 먹으면서,

― 난 잘 못해.

@1 어

@1 알고 계신 것 없으세요?

― 예

@1 여기 혹시 여기 도깨비 나왔다는 이야기 같은 건 없었어요?

― 도깨비가

#― 옛날에 어째 없었어?

― 음

#― 많이 있었지.

― 있었지.

@1 예

#― 뭐 빗질하면 우리를 내버리면 그,

@1 예

― 도깨비 나 도깨비 된다고,

#― 도도도 도깨비가 거기 도깨비 난다고 빗질하면 그것을 이 꼭 태워 버리고,

@1 예

\# – 이른 몽달비찌락212) 가트 업:씨 헨능가 어쩬능가,

@1 오

\# – 그르지.

– 그 너 하나씨213) 그런디 저 저녀게 후루지릉가214) 먼 낙쑤주215) 머:
드로 간는디,

@1 네

– 이상216) 너머다보드라게야, 도께비가.

@1 네~

– 불 써가꼬.

– 그런 놈딜 일 나 여러 번 바:따 구레 그 여그 우리 시아부지가.

@1 아예~

– 도께비가 이써야, 이끼는. 그러드라고.

@1 아~

– 그레가꼬

@1 음음

– 나는 인자,

\# – 무서 무성께 저 어쭈고 잘 모 빼서뜬 머 이써쓰께라우?

– (웃음)

@1 모르조, 안 바쓰니까

\# – 그르 이따고 항께,

– 그르 그릉께.

@1 네

– 이딱 항께,

@1 네

– 그레가꼬 인자 우리 친정 아부지가 그 엔:나레는 독:싸리라고217) 저

@1 예

\#- 이런 몽당빗자루 같은 없이 했는지 어쨌는지,

@1 오

\#- 그러지.

- 그 너 할아버지 그런데 저 저녁에 후리질인지 무슨 낚시질 뭐 하러 갔는데,

@1 예

- 제법 넘겨다보더래, 도깨비가.

@1 예

- 불 켜가지고.

- 그런 놈 있 나 여러 번 봤다고 그래. 그 여기 우리 시아버지가.

@1 아 예

- 도깨비가 있어야, 있기는. 그러더라고.

@1 아

- 그래가지고

@1 음음

- 나는 이제

\#- 무서 무서우니까 저 어떻게 잘 못 빼앗아 뭐 있었을까요?

- (웃음)

@1 모르지요, 안 봤으니까.

\#- 그렇게 있다고 하니까,

- 그러 그러니까

@1 예

- 있다고 하니까,

@1 예

- 그래가지고 이제 우리 친정아버지가 그 옛날에는 '독살'이라고 저

이 게를 마거 나따가,

— 지 가시레[218] 막 비여:난 마:니 오고 바람 불고 추와저 부루먼 인자 고기에가 거가 든닥 하드마.

@1 네

— 게파다글 인자 저 또:랑에다[219] 마거가꼬,

@1 네

— 그서 그거를 하로 간다고 나보다 가자고 구레야.

— 니가 나 따러 가끄나 그레써. 너느 가:세가[220] 앙거쓰먼 네야 자바 가꼬 오께야 그러드마.

— 그레서 인자 가:세가 앙건는디 아 저 멀:리 봉께 부리 막 줄줄주르르기 써따가[221],

@1 네

— 또 딱 머 한테가[222] 모테따가[223] 머시 차:꼬[224] 그레.

— 그레서 저거시 도께비불 아니냐 그런 셍가또 들드마.

— 그레서 아부지보다가[225] 저 스 그거시 먼:부리께라우[226]? 쩌 건네서 아따가따 합 늘: 합띠다 그릉께는,

— 느:더른 전는 저 몰라야[227] 그러드마.

— 그레가꼬 나:중에 지비 와서사[228] 그레.

— 그거시 도께비부리란다.

@1 할머니 보션네요, 글면?

— 응, 도께비부리란다 그레.

— 도께비스가 그레야 그러드마.

— 아이, 도께비가 어:쭈게[229] 셍게따우 긍께 아이 불 써:가꼬 왈:따가 따 막 주르르레이 써:따가 또 한테르 땅 모테따가 그거시 도께비부리라고.

@1 아~

— 그릉 거슨 함번 바:써.

이 개를 막아 놨다가,

— 지 가을에 막 비나 많이 오고 바람 불고 추워져 버리면 이제 고기가 거기에 든다고 하더구먼.

@1 예

— 갯바닥을 이제 저 도랑에다 막아가지고,

@1 예

— 거기서 그것을 하러 간다고 나보고 가자고 그래.

— 네가 나 따라 갈거나 그랬어. 너는 가에 앉아 있으면 내가 잡아가지고 올게 그러더구먼.

— 그래서 이제 가에 앉아 있었는데 아 저 멀리 보니까 불이 막 줄줄줄 줄 켜 있다가,

@1 예

— 또 딱 뭐 한데 모았다가 뭐가 자꾸 그래.

— 그래서 저것이 도깨비불 아니냐 그런 생각도 들더구먼.

— 그래서 아버지보고 저 그 그것이 무슨 불일까요? 저 건너서 왔다갔다 늘 합디다 그러니까는,

— 너희들은 전혀 저 모른다 그러더구먼.

— 그래가지고 나중에 집에 와서야 그래.

— 그것이 도깨비불이란다.

@1 할머니 보셨네요, 그러면?

— 응, 도깨비불이란다 그래.

— 도깨비가 그래야 그러더구먼.

— 아이, 도깨비가 어떻게 생겼대요 그러니까, 아이 불 켜가지고 왔다갔다 막 주르르하게 켜 있다가 또 한데 딱 모았다가 그것이 도깨비불이라고.

@1 아

— 그런 것은 한 번 봤어.

@1 보셔따네요.

— 응, 그 멀:리 바:쩨 멀:리 쪼끔.

@1 네

#— 흠흠 도께비가 가찹께230) 올랍띠여?

— 각짜키 아노데.

@1 (웃음) 네

@1 또 뭐 어:디를 가따가 오는데 응, 뭐지 뭐 누가 씨름하작 헤:가꼬 밤센
네 씨름헤따,

#— 응

@1 막 그런 얘기 혹씨?

— 그릉 거또,

@1 네

— 저 신차난231) 사:라만테가 달라등갑떼.

@1 아

— 이 장:솜 신:232) 사:람안:텐 아논다게.

@1 네

— 근디 인자 시지부지한233) 사:람안테 옹갑떼.

@1 누구 시지부지한 사:라미 뭐 바메 저 씨름헤:떼요?

— 그렁께

#— 그러고

@1 네

#— 딱 그려 둔날 아치메 딱 자빨처노코234) 그 뒨날 아치메 가 가서
봉께 비찌랑만 어디서 와찌.

@1 (웃음)

— (웃음)

— 그레.

@1 보셨다네요.

─ 응, 그 멀리 봤지 멀리 조금.

@1 예

#─ 흠흠 도깨비가 가깝게 오겠어요?

─ 갑자기 안 오데.

@1 (웃음) 예.

@1 또 뭐 어디를 갔다가 오는데 응, 뭐지 뭐 누가 씨름하자고 해가지고 밤새 내내 씨름했다,

#─ 응

@1 막 그런 얘기 혹시?

─ 그런 것도,

@1 예

─ 저 시원찮은 사람한테 달려드나 보데.

@1 아

─ 이 마음이 강한 사람한테는 안 온다고 해.

@1 예

─ 그런데 이제 시원찮은 사람한테 오나 보데.

@1 누구 시원찮은 사람이 뭐 밤에 저 씨름했대요?

─ 그러니까

#─ 그리고

@1 예

#─ 딱 그래 뒷날 아침에 딱 넘어뜨려 놓고 그 뒷날 아침에 가 가서보니까 빗자루만 어디서 왔지.

@1 (웃음)

─ (웃음)

─ 그래

\# – 그른 마리꼬,

– 음

@1 네

\# – 응, 그 그러고 뒤엔 홈:뿔235) 나간다고 마:니 헤라우. 홈:뿔 나간다고

@1 아~

\# – 사:람 주글락 허면,

@1 네

\# – 홈:뿌리 나간다고.

@1 네

\# – 그른 이야기를.

– 아이, 지 진짜 나가기는 나강갑뜨라야.

\# – 그렁께 남자가 주글라먼 방망이마일로236)

– 질:닥 헤.

\# – 기 기 긴: 부리 나가고,

@1 네

\# – 여자가 주글라먼 똥그런 접씨가튼 부리 나가고.

@1 아~

\# – 그롬 그런 마:를 마니 드러써.

@1 아~

– 인자 엔:나레 인자 나 크네기 떼 인자 지비서 인는디 먼: 부리,

@1 네

– 이르께 꼴랑지237) 달려 가꼬 요마나238) 진:노미 구 우 이상 너푸게239) 날라가데240).

@1 네

– 그레 저거시 뭐:시 쩌그서 부리 저르크 날러 가까 그레끄덩. 그런디 나:중에 봉께 남자 부리라고 그러데. 홈뿌리라고.

\#- 그런 말 있고,

- 음

@1 예

\#- 응, 그 그리고 뒤에 혼불 나간다고 많이 해요. '혼불' 나간다고.

@1 아

\#- 사람 죽으려 하면,

@1 예

\#- 혼불이 나간다고.

@1 예

\#- 그런 이야기를.

- 아이, 지 진짜 나가기는 나가나 보더라.

\#- 그러니까 남자가 죽으려면 방망이처럼

- 길다고 해.

\#- 기 기 긴 불이 나가고,

@1 예

\#- 여자가 죽으려면 둥그런 접시 같은 불이 나가고.

@1 아

\#- 그런 그런 말을 많이 들었어.

@1 아

- 이제 옛날에 이제 나 처녀 때 이제 집에서 있는데 무슨 불이,

@1 예

- 이렇게 꼬리 달려가지고 이만큼 긴 것이 그 우 꽤 높게 날아 가데.

@1 예

- 그래 저것이 뭐가 저기서 불이 저렇게 날아갈까 그랬거든. 그런데 나중에 보니까 남자 불이라고 그러데. 혼불이라고.

― 귀 이:로는 셍:겐241) 하누를 안 처다반네.

@1 (웃음)

― 또 날라 가깜상께242). (웃음)

@1 아

― 으 무삽뜨라고243).

@1 아

― 여리메244). 한 여리미렌디.

@1 네

― 그레서 혼뿔 나가따고 그레.

@1 아, 그 누가 도라가셔써요?

― 주거씰 테제.

@1 응

― 그런디 쫌 머 멀:리 가먼 마:리,

@1 어

― 저 멀:리 문는다고 그레.

― 그 이 부리 멀:리 가먼.

@1 아, 그문 할머니는 도께비불도 보시고 홈뿔도 보션네요?

― 그레써. 그레가꼬 그 부를 보고는 그 디로는,

@1 응

― 셍:겐 하누누 모:처다보거뜨라고.

@1 아

― 또 날라가깜상께.

― 으, 그떼느 저녁뺌 망 무꼬 쪼까 이씽께 어쓰르헤:전는디 가드라고.

@1 아~

― 그레가꼬 사:람드리 그레. 그거시 남자부리라고.

― 질:쭉헤:가꼬245).

- 그 뒤로는 생전 하늘을 안 쳐다봤네.

@1 (웃음)

- 또 날아갈까 무서워서. (웃음)

@1 아

- 으 무섭더라고.

@1 아

- 여름에. 한 여름인데

@1 예

- 그래서 혼불 나갔다고 그래.

@1 아, 그 누가 돌아가셨어요?

- 죽었을 테지.

@1 응

- 그런데 좀 뭐 멀리 가면 말이,

@1 어

- 저 멀리 묻는다고 그래.

- 그 이 불이 멀리 가면.

@1 아, 그러면 할머니는 도깨비불도 보시고 혼불도 보셨네요?

- 그랬어. 그래가지고 그 불을 보고는 그 뒤로는,

@1 응

- 생전 하늘을 못 쳐다보겠더라고.

@1 아

- 또 날아갈까 무서우니까.

- 으, 그때는 저녁밥 막 먹고 조금 있으니까 어스레해졌는데 가더라고.

@1 아

- 그래가지고 사람들이 그래. 그것이 남자불이라고.

- 길쭉해가지고.

@1 아

- 그르드마. 그레서 아 그레? 그레뜨이,

@1 음

@1 또 주위에서 산*** 귀:신 봐따는 얘기 이써요?

- 암 바써.

- 쩌:그

@1 어

- 나:가246) 그 손짱꿀써 앙:꺼또 업씨 그 꽁수산 미테서 그르케 오레
사러도,

@1 네

- 먼: 보드나247) 안헤써라우.

@1 아

- 구:신 업:떼.

@1 (웃음)

- 사:방데가248) 초:부니 드글드글헤:써도 옵:써.

@1 어

#- 그잉까 암 바써.

@1 누구 바:따는 사람:도 업:써요?

- 본 사람

#- 아:니 이써.

- 이딱 헤.

@1 이써요?

#- 응

#- 근디 우리 친구들또 술 무꼬 쩌:그 송:공산 너머온디,

@1 예

#- 그 우리 칭구 하나 주거땀 마리요.

@1 아

- 그러더구먼. 그래서 아 그래? 그랬더니,

@1 음

@1 또 주위에서 산??? 귀신 봤다는 얘기 있어요?

- 안 봤어.

- 저기

@1 어

- 내가 그 손장굴(지명)에서 아무 것도 없이 그 공수산(지명) 밑에서 그렇게 오래 살아도,

@1 예

- 무슨 보진 않았어요.

@1 아

- 귀신 없데.

@1 (웃음)

- 사방이 초분이 득시글득시글했어도 없어.

@1 어

#- 그러니까 안 봤어.

@1 누구 봤다는 사람도 없어요?

- 본 사람

#- 아니 있어.

- 있다고 해.

@1 있어요?

#- 응

#- 그런데 우리 친구들도 술 먹고 저기 송공산 넘어오는데,

@1 예

#- 그 우리 친구 하나 죽었단 말이오.

- 그러와따 올라가도 앙코 잘 여그 지비서 살:다가 양 무꼬 주거써.

@1 아~

- 그런디 우리 칭구가 또 되:지고기를 사가꼬 그건 상 그 두네보글249) 가꼬 중앙에서 피 찍찍250) 흘릉 놈 가꼬 옹께 그노미 막: 달려가드라고.

@1 혁? 누가요. 아.

- 그 뒤에 칭구가.

@1 그 칭구가요?

- 응

- 그레가꼬 우리느 그레가꼬 송공산 인자 어드다 무던는디,

- 우리 노니 인자 공:동산251) 쪼게가 이따 마리요.

- 그다 그 꼬랑창아252) 바게가꼬 오도바이 타고 거:리 바거 바거 부러써.

@1 아

- 그레가꼬 그 뒨날 절문 사:람들 오도바이 가서 뻬:가꼬 저놈도 허더 허겁찌겁 오고,

- 술 무거 술 부띠 술 긍께 술찌밍가 어쩔랑가 몰:라도 거,

@1 네

- 마:를 헤.

@1 아, 바따고?

- 응

- 가자 하드라고. 바:딱하제 아네253) 머 가작 하드라고.

@1 아~

@1 크닐날 뻔 헨네.

- 그런디 그놈뿌임만 아이라 또 또 저 그 받 더 절문 사람도 또 그른 현:상이 함번 또 이써꼬.

\#－ 그리 왔다 올라가지도 않고 잘 여기 집에서 약 먹고 죽었어.

@1 아~

\#－ 그런데 우리 친구가 또 돼지고기를 사가지고 그것 그 머리, 내장을 가지고 중앙에서 피 철철 흐르는 것 가지고 오니까 그놈이 막 달려가더라고.

@1 ? 누가요 아.

\#－ 그 뒤의 친구가.

@1 그 친구가요?

\#－ 응

\#－ 그래가지고 우리는 그래가지고 송공산 이제 어디다 묻었는데,

\#－ 우리 논이 이제 공동묘지 쪽에 있단 말이오.

\#－ 거기다 그 고랑에 박아가지고 오토바이 타고 그리 박아 박아 버렸어.

@1 아

\#－ 그래가지고 그 뒷날 젊은 사람들 오토바이 가서 빼가지고 저놈도 하도 허겁지겁 오고,

\#－ 술 먹어 술 버렸는데 술 그러니까 술김인지 어쩐지 몰라도 그,

@1 예

\#－ 말을 해.

@1 아, 봤다고?

\#－ 응

\#－ 가자 하더라고. 봤다고 하지 않고 뭐 가자고 하더라고.

@1 아

@1 큰일날 뻔했네.

\#－ 그런데 그놈뿐만 아니라 또 또 저 그보다 더 젊은 사람도 또 그런 현상이 한 번 또 있었고.

@1 어:트게요?

#- 거 가. 가자고.

@1 거기 지나가가꼬 오는데?

#- 음, 네.

#- 그런 마:를 드러써. 나는 직쩝 헤:보든 앙코.

@1 응

- 그릉께 바메:는 저 노 노무나 노무 무시라 구레.

- 노무나라라 언느 나무 노무 머:시라고. 바메는 그릉께 그르케 데 궁기지 마:라고 그 마리제.

@1 음

#- 음, 으어허허허허

- 그릉께 소도 검:나 무섭 타라우. 소.

@1 네

- 그르케 쿵 거시라도.

#- 아, 그 그릉께 그런 무 그 술 무꼬 술찌베 그렌능가 어쩬능가 몰라도 술무꼬 오다가,

@1 응

#- 그레따고 그레 즈그드리.

@1 두:사라미나 바써요?

#- 예, 거가 구:신 이따고.

@1 어

- 거 성:차꼴가 쫌 무섭따 구레.

#- 또 그거뜰

@1 네

- 마:리.

#- 어:쩨 우덜 안 만나갈라.

@1 어떻게요?

\# - 기기에 가자고.

@1 거기 지나가가지고 오는데?

\# - 음, 예

\# - 그런 말을 들었어. 나는 직접 해 보지는 않고.

@1 응

- 그러니까 밤에는 저 남의 남의 뭐라 그래.

- 남의 나라라 남의 남의 뭐라고. 밤에는 그러니까 그렇게 배 굶기지 말라고 그 말이지.

@1 음

\# - 음, 으어허허허허.

- 그러니까 소도 굉장히 무서움 타요. 소.

@1 예

- 그렇게 큰 것이라도.

\# - 아, 그 그러니까 그런 무 그 술 먹고 술김에 그랬는지 어쨌는지 몰라도 술 먹고 오다가,

@1 응

\# - 그랬다고 그래 저희들이.

@1 두 사람이나 봤어요?

\# - 예, 거기에 귀신 있다고.

@1 어

- 그 성차골(지명)이 좀 무섭다 그래.

\# - 또 그것들

@1 예

- 말이.

\# - 어떻게 우리들 안 만나려고.

@1 네

#— 그 즈그드리 거 수 술 무꼬 허 허쏘리허고 가쩨마는 몰르거써.

@1 (웃음)

@1 모르지요

— 머:더라 허쏘리를 헐라디야?

@1 네

— 참마링께 그르제.

@1 여 요 근:처에 머 옌:날 이야기 얼킨 데는 혹씨 업써요? 머 사니나 바위나 도:리나 이런 데?

— 진짜 어

@1 머 머:시여 머 옌:나레 머 여기는 여기서는 이레따드라 그런 이야기가 틍 거 혹씨?

— 그거는 잘 몰:거쏘야.

#— 아이, 여 송:공사니

@1 네

#— 저 송:씨들 거 조상이 거그서 나와따고 그레라우. 송:씨.

@1 예

#— 거 거 얼굴 시:조가.

@1 아~

#— 송공사니 그레서 솔 송공사니라 근데.

@1 예, 어:트게 나와쓰까요?

#— 먼, 그 그 거그서 나와따고, 그 사네서 송:씨들 조상이.

@1 네

#— 거가 송:씨드리 송:공사늘 상당이 차자 데니는 사람도 이꼬 그레라우.

@1 아

#— 그 시:조가 여가 나온 자리라고.

@1 예

\# - 그 저희들이 그 술 먹고 헛소리 하고 갔지마는 모르겠어.

@1 (웃음)

@1 모르지요.

- 뭐 하러 헛소리를 하려더냐?

@1 예

- 참말이니까 그러지.

@1 이 이 근처에 뭐 옛날이야기 얽힌 데는 혹시 없어요? 뭐 산이나 바위
나 돌이나 이런 데?

- 진짜 어

@1 뭐 뭐야 뭐 옛날에 뭐 여기는 여기서는 이랬다더라 그런 이야기 같은
것 혹시?

- 그것은 잘 모르겠소.

\# - 아이, 여 송공산이

@1 예

\# - 저 송씨들 그 조상이 거기서 나왔다고 그래요. 송씨.

@1 예

\# - 그 그 얼굴 시조가.

@1 아

\# - 송공신이 그래서 솔 송공산이라 그러는데.

@1 예, 어떻게 나왔을까요?

\# - 무슨. 그 그 거기서 나왔다고, 그 산에서 송씨들 조상이.

@1 예

\# - 거기에 송씨들이 송공산을 상당히 찾아다니는 사람도 있고 그래요.

@1 아

\# - 그 시조가 여기가 나온 자리라고.

@1 예

― 그릏께 점 너푸단 선 셈: 마:리구마.

#― 아, 긍께 송:씨들 조상이 거그서 **헤따 게야꼬.

― 응

@1 어

#― 그레가꼬 송공사니락 헤:따고 골로.

@1 아~

#― 이 동:네는 인자 지금 수랑마으리라고 그런단 마리요.

@1 예예

#― 글 인자 물수짜 떠러질락짜 헤:가꼬 여그하고 물 귀허닥 헤:가꼬,

@1 네

#― 무리 떠러진 동:네락 헤:가꼬 무리 귀허다고.

@1 아

― 여그는 엔:나레 무리 업:써따우, 벨라.

@1 그레써요?

― 야

― 긍께 여그서 삼:서라,

#― 그러고 인자,

― 쩌 건네까지 질로 가고 그레라우. 어디까

#― 그 에:메느론 쩌:쪼게서.

#― 인자 엔:나레 지금 다리 인는 쪽 이쏘 이쏘 안? 지금 저 아페데교?

#― 비 오고 난: 다으메 그쪼게서 밤: 무지게가 우리 동:네가 보기 이
딱 헤가꼬 이 동:네 우게가 이딱 헤가꼬 무지게라 부릉가 어쩡가 동네가.

― 이르미 무즈게라고 구레. 무즈기라고.

#― 무즈기라고.

― 무즈기서 어:서사:쏘? 어:서와쏘? 그럼 무지기서 와따 그레.

@1 예

− 그러니까 좀 높다는 선 센 말이구면.

#− 아, 그러니까 송씨들 조상이 거기서 ??했다 그래가지고.

− 응

@1 어

#− 그래가지고 송공산이라고 했다고 거기로.

@1 아

#− 이 동네는 이제 지금 수락마을이라고 그런단 말이오.

@1 예예

#− 그래 이제 물 수자 떨어질 락자 해가지고 여기하고 물 귀하다고 해가지고,

@1 예

#− 물이 떨어진 동네라고 해가지고 물이 귀하다고.

@1 아

− 여기는 옛날에 물이 없었대요. 별로.

@1 그랬어요?

− 예

− 그러니까 여기서 살면서요,

#− 그리고 이제,

− 저 건너까지 길러 가고 그랬어요. 어디까지.

#− 그 외면으로는 저쪽에서.

#− 이제 옛날에 지금 다리 있는 쪽 있잖소? 지금 저 압해대교?

#− 비 오고 난 다음에 그쪽에서 보면 무지개가 우리 동네가 복이 있다고 해가지고 이 동네 위에 있다고 해가지고 무지개라 부르는지 어떤지 동네가.

− 이름이 '무즈게'(지명)라고 그래. '무즈게'라고.

#− '무즈기'라고.

− 무즈기에서 어디에서 왔소? 어디에서 왔소 그럼 '무지기'서 왔다 그래.

@1 아, 여기가요?

— 야

\#— 네

@1 아

\#— 저 그쪼게서 보며는 여가 꽁 머 서쪼게 무지게가 꼭 꼭 이 동네 우려에 인능 거 가타 머 그레가꼬 문즈기라고 인자 그러제.

@1 네

— 비 마:니 오고 인자 또,

@1 네

— 게:머는,

@1 네

— 무지게가 서 항시 쩌가.

@1 아 저쪼게가요?

— 야, 세: 보먼 일곱 시론 이뜨마. 그 저 머:시.

— 또 호:간254) 놈, 노란 놈, 머:스 파:란 놈.

@1 네

— 그레가꼬 일고:께가 쪼르르이 그케헤야꼬 가드라고.

@1 네. 아~

— 그릉께 여기보다 무즈기라 하데.

\#— 그런 인자 전:서른 이쪽 동:네하고 인자 거그 동:네 주위는,

— 그레 물도 여가 기헌디고 근디 요지메는,

@1 네

— 머 기헐꺼또 오꼬 말:꺼또 오꼬 다 저 수돔물 씅께.

@1 네

— 그 수돔물 안 써도 여 거 이런 디서 그냥 가따가 막 오게 헤:가꼬 잘 쓰고 살:고 그러드이 인자는 안저니 인자 수돔물 와 부링께 젼 그런

@1 아, 여기가요?

─ 예

#─ 예

@1 아

#─ 저 그쪽에서 보면은 여기가 꼭 뭐 서쪽에 무지개가 꼭 꼭 이 동네 주변에 있는 것 같다 뭐 그래가지고 '문즈기'라고 이제 그러지.

@1 예

─ 비 많이 오고 이제 또,

@1 예

─ 개면은,

@1 예

─ 무지개가 서 항시 저기에.

@1 아 저쪽에요?

─ 예, 세어 보면 일곱으로 있더구먼. 그 저 뭐가.

─ 또 하얀 것, 노란 것, 뭐 파란 것.

@1 예

─ 그래가지고 일곱 개가 조르르 그렇게 해가지고 가더라고.

@1 예, 아

─ 그러니까 여기보고 '무즈기'라 하데.

#─ 그런 이제 전설은 이쪽 동네하고 이제 거기 동네 주위는,

─ 그래 물도 여기가 귀한 곳이고 그런데 요즘에는,

@1 예

─ 뭐 귀할 것도 없고 말 것도 없고 다 저 수돗물 쓰니까.

@1 예

─ 그 수돗물 안 써도 여 거 이런 데서 그냥 가져다가 막 오게 해가지고 잘 쓰고 살고 그러더니 이제는 완전히 이제 수돗물 와 버리니까 저 그런

물 안 써 부러.

@1 네

― 그르 우리는 게양 쩌 아 쪼:끔 써 봉께 쪼:끔 써 보고는 게양 여그 셈:물 이씽께 셈:무리 종:께라우 셈:물 써라우.

@1 네, 아, 네~.

― 거 무른 항:시 끼레 무꼬 그럼 그떼 그떼.

@1 어려쓸 때 드러떤 무서운 귀신 얘기가틍 거

― (웃음)

@1 칭구둘끼리 모여서 안 하셔써요?

#― 네?

@1 에

#― 뭐? 귀:시니

@1 귀시니 시지블 모:까서 (웃음)

#― 어 그런

@1 어 (웃음)

#― 여그가 처:녀구신도 엄:는 디고 총:각 구신도 엄:는 디고.

@1 어:뜨게 아세요?

― (웃음)

@1 *** 데는 다 보셔따는데. (웃음)

#― (웃음)

― 직쩌근 안 바써. 멀:리는 바:써도.

@1 (웃음)

#― (웃음) 먼 무나페 와도.

― 나는 무상께 저그 나가도 모:단디.

@1 (웃음)

― (웃음) 항시.

물 안 써 버려.

@1 예

— 그래 우리는 그냥 저 아 조금 써 보니까 조금 써 보고는 그냥 여기 샘물 있으니까 샘물이 좋으니까요 샘물 써요.

@1 예, 아, 예.

— 그 물은 항시 끓여 먹고 그럼 그때 그때.

@1 어렸을 때 들었던 무서운 귀신 얘기 같은 것

— (웃음)

@1 친구들끼리 모여서 안 하셨어요?

#— 예?

@1 예

#— 뭐 귀신이?

@1 귀신이 시집을 못 가서 (웃음)

#— 어 그런

@1 어 (웃음)

#— 여기가 처녀 귀신도 없는 곳이고 총각 귀신도 없는 곳이고.

@1 어떻게 아세요?

— (웃음)

@1 ??? 데는 다 보셨다는데. (웃음)

#— (웃음)

— 직접은 안 봤어. 멀리에서는 봤어도.

@1 (웃음)

#— (웃음) 무슨 문 앞에 와도

— 나는 무서우니까 저기 나가지도 못하는데.

@1 (웃음)

— (웃음) 항시.

@1 아유

— 보짱이[255] 엄:능가 그름 그거슨 여간 무사.

@1 아 예.

— 바메 어:디 갈라먼 멘 하 어디 바:지고[256].

@1 (웃음)

다 헤써?

@1 예 여기까지 이야기.

음~, 헤에, 수고헨네.

@1 (웃음)

어이

@1 아휴

— 배짱이 없는지 그런 그것은 아주 무서워.

@1 아, 예

— 밤에 어디 가려면 맨 어디 보게 되고

@1 (웃음)

다 했어?

@1 예, 여기까지 이야기.

음, 헤헤, 수고했네.

@1 (웃음)

어이.

■ 주석

1) '보림'은 '보름'의 방언형.

2) '여림'은 '여름'의 방언형.

3) '사사로'는 '사사로이'의 방언형.

4) '오국밥'은 '오곡밥'의 방언형.

5) '한하고'는 '계속해서'의 뜻.

6) '어쩔 때'는 '어떤 때'의 방언형으로서 '어느 때'의 뜻.

7) '까잉'은 '까징'의 /ㅈ/이 /ㅣ/ 모음 앞에서 탈락한 형이다. '까징'은 표준어 '까지'와 방언형 '까장'의 혼태형으로 생각된다.

8) '밤나'는 '밤낮'의 방언형으로서 '밤과 낮을 가리지 않고 늘'의 뜻. '팜나'로도 쓰인다.

9) '굿치다'는 '풍물을 치다'의 뜻.

10) '-디야'는 '-더냐'의 방언형. '-디'라고도 한다. (예) 거그가 어쩌디/어쩌디야?(=거기가 어떻더냐?)

11) '저 집 아부지'에서 '저'는 그 자리에 있는 아들을 가리키므로 '저 집 아부지'는 제보자의 남편을 가리킨다.

12) '빈골'은 '빈손'의 방언형으로서 돈이나 물건 따위를 아무것도 가진 것이 없는 상태를 비유적으로 이르는 말. '빈걸'로도 흔히 쓰이는데 언제나 도구격 토씨 '이로'와 결합해 쓰인다.

13) '볿다'는 '밟다'의 방언형. 옛말 '낧다'의 모음 /ᄋ/가 이 방언에서 /ㅗ/로 변한 결과이다.

14) '정기'는 '부엌'의 방언형. '정제'나 '정지'가 일반적인 어형인데 이 경우는 '정지'가 역구개음화를 겪어 생긴 것이다.

15) '샘'은 표준어와 같은 '샘'(泉)이다. 서남방언에서는 '샘' 외에 '새메'나 '세암' 등의 어형이 따로 쓰인다.

16) '샘굿'은 마을의 공동 우물에 물이 잘 나오라고 치성을 드리는 일. 음력 정월 중 수신(水神)이 내려오는 날을 점쳐서 제사를 주관하는 사람 세 명이 한밤중에 우물가에서 드린다.

17) '인자곤사'는 '이제 막'의 뜻.

18) '디'는 공간명사 '데'의 방언형이나, 여기서는 사물, 일, 현상 따위를 추상적으로 이르는 '것'과 같은 뜻을 갖는다.

19) '왼새내키'는 '왼새끼'의 방언으로서 왼쪽으로 꼰 새끼를 가리킨다.

20) '담다'는 '담그다'의 방언형. 옛말에서 'ᄃᆞ무다'와 '둠다'의 두 형태가 변동하였으나 서남방언은 '김치·술·장·젓갈 따위를 만드는 재료를 버무리거나 물을 부어서, 익거나 삭도록 그릇에 넣어 두다'는 의미로는 'ᄃᆞ무다'의 후대형 '담다'를 사용하고, '액체 속에 넣다'는 의미로는 '둠다'의 후대형인 '당구다'를 사용한다. 반면 표준어는 '둠다'의 후대형 '담그다'로써 이 두 가지 의미를 모두 나타낸다.

21) '에약손새내키'는 '왼새끼'의 방언. '에약손'은 '왼손'의 방언인데, 여기서 '에약손'은 '왼손'이 아닌 '왼쪽'의 방향을 가리키고 있다.

22) '동하다'는 '동아줄 등으로 둘러서 묶다'는 뜻.

23) '까다'는 '꼬다'의 방언형.

24) '시누대'는 '시누대'는 일본어 'しの'[篠]와 관련이 있는 것으로 보인다. 일본어 しの 는 조릿대나, 이대를 가리키는 말이며 동의어로 'しの竹(だけ)'가 있다. '시누대'는 바로 'しの竹(だけ)'에 대응되는 말이라 할 수 있다.

25) '오국밥'은 '오곡밥'의 방언형.

26) '개불 지리다' 또는 '개불 질르다'는 형태상으로 '개불 지르다'의 방언형인데 의미적 으로는 '쥐불놀이'의 뜻이다. 정월 대보름의 전날에 논둑이나 밭둑에 불을 붙이고 돌아다니며 노는 놀이. 특히, 밤에 아이들이 기다란 막대기나 줄에 불을 달고 빙빙 돌리며 노는 것을 이른다.

27) '논두럭 밭두럭'은 '논둑 밭둑'의 방언형.

28) '혹간'은 '혹시'의 뜻.

29) 음력 이월은 영등달로서 바람과 비의 신인 영등 할머니가 내려와서 보름 동안 머물 다가 올라가는 시기이다. 영등달의 의미는 음력 이월 초하루부터 초사흘까지 날씨 가 맑아야 그해 기후가 순조로워서 어업과 소금생산에 차질을 빚지 않는다고 하며, 어민들에게는 생계와 직결되는 달인 셈이다. 따라서 음력 이월 초하루는 영등할머 니를 기리고 콩을 볶아 먹는 풍습이 있다. 신안 지역에서는 이 날을 '하루다릿날' 또는 '하레다릿날'이라 부르나, 지역에 따라 '하구다릿날', '하래드릿날' 등으로 불 리기도 한다.

30) '본사람'은 '원주민'을 가리킨다.

31) '돌루다'는 '훔치다'의 방언.

32) '겐찬허다'는 '괜찮다'의 방언형. '겐잔허다'로도 쓰이며 표준어와 달리 접미사 '-하' 가 축약되지 않는 것이 이 방언의 특징이다. '귀찬허다'(=귀찮다), '펜찬허다'(=편 찮다), '만허다'(=많다), '안허다'(=않다) 등에서도 동일한 특징을 확인할 수 있다.

33) '더우'는 '더위'의 방언형. 이음절 이하에서 /ㅟ/는 /ㅜ/로 변하는 것이 이 방언의 특 징이다. '추우'(=추위), '사우'(=사위 < 사쉬 < 사회), '머우'(=머위 < 머귀) 등에

서 이를 확인할 수 있다.

34) '하내비'는 '한애비'로서 '할아버지'의 방언.

35) '부애'는 노엽거나 분한 마음을 뜻하는 '부아'의 방언형.

36) '무담씨'는 '괜히'의 뜻. 표준어에서 '무단히'(無斷-)는 '사전에 허락이 없이. 또는 아무 사유가 없이.'의 뜻으로 쓰이는 말이다. 서남방언에서도 '무단히'는 /ㅎ/이 탈락하여 '무다니'로 쓰이기도 하는데 '괜스레'나 '공연스레'의 '스레'에 대응하는 '씨'가 붙어 '무담씨'로도 쓰인다.

37) '하리다리'는 '하루다룻날'이라 불리기도 하는데 '영등날'의 방언이다. 음력 2월 초하룻날. 영등할머니가 내려온다는 날로 비가 오면 풍년, 바람이 불면 흉년이 든다고 한다.

38) '영등 들다'는 바람과 비의 신인 영등 할머니가 내려온다는 뜻.

39) '물영등 내리다'는 음력 이월 초하룻날에 비가 오는 경우를 말하는 것으로서 이때 비가 오면 그해에 백일 동안 비가 올 수 있다는 예언을 담고 있다.

40) '불영등 내리다'는 음력 이월 초하룻날에 햇빛이 나는 경우를 말하는 것으로서 이때 햇빛이 나면 그해에 백일 동안 가물 수 있다는 예언을 담고 있다.

41) '바람영등 내리다'는 음력 이월 초하룻날에 바람이 부는 경우를 말하는 것으로서 이때 바람이 불면 그해에 백일 동안 바람이 불 수 있다는 예언을 담고 있다.

42) '빛 나고'는 여기서 '볕 나고'의 뜻.

43) '밀가리'는 '밀가루'의 방언형.

44) '맷독'은 '맷돌'의 방언형.

45) '문지'는 여름철에 부쳐 먹는 밀가루 전을 가리킨다.

46) '셍펜'은 '송편'의 방언형.

47) '쌀가리'는 '쌀가루'의 방언형.

48) '찍다'는 '찧다'의 방언형.

49) '빌로'는 '별로'의 방언형. '벨로'라고도 한다.

50) '중하(中蝦) 새비'는 크지도 작지도 아니한 중간 크기의 새우를 말한다. '새비'는 '새우'의 방언형.

51) '호야'는 중하나 대하의 새끼.

52) '눠겠다'는 '누워 계시다'의 방언형으로서, 보조동사 '계시-'가 '겠'으로의 수의적인 축약을 보인다. 동사 '앙ㄱ다'(=앉다)에 보조동사 '계시-'가 결합한 '앙거겠다'(=앉아 계시다)에서도 동일한 축약을 확인할 수 있다. 한편 보조동사 '있다'도 '앙ㄱ다'에 결합하여 '앙겄다'(=앉아 있다), '앙겄자'(=앉아 있자), '앙겄그라'(=앉아 있거라)처럼 쓰일 수 있다. 이처럼 '앙겄다'는 '앉았다'처럼 단순 과거를 나타낼 수 있지만,

'앉아 있다'와 같은 상태지속상을 나타내기도 한다.

53) '어너이'는 '워너니'라고도 하며 '훨씬'의 뜻이다.

54) '강강술래'는 정월 대보름날이나 팔월 한가위에 남부 지방에서 행하는 민속놀이. 여러 사람이 함께 손을 잡고 원을 그리며 빙빙 돌면서 춤을 추고 노래를 부른다.

55) '미기다'는 '메기다'의 방언형으로서 '소리를 메기다'는 '선창(先唱)을 하다'의 뜻.

56) '자리'는 노래, 이야기, 소리처럼 말이나 소리로 이루어지는 것을 세는 단위이다. '노래 한 자리', '이야기 한 자리', '말 한 자리' 등으로 쓰인다.

57) '드리다'는 '땋은 머리 끝에 댕기를 물리다'는 뜻.

58) '몰총머리'는 '말총머리'의 방언형. 조금 긴 머리를 말 꼬리처럼 하나로 묶은 머리 모양새를 가리킨다. 옛말 '몰'이 이 방언에서 '몰'로 쓰였음을 보여 주는 낱말이다.

59) '넙더기'는 '넙덕지'라고도 하는데 '엉덩이'의 뜻.

60) '철렁철렁하다'는 '치렁치렁하다'의 방언형.

61) '각시'는 결혼한 여자를 가리키는 말.

62) '업지다'는 '엎드리다'의 방언형.

63) '욱이로'는 '위로'의 방언형. '욱'은 '위', '이로'는 '으로'의 방언형.

64) '딴 데 안 같고'는 '다른 곳과 달리'의 뜻. 서남방언에서 '안 같고'는 관용적으로 '달리'의 뜻으로 쓰인다. 예를 들어 '옛날 안 같고'는 '옛날과 달리', '여그 안 같고'는 '여기와 달리'의 뜻이다.

65) '자가일상'은 아마도 '자가일성'(自家一姓)을 잘못 발화한 것으로 생각되며, '자작일촌'(自作一村)의 뜻을 나타내는 것으로 보인다.

66) '성바지'는 '성(姓)의 종류'의 뜻.

67) '겁나'는 '겁이 날 정도로'가 원래의 뜻이지만 서남방언에서는 '매우'의 뜻으로 바뀌어 쓰이는 것이 일반인데, 여기서는 '매우 많다'의 뜻으로 쓰였다.

68) '하납'은 '화합'을 잘못 발음한 것으로 보인다.

69) '-음벌로'는 '-더라도'의 뜻. '-음벌로'는 '-음불로'로도 쓰이는데, 이때의 '벌'이나 '불'은 기원적으로 의존명사였던 것으로 추정된다.

70) '-소'는 예사낮춤의 명령형 씨끝. 표준어 '-게'에 대응하는 씨끝이다.

71) '-을라네'의 '-을라'는 '-으려'에 대응하는 방언형.

72) '미려서'는 '미리서'의 방언형.

73) '오신도신하다'는 '오순도순하다'의 방언형.

74) '영감탱이'의 '-탱이'는 사람이나 사물을 낮추어 부르는 접미사. '망구탱이'(=망구), '맛탱이'(=맛) 등에서 이를 확인할 수 있다.

75) '궂지다'는 '궂다'의 뜻.

76) '기발'은 퇴비 따위를 져 나르는 지게.

77) '삘척시롭다'는 '별나다'의 뜻.

78) '양썬'은 '양껏'의 뜻.

79) '아야'는 '애야'의 방언형.

80) '마다'는 '말이다'의 방언형.

81) '오디'는 '오드니'(=오더니)의 /ㄴ/가 약화되어 축약된 것.

82) '어메'는 '엄마'의 방언형.

83) '깨벗어지다'는 '발가벗겨지다'의 방언. 다만 여기서는 실제로 옷이 완전히 벗겨진
상태가 아니라 살갗이 벗겨졌다는 뜻이다. '깨벗다'는 '발가벗다'의 서남방언의 방
언인데, 여기서 '깨'는 남자의 여름 홑바지를 가리키는 '고의'에서 변화된 것이다.
표준어 '고의'는 'ㄱ외 > 고외 > 고의'의 변화를 겪어 생긴 것인데, '괴춤'(=고의
춤)에서 보듯이 '괴:'로도 흔히 줄어 쓰이기도 한다. 이 '괴'가 경음화를 겪어 '꾀'로
쓰이기도 하고 평순모음화의 변화를 겪어 '깨'로도 쓰이게 되었다. 따라서 '깨벗다'
의 원래 의미는 남자의 여름 홑바지를 벗다는 것이었을 터이지만, 바지를 벗는 것
을 발가벗는 행위와 동일시함으로써 '바지 벗음 → 발가벗음'이라는 의미의 변화가
일어났다. 게다가 여기서는 한 걸음 더 나아가 '살갗이 벗겨짐'의 의미로까지 확대
되기에 이르렀다.

84) '역불로'는 '일부러'의 방언형.

85) '어쩌도 안허고'는 '특별히 다른 행동을 하지 않고'의 뜻이므로 이때의 '어쩌다'는
동사로 쓰였다고 할 수 있다. 그래서 여기서는 '뭐 하지도 않고'로 옮겼다.

86) '자장개비'는 살아 있는 나무에 붙어 있는, 말라 죽은 가지를 뜻하는 '삭정이'의
방언.

87) '중구'는 '중구절' 또는 '중양절'로서 음력 9월 9일을 이르는 말이다. 이날 남자들은
시를 짓고 각 가정에서는 국화전을 만들어 먹고 놀았다고 한다.

88) '살풋'은 '살짝'의 뜻.

89) '동기'는 '동지'(冬至)의 방언형. '동지'로부터 역구개음화를 겪어 '동기'로 되었다.

90) '도:구텅'(搗臼桶)은 '도구'라고도 하는데 표준어 '절구' 또는 '절구통'에 해당하는 말
로서 곡식을 빻거나 찧으며 떡을 치기도 하는 기구를 말한다. 통나무나 돌 따위를
속이 우묵하게 만들어 곡식 따위를 넣고 절굿공이로 빻거나 찧는데, '절굿공이'를
서남방언에서는 '도굿대'라고 한다.

91) '펑기다'는 '물이나 액체, 냄새 등을 뿌리다'의 뜻. 표준어에서 '품다'는 괴어 있는
물을 계속해서 많이 푸거나(예: 웅덩이에서 물을 남의 논으로 품다), 입이나 용기 속

에 든 액체를 내뿜는 것을 나타내는 동사이다. 한편 표준어의 '풍기다'는 '냄새가 나다'나 '냄새를 퍼뜨리다'의 뜻을 나타낸다. '풍기다'의 옛말이 '품기다'였음을 상기하면 '품다'와 '풍기다'는 동일한 기원에서 출발한 말이며 '풍기다'는 '품다'의 사동형임과 동시에 내뿜는 것이 냄새로 한정된 의미 변화를 겪은 것으로 보인다. 서남방언의 '핑기다'는 표준어의 '품다'와 '풍기다'의 의미를 모두 가져 액체나 냄새 모두에 적용된다.

92) '달달이'는 '다달이'의 방언형. '달달'이 표준어에서는 '다달'처럼 첫 음절에서 /ㄹ/이 탈락한 반면 서남방언은 원래의 형태를 유지한다. 표준어 '자잘하다'에 대한 '짤잘하다' 등에서도 이러한 /ㄹ/ 유지의 현상을 확인할 수 있다.

93) '싫다'는 '슬다'의 방언형으로서 '벌레나 물고기 따위가 알을 깔기어 놓다'는 뜻. '세륜다'는 '싫는다'를 발화한 것으로 보인다.

94) '써까리'는 이의 알을 뜻하는 '서캐'의 방언형.

95) '열난:날'은 '열나흗날'의 방언형.

96) '그륵'은 '그릇'의 방언형.

97) '더꾸고'는 '저꾸고'의 잘못된 발화. '저끄다'는 '겪다'의 방언형인데 이 '저끄다'를 '더끄다'처럼 발화한 것이다.

98) '망뚱이'는 '막둥이'의 방언형.

99) '깟난이'는 '갓난이' 즉 '갓난아이'의 방언형.

100) '넛이'는 '네 사람'을 뜻하는 말. '너이'나 '너니'라고도 한다.

101) '노질'은 노를 저어 배를 부리는 일.

102) '부름질'은 배의 돛을 세워 바람을 타는 일을 말한다.

103) '싸다'는 재빠르거나 불길이 세다는 뜻.

104) '돛자리'는 배의 돛을 가리키는 말. 아마도 옛날에 자리로써 돛을 만들었던 데서 생긴 말로 추정된다.

105) '시:다'는 '세우다'의 방언형.

106) '떵기다'는 '던지다'의 방언형.

107) '끄집다'는 '끌다'와 '집다'가 합성된 말로서 '끌어 집다'가 원래의 의미일 것이다. 그러나 서남방언에서는 '끌다'와 거의 같은 뜻을 나타낸다. 예를 들어 '신을 끄집고 댕긴다'라고 하면 신을 완전히 신지 않고 질질 끌면서 다니는 것을 가리킨다. '폴을 끄집어댕긴다'라고 하면 '팔을 끌어 당긴다'는 뜻이다.

108) '-을라디'는 '-으려더냐'의 방언형.

109) '잔등'은 가운데가 솟아서 불룩하게 언덕이 진 곳 즉 '둔덕'이나 작은 언덕을 가리키는 말이다. '잔등'의 '등'은 신체 기관으로서의 '등'이 지형으로 확대되어 쓰인

것이다. 그래서 '등성이'나 '등마루'는 산의 등줄기나 산의 두두룩하게 올라간 곳을 가리키는 말로 쓰인다. 여기에 '잘다'의 관형형 '잔'이 합성되어 '작은 언덕이나 둔덕'을 가리키게 된 것이다.

110) '외다'는 표준어에서 '같은 말을 되풀이하다' 또는 '외우다'의 준말로 쓰인다. 그러나 여기에서의 '외다'는 '외치다'의 뜻이다.

111) '디지다'는 '뒈지다'의 방언형.

112) '주봉'은 '지붕'의 방언형.

113) '얼척없다'는 '어처구니없다'의 방언형.

114) '찌클다'는 '끼뜨리다'의 방언형. 표준어 '끼뜨리다'는 (1) 흩어지게 내어던져 버리다.(예: 물을 길에 끼뜨리다) (2) 소문 따위를 여기저기 사방으로 퍼뜨리다. 등의 두가지 뜻을 갖는다. 반면 서남방언의 '찌클다'는 단지 (1)의 뜻으로만 쓰이되 내던져 버리는 대상이 주로 액체나 가루 등으로 제한된다. 표준어 '끼뜨리-'는 '끼-뜨리'로 분석되며, 이때 '끼-'는 '물 따위를 붓거나 뿌리다'의 뜻을 갖는 것으로 추정된다. 표준어 '끼얹다'에서도 이러한 뜻의 '끼-'를 확인할 수 있다. 접미사 '-뜨리'는 물론 강세의 뜻을 갖는다. 옛말에 '潑水 를 쪄티다'가 '역어유해'(상:48)에 나오는데 이때의 '쪄-'가 곧 이 '끼-'이다. 그리고 접미사 '-티'는 '-뜨리'와 마찬가지로 강세의 뜻을 갖는다. 따라서 표준어의 '끼뜨리다'는 옛말 '쪄티다'에서 강세 접미사 '-티 > -뜨리'의 대체를 겪은 어형이라고 할 수 있다. 서남방언의 '찌클-'에서 '찌-'는 물론 옛말 '쪄-'나 '끼얹다'의 '끼-'가 구개음화를 겪은 어형이고, 여기에 결합된 접미사 '-클'은 이 방언의 강세 접미사이다. 따라서 옛말 '쪄티-'와 현대 표준어 '끼뜨리-' 그리고 서남방언의 '찌클-'은 모두 강세 접미사에 따른 차이를 보인다고 하겠다. 서남방언의 강세 접미사 '-클'은 '미클다'(< 밀클다)(=밀치다)에서도 확인할 수 있다.

115) '땡:콩'은 자치기할 때 사용하는 짤막한 나무토막 또는 자치기 놀이를 가리키는 말.

116) '꼬구라지다'는 '꼬부라지다'의 방언형.

117) '다마'(たま(玉))는 '구슬'의 일본말.

118) '짱짱하다'는 '팽팽하다'의 뜻. 서남방언의 '짱짱하다'는 표준어 '팽팽하다'의 뜻 가운데 (1) 줄 따위가 늘어지지 않고 힘 있게 곧게 펴져서 튀기는 힘이 있다. (2) 둘의 힘이 서로 엇비슷하다. 의 의미를 갖는다.

119) '홍에딱지연'은 '가오리연'의 방언.

120) '닥히다'는 보통 '탁허다'로 실현되는데 '닮다'의 방언. 가족이나 친척 사이의 닮음을 나타낼 때 쓰이므로 무생물의 비슷함을 표현할 때는 쓰이지 않는다. 한자어 拓을 어근으로 한 파생어이다.

121) '말연'은 '방패연'의 방언형.

122) '자새'는 표준어에서 새끼, 참바 따위를 꼬거나 실 따위를 감았다 풀었다 할 수 있도록 만든 작은 얼레를 가리킨다. '자새'의 어원은 동사 '잣-'에 접미사 '-애'가 첨가된 것이다. 표준어에서 '잣다'는 (1) 물레 따위로 섬유에서 실을 뽑다. (2) 양수기나 펌프 따위로 낮은 데 있는 물을 빨아 올리다. 등의 두 가지 뜻을 갖는다. 따라서 연실을 감는 서남방언의 '자새'는 (1)의 뜻을 유지하였고, 물을 높은 곳으로 퍼올리는 기계인 표준어의 '무자위'는 (2)의 뜻을 갖는다.

123) '우들가'의 '우들'은 '우리들'이다. 따라서 주격의 토씨는 '이'가 와야 할 텐데 여기서는 '가'가 쓰였다. 잘못 쓰인 것으로 보인다.

124) '밥테기'는 '밥알'의 뜻. 접미사 '테기'는 독자적으로 쓰일 수 있는데 '밥 한 테기도 못 얻어 묵었다'처럼 부정극어로 쓰인다.

125) '할랑할랑하다'는 가오리연이 바람을 타고 위로 이리저리 움직이면서 올라가는 모양을 형용하는 말.

126) '어쩌케 헌고니'는 '어쩧게 한고 하니'의 준말. '어쩧게 한고 하니'는 '어떻게 하느냐 하면'의 뜻. 서남방언은 씨끝에 따라 판정의문과 설명의문을 구별하는 중세의 문법이 파괴되었다. 그 결과 '-냐'와 '-뇨', '-랴'와 '-료'의 구별은 아예 없고(씨끝 '-뇨'와 '-료'가 쓰이지 않으므로) '-은가'와 '-은고'의 구별 역시 대부분 사라졌다. 그래서 물음말이 있더라도 '-은고' 대신 '-은가'가 쓰이는 것이 일반적이다. 다만 혼잣말이나 내포문 안에서는 아직도 일부 그 흔적이 남아 있는데, 그래서 '어째야 쓰까?'와 함께 '어째야 쓰꼬?'와 같은 말도 더러 쓰인다. '어쩌케 헌고니'는 내포문 안에서 '-은고'가 남아 있는 경우인데 이때 '어쩌케 헌가니'로 바꾸면 어색하다. 이는 관용적 표현 안에 설명의문의 원래적 쓰임이 남아 있기 때문이다.

127) '잔동'은 '잔등'과 같은 말로서 작은 언덕을 뜻한다.

128) '건장'(乾場)은 김과 같은 해조류를 말리는 곳.

129) '늘:다'는 '널다'의 방언형.

130) '깡끄다'는 '깎다'의 방언형.

131) '어너이'는 보통 '워너니'로 쓰이는데 '훨씬'의 뜻을 가진 방언이다.

132) '오재미'는 '오자미'의 방언으로서 헝겊 주머니에 콩 따위를 넣고 봉하여서 공 모양으로 만든 것을 가리키는데, 『표준국어대사전』에서는 일본어 ozyami에서 온 것으로 보았다.

133) '있이야는 '있어'에 첨사 '야'가 첨가된 것. '있어야'라고도 하나 흔히 '있이야'로 말한다. 첨사 '야' 앞에서 반말의 씨끝 '-어'가 '-이'로 변동하는데 이는 표면의 음성 실현형 '써'가 '시'로 바뀌기 때문이다. '좋은갑시야/좋은갑서야'(=좋은가 봐)에서 보이는 '서'와 '시'의 수의적 변동도 같은 것이다.

134) '콩줏어묵기'는 '공기놀이'의 방언.

135) '암:제'는 '아무 때'의 뜻.

136) '삘레'는 '호드기'의 방언형으로서 봄철에 물오른 버드나무 가지의 껍질을 고루 비틀어 뽑은 껍질이나 짤막한 밀짚 토막 따위로 만든 피리를 말한다. '삘레'의 /삐/는 의성어이며, '삘레'는 표준어 '피리'와 어원이 같을 것으로 추정된다.

137) '가시나'는 '계집애'의 뜻. '가시네'나 '가이네'라고도 한다.

138) '깔:'은 '때깔'이라고도 하는데 '꽈리'의 방언형.

139) '복때깔'은 '꽈리'의 한 종류. 여기서 '때깔'은 '때왈'이라고도 하며 '꽈리'의 방언형이다.

140) '땅개비'는 '방아깨비'의 방언.

141) '보듬'은 비교격토씨로서 '보다'의 방언형.

142) '소금장시'는 '소금쟁이'의 방언.

143) '-디야'는 '-더냐'의 방언형.

144) '눌루베이'는 '눌룹하니'에서 변한 말로서, '눌룹하다'는 '노르스름하다'의 뜻이다.

145) '머시기'는 '거시기'의 동의어. '머시기'는 옛말 '므슥'의 주격형 '므스기'에서 변한 말로서 할 말이 생각나지 않을 때 생각할 시간을 벌기 위해 쓰이는 일종의 담화표지이다.

146) '감자'는 '고구마'의 뜻. 반면 감자는 '하지감자'나 '북감자' 등으로 부른다.

147) 표준어에서는 감자나 고구마, 옥수수, 달걀 등을 익힐 때 '삶다'를 쓰지만 서남방언에서는 '찌다'라고 한다. 그래서 '찐 감자, 찐 깡냉이, 찐 달걀' 등으로 부른다.

148) '김발장'은 김을 양식할 때, 바다에서 자란 김을 떠서 널기 위해 만든 발을 말한다.

149) '새이'는 '사이'의 방언형.

150) '좌이당'은 '좌우당'으로도 쓰이는 말로서 '좌우간'의 방언형.

151) '구덕'은 '구덩이'의 방언형.

152) '감자'는 '고구마'의 방언.

153) '아까라고'는 '아깝다고'의 뜻. '아까라고'는 '아깝-'에 감탄의 씨끝 '-아라'가 결합된 것인데, 씨끝 '-아라'는 형용사에 결합하여 감탄을 나타내는 점에서는 표준어와 다를 바 없다. 다만 여기서는 내포문 안에서 '-아라'가 쓰이고 있어 표준어와 차이를 보인다. 일반적으로 감탄문은 내포문에서 서술문으로 중화되어 나타나는 법인데, 서남방언의 '-아라'는 이러한 제약에 어긋나는 모습을 보인다. '겁나게 추와라고 험성'(=굉장히 춥다고 하면서)도 이러한 예이다.

154) '놈'은 '남'(他人)의 방언형.

155) '외퐀'은 '왜팥'의 방언형으로 보인다. '왜팥'은 팥의 종류일 듯하나 그 정체는 분

명하지 않다.

156) '망창'은 '왕창'의 방언형.

157) '한뻔'은 여기서 '한꺼번'의 뜻.

158) '우덜'은 '우리들'의 방언형.

159) '내뿔다'는 '내버리다'의 방언형.

160) '뙇다'는 열매 같은 것을 '따다'의 방언형.

161) '가드라여'는 원래 '가드라 해'가 축약된 것이다. 서남방언에서 완형보문의 상위 동사가 '하다'인 경우, 상위동사의 줄기인 '하-'가 탈락하는 것이 이 방언의 일반 적 규칙이다. 이 점을 고려하면 '가드라여'의 '-여'는 반말의 씨끝 '-아'의 변동형 인 셈이다. 서남방언에서 반말의 씨끝 '-여'는 지정사 '이-'와 '아나-', 그리고 동사 '하-'의 경우로 제한된다. '하-'는 일반적으로는 반말에서 '해'로 실현되지만 줄기 가 '히-'로 나타날 경우 '히여' 등으로 쓰이는 수가 있다. 특히 전남의 북부 지방에 서 이러한 형태를 보이는데 아마도 전북 방언의 영향으로 보인다. 신안 압해도 지 역에서는 '히여'와 같은 형태가 쓰이지 않지만 '가드라여'와 같은 구성을 고려하면 완형보문의 상위 동사라는 제한된 환경에서 '-여'가 반말의 씨끝으로 출현한다고 기술할 수밖에 없다.

162) '몽창'은 '몽땅'의 방언형.

163) '내둘내둘하다'는 자꾸 내두르다는 뜻. '내두르다'의 줄기 '내두르-'를 어근으로 하 여 파생된 말이다. 같은 방식으로 '두르다'에서 파생된 '뚤레뚤레하다'(=둘레둘레 하다), '주무르다'에서 파생된 '쭈물쭈물하다'(=주물주물하다) 등을 들 수 있다.

164) '시기다'는 '시키다'의 방언형. 옛말 '시기다'를 그대로 유지한 어형이다.

165) '작짱'은 '짝짜꿍'의 방언형.

166) '목멀' 또는 '목몰'은 '목말'의 방언형. '목말'의 '말'이 馬임을 감안하면 옛말 '몰' 이 방언에 따라 '말'과 '몰'로 분화되었음을 알 수 있다.

167) '뱅이다'는 '보이다'(사동)의 방언형.

168) '뒤다'는 장기나 바둑 등을 '두다'의 방언형.

169) '깍지'는 굵게 묶어서 한 덩이로 만든 묶음을 뜻하는 '동'의 뜻으로 추정된다.

170) '이빠이'(いっぱい)는 '가득'을 뜻하는 일본말.

171) '모트다'나 '모테다'는 '모으다'의 방언형.

172) '빈골' 또는 '빈걸'은 '빈손'의 방언. 여기서는 '빈골'이 '빌골'로 쓰였다. '빈골'이 나 '빈걸'은 언제나 도구격 토씨 '이로'와 결합해서 쓰인다.

173) '오재미'는 '오자미'의 방언으로서 헝겊 주머니에 콩 따위를 넣고 봉하여서 공 모 양으로 만든 것을 가리키는데, 『표준국어대사전』에서는 일본어 ozyami에서 온 것

으로 보았다.

174) '철딱'은 '철딱서니'의 방언형.

175) '바꿈살이'는 '소꿉놀이'의 방언.

176) '쭈시'는 '수수'의 방언형.

177) '엉ㄱ다'는 '엷다'의 방언형.

178) '좋을 때에야이?'에서 토씨 '이~'는 상대에게 확인을 위해 되묻는 물음임을 나타 낸다.

179) '맨맛하다'는 '만만하다'의 방언형.

180) '싸납다'는 '사납다'의 방언형이지만 표준어와는 그 의미가 약간 다르다. 우선 표준어에서는 '상황이나 사정 따위가 순탄하지 못하고 나쁘다'는 뜻으로 쓰여, '인심이 사나운 동네', '팔자가 사납다', '꿈자리가 사납다', '요즘 정신이 사나워서 그런지 금방 들은 말도 쉬 잊어버린다.' 등으로 쓰이는데, 이런 경우 서남방언에서는 결코 '싸납다'로 쓰지 않고 표준어와 같이 '사납다'로 표현한다. 반면 '성질이나 행동이 모질고 억세다'나 '비, 바람 따위가 몹시 거칠고 심하다'는 뜻으로 쓰이는 경우 서남방언은 표준어와 달리 '싸납다'만을 사용한다. 그래서 '성질이 싸납다', '바람이 싸납게 분다'처럼 쓰이는 것이다. 특히 여자에 대해 성깔이 있거나 싸우기를 즐겨 하는 사람에 대해 '싸납다'라는 형용사를 쓰는 것이 표준어와 다른 점이라 하겠다.

181) '대홍수'는 여기서 무리의 우두머리 노릇을 하는 사람을 뜻한다.

182) '생겔'은 일전에 경험한 적이 없음을 나타내거나 자신의 표현 의도를 강조하는 말로 쓰이는 '생전'의 방언형. 이 제보자는 '셍겐'이라는 말도 쓴다.

183) '이떼꿈'은 '이때껏'의 뜻.

184) '-든'은 '-지는'의 뜻. 서남방언에서 장형부정의 경우 동사 '잡다'를 예로 하면 '잡도 안한다'(=잡지도 않다), '잡들 안한다'(=잡지를 않다), '잡든 안한다'(=잡지는 않다)와 같은 세 가지가 쓰인다. 표준어 '-지'를 쓰지 않고 옛말 '드'에 기원을 둔 '드'를 사용하되 이때 토씨 '은'이나 '을'을 결합하여 쓰는 것이 특징이다. 물론 서남방언의 이러한 세 가지의 장형 부정 형식은 옛말에서도 확인되는 표현이다.

185) '구먹'은 '구멍'의 방언형.

186) '애를 피우다'는 '애를 쓰다'의 뜻.

187) '드끼'는 의존명사로서 '듯이'의 방언형.

188) '대막대가지'는 '대막대기'와 '대막가지'의 혼태형. '막가지'는 '막대기'의 방언형이다.

189) '홍애딱지'는 홍어를 낮춰 부르는 말로서 '홍애딱지연'은 '가오리연'의 방언이다.

190) '말연'은 '방패연'의 방언. 방패의 사각 모양이 말의 머리 모양처럼 생겼기 때문에

붙여진 이름으로 보인다.

191) '땡꽁'은 '자치기'의 방언.

192) '젤:'은 '제일'의 방언형. 서남방언에서는 '제일'이 축약되어 '젤:'로 쓰이는 것이 일반적인데 이 '젤'의 /ㅈ/이 /ㄱ/으로 변하여 '겔'이 되었다.

193) '개불'은 쥐불놀이할 때 지르거나 돌리는 불을 말한다.

194) '논두럭'은 '논둑'의 방언형.

195) '나무때기'는 '나무 조각'을 낮춰 부르는 말이다.

196) '강:솔'은 '관솔'의 방언형.

197) '짤잘하다'는 '자잘하다'의 방언형.

198) '거석하다'는 '거시기하다'인데, 여기서 '거석'은 지시어 '그'의 변이형 '거'가 옛말 '므슥'에 유추되어 만들어진 어형이다. 의문사 '므슥'이 담화표지로 쓰이듯, '거석'도 담화표지로 쓰인다. 서남방언에서는 '거석' 대신 '거시기'가 일반적인데, 이것이 접미사 '-하-'와 결합할 때에는 '거석'으로 변동하는 것이 일반이다. '거시기'가 '거석'에 주격토씨 '이'가 결합된 형에서 재구조화된 것이라는 점을 상기하면 '거석하다'는 복합어 내부에서 원래의 형태를 유지하고 있는 경우라 하겠다.

199) '멀라터니'는 '뭘 넣더니'인데 이때 씨끝 '-더니'는 '-더라도'의 뜻. 따라서 '뭘 넣더니'는 '뭘 넣더라도'의 뜻이다.

200) '캔'은 영어의 can이지만 여기서는 음료수를 넣은 깡통을 말한다.

201) '가쑤메'는 '통조림'(かんづめ)의 일본말. '간수메'라 하기도 한다.

202) '까장'은 '까지'의 방언형.

203) '물이 들다'는 '바닷물이 밀물 때가 되어 들어오다'는 뜻.

204) '그르끈'은 '그러께'의 방언형.

205) '걸막'은 '대문께'의 뜻. '걸막'의 '-막'은 공간을 나타내는 접미사로서 '내리막'이나 '오르막' 등에 보이며, 서남방언의 '깔쿠막'(=오르막)에서도 확인할 수 있다. '걸막'의 '걸'은 '거리'에서 변한 말로 추정되므로, '걸막'은 대문 근처의 공간 또는 집 근처 고샅길 주변의 공간을 가리키는 말로 해석된다. 표준어의 '오래'와 유사한 의미로 보이는데, '사립문 밖'을 어원으로 갖는 '샐팍'이 비슷한 뜻으로 쓰이기도 한다.

206) '내꼴창'은 '개울'의 방언형.

207) '짱어'는 '장어'의 방언형.

208) '-니라'는 옛말 '-느니라'의 후대형으로서 으레 그리하였음을 이르는 말이다.

209) '싸이나'는 영어의 cyanide를 가리키는 말로서, 흔히 시골에서 꿩을 잡을 때 사용하는 독극물인 청산가리를 말한다.

210) '어디그나'는 '어디거나'의 방언형으로서 '어디나'의 뜻.

211) '이녘카지'는 '이제까지'의 뜻.

212) '몽달빗자락'은 끝이 거의 다 닳아서 없어진 비를 가리키는 '몽당빗자루'의 방언형.

213) '하나씨'는 '할아버지'의 방언형. '하나씨'는 '한압씨'에서 기원한 말로서 /ㅂ/ 탈락을 겪은 것이다.

214) '후루질'은 '후리질'의 방언형. '후리질'은 강이나 바다에 그물을 넓게 둘러치고 여러 사람이 두 끝을 끌어당겨 물고기를 잡는 방식을 말한다.

215) '낙수'는 '낚시'의 방언형.

216) '이상'은 '제법', '상당히'의 뜻을 갖는 방언.

217) '독살'은 '어살'의 하나. 어살은 싸리, 참대, 장나무 따위를 개울, 강, 바다 따위에 날개 모양으로 둘러치거나 꽂아 나무 울타리를 친 다음 그 가운데에 그물을 달아두거나 길발, 깃발, 통발과 같은 장치를 하여 그 안에 고기가 들어가서 잡히도록 하는 장치를 말한다. '독살'은 싸리나 참대 대신 돌을 날개 모양으로 둘러치는 점이 다른 어살과 다른데, '독살'의 '독'은 '돌'의 방언형이다.

218) '가실'은 '가을'의 방언형.

219) '또랑'은 '도랑'의 방언형.

220) '갓'은 '가'(邊)의 방언형.

221) '쓰다'는 불을 '켜다'의 방언형. 옛말 '혀다'가 구개음화를 겪어 변한 말이다(혀- > 써-> 쓰-).

222) '한테'는 '한데'의 방언형. '한테가'는 한데에'의 뜻.

223) '모테다'는 '모으다'의 방언형. 서남방언에서 '모테다'는 자동사와 타동사의 두 가지로 쓰이므로 '모으다'와 '모이다'의 뜻으로 사용된다.

224) '차꼬'는 '자꾸'의 방언형.

225) '보다가'는 토씨 '보고'의 방언형. '보다'만으로 쓰이기도 한다.

226) '불이께라우?'는 '불일까요?'의 방언형이다. 씨끝 '-으까'는 표준어 '-을까'의 방언형인데, 높임의 토씨 '-라우' 앞에서 '-으끄'나 '-으께' 등의 수의적인 변동을 보인다. 한편 '-으께'가 '-으까'의 변동형이 아니고 독립적인 씨끝일 경우 '-으까'보다 상대높임의 위계가 한 단계 높은 예사낮춤을 나타낸다. 그래서 '내가 하까?'와 '내가 하께?'는 각각 아주낮춤과 예사낮춤의 표현으로서 상대높임의 위계에 차이가 있다.

227) '몰라야'의 토씨 '야'는 결합된 표현을 강조하는 기능을 갖는다. 그래서 '몰라야'와 '몰라'는 그 말맛이 다르다. '몰라'는 반말로서 표준어의 '몰라'와 완전히 일치하지만 '몰라야'는 '몰라'보다는 '모른다'로 대응시키는 것이 더 나을 듯하다.

228) '-어서사'는 '-어서야'의 방언형.

229) '어쭈게'는 '어떻게'의 방언형.

230) '가찹다'는 '가깝다'의 방언형.

231) '신찬하다'는 '시원찮다'의 방언형. 기원형인 '시원하지 않다'에서 '시원하지 안' 이 '신찬'로 줄어들었다.

232) '장손시다'는 아마도 '마음이 강하다'의 뜻으로 추정됨.

233) '시지부지하다'는 '흐지부지하다'의 방언형인데 여기서는 '시원찮다'의 뜻.

234) '자빨치다'는 '넘어뜨리다'의 방언형. 표준어에서 '자빠지다'는 뒤로 또는 옆으로 넘어지는 것을 뜻한다. 반면 '넘어지다'는 『표준국어대사전』에 의하면 '사람이나 물체가 한쪽으로 기울어지며 쓰러지다'로 뜻풀이가 되어 있어 특정한 방향이 정해져 있지 않다. 서남방언의 경우 '넘어지다'는 쓰이지 않고 '자빠지다'가 표준어의 '넘어지다'처럼 방향에 관계없이 쓰러지는 것을 의미하며 쓰이고 있다. 따라서 '자빠지다'의 의미 영역은 서남방언이 표준어에 비해 더 넓다고 할 수 있다. '자빨치다'는 '자빠지다'의 사동형이며 '-치'가 사동접미사로서 표준어의 접미사 '-뜨리'에 대응한다.

235) '혼불'은 사람의 혼을 이루는 바탕으로서 죽기 얼마 전에 몸에서 빠져나간다고 하는데, 크기는 종발만 하며 맑고 푸르스름한 빛을 띤다고 한다.

236) '마일로'는 '처럼'의 뜻. '마닐로'나 '말로' 또는 '맹키로'나 '맹이로' 등으로 쓰이기도 한다.

237) '꼴랑지'는 '꼬리'의 방언형.

238) '요마나'는 '이만큼'의 뜻으로서 이때 '마나'는 토씨 '만큼'에 대응한다. 그러나 의존명사로 쓰이는 '만큼'은 결코 이 방언에서 '마나'로 쓰이지 않는다. 그래서 '묵을 마나 담아라'(=먹을 만큼 담아라)는 이 방언에서 비문이다. 토씨 '마나'는 아마도 '만하다'의 관형형 '만한'에서 변한 말로 보인다.

239) '너푸다'는 '높다'의 방언형.

240) '날라가다'는 '날아가다'의 방언형.

241) '생겐'은 '생전'의 방언형. '생전'에서 /ㅈ/이 /ㄱ/으로 변화한 형이다.

242) '가감상께'의 '-음상께'는 '-을까 무서우니까'의 방언 표현 '-으까 무상께'가 축약된 것이다.

243) '무삽다'는 '무섭다'의 방언형. 전남의 내륙에서는 '무숩다'가 일반적으로 쓰인다.

244) '여림'은 '여름'의 방언형.

245) '질쭉하다'는 '길쭉하다'의 방언형.

246) '나가'는 '내가'의 방언형.

247) '보드나'의 '-드나'는 '-지는'의 뜻. 일반적으로는 '-든'으로 쓰이는데 여기서는 '-드나'로 나타났다.

248) '사방데'는 '사방'의 뜻. '사방간디'라고도 한다. '사방'에 장소를 뜻하는 의존명사 '데'가 결합된 형이다.

249) '두내복'의 '두'는 '머리', '내복'은 '내장'의 뜻으로서 돼지의 머리 고기와 내장을 가리킨다.

250) '찍찍'은 땀이나 피가 흐르는 모양을 형용하는 말로서 표준어 '질질', '철철', '뻘뻘' 등에 대응한다.

251) '공동산'은 공동묘지가 있는 산.

252) '꼬랑창'은 '도랑'의 뜻.

253) '봤닥하지 안해'는 '봤다고 하지 않고'의 뜻. 부정문에서 씨끝 '-고'는 선행 발화를 부정하고 후행 발화를 긍정 강조하는 대조적 구문에 쓰인다. 예를 들어 '내일 가지 않고 모레 간다'라고 할 때의 이음씨끝 '-고'가 그런 경우이다. 그런데 서남방언은 이런 경우 '-고' 대신 '-아'를 사용하여 '-지 않고'가 아닌 '-지 안해'라고 하는 것이 일반적이다. 그래서 '내일 가지 않고 모레 간다'는 서남방언에서 '내일 가잔해 모레 간다'처럼 쓰이는 것이다. 우리말에서 씨끝 '-아'가 '-고'로 대체해 가는 변화가 중세 이후에 일어났지만 일부 낱말(=가져오다, 데려오다 등)이나 방언 등에서는 아직도 '-아'를 쓰는 경우가 있는데 서남방언의 '-잔해'도 바로 이런 예이다.

254) '흑하다'는 '하얗다'의 방언형. 색채어에 접미사 '-읏'이 결합하여 반복적으로 쓰이는 구성이 있다. '불긋불긋', '푸릇푸릇', '노릇노릇', '거뭇거뭇' 등이 그런 예이다. 그렇다면 흰색의 경우 당연히 '희읏희읏'이 될 터이나 실제로는 '희끗희끗'이라 한다. 이런 점을 고려하면 서남방언의 '흑하다'의 '흑'에서 끝소리 /ㄱ/이 나타나는 것은 우리의 옛말에서부터 있었던 것이 아닌가 생각된다.

255) '보짱'은 '마음속에 품은 꿋꿋한 생각이나 요량'의 뜻.

256) '봐지다'는 '보게 되다'의 뜻.

■ 참고문헌

고광모(2000), 일부 방언들의 주체 높임법에 나타나는 '-겨-'의 역사(1)-과거 시제 어미
　　　　'-어겼-'의 형성. 한글 250. 한글학회.
고광모(2001), 일부 방언들의 주체 높임법에 나타나는 '-겨-'의 역사 (2). 언어학 28. (사)
　　　　한국언어학회.
김병제(1965), ≪조선어 방언학 개요(중)≫. 사회과학원 출판사. 평양.
김태인(2015), 서남방언 담화표지 '이' 고찰. ≪방언학≫ 21. 한국방언학회.
박양규(1980), 서남방언 경어법의 한 문제-이른바 주체존대법에 나타나는 '-게-'의 경우.
　　　　≪방언≫ 3. 한국정신문화연구원.
송복승(1998), 전남 동부 지역어의 단형 확인문과 부정소 '안'의 기능 변화. ≪어학연구≫
　　　　9권. 순천대 어학연구소.
유영대/이기갑/이종주(1998), ≪호남의 언어와 문화≫. 백산서당.
이기갑(2003), ≪국어방언문법≫. 태학사.
이기갑(2007), ≪전남 곡성 지역의 언어와 생활≫. 태학사.
이기갑(2009), ≪전남 진도 지역의 언어와 생활≫. 태학사.
이기갑(2011), ≪전남 영광 지역의 언어와 생활≫. 태학사.
이기갑(2012), 국어 방언의 확인물음. ≪언어학≫ 62. (사)한국언어학회.
이기갑(2013), ≪전라도의 말과 문화≫. 지식과 교양.
이기갑(2015), ≪전라도말 산책≫. 새문사.
이기갑(2015), ≪국어담화문법≫. 태학사.
이기갑(2016), ≪전남 영암 지역의 언어와 생활≫. 역락.
이기갑(2016), ≪전남 보성 지역의 언어와 생활≫. 역락.
이기갑(2017), ≪전남 광양 지역의 언어와 생활≫. 역락.
이기갑(2018), ≪국어 방언의 담화표지≫. 역락.
이돈주(1977), ≪전남방언≫. 형설출판사.
이승재(1980), 남부방언의 형식명사 '갑'의 문법-구례지역어를 중심으로. ≪방언≫ 4. 한
　　　　국방언학회.
이진호(2014), 감탄사 '하모' 계통의 방언형에 대하여. ≪방언학≫ 19. 한국방언학회.
최덕원(1990), ≪남도민속고≫. 삼성출판사.

■ 찾아보기

●●● 마

●●● 아

아궁이